经以济世

继往开来

贺教育部

社科司人文社科项目

ॾ立十周年

教育部哲学社会科学研究重大课题攻关项目

生活质量的指标构建及其现状评价
INDICATOR CONSTRUCTION AND EVALUATION OF QUALITY OF LIFE

周长城 等著

经济科学出版社
Economic Science Press

图书在版编目（CIP）数据

生活质量的指标构建及其现状评价/周长城等著.—北京：经济科学出版社，2009.9
（教育部哲学社会科学研究重大课题攻关项目）
ISBN 978－7－5058－8486－1

Ⅰ.生… Ⅱ.周… Ⅲ.生活－质量－研究－中国 Ⅳ.F126

中国版本图书馆 CIP 数据核字（2009）第 142712 号

责任编辑：解　丹
责任校对：徐领弟　杨　海
版式设计：代小卫
技术编辑：邱　天

生活质量的指标构建及其现状评价
周长城　等著
经济科学出版社出版、发行　新华书店经销
社址：北京市海淀区阜成路甲 28 号　邮编：100142
总编部电话：88191217　发行部电话：88191540
网址：www.esp.com.cn
电子邮件：esp@esp.com.cn
北京中科印刷有限公司印装
787×1092　16 开　36.25 印张　690000 字
2009 年 9 月第 1 版　2009 年 9 月第 1 次印刷
印数：0001—8000 册
ISBN 978－7－5058－8486－1　定价：87.00 元
（图书出现印装问题，本社负责调换）
（版权所有　翻印必究）

课题组主要成员

(按姓氏笔画为序)

Heinz-Herbert Noll[德]　　毛宗福　　吴淑凤
殷燕敏　　周运清　　张雷声　　张　蕾
陈　云　　柯　燕

编审委员会成员

主 任 孔和平 罗志荣
委 员 郭兆旭 吕 萍 唐俊南 安 远
　　　　 文远怀 张 虹 谢 锐 解 丹

总　序

哲学社会科学是人们认识世界、改造世界的重要工具，是推动历史发展和社会进步的重要力量。哲学社会科学的研究能力和成果，是综合国力的重要组成部分，哲学社会科学的发展水平，体现着一个国家和民族的思维能力、精神状态和文明素质。一个民族要屹立于世界民族之林，不能没有哲学社会科学的熏陶和滋养；一个国家要在国际综合国力竞争中赢得优势，不能没有包括哲学社会科学在内的"软实力"的强大和支撑。

近年来，党和国家高度重视哲学社会科学的繁荣发展。江泽民同志多次强调哲学社会科学在建设中国特色社会主义事业中的重要作用，提出哲学社会科学与自然科学"四个同样重要"、"五个高度重视"、"两个不可替代"等重要思想论断。党的十六大以来，以胡锦涛同志为总书记的党中央始终坚持把哲学社会科学放在十分重要的战略位置，就繁荣发展哲学社会科学做出了一系列重大部署，采取了一系列重大举措。2004年，中共中央下发《关于进一步繁荣发展哲学社会科学的意见》，明确了新世纪繁荣发展哲学社会科学的指导方针、总体目标和主要任务。党的十七大报告明确指出："繁荣发展哲学社会科学，推进学科体系、学术观点、科研方法创新，鼓励哲学社会科学界为党和人民事业发挥思想库作用，推动我国哲学社会科学优秀成果和优秀人才走向世界。"这是党中央在新的历史时期、新的历史阶段为全面建设小康社会，加快推进社会主义现代化建设，实现中华民族伟大复兴提出的重大战略目标和任务，为进一步繁荣发展哲学社会科学指明了方向，提供了根本保证和强大动力。

高校是我国哲学社会科学事业的主力军。改革开放以来，在党中央的坚强领导下，高校哲学社会科学抓住前所未有的发展机遇，紧紧围绕党和国家工作大局，坚持正确的政治方向，贯彻"双百"方针，以发展为主题，以改革为动力，以理论创新为主导，以方法创新为突破口，发扬理论联系实际学风，弘扬求真务实精神，立足创新、提高质量，高校哲学社会科学事业实现了跨越式发展，呈现空前繁荣的发展局面。广大高校哲学社会科学工作者以饱满的热情积极参与马克思主义理论研究和建设工程，大力推进具有中国特色、中国风格、中国气派的哲学社会科学学科体系和教材体系建设，为推进马克思主义中国化，推动理论创新，服务党和国家的政策决策，为弘扬优秀传统文化，培育民族精神，为培养社会主义合格建设者和可靠接班人，做出了不可磨灭的重要贡献。

自2003年始，教育部正式启动了哲学社会科学研究重大课题攻关项目计划。这是教育部促进高校哲学社会科学繁荣发展的一项重大举措，也是教育部实施"高校哲学社会科学繁荣计划"的一项重要内容。重大攻关项目采取招投标的组织方式，按照"公平竞争，择优立项，严格管理，铸造精品"的要求进行，每年评审立项约40个项目，每个项目资助30万～80万元。项目研究实行首席专家负责制，鼓励跨学科、跨学校、跨地区的联合研究，鼓励吸收国内外专家共同参加课题组研究工作。几年来，重大攻关项目以解决国家经济建设和社会发展过程中具有前瞻性、战略性、全局性的重大理论和实际问题为主攻方向，以提升为党和政府咨询决策服务能力和推动哲学社会科学发展为战略目标，集合高校优秀研究团队和顶尖人才，团结协作，联合攻关，产出了一批标志性研究成果，壮大了科研人才队伍，有效提升了高校哲学社会科学整体实力。国务委员刘延东同志为此做出重要批示，指出重大攻关项目有效调动各方面的积极性，产生了一批重要成果，影响广泛，成效显著；要总结经验，再接再厉，紧密服务国家需求，更好地优化资源，突出重点，多出精品，多出人才，为经济社会发展做出新的贡献。这个重要批示，既充分肯定了重大攻关项目取得的优异成绩，又对重大攻关项目提出了明确的指导意见和殷切希望。

作为教育部社科研究项目的重中之重，我们始终秉持以管理创新服务学术创新的理念,坚持科学管理、民主管理、依法管理,切实增强服务意识,不断创新管理模式,健全管理制度,加强对重大攻关项目的选题遴选、评审立项、组织开题、中期检查到最终成果鉴定的全过程管理,逐渐探索并形成一套成熟的、符合学术研究规律的管理办法,努力将重大攻关项目打造成学术精品工程。我们将项目最终成果汇编成"教育部哲学社会科学研究重大课题攻关项目成果文库"统一组织出版。经济科学出版社倾全社之力,精心组织编辑力量,努力铸造出版精品。国学大师季羡林先生欣然题词:"经时济世 继往开来——贺教育部重大攻关项目成果出版";欧阳中石先生题写了"教育部哲学社会科学研究重大课题攻关项目"的书名,充分体现了他们对繁荣发展高校哲学社会科学的深切勉励和由衷期望。

创新是哲学社会科学研究的灵魂,是推动高校哲学社会科学研究不断深化的不竭动力。我们正处在一个伟大的时代,建设有中国特色的哲学社会科学是历史的呼唤,时代的强音,是推进中国特色社会主义事业的迫切要求。我们要不断增强使命感和责任感,立足新实践,适应新要求,始终坚持以马克思主义为指导,深入贯彻落实科学发展观,以构建具有中国特色社会主义哲学社会科学为己任,振奋精神,开拓进取,以改革创新精神,大力推进高校哲学社会科学繁荣发展,为全面建设小康社会,构建社会主义和谐社会,促进社会主义文化大发展大繁荣贡献更大的力量。

教育部社会科学司

前言

改革开放以来,中国经济社会发展取得了巨大的成就,人民生活质量有了较大提高。从人们的日常生活看,一方面,生活条件得到了很大改善,物质生活逐渐丰裕。另一方面,精神生活和文化娱乐生活也日益丰富多彩。社会主义的根本任务是解放生产力,发展生产力,改革开放是发展生产力的必由之路。1992年初,邓小平在南方谈话中,面对改革开放过程中存在的种种困惑和疑虑,提出了"三个有利于"的判断标准,即是否有利于发展社会主义社会的生产力,是否有利于增强综合国力,是否有利于提高人民的生活水平。生活质量是否提高成为评价中国改革是否成功,社会发展战略和改革政策是否正确的最有力的标准。没有生活质量指标的社会发展评价指标不能全面反映社会发展状况,人民生活质量没有得到改善的社会发展无疑是畸形的、不健全的发展。改革的成果和经验也给了我们有益的启示:未来社会发展战略一定要牢牢以提高人民生活质量为基准和最终目的,这是以人为中心的社会发展理论的具体体现,也是深化改革的前提。

中国社会主义初级阶段的社会经济发展战略目标是把中国建设成为富裕、民主、文明的社会主义现代化国家,摆脱贫困落后,基本实现现代化。"摆脱贫困落后"的落脚点在于提高人民的生活水平,"现代化"的主体是人的现代化,所以这一战略目标与以人为中心的社会发展观是一致的。中国社会发展"三步走"战略步骤的显著特点是以生活质量标准来衡量社会发展阶段,以提高人民生活水平为出发点和归宿点。这一战略既规划了每一步生产力发展方面的目标,也都有相应的人民生活水平的标准,即"温饱"、"小康"和"比较富裕"。第一步目标已基本提前实现,第二步目标中国民生产总值再翻一番的任务已于1995年提前实现,人民生活达到小康水平则有待于进一步努力。建立生活质量指标体系可对特定社会发展阶段人民的生活状况进行全面评估,也可根据现有社会发展水平和发展环境规划下一阶段如何改善人民的生活质量,达到预期的战略目标。

从社会发展战略高度将提高人民生活质量作为21世纪社会发展的基本内容,迫切需要建立一套系统完善的生活质量指标体系,并用指标体系对社会发展的现实加以评价。生活质量指标体系研究对中国社会发展具有评估、监督、解释与说明、规划、比较等不可替代的意义和作用。(1)生活质量指标体系对中国社会发展具有评估作用。科学的生活质量指标体系能全面地衡量人民的生活状况和生活水平,并对经济发展、社会结构、生态环境等整体的社会发展做出合理的评估。(2)对中国改革政策和社会发展战略的具体实施具有监督作用。从该指标体系各项具体指标中可以看出人们的需求满足程度,与特定社会发展阶段的战略目标相对照,衡量社会发展是否达到预期目标。生活质量指标体系可以帮助国家和政府掌握人民的生活状况,及时地发现偏低的指标,相应地调整社会政策,以在预期时段内达到预期目标,从而发挥监督作用。同时,它还可以间接地对各项改革政策进行检验,避免它们脱离促进社会发展的正确轨道。(3)科学的生活质量指标体系还可对社会发展进行解释和说明。长期以来,GDP成为国际上衡量一国国民经济发展状况的一个重要指标,但随着各种社会问题和生态环境问题的加剧,GDP缺陷越来越明显,它掩盖了社会生活的许多真实方面。在它之后发展起来的生活质量指标则对社会系统和自然系统进行了比较全面合理的评价和诠释。生活质量指标体系通过对社会发展的比较全面的评估,能揭示出社会发展的真实面貌以及社会问题,并解释原因。(4)生活质量指标体系可分为评价指标体系和规划指标体系,其中规划指标体系对中国社会发展具有规划作用。这一点对于指导中国社会发展具有非常重要的现实意义。规划主要是针对政府部门而言,生活质量指标体系为其制定与实施社会政策提供实证信息和理论分析。

生活质量包括客观和主观两方面,客观生活质量指社会提供国民生活的充分程度，主观生活质量指国民生活需求的满足程度。在客观方面，政府根据生活质量指标体系的实证资料可以了解人们的生活环境、经济收入、消费结构等，以有利于提高人民生活质量为基准，制定合理的社会政策，完善基础设施和服务设施，做好社会发展的整体规划；在主观方面，通过生活质量指标体系可以了解人们对生活状况的评价和满意度，如教育抱负，对家庭关系与婚姻关系的期望，对家庭财富的企盼以及精神财富的主观感受等，这些主观指标可提醒社会科学家和政府对社会生活的关注和对社会问题的警觉，如提醒政府尽力营造一个公平发展的社会环境，维持社会的稳定局面。（5）生活质量指标体系对社会发展还具有比较作用。

生活质量（Quality of Life）这一概念最早出现时是作为生活水平的替代物而提出的。但是，随着财富边际效益日渐消失，经济增长的有限性及其对社会和生态方面所造成的负面影响日益暴露，社会发展的纯经济视角的缺陷渐趋明显。生活水平研究对物质生活状况和经济条件的强调已无法适应人类发展的需要。因此，提高人类的生活质量成为社会发展的新目标。生活质量作为一个多元维度的概念，不仅包括生活的物质财富方面，而且包括生活的非物质维度，诸如健康、社会关系或自然环境的质量等。此外，生活质量也是客观特征（实际生活状况）和主观幸福感（对生活状况的主观感受和评价）的统一体。

发达国家对生活质量的研究始于经济高速发展的20世纪60年代，各国相继对生活质量的研究极为关注，并成立了相应的研究机构，对如何提高生活质量和如何测量生活质量加以研究。国际学术界不断尝试用各种方法将生活质量概念操作化，斯堪的纳维亚模式和美国模式是其中两种最具代表性的研究模式。前者是一种客观生活水平模式，强调客观生活条件的改善与提高；后者则是一种主观生活感受模式，关注于人们对主观幸福感的体验。之所以会产生这种基本思路上的差异，是因为两者对生活质量、社会福利以及什么是理想社会的认识及实践存在本质区别。

以斯堪的纳维亚模式为例，它将社会福利理解为满足客观需求。简言之，社会福利就是"个人拥有对资源的支配权，能够控制资源并且有意识地将其直接用于提高生活水平"。这些资源包括收入、财产、教育、知识、社会关系、社会网络等等。显而易见，客观生活条件水平指标无疑是这一社会福利模式的最佳衡量方式，当然，这并不意味着将否认人们的主观感受。但主观评价的基础仍然是客观水平，斯堪的纳维亚模式倾向于不将主观评价作为制定社会政策的最佳依据，社会政策只是社会福利测量的基本功能。斯堪的纳维亚模式的测量维度一般包括教育水平、健康保健、就业状况、工作条件、经济状况、住房条件、交通与通讯、娱乐活动、社会关系、政治参与以及社会流动。

相反，美国模式根据个人所体验到的需求满意程度来定义社会福利，认为社会发展的最终目标不是生活质量的客观方面，而是用满意度、幸福感来测量的个人主观感受。不同的研究对主观感受的认识各不相同，但均将幸福作为核心概念加以阐释。其中，既有将幸福分为满意度、积极的感受和避免挫折，也有将幸福分为生活满意程度、愉快的体验和不愉快的体验。当然，生活满意度在某种程度上就是一种认知判断，因为情感体验本身既包括情绪因素也包括感情因素。美国式的生活质量研究在传统上认为主观感受既包括情感的积极方面，也包括情感的消极方面；既包括情感维度，也包括认知维度。但也有学者虽将幸福定义为生活质量基本形式，却认为幸福既是一种认知概念，也是一种情感概念。幸福是"个人因其喜好所做的对于自身全部生活质量的个人评价程度"，由此可以解释为什么对于生活的情感体验，即"情感享受"和对生活的认知评价，即"满意水平"，是生活质量中的两类不同变量。

中国生活质量研究始于20世纪80年代，许多学者对生活质量指标进行了研究。综观国内相关研究，无论在理论还是方法上都有不少合理、积极的成果，这些研究为后来者的研究留下了许多可以借鉴的东西。国内学者的研究主要有以下两种模式：（1）社会政策层面的社会指标模式，即生活质量的客观指标。政府组织的政策性研究是这类指标体系的代表。上海市发展计划委员会的社会发展指标体系中的生活质量指标体系；天津市发展计划委员会的大城市社会发展综合评级指标体系中的生活质量指标体系等都属于这一类。（2）个体层面的生活质量主客观研究模式。包括林南、王玲等人建构的分层式结构理论模式，卢淑华、韦鲁英建构的生活质量模式（1992），林南、卢汉龙的因果结构模式（1989）等。

　　生活质量研究是社会发展到一定阶段的产物。中国学者对生活质量的研究具有以下特征：第一，所进行的研究侧重生活质量的主观维度，尤其是社会学家和社会心理学家的研究；第二，这些研究大多以个人角度为主，较少涉及社会层面，没有突出政策含义；第三，现有的涉及客观维度的研究缺乏理论的支撑；第四，缺乏从规划的角度，以社会提供的资源和公民从社会资源中受益两方面来测量人民生活质量。

　　本书（课题项目批准号：03JZD0012）具有以下几个特点：

　　（1）对现有生活质量指标体系的总结与借鉴。密切关注国际学术界或国际组织关于生活质量研究的动向，并全面考察国际生活质量指标的构建中有关权重的设置和综合指标构建的方法。全面考察国内已有的相关研究在理论和方法上的成就与不足。

　　（2）在原有构建的生活质量指标体系的基础上，结合国内外生活质量研究的最新动态以及社会发展的实际需要重构生活质量指标体系，这一指标系统以客观生活质量指标为主，并依据此指标系统对当前社会的总体形势和具体的生活领域进行评价。①

　　（3）在重构的客观生活质量指标体系的基础上，设计并考察相应的主观生活质量指标体系。运用这些指标体系对城市居民的主观生活质量状况进行评估。评价分为总体评价和不同领域的评价，以此反映人们对现有客观状态的主观感受，并折射出不同生活领域的影响差异，为确立客观生活领域的权重提供依据。

---

① 参见周长城等著：《社会发展与生活质量》，社会科学文献出版社2001年版。

摘　要

生活质量研究的动力来源于人们探求如何最大程度地满足自身物质、精神等需求的欲望；生活质量研究的目的在于如何在有限的社会资源制约之下最大限度使人得到全面发展；生活质量研究的展开，是人们思考经济增长与生活质量之间关系的结果；生活质量研究的结果是准确定位不同时代、不同领域的人的生活状况。关注有关生活质量的评价体现了人对于自身生存状况的重视。

国际生活质量研究经过近半个世纪的发展，取得了显著进展。研究方法已日渐成熟，研究范畴趋于确定，研究领域更加宽泛。目前生活质量研究主要有两种取向：个体层面的研究与群体层面的研究；测量方式也可明显分为定性研究与定量研究。群体层面的研究从大量的跨地区、跨国家的生活质量调查开始向国家、城市、社区缩小，测量区域微观化是发展趋势。调查方法虽仍然以定量研究为主，但是在调查中已经开始关注文化、宗教信仰、社会风俗等"非标准指标"的影响。个体层面对生活质量的测量是围绕着主观幸福感展开的。从20世纪60年代对特殊人群的主观幸福感的单纯描述到90年代通过研究结果揭示主观幸福感的作用机制影响因素，构造如人格理论、适应理论、动态平衡理论、目标理论、流程理论、社会比较理论、评价理论等理论模型以至于目前利用一些严格设计和追踪研究的大规模跨文化调查来进行主观幸福感研究，测量方法的创新推进了研究理论的深入，促成了研究结果的生成。主观测量方法的特点是研究细致，针对性强，适合个体层面的研究，但是不能避免其测量过程中主观感受的隐蔽性和多变性以及研究结构可比性差，政策指导作用弱的缺陷；客观测量方法虽然容易形成统一标准甚至国际惯例，适宜进行群体层面研究，所得结果可比性强，但是往往由于在实际测量中不能够兼顾到文化、风俗、历史传统、生活习俗、社会风俗、宗教信仰等差异的作用，所得结果也常常因为缺乏实际反应力而不能达到预期效果。

中国生活质量研究自20世纪80年代起一直以社会学家和社会心理学家为研究主体，研究内容上以个人主观维度生活质量指标研究为主，较少从规划角度涉及社会整体层面。这样的研究现状不利于帮助政府从宏观层面把握居民整体生活状况，制定有针对性和执行力的措施提高居民整体生活质量，难以将以人为本的重要思想和基本要求深入贯彻。本书旨在把握现有国际国内生活质量指标体系研究的基础上，以社会资源供给与需求为重构客观生活质量评价的主要工具，重构客观生活质量指标体系并考察主观生活质量指标体系，运用主客观相结合的生活质量指标体系对我国城市居民生活质量总体状况和不同领域的状况进行评估。

本书分编编纂。第一编对国家层面和超国家层面的生活质量指标体系进行全面介绍，从个体层面和群体层面分析各种指标体系所具有的特点、要素，并揭示各国和国际组织的指标体系对构建中国居民生活质量指标体系的启示与借鉴。第二编以客观指标的构建与评价为主，从物质福利、消费、健康、教育、社会保障、社会公正、公共安全、环境、休闲和住房等方面对当前中国居民的客观生活质量进行考察，以反映中国改革开放的物质成果和中国社会经济发展的客观成就。第三编将在系统介绍部分城市居民主观生活质量调查数据分析的基础上对主观生活质量进行理论和实证层面的探讨，寻找生活质量指标体系客观维度与主观维度的结合途径，并尝试构建中国居民生活质量指标体系。总体研究上力求以适当的主观测量辅助客观测量，实现客观与主观、定性与定量的有效融合，力图构建主客观相结合的具有中国特色的生活质量评价体系。

Abstract

　　The impetus of the study on quality of life roots in the pursuit of human on how to satisfy the appetency for material and spiritual needs to the maximum; the purpose of the study on quality of life rests with how to seek the overall development of human to the utmost extent under the restriction of limited social resources; the implementation of the study on quality of life is the result of human's meditation on the relation between economic growth and quality of life; the result of study on quality of life lies in positioning accurately the life condition of human of different ages or fields. The attention to evaluation of quality of life reflects the recognition of human of their own living conditions.

　　With nearly half century of development, the study on international life quality has attained remarkable progress. Study methods have gradually taken shape, the scopes of study have become definite, and the fields of study have been widened to a larger extent. Currently the study on quality of life has two major orientations, i. e. the study at the individual level and the study at the colony level; the measurement methods can be divided into two distinct categories, i. e. the qualitative study and the quantitative study. The study at colony level starts from enormous cross-regional and cross-national investigations into quality of life to investigations in narrower scopes such as countries, cities and communities, indicating the microcosmic tendency of measurement scope. As far as measurement approaches are concerned, though quantitative study is used as the primary method, "non-standard" indicators such as culture, religious belief, social custom have gained their weight in the investigations. The study at the individual level is carried out by centering on the subjective well-being. From the simple description of subjective well-being of special group in the 1960s to the reveal of effect mechanism and influential factors of subjective well-being through research results and the formation of theoretical models such as the Personality Theory,

Adaptation Theory, Dynamic Balance Theory, Objective Theory, Process Theory, Social Comparison Theory and Evaluation Theory in the 1990s then to the study on subjective well-being through the rigorously designed and tracing massive cross-cultural investigation for the time being, the innovation of measurement approaches has prompted the deepening of the theoretical research and facilitated the production of research results. Subjective measurement approaches are featured by preciseness of research, high pertinence which is considered appropriate for study at individual level. However, some features of subjective measurement such as the concealment and changefulness of subjective feelings in the process of measurement, the deficiency of comparability of research structure and the weaker role of policy guidance are unavoidable. Objective measurement approaches favor the formation of uniform standards and even international practice as well as strong comparability of results produced, which is considered suitable for colony-level research. However, because the objective approaches pay less attention to the effects of differences at levels of culture, custom, historical tradition, life habitude, social custom, religious belief etc, it is not unusual that the research results fail to live up to expectation due to shortage of actual reactivity.

Sociologists and social psychologists have been the subjects of China's research on the quality of people's life since the 1980s. The research is mainly focused on indicators which reflect the subjective dimensional quality of life of individuals, which pays less attention to the holistic feature of society from a long-term planning angle. Such situation impedes to some extent the government's efforts in getting a holistic view of living conditions of residents and working out targeted measures to improve residents' quality of life, thus makes it difficult to put into practice the "people-oriented" methodology in a thorough and conscientious manner. The book aims to, on the basis of a good understanding of hand-on research results of life quality indictor system both at home and abroad, reconstruct the objective life quality indicator system and review the subjective life quality indicator system by taking the supply and demand of social resources as a chief instrument to serve that purpose. Based on that, the book intends to conduct evaluation of, the overall situation of life quality of the China's urban residents and the situation of life quality of different fields by using a life quality indicator system which combines the subjective and objective ones.

This book is divided into three parts. Part Ⅰ gives a general review of life quality indictor systems at national and supranational levels, conducts analyses of characteristics and elements of various indicator systems both at individual level and at colony level, and illuminates the enlightenment and reference of indictor systems of various nations and international organizations on the construction of China's life quality indictor system. Part Ⅱ focuses on the construction and evaluation of objective indicators to review the objective life quality of Chinese residents for the time being on aspects of incomes and welfare, consumption, health, education, social security, social justice, public safety, environment, recreation and housing etc, so as to reflect the material achievements during China's reform and opening-up and the objective accomplishments of China's social and economic development. Part Ⅲ discusses the subjective life quality on the theoretical level and the empirical level based on systematic introduction to the investigation data analysis of subjective life quality of residents in some cities, seeks the path by which the objective dimension and subjective dimension of life quality indicator system are combined, and attempts to construct the life quality indicator system of Chinese residents. Overall, the book seeks to aid the objective measurement with proper subjective measurement to realize the effective integration of objective study and the subjective study, qualitative study and quantitative study, ultimately strives to construct a life quality evaluation system with Chinese characteristics which combines subjective and objective approaches.

目 录

第一编
生活质量研究的理论与实践　1

第一章 ▶ 生活质量与社会指标　3
　一、发展理念的转变　3
　二、社会指标运动的兴起　12
　三、社会指标与生活质量的契合　17

第二章 ▶ 生活质量研究的基本范畴　21
　一、生活质量的概念　21
　二、生活质量的研究领域　29

第三章 ▶ 生活质量指标体系结构要素　43
　一、指标体系的测量维度　43
　二、指标体系的测量方法　49
　三、指标体系的操作化　62

第四章 ▶ 个体层面的生活质量　74
　一、经典理论阐述　75
　二、重要相关维度分析　84
　三、代表性指标体系分析　89

第五章 ▶ 群体层面的生活质量　100
　一、经典理论阐述　100

二、群体层面生活质量的引申思考　112
　　三、代表性指标体系分析　119
　　四、启示与借鉴　140

第二编
客观生活质量指标的选择与评价　145

第六章 ▶ 客观生活质量评价指标体系的建构　147

第七章 ▶ 生活质量的物质福利指标及其评价　156
　　一、物质福利的影响因素　157
　　二、物质福利指标体系的构建　158
　　三、物质福利状况评估　161

第八章 ▶ 生活质量的消费指标及其评价　178
　　一、消费与生活质量研究背景　178
　　二、指标框架与确立原则　179
　　三、消费生活质量的状况与评价　182
　　四、消费指标反映的成就和不足　199

第九章 ▶ 生活质量的健康指标及其评价　202
　　一、健康测量方法与指标选取　202
　　二、卫生资源状况及其评价　204
　　三、健康状况及其评价　214

第十章 ▶ 生活质量的教育指标及其评价　225
　　一、建构教育发展评价指标体系　226
　　二、教育发展状况评价　230

第十一章 ▶ 生活质量的社会保障指标及其评价　252
　　一、社会保障与全面小康　252
　　二、社会保障评价指标的确立　254
　　三、社会保障体系的现状与评价　256

第十二章 ▶ 生活质量的社会公正指标及其评价　276

　　一、社会公正与生活质量　276
　　二、收入差距的现状和城乡收入差距分析　280

第十三章 ▶ 生活质量的公共安全指标及其评价　297

　　一、社会公共安全测量与指标体系选取　297
　　二、社会公共安全现状与评价　298

第十四章 ▶ 生活质量的环境指标及其评价　316

　　一、环境质量测量及其指标选取　316
　　二、环境质量现状与评价　319
　　三、环境保护现状与评价　344

第十五章 ▶ 生活质量的闲暇指标及其评价　346

　　一、闲暇、生活质量与全面小康　346
　　二、闲暇生活质量指标体系建构　348
　　三、闲暇生活质量现状与评价　350

第十六章 ▶ 生活质量的居住指标及其评价　373

　　一、居住质量与生活质量　373
　　二、城镇居民居住质量指标体系建构　374
　　三、城镇居民居住质量评价　378

第三编

主观生活质量研究与生活质量指标体系的确立　393

第十七章 ▶ 主观生活质量与幸福感测量的可行性　395

　　一、概念辨析　395
　　二、幸福感的不可测量观　397
　　三、幸福感的可测量观及其具体操作　401

第十八章 ▶ 城市居民主观生活质量研究　410

　　一、研究的必要性　410

二、主观生活质量的测量　413

第十九章 ▶ 生活质量指标体系的构建　455

　　一、对国内现有生活质量指标体系的总结与评价　455
　　二、生活质量指标体系及其权重分配　461

第二十章 ▶ 矛盾与制衡中的生活质量指标体系建构　470

　　一、从定量思维向定性思维的转变　470
　　二、指标体系建构的多重矛盾　473
　　三、指标体系建构的制衡问题　478
　　四、指标体系建构的审慎认知　480

第二十一章 ▶ 指标反映的现实问题　483

　　一、生活质量各领域的重要性与满意度　484
　　二、重要领域满意度低的现实因素　489

图表目录　498

参考文献　506

后记　547

Contents

Part 1
Quality of Life: Theory and Practice   1

Chapter 1 Quality of Life and Social Indicators   3

   1 Transformation of Development Theories   3
   2 Rise of Social Indicator Movement   12
   3 Agreement Between Social Indicators and Quality of Life   17

Chapter 2 Domains of Quality of Life Research   21

   1 Concept of Quality of Life   21
   2 Research Domain of Quality of Life   29

Chapter 3 Structural Elements of Quality of Life Indicators System   43

   1 Measuring Dimensions of Indicators System   43
   2 Measuring Methods of Indicators System   49
   3 Operationalization of Indicators System   62

Chapter 4 Quality of Life at Individual Level   74

   1 Classical Theories   75
   2 Analysis of Major Dimensions   84
   3 Analysis of Representative Indicators System   89

Chapter 5 Quality of Life at Collective Level   100

1 Classical Theories   100
2 Further Discussions on Quality of Life at Collective Level   112
3 Analysis of Representative Indicators System   119
4 Lessons and Experiences   140

Part 2

Selection and Evaluation of Objective Quality of Life Indicators   145

Chapter 6 Construction of Objective Quality of Life Indicators System   147

Chapter 7 Material Welfare Indicators of Quality of Life and Its Evaluation   156

1 Influential Factors of Material Welfare   157
2 Construction of Material Welfare Indicators System   158
3 Evaluation of Material Welfare Situation   161

Chapter 8 Consumption Indicators of Quality of Life and Evaluation   178

1 Sociological Roots Between Consumption and Quality of Life   178
2 Indicator Framework and Establishment Principle   179
3 Situation and Evaluation of Quality of Life on Consumption   182
4 Advantages and Disadvantages of Consumption Indicators of Quality of Life   199

Chapter 9 Health Indicators of Quality of Life and Evaluation   202

1 Health Measurement Methods and Indicator Selection   202
2 Sanitary Resources Situation and Evaluation   204
3 Health Conditions and Evaluation   214

Chapter 10 Education Indicators of Quality of Life and Evaluation   225

1 Construction of Educational Development Indicators System   226
2 Evaluation of Educational Development   230

Chapter 11   Social Security Indicators of Quality of Life and Evaluation   252

    1   Social Security and Well-off Society   252

    2   Construction of Social Security Indicators   254

    3   Status Quo of Social Security System and Evaluation   256

Chapter 12   Social Justice Indicators of Quality of Life and Evaluation   276

    1   Social Justice and Quality of Life   276

    2   Income Gap Between Urban and Rural Areas and Analysis   280

Chapter 13   Public Safety Indicators of Quality of Life and Evaluation   297

    1   Measurement of Social Public Safety and Selection of Indicators System   297

    2   Social Public Safety and Evaluation   298

Chapter 14   Environment Indicators of Quality of Life and Evaluation   316

    1   Measurement of Environmental Quality and Selection of Indicators   316

    2   Environmental Quality and Evaluation   319

    3   Environmental Protection and Evaluation   344

Chapter 15   Leisure Indicators of Quality of Life and Evaluation   346

    1   Leisure, Quality of Life and Well-off Society   346

    2   Construction of Leisure Indicators System of Quality of Life   348

    3   Leisure Quality of Life and Evaluation   350

Chapter 16   Housing Indicators of Quality of Life and Evaluation   373

    1   Housing Quality and Quality of Life   373

    2   Construction of Housing Quality Indicators System of Urban Residents   374

    3   Evaluation of Housing Quality of Urban Residents   378

Part 3

Subjective Quality of Life and Quality of Life Indicators System   393

Chapter 17   Subjective Quality of Life and Feasibility of Measurement of Well-being   395

  1   Analysis of Conceptions   395
  2   Immeasurable View on Well-being   397
  3   Measurable View on Well-being and Specific Application   401

Chapter 18   Research on Subjective Quality of Life of Urban Residents   410

  1   Necessity of the Research   410
  2   Measurement of Subjective Quality of Life   413

Chapter 19   Construction of Indicators System of Quality of Life   455

  1   Review on China's Existing Quality of Life Indicators System   455
  2   Quality of Life Indicators System and Weight Distribution   461

Chapter 20   Construction of Quality of Life Indicators in Contradictions and Balances   470

  1   Transition from Quantitative Thinking to Qualitative Thinking   470
  2   Multiple Contradictions of Quality of Life Indicators System Construction   473
  3   Balances of Quality of Life Indicators System   478
  4   Prudent Cognition of Quality of Life Indicators System   480

Chapter 21   Realistic Problems Reflected by Indicators   483

  1   Satisfaction and Importance of Quality of Life Domains   484
  2   Contributing Factors of Lower Satisfaction in Major Domains   489

Graphs   498

References   506

Postscript   547

第一编

生活质量研究的理论与实践

20世纪50年代以来,随着全球范围内的经济衰退和发展萧条的出现,无论是处于所谓的"高额群众消费阶段"的发达国家,还是已经处于"起飞阶段"的发展中国家[①],都不同程度地面临着经济发展停滞不前、环境恶性破坏、贫富分化悬殊、暴力犯罪猖獗、医疗保障和教育卫生等基本资源匮乏的窘境,由此引发了一系列的社会性问题,也使得人们对传统的唯经济发展事先的发展理念产生了强烈质疑。越来越多的专家学者开始猛烈抨击盲目崇拜物质进步的经济理论和经济政策。以GDP为代表的、曾经奉为圭臬的衡量国家发展的指标也成为了公众批判的标靶。如何正确评估人类社会的发展状况,科学引导人与自然和谐相处成为迫切的现实与理论课题。正是在这样一种社会发展理念转变的背景中,生活质量概念开始引起人们越来越多的关注,它不仅在政策层面上逐渐代替了那些饱受质疑的狭隘经济发展目标,成为衡量国家和地区社会发展和谐程度的重要指引,而且在日常生活领域潜移默化地改变着人们对生活和自身发展的态度与认知。

作为一种全新的社会理念,生活质量已经广泛渗透到社会生活的方方面面,成为最具影响力的研究领域之一。时至今日,它早已不再仅仅是衡量国家人民生活福利状况的一系列指标。从国家银行的收支平衡状况,到个体对生活的幸福感知;从特殊人群的健康照顾,到城市社区的发展状态,生活质量不但将许多社会

---

① "高额群众消费阶段"和"起飞阶段"的划分源自罗斯托的经济成长阶段论,具体介绍参见本书第五章的相关内容。

指标联系在一起，提供了一个评价社会政策成功与否的标准，而且成为公共政策市场化进程中必不可少的一部分［拉普里（Rapley，2003）］。正如兰德（Kenneth Land）指出的，生活质量概念不仅提供了一个社会经济政策的目标，而且包括了所有的（至少是许多的）生活领域，并且除了将个体物质和非物质的福利纳入研究之外，还把诸如自由、公正、对当代及子孙后代自然生存条件的保障等集体价值纳入到生活质量研究中（兰德，2000）。研究领域的拓展使得生活质量指标体系的建构也在不断扩充和完善。

生活质量指标体系的建构需要跨学科的参与以及多方机构的努力。从研究起步至今的几十年间，越来越多的国际组织、政府机构和专家学者为生活质量的定量评估展开了深入持久的研究，形成大量颇具见地的成果。但是随着生活质量内涵与外延的不断扩大和复杂化，一个完整、科学的生活质量指标体系的设计难度已经超出了人们的最初想象，用现有任何单一的方法都无法准确测量生活质量的真实水平（周长城等，2001）。在多学科、多领域的研究交融过程中，指标体系建构的很多深层次矛盾暴露出来。诸如价值体现、文化差异、指标设置任意性、国际比较的可行性等问题逐渐引起西方学者的关注与讨论。

中国的生活质量指标体系建构尚处于起步阶段。一方面是由于国际学术交流的日益频繁，使很多生活质量研究文献流入中国，带动了学科交流与发展；另一方面的原因是发展理念的转变需要新的社会指标来评估人们的主客观生活状态。中国自改革开放以来，经济社会生活发生了深刻变革。在人们生活水平不断提高的同时，社会发展转型期所面临的一些问题也逐渐凸现出来，如何客观评价生活质量的高低，已经不能简单地以物质水平来衡量。因此，建构科学合理的指标体系来评价社会发展的和谐程度和人民群众的生活质量成为重要课题。

第一章

生活质量与社会指标

将生活质量研究融入宏观历史背景之中，可以在感受时代变迁对人类社会产生深远影响的同时，更加深切地体会到任何一种全新的研究理念的产生都与人类社会的发展变革息息相关。

一、发展理念的转变

发展，这一人类亘古不变的主题，千百年来一直是先知先贤苦苦思索、为之奋斗不息的社会目标。从古代中国的春秋战国、魏、晋、南北朝，到西方文明的发源地古希腊、罗马时期，发展理论的萌芽都在清晰地记录着人类前进的每一步历史足迹，及至波澜壮阔的现代文明再次改写了人类发展的历史，伴随着轰鸣作响的机器隆隆之声，发展理论也得到了再次升华与创新的历史契机。

（一）社会发展的内涵

狭义的社会发展指的只是经济领域的发展，其目标是产值和利润的增长和物质财富的增加。为了实现经济增长，还必须进行一定的社会经济改革，然而这种改革也只是实现经济增长的手段。联合国第一个发展十年（1961~1970年）开始时，当时的联合国秘书长吴丹概括地提出了："发展＝经济增长＋社会变革"这一广为流行的公式，反映了第二次世界大战后近20年期间人们对于社会发展的理解和认识①。在这种发展观的支配下,人们尚未认识因而也不承认环境本身也具有价值,为了追求最大的经济效益,采取了以损害环境为代价来换取经济增长的发展模式,其结果是在全球范围内造成了严重的环境问题。

经济增长是发展的必要条件,但并不是充分条件。一种经济增长如果随时间推移不断地使人均实际收入提高却没有使社会和经济结构得到进步,就不能认为是发展。发展与增长的区别就在于"发展不纯粹是一个经济现象。从最终意义上说,发展不仅仅包括人民生活的物质和经济方面,还包括其他更广的方面。因此,应该把社会发展看成包括整个经济和社会体制的重组和重整在内的多维过程","发展是集科技、经济、社会、政治和文化,即社会生活一切方面的因素于一体的完整现象"②。"发展应该被看成是复杂的多元化的:经济的、社会的、科学的、文化的……它必须具有一种综合的特点,即包括社会生活的多种表现形式,并符合植根于各国人民的历史财富和道德的文化的目的"③。总之,发展除了生产数量上的增加,还包括社会状况的改善和政治行政体制的进步;不仅有量的增长,还有质的提高。社会发展的目的是要改善人们的生活质量,使人们的福利待遇不断提高,因此只有在人们生活的所有方面都得到改善时才能称之为真正的社会发展。

(二) 发展理念的转变

发展内涵从狭义向广义的延伸并非一蹴而就,其过程反映了全球发展理念的不断变迁。社会发展这一体现特定历史阶段特征的历史范畴,大致经历了四个阶段:

第一阶段,人们对社会发展的理解是走向工业化社会或技术社会的过程,也就是强调经济增长的过程。这一时期从工业革命延续到20世纪70年代,人们将追求幸福的生活等同于追求大量的物质财富,物质财富的无限增长似乎成为社会发展的唯一目标。工业化是一个国家或地区经济活动的中心内容;经济增长是一个国家或地区发展的"第一"标志;国内生产总值(GDP)在经济学大师凯恩斯等人的极力推崇之下,逐渐演化成为衡量一个国家经济社会是否真正进步的最重要的指标;追求经济持续增长成为一个国家或地区的经济活动的中心任务。以GDP增长统帅一切的传统发展理念在全球得到广泛认同。

---

① 周毅:《跨世纪的国略:可持续发展》,载《山西青年管理干部学院学报》1997年第3期,第1~5页。
② [埃]阿卜杜勒·马利克等著,杜越等译:《发展的新战略》(联合国资料),中国对外翻译出版公司1990年版,第4页。
③ [西]马约尔著,吕臣重译:《不要等到明天》,社会科学文献出版社1993年版,第29页。

虽然人类在短短百年的时间里创造了历史上前所未有的发展奇迹，但是片面的社会发展理念很快便给人类带来了灾难性的教训。20 世纪 60 年代，以巴西、伊朗等为代表的发展中国家通过单纯的经济增长方式加快了经济增长速度。就第三世界整体来说，也达到了国民生产总值年增 5% 的指标①。然而，仅有经济增长并没有改变发展中国家千百万人民的生活状况，甚至还带来了社会两极分化严重，人民生活困苦不堪的不良恶果。在发展实践中，不仅发展中国家大多遭受挫折，发达国家在经济"大繁荣"的同时也遭遇了种种始料不及的不良后果。单纯经济增长的弊端不仅表现在经济领域，产业结构和经济结构的畸形发展使资本主义陷入"滞胀"的困境；在社会领域，经济增长与社会发展间的紧张关系也引发了分配不公、两极分化、社会腐化，甚至社会动荡。在人与自然的关系上，长期对立造成了自然对人的强大反作用。所谓"恶性增长"或"有增长无发展"正是对这一现象的最好概括，引起众多学者开始反思单纯以经济增长为中心的传统发展理念。在反思基础上鲜明地提出了"发展是一个全面范畴"的观点。

第二阶段，到 20 世纪 70 年代初，随着工业化进程的加快，人们将发展视为经济增长和整个社会的变革统一，即伴随着经济结构、政治体制和文化法律变革的经济增长过程，经济增长不再是社会发展的唯一目标。许多学者将社会发展必须解决的问题拓展到消除贫困、改善环境、消除战争的可能性，限制大规模杀伤性武器，限制军备、保障人权等范围。1969 年，英国发展经济学家达德利·西尔斯（Dudlcy Seers）在新德里举行的国际发展协会第 11 届世界大会上发表了一篇演讲，标志着这一时期发展观的转变。西尔斯在"发展的意义"这一演讲稿中指出："把发展与经济发展以及经济发展与经济增长相混淆是我们十分轻率的表现……对于一个国家发展来说，应该提出的问题是，贫困发生了什么变化？失业发生了什么变化？不平等发生了什么变化？如果这三个中心问题中一个或两个恶化了，特别是三个问题都恶化了，那么，即使人均收入成倍增长，把这种结果称为是发展也是不可思议的"②。这一时期的发展理念把增加就业、改善收入分配状况和消除贫困作为发展目标，但是过于否定经济增长的积极作用，与当时的国际社会发展现状不相符合，它并没有得到广大发展中国家的普遍认同，所以并未引起太大反响。

第三阶段，从 1972 年联合国斯德哥尔摩会议通过《人类环境宣言》以来，人们将社会发展视为追求社会要素（政治、经济、文化、人）和谐平衡的过程，注重人和自然环境的协调发展。对社会发展的理解从增长第一转变为综合协调发

---

① 鲍宗豪主编：《当代社会发展导论》，华东师范大学出版社 1999 年版，第 74 页。
② 达德利·西尔斯：《发展的意义》，载《国际发展评论》1969 年第 12 期，第 2~3 页，转引自郭熙保：《论发展观的演变》，载《学术月刊》2001 年第 9 期，第 48~49 页。

展。随着发展研究在理论和实践上的不断深入，人们越来越深刻地认识到真正的发展不应局限于经济增长的单一目标，应是全面的和多元化的，而发展的诸目标和诸因素之间又是相互作用、相互制约的，只有从人的发展出发才能囊括社会生活的所有方面，因此，发展的最高目标不是经济增长，而是具有能动性的人。以人为中心的综合发展观将发展理念向前推进了一大步，它明确将人置于发展的核心地位，以人的全面发展和社会的全面进步作为发展目标，经济增长只是实现人的发展的手段，一切经济、政治和社会制度的改变都应是为了给人的发展创造一种更好的社会环境。

法国学者弗朗索瓦·佩鲁（Francois Perroux）于1983年出版的《新发展观》一书对这种发展观进行了详尽的阐述。新发展观以社会学观点为基本研究方法，试图从哲理高度总结、阐释新的发展观念，集中代表了20世纪80年代以来的现代化和发展研究思潮的新特点。佩鲁在批评大部分发展理论忽视人的客观存在的同时，提出了以人为中心的社会发展模式。他认为："这种发展观是'整体的'、'综合的'和'内生的'"。所谓"整体的"，是指发展需有整体观，既要考虑到作为"整体的"人的各个方面，又要考虑到他们相互依存关系中出现问题的多样性；所谓"综合的"，是指各个部门、地区和阶级，要在发展过程中求得协调一致；所谓"内生的"，则是指充分正确地依靠和利用本国的力量和资源，包括文化价值体系来促进发展[①]。与单纯追求经济增长的发展观相比，明确提出发展要"以人为中心"是综合发展观最为显著的特征。美国学者基恩·格里芬甚至认为"经济发展"和"社会发展"的术语正面临过时的危险，正在逐渐被"人类发展"这一术语所取代，他强调要把人作为综合发展观的落脚点。联合国在制定的第三个十年发展计划中也明确指出："发展的最终目的是在全体人民充分参与发展过程和公平收入分配的基础上，不断提高他们的福利"，要求各成员国认真努力改善本国人民的生活质量，同时还对发展中国家经济和社会全面发展的目标做了详尽规定[②]。

第四阶段，20世纪80年代后期以来，发展被视为人的基本需求逐步得到满足、人的能力发展和人性自我实现的过程，以可持续发展观念形成和在全球取得共识为标志。过去100年间，人类最深刻的警醒莫过于"可持续发展"思想的形成。20世纪初，以工业电气化、交通运输摩托化两大潮流为代表的第二次工业革命以及以机械化耕作及大量应用化肥、杀虫剂、农药为代表的农业革命相继来临。但是大规模工业化带来了一系列的恶果，整个地球的生态环境由于开发手

---

① ［法］弗郎索瓦·佩鲁著，张宁、丰子义译：《新发展观》，华夏出版社1987年版，第2~3页。
② 孙洁琬：《论联合国发展观念的更新与丰富》，载《政法论坛（中国政法大学学报）》2001年第4期，第150页。

段的不当而日益恶化。首先是地球生命的基础——大气层受到破坏。从20世纪中叶开始,由于无节制地砍伐和刀耕火种式地开发,被喻为地球之肺的森林的面积开始以惊人的速度减少。过度机械化耕作和过量使用化肥、农药造成了土壤质量降低,生命之源——水环境遭受污染。1962年,美国海洋生物学家莱切尔·卡森(Rachel Carson)推出了一本论述杀虫剂、特别是滴滴涕对鸟类和生态环境毁灭性的危害的著作——《寂静的春天》,标志着人类生态意识的觉醒和"生态学时代"的开端。此书引起了巨大轰动,人们逐渐开始深刻反思掠夺式的发展模式给生态环境和社会发展带来的沉重恶果。1972年,罗马俱乐部组织发表了题为《增长的极限》的报告。报告根据数学模型预言在未来一个世纪中,人口和经济需求的增长将导致地球资源耗竭、生态破坏和环境污染,除非人类自觉限制人口增长和工业发展,这一悲剧将无法避免。这项报告发出的警告启发了后来者。从20世纪80年代开始,最早见于卡森《寂静的春天》中的"可持续发展"一词,逐渐成为流行的概念。

1992年联合国环境与发展大会采纳了由挪威首相布伦特兰夫人于1987年在《我们共同的未来》中提出的可持续发展概念,"既满足当代人需要,又不损害后代人满足其需要的能力的发展"成为人们新的发展共识,涉及经济、社会、文化、技术和自然环境的综合动态分析,从理论上明确了发展经济同保护环境资源相互联系、互为因果。人类对环境与发展的认识进入了一个新阶段:环境保护与社会发展密不可分,必须从根本上转变发展模式和消费模式。依靠科技进步、节约资源与能源、减少废物排放、实施清洁生产和文明消费,建立经济、社会、资源与环境之间的可持续发展新模式。

(三) 生活质量与人的全面发展

人的全面发展是一个涉及需要的全面满足与充实、社会关系的丰富与和谐、能力的全面发挥与提升的综合问题。促进人的全面发展,是党和国家一直以来的夙愿。但在对人的全面发展的认识上曾经出现过偏差,在许多情况下,往往把人的素质和能力的全面发展等同于人的全面发展,并且主要是从政治或教育方面来探讨人的全面发展问题,这样使人的全面发展受到了局限,制约了人的全面发展的进程。因此,要真正地促进人的全面发展,必须突破以往单纯依靠教育手段的模式,建立一个经济、政治、文化、社会多方面协作的综合促进体系。

生活质量问题近年来受到了日益广泛的关注,生活质量的提高是经济、政治、文化、社会多方面因素作用的结果。人的发展离不开生存的环境,生存是人发展的条件,生活质量状况会直接对人的发展产生影响。在对生活质量与人的全面发展两种理论进行深入研究的基础上,探讨生活质量与人的全面发展之间的内在联系，深入分析生活质量提高对人的全面发展所起到的推动作用，可以为促进人的全面发展开辟新的途径。

从历史的角度看，生活质量提高与人的全面发展的演进具有一致性。事物发展既是持续的，又是分阶段的，是持续性和阶段性的统一。人类社会的发展也是分阶段地持续推进的过程。从宏观层面考察社会发展，无论是社会形态的变化，还是社会制度的变迁，都历史性地表现为阶段性特征。在不同的社会发展时期，政治制度、经济体制和生活方式呈现出不同的特征，因此，人的发展也必然呈现出不同的状况。作为人类社会发展高级目标的人的全面发展，也并不是一个单纯的仅具有终极意蕴的概念，而是按照事物运动的规律，从量变到质变、螺旋式上升的过程。人的全面发展是一个历史的过程，它的实现是生产力发展、社会分工合理化、文化教育水平提高、社会政治制度优化、社会关系丰富和谐等各方面因素共同作用的结果。而生活质量的提高也正是各种因素综合作用的结果，因此，生活质量的每一次提高，从某种意义上而言就标示着人的全面发展条件的进一步成熟。社会主义初级阶段为人的全面发展提供了一系列的必要条件，但这些条件还不足以完全地实现人的全面发展。在社会主义初级阶段不同的生活质量条件下，人的发展状况也呈现出不同的特点并且其发展程度也明显不同。因此，社会主义初级阶段只能着眼于通过促进人们生活质量在每一阶段的提升，逐步向共产主义社会所要实现的人的自由而全面发展的目标迈进。

社会的高度发展要求人们站在一个比以往更高的层次上来衡量社会的发展程度以及生活质量的状况。世界各国都已认识到，对于现代社会发展和生活质量的衡量，绝不能仅仅局限于对某一因素的认识，片面强调某一方面因素的作用。影响生活质量的因素可以从主客观两个方面进行分析，对每一需要满足物使用的频繁程度、量的多少以及效果如何，实际上决定了生活质量的客观方面状况；一个人对于想要得到的满足物与实际上获得的满足物之间的关系的理解和评价，决定了生活质量的主观方面的状况。从一定意义上说，影响生活质量的因素也是影响人的发展的因素，而从生活质量的角度来谈人的全面发展，其着力点在于从生活方面综合地来阐述影响人的全面发展的因素。人们的生活在各种因素的综合作用下，形成了不同的客观和主观的生活质量状况，从而对人的全面发展起着不同的作用。客观生活状况主要包括经济生活、政治生活、文化生活和社会生活，其中，经济生活就是不断满足人民群众发展的物质生活需要，提高人民群众的物质生活质量，从而为人们形成更高的精神追求奠定基础；政治生活就是维护和保障人民群众的民主权利，提高人民群众的民主法制意识与能力；文化或精神生活就是要不断地丰富和充实人民群众的文化生活和精神世界，努力提高人民群众的思想道德素质、科学文化素质和健康素质；社会生活就是要为人的生存提供一个良好的社会环境，促进人与人关系的和谐以及人与自然关系的和谐。影响生活质量的因素不仅包括客观因素还包括主观因素，即对生活的满意度和主观幸福感。满意度和幸福感的高低直接影响着人们生活质量的状况。因此，要提高人们的生活质量，不仅要促进客观生活质量的提高，而且要加强对满意度和幸福感的正确引导，使人们形成正确的幸福观。

对生活质量的衡量与测度，是生活质量研究的另一个重要内容。生活质量的指标主要包括主观指标与客观指标两种。它们自身的特点决定了在生活质量的测量中各自起着不同的作用，但它们又不能单独地完整表现生活质量的状况，只能分别从不同的方面度量生活质量的状况。因此，二者必须结合在一起才能真正准确地衡量出生活质量的状况。通过生活质量指标的测量，不仅可以了解到人们的生活状况，也可以间接地了解到人的发展的实际情况，从而为推进人的全面发展提供现实的依据。现实生活中，人的发展指标与生活质量指标之间经常不加区分地替换使用，如人类发展指数也常常用于衡量人们的生活质量状况。生活质量的度量指标同样也在一定程度上体现着人的发展程度，中国现阶段要构建全面发展指数，相应地必然需要一系列指标作为基础。因此，可以借鉴生活质量的指标，来研究全面发展指标体系应包括的主要方面，为人的全面发展指标的最终建立提供一定的理论依据。

（四）和谐社会与生活质量研究

胡锦涛同志在省部级主要领导干部提高构建社会主义和谐社会能力专题研讨班上的讲话中指出，构建社会主义和谐社会，就是要实现"民主法治、公平正义、诚信友爱、充满活力、安定有序、人与自然和谐相处"。这六个方面，体现了和谐社会的本质特征。（1）民主法治，就是社会主义民主得到充分发扬，依法治国基本方略得到切实落实，各方面积极因素得到广泛调动。中国共产党的领导，是中国特色社会主义民主政治的首要特征，是人民当家做主和依法治国的根本保证；人民当家做主是社会主义民主政治的本质要求；依法治国是党领导人民治理国家的基本方略，是完善党的领导和实现人民当家做主的基本途径。党的领导、人民当家做主和依法治国，是相互紧密联系的统一整体，是中国特色社会主义民主政治结构和实践模式。（2）公平正义，就是社会各方面的利益关系得到妥善协调，人民内部矛盾和其他社会矛盾得到正确处理，社会公平和正义得到切实维护和实现。坚持公平正义，必须提供平等的竞争机会，使参与市场竞争活动的主体享有完全平等的权利，履行完全平等的义务，不能因主体间的差别而存在特权现象；其核心内容，就是利益分配平等。坚持利益分配平等，不是搞平均主义，而是指一种利益相对平衡的状态，目的是为了能够有效地促进剥削的消灭，消除两极分化，最终实现全民的共同富裕。（3）诚信友爱，就是全社会互帮互助、诚实守信，全体人民平等友爱、融洽相处。一个和谐的社会，必然是一个诚信友爱的社会。如果说，和谐社会是用道德与法律来维系的，其中道德的核心便是诚信友爱。诚信友爱，是和谐社会的精神内核。（4）充满活力，就是要使一切有利于社会进步的创造愿望得到尊重，创造活动得到支持，创造才能得到发挥，创造成果得到肯定。社会主义和谐社会应当是一个充满活力的社会，一切积极因素得到最广泛最充分的调动，各行各业人们的创造活力得到充分激发、社会的开放性和竞争的活力在政策上、制度上得到保证，劳动、知识、技术、管理和资本的活力竞相迸发，一切创造社会财富的源泉充分涌流，全体人民各尽所能、各得其利，又和谐相处。（5）安定有序，就是社会组织机制健全，社会管理完善，社会秩序良好，人民群众安居乐业，社会保持安定团结。安定有序是和谐社会的首要标志，从宏观上讲，它是指政治、经济、文化以及意识形态诸方面的稳定和有序；从微观上讲，它是指政治、经济、文化、环境等内在结构的各个要素的相互协调和交融。社会主义和谐社会所体现出来的重要特点，就是在全面建设小康社会过程中的宏观结构与微观结构的各要素的稳定和协调。（6）人与自然和谐相处，是指生产发展、生活富裕、生态良好。生产发展是实现生活富裕的条件，离开发展，富裕就无从谈起；生活富裕是发展的目的，脱离这个目的，发展就失去了意义。而保持良好的生态环境，则是实现生产发展和生活富裕所必须坚持的前提和不可缺少的保证。构建社会主义和谐社会，就要正确处理生产发展、生活富裕、生态良好之间的关系，只有处理好了三者之间的关系，全面建设小康社会的步伐才会快速健康，社会主义和谐社会也才会尽快成为现实。

社会和谐是人民生活质量提高的前提和保障，同时也是人民生活质量提高的结果和体现。社会和谐的六个特征表征了和谐的六个组成部分。其中的民主法治公平正义特征是生活质量研究中社会公正领域的测量指标，诚信友爱、充满活力、体现了主客观指标的结合，体现了个体主观对于周围社会的感受和个体对自己的生活状态的评价；安定有序、人与自然和谐相处则是从主客观相结合的领域谈人的生活质量，和谐社会和生活质量研究是有理论和实践的亲缘关系的。生活质量指标研究的最终目标就是通过分析各种影响生活质量的指标来调整社会生活的各个层面，从而达到社会为个人提供最能够提高其生活质量的环境，而个人通过不断调整各种影响自己的主观感受的指标来提高自身对于社会的认知程度和个人的幸福感。以提高人民生活质量引领经济社会发展，就是要把发展评价的尺度定位于人民的客观收益和主观感受并重，人们的生活质量既与生活的物质条件有关，也与对生活的主观满意程度有关，每一方面都只能构成反映生活质量高低的必要条件，而不是充分条件。只有把二者有机结合起来，才能反映生活质量的好坏。

和谐社会是讲求民生建设的。中共十七大报告当中专门将加快推进以改善民生为重点的社会建设单列为一章来探讨，民生建设的根本目标其实就是为了提高全社会公民的生活质量。从本课题研究的各个分课题所涉及的领域当中都可以找到民生建设当中的重点，民生建设的各个工作重点也是提高生活质量研究的各个指标组成部分。社会主义和谐社会的特征是生活质量的评价，也必须从社会生活的供给与人们生活需求两方面进行评估，才能得出正确的结论。生活质量是关于人们满足生存和发展需要而进行的全部活动的各种特征的概括和总结，是反映人类生活发展的一个综合概念，是对社会发展包括人类自身发展进程的一种标识。生活质量从根本上取决于物质生产发展的程度。随着物质生产的发展，人们的精神需求也会发生新的变化，从而把生活质量推向更新、更高的层次。个体生活质量是个体对自己身心健康状况的感觉，对自己生活的满意感和对社会的反馈行为。个人层面的生活质量主要有：收入、健康、家庭关系、邻居关系、工作、娱乐、休闲，等等，每个个体生活目标、价值观念、文化背景以及对同一事物的心理感受不一样，决定了个体对生活质量的追求各不相同。但是，个体生活质量也具有共性的一面，例如，每个人都普遍追求更舒适的生活条件、更高的收入水平和更大的自我发展空间，等等。个体生活质量的改善受社会环境的影响，个体生活质量的改善其实是个体、政府和社会共同努力的结果。

在实际生活中，要真正做到以人为本，提高人民生活质量，就必须对人们的现实生活有一个更为深入实在的把握。社会经济水平发展到一定程度，人们对生活质量的追求便凸显出来，收入差距的出现，使人们对生活质量追求的差异也表现出来。生活质量评价不仅涉及不同群体的实际生活水平，例如各个阶层吃什么、用什么、玩什么，而且也涉及不同收入群体的不同要求，各个阶层想什么、要什么、做什么。和谐社会是体现社会公平的社会。和谐社会所追求的社会公平，是有差距的公平，是各阶层共生、共依、共赢并最终走向共同富裕的公平。在承认差距的和谐下，各收入阶层的人民都能共享经济增长、社会进步的成果，都能提高人们的生活质量。要关注民众生活质量的提高，不仅要看经济社会的客观发展，也要关注他们本人对其生活质量的主观评价，要关注个体和不同群体的主观感受。从民众最关心、最直接、最现实的利益问题入手，就是要了解他们的主观感受。个体生活质量与群体生活质量不是完全独立的，二者具有一定的联系。个体生活质量是群体生活质量的基础，群体生活质量是个体生活质量共性的体现。虽然不同文化背景、不同社会经历的人对生活质量有着不同的解释和理解，但是不同的个体在提高自身生活质量的过程中也体现出了共同之处，把共同之处从个体层次上抽象出来，上升到群体层次就形成了群体生活质量。群体生质量的提升就是社会和谐的表现。

二、社会指标运动的兴起

"统计资料的设计者的确是哲学家,尽管他们不情愿承认这个称呼,但他们充分了解,如果采用另一组不同的概念,就会看到事实的另一层面。"[①]

将统计资料的设计者比之于哲学家,其地位之特殊性与重要性足见一斑,充分反映了20世纪60~70年代中期美国学术研究的新风气。一批以经济学家、社会学家、统计学家为代表的美国学者在社会研究领域掀起了一场具有深远影响意义的社会指标运动。这场运动涉及社会发展战略、国情评估、社会计划、规划、管理、社会政策、生活水平和生活质量等方面的问题,其目的在于强调:搞好社会指标的收集、分析和研究工作,建立国家社会指标信息系统,重视社会指标在决策实践中的作用(秦麟征,1983)。

(一)社会指标研究的学术渊源

美国的社会指标运动(Social Indicator Movement)虽然始于20世纪60年代,但这并不意味着在此之前不存在对社会指标的研究。实际上,社会指标研究已有悠久的历史,只不过在这项运动之前,经济方面的社会指标及其研究占了统治地位,非经济方面的社会指标及其研究只居从属地位而已。社会指标运动就近现代的学术渊源而言,可以追溯到20世纪之初。尤其值得一提的就是芝加哥学派在20世纪30~40年代的学术活动,其中威廉·奥格本(William Ogburn)在理论和社会变迁测量方面做出了杰出贡献。奥格本希望能建立可供社会计划与预测使用的统计数列。1929年胡佛总统任命了一个社会趋势研究委员会,指定奥格本为召集人。成立该委员会的目的就在于对美国的社会趋势做出年度报告。在奥格本主持之下,从1929年到1933年共计出版了5本年度报告,其中最具影响的是出版于1933年的《最新美国社会趋势》(Recent Social Trends in the United States)。这是一本几乎涵盖了美国各个生活层面趋势的完整统计报告。前言主要评述过去国家所面临的重大政策难题,其余则以29章的篇幅分别陈述各个范畴内统计资料所显示的变迁趋势(罗西和吉尔马丁,1985)。奥格本的研究一方面是要克服单纯经济研究的局限性,另一方面则是要建立起社会统计指标体系,为人们了解

---

① Jouvenel, B. 1967. *The Art of Conjecture*. New York: Basic Books, P.174, 转引自[美]罗伯特·J·罗西和凯文·J·吉尔马丁(Robert J. Rossi and Kevin J. Gilmartin)著,李明、赵文璋译:《社会指标导论——缘起、特性及分析》,明德基金会生活素质出版部1985年版,代序第1页。

和观测社会变迁提供有效途径,这一思想为社会指标研究在未来的发展提供了重要的理论借鉴。

除了奥格本做出的探索性努力,在社会指标运动之前,美国众多的社会科学家已经开始效仿经济指标和经济系统模型,在全面获得国家复杂的社会信息方面进行开发,如 D. 拉诺的"五十四个社会的社会变化模型"(包括传统的、转变的和现代的社会)、G. 阿尔蒙的"发展中国家政治制度投入产出模型"、D. 伊斯顿的"各种政治适用的投入产出模型"、F. 里格斯的"小变异和多变异社会的历史变化模型"、K. 德茨希的"社会通讯联络渠道的控制论模型"等等(秦麟征,1983)。此外,许多学者也在他们的著作中指出建立家庭、经济、政治和文化的综合系统模型的必要性,或强调研究社会结构的各个方向,其中包括自然资源、技术、经济体制和社会学家们通常所关注的领域,这些都为社会指标运动的兴起提供了积极的思想准备。

著名的生活质量研究学者汉斯-赫尔伯特·诺尔(Heinz-Herbert Noll)则将 20 世纪 50 年代德罗思斯基(Drenowski)在联合国撰写的社会指标体系方面的著作视为该领域重要的早期经典著作,"通过明确福利的组成要素以及建构各自的指标,推动了生活水平测量的发展"(诺尔,2002a)。他还提到了另外一位虽然并不为人们熟知,但同样是现代社会指标研究的重要先驱性人物——意大利的统计学家和犯罪学家尼切福罗(Alfredo Niceforo)。尼切福罗在 1921 年出版的一部著作中,对生活状况的量化研究做出了重要尝试,目的就是为了测量和监测不同时间和空间中文明和社会进步的水平及程度。因为其对现代社会指标和生活质量研究的关注,被诺尔视为综合福利和生活质量测量方法的创始人(诺尔,2002a)。

(二) 社会指标运动的社会背景

"社会指标运动"(Social Indicator Movement)的说法是美国社会学家奥蒂斯·达德利·邓肯(Otis Dudley Duncan)在 1969 年提出来的。它是指 20 世纪 60 年代中期在世界范围内形成的一种社会指标的研究热潮。社会指标运动发轫于美国,美国宇航局和美国文理科学院(American Academy of Arts and Sciences)的一项旨在预测空间竞赛社会影响的计划推动了社会指标运动的发展。这个计划的目的在于研究太空探测方案对美国社会不良影响的性质和范围。1966 年由雷蒙德·鲍尔(Raymond Bauer)负责的该计划的研究小组发现在研究社会指标方面既没有丰富的数据资料,也缺乏相应的概念和方法,于是试图建立一种新的研究社会生活的方法,采用统计数字和数列来描述社会现状并预测社会变化(拉普里,2003)。社会指标从某种意义上说正是根据经济指标一词的名称创造出来的。在鲍尔的定义中，社会指标是"统计数值，一系列的统计量，以及其他形式的证据能够使我们判断正处于何种阶段，价值和目标实现的情况如何"（鲍尔，1966）。

同任何理论概念一样，"社会指标"一词问世之初就存在着诸多不同的解释。创始人鲍尔将社会指标视为具有普遍社会意义的社会状况指数，用于衡量社会的发展程度。联合国教科文组织认为，社会指标是"通过定量分析评价社会经济生活状况的变化"（吴寒光，1990）。奥尔森（M. Olson）在1969年的《社会报告纲要》中也进行了相应的探讨，认为"社会指标一词可以被解释为一种直接服务于标准利益的统计，它有助于对一个社会主要方面的状况做出简明、综合、均衡的判断，在任何情况下都是对福利的直接测量"（秦斌祥等，1988）。美国拉塞尔·塞奇（Russell Sage）基金会的两位社会学家谢尔登（Eleanor Sheldon）和穆尔（Wilbert Moore）为社会指标做了另一种解释，认为社会指标可提供如下两方面的指示数据，即社会整体某些部分的当前状况和根据某些规范准则衡量的不论是前进或后退的过去与未来趋势（杨贵庆，2000）。他们实际上把社会指标看成是一种允许做出长期比较的时间序列，使人们可以抓住长期趋势和不寻常的大幅度的波动率。这种观点强调了社会指标的时间序列性、过程性等特点和监控社会发展变化的能力。经合组织把社会指标体系定义为监测某一根本的社会问题因时改变的情况及其水平的直接和有效的统计计量制度（陈震宇，2005）。美国卫生、教育和福利部的专家们则把社会指标定义为对受规范约束的直接利害关系所做的一种统计，它便于人们对社会主要方面的状况做出简明的、综合的、平衡的判断，这种看法突出了社会指标的重要性，把社会指标和有"直接利害关系"的社会决策紧密联系在一起（秦麟征，1983）。其后的定义大致上没有离开上述几种基本观点的范围，只有美国1977年出版的《未来：情报资料指南》一书，把社会指标定义为"除了经济指标之外的其他指标"，把社会指标与经济指标截然分开（秦麟征，1983）。在各种有关社会指标的定义中，诺尔认为近期研究中有两种定义应该引起特别关注（诺尔，2002a）。其一来自澳大利亚统计局："社会指标是对社会福利的测量，提供了一种对社会状况当前的看法，并对一段时期内，社会关注的不同领域的趋势进行监测"；其二，源自一份联合国文件："社会指标可以被定义为一系列统计数字，反映了重要的社会状况，使人们对这些状况及其演变的评价过程变得更加容易。人们可以利用社会指标发现那些需要采取行动的社会问题，确定行动和开支的优先考虑对象和目标，并且评价计划和政策的有效性。"

社会指标运动的兴起与当时特定的社会背景有着密不可分的联系。20世纪40年代中期在第二次世界大战结束以后，全世界政治局势经历了一个相对缓和的时期，大多数国家都致力于恢复战争遗留下的创伤，科学技术迅猛发展，国民经济稳定增长，居民生活水平显著提高。然而科学技术和经济实力的迅速增长，引发了各种复杂的社会问题和环境问题，例如资源浪费、环境污染和生态破坏、贫富差距拉大、社会秩序混乱、公众安全受损，等等。伴随着社会发展理念的转变，人类的生活目标也不再仅仅局限于物质生活，对健康、教育、休闲等生活质量问题给予了更多重视，更加追求人类自身的发展和完善。上述变化很自然地体现在了宏观核算领域，人们开始认识到，以国民（内）生产总值指标为核心的国民经济指标体系用来反映和权衡整个社会的基本情况和生活质量存在明显局限。从社会角度看，GDP 将好的、坏的产出一视同仁地算在经济指标之中，把造成社会无序和发展倒退的"支出"（例如犯罪、家庭解体等成本）均视为社会财富，不能反映社会贫富悬殊所产生的分配不公平等发展"瓶颈"，即不计总量增长过程中由于人际之间不公平所造成的破坏性后果；从环境角度看，GDP 认为自然资源是自由财富，不去考虑自然资源的逐渐稀缺性，也不去考虑如何解决资源的质量下降和耗竭性资源的枯竭等问题；从经济角度看，它只记录看得见的、可以价格化的劳务，其他对社会非常有贡献的劳务却被摒除在外，把家务劳动、志愿者的贡献等非市场经济行为，部分地或完全地忽略，也未真实反映社会发展的全貌（杨多贵等，2002）。

　　对 GDP 的反思性研究使人们越发意识到经济领域只是社会领域中的重要组成部分，经济指标虽然能够反映经济的发展状况，但却无法衡量一个国家或某一社会的综合发展情况。因此对于一个社会来说，它除了需要经济方面的信息之外，还需要"政治、社会、文化和生物物理"等方面的信息，而且"质量方面的信息，完全可以和数量方面的信息具有同等的重要性"[①]。社会指标运动的兴起与"强烈的社会需要感和人们对目的、合理性在指导人类事务方面所起的作用所持的那种固有的乐观主义"密切相关[②]。强烈的社会需要来自技术的快速发展，因为技术的高速发展使社会发生深刻的、日益加剧的变化。技术的发明意味着社会需要付出一定的代价，并接受它所造成的社会影响和后果。因此，权衡技术发展的代价、效益和利弊，就成了一种迫切的社会需要（秦麟征，1983）。在这样一种背景当中，美国的空间研究对社会指标的发展可谓起到了推波助澜的作用。这项极其庞大的技术计划，引发了人们的诸多思考。例如，巨大的资金投入

---

　　① Bauer, R. A. (Ed.). 1966. *Social Indicators*. MIT Press, P. 154，转引自秦麟征：《关于美国的社会指标运动》，载《国外社会科学》1983 年第 2 期，第 30 页。

　　② Andrews, F. M. and S. B. Withey. 1978. *Social Indicators of Well-being: American Perceptions of Life Quality*. Plenum Press, P. 2，转引自秦麟征：《关于美国的社会指标运动》，载《国外社会科学》1983 年第 2 期，第 30 页。

是否有价值，空间计划对社会的科技、政治、经济、文化、教育、军事等各个领域的影响究竟利弊如何等等。上述所有问题的回答如果仅凭专家学者的定性分析显然不尽如人意，因此迫切需要寻找到能够衡量影响和评价利弊的技术性手段。正是基于这样的研究初衷，以鲍尔为代表的研究人员试图建立一种全新的社会指标体系，以此来评估空间计划的社会影响。此举最终促成了《社会指标》(*Social Indicators*)一书于1966年的出版。在这部被誉为该领域"头一个，也许是最重要的一个创新性出版物"的著作中，鲍尔等人探讨了各种观测与预测社会变迁的方法。其中彼得曼（Albert Biderman）撰写的"社会指标及其目标"与格罗斯（Bertram Gross）撰写的"社会体系会计账"两章被公认为是社会指标文献中的经典之作。鲍尔本人也由于在社会指标发展初期的开拓性贡献，被人们誉为"社会指标运动之父"。

（三）社会指标运动的全球发展

社会指标运动首先在美国得到了突飞猛进的发展。国家科技、自动化与经济发展委员会（The National Commission on Technology, Automation & Economic Progress）在1966年出版了《科技与美国经济》(*Technology and the American Economy*)一书，支持政府在全国范围内开展社会指标研究。该委员会成立于1964年，宗旨就是研究当前及未来科技的变迁对经济和社会的影响，并提出能改变这些结果或减轻不良后果的方法。该委员会同时指出应发展一套社会会计账体系"使我们能认清社会经济发展的意义，使我们能在记录社会、经济变迁的效益之外，同时记录其成本"（Rossi and Gilmartin, 1985）。由于这是首度由美国官方的政府小组所认可的社会指标计划，所以意义相当深远。

拉塞尔·塞奇基金会在社会指标运动的早期阶段发挥了积极作用，极大地推动了社会指标学理上的研究发展（罗西和吉尔马丁，1985）。基金会于1965年设立了一个专项，在谢尔登和穆尔指导下观测社会变迁。该专项的第一本重要文献就是由二人编辑的《社会变迁指标：概念与测量》(*Indicators of Social Change: Concepts and Measurements*)。该书被誉为是自《最新美国社会趋势》一书出版以来，涵盖美国社会主要层面最完整的文献。基金会赞助下的另一本对社会指标运动产生重大影响的书籍就是由坎贝尔（Angus Campbell）和康弗斯（Philip Converse）主编的《社会变迁对人类的意义》(*The Human Meaning of Social Change*)。该书通常被视为是前者的重要补充文献。

1966年鲍尔发表《社会指标》不久后，社会指标研究很快传播到欧洲和其他国家，并推动了国际组织的研究工作。众多国家与国际组织开始接纳社会指标以及社会报告的概念，越来越多的国家出版或正在发展有关全国性社会与经济状况及趋势的报告,以期能探询社会发展的整体状况。尽管各个国家和国际组织对"社会指标运动"的兴趣并不完全一致,正如美国学者所指出的那样,"社会指标运动一开始就有着多种目标,但对哪种目标应予优先的问题却未取得一致意见",不过从各种各样的"指标"、"报告"、"问题目录"等所包含的内容看,都是围绕一个共同的中心,即人类自身的生存条件、生活质量和发展环境(王立彦、李心愉,1994)。

经济合作与发展组织从1970年起也为建立社会指标开展了全面、系统的工作。该组织的人力和社会事务委员会建立了一个社会指标研究小组,并制定出一份成员国一致同意的描述个人生活质量的社会关注领域一览表,在这一基础上对指标进行分类,统一定义,加工修改,1976年发表了社会指标报告《社会生活质量的计量》。经合组织早期的工作主要是以发达国家的社会发展情况为依据。

联合国所属专门机构,如世界健康组织、联合国粮农组织、国际劳工组织、联合国教科文组织等在其职责范围内和感兴趣的领域促进了社会指标的改进和推广工作。联合国社会发展研究所和教科文组织还着重进行了社会指标的方法论和应用的研究。联合国统计局则一直致力于社会人口与经济的统计工作研究,并将其利用到社会问题的统计和社会指标的制定中。1975年发表了以经济计量学家英国剑桥大学理查德·斯通(Richard Stone)为首的专家组起草的《社会与人口统计体系》的工作报告,目的就是要充分利用各种社会指标,研发一套丰富的社会和人口统计体系。此后又几经修改与完善,发表了一系列的工作报告。例如1979年发表的《社会统计综合研究的技术报告》对该体系的使用情况进行了总结和说明,并提出了进一步的工作设想。在广泛应用的基础上,1977年联合国统计局发表了第一本与社会人口统计体系的发展相协调一致的《社会统计提要》,列出的主要统计项目描述了世界主要国家和地区的社会状况与社会变化情况。

与此同时,世界上很多国家的统计局发表了各种反映本国人民生活状况和福利水平的社会统计提要。其中最早由英国统计局出版的《社会趋势》反映出社会科学家对社会指标和社会人口统计综合研究的关注。美国商务部人口普查局从1973年起每隔三年编印一本反映美国社会现状和发展趋势的社会指标集,资料内容十分丰富,反映了美国社会生活各方面的情况。

三、社会指标与生活质量的契合

20世纪60~70年代社会指标研究在全球范围内的推广,并非孤立的社会现象,而是与当时的社会、政治氛围密切相关。社会指标研究飞速发展的时期恰恰也是人们首次开始怀疑是否应该将经济增长视为社会进步的主要目标的时候。经济增长的社会代价、公共贫困等新出现的社会问题伴随着反全球化运动的兴起，引起了人们的广泛关注。社会指标运动作为美国整个社会指标研究事业发展的重要里程碑，经历了三个不同的发展阶段（秦麟征，1983）。第一，理论研究阶段：从20世纪60年代中期到60年代末。这个阶段的特点是，为加强社会指标的研究广造舆论；呼吁建立科学的社会指标体系，要求在政府设立类似经济顾问理事会的社会顾问理事会，倡议筹建或扩大社会指标的研究设施；同时加强了对社会指标的概念和性质、理想的社会指标体系和研究设施、反馈系统的重要性等方面的理论研究。第二，应用研究阶段：从20世纪60年代末期至70年代初。在这段时期，社会指标研究着重在社会变化指标、社会指标的应用及其评价、社会指标与社会政策的关系等方面。应用研究和方法论研究有了较大的进展。第三，生活质量指标研究阶段：始于20世纪70年代，至今仍在继续。在这期间，出版了许多以富裕、幸福、生活水平、家庭状况等方面的生活质量指标为中心的论著，同时出现了这样一种主张，要切实可行的进行社会指标研究，就必须研究生活质量指标，并以个人的幸福作为研究的出发点或中心点。

　　20世纪70年代中期以后，社会指标运动开始进入低潮，但是生活质量的研究传统却得以传承并发展起来，成为社会学研究的一个重要组成部分。虽然早在社会指标运动之前，生活质量研究就已经获得初步发展，但多以经济学家对传统社会发展观和GDP指标的批判反思为主。20世纪50年代美国经济学家加尔布雷斯（J. K. Calbraith）在其所著《丰裕社会》（*Affluent Society*）一书中基于对现实社会矛盾的思考，阐释了生活质量的概念。他意识到尽管经济发展使美国达到了很高的物质生活水准，但是与此同时美国人民却生活在荆棘丛生的种种社会矛盾之中，因此必须以新观点来看待生活水平的高低。加尔布雷斯指出，目前的问题不是"失业"，而是不善于利用"闲暇"来从事创造性的精神劳动；目前的危机不是经济危机，而是"人"的道德上和精神上的危机；目前的收入分配不是不均，而是在收入趋向平均的情况下，一些人乱花乱用，解决这些问题就必须提高生活质量（傅殷才，1983）。加尔布雷斯在1967年和1973年又分别发表了《新工业国》（*The New Industrial State*）和《经济学和公共目标》（*Economics and the public purpose*）两本著作。他指出，经济增长已经不是社会的迫切需要，国民生产总值已经日益失去衡量社会发展程度的价值，现在所应追求的是和谐、悠闲和有保障的生活。美国著名经济学家萨缪尔森（Paul Samuelson）所著《经济学》曾风靡西方经济学界，在20世纪70年代的修订版中专门列出一章论述生活质量问题，并引用一位年轻激进派的话说"不要向我提国内生产总值（GDP）这一概念，对我而言，GDP 的含义就是国民总污染"①。他认为，现代经济学绝不能把数量视若神明而忽视生活的质量，并且建议用 NEW 来补充 GDP。NEW 是指经济净福利，即扣除了消极后果之后能给人民带来真正福利的经济产值，是经过调整之后的 GDP，即扣除了污染的费用、现代城市生活负值效应价值、闲暇时间丧失价值等等之后的 GDP。他认为，如果政府和个人真正想要改善生活质量，就应当牺牲一些 GDP，来取得更多的 NEW。耶鲁大学经济学家威廉·诺得豪斯（William M. Naodhaus）和詹姆斯·托宾（James Tobin）也持相同观点。他们认为，曾经以经济增长作为经济学理论研究基石的传统观点将受到挑战与谴责（冯立天、戴星翼，1996）。

及至社会指标运动获得蓬勃发展，如何正确评估人类社会的发展状况，科学引导人与自然和谐相处成为迫切的现实与理论课题。人们开始逐渐反思"更多是否意味着更好……'生活质量'概念的产生代替了那些越来越受到质疑的物质繁荣的概念，成为了一种全新的、多维度的、更加复杂的社会发展目标"（诺尔，2002a）。而要实现对生活质量这一新的社会发展目标的科学测量，必然需要方法论上的有力支持。社会指标运动适时地提供了必要的理论与工具上的保障。从最初经济学家基于对 GDP 指标的批判与修正而关注生活质量，到社会学家从多方位开展生活质量研究，并最终促成了一个新兴社会学研究领域的形成，生活质量研究前进的步伐与社会指标运动的发展息息相关。

自 1966 年《社会指标》一书出版后，一批以社会指标为方法研究生活质量的文章和书籍应运而生。比较引人注目的有美国总统行政办公室发行的《1973 年社会指标》，引起了社会的极大关注，它向读者提供了关于美国生活质量的广泛背景知识，有助于社会公共政策的制定与实施。早期的美国生活质量指标体系有两个显著特点（秦斌祥等，1988）。第一，在研究者看来，生活质量内容广泛，无所不包。除衣食住行等消费活动之外，它还包括工作、休闲以及政治活动等范畴。《1973 年社会指标》就包括卫生、公共安全、教育、就业、收入、住房、娱乐、人口等八个方面。第二，研究主要停留在用客观指标对生活质量进行描述分析的阶段。

与此发展阶段类似，欧洲斯堪的纳维亚半岛国家的生活质量研究也采用了客观指标体系的测量方法，认为生活质量与人们所需要的客观资源息息相关。这些客观资源主要有收入、资产、教育、知识技能以及社会关系网络等等。虽然这种生活质量研究方法并不否认主观指标具有一定的存在价值，但是他们往往认为个体的主观评价建立在个体的期望水平基础之上，是因人而异的，并不能作为指导

---

① ［美］萨缪尔森著：《经济学》(上册)，商务印书馆1979年版。

社会政策制定的具有普遍性的标准,所以不加以细致研究(周长城等,2001)。

当然不可否认客观指标是生活质量指标体系中必不可少的一部分,但是在美国的随后研究中人们逐渐对客观指标体系能否对生活质量进行完美无缺的测量产生越来越多的质疑。人们意识到,客观指标反映的只是拥有某种客观物质资源的数量状况,至于它们会对生活产生多大影响,还得从主观指标的评价中获得答案。正是基于这种认识逐渐形成了生活质量研究中的所谓美国模式,即根据个体自行评估的需求满足程度来衡量人们的生活质量。社会发展的最终目标并不是生活质量的客观方面,而是人们的主观满意度(subjective well-being)和幸福。持这种观点的主要理由是,由于各地的经济发展水平和社会文化特征具有多样性,而且不同个体受教育的程度、性别、年龄、生活历程以及社会地位有所不同,致使人们对生活质量的衡量和评估不一样,所以用某些物质条件上的差异作为定义生活质量的标准是片面而不合理的(周长城等,2001)。20 世纪 60 年代中期坎特尔(Hadley Cantril)的"自我定级量表(Self-Anchoring Striving Scale)"以及 70 年代安德鲁(Andrew)和威瑟(Withey)的 D-T 量表成为该阶段的代表性研究。两种研究方法有着异曲同工之妙,都采用了生活质量阶梯图的形式。前者依次分为 10 个等级,最上和最下分别表示生活的最好和最差境界,要求回答者在阶梯图上标明自己目前生活状况所处的位置,以及过去和今后所处的和期望所处的位置。后者分为 7 个等级,从极糟到快乐,要求回答者在量表上标出对某一个生活领域幸福感的主观评价。这种自我评价方式为生活质量测量开辟了新的道路,至今仍然可以在很多研究中看到它们的广泛应用。

将主客观生活质量指标体系割裂开来各自为政进行研究并没有持续多久。毕竟正如辩证唯物主义所表明的那样,任何事物的发展都是辩证统一的整体,单纯割裂某一个方面,仅就另一个方面进行研究必然导致认识问题的片面性和局限性。那些仅仅对幸福程度的测量和主观满意度的评价,或者单纯强调生活质量客观物质条件的定义,都会因为认识论上的偏差而导致研究结论遗漏某些生活质量的重要方面。正如迪纳(Diener)和徐恩国(Eunkook Suh)所言,"不管在概念上和方法上社会客观指标和主观幸福指标有多大不同,我们需要各方面理论的综合作用才能对此现象有一个全面的认知"[迪恩纳和苏赫(Diener and Suh,1997)]。越来越多的研究者也开始尝试将主客观指标体系结合起来进行综合研究,以期获得对生活质量更加全面的认知。

第二章

生活质量研究的基本范畴

进入20世纪80~90年代后，作为一个新兴的社会科学研究领域，学术研究界出现大量以"生活质量"为内容的调查、研究；社会生活领域的各种相关宣传和用作商业用途的统计调查也数量众多。那么到底什么是生活质量？生活质量的内涵与外延是什么？生活质量研究背后折射的价值理念又是如何？当深入介入该研究领域时，这样一系列看似简单实则复杂而关键的问题就摆在面前，它们是生活质量研究的根基所在。

一、生活质量的概念

（一）生活质量的概念溯源

举凡讨论"生活质量"问题，无不将"生活质量"与莫里斯（M. D. Morris）联系起来，这是因为1975年在莫里斯指导下的、总部设在美国华盛顿的海外发展委员会提出了一个直接冠以"生活质量"之名的"物质生活质量指数"（The Physical Quality of Life Index），简称PQLI，又译为"实物生活质量指数"、"生活的物质质量指数"、"生活指数的物质质量"等。因为在中国生活质量研究的早期阶段，物质生活质量指数经常被人们征引并加以讨论，很多学者在研究生活质量问题的时候，也常常以该指数作为研究起点，以至于不少学者将海外发展委员会的研究当作生活质量的开创性研究来对待。这其实存在某种误解（朱国宏，

1992)。制定 PQLI 旨在为美国对贫国提供发展援助计划进行有效性的评估，它也可以作为穷国调整社会发展战略的依据。在 1979 年莫里斯所著《衡量世界穷国的状况——物质生活质量指数》（Measuring the Condition of the World's Poor: The Physical Quality of Life Index）一书中对 PQLI 做了比较客观详尽的描述。PQLI 指数是由识字率、婴儿死亡率及一岁预期寿命三个指标，通过指数计算综合出来的。虽然海外发展委员会将其研究成果以生活质量命名，但并不意味着它的研究直接以生活质量为对象。PQLI 的研究对象是指数而非生活质量，生活质量只不过是它所研究的衡量社会发展和社会进步的指数的名称而已（朱国宏，1992）。物质生活质量指数一经发表就引起了广泛关注。这与该指数的综合性特征有着密不可分的关系。虽然在该指数之前，无论是联合国的有关组织，还是其他一些具有影响力的国际组织都曾开展过类似的研究活动，但因为先前形成的研究成果往往由一系列变量数据构成，具有结构复杂、数据资料难以获得等缺陷，而 PQLI 的简明、综合性特征恰可以弥补上述缺陷，因而受到普遍欢迎，并被广泛应用于衡量一个国家或地区的社会经济发展状况，特别是发展中国家的发展程度。

物质生活质量指数虽然影响深远，但以其作为生活质量研究的起点却并不恰当。有学者考据了国内当时已有的文献资料，指出在莫里斯之前，生活质量概念就已被提出，并认为美国经济学家加尔布雷斯在 1958 年所著的《丰裕社会》中首创了生活质量的概念（秦斌祥、朱传一，1988）。但是由于 20 世纪 50~60 年代，生活质量研究还不甚成熟，生活质量概念往往和生活水平、生活标准、福利水平等概念一起被混同使用。因此有国内学者认为真正将生活质量作为研究对象，并将这一概念纳入其理论框架的可能首推美国经济学家罗斯托（Walt Whitman Rostow）（朱国宏，1992）。他在 1971 年发表的《政治和成长阶段》（Politics and the Stage of Growth）一书中深入地探索了生活质量问题并形成了自己的理论体系。自此之后的国内研究拘泥于资料的限制，大多认同了上述研究结论。在论及生活质量的研究起源时，莫不提及加尔布雷斯的《丰裕社会》一书（马洪、孙尚清，1989；朱国宏，1992；冯立天，1992；冯立天、戴星翼，1996；周长城等，2001，2003a）。但是最近根据大量外文资料的考察却发现，关于生活质量概念的起源有着不同的版本。英国福利经济学家庇古（A. C. Pigou）才是首先使用生活质量这一术语的社会科学家。庇古在 1920 年的一本关于经济学与福利研究的著作《福利经济学》（The Economics of Welfare）中，明确使用了生活质量的概念以描述福利的非经济方面（Non-economic Aspects of Welfare）[雅各布·M·范拉尔（Jacob M. van Laar，2005）]。庇古在著作中讨论了政府对更低社会阶层的福利供给以及对其生活状况和国家财政的影响，他写道："首先，非经济福利易于被获取收入的方式所修正。因为工作环境会对生活质量产生影响"（庇古；Pigou，1929。引自格兰泽等人；Cited in Glatzer et al.，2004）。自此之后，生活质量的概念消失了将近20多年，直到第二次世界大战后才再次被人们提及。

　　几个重要的历史契机促成了生活质量研究的再次发展。其一是世界卫生组织关于健康定义的扩展。世界卫生组织（World Health Organization，WHO）是联合国属下的专门卫生机构，创立于1948年4月7日，其使命是使全人类达到最佳健康水平。世界卫生组织对健康的定义颠覆了以往的传统观点，健康不再仅仅是疾病或羸弱的消除，而是体格、精神与社会的完全健康状态，即躯体上、心理上和社会适应上的一种完满状况。这种对健康认知的彻底改变，一方面促成了近代生物医学模式向现代生物-心理-社会医学模式的转变，另一方面引发了人们对于人类健康状况是否具有测量可行性的讨论。这一讨论的延伸发展便是生活质量研究的一个重要分支领域——与健康相关的生活质量（HRQOL）研究的兴起。甚至该领域的某些学者据此认为生活质量研究最早是在临床肿瘤研究中提出来的，20世纪40年代卡劳夫斯基（Karnofsky）等首先提出了肿瘤病人的行为状态评分，这虽然算不上真正的生活质量评定，但它为今后临床医学生活质量研究首开先河（石智勇、李春亚，2000）。20世纪70年代，生活质量这一概念被医学界普遍接受，1975年生活质量作为关键词被收入到医学文献中。其二是西方社会存在的不平等现象变得更加尖锐，由此引起了社会的普遍关注，也推动了20世纪60年代各项社会运动和政策变革的开始。60年代中期《美国总统国家计划委员会报告》（*Report of the President's Commission on National Goals in the United States*）实际上已经使用了生活质量这一术语，这便是席卷世界的社会指标运动的开端时期。社会指标运动的目标就是提供社会发展的定期报告，以评估社会政策的进展情况，它在间接上为生活质量的量化研究提供了方法论上的支持。两者的历史契合积极推动了生活质量研究在全球范围内的开展。

（二）不同层面的概念建构

　　一位哲学家曾经说过："形而上学的问题，就是类别的问题。"可以对每一个科学领域，以至每一个知识科学都做出类似的陈述，因为定义是先于实际的讨论、调查或有关行动的。所以，要求观察者这一方对定义做出统一的意见。然而，在没有"客观的"标准和形成定义要依赖于人类激情的领域中，要想取得这种统一的意见，是颇为困难的（沃林斯基，1999）。

　　生活质量的研究更是如此。没有疾病（Absence of Illness）、健康状况（Health Status）、主观幸福感（Subjective Well-being）、功能状况（Functional Status）、快乐（Happiness）、生活满意度（Life Satisfaction）、积极影响（Positive Affect）、自我实现（Self-actualization）、美好生活（Good Life）……所有这些术语都频繁出现在各

类生活质量的定义当中，一方面成为解释生活质量的关键词，另一方面这些本不相同的术语却仿佛成为生活质量的代名词，以至于生活质量几乎成为社会科学领域内用法最不确定的概念之一。拉普安特（LaPointe）就曾经表达过这样的见解，"在新千年的第一个世纪里，我认为在语言和思想研究的领域中存在着一个重要议题，这是一个棘手的、紧要的、容易被人忽略但又十分关键的概念，即生活质量的定义和测量。"（2001）。

生活质量研究内容庞杂，因此缺乏一个统一公认的定义和标准的测量方法，也就不足为奇。"生活"本身就是一个内涵与外延十分宽泛的范畴，就其质量的讨论而言，自然不确定成分颇多。另一个值得考虑的因素是生活质量的分析层次大体而言存在个体与群体的区别（虽然很多时候很难将两者截然区分），不同分析层次的侧重各有不同，因此概念建构也各有差异。生活质量概念的"现代形式"是作为个体的一种特点以及国家繁荣的一个指标而存在的（拉普里，2003）。

1. 个体层面的生活质量

康明斯（Cummins）将生活质量"现代形式"的产生归功于1964年约翰逊总统的一次演讲，约翰逊总统在演讲中说道：社会进步"不能通过我们银行存款余额的多少来衡量，而只能以人民的生活质量来评价"（康明斯，1997b；引自拉普里，2003）。与此相似的是，诺尔也认为美国前总统约翰逊在1964年就曾经说过："评价一个美好社会并不是看它有多少财富，而是在于其品质——不是商品的数量，而是人们的生活质量"（1996）。生活质量成为"美好社会"成功与否的重要衡量标准。

然而如何解释个体层面的"美好社会"长久以来存在很多争议。布洛克（Brock，1993）就"美好生活"理论，区分了三种不同的生活质量研究方法——享乐主义理论、偏好满足理论和理想理论。享乐主义理论（Hedonist Theory）坚持认为终极的美好就是拥有某些可以意识到的经历——幸福、愉快、满足——伴随着对欲望的追求。该理论强调个体的主观经历，认为美好生活是由许多愉快经历组成的，它包括了性生活的愉悦、实现某种财富目标的快乐、享受饕餮大餐的味觉享受，等等。特别值得注意的是享乐主义理论强调的仅仅是涉及上述各种愉悦体验的经历。因此一个人可能即使没有真正实现某种目标，依然可以在奋斗的过程中体会到快乐的感觉。主观的精神体验才是理论的核心。偏好满足理论（Preference Satisfaction Theory）与米克劳斯（Alex C. Michalos）的多重差异理论密切相关，认为美好生活就在于欲望和偏好的满足之中，美好被理解为人们能够得到他们渴望和偏爱的东西，将最少的未能得到满足的需要等同于更多的幸福。假设一个人对获得博士学位具有强烈渴望，那么如果他真的实现了这一愿望，生活对他而言就会变得更加美好，反之如果愿望落空，生活就会变得很糟糕。就此而言偏好满足理论与享乐主义理论是截然不同的。如果继续沿用前面的例子，享乐主义理论会认为获得博士学位的经历才是重要的，结果倒是其次。偏好满足理论则认为如果我的偏好可以得到实际的满足，那么生活就会变得越来越好，但是如果只是拥有精神上的体验，还远远不够。理想理论（Ideal Theory）则认为至少有些美好生活既不是可意识到的享受，也不是偏好的满足，而在于对某些具体标准理想的满足中，即美好生活存在于某些客观美好事物的实现之中。例如，美好生活包括了个人的自由，它意味着社会成员拥有更多的选择权力，追求美好事物的时候受到较少的限制，因此获得自由的能力就成为人们能够过上美好生活的必要条件。

为了能够形成一个综合性的概念解释，人们做出了很多尝试。埃瑞克·阿拉德（Erik Allardt）在1976年和1981年对生活质量的分析被欧盟学者视为定义生活质量的开端。阿拉德对主客观生活状况进行了区分，并特别考虑了四个不同的维度——生活水平、生活质量、满意度和幸福。生活水平指的是食物、健康、就业、收入等所谓的物质需求；生活质量指的是非物质生活状况，主要根据人际关系的质量、社会和文化整合、环境质量来定义；满意度是对生活状况水平的主观感知；幸福是对生活质量的主观感知〔欧盟（European Union, 1999）〕。安德鲁斯和萨拉伊（Andrews and Szalai）则提出了不同的分析方式，他们认为生活质量是上述所有提及的各种要素的集合，包括物质的、非物质的、客观的和主观的要素，因为不同维度之间存在着很强的相互作用关系（欧盟，1999）。

尽管目前人们对生活质量应该包括哪些内容仍然没有形成一致意见，但至少已经就其多维度的特性达成共识，认为生活质量并非仅仅包括物质福利。例如劳顿（Lawton）指出生活质量是一个多维概念，并强调生活质量在结构上应包括评估、个人标准、社会规范、人与环境、时空等五个方面，而在内容上应包括行为能力、感知、环境、心理四个方面[1]。卡内曼（Kahneman）等提出了生活质量应包括五个层次的内容：外部条件（如收入、邻里、住房等）、福利的主观评价（如自陈满意不满意）、一贯的情绪状态（乐观/悲观）、行为的生化和神经基质[2]。

在多样化的生活质量定义中，世界卫生组织生活质量研究组（WHOQOL

---

[1] Lawton, M. P. 1991. "A Multidimensional View of Quality of Life in Frail Elders." pp. 3-27 in *The Concept and Measurement of Quality of Life in the Frail Elderly*, edited by James Birren, James Lubben, Janice Rowe, and Donna Deutchman. San Diego, CA: Academic Press. 转引自曾毅、顾大男：《老年人生活质量研究的国际动态》，载《中国人口科学》2002年第5期，第60页。

[2] Kahneman, D., E. Diener, and N. Schwarz (Eds.). 1999. *Well-being: The Foundations of Hedonic Psychology*. New York: Russell Sage Foundation. 转引自曾毅、顾大男：《老年人生活质量研究的国际动态》，载《中国人口科学》2002年第5期，第60页。

Group）的界定比较具有代表性："生活质量被定义为个体对他们生活于其中的文化和价值体系背景中的生活状况的感知，这种状况与他们的目标、期望、标准和关注密切相关。生活质量是一个十分宽泛的概念，以一种复杂的方式将个体的生理健康、心理状态、独立水平、社会关系、个人信仰和他们与环境显著特征的关系融入其中"（1995）。该定义强调生活质量的主观性，包括了生活的积极和消极方面，也将其视为一个多维度的概念。世界卫生组织生活质量研究组定义的成功之处就在于将文化、社会环境、价值体系等背景因素考虑到生活质量的概念建构中，使得人们关注到生活质量对于不同个体具有不同的概念内涵，不能简单地和健康状况、生活满意度、精神状态或幸福等术语画等号。

除了多维度的特性外，很多学者还从生活质量的客观范畴与主观范畴的角度界定生活质量。查普夫（Zapf）特别表明在客观生活状况和主观生活质量之间存在相互关系。如果把客观生活状况简化为两个方面，即好与坏，再与主观生活质量合并就可以形成一个 2×2 的矩阵。一个人生活在良好的客观条件中，却认为自己的可感生活质量很差，这种情况是可能存在的，被查普夫称为不协调；相反如果一个人认为尽管客观生活状况很糟糕，但主观生活质量良好，那么就称之为顺应；当客观状况与主观感觉都很好的时候，就会感到幸福，反之则产生剥夺感（扎普；Zapf，1984。引自欧盟；1999）。

泰勒和博格丹（Taylor and Bogdan）认为生活质量是反映个人对生活的整体满足感，是对生活体验的一种丰足的感觉；史家乐（Schalock）认为生活质量包含了个人幸福的感觉，有机会去发展自己的潜能，而且在家庭、社区、就业及健康各方面都可以积极参与；布朗和贝耶（Brown and Bayer）则提出生活质量是个人对其环境的掌握及操控程度，这些定义说明个人主观的经验是界定生活质量的主要元素（黄敬岁，1999），客观条件则是构成生活质量的另一元素。史家乐（1996）就生活质量的内容提出了八个维度的整合概念框架：情感心理状况、人际关系、物质福利、个人发展、身体状况、自我决定、社会包容、权利。这八个维度是影响个人生活质量的重要客观条件，个人对这些维度的需求比重及满足程度因人而异，体现了不同的主观体验。该定义强调生活质量的本质是由客观条件及个人主观体验所组成的。

拉普里（Mark Rapley）在《生活质量》（Quality of Life：a Critical Introduction）一书中对康明斯的生活质量定义予以了高度评价，认为在个体层面，康明斯的定义最具影响力。"生活质量同时兼有客观性和主观性，以七个领域为核心：物质福利、健康、生产率、亲密、安全、社区和感情幸福。客观领域包含对客观福利的文化意义上的相关测量。主观领域包括各领域的满意度，并由满意度对个体的重要性加权而得"（康明斯，1997a；引自拉普里，2003）。该定义关注到主客观两个领域,并且在衡量生活满意度时引入了加权的思想。

随着人类发展理念的不断变革,在过去的20多年中,个体层面的生活质量研究面临着诸多挑战,不仅有来自概念操作化的困扰,更包括深层研究理念的更新。人们逐渐意识到过去单纯依靠科技进步和医学技术提高就能提高生活质量的观念是十分片面的,生活质量是由个人、家庭、社区和社会福利与价值信仰、感知因素和环境状况等多元因素共同作用的结果。这就使得人本化的视角,尤其是病人和服务使用者的视角在近十年左右,通过各种开放式主观调查的发展,被充分应用到生活质量研究中(格兰泽等人,2004)。把个人置于判断生活质量的核心地位,关注对象从一般人群,逐渐扩展到社会生活中的边缘群体和特殊群体,比如智力障碍者这类以往被人们所忽视的群体。个人生活质量评估量表(Schedule for Evaluation of Individual Quality of Life,SEIQoF)就是一个典型例子,它是由被调查者来判断生活的哪些方面对整体生活质量是最重要的,这和其他由研究者确定生活质量重要方面的调查不同,充分体现了被调查者的主观能动性和他们对自己生活质量状况的关注程度。正是基于上述变化,史家乐认为在当前的研究中,生活质量成为了一个敏感的概念,它给予我们一种来自个体视角,强调个人和个体环境的导向意义;作为一个统一的主题,为生活质量建构的概念化、测量和应用提供了一个分析框架;同时也是一种社会建构,成为增强个人幸福,协调计划、社区和社会变迁的一个重要原则[沙勒克(Schalock,2004)]。

2. 群体层面的生活质量

在20世纪前半叶,各个国家主要是以物质生活水平的高低来衡量生活质量。人们往往认为一个国家的物质生活水平越高,公民的生活质量就越高。生活质量通常是通过与GNP相关的测量来获得,后来才逐渐改成以人均实际GDP来测量,但是在20世纪60年代,研究氛围发生了一些变化。提倡以多元化的指标来研究生活质量,体现在所谓的"社会指标"运动中[维思霍夫(Veenhoven,1996)]。

及至20世纪80年代末期至90年代初期,生活质量的理念广泛渗透到社会生活的方方面面,成为最具影响力的研究领域之一。社会公正、社会平等、自由、社会保障、社会整合等宏观价值理念开始成为群体层面生活质量研究的核心思想。

澳大利亚统计局(Australian Bureau of Statistics,ABS)深刻意识到生活质量测量对监测政府的社会政策效果具有至关重要的作用。ABS认为:"人类活动的主要动力是对令人满意的健康状况、更好的生存条件、不断提高的生活质量的向往。个体为了自身、家庭及他们所处的社区达到目的而不懈努力。他们已经意识到,提高个人的生活质量是人类活动的主要推动力"(ABS,2001)。在ABS的研究中,福利是与生活质量可以相互替换的同义词。当需要界定生活质量或福利的意义时，首先需要确定概念的边界。以测量福利为例，这是一项十分浩大的工程。"从生到死，生活使个体根植于一个充满活力的文化之中，它包括自然环境（光、热、空气、土地、水、矿藏、植物、动物），人工环境（物体、建筑、道路、机械、设施、技术），社会设置（家庭、社会网络、协会、制度、经济）以及人类意识（知识、信仰、理解、技能、传统）。福利取决于与文化相互作用的所有要素，可以被视为一种健康的状态或者生活各个方面的充裕状况。因此福利测量包括对整个生活的描绘，并且考虑到每一个生活事件或者对个体生活质量或社会凝聚具有潜在影响的社会情景。在个体层面，包括生活的生理、情感、心理和精神方面。在更广义的层面上，每一个个体周围的物质和自然环境，通过相互依赖，成为福利均衡的组成部分"（ABS，2001）。鉴于该定义涉及多样性的范畴，如何选择具有代表性的领域本身就体现了某种价值判断。例如哪些生活领域对福利更重要，哪些社会议题最具紧迫性等等。对这些问题的考量都必须做出一系列价值判断，从而决定实际测量的指标范畴。但是 ABS 也清楚地意识到，不可能存在一种使所有致力于帮助改善人民生活质量的党派都满意的单一的福利测量方法（拉普里，2003）。恰恰相反，需要给不同的研究者、政策制定者提供一系列的测量方法，以使他们可以从中选择感兴趣的主题。

　　随着生活质量研究在全球范围内的展开，开展跨地区的生活质量比较成为摆在人们面前的一个崭新课题。如何建构起一个科学的综合指标体系所面临的首要问题就是对生活质量概念框架的明确定位。欧洲以其独特的地缘优势成为分而不离的跨地区研究首选之地，一脉相承的文化传统同时又各具特色的发展差异为比较研究提供了良好的社会基础。正是这样得天独厚的地区优势，使得欧洲的跨地区生活质量比较研究取得了较高的发展水平。以伯杰·施米特（Berger-Schmitt）和诺尔开发的 ZUMA 生活质量模式为例，ZUMA 生活质量模式是一项高度复杂的包括生活质量概念化与测量的研究创新[①]。它的概念框架以生活质量、社会凝聚和可持续性三个概念为基础。研究的最终目的就是要"使用具有深厚理论和方法论根基的指标来测量和分析欧洲公民福利的变化，而这些指标均源自一个综合性的概念框架"（格兰泽等人，2004）。伯杰·施米特和诺尔将几个十分重要，但是以前未曾有联系的研究传统整合在一起，其中包括美国的"主观幸福感"生活质量研究传统、欧盟的社会目标和福利政策、社会科学对于可持续性、社会排斥、社会资本和社会融合的理论化研究，从而使生活质量包含了客观生活状况和主观幸福感的增强，成为一种"观察和测量的综合性视角"。ZUMA 模式随后

[①] ZUMA 是德国问卷调查与方法论研究中心（The Centre for Survey Research and Methodology）的简称。

被应用到欧洲报告计划（Eu Reporting project）中，该项目由哈贝奇（Habich）、查普夫和诺尔等人发起，在致力于创建科学的社会指标以系统监测生活状况和生活质量方面具有重要的影响[①]。在建构欧洲社会指标体系的过程中，欧洲报告计划沿袭了 ZUMA 的研究方法，强调对生活领域的测量，因此建构了一个覆盖十三个生活领域的综合指标体系，例如住房、交通、健康、环境、公共安全和犯罪等，此外还增加了总体生活状况的测量（伯杰·施米特和诺尔，2000）。ZUMA 生活质量测量方法的两个目标就是减少差距和不平等（包括减少社会排斥）、增强联系和社会关系（包括增加社会资本），因此成为一种涵盖社会资本、社会融合和社会凝聚在内的综合性的生活质量模型（格兰泽等人，2004）。

综合上述所有研究不难发现，生活质量是一个非常复杂的、多维度的、抽象化的概念，如同其他许多社会科学概念一样，针对不同个人和群体会有不同的诠释，因此一直以来都缺乏一个被普遍接受的定义。社会科学概念本身所具有的共同特性表明，生活质量所能代表的仅仅是一种描述性的范畴，同时又具有很强的伦理与文化内涵。许多研究采用了大量的指标测量，在诸如健康、住房、工作、休闲和犯罪等领域对生活质量进行剖析，但是在最终分析中它们所揭示的却是并不能将生活质量研究完全客观化，因为指标的选择、指标的代表性及其解释本身早已暗示了某种价值判断的存在（欧盟，1999）。正因如此，不同的意识形态、文化背景和认知态度都会影响我们对生活质量的定义和测量。这种透过意识形态的架构进行的阐述与分析不可避免地会导致概念界定的困难。任何试图建构一种唯一性和精确性并存的定义的努力，在长期的研究实践中都被证明是徒劳无益的。

二、生活质量的研究领域

（一）应用领域的扩张性

进入到 20 世纪 90 年代以来，生活质量一下子成为时髦名词，然而虽然大家都在讨论"生活质量"，但在众人笔下，生活质量竟成了"千面观音"：一会儿以"生活水平"的同义语出现，一会儿以"人口质量"的共同体出现，一会儿又以"发展"的类形物出现（朱国宏，1992）。概念的非确定性发展为生活质量的应用提供了无限的空间。

[①] 欧洲报告计划是一项在欧洲范围内开展的研究计划，长期致力于创建一个以科学为基础的欧洲社会报告和福利测量体系。

1. 日常生活与生活质量的概念渗透

上至官方话语的政治目标，下至平民百姓的日常生活，生活质量频频出现在报纸、杂志、电视、广播和互联网上。一方面它仿佛成了人们心中不言自明的概念，另一方面在特定语言、语境中它所体现的价值内涵却各不相同。如下几个典型案例充分体现了在日常生活中与生活质量相关主题的多样性。

（1）案例一

"品位办公——追求高质量生活的人绝对不会放过一次完美展现自己的机会，除了精美的着装，办公用具也是体现身份和品位的象征，缺一不可！"

Cartier 袖扣夹   3 150 元

皮质粗犷而制作细腻的鳄鱼皮袖扣夹大气而精美，在你的社交场合中给你的形象加分。

Cartier 钥匙扣   1 980 元

这款以精钢、粗针脚缝线的褐色鳄鱼皮制成的钥匙扣充满男性粗犷气度，让你的小饰品也无限精致。

Cartier 烟灰缸   3 000 元

金光闪烁的精品烟灰缸，印有细腻的虎豹毛皮斑纹，精细的瓷器表面流露出雍容华贵的野性美。

这样一系列令人感到有些炫目的广告推崇的高质量生活，很显然与我们通常所理解的普通人的生活质量存在天壤之别。它自然也不会投放在平民化的一般媒体中，而是出现在一本高档社区直投的《目标杂志》上。奢华用品背后所体现的是远远超出其使用价值的"尊贵的身份象征"。成功人士的生活质量蜕变成一种对奢侈消费品的积极诉求，以及由此带来的个人感官享受。在这个案例中，炫耀性消费成为高质量生活的重要体现。

（2）案例二

"直面舒适小康人居 坐享都市品质生活"：规划建设的地铁 1 号线"荷花塘站"位于本案西侧仅 300 米处，坐拥临平老城区成熟生活配套，尽享大杭州网络都市繁华，感受"芳草园"翰墨文风浸濡，营造高性价比传世水岸名宅。

打造舒适水岸人居

华城·格之林花园位于临平老城区中的文教重区，放眼望去，绿意满目、山风送爽，其乐融融，早已占尽"天时地利"。为了体现"社区，以人为本"这一精髓，社区内部的 8 000 平方米中心水景绿化广场将内水与外河相承接、天然与人工同激荡，满足了您追求健康生活的需求，让您的品质生活从根本上达到质的飞跃。

居住需要品质，生活需要氛围

华城·格之林花园地处临平老城区，长久的历史积淀和城市发展已使这里的人居氛围变得十分浓厚。银行、酒楼、餐厅、超市、大型商场、医疗中心、学校、休闲广场等生活必需设施的具备，让生活尽显轻松便利。

这是一则比较典型的以提高"生活质量"为卖点的房地产广告。无论是"打造舒适水岸人居……满足了您追求健康生活的需求，让您的品质生活从根本上达到质的飞跃"，还是"周末午后的温暖时光，shopping、美发、熏香spa或品位java都可以是您的选择……"，广告的字里行间无不渗透出浓浓的城市精英主义的味道。购买该处房产，不仅可以依托于未来地铁工程的竣工，获得便利的交通出行环境，"长久的历史积淀和城市发展已使这里的人居氛围变得十分浓厚……让生活尽显轻松便利"，而且毗邻城市稀缺的优质环境和教育资源，为生活和发展提供了良好的空间氛围，因此可以"让都市新贵们更加陶醉，让时尚生活更加前卫"。正如众多同类型广告所传达的信息导向一样，风景、时尚、健康、安全、便捷、环保……等等都充分体现了房产的目标定位群体——城市精英一族的生活质量内涵，代表了与某些特权、稀缺资源相关的生活模式。

（3）案例三

2005年11月8日《中国体育报》上刊登了一篇题为"生活质量在健康、善待生命增加那抹生命的亮色"的随笔。

每当我看到广场上、公园里、马路边，那些在清晨里、余晖下、细雨中，那些翩翩起舞的人们，笑喝西北风，喜饮雪花瓣，一脸的阳光绚丽，跳着、唱着、摇着、摆着，跳出了情趣、跳出了欢愉、跳出了健康，心里总是掠过一片舒心、一片欢乐。于是在心里默默的又在下那个不知下了多少次的决心：明天，我也要像他们那样去锻炼、去生活。是啊，真应该好好像他们那样去生活，与其拿钱去买健康，不如用健康去换钱，曾经在一本书中看到这样一句话：人活着就是为了看生命的那一抹亮色。觉得很有道理，生命的质量首先在于生活的质量。对人类、社会做出了贡献，热爱生命、善待身体，生活质量高，生命才有价值，而不善待身体，不善待生命，那抹生命的亮色也会黯然失色。

生活质量当然并不仅仅是精英的特权，一般民众同样拥有追求高质量生活的权利。这则随笔为生活质量赋予了更多鲜活的生命色彩和平民本色。"对人类、社会做出了贡献，热爱生命、善待身体"，在这个案例中生活质量的价值理念除了独善其身，更多地表达出强烈的社会责任感。个体不但要积极完善自身的生理和心理素质，还应该发挥出作为社会人存在的角色功能，才能充分体现自我的社会价值，获得更高的生活质量。这一理念与世界卫生组织对健康的定义——健康不再仅仅是疾病或羸弱的消除，而是体格、精神与社会的完全健康状态，即躯体上、心理上和社会适应上的一种完满状况——有着相似之处。

(4) 案例四

"手拉手"职业康复站,是指利用社区服务设施建立的为智力残疾人、稳定期精神残疾人和其他中重度残疾人提供生活技能训练、职业技能训练、康复训练和托管养护等综合性服务的职业康复劳动机构。职业康复劳动是一种非正规就业的集中劳动项目,旨在帮助智力残疾人、精神残疾人解决就业难、职业康复难的问题。残疾人通过在社区参加职业康复劳动,增强自理生活和社会适应的能力,并获得一定的劳动报酬,进一步改善生活质量,促进残健融合和社会和谐稳定。"十一五"期间,要大胆探索,积极争取政策支持,利用一部分残疾人就业保障金,并鼓励社会资本投入,使职业康复站建设取得成效。①

1994年,联合国教科文组织、世界卫生组织、国际劳工组织联合发表了一份关于社区康复的意见书,对社区康复做了如下解释:"社区康复是属于社区发展范畴内的一项战略性计划,其目的是促进所有残疾人得到康复服务,以实现机会均等、充分参与社会生活的目标。社区康复的实施,要依靠残疾人及其亲友、所在社区以及卫生、教育、劳动就业和社会保障等相关部门的共同努力"(张鸣生等,2005)。社区康复需要综合协调地运用医学的、教育的、职业的、社会的和其他一切可能的措施,调整周围的环境和社会条件,使伤病者和残疾人最大限度地改善已经丧失或削弱的躯体功能、心理功能及社会功能,促使其重返社会和提高生活质量,完成应担负的社会职能。近年来,康复与康复医学的理论原则不断深化发展,特别指出将提高生活质量作为一项重要的方针列入康复工作的议事日程。随着医疗技术水平的提高,人们的平均寿命在不断延长,健康目标产生了新的主题——提高生活质量。而康复医学也可称为一门"生活质量"专业,因为其目的是使患者尽量恢复最理想的功能(王善澄,1997)。

康复医疗所体现的生活质量理念,意义十分深远。生活质量的话语主体由精英群体、一般群众向特定的疾病人群的转变充分反映了现代社会的"人本化"特征。传统发展理念的升华使得人们将社会发展的关注点集中到人的全面自由的发展。而人本身的概念建构也在不断充实完善,既有为社会贡献个人价值的、作为健康个体存在的人,同时也有在传统社会易于遭人摒弃的、社会功能缺失的疾病人群。对处于弱势地位的疾病人群的关爱和辅助,充分体现了社会的进步,是对人类尊严的一种捍卫。在此意义上,像生活质量这样的"理念"已经不仅仅是有价值的专业术语,客观地说,它扮演的角色不是描述既存的现实,而是在积极地塑造社会世界以及人们的社会地位(拉普里,2003)。最大限度地促使患病

---

① 《北京市"十一五"时期残疾人事业发展规划》,资料来源:北京市发展与改革委员会网站,2006年9月12日,部分节选。

人群恢复正常的生活能力、家庭职能、工作效能、社交技能等，努力改善其社会地位、经济条件及健康状况，尽量争取在物质生活质量、社会功能质量及身心健康质量上都能逐步提高，是在康复医疗过程中折射出来的生活质量的核心内容。

生活质量价值理念的广泛当然远不止上述提及的几个例子，仅此做抛砖引玉之用。日常生活中的生活质量包含了丰富的内容，就像七彩斑斓的万花筒，时时变化出不同的色彩。而把握变幻的关键恰恰掌握在自己的手中。对于每一个人来说，生活质量都具有不同的内涵，可以是舒适享受、奢侈体验，可以是社会责任、自由平等、人类尊严，凡此种种，不一而足。因此如果我们想更加深入地探究生活质量到底意味着什么，只有从观察者的角度出发，设身处地的思考才有可能触摸到问题的实质。当然，这必然是一个十分复杂的过程。

2. 专业领域与生活质量的学术研究

随着社会发展理念的不断拓展，越来越多的专家学者倾注了对生活质量的研究热情，生活质量的主题广泛渗透到各个不同的学科领域，从健康和疾病、社会政策、休闲娱乐到残疾人服务、住房、城市规划发展等等，生活质量将社会学、经济学、政治学、医学、精神病学、心理学等不同学科紧密联系在一起，也在发展过程中逐渐打破了学科之间各自为政的研究局限，促进了彼此的交流与融合。

20世纪50~60年代被很多学者视为美国生活质量研究的一个蓬勃发展时期，大量的科学研究工作在全美展开，取得了丰硕的研究成果。其中具有代表性的有1957年古瑞（Gurin）、威若夫（Veroff）、费尔德（Feld）等人首次进行的生活质量调查，他们联合几所院校进行的全美抽样调查，内容与精神疾病有关，主要研究美国民众的精神健康和幸福感（林南等，1987）。20世纪60年代以后，研究内容转向更为宽广的领域，既有情感、心理健康的研究，也包括对认知层次满意程度的研究，并且对后者的研究逐渐占据上风。1961年布拉德本（Bradburn）主持了全美的精神健康状况监测，发现良好的适应状态与两个独立状态（正向与负向情感）有关[①]。1965年坎特尔推出"自我定级量表"，要求人们按照自己的评价标准对自己现在、过去以及预期未来的生活满意程度做出等级评价，这样就使人的主观心理评价这种模糊概念可以用精确数字显示出来。其后坎特尔等人又发明了Cs-Cd模式，即把人们对生活质量的感觉分为完全满意（Completely Satisfied）到完全不满意（Completely Dissatisfied）许多等级，用以测量满意度的不同程度。1965年塞奇基金会设立了一个专案用于观测社会变迁，并由此促成了《社会变迁指标：概念与测量》一书的出版。该书的重点在于说明测量大规

---

① Bradburn, N. M. 1969. *The Structure of Psychological Well-Being*. Chicago：Aldine. 转引自方积乾等：《与健康有关的生存质量的研究概况》，载《中国康复医学杂志》2000年第1期，第40页。

模的结构变迁时所应注意的理论和实际上的要素（罗西和吉尔马丁，1985）。全书共计十三章，分别由多位作者撰写，可分为四大类内容：（1）人口统计的基础——指出全体人口趋势以及国境内人口的组成和分布的改变；（2）社会主要结构的组成因素；（3）社会分配的特性——观察社会产出在美国人口中的分布情形；（4）社会整体的特性——考虑不均等、机会及社会福利的整体变迁情形。

自1966年鲍尔发表《社会指标》论文集之后，在生活质量指标研究领域大致形成了两大流派。一派以研究客观社会指标为主，主要运用一些社会及其环境的客观条件指标来反映生活质量和社会发展水平，如人口数量、出生率、死亡率、收入与消费水平、受教育程度、就业率、卫生设施和应用程度等。另一派则关注主观生活质量指标，强调个体对社会及其环境的主观感受，例如对家庭、工作、环境等的满意度。

20世纪70年代以前的生活质量主观指标大多基于个体层次，被用来测量个体体验到的生活满意度。到70年代中期，有些学者指出需要从个体和集体角度进行相关测量。1976年芝加哥大学调查研究中心的坎贝尔和康弗斯指出，任何特定方面（如工作）都涉及个体知觉情境和参照标准的联系，由于个体的特点不同，知觉形成的结果和参照标准的选择也各有差异，从而决定了他对这一方面的不同评估（陈惠雄等，2005）。80年代以后，不少社会学研究者尝试建构多项目总体满意感量表。例如，1987年戴（Day）完全从满意度的角度对美国民众生活中的十四个领域进行主观测量，即：对生活总的看法、家庭生活、社会生活、与工作有关的生活领域、个人健康、娱乐、精神生活、自我、健康、物品与服务的购买以及消费、物质拥有、联邦政府的工作表现、当地政府的工作表现[①]。

与社会学领域研究并驾齐驱的是20世纪70年代末期医学领域广泛开展的生活质量或称生存质量研究。虽然早在40年代末，卡劳夫斯基就提出了著名的KPS量表。KPS量表即卡劳夫斯基的行为表现量表（Karnofsky Performance Status），是医学领域中使用较早的测定量表，由医务人员根据病情变化对癌症病人的身体功能状况进行测评。由于当时临床治疗以传染病较多，危害也较大，对其他疾病病人的生存质量并未引起足够重视。随着疾病谱的改变，威胁人类生存的主要疾病已不是传染病，而是难以治愈的癌症和心脑血管等慢性病。对这些疾病很难用治愈率来评价治疗效果，生存率的作用也十分有限，因此迫切需要综合的评价指标。此外，随着健康观的社会认知和医学模式的改变，人们越发意识到健康已不再是简单的没有疾病或虚弱状态，而是身体上、精神上和社会活动的完好

[①] Day, R. L. 1987. "Relationships between Life Satisfaction and Consumer Satisfaction." in *Marketing and the Quality of Life Interface*, edited by A. Coskun Samli. New York: Quorum Books. 转引自周长城等著：《全面小康：生活质量与测量——国际视野下的生活质量指标》，社会科学文献出版社2003年版，第78页。

状态。因此传统的仅关注生命的延续与局部躯体功能改善的一些方法和评价指标体系面临严重挑战，一则未能表达健康的全部内涵；二则未能体现具有生物、心理和社会属性的人的整体性和全面性；三则未能反映现代人更看重活得好而不是活得长的积极心态（方积乾等，2000）。有鉴于此，医学工作者开始进行生活质量测评的探讨，并提出了与健康相关的生活质量（health-related quality of life）的概念。1984年和1985年，美国国家卫生统计中心设立两个"生活质量与完好状态研究室"，目的就在于发展测量与健康相关的生活质量的工具，并对其应用提出方针策略。目前，生活质量理念在医学领域的应用已经相当广泛，形成了相对成熟的评价体系。

随着各项研究的深入展开以及国际学术影响的日益广泛，1994年2月，世界卫生组织生活质量研究组在比利时组织召开了"国际生活质量协会"成立大会，并概括了生活质量领域的六个主要研究方向。1995年在比利时布鲁塞尔自由大学的帕特托教授等人倡导下成立了国际生活质量研究协会（International Society for Quality of Life Studies），简称ISQOLS，并出版《生活质量》会刊（Quality of Life）[①]。许多国家都开展了生活质量相关的研究，同年在加拿大的蒙特利尔举行了第一次学术交流大会。针对目前学术界对生活质量研究尚未形成统一明确认识的现实情况，ISQOLS对生活质量研究进行了宏观意义上的界定。它将生活质量研究定义为在管理（政策）、行为、社会、医学或者环境科学领域内，侧重于提高某一个社会系统（例如，消费部门、一个组织、一个社区、一个企业、一个国家，一种环境，整个世界，等等）的生活质量的研究。大多数生活质量研究的核心是生活质量指标。生活质量指标既可以是全球性的，也可以与特定的领域相关。例如许多生活质量研究集中于特定的生活领域，采用某一领域内特殊的指标，例如，个人健康、工作、婚姻、邻里关系的满意度。任何一项生活质量研究的焦点都在于某一个社会系统或者其中的一个主要组成部分的整体福利状况。这一定义排除了许多社会系统的微观研究。一个典型的例子就是，仅仅从事某种特定情况（或者特定产品/服务）的消费者满意度调查就不能认为是生活质量研究，相反，广义上的消费者满意度研究（包括各种情景、产品/服务）就可以视为生活质量研究。与宏观生活方面相联系的某些微观生活研究也可以视为生活质量研究的范畴。

国际生活质量研究协会是一个非营利性的学术组织。其宗旨就是为了鼓励、推动生活质量研究的学术科研创作和教学，从而为来自于学术部门或者公共、私人机构的，从事管理（政策）、行为、社会、医学、环境科学等领域研究的学者

[①] 关于国际生活质量研究协会和相关学术刊物的介绍详见张蕾：《国际生活质量研究协会简介》，载《国外社会科学》2005年第3期，第66~68页。

和教师提供交流联络的机会。具体而言协会的主要目标包括：（1）提供一个专业组织，以帮助所有对生活质量研究感兴趣的学者和专业研究人员能够互相协调、共同努力，促进生活质量研究在不同学科中的发展；（2）在学术领域确立领导地位（或者建立某种指导方针），从而对特定产品、计划、服务、组织、生活质量研究协会和有选择的群体（如人口部门、社区、国家）进行客观、科学的评估；（3）鼓励在管理（政策）、行为、社会、医学和环境科学领域进行生活质量的跨学科研究；（4）在不同的学科诸如营销、管理、经济学、社会学、心理学、传播学、政治科学、住房、教育、公共管理、医疗保健、环境科学以及其他涉及生活质量研究的学科之间建立起更加密切的联系；（5）鼓励从事生活质量研究的学者之间进行更加密切的合作，为各种不同分析层次上的差异群体和出色的生活质量干预策略与政策提供更加切实可行的测量方法；（6）促进从事生活质量研究的不同组织之间的紧密联系；（7）在促进生活质量提高，推动社会变迁中扮演重要角色。为了实现上述各项目标，协会还积极鼓励与其他专业协会建立起稳定的合作关系，共同促进生活质量研究在全球各领域的展开。

作为从事生活质量研究的专门机构，ISQOLS 拥有一系列学术品质优良的杂志和出版物。它们为传播生活质量研究领域最新的科研成果、提供学术交流的平台，发挥了举足轻重的作用。

《社会指标网络新闻》（Social Indicators Network News）是 ISQOLS 的官方时事通讯。它涵盖了生活质量研究的一系列主题，这些主题对研究社会指标的学者具有特殊意义。出现在 SINET 上的文章以摘要的形式总结了世界各地最近出版的重要著作。该出版物同时还报道了生活质量和社会指标研究学者特别感兴趣的一些新闻内容。

《社会指标研究》（Social Indicators Research）是生活质量研究领域最负盛名的权威杂志。SIR 的研究兴趣集中在对各种生活领域、情景、环境、群体和社区中的生活质量进行概念化和测量。

《幸福研究》（Journal of Happiness Studies）是一本致力于研究主观幸福感的杂志。主要从事对生活的认知评价（例如，生活满意度）和生活的情感享受（例如，快乐）的研究。该杂志对生活领域（像工作满意度）和生活方面（像生命的感知意义）的研究都颇有建树。《幸福研究杂志》为学者们展示了幸福研究的两个传统：（1）对美好生活的纯理论思考；（2）主观幸福感的经验调查。该杂志对 α 科学（特别是哲学）、β 科学（特别是与健康有关的生活质量研究），以及 γ 科学（不仅包括心理学、社会学还包括经济学）的出色研究成果都持兼收并蓄的态度。

《宏观市场》（Journal of Macromarketing），从 1997 年秋天起就出版了一期刊

物研究市场中的生活质量。市场中的生活质量研究侧重于对产品、服务的市场或者计划市场进行分析,以设计特别计划提高下列人群或者群体的生活质量:一般消费者或者特殊消费群体(例如,老年人),一般家庭或者特殊类型的家庭(例如,单亲家庭),一般社区或者特殊类型的社区(例如,农村社区),广义的地区/国家或者特殊类型的地区/国家(例如,发展中国家)。

《社会-心理干预:平等与生活质量》(Social-Psychological Intervention: Journal on Equality and Quality of Life),这本以西班牙语出版的杂志发表了一系列与社会需求和社会问题相关的研究,包括边缘化、失调、异化、排斥、污名化、偏见等。该杂志同样对任何一种研究范式的学术成果都持开放的态度,比如,生活质量、幸福感、福利、社会参与、初级预防、促进平等机会、社区发展、分配公平、社会权利、社会整合以及相关的主题都曾经出现在该杂志上。

《社会指标研究丛书》(Social Indicators Research Book Series),这套丛书由 Kluwer 学术刊物出版发行,旨在为那些篇幅太长不适宜在《社会指标研究》上发表的单篇论文或者论文集提供一个公共交流的平台。该丛书像杂志一样,从广义的角度,进行了生活质量的统计评价。包括健康、犯罪、住房、教育、家庭生活、休闲活动、交通、流动、经济、工作、宗教和环境议题等实质领域的研究都曾出现在这套丛书中。从 1997 年起至 2003 年共出版了 21 卷,下列书籍即是该丛书已经出版的一部分:第 17 卷《2001 年生活质量研究进展》、第 18 卷《欧洲福利生产》、第 19 卷《生活质量论文集》、第 20 卷《生活质量理论与研究的进展》、第 21 卷《父亲和母亲:工作与家庭平衡的困境》等等。

(二) 研究层次的差异性

对于大多数初涉生活质量研究的人来说,头脑中总难免会产生这样的疑问:生活质量到底意味着什么?这与本章最初所探讨的"生活质量的概念建构"其实是一脉相承的问题。生活质量一方面在不同情景中仿佛是不言自明的概念,无论是广告商还是地产商都在竭尽全力地向目标群体传达着他们所谓的生活质量理念,这种意义的传达通常是由一方按照自己的主观臆断强加于对方的,而另一方面是否真实表达了对象群体的生活质量理念则不得而知,加之更广泛的一般民众对于生活质量本身尚未达成一致的认同,于是便造成这样一种情形:似乎人人都在谈论"生活质量",却各云己见、各不相同,到底生活质量意味着什么没人能说得清,也没人愿意深究。这种状况的出现原因有很多,概念的非确定性导致应用领域的扩张是从概念本身出发进行的解释,另一个不容忽视的原因在于定义概念的主体——人的差异性的存在。因为生活质量对于不同的人来说即使在相同的时间也并非意味着相同的事情。

早在1975年，英国社会科学研究委员会（Social Science Research Council）就发起了一项对生活质量态度的调查。访谈通常是从如下话题开始的："人们在生活中经常会谈到生活质量。对不同的人而言，生活质量意味着不同的事情。它对你意味着什么呢？当你听到生活质量这个词的时候会想到什么事情呢？"23%的被调查者回答幸福的婚姻（Happy Marriage），19%的被调查者认为与满意（Contentment）有关，还有10%的被调查者认为是社会关系（Social Relations），例如良好的邻里关系［罗伯逊（Robertson，1985）］。1977年英国开展了另一项生活质量对老年人的意义的调查。结果表明老年人常常把令人满意的生活定义为一种主要与人际关系而不是物质资源相关的生活。几乎大多数生活质量的定义都是根据收入、生活标准、拥有消费品来界定，但是人文主义的意义要远超过物质主义的界定（Robertson，1985）。

每个人都可以按照自己的需要给生活质量定义一个标签，以"生活质量"名义存在的价值内涵越来越丰富也就不足为奇。无论是日常生活还是学术研究，生活质量都包含了无限的变化，这对于初涉生活质量研究的人来说会带来一定障碍和困惑，但是当考虑到主体差异性的存在时，问题似乎变得迎刃而解。我们不仅可以知道生活质量对我们意味着什么，更应该探究生活质量对他人意味着什么。由自我向他我转变的过程，便将研究视野拓展到作为社会存在的主体——人。生活质量在西方国家的发展演变，本身经历了从作为总体人群相对福利的社会科学指标（国家层面的测量）到作为个体主观感受的一个测量维度（个体状况的指标）的发展过程（拉普里，2003），在此过程中，接受测量的主体——人，无论是群体层面的总人群，还是个体层面的单独社会成员，才是生活质量研究的真正逻辑起点。

对人的关注自始至终贯穿于生活质量研究，尤其是主观生活质量研究的全过程。生活质量研究必须关注人的感受、思维和情绪。只有把人视为独立存在的、具有强烈主观意识、能够对自我以及周围社会环境进行有效判断的社会成员，才使得生活质量研究具有存在的可能。如果忽视或轻视这一点，则否认了人类自主权的重要性。因为从某种程度上讲，主观生活质量就是研究社会成员如何看待和评价自己的生活状态。各种相应的主观指标也是基于个体层面的，被用来测量个人体验到的生活满意度，也就是说，主观指标代表的是一种以主观的内省和个人经验为基础的概念（周长城等，2001）。这样一种福柯式的研究方式其实就是关于自我的思考方式和判断方式，以及自我依据某种理念采取行动的方式，因为其前所未有地将自我的理念置于研究的核心地位，并以此为逻辑起点，将研究渗透到其他相关领域。

在客观生活质量的研究中，以人作为研究的逻辑起点同样具有重要的分析价值。客观物质世界纷繁复杂，形形色色、打上人类深刻烙印的物质形式构成了人类生存最密切的外部环境。那些以某种近乎自然状态存在的山川河流、空气、植被等也无法完全摆脱人类的影响，成为更广泛意义上人类生活质量的组成部分。虽然社会发展的思维理念早已从人类中心主义的偏执中脱离出来，但不可否认的事实是在生活质量的研究领域中，所有客观存在的外部形式，只有被人类感知、评判、选择，才能体现其存在的价值。例如，本节提到的房地产广告——华城·格之林花园的文案中，小区"距山依水偎的城市绿肺——临平公园仅200米之遥。放眼望去，绿意满目、山风送爽，其乐融融，早已占尽天时地利……"，本是客观存在的外部环境，只有被人类认可作为高品质生活的组成部分才具有研究的价值。从广义的角度，人作为客观生活质量研究的逻辑起点也具有一定的合理性。

逻辑起点的合理性一旦确定，便是研究层次如何划分的问题。人是一个抽象而宽泛的概念，它有许多具体不同的表现形式，扮演着不同的社会角色，作为独立个体的人、作为家庭成员的人、作为工作单位一分子的人、作为社区居民的人、作为国家公民的人……凡此种种，不一而足，都可以成为我们研究生活质量的分析单位，怎样才能把这些既相互独立，同时又从属于一个大的范畴之内的"人"联系起来，构成一个完整的研究框架呢？如图2-1所示。

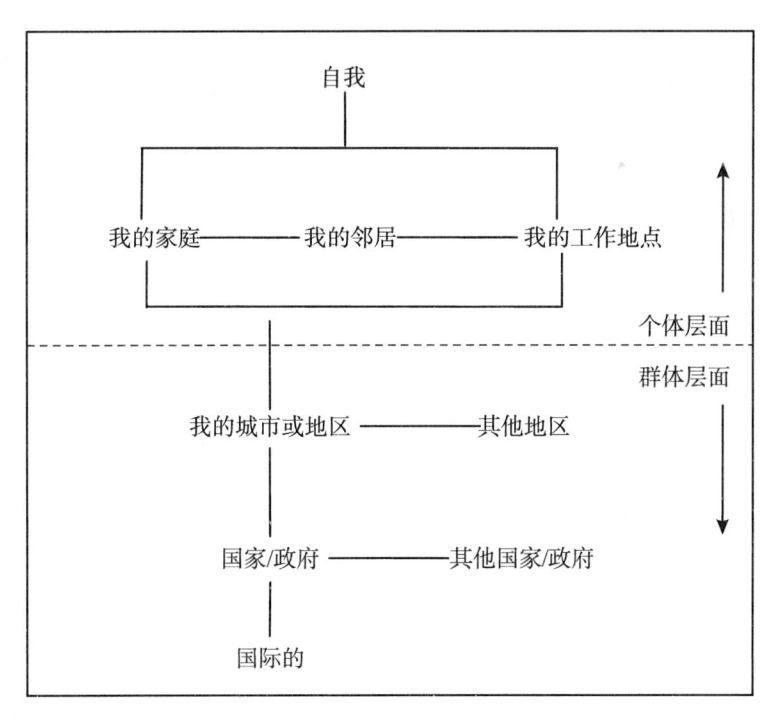

图2-1 生活质量研究框架图

注：本框架图的构成参考了席德和劳埃德的研究（Seed, P. and G. Lloyd. 1997. *Quality of Life*. London: Jessica Kingsley Publishers. P. 13.）。

这样一个完整而系统的研究框架实现了从自我向他我的转变过程，以人作为分析研究的逻辑起点，通过一系列身份和社会关系的拓展，将不同领域、不同地域、不同层面的社会成员紧密联系在一起。整合的过程充分体现了亲缘、业缘、地缘三大社会关系的交错融合，同时实现了空间由点（一个家庭）到面（其他家庭、工作单位、城市、地区……）的外延。

在研究层次上，以自我为中心最密切的家庭、邻里、工作环境研究可以视为个体层面生活质量研究的范畴，城市、地区、国家等相对宏观的研究可以视为群体层面的研究范畴。个体层面的生活质量包括各种主客观要素。人们的客观生活质量要求的基本需求得以满足，并且拥有必要的实现公民社会要求的物质资源；而主观生活质量则依赖于对如下内容拥有自主权以便做出有效选择：（1）"享受"——增进主观幸福感，包括快乐、满意度、生活的目的和个人成长；（2）在完善论（Eudaimonic）、涉人行为（Other-regarding）以及亚里士多德意义上的广泛而真实欲望中实现"繁荣"（Flourish）；（3）参与到全部的公民社会活动中（菲利普斯，2006）。群体层面的生活质量则要求一种总体的环境可持续性，既包括各种物质资源，也包括生活于其中的社区和社会所拥有的如下社会资源：公民整合、共同合作与坚持高度职业道德、各个社会层面的广泛的弱网络联系和纽带关系；包括信任、互惠和涉人行为在内的广泛的整合标准与价值；至少与公平、公正和某种程度上的社会正义和平等主义相关的社会标准与价值（菲利普斯，2006）。

当然很多时候在分析某一个具体的生活质量指标体系时，并不能截然判断其一定归属为个体层面或者群体层面的研究，毕竟两种层面研究的逻辑起点均为社会存在的主体——人，在从相同的起点推向不同研究层面时，研究过程必然会经过某些相似的阶段，涵盖某些相同的内容，所以你中有我、我中有你的情况常常出现。另外，进行研究层次的划分主要目的是便于分析和归纳不同层次生活质量指标体系的共同特性，最终寻找规律性的内容，而非为了给其贴上类别的标签，所以存在相互包容的情况也实属可能。

在20世纪70年代已有学者采用了类似的分析方法，在个体和群体生活状况之间做出了区分。个体/群体方法主要是根据个人状况或者急需品与公共结构或者利益之间的差别来分析生活水平。这一分析视角与物质/非物质分析视角整合可以形成一个新的分析框架，从而将很多定位于生活质量的研究内容纳入该框架中。例如努瓦拉泰（Nuvolati）在1993年的研究将生活质量划分为五个维度（欧盟，1999），大致如表2-1所示。努瓦拉泰认为相对于物质方面的划分来说，在非物质方面，群体层面和个体层面这两个维度很难做出区分，因为就私人与公共问题之间做出明确的区别是相当困难的一件事情。而第五维度是一个相对特殊而独立的维度，它包括了环境方面的变量，如气候、风景、建筑风格等等。

表 2-1　　　　　　个体—集体/物质—非物质分析框架

	群体层面	个体层面
物质方面	第一维度：包括与公共或基础服务的可利用性和可获得性相关的问题，如医院病床数、学校、运输服务等	第二维度：涉及所有与个人或家庭经济状况相关的问题，如就业、住房、收入等等
非物质方面	第三维度：包括我们所拥有的公共服务，如电影院、剧院、运动娱乐场所的设置	第四维度：私人和家庭背景或微观-社区层面人们之间关系的数量和质量
第五维度：环境方面变量，如气候、风景、建筑风格等等		

资料来源：根据努瓦拉泰的研究做出的归纳总结：详见 European Union, Committee of the Regions. 1999. *Evaluating the Quality of Life in European Regions and Cities*: *Theoretical Conceptualization*, *Classical and Innovative Indicators*. Brussels: European Union, Committee of the Regions; Luxembourg: Office for Official Publications of the European Communities. P. 15。

戴维·菲利普斯（David Phillips）在 2006 年出版的《生活质量：概念、政策和实践》（*Quality of Life*: *Concept*, *Policy And Practice*）一书中就与健康相关的生活质量研究提出了一种社会生态学的视角。社会生态学是一种辩证自然主义哲学，要求我们认识自然（"第一自然"）与社会（"第二自然"）是大自然内在统一的辩证发展过程。人具有自然和社会双重属性，这是人类区别于其他生物的重要所在。人类社会发展到今天，人的社会属性更多地体现在人的生活中，而自然属性已离人类越来越远，有的也只是一些在社会伦理道德下的本能行为。社会生态学研究的是作为社会主体的人与周围环境及各种事物之间的关系。其根本价值目标是寻求经济制度、政治制度和精神文化的生态化，建设一个生态社会（王正平，2004）。

戴维·菲利普斯巧妙地将社会生态学的视角融入与健康相关的生活质量研究，将从属于人类的健康问题置于自然与社会的和谐发展之中，形成了一个涵盖完整的分析框架。如图 2-2 所示，这样一个以个体为中心，通过研究内容向家庭、亲属网络；社区、国家、社会；地球村、联合国等的拓展，实现了分析内容从个体层面逐渐向群体层面的过渡。环环相容的分析模式充分体现了人与家庭、社会乃至自然的相互包容、相互影响、密不可分的发展规律。虽然形式有所不同，但与本文的研究思路在主旨上有异曲同工之处。

个体
[主观、客观福利]

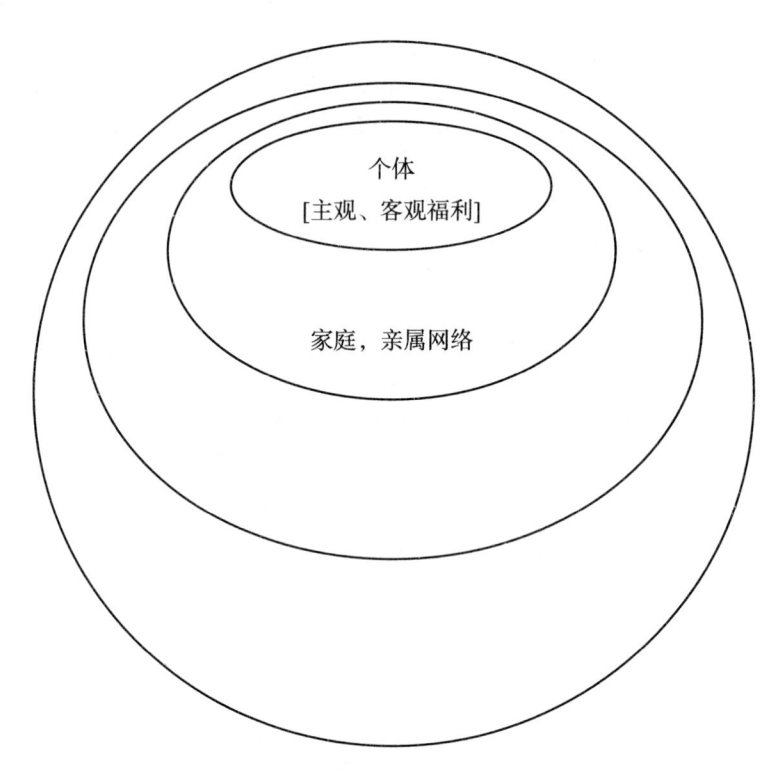

家庭，亲属网络

图 2-2　与健康相关的群体生活质量的社会生态学视角

资料来源：Phillips, D. 2006. *Quality of Life: Concept, Policy and Practice*. London; New York: Routledge. P. 57.

第三章

生活质量指标体系结构要素

生活质量的评估需要借助一定的指标,并构成具有实践意义的指标体系。由于生活质量不仅要对生活总体做出评估,而且对生活的不同侧面也要做出评估,因此,生活质量指标体系的建立,有赖于社会生活系统的研究与开发,把生活的各个层面按不同的性质和特点展开,根据数理方法选择有代表性的指标,形成一个总体框架,这种框架不仅能完整地反映生活质量不同层面上的依存关系,同时还要对生活质量的变化机制做出较精确的描述(陈义平,1999)。这种既是现实的抽象,又是社会生活仿真的生活质量指标体系在测量维度、测量方法与指标操作化方面均具有广阔的研究与探讨空间。

一、指标体系的测量维度

(一) 经验研究

通观中外学者各个不同历史时期建构的生活质量指标体系,很容易发现一个似乎有些矛盾的现象:学者们从未就生活质量到底包含哪些维度达成一致,但是某些特定的维度却常常出现在各种不同的研究中。尽管并没有就这些维度存在的合理性进行过讨论,人们却仿佛达成了某种约定俗成的默契,会根据不同的研究需要,从中选取自己感兴趣的维度,并且补充一些其他研究较少涉及的维度,以进行探索性研究,形成自己独特的研究领域。早在20世纪70年代就有学者对生活质量测量中频繁出现的领域进行过研究。例如，在 1978 年弗拉纳根（Flanagan）归纳了五个生活质量的常见维度（Seed，1992），包括：

- 物质富裕及身体健康（Material Prosperity and Good Health）
- 与其他人的关系（Relations with Other People）
- 社会、团体及公民活动（Community Groups and Civic Activities）
- 个人发展与实践（Personal Development and Practice）
- 闲暇活动（Leisure Activities）

这一归纳总结至今仍有很强的学术参考价值，时隔近 30 年，香港大学的学者钟庭耀等人在《香港大学民意研究计划——Bupa 健康指标意见调查 2006》的生活质量研究部分依然采用了弗拉纳根提出的五个维度进行测量，并进行了具体的分析阐述（钟庭耀等，2006）。如下所示：

- 物质富裕及身体健康：物质的富裕、生活经济的稳定；健康包括身体强健、有活力。
- 与其他人的关系：与家人的关系，包括父母、兄弟姐妹或其他亲戚的关系；抚养/照顾小朋友；与配偶（丈夫/太太）或者对被访者来说一些重要的人的关系；与好朋友的关系。
- 社会、团体及公民活动的参与：帮助/鼓励其他人，做义工，给予他人意见；参与组织社团、社区机构及公共事物，如投票、集会。
- 个人发展及实践：对学习的满足感，包括上学、增进知识和理解力、自我增值；自我认识，了解自己的优点和缺点，明白生命价值及意义；工作的满足感，包括在外工作或留在家中工作；发挥创意，有创意地表达自己。
- 闲暇活动的参与：阅读、听音乐、观赏休闲娱乐节目；参与动态休闲活动。

以上的研究很显然偏重对个体层面的生活质量进行分析测量，1978 年克雷文斯和黑尔斯（Cravens and Hills）的研究侧重点则有所不同，他们将更多宏观层面的维度进行了总结性归纳，并从生活质量的客观测量和主观测量两个角度进行了常用维度的讨论（如表 3 - 1 所示）。与前一个研究相比，该研究归纳的维度更加丰富，也更加具有层次感，考虑到群体层面与个体层面的结合，因此对于大型的生活质量调查具有很强的借鉴意义。

表 3 - 1　　克雷文斯和黑尔斯的生活质量测量示意性领域

生活质量的客观测量	生活质量的主观测量
经济（财富、失业率等）	
政治（犯罪率、福利支出等）	认知经验（判断、信仰、评价）
环境（污染、气候等）	经验的情感方面（感情）

续表

生活质量的客观测量	生活质量的主观测量
健康和教育（医疗照顾、教育等）	行为维度（与认知/情感的互动关系）
社会（流动、生活状况等）	

资料来源：Cravens, D. and G. E. Hills. 1978. "Measurement Issues in Studying Marketing and Quality of Life." p. 53 in *Marketing and the Quality of Life*, edited by F. D. Reynolds and H. C. Barksdale. Chicago: American Marketing Association.

欧盟在1999年的研究从实践的角度，将不同生活质量研究中出现频率较高的、涉及人们感兴趣的、具有代表性的维度进行了合并总结（欧盟，1999）。这些维度被视为研究生活质量最为重要的领域，构成了一个相对经典的关注热点。

- 人口
- 收入与财富
- 住房
- 服务的可利用性
- 犯罪和社会病态
- 就业和劳动力状况
- 环境（交通、污染、气候）
- 个人关系
- 参与

（二）重要维度

与20世纪70年代的研究相比，90年代的生活质量研究增加了更多具有时代特征的研究领域。除了一如既往对群体层面敏感问题的关注，也越来越多地呈现出对"人"这个概念本身的重视，以住房、服务为代表关乎社会平等、和谐发展和个人潜质提高的维度被更多的学者纳入到生活质量的研究框架中，成为新的分析焦点。许多代表性的生活质量指标体系，包括美国的卡尔弗特－亨德森指标体系、美国《国际生活》杂志构建的指标体系、莫里森为澳门构建的指标体系、欧洲社会指标体系、经合组织社会指标体系、世界卫生组织生活质量指标体系、《世界发展报告》采用的生活质量指标体系等，大体都囊括了以下几个重要的分析维度。

1. 经济发展

追求生活质量提高是人类的共同目标，而生活质量的提高和实现程度总是同一定社会的经济发展水平密切相连的。经济发展状况是提高生活质量的根本性物质条件。社会生产力的发展水平不仅决定着物质财富的状况，也直接制约着生活质量发展所处的历史阶段,人的全面发展包括三个层次的内容:一是满足人的基本需要;二是人的素质的提高;三是人的潜力和能力的发挥(刁永祚,2003)。生存需要是最基本的需要,人类必须首先满足生存需要,才能追求更高层次的需要。只有在物质资料十分丰富的条件下,人类才能真正追求全面的发展。同时生活质量也直接体现社会经济的发展水平,是检验生产发展和社会进步程度的重要标志。在人类社会发展进程中,一定的经济发展水平总是对应着相应的社会模式。随着经济发展水平的提高,人类的生活方式也得到明显改变。把个人的全面发展作为经济发展的最高目标,追求生活质量的提高,是社会经济发展与人作为主体发展的历史过程。没有生产力的发展和经济的增长就没有人的解放与发展。另一方面,关注生活质量又是对单纯经济增长的一个逐渐扬弃的过程。生活质量观点的提出动摇了那种仅以国民生产总值的增长和技术进步来衡量社会发展的传统观念。GDP并不是万能的,高科技也不一定能增加人类的幸福。发展并不是最大限度的经济增长,而是满足人的物质和精神的需要,尤其在于生活质量的提高。经济发展逐渐成为衡量生活质量的一个重要维度,诚然,并非发展的全部。

2. 消费结构

消费是生活质量的关键内涵,生活质量的高低可以通过各种消费活动来体现。消费活动是人类社会活动的重要组成部分。生产、分配、交换、消费构成了社会再生产的全过程,消费既是终点又是起点,既是目的又是动力,只有生产的产品被消费才能产生下一轮生产的需要和生产本身。消费活动也是人类社会生活的重要组成部分,不论社会成员的个人消费、家庭消费,还是社会公共消费,都是社会生活的组成内容。无论是吃穿住用行,还是婚丧嫁娶娱乐喜庆等消费行为,在本质上与生产行为、政治行为、宗教行为一样,都是一种社会行为。消费结构有助于衡量人们生活质量的高低。消费需求的满足具有从低到高的层次性,人们总是先满足低层次的生存需求如食物、衣着,然后依次满足较高层次的享受和发展的需要。但消费资源一定时,一种消费所占的比重过大,必将挤占其他项目的消费。如果在消费结构中,低层次消费所占比重过大,说明高层次的消费未能得到较好的满足,总体生活质量还有待提高。

3. 教育资源

从生活质量成为社会发展和社会进步的重要标志开始,教育也随之进入生活质量的研究视野。如1979年莫里斯构建的"物质生活质量指数"就以识字率、婴儿死亡率和一岁时平均预期寿命三个方面作为核心指标,并成为迄今为止国际上流行最为广泛、影响最为深远的研究成果之一。进入20世纪90年代,联合国开发计划署在《人类发展报告》中推出了由三个核心指标——预期寿命指数、教育成就指数、生活水平指数——构成的人类发展指数[①]，用以衡量各国人类发展的平均水平。国家强盛和民族振兴靠人才，人才培养靠教育。人类已经进入一个前所未有的、将由学习决定生活质量的新世纪，必须充分意识到教育在提高生活质量中的地位与作用。随着整个社会的日益信息化，个体的生存与发展越来越取决于自身的学习能力，教育实质上变成了个体生活的一部分，并成为提高生活质量的重要手段和必要途径。生活质量研究中的教育维度至少应该关注两个方面的内容：一是不断改善教育设施和条件，营造良好的教育环境；二是充分考虑教育主体的主观感受。

4. 医疗健康

人人享有卫生保健、全民族健康素质不断提高是生活质量改善的重要标志，是经济和社会可持续发展的重要保障。医疗卫生与人类自身的生存发展和生活质量休戚相关。人类的健康发展不仅是社会生产力发展的首要条件，也是社会发展所追求的最终目标之一。随着一个国家经济发展、科技进步以及生活水平的提高，公众对改善卫生服务和提高生活质量将有更多更高的要求。人们对医疗卫生服务的需求日益增长，使得医疗卫生行业在社会生活中的重要性随之提高。医疗卫生建设是反映一个国家国民健康状况的重要指标。医疗资源反映了国家或地区为公众提供医疗卫生保障的程度，相当于"投入"部分，而公众的健康状况相当于"产出"部分，反映了人们切实享受到的效益，即健康水平的提高和改善。如何合理分配与有效利用稀缺的卫生资源，关系到一个国家或地区居民的健康水平和资源利用效率，也是当今世界各国共同关心的战略问题，更直接关系到个人的生活质量。

5. 社会保障

社会保障是生活质量稳定提高的重要保证。社会保障是维持社会稳定、实现社会公正的重要机制，是经济发展和社会有序运行的重要前提。社会保障对调节收入分配、促进社会公平、扩大国内需求、拉动经济增长具有重要作用。建立和完善社会保障体系是国家长治久安、人民生活幸福、经济持续增长的重要基础。社会团结安定、经济快速发展、综合国力增强，又为社会保障制度的改革和发展创造了良好的条件。健全的社会保障制度也是所有社会成员生活质量提高的保证。同时，生活质量的提高也是社会保障的基础，经济发展、生活水平提高，为社会保障提供了必要的物质准备。社会保障不仅保障了社会成员的基本生活，从而起到稳定作用，它还是国民收入再分配的一种手段，有利于实现社会公正。市

---

① UNDP：*Human Development Report 1990*：*Conception and Measurement of Human Development*，London：Oxford University Press，1990.25.

场机制追求效率，社会保障则更加注重公平。通过社会保障有效地实施再分配，才能使低收入群体分享社会发展的成果，构建共同的社会利益基础；才有利于化解社会矛盾，实现社会和谐，提高全体社会成员的生活质量。

6. 公共安全

公共安全问题始终与人类社会共生。人类生存、科技发展、时代进步、国家安全、社会安定、人民安居乐业都离不开公共安全问题。它涉及社会一切领域，是社会公众及各行各业生存和发展的前提条件。人类社会之初，人们面临的最主要的安全问题是饥饿、疾病、野兽的侵袭和自然灾害。随着社会生产力的提高，由这些纯粹自然性破坏因素造成的安全问题越来越少，公共领域的安全问题则越来越多。同时，安全问题也不再简单围绕衣食住行的狭窄领域发生，而是向不同领域渗透，如工业安全、化学危险品安全、火灾安全、爆炸安全、矿山安全、食品卫生安全、交通安全、建筑安全以及核安全等。社会越发展，安全问题的外延越扩大，社会化倾向越明显。许多传统的技术性安全问题由于渗透了复杂的社会原因，向着非传统性异化，越来越多地演化为社会问题。在表现形式上，公共安全问题纷繁复杂，小到社会中的犯罪问题，大到民族性冲突、宗教性冲突、地区性冲突和国家间冲突等，这些都成为威胁社会成员生活质量的重要因素。

7. 生态环境

呼吸清新的空气，饮用洁净的自来水，享受宁静、和谐的生态环境是每一个人享受高品质生活的必然要求。关注和提高人们的生活质量，要保护生态环境，满足人们的生态环境需求。人类社会愈进步，对生态环境需求的质量要求也愈高。人类全面的生态环境需求是与可持续发展相互联系的有机整体。保护生态环境、发展循环经济，目标是为了实现生态与经济、社会与环境、人与自然的和谐互补、协调发展。人类活动同环境之间不断发生相互作用关系，人类从环境系统中获取生存繁衍和发展所必需的资源与能量，通过生产、消费等环节又向环境排放废弃物，从而改变资源存量与环境质量；而资源和各环境要素结构即环境状态的变化又反过来作用于人类系统。如此循环往复，构成了人类与环境之间的压力—状态—反应关系。一个国家或地区的生态环境一旦遭到破坏，不仅影响该国或地区经济社会的发展，而且直接影响到人们的生活质量，甚至还会给全人类的基本生存条件带来直接威胁。

8. 住房状况

随着社会的进步和生活质量的不断提高，人类对住房的需求已不仅仅止于居者"有"其屋，而是更多地追求居者"优"其屋。改善居住质量已成为公众提升生活质量的最大诉求之一。人们的住房状况从一个侧面反映了一个国家或地区的经济社会发展水平，因为住房的数量、质量与经济发展状况、人们的消费水平、生活质量密切相关。根据社会经济发展水平不同，相应的住房条件可描述为生存型、文明型、舒适型、享受型。经济发展水平极低，住房条件就只能达到生存标准，甚至达不到生存标准，故而存在严重的住房短缺。随着经济发展水平的提高，人们的食物消费比重下降，住房及关联的消费支出增加，住房条件不断向文明标准、舒适标准发展，最后达到享受型标准。住房建设需要有一定的经济基础作支撑，住房标准的提高反映了社会的文明进步和公众生活质量的提高。

9. 休闲娱乐

闲暇（休闲娱乐）是人们日常生活的重要组成部分。闲暇时间的增多是社会进步的标志，是具有重要意义的社会现象，其本质是反映一个人的生存状况、生命质量、精神态度，是对人驾驭自己生命能力的检验（马惠娣，2004）。现代社会发展的重要特征之一就是闲暇在人们生活中占有越来越重要的地位。由于科学技术的迅速发展，人们用于生产活动和家务劳动的时间在逐渐减少，从而得以拥有更为充足的闲暇时间和更为丰富的闲暇活动。闲暇很早就已经成为社会学研究的范畴，19世纪末法国社会主义活动家保尔·拉法格（Paul Lafargue）和美国社会学家凡勃伦（Thorstein B Veblen）成为该领域的先驱代表。但是明确将闲暇问题纳入生活质量的研究还是近一二十年的事情，充分体现了非经济因素在生活质量研究中影响力的扩大。作为日常生活的一个不可或缺的组成部分，闲暇生活的状况直接影响人们的生活质量。从某种意义上说，闲暇是人们生活质量的终端显示器。对闲暇生活质量的研究逐渐成为生活质量研究的一个重要方面。闲暇生活质量研究的特色在于：它不仅将闲暇作为一个时间和活动范畴，而且把居民对闲暇生活的主观感受也纳入了研究范围（风笑天、赵延东，1997）。

二、指标体系的测量方法

20世纪60、70年代曾经盛极一时的社会指标运动对生活质量研究产生的深远影响至今仍清晰可见。社会指标运动不仅为生活质量研究提供了理论上的思想准备，更为其量化研究予以了方法论上的有力支持，二者的有机契合促成了生活质量指标体系建构的不断发展与完善。作为官方的社会指标运动的开始，20世纪60年代晚期美国出版了一系列社会指标研究著作，其中包括美国健康教育福利署的两部重要著作《向社会报告迈进》（*Toward a Social Reporting*）和《向社会报告迈进：下一步》（*Toward a Social Reporting：Next Steps*），以及《社会指标》、《社会变迁指标》（*Indicators of Social Change*）、《社会变迁对人类的意义》等一系列具有深远影响的研究成果。费里斯（Ferriss，1988）通过对美国各项研究项目的回顾，分析了社会指标体系的多种用途。

作为统计时序，社会指标体系用以监察社会系统，有助于鉴定变迁，并为介入改变社会变迁的进程提供指引。把时间序列延伸到未来，尽管它还是一项有待发展完善的艺术，但毕竟可以使规划更加切入实际。通过生态指标，政府可以更加公平地重新分配用于资源地理分配的资金。通过与那些改变变迁速度和方向的计划性活动相结合，社会指标可以在社会变革中发挥重要作用。社会指标"运动"促进了社会测量、社会报告和社会核算体系的改善，也推动了生活质量的测量。

然而生活质量是否可测，即生活质量测量的合理性却是个颇有争议的问题。到底能否用数字来说明生活质量，也许对于一些人来说并不是问题，就如迪尔凯姆和吉登斯在20世纪所提及的，有许多"社会事实"隐藏于每个个体角色之后，行为主义因此提出如果事物存在，那么就可以被测量（莫里森，2005）。不过对于其他人来说，虽然对生活的测量是积极的社会科学化的一个组成部分，但是质量概念最显著的特征——是一种质量，一个抽象的概念，是不可琢磨、无形的，不易受数量的度量方法影响的，因此即便在我们生活中的数学处理与比例研究好像从没停止过，但对于质量研究和指标测量的渴望是很难通过即便包括了人类生活每一个方面在内的广大的数据库来消除的（莫里森，2005）。争议虽然存在，但似乎声音越来越微弱，数字的诱惑无处不在，在数以万计已经出版的各类研究报告中，数字度量的方法被广泛应用于各个层面的生活质量研究，人们似乎已经习惯于从复杂的统计分析和大量的数据结论中探究生活质量的内涵。但是当进入统计学的世界时，数字的问题就会相应出现。比如，经常见到在一些重要的杂志中使用了错误的统计数字：运用参数检验的时候使用了非参数的数据；统计检验的假设为惯性的否定；图表的数值范围和刻度可以使事物看起来比它们实际更好或更坏；关系度量（Measure of Association）被替换成因果关系（Measure of Causality）计算；简单的线性因果关系计算错误地使用了非线性和多因多向性的变数；数据没有被公正地加总；数值的分散度缺少了一个平均值，等等（莫里森，2005）。虽然数字的吸引力是不可抵挡的，它们具有简单、直接、不容置疑、绝对和决定性等特性，但是更应该以审慎理智的科学态度来看待生活质量的测量，尽可能以还原事实本来面貌的、严谨的方法开展研究。

测量生活质量是生活质量指标体系建构的主要目的之一。对于许多从事生活质量研究的学者来说，选择测量客观生活质量还是主观生活质量，抑或两者的结合，是建构具体指标体系时摆在他们面前的关键问题。在过去的40年时间里，生活质量研究逐渐形成了这两条既相互矛盾又相互影响的发展脉络。

（一）客观生活质量测量

客观生活质量研究把重点放在影响人们生活的物质条件方面，即从影响人们物质生活和精神生活的客观条件方面看生活质量。客观生活质量测量这条脉络始于鲍尔在1966年发表的具有里程碑意义的《社会指标》一书。在这部被誉为该领域"头一个，也许是最重要的一个创新性出版物"的著作中，鲍尔等人探讨了各种观测与预测社会变迁的方法。自此之后，社会科学与统计学的结合发展极大地推动了生活质量的量化研究。由于在相当长的一段时间里，国外的"生活质量"概念是和"生活水平"、"生活标准"、"福利水平"等概念一起被广泛使用并加以研究的，而且多数研究并不直接以"生活质量"为对象，并没有对生活质量概念加以严格的界定，以至于常常混同于"生活水平"、"生活标准"、"福利水平"等概念（吴姚东，2000）。加之，有很多学者比较赞同把生活质量看做是一个抽象的概念，视作生活等级的代名词，并区分个人的内在能力和有利于这些能力发挥的外部因素，而生活等级从根本上讲取决于社会和经济发展的程度。这样就逐渐形成了生活质量研究中的一个偏重客观生活质量测量的发展脉络。

客观生活质量测量需要正确的指标体系的选择，它也是相应的社会政策的基础。在宏观层面上，学者和民众已经形成了比较一致的观点，即批判以单纯的人均GDP作为评估的唯一标准，而将更为广泛的涵盖收入和财富分配的指标以及人们在许多不同生活领域的实际状况指标融入客观生活质量测量。由于与社会发展的全新理念息息相关，并且努力寻求经济因素与其他社会因素的制衡，客观生活质量研究备受经济计划官员和经济学家的青睐，而且已被证明在农村和都市以及国家层次的研究中具有十分重要的意义。这一领域早期的研究者使用跨文化的客观指标测量生活质量，依据的是基本生活必需品如食品、衣物以及他们认为的对所有文化背景的人而言都必需的物品（周长城等，2003）。

斯堪的纳维亚半岛的生活水平研究通常被许多学者视为客观生活质量测量的典型代表。该模式建立在福利被定义为"个人对资源的支配"的基础之上，侧重"美好生活"的概念，将社会的完好状态作为一项福利内容，注重客观生活条件的测量。具体而言，认为人们的生活水平是由人们所需要的客观资源决定的。这些客观资源主要有收入、资产、教育和知识技能，以及社会关系网络等。对客观需求的满足即是社会福利的主旨。换言之，社会福利就是个人拥有对资源的支配权，能够控制资源并且有意识地将其直接用于提高生活水平。很显然，客观生活水平指标是衡量社会福利的关键所在。此外，个人生活所处的外部环境也被视为生活质量或社会福利必不可少的组成部分，因为它们决定了个体的活动领域和资源的效用（周长城等，2001）。这种以资源为中心的福利观主要关注人们满足需求的能力，相应的概念框架下的各种指标也围绕着客观生活条件来选择，将社会视为一个整体。虽然斯堪的纳维亚模式并不否认主观个人评价存在的积极意义，但是更倾向于认为个体的主观评价容易受到期望水平等复杂因素的影响，往往因人而异，所以如果以此作为制定社会政策的依据不具有普遍性意义，并且失去了生活质量评估社会政策的效力。

除了斯堪的纳维亚半岛的生活水平研究外，很多发展中国家在建构生活质量指标体系的过程中都十分重视客观指标的选取与测量。这一方面可能与它们尚欠发达的经济水平有关。对于很多发展中国家来说，由于国家经济基础较为薄弱，社会发展落后，很多居民的生活还处于温饱阶段或为生计而艰辛地奔波。当生存成为第一要义、物质需求没有得到充分满足的时候，居民心中最为关注的自然首选客观物质条件，而国家在制定社会发展战略时，中心目标也是为国民生活提供充分的物质基础，使人们的生活水平不断提高。另一方面社会统计也会受到社会发展程度的制约，发展中国家的统计工作不可能超越社会发展阶段，统计指标以关系国计民生的物质指标为主，多涉及体现国民生活不同领域的客观指标。生活质量指标体系的建构建立在社会统计发展的基础上，因此也必然受到相关的制约和局限，所以很多发展中国家在生活质量研究的初级阶段都偏重于进行客观指标的测量。但是客观指标也有其存在的局限性，突出问题便是物质条件与生活质量的矛盾统一。在很多情况下，充裕的物质资源是高品质生活的必要条件，即人们倾向于认为当物质生活的需求得到充分满足时，生活质量会得到一定的提高，但是前者并不是后者的充分条件，二者背离的情况也常常出现。收入高并不一定生活质量高，富裕并不一定幸福。即使生活在同样物质条件中的人也可能存在很大的主观感受差别。尤其在发达国家这种矛盾情况更为突出，生活标准在提高，但人们的幸福感、满足感和快乐感并不一定同时提高。经济发展并不必然给全体社会成员带来生活质量的改善，这种矛盾的出现恰恰为主观生活质量研究提供了探讨的空间。到底什么是衡量生活质量的关键因素？除了客观指标之外，主观指标能否有效反映人们生活的真实状态？

（二）主观生活质量测量

渴望幸福，感受快乐，是每个人的生活诉求；不断提高社会成员的生活质量，是社会发展的根本目的。如何评价生活质量和幸福程度，社会学、经济学乃至政治学都将其列为一个重要的研究课题。过去很长一段时间，衡量生活质量基本上都采用客观指标，然而科学技术日新月异的发展和经济蓬勃高速的增长，并未给人们增添更多的快乐和幸福，自杀人数和忧郁症患者成倍增加就是例证。有鉴于此，社会学家与经济学家逐步将生活质量的研究范围扩展。在全世界范围内，越来越多的研究者和实践工作者把主观生活质量作为一个情感状态指数整合到自己的研究体系中。他们大多认同这样一种观点，即人类经历的终极目标是

"幸福"，因此对社会之善（Social Good）的最终测量必须是在该国内，社会成员已经达到的程度（拉普里，2003）。生活质量是由个体对其生活的评价，这一过程包括情感反应、不同领域的满意度和满意度的总体感受（迪纳，苏，卢卡斯和史密斯，1999）。它反映了对包含许多种生活领域的情感的评价，或者说把生活视为一个整体的单一格式塔反应（康明斯和卡希尔，2000）。个体根据他们的期望、价值观和先前经历给予环境不同评价，而主观生活质量研究对这些差异赋以不同的重要性，因此比客观指标和外在指标更能准确地反映个体对生活的全面感知。

  主观生活质量研究与西方学者对幸福体验的主观性本质认识的不断深化密切相关。其最初的考察对象主要是人们的精神活动、心理活动等主观内容，指标体系的建构具有明显的精神健康的取向。进入20世纪60年代以后，受综合发展观的影响，生活质量研究也逐步向更广泛、深入的领域扩展，主观层面的内容在生活质量指标体系中的地位开始受到重视。在社会指标运动中测量个体的主观幸福感和生活满意度的研究开始出现。其中坎贝尔和康弗斯在1972年的著作《社会变迁对人类的意义》，1976年坎贝尔、康弗斯和罗杰斯（Rodgers）的《美国生活质量：认知、评价与满意度》(The Quality of American Life：Perceptions, Evaluations and Satisfactions)，以及安德鲁斯和威瑟在同年发表的《幸福的社会指标：美国人的生活质量认知》(Social Indicators of Well-Being：Americans' Perception of Life Quality) 被兰德和拉普里等学者视为主观生活质量研究的始点。主观幸福感（Subjective Well-being）、生活满意度（Life Satisfaction）和快乐（Happiness）等逐渐成为主观生活质量测量中具有重要影响力的指标。各种不同的社会科学研究技术，如深度访谈、重点群体讨论、临床研究、抽样调查等也被充分应用到该领域的研究过程中，拓展了数据采集的空间和形式。

  美国模式的生活质量研究在主观生活质量研究领域具有较强的代表性。它与斯堪的纳维亚模式的资源观相对立，认为生活质量研究或者幸福的测量主要通过评价居民个体层面的主观指标来获得，在群体中对个体心理状态（价值观、态度、信仰和期望）的详细测量对于理解社会变迁和生活质量是至关重要的。社会发展的主要目标不是生活质量的客观特征，而是以"满意度"和"幸福感"来衡量的人们的主观福利。诺尔指出，美国模式"在功利主义哲学和精神健康研究的传统中……这种方法最终将幸福定义为主观幸福感。而使用的最重要的主观幸福感指标实际上就是对满意度和幸福的测量"（拉普里，2003）。这种侧重依靠个人评价来反映社会福利水平高低的美国模式在西方社会得到了更多的认同。当然很多斯堪的纳维亚模式的研究者会极力否认这一观点，他们认为作为一种社会福利指数，测量社会成员的低期望/高适应性是没有结果的。拉普里也曾经指出：在任何具体政策和特定的个体幸福表达之间缺少一种理论的联系——以及任何具有说服力的、可以使联系发生作用的机制（拉普里，2003）。

主观生活质量测量除了宏观层面引起的争议外，就主观指标本身也常常招致许多疑虑。这主要是因为主观指标表达的是一个主观的、内省的、以个人体验为基础的概念，因此有观点认为：其一，个人的态度、观念是经常变化的，而且其变化与实际状况并没有关联，会引致主观评价的不稳定性；其二，由于参照标准各不相同，人与人之间的主观评价也难以相互比较；其三，人们对某一领域进行评价的过程是相当复杂的，难以解释，更难以简单地量化；其四，实证研究表明，主观评价与客观事实相脱节，二者的关联度有下降的趋势（王凯、周长城，2004）。此外，在收集个人对生活满意度与幸福感的报告以对生活质量加以测算时，也会出现正确性与可靠性的问题：一是对于同一个问题不同个体会有不同的理解，因此给出的答复与最初的测算目的相比可能会有出入；二是即使个体正确地理解了被问及的问题，在回答的过程中也可能会由于回答问题的方式以及个体顺应社会期望而使答复出现系统性的扭曲（王凯、周长城，2004）。

尽管主观生活质量测量存在一些具有争议的问题，但不可否认的是它在生活质量研究中具有不可或缺的重要作用。尤其在客观生活质量测量无法触及社会现象本质以及需要考量社会事件或社会发展趋势对社会成员的内心冲击时，主观指标理所当然成为研究的首选。坎贝尔就曾在研究中发现一个有趣的现象，即生活质量与个人生理需求的相关度为 0.13，与收入的相关度为 0.12，与健康的相关度为 0.10，与智力的相关度为 0.17（周长城、蔡静诚，2004）。生活质量与客观物质资源的低相关度很可能是由于人们对生活有极大的适应性，即使发生了重大生活事件，也只会带来短暂影响，此外还与个人的性格倾向密切相关。而主观生活质量测量恰恰可以在这两个因素上发挥解释作用。另外，从宏观层面上说生活质量的个体评价不仅对于理解国家的生活质量至关重要（美国模式的观点），而且被认为具有某种道义上的必要性。主观测量抓住了那些对个人来说非常重要的体验和经历。它主要关注回答者自身对幸福与生活满意度的评价，而不是政策决策者或研究者认为是重要的东西，这使得公共政策制定者更容易了解民众的意图，有利于为社会政策提供信息基础和导向，增强政策制定的社会意义。

值得注意的是，主观生活质量测量中的两个关键词"幸福感"和"满意度"在很多研究中虽然被视为同义词，可以相互替换，但在美国的生活质量研究传统中却存在细微差别，幸福感是对感性层面的描述，而"满意度"一般代表了主观福利的认知层面。将幸福感和生活满意度作为研究的重要领域，实质上体现了发展观进入"以人为中心"阶段之后，向着"以人为本"的更高层次的提升。

1. 主观幸福感（Subjective Well-being，SWB）

什么是幸福？如何才能得到幸福？这恐怕是古往今来困扰人类已久的难题。

早在古希腊罗马时期，无数的西方先哲就曾对幸福问题发表过独到精辟的见解。从梭伦的"谁拥有最多的东西"，"才能给他加上幸福的头衔"；伯利克里的"最后的幸福不是如诗人所说，是谋利，而是得到同胞的尊敬"；到亚里士多德认为"最公正的事情"、"健康"，都可"视为幸福"；伊壁鸠鲁（Epicurus）的"肉体的健康和灵魂的平静乃是幸福生活的目的"，等等，幸福虽然被赋予了明显的、朴素的自然主义特征，但是却实实在在地同人们的现实生活、物质利益紧密地联系起来，被归纳为某一种或几种能够使人得到快乐的行为方式（冯俊科，1997）。其中伊壁鸠鲁的研究较有代表性。他认为"快乐是幸福生活的开始和目的。因为我们认为幸福生活是我们天生的最高的善，我们的一切取舍都从快乐出发；我们的最终目的乃是得到快乐。……当我们说快乐是终极目标时，并不是指放荡者的快乐或肉体之乐，……我们认为快乐就是身体的无痛苦和灵魂的不受干扰"（苗力田，1989）。20世纪新弗洛伊德主义的代表人物之一的弗洛姆（Erich Fromm）认为，快乐和幸福没有质的区别，只是快乐与某一个别行为有关，而幸福可以称为是某种持续和一体化的快乐经历（邢占军，2005）。到了近现代，随着物质财富的极大丰富和人类主体精神的回归，生活质量和人类个体存在的社会价值引起了人们前所未有的关注，学者们采用更理性的视角和更科学的方法再次掀起了幸福问题的研究热潮。

　　将主观幸福感作为生活质量的重要指标，在一定程度上得益于哲学家、心理学家的推动。从心理学的角度看，幸福感是人类个体需要得到满足以及理想得以实现时产生的一种情绪状态，是由需要（包括动机、兴趣、欲望）、认知、情感等心理因素与外部诱因相互作用形成的一种复杂的、多层次的心理状态。而生活质量意义上的幸福感，如兰德指出的应该显示出"特征性"和"状态性"两种特点。根据兰德的观点，西方学者已经达成了共识，认为主观幸福表明了对情况和事件的反应——适应环境的一种状态——与此同时，也是区别于其他社会成员，有助于在不同时间和情况下保持稳定性和一致性的一种持久的心理状况，或者一种特征，在某种程度上反映了特定社会成员如何看待他们周围的世界（拉普里，2003）。主观幸福感研究主要分析人们根据自己的价值标准和主观偏好对于自身生活状态所做出的满意程度评价，力图找到一种能够用以评价特定社会主观生活质量的指标体系。因此研究者们比较关注从总体生活满意感、具体领域满意感（例如工作、休闲、家庭、收入等等）、正向情感和负向情感等方面对社会民众进行大规模抽样调查，以获得社会群体的认知体验。总而言之，主观幸福感既是对生活的客观条件和所处状态的一种事实判断，又是对于生活的主观意义和满足程度的一种价值判断，它表现为在生活满意度基础上产生的一种积极心理体验（沈杰，2006）。

当代主观幸福感的研究发展经历了三个阶段①。第一阶段大致从20世纪50年代中期到80年代初期。在这一阶段，研究者们着眼于测量不同群体的主观幸福感状况，并根据测量结果描述了不同群体主观幸福感的平均水平。研究者们所关注的群体包括在校学生、老年市民、修女、精神病人、囚犯等。这类研究以描述性为主，所采用的量表也比较简单，主要是单项目测验，而且大多没有进行必要的信度和效度检验。研究主要是探索性的，研究者们往往根据研究结果提出有关主观幸福感的一些假设。第二阶段从20世纪80年代中期到90年代，研究者们深入地考察了几种主观幸福感的理论模型。在揭示主观幸福感的作用机制及其影响因素等方面，出现了人格理论、适应理论、动态平衡理论、目标理论、流程理论、社会比较理论、评价理论等理论模型。近年来，国外对主观幸福感的研究开始进入第三阶段，研究者们开始运用主观幸福感的测量理论来整合各种方法，出现了一些严格设计的追踪研究和大规模的跨文化调查研究，主观幸福感测量的方法更加丰富，实验研究的方法更多地被用于主观幸福感研究领域。

就研究结论而言，西方研究者已经注意到这样一种趋势：在大部分时间里人们给予他们的主观生活质量以相当高的评价。这些学者反映，当来自所有年龄群体、种族群体、社会-经济群体的大规模西方人口样本被要求对其生活满意度进行评价时，他们的回答始终高于中立的水平（古龙和康明斯，2002）。除了主观生活质量分数较高外，如下研究还表明这些分值具有相当高的稳定性（Gullone and Cummins，2002）。马格纳斯（Magnus）等人在1993年的研究发现，时隔4年之后自陈主观幸福感分数仍然保持在0.60的相关度水平上。考斯塔（Costa）和迈可维（McCrae）1988年的研究发现，即使当测量来自于不同的渠道时（例如，配偶或自己），主观生活质量依然保持了高水平的稳定性。桑德威克（Sandvik）等人发现，一旦分数由于不可信测量（Unreliability of Measures）被修正之后，由家庭成员报告的个体的主观生活质量与由朋友评价的个体主观生活质量相关度达到了0.70。迪纳和拉尔森（Larsen）在1984年的研究发现，个体的工作幸福感水平与在娱乐场所的愉快情感平均水平有0.70的相关度。这些研究都表明，主观生活质量的分数在某种程度上具有相当高的稳定性，产生急剧波动的可能性较小。海蒂（Headey）等人的研究也支持了上述结论，认为人们似乎对自己的主观幸福感保持一种固定不变的水平。他们在一项纵向研究中发现，尽管消极的生活事件倾向于降低人们的主观幸福感，但是这种影响通常是短暂的，人们

---

① Diener, E., E. M. Suh, R. E. Lucas, and H. Smith. 1999. "Subjective Well-being: Three Decades of Progress 1967–1997." *Psychological Bulletin* 125：276–302. quoted from Gullone, E., and R. A. Cummins (Eds.). 2002. *The Universality of Subjective Wellbeing Indicators：A Multi-disciplinary and Multi-national Perspective.* Dordrecht：Kluwer Academic Publishers. P. 48.

很快会将之恢复到先前的水平（海蒂和韦尔林，1989）。

为了进一步分析主观生活质量的分数如何保持相对稳定，以及为什么在经历变化之后又能恢复到某种预定的水平，康明斯和他的同事们提出了一种所谓的自我平衡过程（a process of homeostasis）[①]。康明斯认为表面的稳定很可能包括某种自我平衡控制机制，以至于生活质量感知虽然会根据环境变化升高或降低，但是通过某些能够意识到的以及某些意识不到的自我平衡控制机制，能够恢复到一种预定的水平（康明斯，2000）。人类可能存在很多种认知机制来维持自我的平衡状态，目的就是使人们避免在长时期内感觉过分积极或过分消极，避免诸如狂躁和沮丧等过激情绪。这也就是人们为什么有能力自觉地在复杂多变的环境中依然保持正常的心态和稳定的主观幸福感水平的原因。康明斯据此认为，生活质量是一种固定存在的、自我平衡控制的大脑状态；主观幸福是一种意向的大脑系统，在一个很小的正向范围之内，保持每一个社会成员的幸福感。而这种大脑系统在测量无论是何种生活质量、满意度或幸福感时，都在近似75%的最大范围内保持一种常量（拉普里，2003）。

2. 生活满意度（Life Satisfaction）

在主观生活质量测量中，相对于主观幸福感而言，坎贝尔等人更强调满意度的概念，这主要是因为他们认为满意度表明的是个人对生活不同领域的认知和判断，幸福感则反映的是相对较短时期的兴奋和快乐的心情[②]。相对于情感层面上的幸福、快乐而言，认知层面上的满意度可以作为政策制定者更可靠、更现实的目标。当然以上只是一家之言，在很多学者的研究中其实并未将两者截然分开。而且就主观幸福感的测量而言，最常用的方法就是使用包括快乐或生活满意度为测量问题的自陈问卷。

有学者对国外现有的生活质量概念进行了分类总结，提出了四种模式（王凯、周长城，2004）：（1）生活质量指的是个体生活条件的质量，生活条件很可能影响个人满意度；（2）生活质量是指个体对其生活条件的满意度；（3）生活质量是生活条件和个人满意度的综合；（4）生活质量包括生活条件和个人满意度，同时在评价生活质量时，依据个人价值观赋予客观条件与主观感受以不同的权重。第一种模式认为生活质量的界定应独立于生活满意度，生活质量是对个体所拥有的生活条件的客观衡量，对这些条件的评价就是个体的满意度，生活条件

[①] homeostasis 是由希腊文 homoios（类同之意）和 stasis（稳定之意）两词组成。1929 年美国生理学家 W·B·坎农曾采用"homeostasis"一词表述内环境恒定现象及其中的调节过程。该词的常见中文翻译还有稳态、自稳调节等。

[②] Campbell, A., P. E. Converse, and W. L. Rodgers. 1976. *The Quality of American Life：Perceptions, Evaluations, and Satisfactions*. New York: Russell Sage Foundation. 转引自王凯、周长城：《生活质量研究的新发展：主观指标的构建与运用》，载《国外社会科学》2004 年第 4 期，第 38 页。

可能对个体满意度有重要影响，但无论是两者之间的潜在关系，还是个体主观评价本身都不可能形成对生活质量的测量。这种相对绝对化的定义已经在实践研究中逐渐被大多数学者摒弃。毕竟生活质量作为一种复杂的概念建构，对其进行测量是多方因素的综合反馈。因此大多数学者更倾向于将生活满意度融合进生活质量的测量中，认为个体的生活质量水平可以由个体对各个生活领域的满意度来反映，如健康、工作、休闲、教育、个人创造能力的发挥、生活状况、家庭、友谊、生活水平、邻里关系、城市或城镇的居住环境、国家形势等。同时承认满意度不仅是个人内在的认知与体验，而且还受到外部和客观条件的影响，于是形成了所谓的第二、第三、第四种模式。姑且不论这种分类模式是否涵盖全面、具有典型意义，但它至少将生活满意度作为关键词整合进生活质量研究的分析框架。

当然，满意度指标在测量生活质量中的有效性问题仍然存在争议，比如埃德格顿（Edgerton）曾对生活条件或生活事件与主观满意度之间的可能的独立性加以评论，认为对满意度和幸福感的报告更多地取决于个人内在的性情而不是外部条件，重要的生活事件可能导致对生活幸福感的暂时改变，但是评价生活幸福与否的标准也会及时地降低，因此幸福感与满意度的水平在纵向比较中是相对稳定的，对生活质量的主观评价与生活条件之间并不存在线性相关关系[①]。尽管如此，生活满意度仍被大多数从事主观生活质量测量的学者视为最接近生活质量本质的指标。

生活满意度是指个体基于自身设定的标准对其生活质量做出的主观评价，可分为总体生活满意度和具体领域的生活满意度。前者是对个人生活质量的总体认知评价；后者是对构成全部生活的各个不同领域的具体评价，如家庭满意度、工作满意度、健康满意度，等等。一般而言，总体生活满意度比具体领域的生活满意度更为抽象和稳定。尽管情感可以影响生活满意度的评价，生活满意度还是与那些暂时性的情感状态存在区别。情感指的是对于发生在人们生活中的具体事件，如生气、喜悦、焦虑等的具体的直接的反应；而生活满意度评价很典型地是指更加一般化的、持久的经历评价，包括一个人的总体生活或生活的主要方面。尽管频繁的积极情感、不频繁的消极情感和生活满意度倾向于相互关联，但是主观幸福感因素、情感和生活满意度还是与之存在差异，并且显示出不同的决定因素［许布纳（Huebner, 2004）］。

[①] Edgerton, R. B. 1990. "Quality of Life From a Longitudinal Research Perspective." pp. 149 – 160 in *Quality of life: Perspectives and Issues*, Edited by R. Schalock and M. J. Bogale. Washington, DC: American Association on Mental Retardation. 转引自王凯、周长城：《生活质量研究的新发展：主观指标的构建与运用》，载《国外社会科学》2004 年第 4 期，第 39 页。

目前，对生活满意度的研究主要来自三个领域，生活质量的研究、心理健康的研究和老年学的研究，对其测量大多数沿着两条路径进行（陈世平、乐国安，2001）。一是根据米克劳斯（Michalos）的多重差异理论，认为一个人对自己生活的满意度取决于他在心理上对几个不同差距的信息的总结。这些差距是个人认为自己目前所具有的与他的期望之间的差距，主要取决于：（1）有关他人具有的；（2）过去拥有过的；（3）现在希望得到的；（4）预期将来得到的；（5）值得得到的；（6）认为自己需要的共六个因素。通过测量这些差距来获得个人生活满意度的信息。这一方法多用于测量某一具体生活领域的满意度。二是根据社会心理影响的观点，认为个人生活满意度与诸多社会心理因素有直接关联，例如压力、抑郁、他人支持、内控（相信个人可以掌握自己的命运）、外控（意识到的被别人所控制和意识到的被机遇所控制等）、角色成就等。通过找出那些对生活满意度产生重要影响的因素，就可以通过对这些因素的测量来评定生活满意度的高低。

生活满意度测量已经形成了很多种不同的生活满意度模型。这些模型可以在三种主要的概念框架中被归纳，包括单维模型（分为总体或一般生活满意度）和多维模型（许布纳，2004）。两种单维模型的共同之处在于它们都假定：一种单一的、总体分数可以代表不同的生活满意度的水平。二者的分歧在于合并的模式。一般满意度模型（General Model）认为总分数应该由不同生活领域的满意度评价相加（加权或不加权）组成，例如家庭满意度、邻里满意度，等等。根据该模式的测量要求，研究者将构成综合生活满意度的关键领域都包括在内。与之相对照的是，总体满意度模型（global model）则假定通过那些不考虑背景因素的项目（例如，我拥有美好的生活 vs 我的家庭生活幸福）可以最佳地评价生活满意度。根据该方法，回答者可以自由地根据他们自己的、独一无二的标准而不是研究者强加的标准来做出回答（许布纳，2004）。

多维模型则降低了总体或一般满意度评价的重要性，更加强调包括关键生活领域在内的生活满意度判断的来源情况（许布纳，2004）。其理论假设是个体的生活满意度是由对其有重要意义的特定生活领域决定的。较为著名的多维模型是许布纳提出的等级生活满意度模型（Hierarchical Life Satisfaction Model）和康明斯提出的加权生活满意度模型（Weighted Life Satisfaction Model）[①]。在等级生活满意度模型中，哈勃将生活满意度分为两个等级：第一等级是一般生活满意度；第二等级是各具体生活领域的特殊满意度。例如，哈勃认为对青少年有重要意义

[①] 关于等级生活满意度模型和加权生活满意度模型的介绍参见田丽丽、刘旺、Rich Gilman：《国外青少年生活满意度研究概况》，载《中国心理卫生杂志》2003年第12期，第814页。

的生活领域主要包括家庭、学校、朋友、居住环境、自我五个方面，因此在测量时分别考察个体在这五个领域的特殊满意度，然后将各领域的得分简单相加得到一般生活满意度。与等级模型略有不同，加权模型认为不同的生活领域在个体的一般生活满意度中占有不同的地位，因此在利用特殊生活满意度的得分计算一般生活满意度的时候，主张将各领域的得分与其所占权重相乘之后再求和得到一般生活满意度。总而言之，虽然多维模型在测量内容上和单维模型具有重合性，但两者的侧重点各有不同。前者首先更关注不同生活领域的满意度，然后再考虑总体层面，后者则更强调总体层面的生活满意度。

（三）主客观测量的整合

主观生活质量研究的兴起和不断深化并未必然使主观幸福感和生活满意度等指标成为普遍被认可的评价生活质量的主要依据。如雷恩（Lane，1991）认为如果我们选择主观指标，并且完全相信主观指标真的像其表面显示的那样，那么我们就会冒着接受穷人"无所需求"和默许剥夺公民权（acquiescence of the disenfranchised）的风险。冒险接受不真实的自评报告也会面临问题，例如，那些对自己状况不满的家庭主妇，却可能因为她们认为自己的生活本该如此，而报告自己对生活感到满意。因此，雷恩在给生活质量下定义时，侧重主观因素和客观情况的关系[①]，其中主观因素包括"对主观幸福和个人发展、学习、成长的意识"，统称为"大众素质"（quality of persons，QP），客观情况包括"给予生活中的人利用的机会"，又称为"条件素质"（quality of conditions，QC）。"生活质量"是大众素质和条件素质的"函数"，用函数方程可以写成：

$$QOL = f(QC, QP)$$

生活质量同时取决于大众素质和主观幸福。大众素质和主观幸福是故意分开的，因为享乐的能力（属于但又不局限于主观幸福）明显不同于达到这种能力的过程（即个人或个性发展，属于大众素质）。而大众素质反过来取决于构成素质本身的因素，这些因素之间的关系以及对包括这些因素在内的特性所进行的修正或推导。构成大众素质本身的因素包括能力、信仰和知识、情感和评价以及状态。人在一生中能较好地发展出个别的这些特性，有一些则发展得没那么好。这就揭示了在这些因素之间存在一种互为妥协的关系，以及根据个别需要而形成的优先次序。这种关系不可避免会引申出等值、排序、权重和兼容等活动，反过来

[①] Lane, R. E. 1994. Quality of Life and Quality of Persons: A New Role for Government? *Political Theory* pp: 219-252. 转引自陈震宇：《生活素质和社会指标体系》，载《行政》2005年，第18卷，总第68期，第396页。

揭示这些因素需要通过"曾思考过人类发展的问题的人(所得出)的共识"来进行一些修正。雷恩强调,只有具备"适当的大众素质"的人才能利用那些被认为是构成高条件素质的因素。大众素质和条件素质都不是静态的,而是动态的,两者的改变最终都会改变生活质量,对主观幸福亦同。

迪力巴尔(D'Iribarne,1974)也列举了一个很形象的例子来说明使用主观指标却不了解个体的客观环境所产生的问题。例如,同样是报告感觉天气寒冷,一个人可能是因为燃料很贵没钱取暖而感到十分寒冷,另一个人却可能是由于选择外出滑雪而感觉很冷,因此如果单纯考虑主观感受两者可能并无太大差别,但是如果结合客观背景进行分析,则前者的生活质量明显低于后者。

倾向于选择客观指标测量生活质量的学者,往往认为主观指标在信度与效度方面难以把握,其依据大多是多数人没有真正考虑过自己的反应而且也无法回答询问这些反应的问题;人们不可能在回答问题时暴露自己的隐私;人们对问题的回答往往存在偏见;人的理解力差异极大等等(周长城等,2003a)。这种对主观指标的认识是不全面的,虽然主观生活质量研究经常由于测量效度低,结论缺乏普适性被人们诟病,但如果辩证地加以利用,可以帮助人们更好地衡量客观指标。实际上,主观指标在社会指标调查研究中作用甚大。第一,它们能直接测量人们对自身福利状况的评价,而客观指标最多进行间接的测量。第二,主观指标能在单一维度上提供数据,因此可在统一维度上对生活的各个方面进行横向比较。这是客观指标不可能实现的,因为它们不是沿着一个统一维度进行测量。第三,主观指标可以由研究者直接设计和使用,易于修正,但是客观指标的建立依赖于大量的数据,且其测量过程也经常超出发展指标的控制。此外,主观指标也可提供那些客观指标更值得关注的线索,同时可为劣势群体和弱小群体提供表达意愿的渠道(王威、陈云,2002)。

将主客观测量整合起来以全面测量生活质量逐渐成为大势所趋。虽然在生活质量的研究实践中受研究经费、调查规模、学术能力、研究偏好的限制,很多学者往往偏重于客观测量或主观测量某一个方面,但是在理论层面人们已经基本就两者的整合达成共识。主观指标同样是测量生活质量不可或缺的组成部分,问题的关键在于如何在指标体系中合理地配置主观指标和客观指标。如布朗等人认为,生活质量就是在社会所提供的客观条件(供给)与个人对生活的需求的主观满足程度之间加以平衡的一个等式,即个体对在各个生活领域中不同的客观状况加以判断,根据参照标准(如渴望、期望、可能正确的感觉、参照群体、个人价值观、个人需求等等)得出最终的评价,这种评价就是对该领域的满意度,各个领域的满意度综合起来就是整体的幸福感①。康明斯也认为,生活质量应同时包括客观和主观的评价,并且要整合各个领域的主观评价以测量全面的生活质量,为此需要考虑个体对生活各个方面所赋予的权重,即使在客观评价中也要遵循这一原则,即依据个人价值观赋予各种生活条件以不同的权重②。

鉴于客观测量方法和主观测量方法各有利弊,欧盟地区委员会(1999)在发起的研究中对指标提出了三项要求:(1)与目前的理论探讨保持一致;(2)要容易操作化,因此应该以可利用的数据为基础;(3)应该超越当前对 GDP 和失业率的原始测量。其中第二项为生活质量指标体系建构过程中的指标操作化提供了方向指引。

三、指标体系的操作化

在测量生活质量的过程中存在许多关于质量的直接指标,但是,需要认识到"质量"和"生活"都是抽象的概念,可以包括许多的解释,因此在生活质量研究的许多方面使用了质量的代理指标(Proxy Indicator),并不是生活质量本身,而只是生活质量的指标(莫里森,2005)。一个指标是对一种更复杂的现象或趋势的概括性测量(莫里森,2005)。

客观指标和主观指标的操作化有其各自存在的前提条件。客观指标的使用源于如下假设(诺尔,1996):人们可以使用诸如价值或目标这类的标准,通过比较真实情境来判断生活状况的优劣。然而,一个重要的前提就是,首先要就福利相关的维度达成政治上的一致认识;其次,关于好与坏的标准以及对社会的发展方向也要有相同认识。

主观指标的使用是假设幸福可以被个体感知,并且由其做出恰当的判断(诺尔,1996)。这种表述也不是无可争辩的,它已经引起了人们关于幸福测量标准的激烈讨论。担忧之一就是:"人们对满意度水平进行自我评价的研究方法会在一定程度上受到期望水平的影响"。据此分析,考察人们的生活满意度被批评为是在"测量人们在多大程度上适应他们的现在情况"[埃里克森(Erikson,1993)]。因此有学者认为人民的意见和偏好应该以他们的社会活动的方式体现

---

① Brown, R. I., M. B. Bayer, and C. MacFarlane. 1989. *Rehabilitation Programmes*:*The Performance and Quality of Life of Adults with Developmental Handicaps*. Toronto:Lugus Publications. 转引自王凯、周长城:《生活质量研究的新发展:主观指标的构建与运用》,载《国外社会科学》2004 年第 4 期,第 39 页。

② Cummins, R. A. 1992. *Comprehensive Quality of Life Scale-Intellectual Disability* (third edition). Psychology Research Center. Melbourne. 转引自王凯、周长城:《生活质量研究的新发展:主观指标的构建与运用》,载《国外社会科学》2004 年第 4 期,第 39 页。

到民主政治进程中，而不是通过问卷调查和民意测验来考察。当然以上只是学术探讨的一家之言，在实践研究中依然有许多学者采用问卷调查等方式来获得主观生活质量的数据资料，但毕竟有助于拓宽我们的分析思路。

(一) 客观指标的操作化

客观指标的操作化是一个相对简单、争议较少的实践过程。其测量内容大多从社会提高国民生活的充分程度的角度来选择，以反映社会事实为标准，并且独立于个人评价，因此与一般意义上的社会指标体系存在重合之处。作为一种福利测量工具，目标是衡量和观测个人和社会福利的改善或恶化程度，并且监测某一个社会在现代化过程中的变迁情况。

米克劳斯主持研究的"北美社会报告"（North American Social Report）在客观指标的操作化中具有典型代表意义。该指标体系用以测量国家层面的生活质量，以客观指标为主，辅以少量的主观指标。1980～1982年间共出版5卷，研究涵盖12个领域共计126个社会指标。主要指标如下［西尔盖（Sirgy，2001）］：

1. 与人口相关的具体指标包括：
- 人口密度
- 死亡率
- 出生率

2. 与健康相关的具体指标包括：
- 婴儿死亡率
- 自杀率
- 每名医生覆盖的人口数

3. 与犯罪相关的具体指标包括：
- 暴力犯罪率
- 财产犯罪率
- 年终时的犯人
- 用于犯罪公证的支出

4. 与政治相关的具体指标包括：
- 选民参选率
- 政府批准
- 军事支出
- 联合劳动力

5. 与科学技术相关的具体指标包括：
- 雇佣的研发人员

- 研发支出
- 每项专利的费用
- 每千名研发人员的专利数

6. 与教育相关的具体指标包括：
- 对教育的满意度（主观）
- 学生教师比
- 每名学生的支出
- 各种学位中的女性百分比

7. 与娱乐相关的具体指标包括：
- 拥有电视的家庭
- 看电影的花费
- 参观公园
- 划船的比例
- 骑自行车的比例
- 机动雪车的比例
- 露营的比例

8. 与自然环境和资源相关的具体指标包括：
- 人均能耗
- 能源生产/消耗比
- 空气污染

9. 与交通和通讯相关的具体指标包括：
- 拥有汽车的家庭
- 拥有电话的家庭
- 电话交谈
- 首类邮件①
- 交通和通讯的个人支出

10. 与住房相关的具体指标包括：
- 拥挤的住房
- 住房所有权状况
- 新型的独立家庭住宅

11. 与经济学相关的具体指标包括：
- 人均 GNP

---

① 首类邮件的英文名为 first class mail。美国邮件按投递速度分为若干类，第一类最快，邮资也最贵。

- 人均个人存款
- 女性收入占男性收入的百分比
- 基尼系数
- 作为 GNP 百分比的税收
- 贫困人口的百分比

12. 与道德和社会习惯相关的具体指标包括：
- 结婚率
- 离婚率
- 对个人未来的满意度（主观指标）
- 认为美国人/加拿大人的道德正在恶化的百分比

周长城、柯燕在构建澳门地区生活质量指标体系时，从经济系统、社会系统和环境系统三个方面设置了澳门客观生活质量指标体系。[①] 从宏观层面来看，经济系统为居民提供了物质保障，是提高居民生活质量的基本因素。经济系统主要包括反映经济发展状况和居民消费水平的物质福利领域。社会系统为居民提供了发展所需的各项基本资源，即社会资源、精神资源和制度资源，是提高居民生活质量的关键因素。社会资源包括与居民生活密切相关的健康、教育、居住和生活设施四个领域；精神资源包括反映居民精神生活质量的闲暇和精神生活两个领域；制度资源包括社会保障、公共安全和社会公正三个领域，反映居民得到公正、平等的体制保障状况。环境系统为居民的可持续发展提供了条件，是提高居民生活质量的重要因素。环境系统主要包括反映居民所处自然环境状况的环境领域。具体指标见表 3-2。

表 3-2　　　澳门居民生活质量客观指标结构框架

领　域	维　度	一级指标
健康	卫生资源	每位医生平均负担居民数（人）
		心理医生数（人/千人）
		★中医数（人/万人）
		政府医疗保健开支占国内生产总值比重（%）
		人均公共医疗费用（澳门元）
	人群健康	人均预期寿命（岁）
		死因构成比（%）
		孕产妇死亡率（人/十万人）
		婴儿死亡率（‰）
		★可传染疾病数（宗/千人）

---

① 周长城、柯燕著：《客观生活质量研究：以澳门特区为例》，社会科学文献出版社 2001 年版。

续表

领域	维度	一级指标
教育	教育资源	公共教育支出占国内生产总值比重（%）
		正规教师比重（%）
	教育成果	入学率（%）
		升级率（%）
		预期受教育年限（年）
		成人识字率（%）
物质福利	经济状况	人均国内生产总值（澳门元）
		人均国内生产总值的年增长率（%）
	消费水平	家庭最终消费支出占国内生产总值比重（%）
		恩格尔系数
		消费价格指数年均变化
		甲/乙类消费物价指数
		人均私人消费增长率（%）
居住	居住空间状况	人均住房建筑面积（平方呎/人）
		住房成套率（%）
	住区公共资源	人均公共绿地面积（平方米）
		社会服务设施（个）
	住房拥有能力	住宅拥有数（套/千人）
		公有住房率与自有住房率（%）
		住房购买力（房价收入比）
环境	水	人均用水量（立方米）
		每100毫升样本水中未含大肠杆菌比重（%）
	大气	二氧化碳人均排放量（吨）
		空气质量指数达到一般的天数（天）
	能源	人均用电量（千瓦小时/人）
生活设施	交通设施	道路平均车辆拥有量（辆/千米）
		汽车拥有量（辆/千人）
		★电单车拥有量（辆/千人）
	通讯设施	电话主线数（条/千人）
		流动电话数（部/千人）
		计算机拥有量（台/千人）
		上网主机数（台/万人）

续表

领　域	维　度	一级指标
社会保障	社会保障总体水平	社会保障费用支出占国内生产总值比重（％）
		人均社会保障费用（澳门元）
		社会保障覆盖率（％）
		失业率（％）
	弱势群体的保障状况	★收取社会工作局经济援助的单亲家庭数字（户）
		★收取社会工作局经济援助的独居长者数字（人）
		★收取社会工作局经济援助的贫困家庭户数字（户）
闲暇	闲暇时间	人均闲暇时间数（小时/周）
		人均看电视时间数（小时/天）
	闲暇活动	★体育场地人均使用次数（次）
		人均外出旅游次数（次）
	闲暇消费	居民康乐及文化消费比率（％）
精神生活	文化信息	图书馆藏书量（册/千人）
		日报发行量（份/千人）
		互联网接入率（户/千人）
		博物馆数（座/十万人）
	社会参与	志愿者及义工比重（％）
	社会心理	痛苦指数（失业率＋通涨率）（％）
		自杀率（人/十万人）
	民主参与	投票率（％）
公共安全	社会治安	犯罪率（件/十万人）
		暴力犯罪率（件/十万人）
		千人警察比（人/千人）
	交通安全	交通事故伤亡率（人次/十万人）
	食品安全	食物中毒率（人次/万人）
社会公正	贫富分化差距	基尼系数
		贫困人数（个）
		贫困收入（澳门元）
	就业充分程度	劳动力参与率（％）
		就业不足率（％）
	行业收入差距	行业之间收入差距比（％）
	两性机会平等	教育机会
		就业机会
		决策权

注：澳门地区客观生活质量指标体系的构建是教育部哲学社会科学研究重大课题攻关项目"中国生活质量评价研究"的成果之一，具体见周长城、柯燕著：《客观生活质量研究：以澳门特区为例》，社会科学文献出版社2008年版。

莫里森（Morrison，2005）也以国际上具有典型意义的指标体系为分析基础，对澳门客观指标的操作化提出了具有建设性的意见。根据他的建议，客观生活质量指标体系应该包括教育、就业、能源、环境、健康、社会福利、公民权利与义务、收入和财富、基础设施、国家安全、公众安全、文娱康体、住房、政府管治等领域。

上述客观指标的设置内容十分翔实，具有很强的借鉴意义。客观指标的操作化涉及的领域和内容十分庞杂，虽然学者们并没有就研究的所有维度和指标达成一致认同，但不可否认的是某些关键的领域和重要的、具有典型意义的指标频繁出现在不同的测量研究中。以上述两个不同地域的指标体系的客观指标操作化为例，均出现对健康、教育、环境、住房、经济等维度的关注，相关指标也多有类似。

（二）主观指标的操作化

主观指标的设计存在心理学的幸福感测量和生活质量的满意度测量两个基本取向。目前国外在建构主观指标时，主要涉及如下五大类生活领域：第一类是生理健康和人身安全；第二类是物质幸福，包括收入、住房、饮食、交通、生活环境、工作环境和公共安全；第三类是社会幸福，主要包括两个维度，一是人与人之间的关系（包括个人同其家庭的内部关系，以及同亲戚或更一般的朋友、熟人的关系）。二是所参与的社会活动；第四类是个体的发展，包括个体所追求的工作、休闲、家庭生活、教育以及创造或贡献等功能性活动，以及在此过程中个体能力的发挥及其选择权或控制权的拥有；第五类是情感幸福，包括感情或情绪、满意度或成就感、自尊、社会地位、宗教信仰等（王凯、周长城，2004）。

1. 主观幸福感

在已有文献研究中曾经出现过大量有关总体幸福感的测量。该领域中最具影响力的分析源自安德鲁斯和威瑟以及坎贝尔等人的著作。康明斯曾经指出安德鲁斯和威瑟在1976年的研究中提出的问题"你对自己的总体生活感觉如何？"已经成为被广泛使用的生活质量指标（拉普里，2003）。维黑文则认为"使用最普遍的一个问题就是：总体而言，你认为自己有多么幸福？非常幸福、一般幸福、不太幸福，或根本不幸福？"这些调查研究表明建构可靠的总结性指数来反映一个人对幸福的总体感觉是存在可能的。

（1）能表达的幸福感（Avowed happiness）。该指标的测量最初来自于古瑞、威若夫和费尔德发表于1960年的研究结论［所罗门（Solomon，1983）］。他们在全美国进行了有关生活质量的抽样调查，主要研究美国民众的精神健康和幸福感。由研究者直接询问被调查者是否感到快乐，问题如下："考虑到所有的事情,你将怎样描述自己的近况——是非常快乐、相当快乐,还是不怎么快乐?"在所罗门(1983)编辑、由联合国教科文组织出版的《生活质量:评价与测量问题》(*Quality of Life: Problems of Assessment and Measurement*)一书中,采用该指标测量的结果表明 37% 的被调查者表示自己非常快乐,59% 表示相当快乐,只有 4% 的被调查者承认自己不太快乐。所罗门发现这一研究结论与许多更大型的抽样,包括美国的几个全国研究的结论并没有太大差别,认为自己不太快乐的人群只占相当少的比例。

(2) 安德鲁斯和威瑟的 D-T 量表(Andrew and Withey's Delighted-Terrible Scale)。安德鲁斯和威瑟试图开发出一种能够测量社会层面主观幸福感的工具。他们认为一种总体的幸福感反映了对不同生活领域的情感反应。1976 年的研究采用了 5000 人左右的抽样样本,以获得各个生活领域的因素分析列表和总体生活幸福感的自陈评估报告。在研究中安德鲁斯和威瑟提出了一个被后来学者广泛采用的测量问题:"你对自己的总体生活感觉如何?"量表标度依次为快乐的(Delighted)、高兴的(Pleased)、大部分满意(Mostly Satisfied)、满意与不满意大致相等(Equally Satisfied and Disatisfied)、大部分不满意(Mostly Disatisfied)、不快乐(Unhappy)、极糟(Terrible)。回答者要在量表上标出对应的主观评价。除了总体的评价之外,该量表还被用于某一生活领域幸福感的测量,经过技术处理之后就成为该领域生活质量状况的主观社会指标。如果用此量表对各个生活领域逐一测量,再汇总,也能够得出对总体生活质量的主观评价[①]。

(3) 语义差异量表(Semantic Differential Scales)。语义差异量表又叫语义分化量表,最初由美国心理学家 C·奥斯古德(Osgood)等人在研究中使用,20 世纪 50 年代后发展起来。在社会学、社会心理学和心理学研究中,语义差异量表被广泛应用于文化的比较研究、个体及群体间差异的比较研究,以及人们对周围环境或事物的态度、看法的研究,等等。语义差异量表以形容词的正反意义为基础,标准的语义差异量表包含一系列形容词和它们的反义词,在每一个形容词和反义词之间有约 7~11 个区间,人们对观念、事物或人的感觉可以通过所选择的两个相反形容词之间的区间反映出来。语义差异量表已经成为一项在主观生活质量研究中被广泛使用的技术手段。

所罗门(1983)采用的语义差异量表包含 16 组形容词及它们的反义词,由 7 个区间构成,用以界定被调查者的生活特征。该量表假定具有高质量生活的人将倾向于用更好的词语来描述自己的生活。在量表中,每一项分值的设定都是反

---

① Michael Carley. 1981. *Social Measurement and Social Indicators*. P. 40. 转引自秦斌祥、朱传一:《美国生活质量研究的兴起》,载《美国研究》1988 年第 2 期,第 146~147 页。

向的，以减少可能出现的反应定势的影响①（如表 3-3 所示）。

表 3-3　　　　　主观幸福感语义差异量表测量

我的生活是：

	1 2 3 4 5 6 7	
多样化的		一成不变的
有趣的		令人厌烦的
满意的		不满的
不孤单的		孤单的
井井有条的		杂乱无章的
值得的		无用的
快乐的		不快乐的
舒适的		不舒适的
有意义的		无意义的
理想的		无法忍受的
放松的		紧张的
有益的		令人失望的
充满乐趣的		难过的
愉快的		令人厌恶的
积极的		消极的
容易的		艰难的

资料来源：Solomon, E. S. 1983. *Quality of life*: *Problems of Assessment and Measurement. Socio-economic Studies*；Vol. 5. Paris： UNESCO. P. 163.

总体而言，所罗门的调查呈现出令人满意的分布情况。在大多数的个案中受访者的选择偏向量表的正向积极一方，只有特殊的、非常少数的受访者认为生活是"孤单的"、"令人厌恶的"。

2. 生活满意度

（1）纽伽滕等人的生活满意度量表（Neugarten et al. Life Satisfaction Scale）。生活满意度量表包括三个独立的分量表。其一是他评量表，即生活满意度评定量表（Life Satisfaction Rating Scales，LSR）由纽伽滕等人在 1961 年开发使用，被广泛用于老年人生活满意度的测量（西尔盖，2001）。测量包括一个复杂的访谈计划表，由受过专业训练的访谈员从五个方面计算一个由低到高的五分量表。

---

① 反应定势亦称反应的方式或反应风格（response sets or styles），是指独立于测验内容的反应倾向，即由于每个人回答问题习惯的不同，而使得有相同能力的被试获得不同的分数。定势的产生既有心理的原因，也有生理的原因。例如处于某种特定生理状态的被试如饥饿、疲劳等，会产生某种单调消极的反应定势。心理因素的影响主要是由于态度、价值观和人格的不同。比如，有些受试者通常不愿选择太极端的值，或因顺从社会规范而不诚实作答，致使测量值有所误差。

包括：
- 对生活的热情
- 对命运的决定
- 对目标实现的渴望
- 自我概念的水平
- 一般的情绪特征

另两个分量表是自评量表，分别为生活满意度指数 A（Life Sat-isfaction Index A，LSIA）和生活满意度指数 B（Life Satisfaction Index B，LSIB）。LSIA 从认知和情绪感受等方面测量个体的生活满意度，由与 LSR 相关程度最高的 20 项同意－不同意式条目组成。对每个条目回答"同意"、"不确定"或"不同意"，得分范围是 0（满意度最低）到 20（满意度最高）。LSIB 则由 12 项与 LSR 高度相关的开放式、清单式条目组成，每个条目包括 2 或 3 个选项，得分范围是 0（满意度最低）到 22（满意度最高）。

（2）迪纳等人的生活满意度量表（Diener et al's Satisfaction with Life Scale，SWLS）。美国伊利诺伊大学心理学家爱德华·迪纳（Edward Diener）多年来致力于研究人们对生活满意和不满意的根源。迪纳等人在 1985 年建构了该生活满意度量表，自此被全世界的研究人员视为权威，并广为使用。此量表运用个人对生活的综合性评价来测量生活满意度概念，舍弃了针对个别生活事件来测量生活满意度的模式，并兼具简明、适用于各年龄层的优点。最初设计的量表有 48 道题目，以伊利诺大学选修普通心理学的大学生为施测对象，资料经因子分析后，显示出正向情感、负向情感、满意程度三个构面。其中因为考察情感构面的题目及满意度的因子负荷值低于 0.6，所以将该部分问题选项删除，使原问卷剩下 10 道题目。但由于剩下的 10 道题目中有几题的语意高度相近，再删去 5 道题目，构成了最终的生活满意度量表。量表采用七点距李克特量表进行计分，范围从 1（非常不同意）、2（不同意）、3（有点不同意）、4（无意见）、5（有点同意）、6（同意）到 7（非常同意）。量表总分介于 5～35 分之间，得分越高，表示对总体生活满意度越高。问题如下所示（迪纳等，1985）：

- 我的生活在许多方面接近我的理想
- 我的生活状况很好
- 我对自己的生活感到满意
- 到目前为止，我已经得到了生活中我期望的重要东西
- 如果我的生活能够重新来过，我几乎不会发生任何改变

根据该量表进行的研究（李维，2005），约 75%～80% 的被试报告他们的生活满意度高于平均值，而且他们在 68% 的时间里处于积极的情绪状态。有关验

证性的检测发现,"生活满意度量表"的测量显示了从中等到高度的时间信度。例如,连续四年的生活满意度追踪,其相关系数为 0.58;即使复测时生活满意度的报告被替换,这种相关仍为 0.52。此外,愉悦的情感和不悦的情感在多年以后继续保持一定程度的稳定性。这些研究结果表明,生活满意度虽然有可能发生变化,但从长时间的角度来看,仍保持一定的恒定状态。量表各项目与总数之间也保持了较高的相关性,如表 3-4 所示。

表 3-4　　　　　　　　生活满意度量表项目相关

项　目	项目-总数的相关
我的生活在许多方面接近我的理想	0.75
我的生活状况很好	0.69
我对自己的生活感到满意	0.75
到目前为止,我已经得到了生活中我期望的重要东西	0.67
如果我的生活能够重新来过,我几乎不会发生任何改变	0.57

资料来源:李维:《风险社会与主观幸福》,上海社会科学院出版社 2005 年版,第 47 页。

(3) 生活满意度反映测量(The Reflective Life Satisfaction,RLS)。生活满意度反映测量由伍德(Wood)等人于 1969 年首先使用,包括如下测量问题:

- 当我回首自己的生活时,我感觉相当满意
- 我已经实现了很多自己在生活中的期望
- 当我回想自己的生活时,我并没有得到大多数我希望得到的重要东西(反向编码)
- 我已经比我认识的大多数人在生活中得到了更多的好运气
- 不管人们说什么,许多普通人的生活过得更糟糕而不是更好(反向编码)
- 我做的大多数事情是乏味的或单调的(反向编码)
- 这些年来我的生活变得更好
- 对我而言,我做的事情趣味性一如从前
- 我像自己年轻时一样快乐

对这些问题的回答都被记录在一个五点距的李克特量表里。1990 年的相关研究证明该量表可靠性系数达到了 0.65(西尔盖,2001)。

(4) 生活满意度的需求等级测量(The Need Hierarchy Measure of Life Satisfaction)。西尔盖等人基于马斯洛的需要层次理论提出了一种总体生活质量测量。题目使用了四种需求类型(生存需求、社会需求、自我需求、自我实现需求),问题如下(西尔盖和萨姆利,1995):

- 拥有安全感
- 给予(和接受)他人帮助的感觉

- 发展亲密友谊的感觉
- 处于所知之中的感觉
- 一个人对自己的自尊（自豪）感
- 一个人对自己的声望（名誉）的感觉
- 经历过独立思考和行动的感觉
- 决定自己的生命历程的感觉
- 经历个人成长和发展的感觉
- 经历自我实现的感觉
- 拥有有价值成就的感觉

受访者要根据如下 2 个七点距量表对上述 11 个问题做出逐一回答：

- "现在是多少分？最小 1　2　3　4　5　6　7 最大"
- "应该是多少分？最小 1　2　3　4　5　6　7 最大"

对全面的生活质量的评价，即个人的总体幸福感和满意度是从生理、物质、社会、情感以及个人的发展空间和有目的的活动等方面出发进行客观衡量和主观评价。主观指标的操作化与这些领域密切相关。由于主观指标表达的是一种主观的、内省的、以个人体验为基础的概念，其操作化过程相对客观指标增加了更多的不确定因素。但是，相对于包含着情绪、情感体验的幸福感而言，满意度包含的是判断或认知的体验，它是对原来的期望水平和达到目标之间的差异的知觉，比幸福感更接近于现实层面。

第四章

个体层面的生活质量

　　生活质量研究需要理论的指导。早在20多年前，从事社会指标和生活质量研究的学者卡利（Carley）曾经指出，人们总是试图建构各种社会指标和测量体系，但对生活质量的理论研究却漠不关心（西尔盖，1986）。他认为社会科学家们应该从评估社会指标转变到关注生活质量理论的发展与界定上来。如果没有理论的支持，那么现存各种社会指标体系中的建构有效性等问题就会越来越多地出现。然而时至今日，问题似乎并没有太多改观。与浩如烟海的各级各类指标体系相比，生活质量的理论建构一直处于徘徊不前的状态。因此要想从纷繁的研究文献中提炼出与个体层面相关的经典理论，并非易事。与群体层面生活质量研究人们已经达成诸多共识不同，个体层面的生活质量研究，尤其是主观范畴的研究很少从具体理论出发或由理论加以指导。此外，即使零星出现的理论也常常各自为政，无法形成一个有机协调的综合概念框架。由此便造成了虽然各项研究层出不穷，但是却各云其事，无法进行有效比较的现状。但是即便如此，依然能够发现一些对个体层面生活质量研究产生直接或间接深远影响的理论思想。

一、经典理论阐述

(一) 米克劳斯①的多重差异理论

米克劳斯是社会指标和生活质量研究领域有影响力的学者之一。在2003年出版的《生活质量文集》(Essays on the Quality of Life)一书中,米克劳斯收录了19篇已经发表或尚未发表的生活质量研究论文,对自己将近30年的研究生涯进行了一个回顾,并且再次详细阐述了自己提出的多重差异理论(Multiple Discrepancies Theory, MDT)。鉴于在生活质量调查研究中的广泛应用,多重差异理论越来越显著地发挥出重要的学术价值。经过米克劳斯在1985年和1991年对该理论的修正与发展,它不但已经可以利用"社会事实"(Social Facts)(结构变量和社会价值与标准),而且还可以通过现实社会结构的整合过程,来解释主观幸福感的变化〔雅各布和布林克霍夫(Jacob and Brinkerhoff, 1999)〕。

1. 简单差距解释理论(Gap Theory)

在介绍多重差异理论之前有必要首先回顾一下在幸福感和满意度研究经常会用到的"差距解释理论",两者在某种程度上有着一脉相承的关系。各种差距理论的一般形式均为:在两件事情之间,人们感受到差距(差异),幸福感和满意度就是由这些差距决定的,是差距的函数,或者说可以用来解释人们的幸福感和满意度。在过去的文献里,至少存在六种不同的差距解释理论(米克劳斯,1990)。

第一,目标-现实差距理论(Objective-Reality Gap Theory)。该理论把幸福感和满意度当作一个人已具有的和他希望具有的差距的函数。因为有多种方式可以表达一个人所希望具有的东西,所以当谈及感受的差距时,我们把它限定为如下范畴之间的差距:现有的和希望有的、现有的和追求的、现有的和目标的、现有的和渴望的。因为极易混淆,所以米克劳斯通常把这种模式的差距理论称为"目标-现实差距理论"。

第二,理想-现实差距理论(Ideal-Reality Gap Theory)。该理论把幸福感和满意度当作一个人实际具有的和他理想差距的函数,故称之为"理想-现实差

---

① 米克劳斯(Alex C. Michalos)1965年从芝加哥大学获得哲学博士学位,现为加拿大北英属哥伦比亚大学(University of Northern British Columbia)的政治学名誉教授、社会研究与评价协会主任,并曾当选为加拿大皇家学院人文社会科学学会(the Academy of Humanities and Social Sciences of the Royal Society of Canada)和国际生活质量研究协会的主席。他学术视野开拓,思维敏锐,著述颇丰,迄今已经出版22部著作,发表超过90篇期刊论文,并且是6本学术期刊的创刊人或合作创刊人。

距理论"。这种模式的差距也可指人实际具有的和称心如意的，或更可取的之间的差距。人们也许会注意到在希望具有的和认为是理想的、更可取的，或称心如意之间存在着差别。的确，前面这两种差距理论是有异同的。其共同之处在于：都是把相对来讲较易描述的事情（"现实的境况"）和相对来讲不易描述的事情（"更好的境况"）做比较。其不同之处在于：第一种情况中更好的境况是因人而异的，掺杂着个人的喜好和需求等；第二种情况中更好境况是为大家所公认的，每个人都认为是一种理想的境况。

第三，期望 – 现实差距理论（Expectation-Reality Gap Theory）。其差距是指个人的现实境况和期望境况之间的差距，故称为"期望 – 现实差距理论"。它与前面两种理论的主要差异在于：差距的两端相对来讲都是较易描述的。在这种理论中不存在称心如意或更好的这类问题，它只是把个人对可能性的估计与真实发生的情况做比较。

第四，最佳体验参照理论（Reference Theory of Best Experience）。其差距是指人现有的与过去最佳的之间的差距。简言之，称为"最佳体验参照理论"。

第五，社会参照理论（Social Reference Theory）。其差距是指个人现有的与其他有关的人或群体现有的之间的差距。这一理论也称为"相对剥夺理论"、"社会参照理论"或"参照群体理论"。

第六，个人 – 环境 – 拟合理论（Individual-Environment Fitting Theory）。这是一系列理论的综合，其差距是指个人的某一主观特质和其所处环境特质之间的差距，故通常称这种理论为"个人 – 环境 – 拟合理论"或"协调理论"。为了与前四种理论区别开来，需要指明的是，在前四种理论里，目标、理想、期望，或个人最佳体验都不含有个人特质这个因素。该理论与第五种理论的差异也是很明显的，因为它既有个人特质又不存在参照群体。简言之，可以把不符合前五种理论的情况归入到第六种理论中，即可以把第六种理论看做统计分类中的"其他"这一类。

2. 多重差异理论（Multiple Discrepancies Theory）

多重差异理论是米克劳斯在20世纪80年代提出的一种用于生活满意度和幸福感研究的理论模型。他将差距理论的假设应用到生活总体幸福感、生活总体满意度及15个领域满意度的研究中，并在不同人口背景情况下成功验证了理论假设的有效性。多重差异理论与简单差距解释理论的主要区别在于，前者是对后者几种假设的综合运用。在这一点上，米克劳斯特别指出：尽管并没有其他哪位学者如自己一样，将如此众多的假设结合在一起，或者说是形成一种系统的多重差异理论，但是在此之前已经有一些学者提出了两个或者更多一些的差异假设联系，而自己最初正是沿袭了坎贝尔、康弗斯、罗杰斯、安德鲁斯和威瑟的研究思路（米克劳斯，2003）。图 4 – 1 即是坎贝尔等人提出的模型，其要旨是：满意度用"目标-实现差距"来解释,而"目标-实现差距"本身又由"社会参照差距"、"现有的与最佳体验之间的差距"和其他一些相对不重要的差距来解释(米克劳斯,1990)。因为这种理论的特质是运用了多重差异或差距,所以米克劳斯称之为多重差异理论。

```
参照物:
  最佳体验    ──→
  亲  戚      ──→    ┌──────────┐         领域满意度
  标准的美国人 ──→   │目标-实现差距│  ──→  (家务、经济状况等)
  其  他      ──→    └──────────┘
```

图 4-1　多重差异模型

资料来源：米克劳斯,韦鲁英译,《生活质量的国际研究》,载《国外社会科学》1990 年第 4 期,第 64 页。

多重差异理论的基本假设如下（米克劳斯,2003）：

假设 1：报告的净满意度（reported net satisfaction）是一个人所拥有的与他想要的、相关他人拥有的、过去最佳的、三年前期望的、五年后期望的、值得的和需要的之间的可感差异的函数；

假设 2：所有的可感差异,除了一个人所拥有的与想要的之间的可感差异外,都是客观现实可测量差异的函数,也都能对满意度和行为产生直接影响；

假设 3：一个人所拥有的与想要的之间的可感差异是所有其他可感差异与报告的净满意度之间的中介变量（mediating variable）；

假设 4：对净满意度的追求和保持会激发人类行为,与净满意度的可感期望水平成正比；

假设 5：所有的差异、满意度和行为都直接或间接地受到年龄、性别、教育、种族、收入、自尊和收入的影响；

假设 6：客观的可测量差异是人类行为与外界状况的函数。

假设 1 指出了七种不同的可感差异。这七种可感差异分别有着各自不同的,或源远流长或新近发展的学术起源（米克劳斯,2003）。有关净满意度是一个人所拥有的与他想要的之间的可感差异或者差距的函数的理念,至少可以追溯到公元前 300 年希腊哲学家芝诺（Zeno of Citium）[①] 的思想。而净满意度是一个人所拥有的与相关他人拥有的之间的可感差异的函数的思想也早在公元前一个世纪的

[①] 芝诺（Zeno of Citium,西提姆的芝诺）：大约生于公元前 340～前 265 年之间,希腊哲学家,斯多葛派创始人。

亚里士多德的《政治学》中就可以发现相关阐述。相比较而言，其他几种差异理论大多数是随着近现代心理学、社会学理论研究的不断发展，于20世纪50年代以后逐步完善起来。米克劳斯指出在假设1中提到的满意度是由被调查者报告的满意度，因为用于检验多重差异理论的调查，其研究过程必须依赖于被调查者的自我报告。因此尽管有时候研究常常省略报告二字，但是从严格意义上讲则不可或缺。

假设2则强调了本体现实主义者（Ontological Realist）或客观主义者（Objectivist）的假设，即这是一个相对独立于个体的世界，所包容的事情具有或多或少的客观可测量属性，而这些属性也是或多或少可以进行客观比较的（米克劳斯，2003）。例如，根据假设2，一个人的收入与某个相关他人的收入之间的可感差异，在某种程度上是一个现实的或者客观的可测量差异的函数；对温饱的需求与获得之间的可感差异，在某种程度上也是现实的或客观的可测量差异的函数，诸如此类。假设2还特别强调了客观可测差异对净满意度和人类行为都具有直接影响。

假设3相对更加直接一些，认为一个人所拥有的与想要的之间的可感差距在所有其他可感差距与净满意度之间充当了调节者的角色。这一假设已经被坎贝尔、康弗斯等人的研究所证实。综合假设1和假设3表明，可感差异对报告的净满意度具有直接和间接的（调节的）影响（米克劳斯，2003）。

假设4将净满意度与人类行为以一种相当传统的功利主义方式联系在一起。假设4进行的研究与功利主义讨论中的传统研究之间的主要区别就在于前者并没有以效用、快乐、满意度或偏好作为研究的起始点（米克劳斯，2003）。从18世纪夏夫兹博里（Shaftesbury）的原始功利主义，到新近20世纪80年代海萨尼（Harsanyi）的复杂功利主义，无不从某种既定的、情绪满溢的（Affect-laden）态度或利益，如偏好作为研究的开始，然而多重差异理论恰恰是被设计用来打破和解释这一功利主义的基础的（米克劳斯，2003）。

根据假设5，某些人口因素和调节因素会直接和间接影响差异。尽管这些因素并未被发现可以相对有力地预测满意度，但是它们确实拥有一定影响。一般而言，在报告的净满意度中，大概有10%的变化可以用人口统计变量来解释（米克劳斯，2003）。许多典型研究已经证明年龄、性别、教育、种族、收入对满意度和幸福均会产生影响。而这些变量中的一个或多个变量与总体生活满意度以及某些具体领域的满意度也有相关性。

假设6表明人类行为，尤其是个人行为，会对这个人的客观可测量差异产生直接影响，如前面所谈到的人口因素和调节因素。

综合上述分析可以发现，多重差异理论的基本假设指的是没有指明线性或非线性的函数关系。例如，公平理论家和人口 - 环境适应理论家就倾向于用 U 形关系来预测和发现报告的净满意度和自变量之间的关系（米克劳斯，2003）。米克劳斯进一步用图形展示了多重差异理论的基本原理（如图 4 - 2 所示）。

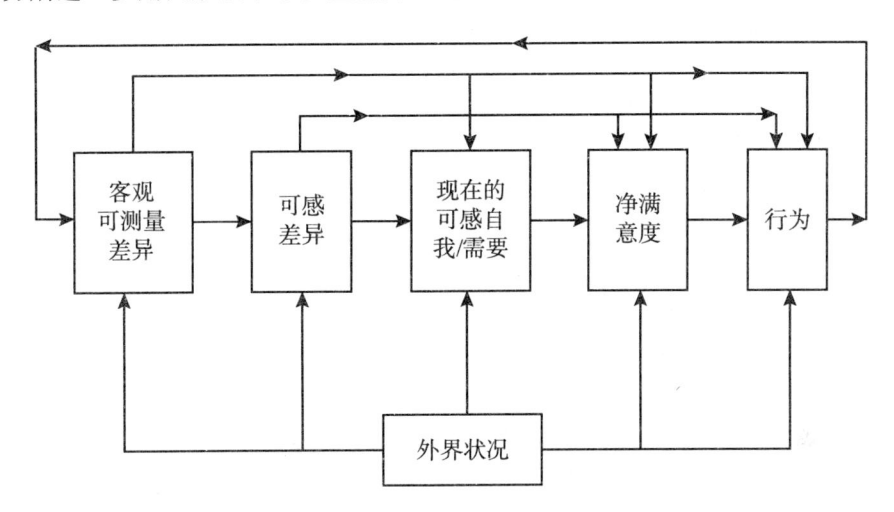

图 4 - 2　多重差异理论

资料来源：Michalos, Alex C. 2003. *Essays on the Quality of Life*. Dordrecht; London; Boston: Kluwer Academic Publishers. P. 422.

米克劳斯将多重差异理论应用到多项调查研究中，均取得了很理想的研究结论。其中在 1983 年的研究表明（米克劳斯，1990）：用十二个领域满意度（健康状况满意度、家务满意度等）和七个人口统计特征（年龄、性别等）做自变量，共解释了生活总体满意度变差的 53%、生活总体幸福感变差的 36%。而如果仅仅使用三个差距变量（"目标 - 实现差距"、"社会参照差距"、"现有的与最佳体验之间的差距"）就可以解释生活总体满意度变差的 45%、生活总体幸福感变差的 38%。三个差距变量对总体满意度的解释力是其他十九个变量的 85%，对总体幸福感来说，是 106%。因此，米克劳斯认为从简洁和相对解释效力（变量对变量）的角度来看，多重差异理论是极为有效的。

（二）马斯洛的需要层次理论

马斯洛[①]的学说不仅具有重要的理论价值，而且具有重要的实用价值。他坚

[①] 亚伯拉罕·哈洛德·马斯洛（Abraham Harold Maslow, 1918～1970 年），美国著名哲学家、社会心理学家、人格理论家、比较心理学家，人本主义心理学主要创始人。他的主要著作有《动机论》、《自我实现的人》、《动机与个性》、《在人的价值中的新认识》、《科学的心理学》和《一种存在的方式》等。需要层次理论又可称为需求层次理论、需求等级理论，马斯洛在 1943 年发表的《人类动机的理论》（*A Theory of Human Motivation Psychological Review*）一书中首次提出。

信人有能力创造出一个对整个人类及每个人来说是更好的世界，坚信人有能力实现自己的潜能和价值即达到自我实现。

1. 基本内容及其发展

马斯洛的最大贡献在于领导了著名的第三思潮运动。他提出的需要层次理论（The Need Hierarchy Theory）已经成为人本主义心理学最重要的理论之一。需要层次理论有四个基本假设：

- 只有未满足的需要能够影响行为，满足了的需要不能充当激励工具。人们总是在力图满足某种需求，一旦一种需求得到满足，就会有另一种需要取而代之。
- 大多数人的需要结构很复杂。人要生存，无论何时都有许多需求影响行为。
- 人的需要按重要性和层次性排成一定的次序，从基本的（如食物和住房）到复杂的（如自我实现）。一般来说，只有在较低层次的需要得到最低限度满足之后，较高层次的需要才会有足够的活力驱动行为。如此逐级上升，成为推动继续努力的内在动力。
- 满足较高层次需要的途径多于满足较低层次需要的途径。

马斯洛把人的需要描述成具有五个层次的"金字塔"，依次由较低层次到较高层次为生理需要、安全需要、社交需要（对归属和爱的需要）、尊重需要和自我实现需要五类。五种需要像阶梯一样从低到高，按层次逐级递升。只有低一层需要获得满足之后，高一层的需要才会产生。但次序不是完全固定的，可以变化，也有种种例外情况。例如，创造性强的人的创造驱力比任何其他需要都更为强烈。

人的最迫切的需要才是激励人行动的主要原因和动力。一般来说，某一层次的需要相对满足了，就会向高一层次发展，追求更高一层次的需要就成为驱使行为的动力。相应地，获得基本满足的需要就不再是一股激励力量。具体而言，在高层次的需要充分出现之前，低层次的需要必须得到适当的满足。低层次的需要基本得到满足以后，它的激励作用就会降低，其优势地位将不再保持，高层次的需要会取而代之成为推动行为的主要原因。

五种需要可以分为高低两级：一级是沿生物谱系上升方向逐渐变弱的本能或冲动，称为低级需要和生理需要；一级是随生物进化而逐渐显现的潜能或需要，称为高级需要。其中生理上的需要、安全上的需要和感情上的需要都属于低一级的需要，这些需要通过外部条件就可以满足；而尊重的需要和自我实现的需要是高级需要，它们是通过内部因素才能获得满足，而且一个人对尊重和自我实现的需要是无止境的。这五种需要不可能完全满足，愈到上层，满足的百分比愈少。同一时期，一个人可能有几种需要，但每一时期总有一种需要占支配地位，对行为起决定作用。任何一种需要都不会因为更高层次需要的发展而消失。各层次的需要相互依赖和重叠，高层次的需要发展后，低层次的需要仍然存在，只是对行为影响的程度大大减小。高层次的需要比低层次的需要具有更大的价值。热情由高层次的需要激发。人的最高需要即自我实现就是以最有效和最完整的方式表现自己的潜力，唯此才能使人得到高峰体验。人的五种基本需要在一般人身上往往是无意识的。对于个体来说，无意识的动机比有意识的动机更重要。对于有丰富经验的人，通过适当的技巧，可以把无意识的需要转变为有意识的需要。①

马斯洛和其他的行为科学家都认为，一个国家多数人的需要层次结构是同这个国家的经济发展水平、科技发展水平、文化和人民受教育的程度直接相关的。在不发达国家，生理需要和安全需要占主导的人数比例较大，而高级需要占主导的人数比例较小；在发达国家，则刚好相反。在同一国家不同时期，人们的需要层次会随着生产水平的变化而变化，戴维斯（K. Davis）曾就美国的情况做过估计，如表4-1所示。

表4-1　　　　　　　　　　需要种类百分比列表　　　　　　　　　　单位：%

需要种类	1935年	1995年
生理需要	35	5
安全需要	45	15
感情需要	10	24
尊重需要	7	30
自我实现需要	3	26

资料来源：http://www.globrand.com/onlinebook/managebook/hr/496.htm，2007年3月13日下载。

1970年马斯洛在新版书中将需要层次进行了补充，增加至如下七个层次②：

- 生理需要：指维持生存及延续种族的需要。
- 安全需要：指希求受到保护与免于遭受威胁从而获得安全的需要。
- 归属与爱的需要：指被人接纳、爱护、关注、鼓励及支持等的需要。
- 自尊需要：指获取并维护个人自尊心的一切需要。
- 知的需要：指对己对人对事物变化有所理解的需要。
- 美的需要：指对美好事物欣赏并希望周遭事物有秩序、有结构、顺自然、循真理等心理需要。

----

① ［美］马斯洛著，刘烨编译：《马斯洛的智慧（马斯洛人本哲学解读）》，中国电影出版社2005年版，第28～30页。

② 部分参见［美］弗兰克·戈布尔著，吕明、陈红雯译：《第三次浪潮——马斯洛心理学》，上海译文出版社2001年版，第40～47页；以及《MBA智库百科》中亚伯拉罕·马斯洛的相关内容，http://wiki.mbalib.com/，2007年3月13日下载。

- 自我实现需要：指在精神上臻于真善美合一人生境界的需要，亦即个人所有需要或理想全部实现的需要。

七个层次的需要分为两大类，较低的前四层称为基本需要，较高的后三层称为成长需要。基本需要有一共同性质，均系由于生理上或心理上有某些欠缺而产生，故而又称匮乏性需要。较高层次的需要是后来才发展出来的，就像生物的进化一样。需要的层次愈高，其完全存在的可能性愈低。生活在高需要层次的人意味着其物质性的事物较充分、较长寿、较少生病、睡得较好、胃口较佳。高层次的需要强度较弱，而且得来的满足是较为主观的，例如非常幸福、心情十分平稳等。当个人的环境（经济、教育等环境）较好时，较易满足高层次的需要，也愈可能接近自我实现的目标。

2. 影响与评价

马斯洛的需要层次理论，在一定程度上反映了人类行为和心理活动的共同规律。从人的需要出发探索激励因素、研究人的行为，抓住了问题的关键，指出人的需要是由低级向高级不断发展的过程。这样一种发展趋势理念与生活质量所关注的社会个体的发展与进步存在不谋而合之处。从某种意义上说，个体层面的生活质量测量就是强调自由、资源、自主、自我实现的可能性。这种个体主义的研究视角一直以来都受以马斯洛为代表的社会心理学家的重要影响。很多学者在从事生活满意度的研究时沿袭了马斯洛的分析思路，从个体主义立场出发，研究不同层面个体需要的满足程度，并且将个人成长和自我实现作为衡量高质量生活的重要内容。

西尔盖（1987）认为一个全面的生活质量理论必须回答以下这些问题：（1）生活质量的目标是什么？不同的社会是否有不同的目标？（2）为达到生活质量目标要设立哪些社会机构？（3）最有利于这些社会机构的最佳社会结构是什么？他从马斯洛的需要层次概念出发，以六个理论命题的方式对上述问题进行了阐述。

命题1：生活质量的目标是有层次的，从低级的生理和安全的目标到高级的心理目标。其中，低级目标比高级目标更具优势。

命题2：社会机构的建立是为人类发展的需求服务的。有为人类的生理需求服务的（如供水系统、公共事业、农业）；为安全需求服务的（如卫生部门、警察局、应付紧急情况的部门、司法部门）；为社交需求服务的（如闲暇时间、娱乐设施、社会产品和社会服务）；为尊重需求服务的（如就业服务、组织内部的服务部门）；为自我实现需求服务的（如艺术、理论、美学）。命题1说明了生活质量是一个社会全体成员的需求满足，而命题2说明社会机构是为总体社会的特定需求服务的。更确切地说，命题2从发展的观点出发，根据不同层次的人类需求，对社会机构进行分类。

命题3：对那些其多数成员主要是在满足低级需求的社会来说，反映了生产和销售主导（或在较低程度上的市场主导）的生产的社会结构能为之创造中等水平的生活质量。而对那些其多数成员主要是在满足高级需求的社会来说，体现了社会市场主导的生产的社会结构能为之创造高水平的生活质量。

命题4：对那些其多数成员在致力于满足低级需求的社会来说，强调基础教育或训练的维持性社会结构会产生中等水平的生活质量。而对于那些其多数成员在致力于满足高级需求的社会来说，既强调基础教育和训练，又强调创造性教育和训练的维持性社会结构能产生高水平的生活质量。

命题5：对那些其多数成员在致力于满足低级需求的社会来说，权力集中于公共机构的（即社会主义的）政治社会结构能为之创造中等水平的生活质量。而权力在公共机构和私人机构之间平均分配的（即社会民主的）政治社会结构能为那些其多数成员在满足高级需求的社会创造高水平的生活质量。

命题6：对那些其多数成员在致力于满足低级需求的社会来说，运用知识（或在较低程度上传播知识）的适应性社会机构能为之创造中等水平的生活质量。而传播知识（或在较低程度上创造知识）的适应性社会结构则可以为那些其多数成员在致力于满足高级需求的社会创造高水平的生活质量。

西尔盖等人在后续的研究中继续发展了马斯洛的需要层次理论，以四种需求类型——生存需求、社会需求、自我需求、自我实现需求为基础测量总体生活质量，即在第三章中提到的生活满意度的需求等级测量（The Need Hierarchy Measure of Life Satisfaction），此处不再赘述。

埃瑞克·阿拉德（Erik Allardt，1993）根据基本需要满足的原理提出了另外一种用于生活质量研究的理论方法。阿拉德将人的基本需要分为三个层次：物质的需要（Having）、爱的需要（Loving）和自我成就的需要（Being）。人类的需要既包括物质的需要，同时也涵盖非物质的需要。其中，"物质的需要"指的是物质的、非情感的满足，对于个体的生存和避免灾祸必不可少，通常包括经济资源、住房状况、就业、工作状况、健康和教育。"爱的需要"指的是与社会联系的需要，包括在当地社区的联系与交往、友谊、与组织或群体中成员的社会关系、与同事的关系等等，主要的主观指标是幸福感。"自我成就"的需要指的是与自然和社会和谐相处的需要，包括参与政治活动、参与享受自然的活动、决定自己的生活、热爱生命等等。

二、重要相关维度分析

(一) 收入与主观幸福感

梵文经典《奥义书》中曾经记录了一个名叫玛翠伊的妇女和她的丈夫亚纳瓦克亚讨论财富的故事。故事大约发生在公元前8世纪，玛翠伊很想知道如果整个世界的财富都属于她一个人，她能否通过财富实现长生不老。"不可能，"亚纳瓦克亚回答，"你的生活会像别的富人的生活一样。但是别指望通过财富实现长生不老。"玛翠伊评论道，"那么，我要那些不能让我长生不老的财富干什么？"[①]

玛翠伊的诘问在印度宗教哲学中一遍又一遍地被引用，很显然，在遥远的公元前8世纪讨论这样一个关于财富的话题具有特殊的意义。玛翠伊追寻所谓长生不老的生活，正是在她眼中幸福生活的核心所在。即便在当今社会，长生不老被更加现实的目标——健康长寿所取代，对生命的关注依然是提高生活质量、创造幸福生活的重要内容。当然，财富与幸福的故事并不总是哲学讨论的范畴，一直以来也是个体层面生活质量研究十分重视，同时也是争议不断的核心命题。大体而言，有关这类命题的研究可以分为两类（菲利普斯，2006）：一类是在某一个国家之内分析主观幸福感与具体每一个社会成员的收入之间的关系；另一类则是分析一国之内所有社会成员的平均主观幸福感与该国国民收入之间的关系。很显然，前者属于本章讨论的个体层面生活质量研究的范畴，后者则属于第五章群体层面研究的范畴。

财富、货币是整个人类社会生活最重要的、必不可少的组成部分。人们穷其一生、耗费无尽的精力与体力在赚取金钱、消费金钱。无论是在富裕的西方发达国家，还是在贫穷落后的发展中国家，经济发展总是能够吸引社会成员的关注热情，甚至在很多国家成为头等重要的国家政策。然而收入越多，人们就越快乐吗？答案也许并不像人们想象的那样简单。

迪纳等人在2000年的研究发现，在不同国家内部，对于社会成员来说，收入与主观幸福感之间仅仅存在着微弱的联系，虽然已经通过了统计学上的显著性检验，但是相关度并不是很强（菲利普斯，2006）。2002年迪纳等人在《社会指标研究》上专门发表了一篇题为《金钱可以增加主观幸福感吗？》（*Will Money Increase Subjective Well-Being?*）的文章，全面深入地探讨了这样一个命题。大量

[①] ［印］阿马蒂亚·森著，任赜、于真译：《以自由看待发展》，中国人民大学出版社2002年版，第9页。

研究表明，如果生活十分困顿的话，更高的收入或许可以使人们更加快乐。因此，从某种程度上说，生活在一个富裕的国家将增加人们获得幸福的机会。但是从另一方面看，对于大量金钱的强烈渴望很可能会妨碍人们获得更高水平的主观幸福感体验。而如果处于中产阶级或更高的社会阶层，并且生活在一个富裕国家，那么获得更多的收入并不大可能显著提高人们的主观幸福感［迪纳和比斯瓦斯－迪纳（Diener and Biswas-Diener, 2002）］。事实上，有些研究还发现收入增加会预测到更低的幸福感。例如，人们发现收入增长会导致更高的离婚率（克莱德戴尔，1997）、更大的压力（索奥兹和汉南，1979）、更低的总体幸福感（迪纳等人，1993）等等。因此学者建议人们对某些物质目标进行重新定位，从获取金钱转向享受工作的过程和对社会的贡献。人们应该充分意识到过分看重财富会对快乐产生副作用，而且收入不断增加也会带来诸如压力之类的威胁。而对于那些生活在贫困国家或者处于富裕国家社会底层的人来说，即使他们付出了艰辛努力，可能依然收入微薄，这时增加收入会对他们产生相对重要的积极影响。因此应该寄希望于通过改变公共政策和提高个人的积极主动性，使他们过上更加富裕幸福的生活。阿盖尔（Argyle）也得出了类似的结论，收入对快乐具有复杂的、通常是微弱的影响。他发现仅仅在收入量表的更低一端，收入才会对快乐有很小的正面影响（阿盖尔，1999）。

总体而言，在个体层面的生活质量研究中，越来越多的证据似乎表明收入与主观幸福感之间虽然存在相关关系，但是在低收入人群中二者之间的相关关系要高于高收入人群。在对近年来相关文献研究进行整合之后，菲利普斯得出如下结论（2006）：

- 在过去 50 年中，发达国家国民财富的增加并没有导致主观幸福感的任何显著提高。
- 在更为贫穷的国家，主观幸福感会随着收入的增加而获得提高。
- 那些对财富和金钱有着更加强烈渴望的人往往比其他人更不快乐。
- 在一国之内，财富差异与快乐之间显示出一种正向相关关系，但是很微弱。
- 如果与同辈群体或地位相当的人相比，以相同的速度增加财富，那么人们的主观幸福感并不必然提高，但是如果财富增加的速度高于后者，那么人们就可能会感觉更幸福。反之，如果同辈群体或地位相当的人变得更加富有而自己却止步不前，人们必定会降低自己的主观幸福感。

（二）健康与生活质量

生活质量研究范畴的拓展使得很多相关分支领域获得了充分发展，其中最典型的例子莫过于对健康问题的研究，甚至催生了一个新的专业术语"与健康相关的生活质量"（Health-related Quality of Life，HRQOL）的出现。健康从一个最初医学领域探讨的专业话题，跨界到不同学科、不同领域，也逐渐实现了研究内涵与外延的拓展。

按照传统医学的定义，贝克尔（Becker）认为健康是一个有机体或有机体的部分处于安宁的状况，它的特征是机体有正常的功能，以及没有疾病（沃林斯基，1999）。这样一个所谓的健康定义其实是从消极层面，即没有疾病的角度对健康的阐释，已经不能适应现代社会的发展需要。帕森斯（Talcott Parsons）就认为在高度结构性分化的社会，健康定义不能仅依赖以生理性机能失调为依据。在对医学模式健康定义批判的基础上，帕森斯对健康的社会学定义进行了开创性的研究。他指出，健康是以个人参与复杂社会体系的本质为基础的，可以解释为已社会化的个人完成角色和任务的能力处于最适当的状态（沃林斯基，1999）。这与世界卫生组织在1994年提出的定义"健康并不仅仅是没有疾病或虚弱，而是指个体在身体、精神、社会等方面处于一种完好的状态"具有很强的内在逻辑联系。

医学定义与社会学定义的有机结合积极推动了与健康相关的生活质量研究的发展。其包括一般生活质量研究中能确定对健康产生影响的所有方面，不论是生理健康还是心理健康（CDC，2000）。正如生活质量概念本身所具有的层次差异一样，与健康相关的生活质量的概念化也是建立在个体和群体双重层面之上。美国疾病控制和预防中心曾指出，"对个人而言，与健康相关的生活质量涉及生理和心理健康的概念及其相互关系，包括健康风险、功能状态、社会保障和社会经济地位；在群体层面上，包括资源、条件、政策和影响公众健康认知和功能状态的实践"（拉普里，2003）。

个体层面与健康相关的生活质量研究在临床医学领域获得了突飞猛进的发展，广泛应用于一般及特殊疾病人群的健康状况调查、评定肿瘤及慢性病患者的生活质量、评价与选择临床治疗方案、评价预防性干扰及保健措施的效果等诸多方面，取得了丰富的研究成果。与纯粹社会学意义上的生活质量研究不同，临床医学领域更强调以一种整合的思维将健康融入生活质量的测量中，健康通常只是被视为观察的视角。而社会学意义上的生活质量研究则将健康视为影响总体生活质量的一个必不可少的维度，是局部与整体的关系。这种研究理念的差异逐渐导致了两种迥然不同的研究模式和话语体系的发展。

在实践中，越来越多的研究者宣称自己使用了生活质量的测量工具来分析人口健康。例如，肯德（Kind）等人的英国人口健康研究报告就采用了欧洲生活质量量表（EuroQOL EQ-5D），他们认为其提供了"一种全新的工具以测量与健康相关的生活质量"（EuroQOL团体，1990；引自拉普里，2003）。在肯德等人的研究中，健康的平均得分是 82.5，"42% 的被调查者至少在一个方面存在一个不太严重的问题"，但是他们认为作为抽样策略的一个后果，结果很可能低估了全部人群的与健康相关的生活质量水平（金德等人，1998）。此外该研究还探讨了健康与年龄、健康与性别、健康与婚姻状况、健康与社会阶层、健康与教育、健康与经济地位，甚至健康与吸烟行为的关系等等议题。

除了欧洲生活质量量表外，根据使用对象的不同，与健康相关的生活质量研究中还出现了大量普适性量表、疾病专表和领域专表。具有代表性的有：1970 年的诺丁汉健康调查表（Nottingham Health Profile，NHP），设计目的是评价个人对卫生保健的需求和保健的效果；1975 年的疾病影响程度量表（Sickness Impact Profile，SIP），主要是针对疾病对健康的影响程度；1976 年的线性模拟自我评价量表（Linear Analogue Self-assessment，LASA），用于乳腺癌病人的生活质量测定，其有两个特点，一是量表由病人对自己的行为、心理和健康状态等进行评分；二是量表采用线性计分法，病人根据自己对该问题的感受程度在直线上画记号。1984 年的癌症病人生活功能指标（the Functional Living Index-Cancer，FLIC）和 1990 年的癌症康复评价系统（Cancer Rehabilitation Evaluation，CARES），用于癌症病人生活质量的评价；20 世纪 90 年代的 SF－36 是美国医学结局研究（Medical Outcomes Study，MOS）组开发的一个普适性测定量表，目前已经形成不同条目、不同语言背景的多种版本，SF－12 为其简表；WHOQOL－100 是世界卫生组织组织 20 多个国家和地区的专家学者共同研制的跨国家、跨文化并适用于一般人群的普适性量表，同时还研制了更便于操作的简表 WHOQOL-BREF（陈慧敏、傅开元，2006）。

（三）营销与生活质量

营销与生活质量表面看似风马牛不相及的两个主题，不过正随着社会营销理念的提出与推广，逐渐成为一个新的交叉学科研究领域。社会营销是目前最新也被认为是较先进的一种营销理念。在这种理念中组织应该确定目标市场的需要、欲望和利益，然后再以一种能够维持或改善消费者和社会福利的方式向顾客提供更高的价值。那么生活质量研究到底在营销中扮演了怎样的角色？早在 20 世纪 70 年代，社会学家、哲学家彼得曼（Albert D. Biderman）就曾表达过他的见解，他认为我们的社会被太多物质商品以及商品营销所占据，生活质量运动恰恰是对经济社会的一个反击，抨击了作为标准理论和分析方法的传统经济学——尤其反对把市场作为检验事物价值的标准（彼得曼，1974）。

丹尼尔·扬克洛维奇（Daniel Yankelovich，1974）对于社会指标在商业中的重要性也有着深刻的认识。他列举了很多当人们使用社会指标和生活质量测量时商业往往会取得更大的成功的例子。例如：

- 最高水平的企业政策倡导一种服务于消费者的哲学。这种政策反映了对消费者满意度的认知，消费者的满意度才是企业持续成功的唯一基础。
- 一家企业给予职工很高的薪水，然而工人们却出现普遍的不满——旷工、频繁离职、做事拖拉、罢工等等，这是因为公司考评并没有考虑到工作本身的满意度，因为在过去对于职工来说并不像收入回报那样重要。
- 关注低成本住房的政府部门考察的是每个家庭住房的成本和家庭成员的人数，它却无法测量那些离家出走的人、邻居的威胁、被破坏的社区生活结构、居民的生活隔离等问题。
- 健康照顾计划常常只测量那些输入变量，例如提供给每位病人服务的成本，但是却没有考虑到消费者对健康照顾服务的要求与需要。

在实践中人们逐渐形成了两种关于生活质量-营销（QOL-marketing）的观点，即传统的观点与当代的观点（西尔盖，2001）。传统观点侧重消费者福利的最大化，从提高消费者福利的角度来定义生活质量，涉及对经济物品的获取、拥有、消费、保存和配置等五个方面。如图4-3所示。

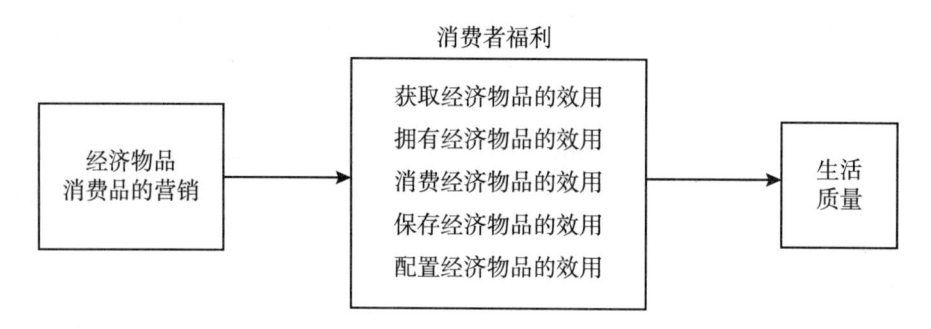

图4-3 传统视角中营销对生活质量的贡献

资料来源：Sirgy, M. J. 2001. *Handbook of Quality-of-Life Research*. Dordecht, Netherlands: Kluwer Academic Publishers. P. 9.

当代的生活质量-营销观点已经超越了单纯关注消费者福利的局限。它把消费者福利仅仅视为与其他众多福利（例如，工作福利、家庭福利、社会福利、政治福利等）同等重要的一个维度。换言之，当代营销理念认为，营销是一种组织的科学，它能够帮助各类组织（营利组织、非营利组织和政府组织）有效地向消费者推销物品、服务和计划。推销这些物品、服务和计划有助于提高消费者的福利，而并没有对其他公共领域（包括环境）产生不良影响。新的营销理念并没有局限于对物品、服务和计划的定价、分配以及宣传，它还包括对上述内容的设计和开发。任何（经济的或非经济的、民用或工业用途的）物品、服务或计划都可以在生活质量－营销概念的指引下被推销给一个或更多的目标消费群体。而设计、定价、分配和提升营销内容则有助于增强消费者在某些具体领域的福利。这其中既有传统观点中的消费者福利，还包括经济福利、工作福利、家庭福利等内容，最终目的就是提高生活质量。具体如图 4-4 所示。

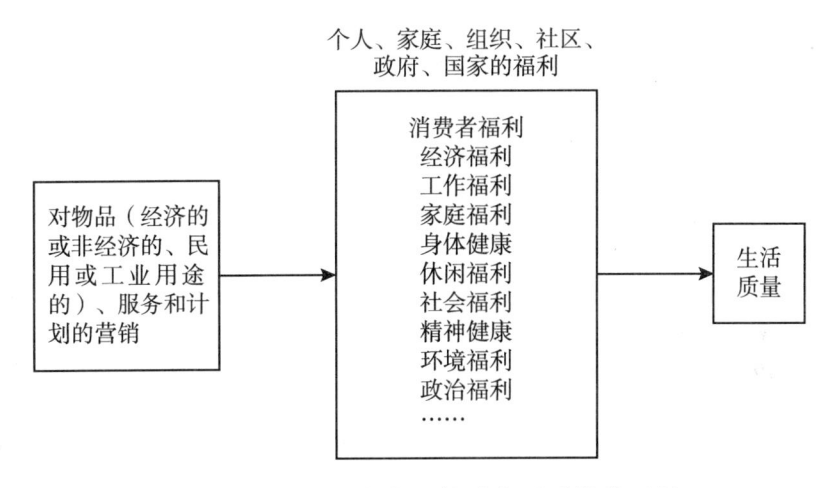

图 4-4 当代视角中营销对生活质量的贡献

资料来源：Sirgy, M. J. 2001. *Handbook of Quality-of-Life Research*. Dordecht, Netherlands: Kluwer Academic Publishers. P. 11.

营销对生活质量的影响这一命题虽然在西方发达国家已经得到普遍重视，但在中国依然是一个公众所知甚少的领域。通过社会营销理念的发展，人们越来越意识到仅仅把商品和服务推销给目标群体还远远未达到营销的最高境界，而是应该以科学的营销理念与营销手段积极引导消费者向更加合理、健康的消费方式转变，让他们自愿地接受、拒绝、改变或放弃某种行为，从而促进个人、集体或社会整体利益的提升，最终实现生活质量的提高。在这样一种理念的倡导下，商业利益不再是评价营销策略成功与否的标准，取而代之以生活质量的提高作为衡量尺度。通过消费者满意度和对整体生活质量的影响，营销研究与社会指标得以有机结合，并且实现了营销这一重要的社会力量与生活质量研究的整合。

三、代表性指标体系分析

生活质量研究在全世界范围内不同国家、不同领域的推广与发展，最直接的结果便是产生了不计其数的各类生活质量指标体系。这些指标体系或者量表通常以三种方式获得发展：其一是在每一种文化/语言中各自发展一种评定工具；其二是将在一种文化/语言环境中发展的指标体系或量表翻译、移植到另一种文化/语言环境中；其三是通过多研究中心之间的合作来发展一种标准化的、适合于各中心使用的生活质量指标体系或量表（萨托拉斯凯肯，1994）。第一种生活质量指标体系由于研究对象和研究区域的限制，往往社会影响较小；后两种生活质量指标体系相对而言具有较强的国际影响力和学术影响力。下面将要谈到的世界卫生组织的生活质量指标体系即是第三种类型的典型代表。

（一）世界卫生组织的生活质量指标体系（WHOQOL）

对生活质量指标体系的建构由于语言文化的差异以及对生活质量概念的理解差异而存在极大的地区和国别差异，因此使得目前世界上绝大多数的生活质量测量工具只能在特定的文化背景下使用，其结果很难进行相互比较。正是基于对这种困境的深刻认识，世界卫生组织于1991年发起了一项由多个国家和地区、不同文化背景的人员参与的、可做跨文化比较研究的生活质量测量工具的研发计划，其结果可作为研究、医药疗效分析、临床及卫生决策分析、拟定及评估等的参考（姚开屏，2000）。研究之初，世界卫生组织生活质量研究组组织了15个国家和地区的专家学者开展了一连串的论证工作。他们利用科学系统的研究方法，将2 000个左右的备选题目，经过数年的试验筛选，于1995年合作编制完成了具有29种语言版本的生活质量研究工具——世界卫生组织生活质量问卷（WHOQOL - 100），并在37个地区合作中心进行了测试。

1. 研究背景

这项具有重要理论与实践意义的研究之所以能够取得成功，首先得益于世界卫生组织对健康以及生活质量概念的深入讨论。该组织早在1994年就提出了"健康并不仅仅是没有疾病或虚弱，而是指个体在身体、精神、社会等方面处于一种完好的状态"的理念，并且与此一脉相承地将生活质量界定为个体对他们生活于其中的文化和价值体系背景中的生活状况的感知，这种状况与他们的目标、期望、标准和关注密切相关。作为一个十分宽泛的概念，生活质量以一种复杂的方式将个体的生理健康、心理状态、独立水平、社会关系、个人信仰和他们与环境显著特征的关系融入其中（WHOQOL group，1995）。该定义特别强调了生活质量的主观性，包括了生活的积极和消极方面，是一个多维度的概念。其成功地将文化、社会环境、价值体系等背景因素考虑到生活质量的概念建构中，使得人们关注到生活质量对于不同个体具有不同的概念内涵，不能简单地和健康状况、生活满意度、精神状态或幸福等术语画等号。

2. 指标体系的构成

在这样一种概念的指引下，世界卫生组织生活质量指标体系被设计成涵盖生理、心理、独立性、社会关系、环境和精神宗教信仰六个维度的综合性指标体系，涉及 24 个方面，每个方面含有 4 个问题，此外还包括总体生活质量及健康状况。在具体的问卷中总计有 100 个可用于跨文化比较的一般性与健康相关的生活质量问题整合其中，每个问题均以五等级进行计分，分数越高表示生活质量越好，具体如表 4-2 所示。

表 4-2　　　　　　　世界卫生组织生活质量指标体系

Ⅰ 生理维度
1. 疼痛与不适
2. 精力与疲倦
3. 睡眠与休息
Ⅱ 心理维度
1. 积极感受
2. 思想、学习、记忆和注意力
3. 自尊
4. 身材与相貌
5. 消极感受
Ⅲ 独立性维度
1. 行动能力
2. 日常生活能力
3. 对药物及医疗手段的依赖性
4. 工作能力
Ⅳ 社会关系维度
1. 个人关系
2. 所需社会支持的满足程度
3. 性生活
Ⅴ 环境维度
1. 社会安全保障
2. 住房环境
3. 经济来源
4. 医疗服务与社会保障：获取途径与质量
5. 获取新信息、知识、技能的机会
6. 休闲娱乐活动的参与机会与参与程度
7. 环境条件（污染/噪声/交通/气候）
8. 交通条件
Ⅵ 精神支柱/宗教/个人信仰
精神支柱/宗教/个人信仰

资料来源：郝元涛、方积乾：《世界卫生组织生存质量测定量表中文版介绍及其使用说明》，载《现代康复》2000 年第 8 期，第 1128 页（具体表述稍做调整）。

以该指标体系为基础的世界卫生组织生活质量问卷测量的主要是最近两周的生活质量状况,但是在实际工作中根据不同阶段的特殊性,考察的时间往往可以灵活掌握。例如,针对慢性疾病人群这类特定人群,生活质量的测量可以适当延长时间范围,调查四周的情况。虽然世界卫生组织生活质量问卷能够详细地评估与生活质量有关的各个方面,但是有时问卷显得冗长。例如,在大型的流行病学研究中,生活质量只是众多感兴趣的指标之一。此时,如果问卷比较简短、方便和准确,研究者更愿意把生活质量的测定纳入研究①。基于此目的,世界卫生组织生活质量研究组在 WHOQOL-100 的基础上发展了简明版问卷,称为 WHOQOL-BREF。研究组对来自 18 个国家 20 个研究中心的数据进行分析,一致认为简明版问卷应该保留原问卷的全面性,因此从 WHOQOL-100 问卷的每一个方面选出一个问题,另外从测量总体生活质量和健康状况的 4 个方面中筛选出 2 个问题。这样由 26 个题目所组成的简明版问卷,可解释绝大多数 WHOQOL-100 的分数变异量,且如同长篇版问卷一样具有较好的内部一致性、良好的区分效度和结构效度,也将原来的 6 大维度简化成为 4 个主要的维度:生理健康维度(包括原先的生理及独立性维度)、心理维度(包括原先的心理及精神支柱/宗教/个人信仰维度)、社会关系维度以及环境维度。至 2000 年初,WHOQOL-BREF 问卷已开发出将近 40 种不同的语言版本,并且还在陆续增加中。

3. 研究评价

世界卫生组织生活质量调查的一大特色就是充分重视实际应用中的各国文化差异。由于一个指标体系的建构不太可能由全世界的所有国家共同参与完成,因此不论是研发者的背景,还是应用该指标体系的国家或地区的文化背景,都将深深影响到问卷设计和指标建构的结果。当研究者选用从国外翻译过来的指标体系和问卷样本时,应该充分考虑到对文化差异的处理方式,并且做好相应的本土性配合。世界卫生组织的生活质量问卷在此方面做出了杰出典范。不仅在问卷设计之初就有来自世界不同国家的学者参与问卷的制定,更允许在问卷中加入各文化特有的本土性问题,并且强调问卷编制时各不同文化必须研究找出具有本土适用性的恰当的问题表达方式和测量尺度。关于问卷的发展过程及结果、问卷于各文化下的发展及应用方式等,世界卫生组织都出版了非常详尽的文件以供参考。

生活质量指标体系建构中指标数目的选择问题一直以来是困扰学者的难题之一。指标过多则问卷冗长,影响实际应用的效果;过少则无法反映测量内容的全部内涵。这实际上反映了两个不同的逻辑思考方向之间的博弈,即如何在有限的

---

① Berwick DM, Murphy JM, Goldman PA, et al. 1991. "Performance of a Five-item Mental Health Screening Test." *Med Care* 29: 169–176. 转引自郝元涛、方积乾、吴少敏、朱淑明:《WHO 生存质量评估简表的等价性评价》,载《中国心理卫生》2006 年第 2 期,第 71 页。

指标数目之下实现测量广度与测量精确性之间的有效平衡。WHOQOL 就此做出了有益的探索，分成长篇版及简明版，且二者涵盖内容相同只是题数减少。简明版是从长篇版中挑选出的具有良好效度与信度的最精华的题目，因此在保证生活质量指标体系有效性的总前提下，给研究者以很大的选择弹性。

4. 近期发展

除了 1995 年发展完成 WHOQOL–100 问卷及稍后完成 WHOQOL-BREF 问卷外，世界卫生组织生活质量的跨国合作研究仍在不断进行中。目前得知已完成或正在进行的还有 WHOQOL-HIV，WHOQOL-OLD 等①。随着艾滋病的不断蔓延，WHOQOL 的跨国研究开发了针对艾滋病病人的调查问卷，称为 WHOQOL-HIV。WHOQOL-HIV 的发展始自 1997 年，初步确定了 26 个新的（次）方面，其中有 16 个可归属于原 WHOQOL–100 的框架下，一共设计了 115 个新的题目，之后配合 WHOQOL–100 问卷，在 6 个不同文化的研究中心对 900 名不同病情程度的 HIV/AIDS 患者进行测试，最后找出 12 个新的（次）方面共 33 个新的题目。这些全新的方面包括 HIV 的症状、社会融合、死亡与濒临死亡、个人精神体验、宽恕、精神关联等。

随着社会人口组成老龄化趋势的加剧，老年人的各项需求也日益受到重视。针对老年人的 WHOQOL-OLD 问卷的发展始自 2001 年。此问卷的研发获得了欧盟第五框架计划（the European Union Framework Program 5，FP5）的支持，由英国爱丁堡大学（University of Edinburgh）联合世界卫生组织来统筹计划，共有 22 个跨国研究中心参与研究。另外仍在进行的跨国合作研究还包括学习障碍（Learning Disability）者的生活质量研究和精神疾病患者或表达困难患者的相关研究等等。

（二）欧洲生活质量量表的指标体系（EuroQOL，EQ–5D）

欧洲生活质量量表也是一个目前被广泛使用的一般性生活质量测量量表，它具有简单实用的特点，因此常被用于考察健康状况以及与健康相关的生活质量状况。该量表与世界卫生组织生活质量问卷一样是跨国合作研究的结果。

1. 研究背景

1987 年由欧洲 5 个国家 7 个研究中心所组成的研究团体（The EuroQOL Group）鉴于当时测量生活质量的诸多量表并未能在概念上及实际应用上实现有机整合，并且很难系统比较各个量表的优缺点，因此想要建构一个具有标准化特

---

① 部分整理自网络资料：WHOQOL Q&A, http://home.mc.ntu.edu.tw/~cfyu/Q&A.htm#17, 2007 年 3 月 19 日下载。

性、可以做跨文化比较研究、测量与健康相关的生活质量的量表。这个量表同时还应该能够行成一个单一性总结指数,以反映生活质量的测量结果。由此促成了欧洲生活质量量表的诞生。

2. 指标体系的构成

虽然欧洲生活质量量表宣称测量与健康相关的生活质量,但它实际却是从五个个体层面的维度,根据从轻到重的三个等级来评价一个人"今天的健康状态"(Health State Today),具体包括行动能力、疼痛或不适、自我照顾、焦虑或抑郁、日常活动(工作、学习、家务、家庭或休闲)五个维度。欧洲生活质量量表除了可以计算一个总结性分数外,还可以就五个维度分别得到各个维度的得分(如表4-3所示)。

表4-3　　　　　　　欧洲生活质量量表的指标体系

Ⅰ	行动能力
	1. 行走不存在困难
	2. 行走存在一定的困难
	3. 完全受限于床上
Ⅱ	疼痛/不适
	1. 没有疼痛和不适
	2. 中等程度的疼痛和不适
	3. 极端的疼痛和不适
Ⅲ	自我照顾
	1. 自我照顾没有问题
	2. 在洗浴和穿衣上存在一定问题
	3. 不能独立洗浴和穿衣
Ⅳ	焦虑/抑郁
	1. 没有焦虑和抑郁
	2. 中等程度的焦虑和抑郁
	3. 极端的焦虑和抑郁
Ⅴ	日常活动(工作、学习、家务和休闲活动)
	1. 在进行日常活动时没有问题
	2. 在进行日常活动时存在问题
	3. 完全不能参加日常活动

每个维度有三个水平——没问题、有一些问题/中等程度的问题、问题严重/无法完成,欧洲生活质量量表共有243种可能的健康状态,加上无意识和死亡总共是245种

资料来源:Rapley, Mark. 2003. *Quality of Life: a Critical Introduction*. London: SAGE Publications Ltd, P. 146.

在五个维度中,各有三个从轻到重程度的选项(记录成 1、2、3),应答者从其中选一个符合自己的程度,因此虽然此量表这部分号称有 15 题,但实际上应答者的答案只有五个,可表示为 11111、11222、22312 等。其主要健康状况的含义可见表 4-4。表 4-4 显示了以超过 3 000 名英国民众为基础的各种健康状态的平均效用比重选择(拉普里,2003)。各种健康状态按与完全健康状态形成相应对比排序(以递减的顺序),直至死亡状态。

表 4-4　　　　　　欧洲生活质量量表的健康状况评估

健康状况	描述	评估
11111	没问题	1.000
11221	行走没有问题,自我照顾没有问题,日常活动有一些问题,有一些疼痛或不适,没有焦虑或抑郁	0.760
22222	行走有一些问题,独立洗浴或穿衣有些问题,进行日常活动有些问题,中等程度的疼痛或不适,中等程度的焦虑或抑郁	0.516
12321	行走没有问题,独立洗浴或穿衣有些问题,不能从事日常活动,有些疼痛或不适,没有焦虑或抑郁	0.329
21123	行走有一些问题,自我照顾没有问题,从事日常活动没有问题,中等程度的疼痛或不适,极端的焦虑或抑郁	0.222
23322	行走有一些问题,不能独立洗浴或穿衣,不能从事日常活动,中等程度的疼痛或不适,中等程度的焦虑或抑郁	0.079
33332	受限于床,不能独立洗浴或穿衣,不能从事日常活动,极端疼痛或不适,中等程度的焦虑或抑郁	-0.429

资料来源:Phillips, C., and Mrpg Thompson. 1998. *What is a QALY*? London: Hayward Medical Communications. quoted from Rapley, M. 2003. *Quality of Life: a Critical Introduction*. London: SAGE Publications Ltd, P. 147.

除了上述五个维度外,测量还要求应答者在从 0(可以想象到的最差的健康状况)到 100(可以想象的最佳的健康状况)之间来判断自己今天的健康状况好坏与否。另外,还有一个部分是在临床研究上较少被用到的,就是要应答者就问卷中所提供的 16 种健康状态,来标示出他们认为该健康状态于 0~100 的刻度量尺上的所在位置,这部分可作为了解他们对不同健康状态的价值判断,结果亦可被用来计算大家对各种健康状态的加权值(Weights)(姚开屏,2000)。

3. 研究评价

欧洲生活质量量表目前是以欧洲国家的语言版本为主,由于它具有经济实用的优点,受到很多国家的重视,逐渐成为测量个体层面生活质量的一个重要指标体系。作为一个跨国性量表,它比起其他很多以总结性指标为基础的量表更加简洁、易操作。但是，量表由于指标数目和测量维度所限，难免舍弃了很多与健康相关的生活质量量表中惯常测量的症状内容，而且也面临着测量健康状态变化情形不是十分灵敏的困境，因此研发该量表的学者建议若要深入地了解某个特定维度的情形（如：日常生活自理、忧郁等），需要搭配其他相关的量表来使用（姚开屏，2000）。

（三）分层式生活质量指标体系

分层式生活质量指标体系是与上述生活质量指标体系截然不同的一类指标体系。研究发起人林南以跨文化的视角将美国社会学界盛行的生活质量研究方法引入尚处于起步阶段的20世纪80年代的中国社会学界，为中国的生活质量研究起到重要的启蒙作用。时至今日，该指标体系的系统性、论证科学性依然可以视为分析的典范。

1. 研究背景

20世纪80年代的中国正在经历着社会发展的重大变革。自从1979年农村经济改革开始以来，中国的现代化进程和社会变迁一直以加速度式的发展在进行着。1983年，城市经济体制改革也拉开了序幕，一些工厂开始实行厂长负责制、自负盈亏、超额有奖等。与此同时，社会生活的其他方面，比如家庭结构也越来越向核心家庭发展。所有这些变化，毫无疑问会影响城市的生活质量，对于当时中国城市生活质量的描述性统计分析已足能引起人们的广泛兴趣和注意（林南等，1987）。就学术意义而言，这类研究可以为今后连续的追踪性研究打下基础。另外鉴于中国特殊的地理和文化身份，这项在中国的开创性研究也可以填补国际生活质量研究领域的一个空白。

2. 指标体系的构成

研究从生活质量的定义——对于生活及其各个方面的评价和总结——出发，认为生活质量不但能表达个人对生活总体的满意程度及对生活各个方面的感受，而且为研究个人生活各个方面（如婚姻、家庭、工作等）的相对重要性提供了比较的基础和评价的依据（林南等，1987）。一旦能够确定生活各个方面的相对重要性，就可以进一步揭示各种社会的、经济的和心理的因素对人们生活的影响，以及人们对各个具体生活方面的评价和满意程度。因此该研究的目的就是为了建立一种理论模式，使其能展示出各个重要依变因素对生活总体和几个主要生活方面所能起到的解释和影响作用（林南等，1987）。研究的初衷是该模式既适合于个人、小群体和社区，也适合于各个不同的文化的研究。

研究对以往的生活质量研究历史和主要结论进行了评述，并针对存在的缺陷，提出建立生活质量结构和指标的研究途径。就研究方法而言，林南等认为生活质量研究中的三个主题（生活质量的结构、导因、效果）有它们一定的层次。首先必须建立的是生活质量的结构和指标，有了既定的结构和指标，才能进一步探讨这些指标的导因和后果。生活的各方面不是相互隔离而是相互联系的。有些实际生活面可以由一个层次较高的生活大面来代表，在这一较高层次中的各生活大面也是相互联系的，生活的诸层次、诸方面，以及生活的各个具体项目可以最终形成一定的结构，生活的各个方面是分层次存在的。这种含有高层次的结构能更好地表现或反映生活方面的真正结构。

  具体来讲，林南等（1987）设想的生活各个方面的结构是这样的：这一结构的基础部分包括人们对个人生活中被认为是必不可少而具体的各项活动所做的定量评价，比如说对工资、奖金、职业社会声望、家庭关系、朋友交往、业余生活、居住环境等的评价。这些具体量度可进而类聚成数个生活面，例如，可能包括工作、家庭、婚姻、邻里和社区、闲暇活动以及其他方面。这些生活的各个方面可以进一步合并，于是产生更高一级层次的生活大面。例如，上面提到的家庭和婚姻可能在较高层次中合并为家庭生活大面，邻里和社区、闲暇活动可能在较高层次中合并成社会环境大面。这些较高层次的诸方面可能再行合并，最终产生出一个对生活总体评价的综合指标。

  在上述分析的基础上，林南等利用天津市1985年千户户卷调查得到的主观态度资料，总结了分层式生活质量结构模型。他们首先通过专家访谈和资料阅读初步选定了22个生活项目。在22个单项中，12个与工作有关，其余的涉及其他生活方面。使用因素分析法对22个单项进行初步归类后，得出五大主要方面，包括工作的社会特征、工作的经济特征、家庭之外的关系、家庭关系、环境和业余生活。总的来说，这五个方面解释了22个单项之间所有关系程度的55%，代表了第一层次的因素群。接下来是计算各因素之间的关系，以及分析它们之中是否可以再合并，即寻找第二层次的因素群。为此采用了结构方程模式分析方法。结构方程模式的优点在于在求取更高层次的隐性变量（大方面）时，仍能保留第一层次的隐性变量（生活面因素）和它们所代表的显性变量（项目）之间的关系。结构方程分析的结果表明从各因素之间的相关看，前三个因素（工作的社会、经济特征及家庭之外的人际关系）均与工作有关，而且相互间也表现出较强的相关。因此做进一步的同类合并分析，将第二层次归并为三个因素：工作、家庭和环境。在第二层次的基础之上，通过第三次归类，设定一个单一的"总方面"，即生活质量的综合指标，最终建立起一个完整的多层次生活质量结构和指标体系（如图4-5所示）。

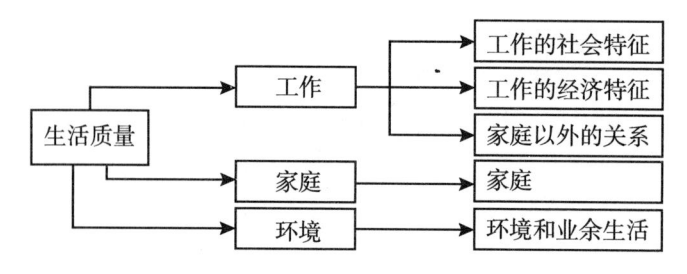

```
生活质量 ──┬── 工作 ──┬── 工作的社会特征
          │          └── 工作的经济特征
          │             家庭以外的关系
          ├── 家庭 ──── 家庭
          └── 环境 ──── 环境和业余生活
```

图 4-5　分层式生活质量指标体系

资料来源：林南、王玲、潘允康、袁国华：《生活质量的结构与指标——1985 年天津千户户卷调查资料分析》，载《社会学研究》1987 年第 6 期，第 86 页。

3. 研究评价

林南等（1987）在 20 世纪 80 年代提出的分层式生活质量指标体系对于中国现阶段的生活质量指标体系建构依然具有重要的启迪意义。在此之前，很多研究都是针对生活各个具体方面来衡量生活质量，从来没有人尝试过对生活各方面做结构分析。从统计上说，绝大多数的研究都是用从生活整体的满意程度来着手分析。即便有些研究是针对生活具体方面的，但其做法不是将一些生活方面做片面性的研究，就是采用简单加总或加权方法求得一个对生活总体的量度。林南等人的研究在此方面无疑是对以往研究的一个重大突破，他们成功运用了因素分析方法和结构方程模式分析法，建立了分层式的生活质量指标体系，并且清晰地展示了生活质量的综合指标与生活各个主要方面的逻辑关系。在这样一个分层式模型中，不但可以计算出各个项目对生活各方面的影响，而且可以计算出各个项目和各个生活面对最高项生活大面和生活质量综合指标的影响，因此增进了人们对生活质量多层次结构及其因素指标的了解。这种综合运用了多种复杂的统计技术、与现行大多数生活质量研究先确定研究维度、再测量具体影响的反其道而行之的研究方法，即使时至今日，仍具有方法论上的重要借鉴意义。

上述简单介绍了个体层面生活质量研究的理论依据，影响个体生活质量的重要因素以及几个代表性的个体层面的生活质量指标体系。个体层面的生活质量指标体系对生活质量的评估主要由三个部分组成[①]：第一，个体对于自己身心各方面健康状况的感觉，或可称为精神健康。它不但包括个体生理或心理的健康感，也包括对过去经历的经验感。这是情感层面上对生活幸福与否的评价。第二，个体对自己生活的满意感。这是个体从认知层面对生活环境的评估。主要测试的内容是个体对生活各领域如家庭、工作、经济、居住环境、休闲等各个方面的满意

[①] 卢汉龙：《社会指标与生活质量的结构模型探讨》，http://sym2005.cass.cn/file/2004120727334.html。

程度。满意度指标反映着个体对社会的认同、顺应和矛盾，是个人对自己和社会合拍不合拍的一种认知结果。第三，个体对于社会的反馈性行为。这是从行为的层面上表现出来的对生活的评价。以往有关社会生活质量的评估往往忽略了行为层面的表现（具体可见 WHOQOL 和 EuroQOL，EQ-5D）。其实个体对社会的反馈性行为，特别是愿不愿意为社会做好事是他对生活的评估持肯定或否定态度的重要标志。因此，后续关于生活质量指标体系的研究可以从这个方面入手发展新的指标体系以弥补现有指标体系的不足。

第五章

群体层面的生活质量

美国经济学家、诺贝尔经济奖的获得者瓦西里·里昂惕夫（Wassily Leontief）曾经说过："对某种现象所做的任何有目的的统计调查都需要一种专门的概念的框架，即一种理论，以使调查者能够从无数事实中选择那些预计可以符合某种模式，并因而容易系统化的事实。……可以说，调查对象越复杂，理论上的准备工作就越重要。因此，在研究纯粹统计问题之前，我们必须建立起必不可少的理论体系"[①]。对于群体层面的生活质量指标体系的建构来说，研究对象复杂性的增强使得理论的论证导引显得尤为重要。

一、经典理论阐述

（一）可持续发展理论

可持续发展（Sustainable Development Theory）概念的提出是对人类几千年发展经验教训的反思，特别是对工业革命以来发展道路的总结。在经济迅猛发展的历史中，人类的经济活动固然带来了物质财富的巨大增长和物质生活的极大改善，但是与此同时发生的却是生态环境的严重恶化和贫富分化的日益加剧，不仅给当代人、后代人，也给地球上生存的万物埋下了未知的隐患。

---

① 转引自周海林著：《可持续发展原理》，商务印书馆2004年版，第7页。

1. 理论根源

在探讨"可持续发展"一词的来源过程中，很容易由表及里触及到其深层的原因，即日益严重的环境问题和难以消除的贫困问题。进入 20 世纪以来，人类社会面临着一系列的发展困境：人口膨胀、耕地减少、污染严重、生态破坏、资源枯竭、能源危机。在沉重的环境压力下，人们对增长等于发展的模式产生了强烈的怀疑。1962 年，美国女生物学家卡森发表了一部引起很大轰动的环境科普著作《寂静的春天》，描绘了一幅由于农药污染所导致的可怕景象，惊呼人们将会失去"春光明媚的春天"，在世界范围内引发了人类关于发展观念上的争论，人们逐渐开始深刻反思掠夺式的发展模式给生态环境和社会发展带来的沉重恶果。10 年后，两位美国的著名学者巴巴拉·沃德（Barbara Ward）和雷内·杜博斯（Rene Dubos）的享誉世界的《只有一个地球》问世，把人类生存与环境的认识推向一个新境界。同年，一个名为罗马俱乐部的非正式国际学术团体发表了题为《增长的极限》的报告。报告根据数学模型预言在未来一个世纪中，人口和经济需求的增长将导致地球资源耗竭、生态破坏和环境污染，除非人类自觉限制人口增长和工业发展，否则这一悲剧将无法避免。

与环境恶化并存的是世界范围内的贫困问题。经济增长并不必然使所有社会成员能够公平享受发展带来的成果。它一方面使某些国家某些地区的社会成员过着富足安逸的生活，另一方面却使世界上其他角落的人们在贫困落后的窘境中挣扎。在全球范围内，这种不平等的状况一直在加剧。穷人与富人之间的收入巨大差别会造成某一国家可持续发展的障碍，而穷国与富国之间的贫富悬殊则严重阻碍了整个世界的可持续发展。导致贫困的因素很多，自然环境生态系统供给能力的不足、制度落后、地理边缘性及落后的经济发展技术和封闭性传统、文化及习惯，以及个体性的身体、受教育机会、机遇与家庭背景等都是可能的原因（周海林，2004）。这样一系列复杂的作用因素导致的贫困已经不仅仅是经济范畴的问题，同时也成为一个困扰整个人类发展的社会问题。

2. 可持续发展的内涵

可持续发展概念的提出为上述问题的解决提供了某种目标导向。从 20 世纪 80 年代开始，可持续发展一词逐渐成为流行的概念。1987 年，以挪威首相布伦特兰为主席的联合国世界环境与发展委员会发表了一份报告《我们共同的未来》，正式提出可持续发展概念，并以此为主题对人类共同关心的环境与发展问题进行了全面论述，受到世界各国政府组织和舆论的极大重视。可持续发展的思想是人类社会近一个世纪高速发展的产物。它体现着对人类社会进步与自然环境关系的反思，也代表了人类与环境达到"和谐"的古老向往和辩证思考。

"持续（Sustain）"一词最早来自于拉丁语 sustenere，意思是"维持下去"

或"保持继续提高"。"可持续发展"作为一种发展模式、发展道路或发展理论的名称逐步在世界范围内得到广泛传播,成为各种国际会议和大众媒介使用频率最高的词汇之一,也成为社会科学研究的一个热点。可持续发展是一个涉及自然资源与生态环境的可持续发展、经济的可持续发展和社会的可持续发展的综合性概念。它以自然资源的可持续利用和良好的生态环境为基础,以经济可持续发展为前提,以谋求社会的全面进步为目标。目前国内外不同机构和专家对可持续发展的定义有多种表述,一个较普遍的定义可以阐述为——在连续的基础上保持或提高生活质量。世界环境与发展委员会(WCED)于1987年发表的《我们共同的未来》的报告中,对可持续发展定义为:"既满足当代人需要,又不损害后代人满足其需要的能力的发展"。

进入20世纪90年代以后,可持续发展进一步与人的全面发展紧密结合。世界自然保护同盟、联合国环境署和世界野生动物基金会1991年共同发表的《保护地球与可持续生存战略》一书中提出的定义是:"在生存不超出维持生态系统涵容能力的情况下,改善人类的生活品质"。1992年联合国环境与发展大会(UNCED)的《里约宣言》中对可持续发展进一步阐述为:"人类应享有以自然和谐的方式过健康而富有成果的生活的权利,并公平地满足今后世代在发展和环境方面的需要,求取发展的权利必须实现。"联合国开发计划署(UNDP,1995)在《人类发展报告·1994》中指出:"可持续的人类发展,乃是人类优先、就业优先和自然优先的发展。它最优先关注于减轻贫困、生产性就业和社会融合和环境再生等方面。它致力于使得人口的增长速度与社会和大自然的承受能力取得均衡。它促进经济的加速发展,并且使经济增长变成为人类生活的改善,并且不以牺牲后代人类生存发展所必需的机会为代价。它还确认,如果妇女的地位不能大大地提高,不能向妇女敞开所有经济发展机会的大门,那么,人类就不可能取得太多的进步。总之,可持续的人类发展赋予人类权力,使他们能够规划和参与到影响其生活的一切过程和事件之中"。中国的可持续发展战略研究专家认为,可持续发展一词比较完整的定义是:"不断提高人群生活质量和环境承载力的、满足当代人需求又不损害子孙后代满足其需求能力的、满足一个地区或一个国家的人群需求又不损害别的地区或别的国家的人群满足其需求能力的发展"(叶文虎、栾胜基,1996)。

从上述定义可以看出,对可持续发展人们逐渐形成了狭义与广义两种不同的理解。狭义的理解一般侧重于经济发展与环境保护;广义的理解则上升到发展思想和战略指引的高度,目标是保证社会具有长时期持续性发展的能力,提升人民的生活质量,确保环境、生态的安全和稳定的资源基础,避免社会、经济大起大落的波动。无论是狭义还是广义的理解都表明可持续发展理念与生活质量密不可分。

具体而言，可持续发展具有如下几个方面的内涵：

（1）经济可持续发展。可持续发展鼓励经济增长，因为它体现国家实力和社会财富。可持续发展不但重视增长数量，更追求改善质量、提高效益、节约能源、减少废物，改变传统的生产和消费模式，实施清洁生产和文明消费。

（2）环境可持续发展。自然资源的永续利用是保障经济社会可持续发展的重要物质基础。可持续发展要以保护自然为重点，使资源获得与环境的承载能力协调一致。因此发展的同时必须保护环境，包括控制环境污染，改善环境质量，保护生命支持系统，保护生物多样性，保持地球生态的完整性，保证以持续的方式使用可再生资源，使人类的发展保持在地球承载能力之内。

（3）社会可持续发展。可持续发展要以改善和提高生活质量为目的，与社会进步相适应。可持续发展的内涵均应包括改善人类生活质量，提高人类健康水平，并创造一个保障人们享有平等、自由、人权和免受暴力的社会环境。

经济持续、环境持续和社会持续之间互相关联不可分割。孤立追求经济持续必然导致经济崩溃；孤立追求生态持续则不能遏制全球环境的衰退。生态持续是基础，经济持续是条件，社会持续是目的。人类共同追求的应该是自然和社会复合系统的持续、稳定、健康发展。归根结底，发展的最终目的就是全面提高公众的生活质量，促进人与自然的和谐共存。

（二）经济成长阶段论

沃尔特·惠特曼·罗斯托（Walt Whitman Rostow）是美国著名的经济史学家、发展经济学先驱之一。罗斯托的经济成长阶段理论（Musgrave & Rostow's Law）不仅是关于经济社会发展的学说，更是早期生活质量研究具有探索性意义的理论学说。虽然其并没有直接以生活质量作为研究的出发点，但是该学说在涉及相关研究内容时无论理论观点、分析方法，还是政策主张等方面均有独到的见解，为宣传生活质量理念起到重要的推动作用。

1. 经济成长的六个阶段[①]

罗斯托把整个人类近代社会经济的发展过程划分为六个阶段，认为由低级成长阶段向高级成长阶段的依次过渡是人类社会发展的必然规律。

（1）传统社会阶段。近代科技产生以前的社会被罗斯托统称为"传统社会"，他从技术史观出发把英国著名物理学家、天文学家和数学家牛顿以前的社会统称为"传统社会"。罗斯托认为传统社会阶段科学技术发展十分缓慢，基本

---

① [美]罗斯托著，郭熙保、王松茂译：《经济增长的阶段》，中国社会科学出版社 2001 年版。

上处于停滞状态,生产力很低,农业是社会的主要生产部门,商品生产极不发达,整个社会经济处于自给自足的自然经济状态。从罗斯托的描述中可以看出,传统社会阶段大体是指资本主义以前的社会发展阶段,基本相当于原始社会、奴隶社会和封建社会,甚至还应加上一段"牛顿以前的社会",即早期资本主义社会。

(2)为起飞创造前提阶段。罗斯托认为人类社会脱离传统社会阶段向近代社会过渡要经过一个过渡阶段,他把这个阶段叫做"为起飞创造前提的阶段"。这个阶段主要为"起飞"创造两个条件:一是经济条件,即要有足够的资本积累;二是政治条件,即要建立一个中央集权的民族国家。在这一阶段,近代科学知识开始在工业和农业中发生作用。罗斯托还分析到,若一个社会不能自己从内部准备好,还可依靠外部力量为它做好准备,即让较先进的国家入侵,这样可以加快传统社会的现代化进程。他把这种方式看做是过渡时期同追逐利润动机同等重要的一种动力。通过一个社会自己准备或者外部力量使它准备,各个国家就会先后进入"为起飞创造前提阶段"。这一阶段大体相当于资本主义社会的原始积累时期,在私人或政府中开始出现甘冒风险以获得利润或实现现代化的新的"中心人物",即企业家。

(3)起飞阶段。罗斯托认为起飞阶段是一种产业革命,直接关系到生产方法的剧烈变革,在比较短的一段时期内产生带有决定意义的后果。这是整个经济成长系列中的一个关键性阶段。在这一阶段里,妨碍经济成长的阻力已经被克服,经济成长成为社会的正常情况,新的技术在工农业生产中得到广泛推广。这一时期,投资率已提高到国民收入的10%以上,建立了能迅速吸收新技术、并使之得以扩散到经济中去的主导部门,并形成了一个有眼光、有能力经营现代企业的企业家阶层,他们是"起飞"阶段的中心人物。实际上,罗斯托所言的"起飞"相当于资本主义发展史中的第一次产业革命时期。通过产业革命,开创了近代工业时期,为经济的进一步发展打下了基础。

(4)成熟阶段。这是在技术上达到成熟并向整个经济领域推广的阶段。经济"起飞"后,要经过一段相当长的、虽有波动但仍自动持续成长的时期,即成熟阶段。在这一阶段,现代科学技术普遍地推广到各个经济领域,经济持续增长,国民收入中大约有10%~20%用于投资,工业向多样化发展,重工业部门逐渐替代"起飞"阶段的旧主导部门成为社会生产的新主导部门,出现了各种形式的联合(垄断组织),国际贸易增长迅速,生产的增长能大幅度地超过人口的增长。在成熟阶段,人们的观念和社会的政治制度也发生了相应的变化,新的观念和制度的产生促进了经济的顺利发展。在罗斯托看来,向成熟推进阶段实际上是一个社会已把一系列现代技术有效地应用于它的大部分资源的时期。大体相当于自由竞争资本主义向垄断资本主义过渡阶段，即工业化完成阶段，垄断巨头是这一阶段的中心人物。

（5）高额群众消费阶段。罗斯托认为当一个社会步入成熟阶段后，由于科技广泛应用，形成了一个高度发达的工业化社会。社会产品极大丰富，人们收入逐步增加，此时若没有需求和消费的相应增长单靠增加投资已无法推动经济的进一步发展。为避免经济的"减速趋势"，只有选择对外侵略寻找海外市场或重视消费、刺激需求寻找国内市场两种方法。"高额群众消费"就是解决市场需求相对不足、避免经济下滑而产生的一个新经济成长阶段。此时经济社会的注意力从供给方面转到需求方面，从生产问题转到消费问题。罗斯托分析说，这时社会已进入一个高度发达的工业社会，一般居民家庭对耐用消费品的购买保证了经济的持续增长，主导部门已转移到以汽车工业为代表的"消费品和服务"方面，具有专业知识的经理阶层成了新的"中心人物"。

（6）追求生活质量阶段。在罗斯托的早期著作中，只有前五个阶段，在高额消费阶段以后将会怎样，当时罗斯托认为是"无法预测的"。经过十年的研究，罗斯托认为，在高额消费阶段人们收入的日趋提高渐渐失去它往日的魅力，对物质生活的追求兴致减弱，由于汽车工业发展和汽车的大量使用，出现了污染严重、城市人口多、交通拥挤等情况，这使得人们向往优美环境、舒适生活及精神方面的享受，人们开始追求生活的质量。这时的经济主导部门从耐用消费品转到了服务部门和环境保护部门。这些部门被称作"生活质量部门"，如公共教育、卫生保健设施、文化娱乐、旅游等部门，它们不生产物质产品而是提供劳务，人们追求的不是物质享受而是精神享受。罗斯托认为过渡到追求生活质量阶段是工业社会中人们生活的一个真正突变。因为这个阶段在生活质量部门中就业的人越来越多，人类历史上将第一次不再以有形产品数量的多少来衡量社会的成就，而要以生活质量的增进程度作为衡量成就的新标志（秦斌祥、朱传一，1988）。

罗斯托深入分析了美国社会进入追求生活质量阶段的必然性。他认为在美国高额群众消费阶段的主导部门在20世纪50年代就出现了减速发展的趋势，作为美国经济增长基础的庞大的汽车和耐用消费品综合体系已经开始衰落。与此同时，随着服务行业就业人员的不断增加，社会经济的主导部门已经逐渐让位于以公共和私人服务业为代表的提高居民生活质量的有关部门。质量部门投资的增加，意味着居民受教育程度的提高、健康状况的改善、环境的美化、生活条件的提升。由汽车工业发展而引起的空气、水源污染以及大城市的衰败，只有在追求生活质量阶段才能真正解决。此外，美国进入20世纪60年代以后，居民收入一般都有较大提高，人们的欲望不断变化，没有钱的时候想赚钱，有了钱就想要社会地位，想要生活环境的舒适，想要精神上的享受。在罗斯托看来，在这些因素的合力作用下，美国不可避免地要进入一个追求生活质量的阶段（秦斌祥、朱传一，1988）。

以上概述了罗斯托对社会经济发展阶段的划分和各个阶段的基本特征。在罗斯托看来，人类社会发展的历史进程中美国是第一个进入"追求生活质量"阶段的国家，其他国家也将按各自的特点和条件从低级阶段逐步向高级阶段过渡。人类社会演进的六个阶段中有过两次重大突破，第一次是"起飞"阶段，第二次是从"高额群众消费"向"追求生活质量"的过渡，而"起飞"和"追求生活质量"也正是罗斯托经济成长阶段论的核心。

2. 理论评析

罗斯托对于追求生活质量阶段有何意义，曾经这样陈述："这个阶段给政治的议事日程提出了一大堆要求：要求增加教育和保健的费用，要求大量投资以减少汽车时代的污染和城市的畸形化，要求做出计划来处理与穷人的收入和不平等的范围有关的问题，要求做出计划来对付这样一些人，即在观察周围生活状况和所面临的各种机会时打算进行抗议或者以违反法律的方式挣脱这个社会的人。"[①] 这里所谓的穷人与不平等问题主要与黑人有关；而企图抗议和挣脱社会的人，则是指富有的白人青年。通过物质财富的极大丰富和权利机会的扩散，可以逐步解决穷人的生活问题，而改善经济增长带来的众多负面影响则有助于缓解富有青年的不满和抵触情绪，使社会和谐稳定发展。

通过上述陈述不难看出，罗斯托眼中的追求生活质量阶段是对以往经济成长阶段的一种升华式发展。追求生活质量的提高，是人类社会发展到高额群众消费阶段之后才会出现的事情。在此之前，人类社会的发展只能遵循从传统社会到为起飞创造前提阶段、起飞阶段、成熟阶段、高额群众消费阶段的依次更替。就现实社会而言，发达国家已经进入了追求生活质量的阶段，而广大发展中国家则只能处于起飞阶段，与追求生活质量无关。这一论断很显然有失偏颇。其一，生活质量的诸方面并非为追求生活质量阶段所独有，而是每一个经济成长阶段都存在的；其二，虽然在追求生活质量阶段，由于质量部门成为经济增长的主导部门而有可能使生活质量得以较快提高，但这并不意味着其他阶段上生活质量不能提高。相反，在每一阶段上，生活质量都可能有不同程度的提高，甚至可能出现超前提高；其三，将追求生活质量作为经济成长的最后阶段的特征并无不可，但反过来认为非最后阶段就不能追求生活质量的提高，显然是武断的和绝对化的推断

---

① Rostow, W. W. 1971. *Politics and the Stages of Growth*. London：Cambridge University Press. P. 22. 转引自秦斌祥、朱传一：《美国生活质量研究的兴起》，载《美国研究》1988 年第 2 期，第 142 页。

（朱国宏，1992）。虽然由于分析的局限性，罗斯托的生活质量理论并没有被大多数人接受，但他毕竟将生活质量的理念引入了经济成长模式的划分中，使越来越多的人关注到这一全新的理念对未来社会产生的影响。而且颇具相反意味的是，人们非但没有认为提高生活质量是少数发达国家的专利，反而将其广泛应用到发展中国家乃至整个人类社会的发展进程研究中，促进了人类对自身发展的认知。

（三）能力理论

阿马蒂亚·森（Amartya Sen）学术视野开阔，兴趣广泛。他不仅像泰戈尔在给朋友的一封信所说的那样，把所有人的所有快乐看成是自己的快乐，而且把所有人的所有痛苦看成是自己的痛苦。他虽然没有与底层民众血脉相通的生活体验，却一直深切地关注着社会底层人民的疾苦、贫穷、饥荒和权利被剥夺。可以说，森是经济学家中极少数集知识与德性于一身的人，他对社会底层人民以及道德的关切，使他获得了"经济学良心的肩负者"的美誉。

森虽然并没有以十分系统完整的理念全面阐述生活质量的内涵，但是他对生活质量的关注自始至终贯穿于其核心的发展理念——自由与发展的研究框架中。甚至可以从某种程度上说，以自由看待发展的视角中提出的能力的观点，即是从国家层面衡量生活质量的一个全新切入点。

森并不否认国民生产总值或个人收入提高对发展的价值，但他否认仅仅把国民生产总值增长或个人收入提高作为发展的终极目标。在他看来，国民生产总值或个人收入的增长，仅仅是实现社会成员享有自由的手段。即使现在世界达到了前所未有的丰裕，但还远远没有为大多数人们提供初步的自由。因此，他的经济理论一直强调："发展要求消除那些限制人们自由的主要因素，即：贫困与暴政，经济机会的缺乏以及系统化的社会剥夺，忽视公共设施以及压迫性政权的不宽容和过度干预。"① 在森看来，"发展可以看做是扩展人们享有的真实自由的一个过程。聚焦于人类自由的发展观与更狭隘的发展观形成了鲜明的对照。狭隘的发展观包括发展就是国民生产总值（GNP）增长，或个人收入提高，或工业化、或技术进步，或社会现代化等等的观点。"② 按照这一思想，扩展自由是发展的首要目的和主要手段。而他所谓的"真实自由"，又称"实质自由"或"实际自由"，是一种实质意义上的自由，即享有人们有理由珍视的那种生活的可行能

---

① ［印］阿马蒂亚·森著，任赜、于真译：《以自由看待发展》，中国人民大学出版社2002年版，第2页。

② 同上，第1页。

力。具体来说,"实质自由包括免受困苦——诸如饥饿、营养不良、可避免的疾病、过早死亡之类——基本的可行能力,以及能够识字算数、享受政治参与等等的自由。"[1] 在森的眼中,他强调的自由不仅仅包括基本的经济生活的物质保障权利(如失业者有得到救济的权利,收入在最低标准线以下者有得到补助的权利等),也不仅仅扩大到基本的意见表达和政治参与权利,更扩大到基本的教育文化权利(每个孩子享有接受教育的权利等)。总之,自由是人们能够过自己愿意过的那种生活的"可行能力"(Capability)。

阿马蒂亚·森的能力研究方法与客观生活质量研究传统中的斯堪的纳维亚模式有些类似。他于20世纪80~90年代提出了"能力方法"的框架,这是一个评价个人福利状况的基本框架,同时为不平等研究、贫困和国家政策分析提供了理论基础[库克勒斯和森(Kuklys and Sen, 2005)]。能力方法的核心概念是功能(Functionings)和能力(Capabilities)。他把功能定义为一个人生活中的各种活动或生活状态,例如良好的健康状态、接受教育等等。这与经济学中常用的"商品"一词含义不同。一个人拥有某种商品却不一定能保证他获得该商品所带来的功能,而功能是通过一个人使用商品的能力得以实现的。物质条件只是实现功能的条件之一,商品只有通过人的能力才能转化为一种功能。一个人的成就取决于他(她)能否使现有的物品发挥作用。[2]

对森而言,能力是一个从功能推演出的概念。能力是一个人能够实现的各种功能的组合,也就是说能使功能得到发挥的力量,凭借这种能力个人能实现有价值的功能。这些功能组合由人们所能够做到的一系列活动项目所组成,或由"良好的营养状况,避免疾病带来的死亡,能够阅读、写作和交流,参与社区生活,公共场合不害羞等所组成"[3]。收入、财富、效用的获得都有赖于个人能力的大小,比如,良好的教育和健康的身体能增强个人获得更多收入及摆脱贫困的能力。能力大小反映个人在这些组合中进行选择的自由度。它代表了一个人在不同的生活中间做出选择的自由。能力是一种最基本的自由,即一个人所拥有的能够给他带来何种生活的选择范围。能力标志了个人能做什么或不能做什么。个人有实质自由去选择他认为有价值的生活,一个人的能力越大,他过某种生活的自由也就越大。能力由个体所能发挥的各种功能反映出来。

---

[1] [印]阿马蒂亚·森著,任赜、于真译:《以自由看待发展》,中国人民大学出版社2002年版,第30页。

[2] Sen, Amartya. 1985. *Commodities and Capabilities*. Amsterdam:North Holland. pp. 10 – 14. 转引自王艳萍:《阿马蒂亚·森的"能力方法"在发展经济学中的应用》,载《经济理论与经济管理》2006年第4期,第27页。

[3] 转引自王艳萍:《阿马蒂亚·森的"能力方法"在发展经济学中的应用》,载《经济理论与经济管理》2006年第4期,第28页。

森认为评价生活质量并不能仅仅根据物品、金钱或其他资源，正如其在参编的《生活质量》（The Quality of Life）的序言中所言，我们应该知道的不仅是人们有多少钱，还应该包括他们怎样生活，他们的寿命、受到的教育、得到的医疗服务、拥有的政治权利和经济权利等［努斯鲍姆和森（Nussbaum and Sen，1993）］。在森看来，生活质量应从能力与功能的角度来评价，即用个人在生活中实现各种有价值的功能的实际能力来评价生活质量。生活中各种效用的获得都依赖于个人能力的大小，一个人的能力越强，他的生活质量就越高，因此提高生活质量关键在于提高个人的能力。值得注意的是，测量个人生活质量的关键不是实际获得的各种效用，由于每个人都有不同的价值观和偏好，因此不同的效用对每个人的意义也大相径庭。重要的是，个人是否有能力获得对他而言具有较高价值的效用，或者是否能够拥有其所需要的生活方式（贺春临、周长城，2002）。能力的概念与斯堪的纳维亚模式中的资源概念的共同之处就在于，它们都认为生活的客观方面决定了人们的生活质量，个人能积极地、有意识地按照自己的偏好主导自己的生活，在这一过程中，资源或者能力被视为达到目的的手段。

由于森并没有指出能力的具体内容，著名女哲学家努斯鲍姆在这一方面发展了森的能力方法。努斯鲍姆区分了基本能力（Basic Capabilities）、内在能力（Internal Capabilities）和组合能力（Combined Capabilities）三个概念（王艳萍，2006）：（1）基本能力是指一个人本身所固有的能力，这种能力对发展更高级的能力以及发展一个有道德行为基础的能力是一个必要的基础，例如，看和听的能力以及对话、语言、爱、感激、工作、实践能力等。（2）内在能力是指就一个人本身而言，这个人自己所发展的各种状态，是实践功能性活动所要求的充分条件……为实现功能性活动而准备就绪的成熟条件。换句话说，就是身体的成熟、性能力的成熟、宗教自由、言论自由。（3）组合能力是指内在能力与实践功能性活动所需的外在条件的合并。如果一个人不仅能够表达他的观点，而且也能够在一个特定的政治和文化制度下表达他的观点（如果一个人能够表达一种观点，但不能够掌握他所表达的观点可能引起的反响，那么这个人只具有言论自由的内在能力，而没有组合能力）。努斯鲍姆提出了10项人类能力（生存，身体健康，身体完整，判断力、创造力和思考能力，感情，实践动机，与社会建立良好关系，其他种类的能力，消遣，对个人环境的控制能力）。

阿马蒂亚·森的能力研究方法开创了生活质量研究的一个全新视角。它以能力和功能作为分析的切入点，脱离了单纯从具体而微的生活事件和社会活动的角度对生活质量的简单测量，将对人类自由发展的关注融入生活质量研究中，实现了研究理念与内涵的升华。联合国前秘书长安南曾经这样高度评价森："全世界贫穷的、被剥夺的人们在经济学家中找不到任何人比阿马蒂亚·森更加言理明晰地、富有远见地捍卫他们的利益。通过阐明我们的生活质量应该不是根据我们的财富、而是根据我们的自由来衡量，他的著作已经对发展的理论和实践造成革命性的变化。联合国在自己的发展工作中极大地获益于森教授观点的明智和健全。"①

(四) 社会凝聚理论

作为社会良好运行状态的体现，社会凝聚对社会的健康协调发展具有不言而喻的重要作用。然而正如可持续发展理念的兴起是对传统发展理念和人类发展困境的反思一样，社会凝聚之所以日益成为全球研究的新热点，恰恰是因为这一社会运行的基本要素正在经受着全球化严峻的威胁与破坏。

1. 全球化对社会凝聚的冲击

首当其冲的就是全球化发展趋势对固有社会格局的打破。在"全球化"这一引人注目的标题下的发展潮流，正在改变着一种国家、社会和经济在同一民族的边境内在一定程度上进步成长的历史格局。原先那种由国家确定对内经济和对外贸易间的界限的国与国间的经济秩序，在市场的全球化的过程中，正在演变成为一种跨国的经济（哈贝马斯，2001）。然而世界范围内的资本流动带来的却并不总是一片繁荣共存的大好景象，正如一位前联合国秘书长所言，"全球化的许多经历并非是一种进步的表现，却成为了破坏性的力量，几乎如同飓风一样对毁灭生命、破坏工作和传统视而不见"（肯，2003）。在世界上的许多国家全球化加速了不平等的产生，侵蚀了传统文化的根基，造成了精神信仰的迷失。同时，廉价便捷的旅行和高新技术的传播使得临时性、经常性和循环性的移民群体不断增加，这些所谓的世界公民和跨国群体并不依附于某一特定领土，生活游历于不同的国家政治体制之间，个人经历的复杂性造成了其特有的自我身份认同，因此他们的出现也对民族国家的归属感构成强有力的挑战。社会凝聚力和多元文化的矛盾成为全球化时期民族国家无法回避的问题。

其次是社会不安全感的普遍蔓延。我们并非生活在一个歌舞升平的太平年代，当"9·11"的恶梦在瞬间击碎了人们心中对和平与安全的憧憬的时候，恐怖主义便成为了威胁人类安全的如影随形的恶魔。以恐怖主义为代表的非传统威胁的兴起，将恐怖势力渗透至国家与民族地区的内部，通过制造各种社会危机来实现其政治目的。虽然就目前而言，恐怖袭击的破坏力尚未达到战争损失的程度，但它所造成的社会心理振荡和公共安全感的丧失已经不亚于战争年代。无论发达国家还是发展中国家都前所未有地面临着恐怖主义的严峻挑战，社会安全已

---

① [印] 阿马蒂亚·森著，任赜、于真译：《以自由看待发展》，中国人民大学出版社 2002 年版，扉页。

经成为国家安全的重要组成部分。除此之外，社会内部不平等因素的增加也加剧了不安全感的蔓延。世界范围内高居不下的失业率和低水平就业率，不但使雇员体会不到劳动就业本身带来的安全感与归属感，即使雇主也往往容易产生消极预期。市场的脆弱化和劳动力的流动多变一定程度上也造成了社会安全感的降低和凝聚力的涣散。

再次，全球化发展在突破国家与地区壁垒的同时，也将社会中个人对自我和集体的价值认同一再改变。经济学意义上的全球化通常是指世界经济和市场竞争的一体化，而这种对全球资本的最大限度的索取在客观上也会导致竞争方或者合作方的利益优化，主观上造成了经济利益主体追求自身利益的最大化，于是一种以个人主义和自由主义为代表的全球文化应运而生。从价值中立的角度来分析，个人主义所代表的是一种对个人幸福权利的追求。虽然这种强调人性的首要法则就是维护自身的生存，将人的价值列为首位的价值观念本身无可厚非，但是它不可避免地会带来强调个人权利和对各种公共权威的日益排斥。小到家庭结构的脆弱化，越来越高的离婚率、不婚率、非法同居、单亲妈妈问题对传统家庭结构造成极大的冲击与伤害；大到社区、民族和国家结构的涣散，人们缺乏以某种契约形式联系在一起的共同信仰。对个人自主权的过分关注必然导致个人空间的无限膨胀和社会凝聚力的减弱。

2. 社会凝聚研究回顾

社会凝聚是一个国家社会和谐程度的重要体现，是集社会成员相互关系以及社会共同价值信仰、认同感、归属感、信任感的综合反映。近年来随着国际局势的风雨突变、全球范围内社会和经济的多元发展变化，社会凝聚的概念受到越来越多政府和国际组织的关注，逐渐成为研究的热点。

其实早在一百多年前的法国社会，社会学经典大师迪尔凯姆曾就此议题展开过精辟论述，至今仍被许多从事社会凝聚研究的学者视为圭臬。在迪尔凯姆生活的年代，欧洲已经在很长一段时期内深陷工业社会的重重危机之中。作为一个具有强烈社会责任感的学者，他一直期望能够通过社会科学的研究发现社会失范的根源，诊断社会疾病。在其著名的博士论文《社会分工论》一书的开篇之始，他就把研究的起点定位于"考察个人人格与社会团结的关系问题。为什么个人越变得自主，他就会越来越依赖社会？为什么在个人不断膨胀的同时，他与社会的联系却越加紧密？"（涂尔干，2000）换言之，他所研究的就是在一个社会分工日趋复杂化的社会，如何才能有效维持社会的凝聚力。迪尔凯姆以社会分工作为切入点来分析人与社会的复杂关系。社会分工产生了不同于传统社会的新的社会结构，个人深切地意识到只有维系对社会的依赖关系，才能充分发挥自己的价值，并在此过程中拥有不同于以前的行动范围和自由度，人格获得更大的发展空间和机会。这种转型的社会被迪尔凯姆称为有机团结的社会,从而区别于机械团结的社会。后者是指在传统社会中,由于生活空间的狭小、社会分工的不发达,人们因意识的高度同质性而凝聚在一起,在地方上借助人际互动产生较强的社会团结,即机械团结,但机械团结并不能推及到整个社会。随着传统社会向现代社会转型,机械团结被有机团结所替代。迪尔凯姆所谓的团结概念在某种程度上就是社会凝聚的代名词,它表述了集体内部成员之间的共同意识所产生的凝聚力和向心趋势。而这种对社会凝聚方式的划分也深刻地揭露了不同社会的凝聚方式对其制度结构的决定与制约作用。

社会凝聚的研究传统在欧洲得到了延续与传递。从 20 世纪 80 年代后期至 90 年代,欧洲社会对分配和社会关系等基于社会整体福利的研究变得相当普遍。社会凝聚作为福利研究分析的一个维度重新引起了人们的关注。社会凝聚涉及个人、集体、组织、制度和国家之间关系的协调,强调了社会融合、团结和稳定的价值。总体看来,这一概念主要包含了两个既相互区别又相互统一的目标维度(贺春临、周长城,2002):其一是减少差别、不平等和社会分化;其二是囊括了旨在加强社会融合及社会成员义务的所有方面。两者从不同方面反映了社会成员之间和集团之间复杂的关系及其对社会凝聚力的影响程度。近年来欧洲的社会凝聚研究逐渐由理论转向实践层面,体现在欧洲各项社会政策和行动纲领的制定上。随着欧洲一体化进程的日渐深入,发展表面上呈现的是欧盟领土范围的扩大,实际上许多文化、经济、法律、社会及民主发展的问题与挑战接踵而来。尤其在欧盟所坚持的"凝聚力"政策原则下,东扩的欧盟对整个欧洲社会的可持续发展带来前所未有的冲击。基于对发展现状的认识与分析,2000 年 3 月欧盟首脑在里斯本会议上通过了一项"就业、经济改革与社会凝聚"的战略,提出要在 21 世纪的头十年使欧盟成为"世界上最具竞争力和活力的以知识为基础的经济区域"。这个发展欧洲新经济的里斯本战略,规划了建设全民的信息社会、建立欧洲研究与革新区域、开辟有利于技术创新企业的环境、继续经济改革以完成内部市场、发展有效与一体化的金融市场、协调宏观经济政策等目标,其最终目的就是为了实现社会凝聚力的综合提升。除此之外,欧洲理事会还专门成立了欧洲社会凝聚委员会(European Committee for Social Cohesion, ECSC)用于跨国家、跨政府的社会研究工作,并推行了一系列用于增强欧洲社会凝聚的方针策略。

二、群体层面生活质量的引申思考

(一)伊斯特林悖论及其政策导向

世界上最幸福的国家是哪一个?它既不是财雄势大的美国、加拿大,也不是高福利的北欧各国，而是一个名不见经传的太平洋小国——瓦努阿图。英国智囊机构新经济基金会（NEF）2006年7月12日公布了一项令很多人大跌眼镜的调查结果：南太平洋岛国瓦努阿图是地球上最快乐的国家。

这项由英国智囊机构新经济基金会进行的快乐星球指数调查，综合考虑了生活满意度、平均寿命和环境承受能力（包括全国人口生活空间和能源消耗能量）等多项指标，而不是用一般的国民收入和国民生产总值等国家财富指数来评比，对178个被调查国家进行了"快乐排名"。瓦努阿图综合排名第一。

瓦努阿图是一个南太平洋小国，在NEF的报告中被称为"大洋中的快乐岛"。以旅游业为主，人口不到21万，人均GDP不超过3 000美元，远远低于工业发达国家，甚至比不上中国一些经济发达的省市。《瓦努阿图在线报》的一位记者马克·洛文认为："瓦努阿图不是消费型社会，这里的生活围绕着社区和家庭，大家都与人为善。除台风和地震以外，人们基本上没什么好担忧的。"①

排在前10位的国家都是小国家，它们既没有中东国家丰富的石油资源，也没有北欧国家良好的福利制度，更没有八国集团强大的生产力，但它们却是全球最快乐的国家。到底什么才能使人民过得幸福快乐？国家财富的多寡又能发挥多大作用呢？这样一个快乐排名的得出使我们不禁再次思考这些困扰人类已久的难题。自从人类有了思考能力，便开始了对快乐乃至人类生存目的的理性思索。早在经济学产生之前，亚里士多德在他的《政治学》中就指出，"财富显然不是我们真正要追求的东西，只是因为它有用或者别的什么理由"。在此，他已经暗示了财富不是幸福与快乐的唯一源泉。然而，随着经济学逐渐从早期的道德哲学中脱离出来而成为一门独立的学科，而后更逐步发展成为可以用数学来进行量化研究的科学，采用一个更加准确、也毋宁说更加狭隘的概念来定义政治哲学中模糊的、难以衡量的主观快乐或幸福就成为一种必然（王冰，2006）。在早期经济学家的推崇下，以货币单位来衡量的效用（Utility）和福利（Welfare）成为福利经济学中快乐与幸福的主要指标，收入和GDP也由此成为比较个人和国家快乐及幸福水平高低的重要依据。然而越来越多的经济学家和社会学家却意识到，仅以经济增长或货币收入来衡量社会福利会遗漏其他一些影响快乐和幸福的重要因素，从而对公共政策的制定产生误导作用。

美国南加州大学经济学教授理查德·伊斯特林（R. Easterlin）就是最早对经济增长与快乐之间的关系产生质疑的学者之一。他在1974年的著作《经济增长可以在多大程度上提高人们的快乐》中提出了著名的财富悖论，即伊斯特林悖

---

① "英国调查显示瓦努阿图是世界上最快乐的国家"，2006年7月12日，http://www.sina.com.cn；中国日报网站环球在线，"世界最快乐国家瓦努阿图"，2006年7月13日，http://www.chinadaily.com.cn。

论（Easterlin Paradox）：在幸福与财富之间不存在明确的关联。首先，国家之间的比较研究以及长期的动态研究表明，人均收入的高低同平均快乐水平之间没有明显的关系；其次，在收入达到某一点以前，快乐随收入增长而增长，但超过那一点后，这种关系却并不明显；最后，在任何一个国家内部，人们的平均收入和平均快乐之间也没有明显的关系，包括文化特征在内的许多其他因素会影响快乐（王冰，2006）。伊斯特林悖论的提出甚至促成了一个新的经济学领域——快乐经济学的诞生。

伊斯特林悖论是当今经济增长怀疑论者的关键命题之一。很多知名学者采用悖论一词作为自己最新著作的点睛之处。例如，格雷戈·伊斯特布鲁克（Gregg Easterbrook）的《进步的悖论》（The Progress Paradox）、大卫·迈尔斯（David Myers）《美国的悖论》（The American Paradox），巴里·希瓦茨（Barry Schwartz）《选择的悖论》（The Paradox of Choice），等等。即便理查德·莱亚德（Richard Layard）2005 年的最新著作《幸福：一种来自新科学的经验教训》（Happiness：Lessons from a New Science）一书并没有以悖论作为标题，不过他依然在文章伊始开门见山地提到，我们的生活存在悖论。多数人希望收入越来越高，并为此不懈努力。但是尽管西方社会越来越富足，可人们并没有感到越来越幸福（莱亚德；Layard，2005）。西方国家从 20 世纪 50 年代以来开展的很多生活质量调查都证实了伊斯特林悖论的存在，发现经济增长与国民快乐或主观幸福感增长在一定程度内（如人均 GDP 5 000 美元）具有正相关，超过一定限度以后，相关性便显著减弱乃至快乐无增长、负增长（陈惠雄，2006）。

随着伊斯特林悖论影响的日渐广泛以及生活质量研究在全球范围内的展开，对快乐、主观幸福感等主观生活质量指标的关注逐渐超越学术探讨的范围，表现出愈发强劲的政治影响力。这种被某些国家媒体称之为"幸福政治观"的思维理念开始成为一种世界范围内流行的公共政策导向。它促使人们不断反思传统的以 GDP 为中心的政治理念，揭示了快乐、幸福所代表的生活质量提高才是经济社会发展的终极价值体现。既然收入和财富的增加并不必然带来更多的快乐和幸福、提高人们的生活质量，那么殚精竭虑、甚至不惜以牺牲环境为代价来发展国民经济就失去了存在的合理意义。这种与可持续发展理念不谋而合的思想一旦被政府采纳，将带动整个社会公共政策导向的转变。作为对人类行为价值和行为准则的偏好明示，快乐、幸福等主观生活质量研究的重大意义已经不仅仅在于其测量出人们生活的真实状态，更是积极引导社会公共政策向着反映公众根本利益、实现社会和谐发展的方向转变。

早在 20 世纪 70 年代，极力倡导快乐原则的南亚小国不丹已开始把实现大众幸福作为政府的首要目标。它是世界上唯一用 GNH（国民快乐总值，Gross

National Happiness）代替 GNP（国民生产总值）来衡量发展成效的国家。不丹的超前行动只引起一些学者的关注，并没有在世界主流政治中掀起波澜，这大概与其小国地位、国际影响力有限不无关系。近些年来已经有越来越多的国家意识到衡量社会发展和经济增长需要一些比 GNP、收入、财富更加全面的指标，应该采用一个更加广泛的指标体系来代替 GNP，以反映个人幸福和社会福利的变化。其中英国倡导的幸福政治观格外引人注目。2002 年，英国首相布莱尔曾邀请伦敦经济学院教授莱亚德给战略智囊做"幸福政治"讲座，切磋如何通过政策调整来提升大众的幸福。莱亚德劝说政府接受了他在全英增加 1 万名心理医生的建议，以帮助人们如何看待和感知幸福。英国政府也开始理论结合实际地研究和制定"幸福政策"，尝试建立与 GNP 数据相类似的一种统计体系——"幸福指数"（又称快乐指数）。美国伊利诺伊大学的心理学教授迪纳，普林斯顿大学心理学教授、2002 年诺贝尔经济学奖得主之一的丹尼尔·卡内曼（Daniel Kahneman）以及经济学教授艾伦·克鲁格（Alan Krueger）也都主张建立起科学的"国民幸福指数"，认为其有望和 GNP 一样，成为衡量国家发展水平的标准之一。除了英美之外，德国、瑞典、澳大利亚、意大利、智利等国家都以不同的方法尝试制定新的发展标准。编制适合中国国情的幸福指数也被提上议事日程，目前中国国家统计局正在制定的国民幸福指数、人的全面发展指数、社会进步指数以及各个地区的政府和科研机构编制的各类主观生活质量指标均已产生了广泛的社会影响。总体而言，无论是国民幸福总值、国内幸福指数，还是可持续经济福利指数、国内发展指数，核心都是要把政府政策从经济至上转化到以人为本，把社会成本、环境成本、公民幸福等因素纳入政治目标中，为 GNP 等只衡量经济产出和消费能力的标准寻找更加人性化的替代指标。

当然辩证来看，伊斯特林悖论的公共政策意义并不是全面否定经济发展对人们生活幸福的影响，而是应该以一种正确的思维看待社会发展中遇到的各种问题与困境，从人的真实需要和幸福生活的角度，适度地实现经济的合理发展。这就需要公共政策制定者能够综合考量一切有利于社会发展、有利于提高人民生活质量的积极因素。以幸福指数为代表的众多主观生活质量指标必将成为社会公共政策调整的重要依据。特别是在社会变革和社会转型时期，变革与转型的效果会最终体现在民众的主观选择和判断上。公共政策制定者应当对不同时期主要社会群体的幸福指数予以充分的重视，把握不同社会群体幸福指数的走势和变化规律，真正将其作为政策目标实现程度的重要指示器、检测社会良性运转的预警器。

（二）文化差异与价值普适的辩证

我们生活在一个前所未有的多元文化相互碰撞的时代。在人类社会越来越复杂化、信息流通越来越发达的现代社会，文化的转型更新也在日益加快。这其中既有不同民族、国家和地区在自身传统文化积淀基础之上的反思与发展，更有来自全球一体化的多元文化的冲击与涤荡。不仅各民族、各地区或国家的文化呈现出多样性，而且一个民族、地区或国家内部也呈现出文化的差异性。文化多样性是人类的共同遗产，构成了人类不同群体和社会所具有的独特性，对人类来讲就像生物多样性对维持生物平衡那样必不可少。正是由于多样性或差异性的存在，整个人类文化才有可能出现"各美其美，美人之美，美美与共，天下大同"① 的繁荣景象。

然而全球化的双刃剑在促进多元文化冲击碰撞、繁荣人类文化的同时，也不禁引起人们更深层次的思考。全球化时代的到来是否意味着一种超越国界、超越制度、超越意识形态的全球价值和全球伦理的形成呢？经济与技术进步及其伴随的标准化会不会破坏文化多样性这种自人类历史起源以来的宝贵传统呢？一切社会的意义体系——它们的哲学、宗教、象征与神话——给它们的千百万成员带来了一种认同感，一种对生死意义的最终揭示，并给予他们在宇宙万物秩序中的一个有意义的位置与作用。这些意义体系是不是在单一大规模文化——这种文化以电子传媒、精巧设计的消费品、职业流动性和全球传输的作用模式为特定——的重压下注定要消失呢（德尼·古莱，2003）？

这种困扰拷问着那些思考文化差异与人类发展的人们，同时也以另一种形式提醒着生活质量研究领域的学者。在我们衡量地球上不同国家、不同地区的人们的生活质量时，应该选择怎样的标准？是遵循所谓的国际惯例或标准化模式，还是因地制宜从特定人群的文化多样性出发选择更加适宜的指标？在群体层面的生活质量研究中，这一问题表现得尤为突出。虽然很多学者对此尚未进行过深入的思考，但是在纷繁复杂的研究中他们却以近乎相同的方式诠释着对文化差异与价值普适的理解。

全球化使世界联系成为一个整体，不同文化形态的发展与变化呈现出一种整体的相关性和一致性。任何文化一旦打破封闭状态，便不可避免地要与其他文化相接触。事实上，文化之间的接触、传播和相互渗透一直在进行着，除了一些完全与世隔绝的部落文化外，没有绝对封闭的文化。任何群体的社会活动都离不开其所处历史时代的文化整体价值，并受整个时代文化价值力量的统辖与制约。这种全球化促成的文化相关性与一致性在很大程度上强化了人们对于普适性价值的渴望，同样也反映在生活质量指标体系的建构过程中。早在20世纪70年代初，瑞典学者约翰逊（Sten Johansson）就发现在各种类型的生活质量指标体系中，

---

① 费孝通：《跨文化的"席明纳"——人文价值再思考之二》，载《读书》1997年第1期，第4页。

无论是联合国的社会人口统计体系 SSDS、经合组织的社会指标文献，还是东欧国家的普通社会统计指南，乃至世界不同国家的社会趋势报告，都存在一种令人十分惊讶的内容相似性。这种相似性并不仅仅反映了不同国家在社会统计领域的相互学习与借鉴，更是深刻体现了在政治体系与文化背景截然不同的国家和地区存在着高度一致性的社会关注领域。尽管国家之间在集体责任的形式和程度以及对不同领域赋予的相对重要性上会有变化，但是相同的领域在任何地方都是相关的（约翰逊，2002）。

造成这种普遍的一致性的原因可能有很多，约翰逊将之归结为无论人类身处何地都会面临基本相同的状况，在每一个社会人们在生命循环之中遇到的问题与挑战都必须集体地加以解决（约翰逊，2002）。例如，无论在何种类型的社会里，集体都会承担起赡养年老体弱的社会成员的责任；协调社会生产、分配劳动成果；以一种或多种方式规范社会行为，教育年青一代充分实现社会化；以集体的形式明确社会成员的政治权利和义务；维持社会秩序，保护个人的生命和财产安全，等等。虽然具体而言个体的偏好和满足形式千差万别，但是在所有国家、所有文化传统以及历史背景中，当人们集合在一起探讨集体的未来与发展现状时，他们总是倾向于对关注的领域表现出高度的一致性。因为这些关注来自于所有人在他们一生当中都会遇到的一个庞大的生活内容框架（约翰逊，2002）：

- 作为一个孩子被照顾、哺育和培养
- 接受培训或教育，以为成年人角色做好准备
- 在生产体系中找到一份工作
- 确定自己居住的地方，组建家庭
- 在一生中保持身体健康
- 受到保护，免受暴力和犯罪的侵害
- 在文化熏陶中明确社会身份，成为一个社会的公民

约翰逊认为目前对这些集体关注的领域还没有找到任何结构性的原则，因为它们处于不同的抽象水平之上，因此尚不能形成一个一般性的、能够给予整个研究领域一种逻辑上的联系结构的概念体系。即便如此，这种关注领域的普遍一致性依然值得我们思考。在生活质量研究中面对多元文化的矛盾，是否可能存在一种普适性价值，将人类的生活以某种标准化的形式加以衡量？尽管在实际研究中，越来越多跨地区、跨国家的生活质量调查从实际操作层面表达了对普适性价值存在的一种认同，这类实证研究的潜在价值理念便是相信在文化差异普遍存在的人类社会存在一种被广泛接受的关于好与坏的评判标准，并可以借由各种具体的表现形式加以比较，但还是有学者对此表达了不同的见解。

例如维黑文（Veenhoven）就曾经提出过质疑，他认为一些指数（国家生活

质量）实际上是更特定的，或多或少等同于具有"现代性的生活质量"，实际上它们是在测量多大程度上一个国家具有占主导地位的西方社会的特征……称之为"生活质量"其实是一种误导，现代化并不能等同于高质量的生活（维黑文，1996）。某些被称之为标准福利指标（normative welfare indicators）的指标，例如收入、预期寿命、入学率等等也曾遭受类似的质疑，如诺尔指出的，尽管在同一社会甚至不同社会中可能存在一些得到广泛认同的指标，但是称之为"标准"福利指标很大程度上是文化（甚至亚文化）相对性的表现，是出于政治和意识形态的考虑决定的（诺尔，1996）。例如，世界银行将适龄男女生的入学率作为一个明确的（高）社会福利标准指标，然而在一些伊斯兰教国家却将在校女生的比例视为一项社会罪恶。同样，标准指标的选择具有地方性和相对权重（拉普里，2003）。在撒哈拉沙漠以南的中部非洲地区、东南亚和拉丁美洲，入学率相对经济生产而言处于次要地位，在这些地区，学龄儿童参与到工厂生产中，做出了巨大贡献。入学率这一标准指标清晰地反映了不同民族的中心价值观。这种文化和价值理念差异的存在使得我们在思考普适性价值的时候不得不保持更加审慎的态度，毕竟不同的国家和民族的发展道路不一样，它们的文化积淀也各不相同，如果不加考虑地推崇普遍主义，容易片面地将西方的中心价值观泛化为通行世界的准则。

查尔斯·泰勒（Charles Taylor）将讨论更加深入一步，他提出了转变的普遍性（transitional universality）的概念，认为一般的生活质量指标并不是永恒不变的评价外部文化内涵的标准（泰勒，1993）。泰勒对转变的普遍性的思考可以由以下例子加以说明。在那些具有歧视妇女倾向的文化中，通常是很难理解妇女平等理念的。但是可以让该文化的代表首先认同所有人应该具有相同的价值。之后他可能就会承认原则上应该给予妇女同男人一样的地位。接下来他可能就会宣称只要妇女并不是如此适合家务劳动，或者不是身体太羸弱，并且能够胜任家庭以外的工作，那么就可能实现平等。这种"只要"的表达方式开启了理性讨论的大门。人们在这种讨论中会慢慢转变自己的观念，妇女平等就可能作为一项生活质量的普遍性标准被接受。泰勒的这种转变的普遍性需要有一种共同的基本价值作为基础，比如在上个例子中，如果处于歧视妇女文化中的人并不认同所有人应该具有相同价值这一理念，那么后续的改变将是十分困难的。但是泰勒也特别指出基本价值并不是一成不变的，甚至对改变的更多怀疑才是以这些基本价值为基础的理性争辩（凯简罗亚，2002）。

迈克尔·沃尔泽（Michael Walzer）在某种程度上支持了泰勒的观点，在他所谓的狭义的普遍性理念中，也并不存在终极的基础，也就是说人们无法找到一套他们永远都会遵从的最终价值（沃尔泽，1994）。"我们承认我们永远不会确信我们视之为普遍性的价值会真正被证明具有普遍性,甚至这种对普遍价值的思考本身就是危险的,但是另一方面我们却在不断地探寻尽可能具有普遍意义的价值"(凯简罗亚,2002)。这种矛盾心理可能恰恰反映了人们对于文化差异与价值普适的辩证思考。

全球化时代的到来使得两者之间的矛盾变得更加突出。全球化固然存在多元文化交融发展的趋势,但是它毕竟不能等同于某一个或几个所谓"主流文化"的一统天下。当一切文化都受到标准化强大力量的冲击时,我们更应该警醒不能使所有其他类型的文化都因"均质化、淡化和湮没而处于社会上装饰性的、残留的或边缘性的地位"①。从本质上讲,全球化不应是一个以普遍性代替特殊性的过程,相反,它将是一个在承认特殊性基础上寻求普遍性的过程(万明钢、李艳红,2006)。正是由于全球化进程,才使得世界上各个不同国家和地区的民族第一次如此清晰直观地审视他者的文化,并进而反省自身的文化。在文化的碰撞和融合中寻求共存的普适性价值基础。在任何时候,当我们把生活质量的评价标准应用于不同文化背景的人群时,都应该时时刻刻警醒避免民族中心极权主义的危险,在探寻不同生活方式的共同特性时为文化的内在多元性发展留下足够的空间。

三、代表性指标体系分析

(一) 全球性的生活质量指标体系

生活质量研究在实践发展的过程中,自始至终都受到各大国际组织的关注,甚至可以从某种程度上说,这些超国家层面的国际组织在推动生活质量指标体系的建构中扮演着重要的角色,促进了生活质量研究的国际化发展趋势。之所以称之为全球性是因为这类生活质量指标体系为国际通用、具有广泛的学术和社会影响,并不局限于某一特定区域。

1. 联合国开发计划署的人类发展指数

人类发展指数(Human Development Index,HDI)是联合国开发计划署(UNDP)在《人类发展报告》中建立的评价社会发展的重要指标体系。《人类发展报告》的主要目的是评估全球人类的发展状况,并在每年提供一个特定主题

---

① 德尼·古莱在谈及文化多样性及标准化时曾提到:"一切文化都受到标准化强大力量的冲击,它使不同的文化均质化、淡化和湮没而处于社会上装饰性的、残留的或边缘性的地位",详见[美]德尼·古莱著,高铦、温平、李继红译:《发展伦理学》,社会科学文献出版社2003年版,第170页。

的鉴定性分析。它侧重于人类健康而不是经济趋势，每年会结合相应的主题进行政策分析和国家数据的比较。首份《人类发展报告》诞生于1990年，推出了由三个核心指标——预期寿命指数、教育成就指数、生活水平指数——构成的人类发展指数，用以衡量各国人类发展的平均水平。预期寿命指数根据出生时的预期寿命计算；教育成就指数根据成人识字率（占2/3的权重）以及小学、中学和大学综合入学率（占1/3的权重）计算；生活水平指数根据人均国民生产总值计算，以购买力平价（PPP）美元计值。这三个指数是按照0到1分级的，0为最坏，1为最好。在算出每个指数的等级以后，对它们进行简单平均，便得到一个综合的人类发展指数。然后按指数的高低对世界100多个国家进行排序。每年联合国开发计划署都会计算和发布世界各国人类发展指数。通常，国际上将人类发展国家分为三类：一是低水平人类发展国家，在0~0.5之间；二是中等水平人类发展国家，在0.51~0.79之间；三是高水平人类发展国家，在0.81~1.0之间。

　　人类发展指数的推出深受阿马蒂亚·森学术思想的影响。森在对各种福利指数进行深入研究的基础上发现，一些如人均收入之类的常用指数仅仅是反映多数人生活状况的平均数，它们往往忽略了福利分配的状态。而一种可以全面衡量人类社会发展的指数，应该采用经济学与哲学相结合的方法，使人们对重要经济问题的讨论上升到社会伦理道德层面。森认为创造福利的并不是商品本身，而是商品所带来的那些机会和活动，这些机会和活动是建立在个人能力的基础上，因而福利的实现又取决于其他一些因素，比如拥有房屋、食品、健康等，森认为所有这些因素都应当在衡量福利时加以考虑①。森的这种以能力的方法来衡量社会福利水平和生活质量的思想深受国际学术界的高度重视，并由此促成了人类发展指数的诞生。

　　《人类发展报告》强调："人民是一国真正的财富。发展最根本的目标就是为人类创造一个适合人们享受更长、更健康和更富创造性的生活的环境。"② 人类发展被定义为"扩大人的选择的过程"，而三种基本能力——健康、教育或知识以及较好的生活标准所必需的资源——很大程度上决定了人们的选择范围。人类发展包含了"人的能力的形成"和"使用这些能力的方式"两个方面，前者意味着扩大人的选择的过程，后者则决定他们所达到的福利的水平，人类发展的目标就是创造更有利的条件使人们能开发和利用其全部潜能③。人类发展指数超

---

　　① 纪昀：《1998年度诺贝尔经济学奖得主阿马蒂亚·森对福利经济学的贡献》，载《世界经济》1999年第3期，第72页。
　　② UNDP，转引自胡锡琴等：《解析人类发展指数》，载《统计与决策》2007年第1期，第134页。
　　③ 周长城等著：《全面小康：生活质量与测量——国际视野下的生活质量指标》，社会科学文献出版社2003年版，第29页。

越了单纯的经济发展中心主义，强调个人的自由、能力以及个人对社会的关系三者之间在人类发展过程中的相关依赖、相互影响，在经济与道德、效率与公平、局部与全局的关系上，力求沟通、平衡与和谐。森曾经这样评价道，"人类发展报告所造就的具有标志意义的人类发展指数（HDI），与GNP相得益彰，作为一种可供选择的发展度量标准，已取得相当的成功。……它不像GNP那样仅注重于经济的富裕程度。HDI大大提高了公众对社会发展评价的注意力。……HDI不仅是对GNP的改进，或至少是对GNP的有益补充，而且会提高公众对人类发展报告中其他变量的兴趣。"①

因为人类发展指数反映的是平均成就，没有反映发展的再分配方面特别是不平等问题，也没有衡量发展的剥夺方面。有鉴于此，人类发展报告的作者们在1995年又设计了反映性别不平等的性别发展指数（Gender Development Index，GDI）和性别赋权尺度（Gender Empowerment Measurement，GEM），其中性别发展指数是对人类发展指数进行性别调整后得出的结果，性别赋权尺度则集中反映在政治经济参与和决策地位上的性别不平等状况，具体由女性在议员、高级官员和经理中所占比例等来衡量。② 1997年从生活机会的剥夺角度创立了贫困衡量指标③。人类贫困指标1（Human Poverty Index-1，HPI-1）衡量出生时预期寿命不超过40岁的人的比例、成人文盲率、缺少医疗服务和安全饮水的人口的比率以及5岁以下儿童营养不良比率，这一指标主要用于衡量发展中国家的人类贫困状况。人类贫困指标2（Human Poverty Index-2，HPI-2）衡量出生时预期寿命不超过60岁的人口的比例、成人功能性文盲的比率、收入贫困率和长期失业比率，这一指标主要用于衡量发达国家的贫困状况。具体而言HDI、GDI、HPI-1、HPI-2的差别之处如表5-1所示。

表5-1　　　　HDI、GDI、HPI-1、HPI-2指标体系的差异

指标	寿命	知识	体面的生活水平	参与或被排除
HDI	出生时的预期寿命	1. 成人识字率 2. 综合入学率	以PPP美元表示的调整后的人均收入	—
GDI	男性及女性出生时预期寿命	1. 男性及女性成人识字率 2. 男性及女性综合入学率	基于男女所挣收入份额的男女人均收入（PPP美元）	—

---

① 孙君恒：《发展观的转变：由GNP到HDI》，载《光明日报》2003年8月19日。
② 联合国开发计划署编：《1998年人类发展报告》，中国财政经济出版社2000年版，第96~97页。
③ 同上，第99页。

续表

指标	寿命	知识	体面的生活水平	参与或被排除
HPI-1 用于发展中国家	出生时预期活不到 40 岁的概率	成人文盲率	经济保障的剥夺，用以下的指标来衡量： 1. 无法获得安全用水的人口所占百分比 2. 无法获得卫生保健服务的人口所占百分比 3. 五岁以下体重不足的儿童所占百分比	—
HPI-2 用于发达国家	出生时预期活不到 60 岁的概率	成人功能性文盲率	生活在收入贫困线以下的人所占百分比（可支配家庭收入平均值 50%）	长期失业率（12 个月及以上）

资料来源：联合国开发计划署组织编著：《2000 年人类发展报告：人权与人类发展》，中国财政经济出版社 2001 年版，第 145 页。

目前，以人类发展指数为主和以性别发展指数、性别赋权尺度、人类贫困指数 1 和 2 作为补充的人类发展指标体系已经得到国际社会和各国的普遍接受。这一指标体系既被用于衡量各国的人类发展状况，也被用于衡量各国内部不同地区的人类发展状况。

2. 世界银行的发展指标体系

世界银行从 1979 年开始出版每年一期的《世界发展报告》（World Development Report，WDR）。报告主要涉及与世界发展相关的广泛问题，认为讨论发展必须超出经济发展范围，应该包括重要的社会目标，如减少贫困、改善生活质量、增加获得教育和健康的机会。达到这些目的需要持续不断的努力，是一个开放性过程，涉及政府、立法机构和金融机构等，依靠所有人的参与。《世界发展报告》每年都有一个特色主题，近几年的报告主题依次为[①]：

2008 年的主题——农业发展（Agriculture for Development）。对农业在发展中的角色的重新审视长期以来一直被人们所忽视。发展中国家的农业卷入到一系列的深远变化中，这些变化由全球化、高度复杂的和一体化的供应链的出现以及广泛的制度变迁，尤其是政府的角色与治理和组织的模式变迁所带来。该报告将评价农业在何地、何时、怎样成为经济发展、尤其是使穷人受惠的发展中的一个有效的手段。

2007 年的主题——发展与下一代（Development and the Next Generation）。强

---

① 参见世界银行网站，http://econ.worldbank.org，2007 年 4 月 3 日下载。

调在年轻人（12～24岁）生活中的一些至关重要的能力与转变：为生活和工作而学习，保持健康、工作、组建家庭和履行公民身份。根据世界银行在新加坡的年度会议上的报告，那些为年龄在12至24岁之间的年轻人提供更好的教育条件、健康照顾和工作培训的发展中国家，将会获得更快的经济增长，并且迅速减少贫困。

2006年的主题——公平与发展（Equity and Development）。国家之内与国家之间的不公平和机会差异，带来了极端的剥夺感，导致人类潜能的浪费，而且常常削弱了人们对整体繁荣发展和经济增长的预期。为了改变这种状况，更有效地减少贫困，"公平与发展"的主题建议应该更加公平地保证穷人可以获得健康照顾、教育、工作、资本以及安全的土地权。它还号召更加公平地获得政治自由和政治权利，打破陈规陋习和歧视，改善司法体系和基础设施对穷人的帮助。

除此之外，历年的主题还有2005年"创造更好的投资环境"、2004年"为穷人提供服务"、2003年"急剧变化的世界中的可持续发展"、2002年"为市场建立机构组织"、2000/2001年"与贫困作斗争"。

《世界发展报告》曾经采用七个指标来评估世界各国的生活质量状况，分别是：（1）人均私人消费增长；（2）儿童营养不良状况；（3）5岁以下儿童死亡率；（4）成人文盲率；（5）出生时预期寿命；（6）城市人口；（7）城市地区获得环卫设施服务的人口。世界银行的这套指标体系一度受到众多学者的批评，人们甚至认为世行对"生活质量"或"生活水平"的工作已经偏离到"基本需要"的方向——某种程度上只是对人们最基本需要的考察（周长城等，2001）。

世界银行每年出版的另一份重要文件就是《世界发展指标》（World Development Indicators，WDI），对监督实现联合国千年发展目标的进展情况具有重要意义。《世界发展指标》承担着重要的数据收集整理工作，提供全球社会与经济数据的第一手资料。WDI收录了从1960年迄今社会、经济、金融、自然资源和环境指标等方面的数据资料，包括208个国家及18个地区与收入群的695种指标，分为世界概览、人口、环境、经济、政府与市场、全球联系等几大部分。因为所设指标众多，在此仅列出指标体系的主体结构，如表5-2所示。

表5-2　　　　　　　　世界发展指标体系

主题	指标维度
人口	人口与统计 劳动与就业 贫困与收入 教育 健康

续表

主　题	指标维度
环　境	土地利用与农业生产 能源生产与利用 城市化 排放 对真实储蓄的衡量
经　济	国民经济核算（当地货币） 国民经济核算（美元） 衍生国民经济核算 购买力平价 贸易 政府财政 货币 国际收支平衡 外债
政府与市场	投资气候 工商业环境 金融深度 税收和贸易政策 国防开支与武器贸易 运输、电力与通讯 信息与技术
全球联系	投资与贸易 资金流量 发展援助与帮助 OECD 国家中的外国劳动力与人口 旅游与旅游业

资料来源：世界银行官方网站，http://web.worldbank.org，2007 年 4 月 3 日下载整理。

3.《国际生活》的生活质量指标体系

《国际生活》（*International Living*）是美国最具权威性的生活、旅游类杂志。在其 2007 年 1 月颁布的"年度生活质量指数"（Annual Quality of Life Index）排名中，法国再次当选全球生活质量最高的国家，澳洲紧随其后排在第二名，中国在 195 个国家中位列第 116 位，饱受战乱摧残的伊拉克依然垫底。

法国虽然存在征税较高、官僚主义严重、生活成本较高等问题，但是在巴黎之外的地方，生活成本大幅下降，适合居住房屋的售价低于 100 000 美元，此外它拥有极佳的气候、天然秀美的乡村、全球最佳的医疗设施和健全的保健体系、浓郁的文化气息、良好的治安和世界一流的基础设施,首都巴黎更被视为世界上最美丽、浪漫的城市。综合各项因素,《国际生活》将法国评定为世界上最适宜居住、生活质量最高的国家。

《国际生活》的生活质量指数主要利用政府官方、非营利机构和媒体的多方统计数据进行国家排名,具有重要的国际影响力。这不仅仅因为它具有悠久的历史,迄今为止已是第 26 次颁布生活质量指数全球排名,更在于其生活质量指标体系的独特构成。在 2000 年,《国际生活》生活质量指数引入了安全与风险的维度,2001 年更是极具创造性地首次将气候作为单独维度纳入指标体系的建构,从上述对法国的评价即可看出气候因素占据了重要影响。至此形成了以生活成本、文化、经济、环境、自由、健康、基础设施、安全与风险、气候 9 个维度为核心的综合指标体系(如表 5-3 所示)。

表 5-3　　　　　　《国际生活》的生活质量指标体系

维　度	指　　　标
生活成本	美国国务院的海外生活成本指数和收入税
文化	识字率、每千人的报纸发行、小学和中学的注册率、博物馆
经济	人均 GDP、GDP 的增长、通货膨胀
环境	人口密度、人口增长、人均温室气体排放量、"总土地/受保护土地"
自由	公民的政治权利和公民自由权
健康	卡路里消耗、每千人的医生和病床数、获得安全用水、婴儿死亡率、期望寿命、"公共健康支出/国家 GDP"
基础设施	铁路、公路、机场、水路、互联网服务提供商(ISPs)、电话、机动车、无线电讯装置
安全与风险	美国国务院的艰苦工资差额、危险补贴
气候	年平均降雨、平均气温、自然灾害的风险

资料来源:Sirgy, M. J., D. R. Rahtz, and A. C. Samli (Eds.). 2003. *Advances in Quality-of-Life Theory and Research*. Dordrecht/Boston/London:Kluwer Academic Publishers, P. 147。

《国际生活》将气候维度引入生活质量指标体系的建构,为生活质量研究者提供了一个崭新的观察视角。在此之前的大多数研究,要么忽略气候因素(很可能是因为人们往往将气候视为一种自然因素,不受人类干预的影响),要么将气候视为生态环境的一部分(彼得森;Peterson,2003)。然而在一项关于旅游与生活质量的研究中,瑞奇(Ritchie)就发现气候也是旅游目的地具有吸引力的因素之一。在瑞奇看来,气候以五种可测量的方式影响旅游地的吸引力:(1)晴天总数;(2)气温;(3)风;(4)降雨量;(5)不适指数(瑞奇,1987,引自彼得森,2003)。在瑞奇的指标体系框架中,气候成为影响国家生活质量的一个直接因素。

马克·彼得森利用2001年《国际生活》生活质量指数的数据分析了气候与其他八个客观生活质量维度之间的关系（彼得森，2003）。相关分析表明，气候与其他八个维度（生活成本、文化与休闲、经济、环境、自由、健康、基础设施、安全与风险）之间，有六个存在正相关关系。总体而言，这些统计显著相关都比较弱，例如经济与气候显示出最高的相关度也只有0.24。没有发现与气候具有统计意义上的显著相关的两个维度是：（1）生活成本，（2）健康。进一步的研究还表明在把199个国家分为低生活质量国家与高生活质量国家两类之后，高生活质量国家群比低生活质量国家群在气候变量上具有更高的平均值。

《国际生活》生活质量指数在长达20多年的研究过程中，年度之间的评价表现出很高的可靠性。很多学者给予该指数高度的评价，甚至认为就公共政策使用而言，其优于联合国的人类发展指数。这其中指标体系建构的合理性与创新性起到了功不可没的积极作用。

（二）区域性的生活质量指标体系

1. 经合组织的社会指标体系

经合组织（OEEC）是在第二次世界大战后美国与加拿大协助欧洲实施重建经济的马歇尔计划的基础上逐步发展起来的，目前共有30个成员国，包括了几乎所有的发达国家，其国民生产总值占全世界的2/3。经合组织的宗旨是促进成员国经济和社会的发展，推动世界经济增长，帮助各成员国制定和协调有关政策，以提高各成员国的生活水准，保持财政的相对稳定；鼓励和协调成员国为援助发展中国家做出努力，帮助发展中国家改善经济状况，促进非成员国的经济发展。在此宗旨的基础上，经合组织社会指标体系的目的在于评价各个成员国，即主要发达国家的社会发展状况，同时有助于评估各国政府社会政策的社会反应。鉴于其测量对象的限定性，可以将其界定为区域性的生活质量指标体系。

该指标体系在统计数据的收集过程中具有严格的操作框架，并根据该框架建立起明确的指标分类体系。它尝试用一种类似于建构环境指标体系的PSR模型（Pressure-State-Response model），即压力—状态—反应模型构建社会指标体系，使操作框架包含了3种结构类型的指标：社会背景指标、社会状况指标和社会反应指标（卡利蒙，2005）。社会背景指标通常指政策制定的社会背景，这些变量对社会政策的制定至关重要。社会状况指标则描述当务之急要采取的政策行动所针对的社会现状。社会反应指标表明推动社会目标实现的社会行动，它指出社会正在做什么、什么东西在影响社会状况指标。三种结构类型的指标之间体现了一种互动关系，有助于指标体系在描述社会状况的同时，解释和评价社会政策的有效性。经合组织社会指标体系的另一大特色就是反映了社会政策目标的四大领域，分别是自给自足、公平、健康和社会凝聚，在每一个领域中都分别包含了社会状况指标和社会反应指标，社会背景指标则不对应上述四个领域（卡利蒙，2005）。

在社会指标选择方面，经合组织遵循了如下标准：
- 结果性：指标须重视输出导向或可借以描述社会结果
- 政策相关性：应对公共政策的改善有参考价值
- 稳定性：即在一定时间内具有可应用性，其操作型定义不随意变更
- 可分割性：指标可分割并应用至个别情境
- 可比较性：可应用于区域间的比较或进行时间序列的预测
- 可描述性：能描述大众所关注的社会现象与问题
- 实用性：即理论与实际结合，且具实用性

对每一个指标的具体界定可以查阅经合组织的相关报告以及其官方网站。经合组织的所有社会指标都根据国家的大小进行了调整，也就是说这些指标为相对比例。由于经合组织目前已经有 30 个成员国，在统计数据的收集过程中存在巨大差异，因此在实际操作中，每选择一种指标还要充分考虑是否仅仅包括那些对所有国家都是可以利用的指标，如果存在困难的话，在多大程度上偏离这一原则是允许的。以 2001 年的经合组织社会指标报告为例，在总共 52 个指标中，仅仅有 17 个指标收集到了所有成员国的数据，最困难的一个指标甚至只收集到 10 个成员国的数据（卡利蒙，2005）。表 5-4 所列举的指标即为所有指标中收集数据效率最高的那一部分。具体来说，自给自足领域的数据收集效率最低。另外由于指标都来源于不同渠道和不同国家，指标的内涵与统计口径可能存在差异，也在某种程度上增加了国家之间指标比较的困难。

表 5-4　　　　　　　　经合组织社会指标体系

指标结构分类	指标的关注领域				
	社会背景	自给自足	公平	健康	社会凝聚
社会背景指标	人均国民收入 生育率 老年人口依赖比例 外国人与在外国出生的人口 难民和寻求避难者 离婚率 单亲家庭	—	—	—	—

续表

指标结构分类	指标的关注领域				
	社会背景	自给自足	公平	健康	社会凝聚
社会状况指标	—	就业 失业 无工作的家庭	相对贫困 收入不平等 低报酬就业 工资性别差异	预期寿命 婴儿死亡率 潜在寿命损失 意外事件	罢工 滥用毒品 自杀 团体成员数 投票
社会反应指标	—	激活政策 教育费用 教育成就 替代率	最低工资 公共社会支出	健康照顾支出 公共分担的健康支出比例 健康基础设施	罪犯数

资料来源：Kalimo, E. 2005. OECD Social Indicators for 2001: a Critical Appraisal. Social Indicators Research 70: 191 – 192.

经合组织的社会指标体系为从社会政策评价角度建构生活质量指标体系提供了有益借鉴。指标体系背后所蕴涵的概念内涵不仅有助于从理论层面诠释社会福利的内容，更有利于从实际操作层面全面评价经合组织各成员国的社会发展状况。它所采用的指标分类标准具有一定的探索性意义，社会背景指标、社会状况指标和社会反应指标与兰德（Land，2000）提出的生活质量指标的三种划分类型中的标准指标和描述性指标具有不谋而合之处①。但是这种指标的结构分类在使用时也存在一些问题。很多时候人们很难明确一个指标到底属于何种类别，例如，社会背景指标与社会状况指标之间的界限就不是很清晰，在鼓励提高人口出生率的国家，生育率被作为目标性指标，而在某些国家则被当作政策背景指标。②

2. 欧洲社会指标体系

随着欧洲一体化进程的加快，追求可持续的经济发展和社会进步、努力改善和提高欧盟各个成员国的生活质量和生活水平成为政界和学术界关注的焦点。对科学监测体系的迫切需求极大地推动了欧洲报告计划的发展，由此也催生了一系列研究成果的诞生。欧洲社会指标体系（The European System of Social Indicators）

---

① 兰德将生活质量指标分为三种类型：标准指标（criterion indicators）、描述性指标（descriptive indicator）、生活满意度和/或幸福指标（life satisfaction and/or happiness indicators）。其中标准指标可以被定义为是"目标"、"产出"、"结果"或"终极价值"变量，反映了某些公共政策的变化，提供了评估政策行动成功与否的标准；描述性指标则是一个国家正在发生的社会和变化的反映，用于增进对社会特征的理解。

② 石小玉主编，陈龙渊译：《世界经济统计研究新进展》，中央广播电视大学出版社 2002 年版，第 113 页。

就是其中的典型代表。作为欧洲报告计划的一个重要组成部分，由位于德国曼海姆的问卷调查方法论和分析中心（ZUMA—The Centre for Survey Research and Methodology）负责研发的欧洲社会指标体系，在持续监测和分析欧洲社会以及欧盟的生活质量、福利发展以及社会变迁方面发挥了举足轻重的作用。

从严格意义上来说，欧洲社会指标体系并非单纯性的生活质量指标体系。它同时还衡量社会凝聚和可持续发展，以及监测包括价值与态度、社会结构在内的社会变迁。在该指标体系中，生活质量只是核心测量内容的一个重要组成部分。

在建构欧洲社会指标体系之前，研究者首先明确了一系列在福利和生活质量测量中会遇到的基本问题（诺尔，2002b）。首先，一个最基本的问题就是应该测量和监测什么？为了对这一关键问题做出合理回答，就需要建构一个经过深思熟虑的概念框架，它能够将指标体系包含的关注领域和测量维度具体化。其次，开发综合性的指标体系，必须决定结构要素，明确测量步骤，实现指标体系的结构意图。再次，在建构社会指标体系的过程中，需要考虑一些正式的标准：一个社会指标体系的不同方面应该是连贯有序的；根据包括的所有测量相关维度，指标体系应该是综合性的；指标不应该太多，并且应该精简得当，在此意义上，使用的指标应该以恰当测量的实际需要为准。

（1）欧洲社会指标体系的概念框架。作为建构指标体系的第一步，概念框架的开发显得至关重要。欧洲社会指标体系的概念框架建立在两大支柱之上：其一是社会学家长期研究和探讨的各种福利概念和目标维度。这些福利概念包括了生活质量以及更近时期的可持续发展和社会质量概念，它们构成了该指标体系的最基本的出发点；其二是探讨整个欧盟政治层面上的福利和社会发展目标，在一系列欧洲条约——《罗马条约》（1957）、《马斯特里赫特条约》（1992）、《阿姆斯特丹条约》（1997）——和欧盟委员会的官方文件中反映出来的欧洲社会问题、成员国的共同利益和目标等都和这些政治目标息息相关（周长城等，2003a）。

在上述两大支柱的基础上，欧洲社会指标体系首先明确了六个主要维度，以监测欧洲的社会发展状况，并由此选择了测量的维度与指标[①]。欧洲政策目标和测量维度充分反映了三大核心概念——生活质量、社会凝聚和可持续发展的内涵。

生活质量概念是在所分析的各种福利概念中，得到最广泛认同和使用频率最

---

① 参见德国社会科学基础设施协会（GESIS）网站中关于"欧洲社会指标体系"的介绍，http://www.gesis.org/en/social_monitoring/social_indicators/Data/EUSI/index.htm，2007年4月5日下载。

高的概念，它可以用来分析不同时间的福利变化和一个社会中的福利不平等。生活质量概念首先构成了两个主要的维度：

- 客观生活状况：包括个体的生活环境，例如工作状况、健康状况或生活标准
- 主观幸福感：涵盖了个体层面社会成员对生活以及生存状况的认知、评价，最常见的例子就是满意度与幸福感的测量

社会凝聚关系到社会的协调发展以及社会成员之间的相互关系，包括了共同的价值观和理念、认同感、归属感、相互信任以及减少差别的内涵。从社会凝聚理念推导出的两个基本维度是：

- 差异、不平等和社会排斥：指的是在一个社会之中福利的分配情况，例如地区差异、男女之间或其他人群之间的机会平等
- 社会关系、联系和融合：作为社会凝聚的第二个维度，它主要涉及在一个社会之中的社会关系与联系，或者也可称之为社会资本。该维度十分关注非正式网络、社团、组织的存在以及这些社会组织的表现，欧洲社会的凝聚与整合也在研究之列。

其余两个维度则由可持续发展这一概念扩展而来。可持续发展概念深受世界银行的四种资本模式（自然资本、生产资本、人力资本、社会资本）的影响。根据该模式，可持续发展意味着要充分有效地保护四种社会性资本，使生活条件的改善既能满足当代人的需要，又不对后代人满足其需要的能力构成危害。

- 保护人力资本：与该目标维度相关的测量维度与指标主要强调那些能够反映人类技能、教育和健康的内容
- 保护自然资本：该维度致力于测量当前改善或破坏自然资源基础的状况和进展情况

除了上述与生活质量和社会相关的六个目标维度之外，欧洲社会指标体系还包括了对总体社会变迁的关注。欧洲社会指标体系不但是测量福利和目标实现的工具，还可以用以监测社会变迁的总体趋势，记录现代化的进程、相关问题与结果。这主要是从以下两个维度来衡量：

- 人口与社会—经济结构
- 价值观和态度

由此，欧洲社会指标体系形成了两个观测视角和两个测量层次（如表5-5所示）。两个视角一方面是测量福利，另一方面是监测社会变迁，并且两者都做出了个体层次和社会层次的区分。

表 5-5　　　　　　　　欧洲社会指标体系概念框架

	福利测量	监测社会变迁
个体层次	生活质量 　—生活状况 　—幸福感	价值观和态度 　—后物质主义 　—性别角色 　—党派偏好等
社会层次	社会质量 　可持续发展 　　—保护自然资本 　　—保护人力资本 　社会凝聚 　　—减少差异、不平等、排斥 　　—强化联系	社会结构 　—人口学特征 　—社会阶层 　—就业等

资料来源：Noll, Heinz-Herbert. 2002. Towards a European System of Social Indicators: Heoretical Framework and System Architecture. *Social Indicators Research* 58: 71.

（2）欧洲社会指标体系的结构要素。欧洲社会指标体系的结构化充分考虑到了不同的生活领域、目标维度和社会结构变迁维度。生活领域在某种程度上与欧洲的社会政策热点紧密相关，主要由 14 个领域构成：人口；家庭；住房；运输；休闲、传媒和文化；社会和政治参与及整合；教育和职业培训；劳动力市场、工作状况；收入、生活标准、消费模式；健康；环境；社会保障；公共安全与犯罪；总体生活状况。对于每一个生活领域来说，都必须区分如下的目标维度（当然这并不意味着所有的目标维度都包含在每一个生活领域中，因为有些维度与特定的领域可能并不相关）（诺尔，2002b）：

- 改善客观生活条件
- 提高主观幸福感
- 减少差别、不平等和社会排斥，促进机会平等
- 强化社会关系与联系——社会资本
- 保护人力资本
- 保护自然资本

除了实现上述与福利相关的目标外，欧洲社会指标体系还包括了社会结构的主要要素和相关变迁，因此包括了人口和社会—经济发展以及价值观和态度的变化。在确定了生活领域、目标维度之后，第三步就是明确测量维度，紧接着再将测量维度分解成不同的次级维度，每一个次级维度上实现一个或多个指标的操作化。具体步骤如图 5-1 所示：

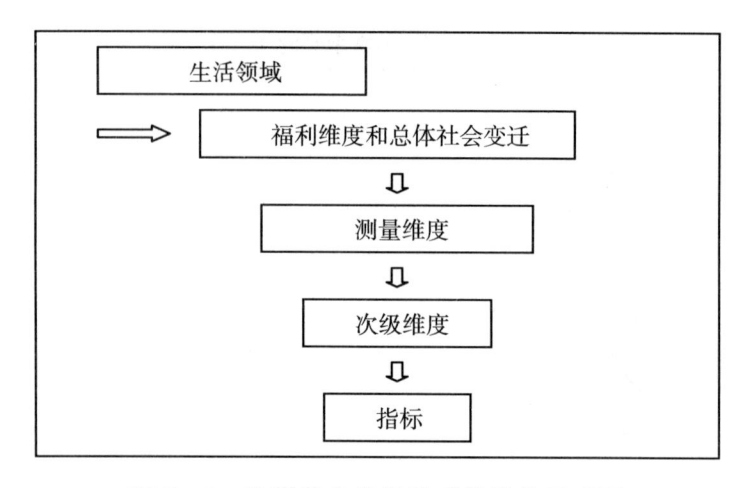

```
┌─────────────────────────────────┐
│    ┌──────────────┐             │
│    │   生活领域    │             │
│    └──────────────┘             │
│        ┌────────────────────┐   │
│   ➡    │ 福利维度和总体社会变迁 │   │
│        └────────────────────┘   │
│                ⇩                │
│          ┌──────────┐           │
│          │  测量维度  │          │
│          └──────────┘           │
│                ⇩                │
│          ┌──────────┐           │
│          │  次级维度  │          │
│          └──────────┘           │
│                ⇩                │
│            ┌──────┐             │
│            │ 指标  │             │
│            └──────┘             │
└─────────────────────────────────┘
```

图 5 - 1 欧洲社会指标体系的结构示意图

资料来源：Noll, Heinz-Herbert. 2002. Towards a European System of Social Indicators: Theoretical Framework and System Architecture. *Social Indicators Research* 58: 76.

  欧洲社会指标体系建构的最后一步是指标的选择，目前主要包括目标达成指标和社会变迁指标。前者是对个体和社会福利的直接测量，后者则是描述性指标测量一个社会中结构、态度和价值观的变化。此外还包括客观指标和主观指标。客观指标大部分用于测量根据生活状况和个人资源定义的社会过程的结果，还包括一些社会性的投入指标；当评价社会制度和政策的有效性时则需要考虑主观指标，主观指标主要包括主观幸福感指标和认知、评价测量，如偏好、满意度等。

  欧洲社会指标体系是迄今为止在政策评估、理论建构、概念框架、结构设计和指标选择等方面发展最为完善的区域性社会指标体系之一。其出色完成了从理论准备到指标操作化的一系列关键步骤，形成了独具特色的、科学严谨的指标体系。概念框架将生活质量视为中心概念。从这一角度出发，指标体系首先强调的是社会成员的客观生活状况和主观幸福感。除了个体层次的生活质量外，概念框架还将代表社会质量的社会凝聚和可持续发展概念整合其中，并且充分考虑到社会变迁领域的价值观和态度以及社会结构的变化。尽管欧洲社会指标体系采用的是狭义的生活质量定义，仅将其界定于个体层次，但是考虑到指标体系所涉及的社会质量、社会变迁等内容可以从属于更广义的生活质量范畴，并且实现了研究层次从个体向群体的过渡，我们依然可以更宽泛地将其划分为群体层面的生活质量指标体系类型。

  充分的理论准备为指标体系的建构打下了牢固的根基。通过明确概念框架和体系结构，欧洲社会指标体系将逐步完成对每一个领域的分析和指标操作化，目前已经获得充分开发的有"人口与家庭"、"劳动力市场和工作状况"、"住房"、

"教育和职业培训"、"收入、生活标准和消费模式"、"健康"、"犯罪和公共安全"、"总体生活状况"八个领域。以"劳动力市场和工作状况"这一领域为例，就已经选择了162个指标。为其他生活领域建构指标和收集数据的工作也在有条不紊地进行中。在欧洲社会指标体系项目的后期研究阶段，研究者们还会考虑建构综合性指数的可能性或者找到其他有效整合信息的方法。目前，该指标体系已经覆盖了欧盟的十几个成员以及挪威、瑞士，并将美国和日本作为主要的参照国。研究者积极利用各种现代信息技术实现了统计数据和研究结论的信息化，每年都会在相关网站公布各种指标的具体数据，这也促成了欧洲社会指标电子信息系统的诞生。

（三）国家生活质量指标体系

1. 美国的卡尔弗特—亨德森生活质量指标体系

大多数从事生活质量研究的美国学者都认为生活质量应该超越经济层面，包括社会层面和环境层面的指标。虽然客观生活质量指标容易界定，但是鉴于其存在的局限性，必须充分重视主观指标，考察个体对其生活的感受。正是基于这种认同，早期的美国生活质量研究大多以测量主观感受为主，认为生活质量的高低要依靠个人评价来衡量。根据美国模式的观点，社会发展的最终效果要通过社会成员的主观幸福感和生活满意度等软性指标来体现，而衡量客观生活状况的硬性指标则相对不是十分重要。

但是过于强调主观生活质量的弊端在随后的研究中逐渐暴露出来。以生活质量指标应用最普遍的几项调查为例。从20世纪90年代起，美国每年都会出版《城市年鉴》和《财富杂志》评选全美最佳生活和工作地，居住在排名靠前地区的居民往往拥有更高的生活质量。类似的社区排名还包括最佳美国城镇、百名最佳美国艺术城镇等。由于各项排名的影响日益广泛，逐渐吸引了很多美国民众、政府官员乃至政策制定者的关注。然而人们却发现这些根据相同因素进行的排名，其结果却几乎完全不相关。原因就在于人们使用了各种主观的评价，并且往往在变量中对各种因子赋予了不同的权重。

因此，为了避免在指数分析时出现各种与主观权重相关的问题，卡尔弗特公司（the Calvert Group）试图研发出一套全新的细分生活质量指标。在此之前，社会指标研究往往由学术机构和政府部门展开，而卡尔弗特公司此次开创了由一家资产管理公司从事社会指标研究的先河。研究与未来学家黑兹尔·亨德森（Hazel Henderson）开展合作，启动于1994年，并于2000年出版发行了《卡尔弗特—亨德森生活质量指标》（*The Calvert-Henderson Quality of Life Indicators*）。

卡尔弗特—亨德森生活质量指标体系主要根据四个相关研究领域的成果建构

自己的指标体系①。第一是起源于 20 世纪 50 年代美国的可持续发展或环境指标。作为世界上最发达的工业化国家，美国在工业经济的高速发展时期，曾经饱受自然环境恶化带来的严重惩罚，引起了政府、学者、民众的高度关注，并形成了一批具有深远影响的关于可持续发展的研究成果。第二是社会指标研究。发轫于美国的 20 世纪 60 年代的社会指标运动涉及社会发展战略、社会计划、生活水平和生活质量等多方面的问题，强调充分利用社会指标的收集、分析和研究工作，建立国家社会指标信息系统。兰德在《社会学百科全书》中关于美国社会指标的起源与现状的文章曾使卡尔弗特—亨德森生活质量指标的研究者深受启发。第三个研究基础是美国的经济指标研究与分析，这主要是通过对建立于 2010 年左右，并在 40 年代中期进一步获得发展的联邦政府统计体系的研究来完成。无论是学者，还是商业人士和一般民众都已习惯于依赖这些经济统计资料，因为它们已经形成一个稳定客观的报告机制。第四个研究基础是日益庞大的社会责任投资（Socially Responsible Investing，SRI）信息机构的发展，仅仅在美国它们就代表了保守估计为 2 万亿美元的资金。社会责任投资分析师致力于开发综合有效的信息评价体系来评估公司的社会责任，因此就需要科学的指标体系来完成这样一系列的工作，由此也促成了大量专业领域指标体系的建构。

对国家进步和生活质量评价的现实需求最终促成了卡尔弗特—亨德森生活质量指标体系的诞生。卡尔弗特—亨德森生活质量指标体系将自己定位于"评价国家趋势的一个崭新工具"，用超越 GDP 的测量方法反映生活质量的 12 个领域在全国的发展趋势。它首次凝聚了国家和各方的努力，由来自不同领域、不同机构的专家学者共同建构完成，使用系统的方法重新界定了总体生活质量。指标既包括传统的经济、社会和环境指标，同时还深入挖掘了一些对社会变迁和组织变革具有重要影响力的领域，使公众对国家的总体福利状况能够有一个全面的了解。

通过对表 5-6 的分析可以看出，在对国家生活质量的评价中，卡尔弗特—亨德森生活质量指标体系包含了大量复杂的、范围广泛的指标。这些指标既包括对就业、收入分配、住房的传统经济测量，还包括对基础设施、健康和教育的评价。此外，在探讨与国家安全、环境、人权和娱乐相关的复杂议题的同时，卡尔弗特—亨德森生活质量指标体系还回顾了公共安全、能源消耗及其与生活质量的关系。研究人员认为所有这些测量对于建构一个综合性的国家生活质量指标体系都是必不可少的。

---

① 参见 http：//www.calvert-henderson.com 网站部分内容，2007 年 4 月 6 日下载。

表 5-6　　卡尔弗特—亨德森生活质量指标体系

领域	指标	领域	指标
教育	教育程度 教育开支 在校率 识字率 因教育获得的收入 受教育机会 教育分配	收入	中等家庭收入 男性—女性的收入差距 财富 低收入工作 雇佣（小时） 劳动力参与率 失业率 收入来源 保险 退休金 税收 利润 非劳动收入 贫困
就业	城市劳动力 就业率 失业率 劳动力参与率 就业人口比例 失业持续时间 失业原因 非市场工作 志愿服务 多元化工作安排 多份工作者 自我雇佣	基础设施	公共和私人基础设施 交通部门 通信部门 公共事业部门 社会基础设施（健康、安全、教育） 资本存量 人力资本基础设施 环境基础设施
能源	能源密集度 能源消费 碳排放系数	公共安全	伤害和传染疾病的死亡率 致死原因
环境	空气质量 水质量 土壤质量 生物多样性 家庭废物 农田径流	国家安全	总统的国家安全战略 议会的预算程序 国际谈判 主要的武装冲突 世界范围的军事开支 完成的维和任务

续表

领域	指标	领域	指标
环 境	臭氧不达标 空气质量标准 空气污染物排放 排放来源 公用事业发电 风和水的腐蚀 有毒化学释放 适宜游泳和垂钓的水系	国家安全	国际恐怖分子事件和伤亡
健 康	由母亲的教育、种族和民族导致的婴儿死亡率 由性别、种族和国籍决定的预期寿命	住 房	住房拥有率 过分拥挤 支付能力 缺乏完备的管道设备的单元 租赁费用负担 邻近的极端贫困人口 住房条件不平等
人 权	个人安全 家庭暴力 美国权利和修正法案 世界人权宣言 移民 收容所 监狱作业 被驱逐的外国人 妇女、儿童、原住美国人的权利 仇恨犯罪 死刑 投票 人权谈判 政治行动委员会	娱 乐	自我/社会改善的经历 宗教活动 赞助艺术 业余艺术 业余爱好 身体活动 运动 代理（媒介）经历 虚拟娱乐 社会化 毒品 赌博 旅游观光

资料来源：Henderson, H., J. Lickerman, and P. Flynn. 2000. *Calvert-Henderson Quality of Life Indicators*: Calvert Group Lanham, Md。

很多研究者给予卡尔弗特—亨德森生活质量指标体系高度的评价，这主要得益于该指标体系的独特创新之处。首先它成功实现了研究主体由单一向多元化的转变。既有来自学术机构的专家学者，又有来自相关公司的专业人士，他们在各自熟悉的领域内建构和使用指标，多元化的思维理念和学术背景对指标体系的创新具有举足轻重的意义。其次，指标体系把核心的社会、经济和环境主题分解成12个具体的生活质量领域。这样有助于与那些综合性的单一宏观经济指数或所谓的"绿色GDP"指标形成参照。而所分解的具体领域之中，每一个领域都分别含有一系列相应的评价指标，指标涵盖既包罗万象，又中心明确。最后，它与欧洲社会指标体系的相似之处就在于都充分利用了现代电子信息技术，实现了研究资源的网络化和资源共享，有助于更多的学者和民众了解与自身息息相关的生活质量情况。

2. 加拿大的社会凝聚指标体系

（1）概念阐述。从1997年起，加拿大的研究者即开始了以社会凝聚为主题的研究工作。但是如何界定社会凝聚成为摆在学者面前的首要难题。一部分加拿大学者认为社会凝聚是一个因变量，其他因素例如新技术或者多样性发展等能够对其产生消极或积极的影响；一部分学者则倾向于认为社会凝聚是一个自变量，它可以产生非常积极的社会效果，例如经济增长或人口健康；更有学者认为社会凝聚是自变量与因变量的结合体，建构社会凝聚的各不同要素之间形成了复杂多变的因果关系。即使概念的本质属性在加拿大尚未形成统一认识，也并不妨碍它在实践中的广泛应用。1998~2000年期间，加拿大的学者和社会政策研究者花费了大量的努力从事社会凝聚的概念分析和指标操作化研究。其中最具影响力的是加拿大蒙特利尔大学的简·延森（Jane Jenson）教授的研究成果。他将社会凝聚划分为五个维度，如图5-2所示。在延森的分析框架中，某一个社会的凝聚程度是由五个维度组成的一个连续统（Continuum）中的相对位置来决定的（吉诺特；Jeannotte，2003）。

```
              ┌── 归属 ──── 孤立
              ├── 融合 ──── 排斥
社会凝聚 ─────┼── 参与 ──── 不介入
              ├── 认可 ──── 拒绝
              └── 合法 ──── 非法
```

图5-2　社会凝聚的五个维度划分

资料来源：Jenson, Jane. 1998. *Mapping Social Cohesion：The State of Canadian Research*. CPRN Study No. F103. Ottawa：Canadian Policy Research Networks Inc.

其后，保罗·伯纳德（Paul Bernard）又对该研究进行了补充完善，将平等/不平等维度纳入了分析框架。伯纳德同时指出，社会凝聚的这五个维度其实可以再次划分为两大类别，如表5-7所示。因为它们分别代表了有助于增强社会凝聚的状况（可以由正式的国家政策来表明）以及这些政策产生的实质社会结果

(吉诺特,2003)。伯纳德的这种分析实际上代表了部分学者倡导的社会凝聚是自变量与因变量的结合体的观点,即社会凝聚既可以产生良好的社会结果,同时这些结果又会对社会凝聚发挥积极影响。延森和伯纳德的学术观点对加拿大的社会凝聚研究产生了深远影响,形成了更加具有功能主义意味的、强调行为影响的概念分析。

表5-7　　　　　伯纳德社会凝聚正式与实质维度的划分

正式维度	实质维度
平等/不平等	融合/排斥
认可/拒绝	归属/孤立
合法/非法	参与/不介入

资料来源:Bernard, Paul. 1999. *Social Cohesion*:*A Critique*. CPRN Discussion Paper No. F109. Ottawa:Canadian Policy Research Networks Inc.

(2)指标操作化。一项研究的逐渐深入其目的并不仅仅是学理意义上的探讨,最终必然是为了实现研究的社会使命,具有一定的社会价值。尤其对于社会凝聚这类具有强烈社会背景特征、反映社会运行状态的概念来说,如何能够反映真实的社会现状、促进社会的协调发展具有重要意义,因此也就面临着理论与实践相结合的问题。从抽象概念到测量指标的操作化成为这一结合的关键阶段。

加拿大社会发展议会(Canadian Council on Social Development,CCSD)在社会凝聚的量化研究中做出了卓有成效的工作。加拿大社会发展议会由加拿大文化遗产部和司法部管辖,负责为社会凝聚指标项目确认和收集各项相关统计资料。社会凝聚指标项目的首要工作就是实现社会凝聚从概念界定到定量指标操作化的转变。然而在实践工作中,这样一个貌似简单的工作却并非易事。因为正如前面所分析的那样,社会凝聚是一个复杂的、多维度的概念,如何实现指标与维度的有效衔接需要进行系统深入的探讨。学者们从共享价值的理念出发,认为社会凝聚的中心议题是人们从事、参与自愿活动的意愿。因此社会凝聚可以直接由社会凝聚的活动与实践来阐释:例如参与正式与非正式的社会网络、群体活动和协会,参与公民生活等等(CCSD,2000)。社会凝聚活动的形成有赖于某种共享的社会价值理念。公民对于民主和公民价值的信仰无疑处于核心地位。除此之外,互惠也被视为一项十分重要的核心公民价值。之所以如此强调社会凝聚中所蕴涵的价值理念是因为大多数学者都认同这样一种观点:在一个日趋多元化的社会中,共享价值理念有助于人们将对多样性的认同、包容和接纳融入社会凝聚之中。在经历了深入研究与讨论之后,学者们形成了初步的社会凝聚指标体系(如表5-8所示)。

表 5–8　　　　　　　　　加拿大社会凝聚指标体系

有利于一切社会凝聚的状况	1. 影响社会凝聚活动的经济状况	(1) 收入分配 (2) 收入两极分化 (3) 贫困 (4) 就业 (5) 流动性
	2. 生活机会	(1) 健康照顾 (2) 教育 (3) 宽敞的、买得起的住房
	3. 生活质量	(1) 人口健康 (2) 个人和家庭安全 (3) 经济安全 (4) 家庭状况 (5) 时间利用 (6) 建筑环境 　—基础设施（参与社会互动的场所） 　—通讯网络 (7) 自然环境质量
社会凝聚活动的要素	4. 合作的意愿	(1) 信任他人 (2) 组织中的信心 (3) 尊重多样性 (4) 互惠的理解 (5) 归属
	5. 参与	(1) 社会消费/社会支持网络 (2) 参与网络和群体 　—唯意志论 　—群体活动 　—慈善活动的水平 (3) 政治参与
	6. 读写能力	

资料来源：Canadian Council on Social Development. 2000. *Social Cohesion in Canada*：*Possible Indicators HIGHLIGHTS* ［On-line］. Available from：www. ccsd. ca/pubs/2001/si/sr a-542. pdf ［Accessed on 2006. 11. 9］。

　　该体系在有利于社会凝聚的状况指标与社会凝聚活动的要素之间做出了划分。这样一种研究范式在某种程度上启发了伯纳德的后续研究，即社会凝聚的不同维度分别代表了有助于增强社会凝聚的状况（可以由正式的国家政策来表明）以及这些政策产生的实质社会结果。由此不难看出社会凝聚指标的量化过程既不是从理论出发的"自上而下"的方法，同时也不是一种从经验出发的所谓的"自下而上"的方法，而是采用一种反复的方式（Iterative Approach）来拓展指标（CCSD，2000）。其实也就是将社会凝聚是自变量与因变量结合体的观点进行了指标的操作化。

（3）政策意义。社会凝聚研究对加拿大公共政策的制定与发展产生了深远影响。虽然目前较少有政策直接以社会凝聚为明确定位，但是不可否认的是越来越多的关注目光投向了如何能够采取有效措施以减少对社会凝聚力的破坏。这很大程度上是因为随着一系列具有代表性的社会凝聚调查的展开，加拿大社会发展面临的困境逐渐暴露在人们面前。吉诺特等人在 2002 年的研究就发现，加拿大正遭受日益严重的社会分化的困扰，而这种分化又进一步加剧了社区认同感的降低。无论是民主价值理念、相互联系还是参与集体行动的意愿，这些构成社会公民身份的基础都前所未有地受到全球化发展的巨大威胁。不断弱化的社区认同感产生了恶劣的社会影响，导致公民参与政治活动热情的降低，经济、社会发展速度放缓（吉诺特等人，2002）。毫无疑问，相关调查反映出的加拿大社会的多元分化状况使政策制定者越发意识到社会凝聚对国家协调发展的重要意义。近年来由多伦多大学出版社出版的《社会凝聚的经济含义》（*The Economic Implications of Social Cohesion*）一书收录了由加拿大文化遗产部发起研究的一系列论文（吉诺特，2003）。作者们以大量翔实的资料，利用社会凝聚的一些代理指标例如信任与合作意愿等，证明了社会凝聚与宏观经济表现之间存在着很强的因果连接关系。研究还发现，通过减少抵抗风险的防御性行动的需求以及促进政治和劳动力市场的稳定性，有助于减少某一社会的交易成本。此外，通过减少员工的社会功能障碍，可以积极地提高生产效率，因此也会促进新兴理念的发展，提高人们的满意度。社会凝聚对社会福利的影响同样不容忽视。例如，研究者们发现如果一个社区有着稳定和睦、相互支持的邻里环境，那么生活于其中的贫困单亲家庭的子女往往会拥有更好的健康状况。越来越多的学者和政府官员关注到社会凝聚对社会发展的积极影响，必将有助于更加深入地挖掘社会凝聚的政策内涵，影响国家的政策制定和社会的和谐健康发展。

四、启示与借鉴

20 世纪 80 年代中后期以来生活质量研究在中国的影响力日渐深入，众多专家学者介入到相关研究中。甚至有学者在 1999 年就曾估计当时全国至少有 50 个以上的生活质量课题组曾经或正在从事这一问题的研究（陈义平，1999）。图 5-3 显示了 1994 年至 2005 年 11 年间有关生活质量的学术研究成果的增长态势。

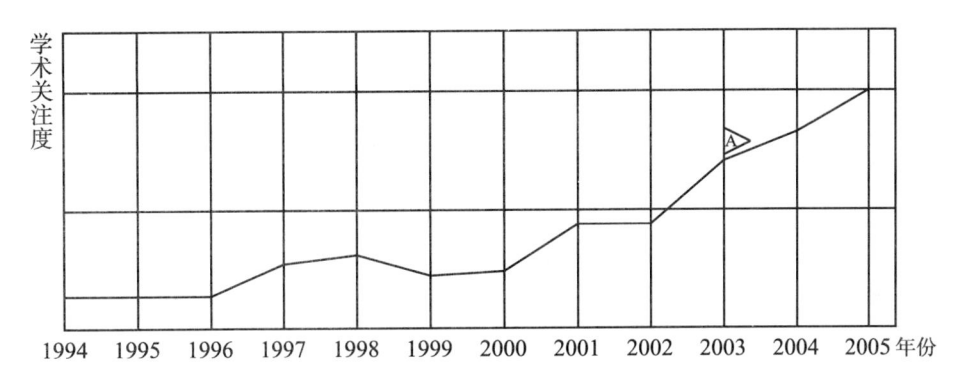

```
学
术
关
注
度
    1994 1995 1996 1997 1998 1999 2000 2001 2002 2003 2004 2005 年份
```

图 5-3　居民生活质量的学术关注度

注：学术关注度是以 CNKI 中国知识资源总库中与关键词最相关的文献数量为基础，统计关键词作为文献主题出现的次数，形成的学术界对某一学术领域关注度的量化表示。这种依托于中国知识资源总库海量文献得出的学术趋势，反映了研究领域随时间变化被学术界所关注的情况。

资料来源：CNKI 学术趋势搜索，http://trend.cnki.net/。

学者风笑天也对《中国期刊全文数据库》中的核心期刊进行了统计，发现从 1980 年到 2007 年 10 月，在不到 30 年的时间里，国内学术刊物上发表的生活质量方面的研究论文就有 500 篇左右。并指出，国内近 30 年来生活质量研究有两个基本特征。第一个特征是国内的生活质量研究（包括生活满意度研究和幸福感研究）大体上经历了三个不同的发展阶段[①]；第二个特征是幸福感、生活满意度等主观生活质量的内容逐渐成为研究的热点。

进入 20 世纪 90 年代，生活质量研究在中国进入了快速发展阶段，各类规模不一的区域性和国家性调查层出不穷，研究主体也由社会学领域的专家学者拓展到经济学、统计学、社会保障领域的学者，乃至基层统计部门和专业调查机构。这些以实践为导向的生活质量指标体系脱离了纯粹学理型的研究模式，以跨年度比较、地区比较和国际比较为前提，注重将宏观层面的经济、社会、资源、保障等因素纳入研究框架。指标设置日渐丰富、涵盖领域广泛，但是往往缺乏理论支撑，因此指标分析容易流于形式化和表面化，对调查反映的深层社会现象解释力度不够。

总体而言，虽然近些年各种类型的生活质量指标体系和评估报告在数量上呈

---

① 第一阶段为 1980～1990 年。这一阶段中研究的数量非常少，11 年中共发表了论文 17 篇，平均每年 1.55 篇。可以说这 11 年是国内生活质量研究的起步阶段。第二阶段为 1991～2000 年。这一阶段中，研究数量有了一定的发展，10 年中共发表了论文 118 篇，平均每年发表 12 篇，年均发表论文数是第一阶段的 8 倍。可以说这 10 年是国内生活质量研究的成型阶段。2001～2007 年是第三阶段。在这一阶段中，研究论文的数量急剧上升，每年发表论文的数量从最低的 20 多篇直线上升到最高的 78 篇。详见风笑天：《生活质量研究：近三十年回顾及相关问题探讨》，http://www.chinaelections.org。

现出飞速增长的态势，但就研究质量而言却存在普遍不高的缺陷。本身是从事与"质量"相关的研究，自身的质量却很难提高。于是便出现一个十分矛盾的现象，与数量庞大的短篇幅研究形成鲜明反差的却是真正具有很高理论价值、论证严谨的研究凤毛麟角，系统性的研究专著更是极其匮乏。有统计数字为证，截至2007年4月14日以"生活质量"为标题利用CNKI进行学术搜索，共计发现5098篇文献，其中期刊文献3864篇、博士论文11篇、硕士论文103篇、报纸文献787篇、会议论文333篇；而在中国藏书最为丰富的中国国家图书馆中文普通图书库中却仅仅可以搜索到24本以"生活质量"为题的图书，其中还包括部分非学术性书籍，至于与指标体系相关的书籍更是稀少。

造成这种巨大反差的原因十分复杂：一方面可能因为"生活质量"是一个舶来品，受语言差异和获取资料能力的限制，国内学者对其学术渊源、理论背景、价值理念的讨论不够充分，因此普遍存在理论根基薄弱、概念拿来就用的缺陷。另一方面则不免受学术功利主义的影响。当生活质量研究成为学界的新宠，而本身研究门槛又比较低时，便产生了大量低水平的重复性研究成果。这种表面繁荣的现象背后隐藏的是系统性研究的缺失。在此情况下，追根溯源、系统探究生活质量指标体系的发展脉络和国际研究进展具有重要的理论与实践价值。不但可以弥补国内生活质量研究中相关理论分析的匮乏，夯实后续研究的理论根基，而且有助于开阔研究思路，以统摄全局的视野分析不同生活质量指标体系的研究定位、结构层次和实践效果，以更加理性的思维审视生活质量指标体系建构中存在的种种矛盾与制衡问题，为今后的生活质量量化与评估研究提供有益借鉴。

综观国际上具有代表性的个体层面和群体层面生活质量指标体系，它们呈现出三大特点：其一，指标体系所涉及的生活维度日益广泛，测量领域的多元化发展是生活质量指标体系发展的普遍趋势。从个体心理能力到个体行动能力，从内在微观环境到外资宏观环境，生活质量的内涵在指标体系的丰富性中日益得到扩充和完善。其二，从国家性、文化性的独立指标体系向跨文化性、交流性、可比性的指标体系转变。生活质量能够全面综合地反映一个国家或地区某一时段社会发展及其惠及民众的程度，因此，很多国际组织和研究机构都力图建立跨文化的普遍指标体系以用以比较各个国家和地区的发展水平。这一趋势突出体现在群体层面的指标体系中。其三，从强调客观维度向强调主客观维度相结合转变。客观指标是从产生生活质量的"成因"方面进行操作化，是生活质量的"投入"；而主观指标是从生活质量的"结果"方面来进行操作化，是生活质量的"产出"①。这是人类社会发展趋势的必然体现，"以人为本"强调社会发展的客观成就必须忠实地体现出公民的需要并能够满足公民的需求。主观维度的测量更能够

---

① 卢淑华：《生活质量主客观指标作用机制研究》，载《中国社会科学》1992年第1期，第121~136页。

反映客观发展在多大程度上被人们感知并认可。

　　国际有影响的生活质量指标体系的发展及其特点，对中国的生活质量指标体系构建具有积极借鉴意义。一方面，指标的设置要具有科学性、代表性、可测量性，在技术层面追求成熟和完善；另一方面，不能简单地移植、复制发达国家的指标体系，还要结合中国国情和时代特征，构建具有现实意义的指标体系。随着全面小康与和谐社会理念的深入，中国居民生活质量指标体系也要具有一定超前性，向主观测量与幸福感知方面逐渐倾斜。

第二编

客观生活质量指标的选择与评价

第六章

客观生活质量评价指标体系的建构

社会指标是反映社会经济状况、衡量和监测社会发展程度的一种有效量化工具。根据不同的研究目的和理论导向，人们可以从众多指标中选择具有典型代表意义的指标，构建出各种不同的具有针对性的指标体系。因此从某种程度上讲，社会指标研究从属于特定的研究目的，为不同的研究领域提供有价值的参考信息。就中国生活质量评价指标体系的建构而言，其意义并不仅仅在于对各种社会发展现象进行简单的描述和排序，更重要的是从中发现潜藏的矛盾与问题，提出相应的对策和建议，从而正确引导人民群众全面提升生活质量，促进社会协调发展。

中国生活质量评价指标体系（如图6-1所示）的构建，必须满足生活质量研究的目的以及指标选取的原则。生活质量内涵与外延的确定直接决定着相应指标体系的边界。本编对客观生活质量指标的选取与第三编主观生活质量指标体系的建构与筛选密切相关。其意义在于通过了解城市居民对生活各领域满意度的评

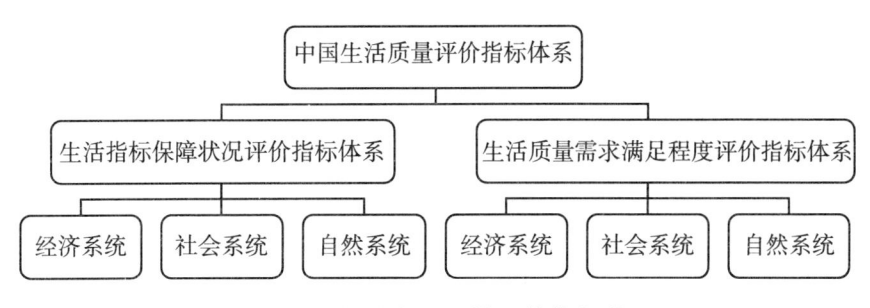

图6-1 中国生活质量评价指标体系

价，不仅可以知道当前有哪些具体的客观生活维度与人们的生活质量密切相关，甚至可以从中确定各个维度的指标在整体指标体系中所处的地位，为最终确立各个指标的权重提供切实可行的根据。

作为发展中国家的生活质量研究，尤其是站在社会的宏观层面考察生活质量现状，可以将其理解为："社会提高国民生活的充分程度和国民生活需求的满足程度，是建立在一定的物质条件的基础上，社会全体对自身及其自身社会环境的认同感"（周长城，2001）。从此定义出发，并且结合指标的可获取性，在中国社会发展的现阶段，指标体系的构建应该侧重于对客观指标的选择。以社会条件层面的指标为主，并且以保障和需求两条主线为脉络，分别从经济系统、社会系统、自然系统着眼构建具体指标体系。

表6-1和表6-2共同构成了一个完整的生活质量评价指标体系。将资源保障与需求满足两者有机地结合起来，从不同视角充分体现了生活质量的内涵。经济系统是影响社会成员生活质量的基本因素，对于提高生活质量起到关键的物质保障功能。以其中的收入水平为例，不仅决定着消费水平和消费结构，还制约着人力资本的投资，直接影响到教育素质的提高。社会系统是社会成员可感生活质量的关键领域。它不但包括了宏观的人口状况、社会事业资源状况、社会制度环境，而且包括了人力资源发展状况和劳动参与状况中的一些微观指标，此外还特别将近期引起公众强烈关注的公共安全指标纳入了分析框架，增加了敏感度很强的食品安全和医疗安全指标。自然系统是可持续发展的前提。良好的自然资源与环境既是生活质量本身的内容，又是生活质量改善的有效保证，同时也为提高后代人的生活质量创造了条件。因为资源与环境问题不仅直接影响人们的生活，而且还影响作为经济后续发展的物质基础。

表6-1　　　　　生活质量保障状况评价指标体系

系　统	领　域	指　标	
经济系统	经济状况	1. 人均国内生产总值（GDP） 2. 人均国内生产总值增长率	
社会系统	人口状况	1. 城镇人口比重 2. 人口自然增长率（逆指标）	
	社会事业资源状况	1. 科教发展	（1）人均教育经费 （2）研究与发展经费占GDP的比重 （3）公共教育开支占GDP的比重 （4）公共教育开支占政府公共总支的比重 （5）各级各类学校专任教师学历合格率

续表

系 统	领 域	指 标	
社会系统	社会事业资源状况	2. 卫生医疗	(1) 公共医疗卫生支出占 GDP 的比重 (2) 获得卫生设施服务的人口数占总人口的百分比 (3) 人均医疗卫生费用 (4) 每千人口医生数 (5) 每千人口病床数
		3. 基础设施	(1) 每千平方公里运输线路长度 (2) 每千平方公里轨道交通路线长度 (3) 每万人拥有电话交换机容量 (4) 每万人接入互联网用户数
	居民生活	4. 文娱、休闲	(1) 闲暇时间 (2) 闲暇活动 (3) 闲暇消费 (4) 闲暇设施及资源
		5. 居住状况	(1) 居住空间状况 (2) 住房成套状况 (3) 住房拥有能力 (4) 住区公共资源状况
	社会制度环境	1. 社会保障	(1) 基本养老保险覆盖率 (2) 基本医疗保险覆盖率 (3) 失业保险覆盖率 (4) 最低收入保障覆盖率
		2. 社会公平	(1) 基尼系数 (2) 城乡居民收入比 (3) 泰尔系数 (4) 国家贫困线以下人口比重 (5) 国际贫困线（每天1美元）以下人口比重
		3. 公共安全	(1) 医疗安全：每万人医患纠纷案件数 (2) 食品安全：每万人食品中毒人数 (3) 生产安全：生产事故万人死亡率 (4) 消防安全：火灾万人死亡率 (5) 社会治安： ①受理案件数量及类型 ②警方工作效率 ③每万人口刑事案件立案率

续表

系　统	领　域	指　标
社会系统	社会制度环境	3. 公共安全 ④每万人口治安案件立案率 ⑤每万人拥有律师数 （6）交通安全： ①各地区交通事故发生数 ②每10万人交通事故死亡人数
自然系统	生态环境保护	1. 环境污染治理投资总额占 GDP 比重 2. 绿化覆盖率 3. 工业废水处理率

表 6－2　　　　生活质量需求满足程度评价指标体系

系　统	领　域	指　标
经济系统	收入水平	1. 城市居民人均可支配收入 2. 农民人均纯收入
经济系统	消费结构	1. 人均消费支出结构 （1）食物比重 （2）衣着比重 （3）家庭用品及服务比重 （4）居住比重 （5）医疗比重 （6）文娱比重 （7）交通通讯比重 （8）杂项比重 2. 消费结构系数 3. 耐用消费品普及率 4. 人均生活用电量
社会系统	人力资源发展状况	1. 人口健康 （1）人均预期寿命 （2）1岁婴儿死亡率 （3）孕产妇死亡率（每十万活产婴儿） （4）传染病发病率 2. 教育素质 （1）6岁及以上人口的人均受教育年限 （2）综合入学率（辅之各级教育入学率） （3）成人识字率 （4）大专以上文化程度占6岁以上人口比重 （5）每万人口在校大学生人数 （6）每万职工拥有专业技术人员数 （7）每百万人口平均科学家人数

续表

系 统	领 域	指 标
社会系统	劳动参与状况	1. 城镇失业率（逆指标） 2. 从业人员占总人口的比例 3. 非农劳动力占农村劳动力的比重
自然系统	环境质量	1. 环境噪声达标区面积 2. 城市空气污染指数年、日平均值 3. 水质综合合格率 （1）农村饮用自来水人口占农村人口比重 （2）城市用水普及率 4. 人均公共绿地面积 5. 生活垃圾无害化处理率

但是，如果将表 6-1 和表 6-2 中的所有指标都纳入最终的指标体系中，无疑这一客观生活质量指标体系过于繁杂而缺乏可操作性，同时也无法反映时代特征。鉴于第三编帮助确立了影响当前中国居民生活质量的某些重要领域，我们对上述框架进行了适当的改造，以便突出社会发展的阶段性对人们生活质量的影响，以及进行国际和区域比较。

本研究最终形成的客观生活质量测量领域主要由十个方面组成：物质福利、消费、健康、教育、社会保障、社会公正、公共安全、环境、休闲和住房。客观生活质量每个二级指标的下级细分指标介绍如下。

物质福利指标是对中国目前经济状况以及人民生活状况的总体评估，通过指标值的变化可以了解经济发展的状况以及出现的问题。根据指标应具有可比性的设置原则，在看到中国取得经济成果的同时，也可以了解到中国在国际社会中所处的位置，及时发现与国外的差距。此外，物质福利指标侧重对国内经济状况的评估，比较全面地反映了中国近几年的发展状况，通过对最近几年发展状况的纵向比较，可以看到相关政策的成效，为各级管理部门和决策者提供制定政策和完善各种决策提供科学依据；通过对各省的比较，可以从不同层面具体了解各省的状况以及各省之间的差距，找出形成差距的原因，为各省制定政策提供依据。物质福利指标相关数值具有客观性，减少了主观偏见，在此基础上提出的政策建议具有科学性和借鉴意义，从而推进各项改革顺利进行，使经济、社会能协调发展。

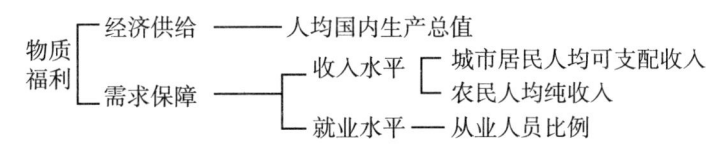

物质福利
├─ 经济供给 ── 人均国内生产总值
└─ 需求保障 ┬─ 收入水平 ┬─ 城市居民人均可支配收入
            │   └─ 农民人均纯收入
            └─ 就业水平 ── 从业人员比例

消费活动是人类社会活动的重要组成部分。生产、分配、交换和消费构成了社会再生产的全过程，消费既是终点又是起点，既是目的又是动力。只有生产的产品被消费才能产生下一轮生产的需要和生产本身。消费活动也是人类社会生活的重要组成部分，不论是社会成员个人消费、家庭消费，还是社会公共消费，都是社会生活的组成内容，在本质上与生产行为、政治行为、宗教行为一样，都是一种社会行为。消费需求的满足具有从低到高的层次性，人们总是先满足低层次如食物、衣着的生存需求，然后依次是满足较高层次的享受和发展的需要。但在消费资源一定时，一种消费所占的比重过大，必将挤占其他项目的消费。如果在消费结构中，低层次消费所占比重过大，说明高层次的消费未能得到较好的满足。运用统计方法对消费结构系数的计算进行改进。通过对历年的消费支出进行综合，提出消费结构系数，既能反映消费支出的历年变化趋势，同时能够对各部分消费的比重进行判别分析。

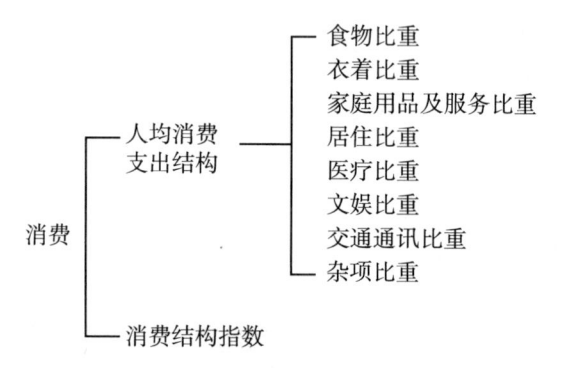

```
消费 ┬ 人均消费 ┬ 食物比重
     │ 支出结构 ├ 衣着比重
     │          ├ 家庭用品及服务比重
     │          ├ 居住比重
     │          ├ 医疗比重
     │          ├ 文娱比重
     │          ├ 交通通讯比重
     │          └ 杂项比重
     └ 消费结构指数
```

人人享有卫生保健，全民族健康素质不断提高，是人民生活质量改善的重要标志，是经济和社会可持续发展的重要保障，是全面小康社会的重要目标。医疗卫生与人类自身的生存发展和生活质量休戚相关。人类的健康发展不仅是社会生产力发展的首要条件，也是社会发展所追求的最终目标之一。随着一个国家经济发展、科技进步以及人民生活水平的提高，人民群众对改善卫生服务和提高生活质量也有更多更高的要求。人们对医疗卫生服务的需求日益增长，从而使得医疗卫生业在社会生活中的重要性随之日益提高。卫生资源属于社会资源层面，反映

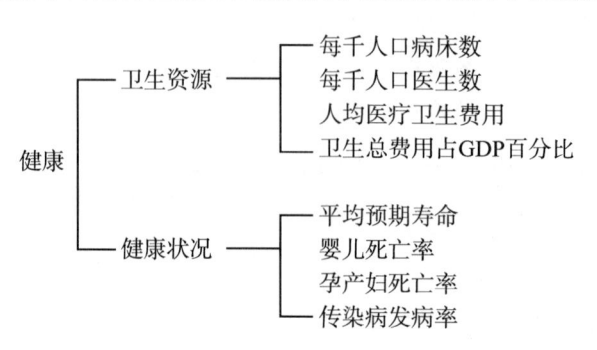

```
健康 ┬ 卫生资源 ┬ 每千人口病床数
     │          ├ 每千人口医生数
     │          ├ 人均医疗卫生费用
     │          └ 卫生总费用占GDP百分比
     └ 健康状况 ┬ 平均预期寿命
                ├ 婴儿死亡率
                ├ 孕产妇死亡率
                └ 传染病发病率
```

了一个国家或地区对人民健康的投入和提供的健康保障程度。医疗卫生建设是反映一国国民健康状况的重要指标。医疗资源反映的是国家或地区为人民提供的医疗卫生保障程度，相当于"投入"部分，那么人民健康状况就相当于"产出"部分，它反映了在国家对医疗卫生投入的情况下，人们所确实享受到的效益，即健康水平的提高和改善。

教育发展指标是对教育发展水平的测评，是对教育是否符合生活质量提高和实现全面小康社会要求的鉴定。从生活质量概念出发，立足于保障和需求满足，建构教育发展指标体系。教育保障和教育需求是决定一个国家或地区教育发展水平的直接因素。教育保障是指一个国家或地区的教育资源状况，它受两方面制约：一方面是该国家或地区经济发达程度，即教育资源的客观丰富程度；另一方面是该国家或地区发展教育的努力程度，即在一定的资源条件下为教育发展提供相对丰富的资源。教育需求则是来源于国民的受教育需求，是教育发展的重要推动力量。教育需求和保障（供给）的均衡是一个国家或地区追求的理想状态。

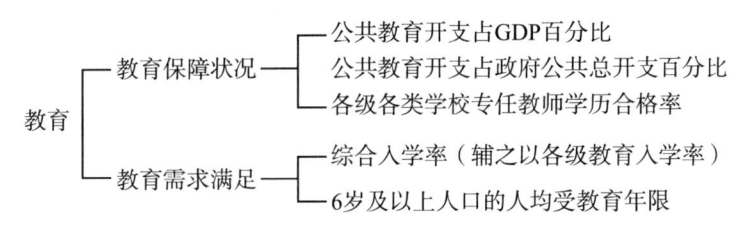

```
            ┌─ 教育保障状况 ─┬─ 公共教育开支占GDP百分比
            │                ├─ 公共教育开支占政府公共总支百分比
教育 ───────┤                └─ 各级各类学校专任教师学历合格率
            │
            └─ 教育需求满足 ─┬─ 综合入学率（辅之以各级教育入学率）
                             └─ 6岁及以上人口的人均受教育年限
```

社会保障是生活质量稳定提高的重要保证。社会保障是维持社会稳定、实现社会公正的重要机制，是经济发展和社会有序运行的重要前提。健全的社会保障制度也是所有社会成员生活质量提高的保证。人民生活质量是社会保障的前提和基础，经济的发展、人民生活水平的提高，为社会保障提供了必要的物质准备。社会保障不仅保障了社会成员的基本生活，从而起到了稳定作用，同时它还是国民收入再分配以利实现社会公正的一种手段。享受基本生活保障和不断改善生活质量是国民的一项基本权益。

```
社会 ┬─ 基本养老保险覆盖率
保障 └─ 失业保险覆盖率
```

高风险社会的到来，必然会对中国社会的长远发展产生重大影响。变化中的社会生活向政策制定者和思想理论界提出了一系列严峻的挑战，其中最核心的就是社会公正问题。

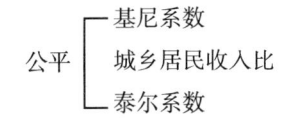

```
       ┌─ 基尼系数
公平 ──┼─ 城乡居民收入比
       └─ 泰尔系数
```

社会公共安全对于和谐社会的意义本质上等同于对个人生活质量的影响，只是在对象上由个人的生活质量上升到社会的发展状况。影响社会公共安全的因素就是构建和谐社会所要考虑到的问题。同时社会公共安全本身就是建构和谐社会的重要内容和必然要求。建设包容共济的和谐社会，需要以维护安定为前提，不断提高政府的管理水平，高度重视治安问题，依法打击各类违法犯罪活动，维护安定的社会环境，把社会和谐与公共安全有机地联系起来。

```
          ┌─ 生产安全
          ├─ 交通安全
公共安全 ──┼─ 社会治安
          ├─ 消防安全
          └─ 食品安全
```

呼吸清新的空气，饮用洁净的自来水，享受宁静和谐的生态环境是每一个人享受高品质生活质量的必然要求，也是构建和谐社会的基本保证。根据压力—状态—反应框架建立的环境指标体系应包括环境状态、环境污染和环境保护三个方面，而环境状态和环境污染可统一于环境状况之中。根据这一理念，设置环境生活质量指标评价体系，主要选取能反映客观的环境生活质量的指标，选取环境污染治理投资总额占 GDP 比重来评价环境保护。

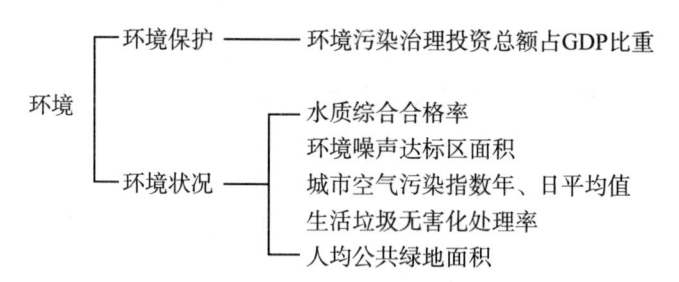

```
       ┌─ 环境保护 ── 环境污染治理投资总额占GDP比重
环境 ──┤
       │              ┌─ 水质综合合格率
       │              ├─ 环境噪声达标区面积
       └─ 环境状况 ──┼─ 城市空气污染指数年、日平均值
                      ├─ 生活垃圾无害化处理率
                      └─ 人均公共绿地面积
```

闲暇（休闲）是人们日常生活的重要组成部分。不同的历史阶段，人类所拥有的闲暇时间和质量都有极大差别。闲暇时间的增多、闲暇生活的丰富不仅是社会进步的标志，也是人的本体论意义之所在，是检验人的生存状况、生命质量、精神态度的试剂（马惠娣，2005）。

```
            ┌─ 闲暇时间
            ├─ 闲暇活动
休闲娱乐 ──┼─ 闲暇消费
            └─ 闲暇设施及资源
```

随着社会的进步和生活质量的不断提高，人类对住房的需求已不仅仅止于居者"有"其屋，而是更多地追求居者"优"其屋。因此，改善居住质量已成为人们现阶段提升生活质量的最大诉求之一。居住与生活条件构成国民生活的宏观环境，既是提高人们生活质量的基本保障，也是生活质量的具体体现。此外，住房及其环境条件对人们的生活满意度也有着重要影响。

居住状况 ┬ 居住空间状况
　　　　├ 住房成套状况
　　　　├ 住房拥有能力
　　　　└ 住区公共资源状况

第七章

生活质量的物质福利指标及其评价

生活质量是人们享有的福利总和。① 有些学者从供给和满足需求的角度定义了生活质量,认为"生活质量是社会提高国民生活的充分程度和国民需求的满足程度,是建立在一定的物质条件的基础上,社会全体对自身以及自身环境的认同感"②,可见生活质量包含了福利的经济内涵。此外,罗斯托还从经济学层面提出了追求生活质量的阶段。他将经济增长划分为五个阶段,认为在高额群众消费阶段之后是追求"生活质量"的阶段,这是人类发展的高级阶段。③ 由此可知生活质量是在物质产品极大丰富的基础上对生活的更高追求,它既包括物质福利也包括非物质福利,而物质福利是追求生活质量的前提和基础。

增进物质福利的根本目的是提高生活质量;提高生活质量的根本途径是增进物质福利,两者不可分离。生活质量是在一定物质基础上对生活的更高追求,贫穷落后的物质生活水平满足不了或者只能满足人们的基本需求,更不用说对更高阶段生活质量的追求。人们只有在物质需求满足的基础上才能追求更多精神需求,只有在物质满足的基础上才会转向对生活质量的追求。物质福利是影响人们生活质量的一个很重要因素,是提高生活质量的首要条件和基础,物质福利水平的高低在很大程度上决定了人们生活质量水平的高低,因此评估人们的生活质量首先要评价人们的物质福利状况。

---

① 参见世界银行网站 http://www.worldbank.org/depweb/chinese/beyond/pdf/beg_gl.pdf。
② 周长城等著:《全面小康:生活质量与测量——国际视野下的生活质量指标》,社会科学文献出版社 2003 年版,第 4 页。
③ 罗斯托编,贺力平等译:《从起飞进入持续增长的经济学》,四川人民出版社 2000 年版,第 4 页。

一、物质福利的影响因素

物质福利受社会供给水平和人们需求满足程度的影响，可以通过人均收入或消费的各种商品及服务数量来衡量。影响人们物质福利状况的因素主要是经济因素，具体来说，有以下几个因素：

（一）经济发展与物质福利

经济发展是指由于科技、社会进步而造成的国家经济质的改变和结构的调整，主要的衡量指标是人均 GNP 或人均 GDP 的增长状况，它们反映的是国家经济生产力的提升情况以及国民享受的物质福利[①]。经济发展水平是影响物质福利水平的关键因素。一般而言，社会经济发展水平越高，相应的物质供给水平也越高，使得物质福利水平也就越高；相反，经济发展水平越低，则社会物质福利水平也就越低。

国内许多学者也认为经济发展对于人们物质福利的增加以及生活质量的提高都有重要影响。如易松国认为："经济发展水平直接影响人们的收入水平，生存环境和生活质量"[②]。周长城也指出："生活质量发展与经济发展密不可分，经济发展是提高人民生活质量的手段和途径，是生活质量提高的基础和条件，是生活质量提高的保障且经济发展的水平制约着生活质量"[③]。

（二）收入水平与物质福利

收入水平决定了人们的购买能力和消费欲望，是人们改善物质生活水平的前提条件。城乡之间的差距很大程度上是城镇居民与农村居民的收入差距，农村居民由于受较低收入的制约，物质生活水平较低，所分享的经济成果有限，影响了其物质福利水平的提高。因此全面提高物质福利水平，就要在价格不变的基础上提高收入水平，增强购买能力，以满足人们的消费需求。

国内一些学者将收入与生活质量进行回归分析，提出了收入对于提高物质生活水平以及生活质量的重要作用。其中，叶南客认为"收入水平对综合性的生

[①] 参见世界银行网站 http://www.worldbank.org/depweb/chinese/beyond/pdf/beg_gl.pdf。
[②] 易松国、风笑天：《城市居民家庭生活质量：指标及其结构》，载《社会学研究》2000 年第 4 期，第 107~118 页。
[③] 周长城等著：《社会发展与生活质量》，社会科学文献出版社 2001 年版，第 102 页。

活状况的评价有较大的影响,收入越高,生活质量相对也较高"①。此外,冯立天认为:"经济收入是获取生活质量的前提,也是构成生活质量的基本变量,居民经济收入的高低对提高生活质量的作用日益显著"②。

二、物质福利指标体系的构建

生活质量指标体系分为经济系统、社会系统和自然系统三大系统。物质福利是属于经济系统衡量人们生活质量的重要目标。

(一) 物质福利指标的研究现状

物质福利指标是生活质量指标体系中的一个分项指标,侧重生活质量的物质层面。目前,国际上通用的指标体系中关于物质指标的研究主要体现在社会发展的综合评价指数中,归纳如表 7-1 所示。

表 7-1　　　　社会发展综合评价指数中的物质经济指标

综合指数	分项指标	二级指标
物质生活质量指数（PQLI）	物质福利	消费指标
社会进步指数（ISP）	经济发展	以美元计算的人均 GNP*；GNP 人均增长率；实际人均 GNP；年均通货膨胀率；人均食物生产指数；对外公共债务占 GNP 的百分比
人类发展指数（HDI）	生活水平	人均收入
可持续经济福利指数（ISEW）	家庭和社会劳动经济	GDP**
世界银行生活质量指标	实际储蓄指数	人均私人消费增长

* "GNP"（Gross National Product）即国民生产总值。
** "GDP"（Gross Domestic Product）即国内生产总值。
资料来源:根据朱庆芳等著《社会指标体系》（中国社会科学出版社 2001 年版）相关资料整理得出。

具体来说,物质生活质量指数综合测度的是物质福利领域的进步状况,主要从消费的角度考虑人们的需求满足程度;社会进步指数和人类发展指数注重收入

---

① 叶南客:《苏南城乡居民生活质量评估与提高战略》,载《中国社会科学》1992 年第 3 期,第 135~148 页。
② 冯立天、陈再华:《北京不同文化层次城市人口生活质量探讨》,载《人口与经济》1995 年第 1 期,第 3~17 页。

对促进经济发展与提高生活水平的重要性；可持续性经济福利指数测量的是社会的供给水平GDP；世界银行生活质量指标考虑了储蓄与消费对生活质量的影响。除此之外，各国在选取生活质量指标时，对物质经济指标也做了相应的划分。

（二）物质福利指标体系的设置

在此，设置生活质量物质福利指标主要参照由国家计委、国家统计局等相关机构联合制定的"全国人民小康生活水平的基本标准"[①]。这是因为，这个标准既考虑了中国国情，也参照了国际的一般标准，在具体设置指标时考虑了影响小康生活的原因因素（即小康生活的基础）和结果因素（即小康社会的效果）。因此在设置物质福利指标时也从经济基础和经济效果这两方面出发，同时结合生活质量的概念维度即从社会供给与人们需求状况这两方面来考虑人们的物质福利水平。

具体来说，物质福利指标体系的构建主要分为三步：

1. 设置一级指标

一级指标主要反映的是测量物质福利水平的角度即物质福利可划分为哪几个层面。由于物质福利主要考虑供给和需求这两个方面，因此选择物质供给指标和需求满足这两个指标作为一级指标。

2. 二级指标的构建

构建二级指标是在一级指标设置的基础上为了衡量一级指标而对指标的选择。物质供给指标反映的是社会的经济基础，主要测量经济发展水平，因此选取人均GDP作为其支撑指标；需求满足指标反映的是经济效果，衡量人们的需求状况。收入、就业、消费都是人们的基本需求，且对人们的物质生活都有重要的影响。因此人们需求满足状况主要由收入水平、支出结构和就业水平来衡量。

具体选择二级指标时，物质供给指标选取人均GDP，需求指标选取收入水平和就业水平这两项指标。由于收入水平决定支出结构，为了计算的方便，对支出结构暂不做考虑。

3. 三级指标的选择

由以上指标的构建依此类推，三级指标是对二级指标的扩展，即收入水平和就业水平。受城乡结构的影响，收入水平具体划分为城镇居民人均可支配收入和

[①] 小康标准既考虑了基础又体现了效果。具体包括经济水平、物质生活、人口素质、精神生活和生活环境五个方面。其中经济水平有一项指标即人均GDP（国内生产总值）；物质生活有八项指标即城镇人均可支配收入、农村人均纯收入、城镇人均住房使用面积、农村人均钢砖木结构住房面积、人均蛋白质摄入量、城市每人拥有铺路面积、农村通公路的行政村比重、恩格尔系数；人口素质有三项指标即成人识字率、人均预期寿命、婴儿死亡率；精神生活有两项指标即教育娱乐支出、电视普及率；生活环境有两项指标即森林覆盖率、农村初级卫生保健基本合格率。具体参见张雷声著：《经济建设与全面小康》，社会科学文献出版社2005年版。

农民人均纯收入两个指标来测度。城镇居民人均可支配收入是指城镇居民得到可用于最终消费支出和其他非义务性支出以及储蓄的总和,即居民可用来自由支配的收入。① 农村人均纯收入是按人口平均的纯收入水平,反映的是一个地区或一个农户农村居民的平均收入水平。② 此外,就业水平具体选择从业人员占总人口的比例来衡量。指标设置具体如图 7-1 所示。

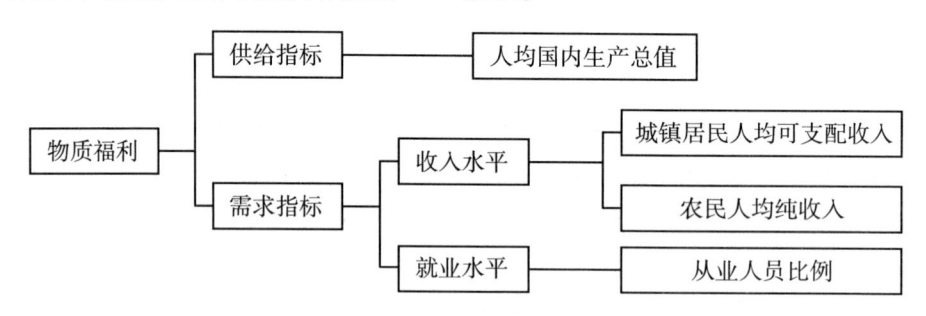

图 7-1 物质福利指标体系

(三) 指标的计算方法

对数据进行横向和纵向两个方面比较时主要采用标准化值③,计算时赋权重主要采用等权重法④。具体的步骤为:收集每一指标的年度数据,将原始数据进行标准化。标准化的公式为:$Z = \dfrac{X - MinX}{MaxX - MinX}$,式中 X 为指标的原始数值,MaxX 为同一年度同一指标数据中的最大值,MinX 为同一年度同一指标数据中的最小值。⑤ 由此公式可以计算出人均 GDP 指数和就业指数。由于收入水平分为两

---

① 城镇居民人均可支配收入是按人口平均的城镇居民可支配收入值,是个人收入扣除交纳的所得税、个人交纳的社会保障支出以及记账补贴后的收入,计算公式为:可支配收入 = 个人总收入 − 交纳所得税 − 个人交纳的社会保障支出 − 记账补贴。具体参见邱晓华、郑京平主编:《解读中国经济指标》,中国经济出版社 2003 年版。

② 农民人均纯收入主要用于再生产投入和当年的生活费用支出,纯收入 = 总收入 − 家庭经营费用支出 − 税费支出 − 生产性固定资产折旧 − 调查补贴 − 赠送农村外部亲友支出。具体参见邱晓华、郑京平主编:《解读中国经济指标》,中国经济出版社 2003 年版。

③ 标准化值也叫数据的无量纲化、规格化,通过简单的数字变换来消除各指标量纲和单位的影响。具体参见周长城等著:《中国生活质量:现状与评价》,社会科学文献出版社 2003 年版,第 274 页。

④ 目前构造指标权重的方法有三种即客观构权法、主观构权法、主观与客观相结合的构权法。客观构权法是指直接根据指标的原始数据,经统计分析或其他数学方法处理后获得权重体系的一类方法;主观构权法是指由研究者或专家根据自己的主观判断来分配权重。等权重法可以算为主观构权法的一种,指各分类指标的权重相等。具体参见周长城等著:《中国生活质量:现状与评价》,社会科学文献出版社 2003 年版,第 21 页。

⑤ 这里的标准化公式采用的是极值法,具体参见周长城等著:《中国生活质量:现状与评价》,社会科学文献出版社 2003 年版,第 247 页。

个二级指标，所以在综合评价收入水平时对每个标准化值前面要乘以人口系数，以此得到收入水平指数。

具体的计算公式为：

$$收入水平指数（Z）= \frac{AX + BY}{2}$$

其中：A 为城镇居民占总人口数的比例系数，X 为城镇人均可支配收入指数，B 为农村居民占人口总数的比例系数，Y 为农村人均纯收入指数。

最后对于构建物质福利状况综合指数时主要从客观上考虑各指标的权重，为了减少主观性，本书采用的是等权重法，认为这三个指标具有同样的重要性。物质福利综合指数是将收入水平指标与人均GDP、就业指标的标准化数值等权平均。

计算公式为：

$$物质福利综合指数 = \frac{人均GDP指数 + 收入水平指数 + 就业指数}{3}$$

三、物质福利状况评估

对中国物质福利状况的评估主要分为两个部分：第一部分是分项指标比较，即从设置的每一个指标入手，横向比较全国总体状况和全国各省的状况；第二部分是综合指数的比较，即通过对每一个分项指标的权重赋值，得出一个综合指数，从而纵向比较中国近六年来全国物质福利的总体状况。

（一）分项指标比较

1. 人均国内生产总值

人均国内生产总值（人均 GDP）可以反映全国及各地区经济发展的总体实力，人均 GDP 的增长在一定程度上反映了人民生活质量的提高。2000～2005 年中国人均 GDP 增长状况呈现以下几个特点：

（1）中国人均 GDP 增长总体呈上升趋势，物质供给水平逐年上升。近六年来中国经济总体上一直保持着较高水平的发展速度，人均 GDP 有显著的增长。2005 年中国人均 GDP 达到了 14 040 元，比 2000 年的 7 858 元上涨了 6 182 元，年增长率为 10%。从图 7-2 可以看出中国经济增长总体上呈上升趋势。每年的增长速度分别是 9.7%、9.0%、12.2%、17.0%、13.8%（如图 7-3 所示），2004 年和 2005 年呈现了近六年经济增长最好的态势。其次为 2003 年，人均 GDP 较 2002 年增长了 1 144 元，增长率达到了 12.2%。2002 年与上一年相比增长了 776 元，增长率虽然比 2001 年有所下降，但也达到了 9.0%。近六年中国均处于经济高增长国家之列。

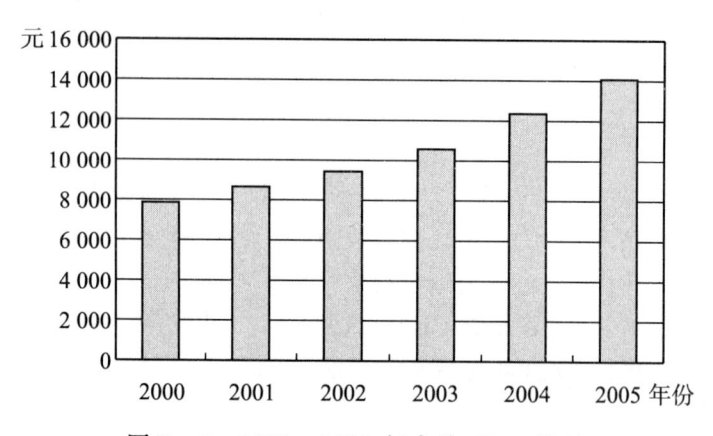

图 7-2　2000~2005 年人均 GDP 比较

注：根据国家统计局编《中国统计年鉴》（中国统计出版社 2006 年版）提供的数据整理得来。也可参见国家统计局网站 http：//www.stats.gov.cn。

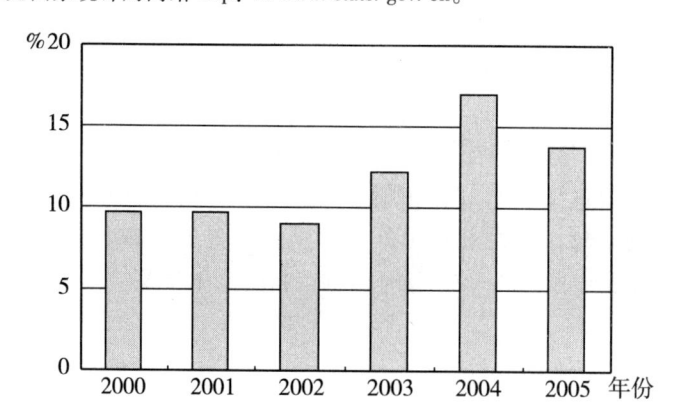

图 7-3　2000~2005 年人均 GDP 年增长率比较

注：根据国家统计局编《中国统计年鉴》（中国统计出版社 2006 年版）提供的相关数据推算而来。

中国在国际经济普遍不景气的环境中[①]，仍能保持较高的增长速度是因为国家政策发挥了积极的作用。积极的财政政策拉动了国内的需求，增加了抵御外界环境风险的能力；此外，增加农民收入政策的实行也促进了国内需求的增加，从而促进了人均 GDP 的较快增长。

（2）地区物质供给水平差异较大，东部人均 GDP 明显高于中部和西部地区。十一届三中全会以后，中央政府根据地区生态环境与经济发展梯度差别，将全国

---

① 2001、2002 年日本人均 GDP 均出现了负增长，美国经济也处于低迷状态，2004 年人均 GDP 增长率仅为 1%。具体参见 World Economic Outlook 2003 数据库 http：//www.imf.org。

划分为东部、中部和西部地区。近几年国家实行区域协调发展政策,积极推进西部大开发,促进了中部和西部地区的经济发展,但是由于历史原因即各地区的自然资源,地理位置和相关政策导向的不同,地区经济差异仍然较大。① 东部人均 GDP 明显高于中部和西部地区,如表 7 - 2 所示。

表 7 - 2　　2000 ~ 2005 年东、中、西部地区人均 GDP 比较　　单位:元/人

年　份	东　部	中　部	东中部差值	西　部	东西部差值
2000	13 693.08	6 045.22	7 647.86	4 758.2	8 934.88
2001	14 949.92	6 571.67	8 402.25	5 221	9 728.92
2002	16 065	7 207.89	8 857.11	5 716.6	10 348.4
2003	18 931.33	8 292.33	10 639	6 501.4	12 429.93
2004	22 647	8 827.38	13 819	7 729.7	14 917.3
2005 *	23 768	10 608	13 160	9 338	14 430

　　* 2006 年《中国统计年鉴 (2006)》将人均地区生产总值划分为东部、中部、西部和东北(包括辽宁省、吉林省和黑龙江省)四个地区。为了便于比较,我们在引用数据时暂不考虑东北地区,而只使用东部、中部和西部三个地区的数据。

资料来源:根据《中国统计年鉴》(2001 ~ 2006) 相关数值计算而来。

　　从表中列举的数据可以明显的看出东、中、西部的差距。东部地区的人均 GDP 最高,中部次之,西部最低,三个区域呈梯度分布。东部地区经济发展水平和物质供给水平高于中部和西部地区,其人均 GDP 在 2000 年前就超过了万元大关,2004 年突破了 2 万元。中部地区在 2005 年突破万元大关。西部地区人均 GDP 仍在万元以下。从总体上看,东部地区人均 GDP 是中部人均 GDP 的 2 倍,是西部人均 GDP 的 3 倍。且从东部与中部、西部人均 GDP 差值可知,地区差异有逐年扩大的趋势。2000 年东部人均 GDP 比中部高出 7 647.86 元,到 2005 年高出了 13 160 元,超过了中部实际人均 GDP;与此同时,2000 年东部人均 GDP 比西部高 8 934.88 元,2005 年则高出的数值达到了 14 430 元。

　　但值得欣慰的是,从地区人均 GDP 增长率来看,形势还比较乐观,如图 7 - 4 所示。

---

　　① 东部地区包括北京、天津、上海、辽宁、河北、山东、江苏、浙江、福建、广东、广西、海南 12 个省(市、自治区);中部地区包括黑龙江、吉林、内蒙古、山西、河南、安徽、江西、湖北、湖南 9 个省(市、自治区);西部地区包括陕西、宁夏、甘肃、青海、新疆、四川、重庆、贵州、云南、西藏 10 个省(市、自治区)。具体参见周绍森等著:《论中国中部崛起》,中国经济出版社 2003 年版。

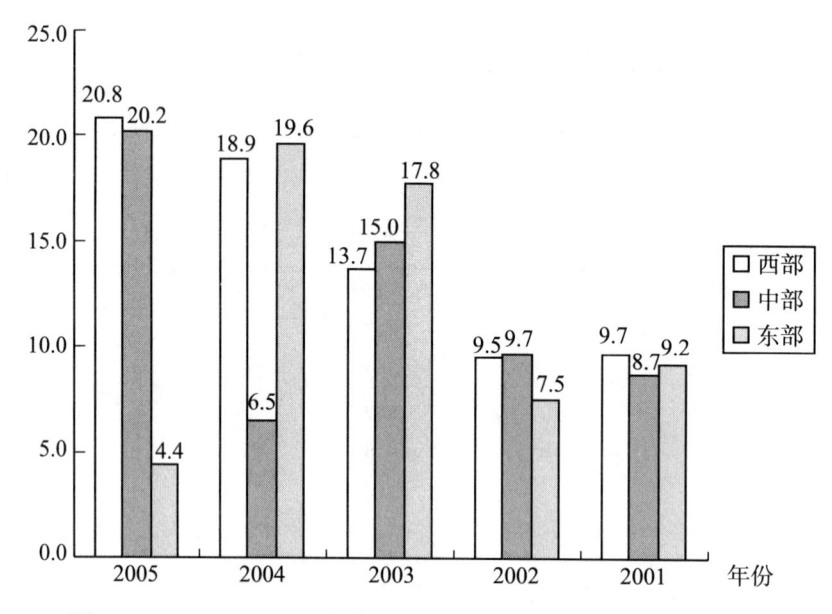

```
   25.0 ┐
        │ 20.8 20.2
   20.0 ┤ ┌─┐┌─┐       18.9      19.6
        │ │ ││ │       ┌─┐       ┌─┐
        │ │ ││ │       │ │       │ │
   15.0 ┤ │ ││ │       │ │ 15.0  │ │              ☐ 西部
        │ │ ││ │  13.7 │ │ ┌─┐   │ │              ■ 中部
        │ │ ││ │  ┌─┐  │ │ │ │   │ │              ▨ 东部
   10.0 ┤ │ ││ │  │ │  │ │ │ │   │ │  9.5 9.7      9.7
        │ │ ││ │  │ │  │ │ │ │   │ │  ┌─┐┌─┐       ┌─┐ 9.2
        │ │ ││ │  │ │  │ │ │ │   │ │  │ ││ │   8.7 │ │┌─┐
    5.0 ┤ │ ││ │  │ │  │ │ │ │   │ │  │ ││ │ 7.5┌─┐│ ││ │
        │ │ ││ │  │ │4.4│ │ 6.5  │ │  │ ││ │ ┌─┐│ ││ ││ │
        │ │ ││ │┌─┐│ │┌─┐│ │     │ │  │ ││ │┌┐│ ││ ││ ││ │
    0.0 ┴─┴─┴┴─┴┴─┴┴─┴┴─┴┴─┴─────┴─┴──┴─┴┴─┴┴┴┴─┴┴─┴┴─┴┴─┴─
           2005      2004       2003       2002       2001  年份
```

图7-4 2001～2005年东、中、西部人均GDP增长率比较

* 2006年《中国统计年鉴（2006）》将人均地区生产总值划分为东部、中部、西部和东北（包括辽宁省、吉林省和黑龙江省）四个地区。为了便于比较，我们在引用数据时暂不考虑东北地区，而只使用东部、中部和西部三个地区的数据。

资料来源：根据《中国统计年鉴》（2001～2006）计算出相关数据。

2005年西部地区的人均国内生产总值的增长率最高，其次是中部，分别比东部增长率高接近16个百分点。近六年来区域人均GDP增长率呈现一个明显的趋势，即2000～2001年东中西增长率趋于平衡，2001～2002年中部增长率最高，2005年西部增长率最高。

（3）各省（市、自治区）之间人均GDP也存在差距，其中上海发展最为突出。从各省（市、自治区）人均GDP的排名和增长量的比较发现，上海的发展最为突出，连续六年人均GDP全国第一，且人均GDP增长量也十分明显。

①各省（市、自治区）人均GDP排名。五年来全国各省（市、自治区）人均GDP排名（以2005年为标准）依次为上海、北京、天津、浙江、江苏、广东、山东、辽宁、福建、内蒙古、河北、黑龙江、吉林、新疆、山西、湖北、河南、重庆、海南、湖南、宁夏、青海、陕西、江西、西藏、四川、广西、安徽、云南、甘肃、贵州。① 其中2005年全国人均GDP最高的上海比全国人均GDP最低的贵州高出46 422元，说明各省（市、自治区）之间的差距之大，上海的经

---

① 对全国31个省五年的人均GDP进行排名，发现各省名次基本没有明显的变化，只是省份上下之间的微调。

济发展水平远远高于西部各省（市、自治区）的发展水平。

②各省（市、自治区）人均 GDP 增长量。从人均 GDP 增长量来看，上海 2005 年人均 GDP 比 2000 年增长 21 803 元，增长量排名第一，增长速度很快。其他超过万元的六个省（市、自治区）依次为：北京 21 322 元、天津 18 430 元、浙江 14 287 元、江苏 12 795 元、广东 11 699 元、山东 10 770 元。增长量排名前十名的省（市、自治区）除了这七个省（市、自治区）以外，还有内蒙古 9 829 元、辽宁 7 806 元和福建 7 452 元。后十名的省（市、自治区）依次为贵州 2 293 元、云南 3 066 元、甘肃 3 349 元、安徽 3 891 元、海南 4 073 元、四川 4 104 元、广西 4 136 元、西藏 4 542 元、江西 4 589 元、宁夏 4 863 元。

从人均 GDP 排名和各省（市、自治区）增长量的状况可以看出东部地区的省（市、自治区）经济增长速度较中、西部地区的省（市、自治区）快，最为突出的是上海。2005 年全球大城市生活质量排名中，上海排名第 102 位，比 2004 年提高了 5 个名次，在亚太地区位于前列，这与上海良好的经济发展是分不开的。①

③各省（市、自治区）人均 GDP 增长率。从六年的增长率看，增长率最高的省份为内蒙古，增长率为 151.2%，其他各省（市、自治区）增长率的排名依次为山西 118.4%、山东 115.5%、江苏 108.8%、河南 108.7%、浙江 106.5%、天津 106.2%、西藏 99.3%、陕西 99.3%、重庆 95.5%、青海 95.5%、河北 94.7%、江西 94.6%、湖南 92.8%、广东 91.9%、宁夏 90.5%、广西 88.9%、北京 88.4%、贵州 83.1%、四川 82.8%、吉林 81.6%、湖北 81.6%、安徽 81.4%、甘肃 81.1%、新疆 77.8%、黑龙江 74.0%、上海 73.5%、辽宁 69.8%、福建 66.6%、云南 64.3%、海南 59.9%。

从排名可以看出，增长率为前三名的省（市、自治区）分别位于西部、中部和东部地区，其中西部区域的内蒙古发展最快，中部的山西次之，说明区域发展政策以及西部大开发政策一定程度上取得了实效性。东部地区的海南、福建、辽宁和上海增长率较低，西部地区的云南经济增长水平也有待于提高。排名为前十名的省（市、自治区）分别为内蒙古、陕西、山东、江苏、河南、浙江、天津、西藏、陕西和重庆，其中江浙一带的经济发展是颇为引人注目的，不仅人均 GDP 位于全国前列，其增长速度从全国范围上看也是很高的，经济发展速度翻了一番。江浙经济发展的成功经验可以为其他省（市、自治区）的发展提供参考（如表 7 - 3 所示）。

---

① 参见 http：//www.cpirc.org.cn/news/rkxw_gn_detail.asp？id=4418。

表7-3　2000~2005年全国城乡收入指标比较

年数/年增长率 收入指标	2000年	2001年	2001/2000年增长率（%）	2002年	2002/2001年增长率（%）	2003年	2003/2002年增长率（%）	2004年	2004/2003年增长率（%）	2005年	2005/2004年增长率（%）	平均年增长率（%）	六年增长量	六年增长率（%）
城镇居民人均可支配收入	6 280元	6 860元	9.2	7 703元	12.3	8 472元	10	9 422元	11.2	10 493元	11.4	8.9	4 213元	67%
农民人均纯收入	2 253元	2 366元	5	2 476元	4.6	2 622元	5.9	2 936元	12.0	3 255元	10.9	6.3	1 002元	44%

资料来源：2000~2005年的数据根据《中国统计年鉴（2006）》推算而来。

2. 城镇居民人均可支配收入以及农村人均纯收入

收入水平影响人们的物质购买能力，收入是影响人们物质福利的一个重要因素。当前要全面提高人民的生活质量，迈向全面小康，提高农民收入具有重要的意义。

（1）2000～2005年全国城乡收入水平比较。从总体上看，无论是在城镇还是农村收入水平都是逐年递增的。城镇居民人均可支配收入的年增长率达到了11.4%，农民人均纯收入的年平均增长率为6.3%。虽然如此，城乡收入依然存在着很大的差距且差距在进一步扩大。这是因为农民收入的基数远低于城镇居民收入，虽然农民收入有了较大增长，但增长幅度仍低于城镇居民收入增长幅度，这就导致了城乡收入差距的扩大，如图7－5所示。

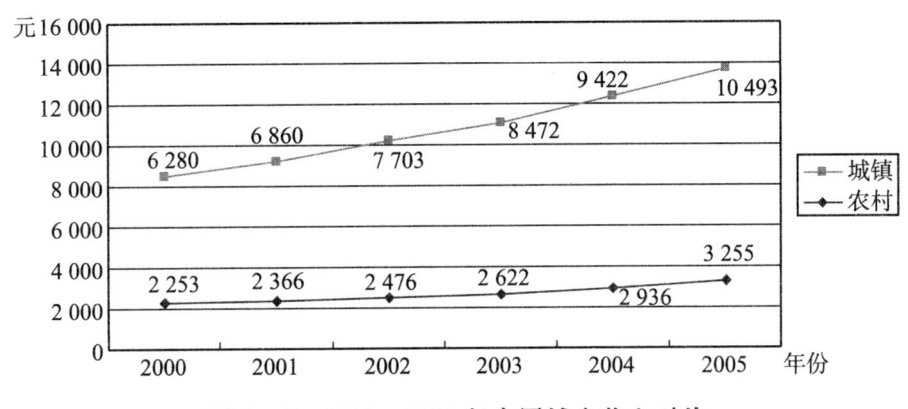

图7－5　2000～2005年全国城乡收入对比

从图7－5中可以看出，城镇人均可支配收入的曲线比较陡峭，上升的幅度较大，而农村人均纯收入的曲线相对要平滑得多，增长速度比较缓慢。2000年城乡收入差距为4 027元，此后几年依次为4 494元、5 227元、5 850元和6 486元。2005年城乡收入差距增加到7 238元，虽然2004年农民收入的增长率首次超过了城镇居民收入的增长率，达到了12%，但2005年城镇居民收入增长率再次大于农村的增长率。这说明由于长期的历史原因，城乡收入基数差距较大，城乡发展失衡的现状难以在短期内改变，导致城乡收入差距拉大。

（2）地区收入水平比较。各地区由于受经济发展水平和物价水平的影响，区域收入水平也有明显的差别。[①]

首先是地区城镇居民人均可支配收入的比较，如表7－4所示。

---

① 为了简化数值的计算，在比较地区的收入水平时，单从收入值进行比较，而未考虑物价因素，不进行收入购买力的比较。

表7-4　　　　　　2000～2005年东、中、西部地区
　　　　　　　　　　城镇居民人均可支配收入　　　　　　　　　单位：元

区域	2000年	2001年	2002年	2003年	2004年	2005年
东部	7 682	8 448	9 186	10 150	11 287	12 884
中部	5 165	5 641	6 334	7 034	7 862	9 633
西部	5 681	6 186	6 673	7 203	7 832	8 691

资料来源：根据《中国统计年鉴》（2001～2005）和《2006年中国居民收入分配报告》推算而来。

表7-4说明，东部城镇居民人均可支配收入保持全国最高水平，2000～2003年西部第二，中部第三；2004年和2005年中部第二，西部最低，且2005年中部城镇居民人均可支配收入比2000年的收入增长了86.5%，高于东部和西部五年的增长率。2005年东部城镇人均可支配收入比2000年增加了67.7%。此外，西部城镇居民人均可支配收入增长缓慢，2005年与2000年相比只增长了53.0%，远低于中部和东部的增长水平。这说明中部的城市经济正在崛起，城镇居民的可支配收入增多；东部继续保持较高的发展水平；而西部的经济增长迟缓，城镇居民的可支配收入增加缓慢。

表7-5为东、中、西地区农村人均纯收入的比较。

表7-5　　　2000～2005年东、中、西部地区农村人均纯收入比较　　单位：元

区域	2000年	2001年	2002年	2003年	2004年	2005年
东部	3 237	3 341	3 758	3 987	4 621	5 123
中部	2 058	2 071	2 269	392	2 772	2 815
西部	1 398	1 568	1 740	1 869	2 085	2 503

资料来源：根据《中国统计年鉴》（2001～2005）和《2006年中国居民收入年度报告》推算而来。

表7-5显示东部、中部、西部的农村人均纯收入明显呈梯度分布。东部地区的农村人均纯收入在全国依然最高，中部次之，西部最低。近几年区域农村人均纯收入都有不同程度的增长，中部与西部的农村人均纯收入的增长与其城镇居民人均可支配收入的增长相比恰恰相反，西部农村人均纯收入的增长率最高，六年来达到了79.0%，其次为东部58.3%，增长率最低的为中部，仅为36.8%。这说明国家对西部地区增加农民收入的力度加大，政策的成效显著，而中部地区的农民收入问题引人注意，中部的城乡收入增加的比例不协调，导致中部地区城乡收入差距拉大。因此，要建设全面小康社会，提高农民的生活质量，必须要提高农民收入。

（3）全国各省（市、自治区）收入状况比较。以上主要比较了全国的收入状况，为了从省（市、自治区）层面上进一步了解全国的收入水平，本研究对

各省（市、自治区）的收入状况也进行了比较，如表7-6和表7-7所示。

表7-6　　2000~2005年城镇居民人均可支配收入比较　　单位：元

省（市、自治区）	2000年	排名	2001年	排名	2002年	排名	2003年	排名	2004年	排名	2005年	排名
北　京	10 349.7	2	11 577.8	2	12 463.9	2	13 882.6	2	15 637.8	2	17 653.0	2
天　津	8 140.5	5	8 958.7	5	9 337.6	5	10 312.9	5	11 467.2	5	12 638.6	5
河　北	5 661.2	15	5 984.8	16	6 679.5	17	7 239.1	17	7 951.3	17	9 107.1	16
山　西	4 724.1	31	5 391.1	28	6 234.4	24	7 005.0	22	7 902.9	18	8 913.9	17
内蒙古	5 129.1	22	5 535.9	23	6 051.0	29	7 012.9	20	8 123.0	14	9 136.8	14
辽　宁	5 357.8	19	5 797.0	20	6 524.5	19	7 240.6	16	8 007.6	16	9 107.5	15
吉　林	4 810.0	29	5 340.5	30	6 260.2	22	7 005.2	21	7 840.6	19	8 690.6	19
黑龙江	4 912.9	27	5 425.9	27	6 100.6	27	6 678.9	28	7 470.7	27	8 272.5	24
上　海	11 718.0	1	12 883.5	1	13 249.8	1	14 867.5	1	16 682.8	1	18 645.0	1
江　苏	6 800.2	8	7 375.1	8	8 177.6	7	9 262.5	7	10 481.9	7	12 318.6	7
浙　江	9 279.2	4	10 464.7	3	11 715.6	3	13 179.5	3	14 546.4	3	16 293.8	3
安　徽	5 293.6	20	5 668.8	21	6 032.4	30	6 778.0	26	7 511.4	24	8 470.7	22
福　建	7 432.3	6	8 313.1	6	9 189.4	6	9 999.5	6	11 175.4	6	12 321.3	6
江　西	5 103.6	25	5 506.0	24	6 335.6	20	6 901.4	24	7 559.6	23	8 619.7	21
山　东	6 490.0	9	7 101.1	9	7 914.4	9	8 399.9	9	9 434.8	8	10 744.8	8
河　南	4 766.3	30	5 267.4	31	6 245.4	23	6 926.1	23	7 704.9	22	8 668.0	20
湖　北	5 524.5	17	5 856.0	17	6 788.5	16	7 322.0	14	8 022.8	15	8 785.9	18
湖　南	6 218.7	12	6 780.6	11	6 958.6	13	7 674.2	12	8 617.5	13	9 524.9	10
广　东	9 761.6	3	10 415.2	4	11 137.2	4	12 380.4	4	13 627.7	4	14 770.0	4
广　西	5 834.4	14	6 665.7	13	7 315.3	10	7 785.0	11	8 690.0	12	9 286.7	12
海　南	5 358.3	18	5 838.8	19	6 822.7	15	7 259.3	15	7 735.8	20	8 123.9	27
重　庆	6 258.0	11	6 721.1	12	7 238.0	12	8 093.7	10	9 221.0	9	10 243.5	9
四　川	5 894.3	13	6 360.5	15	6 610.8	18	7 041.9	19	7 709.9	21	8 386.0	23
贵　州	5 122.2	24	5 451.9	26	5 944.1	31	6 569.2	30	7 322.1	29	8 151.1	26
云　南	6 324.6	10	6 797.7	10	7 240.6	11	7 643.6	13	8 870.9	11	9 265.9	13
西　藏	7 426.3	7	7 869.7	7	8 079.1	8	8 765.5	8	9 106.1	10	9 431.1	11
陕　西	5 124.2	23	5 483.7	25	6 330.8	21	6 806.4	25	7 492.5	25	8 272.0	25
甘　肃	4 916.3	26	5 382.9	29	6 151.4	25	6 657.2	29	7 376.7	28	8 068.8	29
青　海	5 170.0	21	5 853.4	18	6 170.4	25	6 745.3	27	7 319.7	30	8 057.9	30
宁　夏	4 912.4	28	5 544.2	22	6 067.4	28	6 530.5	31	7 217.9	31	8 093.6	28
新　疆	5 644.9	16	6 395.0	14	6 899.6	14	7 173.5	18	7 503.4	25	7 990.2	31

资料来源：国家统计局：《中国统计年鉴（2006）》，中国统计出版社。

表7-7　　　　　　　　　2000~2005年农村人均纯收入比较　　　　　　　　单位：元

省（市、自治区）	2000年	排名	2001年	排名	2002年	排名	2003年	排名	2004年	排名	2005年	排名
北京	4 604.6	2	5 025.5	2	5 398.5	2	5 601.6	2	7 172.0	2	7 346.3	2
天津	3 622.4	5	3 947.7	4	4 278.7	4	4 566.0	4	6 265.0	3	5 579.9	4
河北	2 478.9	9	2 603.6	9	2 685.2	10	2 853.4	10	3 171.1	10	3 481.6	10
山西	1 905.6	20	1 956.1	22	2 149.8	18	2 299.2	17	2 589.6	18	2 890.7	18
内蒙古	2 038.2	16	1 973.4	20	2 086.0	22	2 267.7	18	2 606.0	17	2 988.9	17
辽宁	2 355.6	10	2 557.9	10	2 751.3	9	2 934.4	9	3 307.0	9	3 690.2	9
吉林	2 022.5	17	2 182.2	16	2 301.0	16	2 530.4	13	3 000.4	12	3 264.0	11
黑龙江	2 148.2	14	2 280.3	13	2 405.2	12	2 508.9	15	3 010.0	11	3 221.3	12
上海	5 596.4	1	5 870.9	1	6 223.6	1	6 653.9	1	7 337.0	1	8 247.8	1
江苏	3 595.1	6	3 784.7	5	3 979.8	5	4 239.3	5	4 754.0	5	5 276.3	5
浙江	4 253.7	3	4 582.3	3	4 940.4	3	5 389.0	3	6 096.0	4	6 660.0	3
安徽	1 934.6	19	2 020.0	18	2 117.6	19	2 127.5	22	2 499.3	22	2 641.0	22
福建	3 230.5	7	3 380.7	7	3 538.8	7	3 733.9	7	4 089.4	7	4 450.4	7
江西	2 135.3	15	2 231.6	14	2 306.5	15	2 457.5	16	2 953.0	13	3 128.9	13
山东	2 659.2	8	2 804.5	8	2 947.7	8	3 150.5	8	3 507.4	8	3 930.5	8
河南	1 985.8	18	2 097.9	17	2 215.7	17	2 235.7	19	2 553.2	20	2 870.6	19
湖北	2 268.6	11	2 352.2	11	2 444.1	11	2 566.8	12	2 897.0	14	3 099.2	15
湖南	2 197.2	12	2 299.5	12	2 397.9	14	2 522.9	14	2 838.0	15	3 117.7	14
广东	3 654.5	4	3 769.8	6	3 911.9	6	4 054.6	6	4 365.9	6	4 690.5	6
广西	1 864.5	23	1 944.3	23	2 012.6	23	2 094.0	24	2 305.0	24	2 494.7	24
海南	2 182.3	13	2 226.5	15	2 423.2	12	2 588.1	11	2 818.0	16	3 004.0	16
重庆	1 892.4	22	1 971.2	21	2 097.6	21	2 214.7	21	2 535.0	21	2 809.3	20
四川	1 903.6	21	1 987.0	19	2 107.6	20	2 229.9	20	2 580.3	19	2 802.8	21
贵州	1 374.2	30	1 411.7	30	1 489.9	30	1 564.7	31	1 721.6	31	1 877.0	31
云南	1 478.6	27	1 533.7	27	1 608.6	27	1 697.1	27	1 864.0	28	2 041.8	29
西藏	1 330.8	31	1 404.0	31	1 462.3	31	1 690.8	28	1 861.0	29	2 077.9	27
陕西	1 443.9	28	1 490.8	29	1 596.3	28	1 675.7	29	1 867.0	27	2 052.6	28
甘肃	1 428.7	29	1 508.6	28	1 590.2	29	1 673.1	30	1 852.0	30	1 979.9	30
青海	1 490.5	26	1 557.3	26	1 668.9	26	1 794.1	26	2 004.6	26	2 151.5	26
宁夏	1 724.3	24	1 823.1	24	1 917.4	24	2 043.3	25	2 320.0	23	2 508.9	23
新疆	1 618.1	25	1 710.4	25	1 863.3	25	2 106.2	23	2 245.0	25	2 482.2	25

资料来源：国家统计局：《中国统计年鉴（2006）》，中国统计出版社。

① 各省（市、自治区）收入状况排名①。2005 年上海城镇居民人均可支配收入最高，排名第一，新疆城镇人均可支配收入最低。其他省（市、自治区）的排名依次为：北京、浙江、广东、天津、福建、江苏、山东、重庆、湖南、西藏、广西、云南、内蒙古、辽宁、河北、山西、湖北、吉林、河南、江西、安徽、四川、黑龙江、陕西、贵州、海南、宁夏、甘肃、青海。与此同时，各省（市、自治区）农村人均纯收入也是以上海最高，贵州最低，其余省（市、自治区）排名依次为北京、浙江、天津、江苏、广东、福建、山东、辽宁、河北、吉林、黑龙江、江西、湖南、湖北、海南、内蒙古、山西、河南、重庆、四川、安徽、宁夏、广西、新疆、青海、西藏、陕西、云南、甘肃。

从排名可以看出：上海、北京、浙江、广东、天津、福建、江苏、山东这几个省（市、自治区）城镇人均可支配收入与农村人均纯收入都位于全国较高水平；贵州、陕西、甘肃、宁夏、新疆这五个省（市、自治区）则位于全国较低水平。另外，城乡收入落差比较大的省（市、自治区）有重庆、广西、云南和西藏，这四个省（市、自治区）的城镇居民人均可支配收入在全国具有较高水平，而其农民人均纯收入在全国则处于低水平。其中，云南和西藏的农民收入问题最为突出。

② 各省（市、自治区）之间的收入水平存在差异。首先从城镇居民人均可支配收入来看，2000 年全国最高城镇人均可支配收入与最低城镇人均可支配收入相差 6 993.9 元；2001~2005 年省（市、自治区）间城镇人均可支配收入差距依次为：7 616.1 元、7 305.7 元、8 337.0 元、9 464.9 元、10 654 元；其次全国各省（市、自治区）最高与最低农民人均纯收入的差距从 2000~2005 年依次为：4 265.6 元、4 466.9 元、4 761.3 元、5 089.2 元、5 615.4 元、6 370.8 元。

以上分析说明，各省（市、自治区）之间的收入水平也存在很大的差异性，且收入水平的间距在逐步扩大。除此以外，近四年比较突出的为重庆，其城镇居民人均可支配收入从 2002 年的第 12 位升到 2003 年的第 10 位，2004 年和 2005 年名列第 9，其位次逐年上升，农村人均纯收入由第 22 位升到了第 21 位，可见这几年重庆的发展使人们的收入水平有所提高。

③ 各省（市、自治区）收入增长状况迥异。从 2000~2005 年全国各省（市、自治区）六年城镇居民人均可支配收入的增长量来看，北京第一，六年城镇人均可支配收入增长了 7 303.3 元。其次是浙江，增长了 7 014.6 元。上海增长了 6 927 元，排名第三。其他前十名的省（市、自治区）的排名依次为江苏 5 518.4 元、广东 5 008.4 元、福建 4 889 元、天津 4 498.1 元、山东 4 254 元、

---

① 全国各省（市、自治区）的收入排名 2000~2005 年间没有很大的变动，只是个别省（市、自治区）之间的微调。因此以 2005 年的全国各省（市、自治区）的收入数值为标准进行排名。

山西4 189.8元、内蒙古4 007.7元。以后顺次为重庆、河南、吉林、辽宁、江西、广西、河北、黑龙江、湖北、宁夏、安徽、甘肃、陕西、贵州、云南、青海、海南、湖南、四川、新疆、西藏。其中西藏最低,只增长了1 004.9元。

此外,六年各省(市、自治区)的城镇人均可支配收入的增长率排名依次为山西、河南、江苏、吉林、内蒙古、浙江、北京、辽宁、江西、黑龙江、福建、山东、宁夏、甘肃、重庆、陕西、河北、安徽、广西、上海、贵州、湖北、青海、天津、广东、湖南、海南、云南、四川、新疆、西藏。其中,增长率最高的是山西,为88.7%;而最低的是西藏,仅为27.0%,差别很大。

增长量较高的十个省(市、自治区)中除山西和内蒙古两个中部和西部地区的省(市、自治区)外,其余均位于东部经济发达地区。但从增长率看前两名都属于中部地区,前十名中西部地区的省(市、自治区)占了六个,而东部省(市、自治区)有江苏、浙江、北京、辽宁。增长率最后十名中,处于东部地区的有海南、广东、天津,而其他的省(市、自治区)都是属于中西部的,其中最低的为新疆和西藏,增长率分别为41.5%和27.0%。

3. 就业状况

就业直接影响人们的收入来源,影响到人们物质生活的改善。因此就业对于人们生活质量的提高,国家的繁荣安定有着重要的意义。

近几年由于国家进行经济体制的改革,导致下岗职工大量涌现。失业人群的增加给社会发展带来了巨大的压力,对此国家实行了积极的再就业工程,并取得了一定的成果。2000~2005年间全国总体的就业状况是良好的,就业人数和就业率逐年增加,2005年全国就业人数为75 825万人,比2000年的就业人数增加了3 740万人,如图7-6所示。

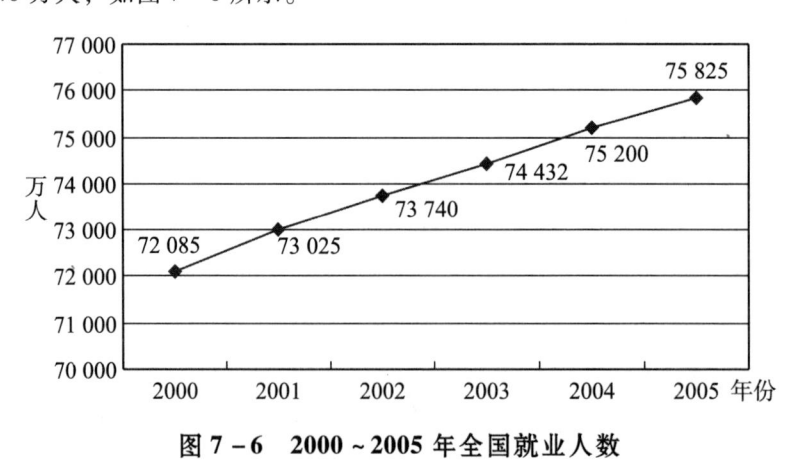

图7-6 2000~2005年全国就业人数

资料来源:国家统计局人口和社会科技统计司编:《中国劳动统计年鉴(2005)》,中国统计出版社;国家统计局编:《中国统计年鉴(2006)》,中国统计出版社。

此外，各省（市、自治区）的就业人数也有相应的增长，如表 7-8 所示。表中数值反映了 2000~2005 年各省（市、自治区）就业人数及就业率的变化。

表 7-8　　　　　　　2000~2005 年全国就业状况　　　　　　　单位：万人

省（市、自治区）	2000 年		2001 年		2002 年		2003 年		2004 年		2005 年	
	就业人数	就业率	就业人数	就业率	就业人数	就业率	就业人数	就业率	就业人数	就业率	就业人数	就业率
北　京	622	0.45	630	0.46	799	0.56	859	0.59	895	0.59	920	—
天　津	407	0.41	411	0.41	403	0.4	420	0.42	422	0.52	427	—
河　北	3 441	0.51	3 380	0.5	3 386	0.5	3 389	0.5	3 416	0.52	3 467	—
山　西	1 419	0.43	1 413	0.43	1 417	0.43	1 469	0.45	1 475	0.44	1 476	—
内蒙古	1 017	0.43	1 013	0.43	1 010	0.43	1 005	0.42	1 019	—	1 041	—
辽　宁	1 813	0.43	1 833	0.44	1 842	0.44	1 861	0.44	1 952	0.5	1 979	—
吉　林	1 079	0.4	1 057	0.39	1 095	0.41	1 045	0.39	1 116	0.45	1 099	—
黑龙江	1 635	0.44	1 631	0.43	1 626	0.43	1 622	0.43	1 623	0.44	1 626	—
上　海	673	0.4	692	0.52	743	0.56	772	0.58	812	0.44	856	—
江　苏	3 559	0.48	3 565	0.49	3 506	0.48	3 610	0.49	3 720	0.6	3 878	—
浙　江	2 700	0.58	2 772	0.53	2 835	0.61	2 962	0.63	3 092	0.62	3 203	—
安　徽	3 373	0.56	3 390	0.54	3 404	0.54	3 416	0.53	3 453	0.56	3 485	—
福　建	1 660	0.48	1 678	0.49	1 711	0.49	1 757	0.5	1 818	0.51	1 869	—
江　西	1 935	0.48	1 933	0.46	1 955	0.46	1 972	0.46	2 040	0.48	2 108	—
山　东	4 662	0.51	4 672	0.52	4 752	0.52	4 851	0.53	4 940	0.62	5 111	—
河　南	5 572	0.6	5 517	0.58	5 522	0.57	5 536	0.57	5 587	0.57	5 662	—
湖　北	2 508	0.42	2 452	0.41	2 467	0.41	2 537	0.42	2 589	0.58	2 627	—
湖　南	3 462	0.54	3 439	0.52	3 469	0.52	3 516	0.53	3 600	0.56	3 658	—
广　东	3 861	0.45	3 963	0.51	3 967	0.51	4 120	0.54	4 316	0.56	4 702	—
广　西	2 530	0.56	2 543	0.53	2 571	0.53	2 601	0.54	2 649	0.54	2 703	—
海　南	334	0.42	340	0.43	342	0.43	354	0.44	367	0.46	378	—
重　庆	1 636	0.53	1 624	0.52	1 640	0.53	1 660	0.6	1 689	0.62	1 721	—
四　川	4 436	0.53	4 415	0.51	4 409	0.51	4 450	0.51	4 503	0.54	4 604	—
贵　州	2 046	0.58	2 068	0.55	2 081	0.54	2 118	0.55	2 169	0.56	2 216	—
云　南	2 295	0.54	2 323	0.54	2 341	0.54	2 350	0.54	2 401	0.54	2 461	—
西　藏	123	0.47	125	0.48	129	0.48	131	0.48	135	0.5	140	—
陕　西	1 813	0.52	1 785	0.49	1 873	0.51	1 911	0.52	1 885	—	1 883	—
甘　肃	1 182	0.46	1 187	0.46	1 255	0.48	1 304	0.5	1 322	0.58	1 348	—
青　海	239	0.46	240	0.46	247	0.47	254	0.48	263	0.54	268	—
宁　夏	274	0.49	278	0.49	282	0.49	291	0.54	298	0.56	300	—
新　疆	672	0.35	685	0.37	701	0.37	721	0.37	744	0.38	764	—

注：有关 2005 年的就业率统计数据暂缺。

资料来源：国家统计局人口和社会科技统计司编，《中国劳动统计年鉴（2005）》，中国统计出版社；国家统计局编，《中国统计年鉴（2006）》，中国统计出版社。

各省（市、自治区）就业状况呈现以下几个特点：

（1）以 2004 年的数据为准，就业率达到 50% 以上的省（市、自治区）逐年增加，就业形势良好，2000 年就业率达到 50% 以上的省（市、自治区）有 11 个，分别为河北、浙江、山东、河南、湖南、广西、重庆、四川、贵州、云南和陕西；2001 年上海、安徽、广东的就业率也超过了 50%，全国有 13 个省（市、自治区）达到了 50% 以上；2002 年增加到 14 个省（市、自治区），北京的就业率首次超过 50%；2003 年各省（市、自治区）的就业状况继续出现良好的势头，有 17 个省（市、自治区）的就业率达到了 50% 以上，其中浙江和重庆的就业率最高，已经上升到 60% 以上；到了 2004 年，全国有 22 个省（市、自治区）的就业人数超过了各省（市、自治区）总人数的一半，江苏、浙江、山东和重庆这四个省（市、自治区）的就业水平则处于全国较高水平。

（2）中西部各省（市、自治区）经济发展水平较低，但就业状况良好。从就业率超过 50% 的省（市、自治区）可以看出，绝大多数省（市、自治区）都属于中部和西部地区，这说明中部和西部地区的就业状况较好，人民生活有一定的保障。中西部就业人数多，但经济发展水平较低，人民的收入水平不高，这说明了中西部地区经济增长模式仍为粗放型增长。在今后的发展中，要提高中西部人民的物质福利水平，除了促进就业和增加人民的收入外，最根本的是促进经济发展，转变经济增长方式即由原来粗放型经济增长方式转变为集约型增长方式[①]。

（二）各省（市、自治区）综合指数的比较[②]

在分项指标比较结束后，现在可以通过等权重法将三项指标加权平均，得到一个物质福利综合指数的排名。其中收入水平这个二级综合指数的数值是由城镇人均可支配收入与农村人均纯收入加权计算而得出，其具体的计算方法在前文已有论述，在此不再赘述。

各省（市、自治区）的综合物质福利水平大致情况如表 7-9 所示。

---

① 粗放型经济增长方式，是指主要依靠物质要素的投入和劳力的投入来增加产品数量，实现经济增长的方式；集约型经济增长方式，是指主要依靠要素质量改进和优化配置来提高产量和产品质量，实现经济增长的方式。

② 由于 2005 年的就业率数据暂缺，所以本部分的分析将以 2004 年的数据为准。

表7-9　　　　　　　　2000~2004年全国物质福利水平比较*

省（市、自治区）	2000年	排名	2001年	排名	2002年	排名	2003年	排名	2004年	排名
北　京	0.487	2	0.507	2	0.558	2	0.557	2	0.664	1
天　津	0.380	4	0.389	4	0.389	5	0.397	4	0.494	4
河　北	0.263	9	0.244	10	0.315	8	0.253	11	0.286	15
山　西	0.183	29	0.177	30	0.193	26	0.197	24	0.139	28
内蒙古	0.197	24	0.189	26	0.201	21	0.197	24	—	—
辽　宁	0.260	10	0.254	9	0.260	10	0.257	10	0.275	17
吉　林	0.204	22	0.190	27	0.199	23	0.197	24	0.167	26
黑龙江	0.227	15	0.217	17	0.220	15	0.220	14	0.167	26
上　海	0.633	1	0.674	1	0.686	1	0.693	1	0.583	3
江　苏	0.353	6	0.315	7	0.332	6	0.345	6	0.491	5
浙　江	0.417	3	0.407	3	0.449	3	0.460	3	0.589	2
安　徽	0.23	13	0.218	16	0.217	17	0.217	16	0.292	14
福　建	0.323	7	0.324	6	0.330	7	0.327	7	0.333	10
江　西	0.21	20	0.191	23	0.199	22	0.201	23	0.193	24
山　东	0.29	8	0.289	8	0.297	9	0.300	8	0.463	6
河　南	0.25	11	0.235	12	0.240	11	0.237	12	0.318	11
湖　北	0.217	18	0.204	19	0.212	19	0.210	18	0.346	9
湖　南	0.243	12	0.238	11	0.234	12	0.237	12	0.313	12
广　东	0.363	5	0.381	5	0.421	4	0.377	5	0.441	7
广　西	0.227	15	0.222	15	0.218	16	0.220	14	0.260	19
海　南	0.210	20	0.202	20	0.211	20	0.213	18	0.169	25
重　庆	0.230	13	0.226	13	0.231	13	0.258	9	0.395	8
四　川	0.223	17	0.216	18	0.213	18	0.212	19	0.265	18
贵　州	0.197	24	0.185	29	0.181	29	0.183	30	0.250	21
云　南	0.213	19	0.199	21	0.229	14	0.208	20	0.247	22
西　藏	0.189	27	0.225	14	—	—	—	—	0.196	23
陕　西	0.200	23	0.187	28	0.197	24	0.202	22	—	—
甘　肃	0.174	31	0.175	31	0.178	30	0.205	21	0.293	13
青　海**	0.188	28	0.190	24	0.191	27	0.195	28	0.257	20
宁　夏	0.194	26	0.198	22	0.195	25	0.215	17	0.285	16
新　疆	0.181	30	0.190	25	0.188	28	0.185	29	0.056	29

　　* 西藏2002年和2003年的数据缺省，2004年内蒙古和陕西因就业指标数据缺省，在具体排名时未将其排列在内。

　　** 2001年青海物质福利水平综合指数为0.1903，新疆为0.190。

　　资料来源：根据《中国统计年鉴》、《中国劳动统计年鉴》（2000~2004）的相关数据计算得出。

由物质福利综合指数的排名可以看出全国物质福利水平呈现下列特点：

1. 区域物质福利水平具有差异性，东部地区的物质福利水平要高于中西部地区

从综合指数的排名可知，上海在 2000～2003 年连续四年的物质福利水平第一，在 2004 年为第三，而北京则在 2000～2003 年连续四年第二，2004 年升为第一。2000 年其他各省（市、自治区）的排名依次为浙江、天津、广东、江苏、福建、山东、辽宁、海南、黑龙江、新疆、河北、内蒙古、吉林、宁夏、湖北、湖南、山西、重庆、青海、江西、河南、云南、陕西、广西、四川、安徽、甘肃、贵州。总体上来说物质福利水平较高的基本上属于经济发达的东部地区，而福利水平较低的为中部和西部的各省市。这说明全国的物质福利水平出现层级化，地区福利水平间距大，区域之间形成了"断裂"①，东部地区明显高于中部和西部地区。

2. 各区域内省（市、自治区）间物质福利水平也存在差距，省（市、自治区）间发展不平衡

东部区域包括 12 个省（市、自治区），总体物质福利水平较高，但各省（市、自治区）间也存在差距。从表 7-9 中看出，广西和海南的物质福利水平落后于东部其他省（市、自治区），尤其是海南，其物质福利水平总是徘徊在第 20 名左右，低于东部地区物质福利的平均水平；中部地区物质福利水平处于全国的中等水平，但江西和吉林较为落后，处于全国较低水平；此外，西部各省（市、自治区）物质福利水平也有差异，从排名很明显地看出，重庆的物质福利水平较之其他西部各省（市、自治区）的水平高，而西部其他各省（市、自治区）则处于全国最低水平。这些数值说明中国不仅存在着区域差距，而且同一区域不同地区也存在着差距。

3. 由于西部大开发政策的实施，西部物质福利水平明显提高

纵观各省（市、自治区）近几年的发展，东部和中部各省（市、自治区）物质福利发展水平基本处于稳定状态中，排名没有明显的变化，但从表 7-1 中可看出，西部有些省（市、自治区）有较大的发展潜力，其物质福利水平有明显的攀升。如甘肃和宁夏两省（市、自治区）物质福利水平 2004 年的排名分别由 2000 年的第 31 名和第 26 名上升到第 13 名和第 16 名，前进了 10 多个位次，其他省（市、自治区）的物质福利水平也有一定程度的提高。这说明了西部大开发政策推动了西部地区经济的发展，促进了西部地区物质福利水平的提高，国

---

① "断裂"一语原为孙立平用以形容城乡社会的差距，此处形容区域间物质福利水平的差距。具体参见孙立平著：《断裂：20 世纪 90 年代以来的中国社会》，社会科学出版社 2003 年版。

家对西部的政策取得了实质性的成果。

总之，无论从分项指标看还是从综合指数看，全国总体的经济发展形势是较好的。人均 GDP、收入水平和就业率都有不同程度的提高，人民物质生活也有很大的改善，生活质量得到了提高。但同时指标也反映了经济发展过程中所出现的问题，即经济发展不平衡，物质福利水平的差异性较大。因此，在今后的发展过程中要着力解决城乡经济发展与区域经济发展不平衡的问题，全面提高人民的物质福利水平，提高人民的生活质量，最终迈向全面小康。

以上数据分析表明，在 2000~2005 年六年间，反映物质福利生活质量的各项指标均有显著的增长。2005 年中国人均 GDP 达到了 14 040 元，年均增长率为 10%。2005 年城镇居民人均可支配收入和农村居民人均纯收入分别为 10 493 元和 3 255 元，六年间年均增长率为 8.9% 和 6.3%。2005 年全国就业人数为 75 825 万人，六年间就业人数不断增加。但是，也应该注意到，整体物质生活质量不断改善的同时，在各省（市、自治区）之间、在城乡之间、东部和中西部地区之间还存在着很大的差距。这就要求我们在以后的工作中除了要重视全社会生活质量不断提高外，更应该重视不同部门的生活质量的提高。

第八章

生活质量的消费指标及其评价

在人们的生活认同感以及自我观念中,消费扮演了愈来愈重要的角色,被认为是进入"后现代社会的标志之一"。放眼全球,一方面,强大的社会生产力远远超出了人们的基本需求,对于那些富裕的人们来说商品正在成为一种标示生活质量的物质和文化的复合体[1];而另一方面,消费的某些方面正危害着人类全体可持续发展的前景,正如《1998年人类发展报告》中指出的一样:"十亿多人无法得到满足其大部分基本需求的消费。其他消费者却以环境上或社会上不能持续并且经常不利于我们自己福利的方式进行"。[2]

一、消费与生活质量研究背景

在现代社会,消费被定义为:在现代经济、社会条件下,人们为满足其需求和需要,对终极产品(物品、设施或劳务)的选择、购买、维护、修理或使用过程,该过程被赋予一定意义,并导致一定的满足、快乐、挫折或失望等体验(王宁,2001)。消费活动在人类社会产生举足轻重的作用。

从经济系统看,消费活动是社会经济得以发展的重要前提。生产、分配、交

---

[1] 张卫良:《20世纪西方社会关于"消费社会"的讨论》,载《国外社会科学》2004年第5期,第34~40页。
[2] 联合国开发计划署,高春燕等译:《1998年人类发展报告》,中国财政经济出版社2000年版,第Ⅲ页。

换和消费构成了社会再生产的全过程，消费既是终点又是起点，既是目的又是动力，只有生产的产品被消费才能产生下一轮生产的需要和生产本身，因此在生产决定消费的同时，消费对生产又具有一定的反作用。从人类发展的观点来看，消费是人类发展的手段。其重要性在于它增强了人们活得长并且活得好的能力。消费提供了机会，没有这些机会，人们就会陷入贫困。①

今天全球即将或已经进入消费社会，"这种社会的特征是'富裕'之上的'消费'"。"今天，在我们的周围，存在着一种由不断增长的物、服务和物质财富所构成的惊人的消费和丰盛现象。它构成了人类自然环境中的一种根本变化。恰当地说，富裕的人们不再像过去那样受到人的包围，而是受到物的包围。我们生活在物的时代，我们根据它们的节奏和不断替代的现实而生活着。"② 第二次世界大战后迅速变化和发展的当代资本主义社会的主要特征可以用两个词加以概括，即"消费"和"富裕"。我们通过对"物"与消费的社会意识形态体系进行分析，就能够把握日常生活的结构及整个社会发展的基本动力。

二、指标框架与确立原则

（一）指标设置原则

生活质量是一个不断发展变化的概念，随着社会的发展，生活质量的内涵与外延也不断地变化。因此，在当前进行中国现阶段的消费生活质量研究时应具有以下特点：

1. 将消费生活质量研究限定在客观方面

其原因在于：首先，消费生活质量的研究应该与经济社会的发展相适应。中国社会经济发展尚处在较低阶段，且二元的社会结构十分明显，国家在制定社会发展战略时，不能忽略农村消费生活质量的提高而一味地关注城镇的消费生活质量。作为指导国家社会发展的政策性研究，考虑的问题不仅仅是某一局部的利益，而应是以全国大多数人的利益为出发点。同时，消费生活质量的测量要顺应社会发展的步伐做出调整，在全国居民生活基本达到小康和消费总量不断增加的前提下，更多的应该关注消费结构合理性以及消费资源分配的问题。

---

① 联合国开发计划署：《1998年人类发展报告》，高春燕等译，北京：中国财政经济出版社2000年版，第35页。

② ［法］波德里亚著，刘成富译：《消费社会》，南京大学出版社2000年版。

2. 生活质量应较少涉及个人生活层面，应以社会条件层面（公共领域）为主

社会发展的终极目标是提高人的生活质量，使社会中的每一个人都生活得幸福，从这个意义上讲，研究生活质量应该着重生活质量的个人层面。但是，社会层面的总体生活需求满足是个人层面生活质量提高的基本前提，同时从中国社会发展的实际以及人的生活的需求程度和阶段性原则出发，目前拟从生活质量的社会层面着手，以社会公共领域提供的生活需求满足程度为首要目标。①

3. 消费生活质量的测量应在可持续发展原则指导下进行

消费从某种程度上来说就是一种耗费，提高消费生活质量从这种意义上来讲就是在有限资源的情况下，人们如何提高资源耗费的效率满足自身的需求和实现自身潜能的最大发挥。这种耗费应是以考虑全社会乃至全人类的共同利益为前提的，因此，研究中国消费生活质量的社会目标是坚持可持续发展。

同时在建构中国国民消费生活质量指标体系时还应遵循建立指标的一般原则，诸如全面、客观、便于操作、可比性以及全方位的原则等。

（二）消费生活质量指标体系的结构框架

消费结构是衡量人们生活质量的一个重要子指标。在《中国统计年鉴》中，国家用八个消费指标来衡量人民的生活质量，分别是：食品、衣着、家庭设备用品及服务、居住、医疗保健、交通和通讯、文化教育娱乐及服务、杂项商品及服务。消费需求的满足具有从高到低的层次性，人们总是先满足低层次的生存需求如食物、衣着，然后依次是满足较高层次的享受和发展的需要。但消费资源一定时，一种消费所占的比重过大，必将挤占其他项目的消费。如果在消费结构中，低层次消费所占比重过大，说明高层次的消费未能得到较好的满足。

这里对2000～2004年中国居民消费支出状况及其变化进行了实证分析，其中对大样本数据的统计分析和实证研究占主要部分。本研究使用了恩格尔系数和消费结构系数，这是考虑了这两项测度指数具有优于其他一些指数的性质。同时加入了对消费状况的总体聚类分析，它能反映出消费支出的历年变化趋势。通过对消费的分类分析能够对全国的消费总体状况进行全面的了解（如图8-1所示）。

---

① 周长城等著：《全面小康：生活质量与测量——国际视野下的生活质量指标》，社会科学文献出版社2003年版，第5页。

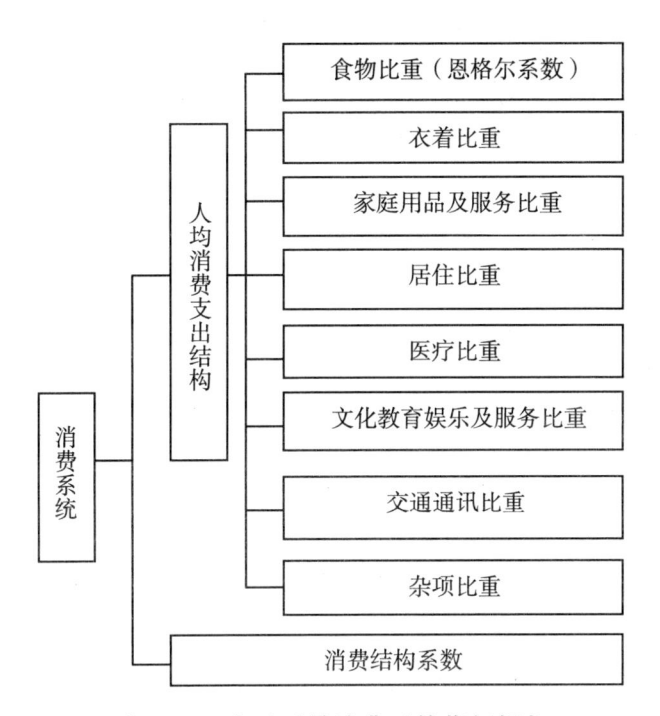

```
                    ┌─ 食物比重（恩格尔系数）
                    ├─ 衣着比重
                    ├─ 家庭用品及服务比重
          ┌ 人均消费 ─┼─ 居住比重
消费系统 ─┤ 支出结构  ├─ 医疗比重
          │          ├─ 文化教育娱乐及服务比重
          │          ├─ 交通通讯比重
          │          └─ 杂项比重
          └─ 消费结构系数
```

图 8 – 1　生活质量消费系统指标框架

然而影响收入差距变动的因素是多方面的，本分析很难涵盖所有可能的影响因素，能够做的是尽可能对上述收入差距的一般性函数进行具体化的处理，即根据《中国统计年鉴》上可以通过计算获得的数据，通过加权处理，遴选为消费支出的八个因素。通过主成分分析法和因子分析法找出影响全国居民消费支出的因素，考虑到时间序列，避免由仅仅对当年消费支出状况进行分析而产生的误差。在时间跨度上的聚类分析，结合消费结构系数希望能够对 31 个省（市、自治区）的消费状况有一个全面地认识。

（三）指标的内涵与计算

1. 消费支出比重 = 各部分消费支出额/消费总支出
2. 恩格尔系数 = 食物消费支出/消费总支出
3. 消费结构系数 CG

$$CG = 1/8 \sum_{i=1}^{8} C_i + 2 \times 1/8 \sum_{i=1}^{7} (1 - S_i) - 1$$

$$S_i = \sum_{i=1}^{i} C_i$$

其中，C_i 是消费支出占各个消费总支出的比重，S_i 为累计至 i 组时消费支出占总支出的比重。

4. 聚类分析的自变量

将各地区八大类 2000~2004 年的消费额进行标准化处理：

$$Xa = A_1A_1/Ea + A_2A_2/Ea + A_3A_3/Ea + A_4A_4/Ea + A_5A_5/Ea$$
$$Ea = A_1 + A_2 + A_3 + A_4 + A_5$$
$$Xb = B_1B_1/Eb + B_2B_2/Eb + B_3B_3/Eb + B_4B_4/Eb + B_5B_5/Eb$$
$$Eb = B_1 + B_2 + B_3 + B_4 + B_5$$
……
$$Xh = H_1H_1/Eh + H_2H_2/Eh + H_3H_3/Eh + H_4H_4/Eh + H_5H_5/Eh$$
$$Eh = H_1 + H_2 + H_3 + H_4 + H_5$$

依次计算出八类消费支出值 $Xa \sim Xh$ 八个值，$Ai \sim Hi$（从 A~H 代表八个类别，i 代表年份），$Xa \sim Xh$ 表示代表了 2000~2004 年 5 年时间序列的 A~H 类消费值。将 31 个省（市、自治区）的 $Xa \sim Xh$ 值进行排列就能得到 31 个省（市、自治区）的八大类消费值，成为聚类分析的数据。

三、消费生活质量的状况与评价

（一）全国消费的总体状况

全国人均消费支出不断增加（如图 8-2 所示），城镇人均消费支出由 1995 年的 3 537.57 元增长到 2004 年的 7 182.1 元，10 年间增长了 1 倍多。而农村增长较为缓慢，到 2004 年农村人均全年消费性支出才达到 2 184.65 元。消费总量上的增长使得人们的消费范围不断扩大，除了基本食品、衣着需求的满足，大件耐用消费品源源不断的进入农村家庭。小轿车开始进入中国家庭的同时，摩托车和农用车开始成为农村市场的消费热点。"消费社会"思潮渐渐兴起，大众消费时代似乎已经来临。

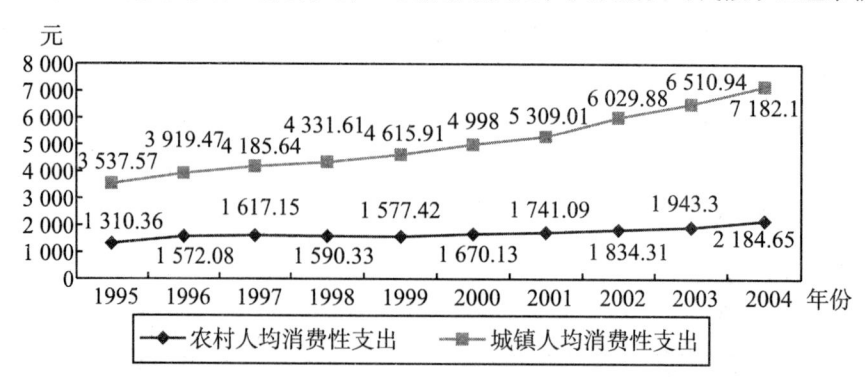

图 8-2 1995~2004 年全国农村与城镇人均消费支出

资料来源：根据《中国统计年鉴》（1996~2005）整理而成。

随着人均消费额的不断增加，2003年中国人均消费额已超过世界低收入国家的均值。由于其基数太大，虽然7.5%的人均消费支出增长率（如表8－1所示）排在世界前列，但在人均额上与西方发达国家比较还存在很大差距。世界银行统计数据揭示了中国消费状况在世界各国中仍处于较低水平的情况。从人均最终消费支出看，49个国家和地区中，中国为484.9美元，只比印度高，仅是排在第一位的美国的1/51，邻国日本的1/44，韩国的1/13。

表8－1　　　　　2003年人均住户最终消费支出及增长率

国家或地区	人均住户最终消费支出（2000年价格）		1991~2003年人均住户消费支出增长率（%）
	1990年（美元）	2003年（美元）	
世　界	2 773.1	3 278.0	1.4
高收入国家（地区）	13 523.6	17 013.4	1.9
中收入国家（地区）	831.7	1 130.6	2.4
低收入国家（地区）	225.9	291.0	2.0
中　国	189.4	484.9	7.5
日　本	18 349.2	21 550.3	1.2
韩　国	3 835.6	6 435.7	4.1
美　国	19 110.0	24 761.3	2.2
法　国	10 895.1	12 620.4	1.1
德　国	11 429.9	13 399.5	1.2
英　国	12 661.8	17 462.7	2.5

资料来源：国家统计局编《国际统计年鉴（2005）》，表9－1，中国统计出版社2005年版。

2003年中国人均GDP达到1 000美元，与其他发达国家在人均GDP达到或接近1 000美元时的消费结构进行比较，可以看到这一层次国家的发展状况（如表8－2所示）。

表8－2　　　　中国与其他国家消费结构的比较*　　　　　　单位：%

项　目	西方五国（美、日、德、法、英）（1942~1967年）	苏联、匈、波（1965~1971年）	中国（2003年）
食（含烟酒、饮料）	40.40	44.40	42.41
衣	12.54	12.90	6.87
住（含水电气燃料）	11.76	5.37	14.37
用（耐用品及日用品）	11.52	7.03	4.8
行（含通信）	7.50	7.00	10.10
劳务（含文化、娱乐、卫生、教育及其他）	16.18	23.20	22.38
合计	100.00	100.00	100.00

* 以人均国民收入达到1 000美元为例。

资料来源：刘方域、张少龙：《90年代后期中国居民消费分析》，载《北京大学学报》1994年第2期；国家统计局编：《国际统计年鉴（2004）》，中国统计出版社2004年版。

从表 8-2 中可以看出，在人均国民收入达到 1 000 美元时，中国的恩格尔系数与发达国家同一时期的标准相持平；由于中国近阶段进行的房屋改革和住房津贴制度的实施，住房消费掀起热潮；交通和通讯消费在现阶段短时间内呈现出急速增长的现象。由住房消费和交通消费的急速增长同时也带动了相关能源的消费。在整体结构上中国的消费结构与这些发达国家在历史上的情况下基本一致，但在耐用消费品的消费上相差甚远。这是由中国现阶段的国情决定的，现阶段城镇的大件耐用品的消费已逐渐趋于饱和，而农村大件耐用品消费逐渐起步，该市场的进一步挖掘还需要农民可支配收入的进一步增加。

（二）城镇各部分消费支出的状况

1. 食物消费支出（恩格尔系数）

按照恩格尔定律，食品支出在居民消费支出中的比重将随收入增加呈下降趋势，即恩格尔系数随收入增加而减小。事实的确如此，从表 8-3 可以发现，全国城镇居民食品支出占消费支出的比重由 2000 年的 39.18% 下降到 2003 年的 37.73%。但与世界其他国家相同收入水平时的消费结构相比，中国的恩格尔系数明显过高。至 2004 年，安徽、海南、西藏的恩格尔系数仍是国内最高的三大省（市、自治区），但将其食物消费支出与总支出做比较，我们可以看到除收入对消费有一定影响外，不同地域的消费文化和消费习惯也是造成现阶段消费状况的重要原因。

表 8-3　　　　2000~2004 年全国食物消费支出比重　　　　单位：%

地 区	2000 年	2001 年	2002 年	2003 年	2004 年
全　国	39.18	37.94	37.68	37.12	37.73
北　京	36.30	36.19	33.76	31.67	32.18
天　津	40.10	37.04	36.25	37.67	37.24
河　北	34.91	35.35	35.42	35.16	36.82
山　西	34.91	34.27	32.51	33.54	33.92
内蒙古	34.46	33.92	31.53	31.47	32.56
辽　宁	40.68	39.66	38.83	39.40	40.41
吉　林	39.36	38.06	36.38	35.65	35.92
黑龙江	38.42	37.23	35.51	35.57	35.42
上　海	44.15	43.08	39.38	37.16	36.37
江　苏	41.14	39.66	40.41	38.26	39.98
浙　江	39.20	36.32	39.88	36.64	36.21
安　徽	45.71	44.25	43.18	44.21	43.93
福　建	44.66	44.07	43.45	42.20	41.60
江　西	43.04	40.76	40.53	40.29	43.02

续表

地区	2000年	2001年	2002年	2003年	2004年
山 东	34.73	34.30	34.44	33.80	34.62
河 南	36.20	34.67	33.68	33.64	35.05
湖 北	38.31	37.45	37.22	38.23	39.32
湖 南	37.24	35.04	35.62	35.83	36.02
广 东	46.10	38.15	38.50	37.20	36.96
广 西	39.90	37.67	40.67	40.01	42.31
海 南	49.31	46.30	44.62	44.76	46.93
重 庆	41.45	39.80	38.03	37.96	37.82
四 川	41.48	40.23	39.83	38.91	40.19
贵 州	42.95	40.92	38.90	39.77	41.14
云 南	40.34	40.09	41.58	41.61	42.35
西 藏	46.27	43.82	40.81	44.04	45.56
陕 西	35.82	34.27	34.08	34.59	35.88
甘 肃	37.63	37.08	35.40	36.01	37.12
青 海	40.90	38.10	36.70	36.79	35.70
宁 夏	35.73	34.00	34.76	36.01	37.04
新 疆	36.38	34.81	33.94	35.87	36.08

资料来源：根据国家统计局编《中国统计年鉴》(2001~2005) 整理而成。

2. 衣着消费支出

全国城镇居民衣着支出比重呈现出相对持平的状态，但较高消费支出的北京、上海比重减小趋势明显，这也正好符合了世界各国衣着消费支出比重先升后降的一般规律，但仍存在个别省（市、自治区）每年在衣着上花费较大的情况（如内蒙古和西藏其衣着消费比重常年处于全国之最，如表8-4所示）。2004年城镇人均衣着消费额增加到686.79元，相较于2000年的500.46元，增长37.23%。

表8-4 2000~2004年全国衣着消费支出比重 单位：%

地 区	2000年	2001年	2002年	2003年	2004年
全 国	10.01	10.05	9.80	9.79	9.56
北 京	8.89	9.21	8.40	8.15	8.71
天 津	8.89	7.61	8.11	7.37	7.10
河 北	12.29	11.83	11.39	10.8	10.84
山 西	12.97	12.57	13.95	14.22	13.22
内蒙古	14.27	14.17	13.88	14.64	14.44
辽 宁	13.05	12.719	12.08	10.49	9.96
吉 林	12.61	12.61	12.62	12.14	12.19

续表

地 区	2000 年	2001 年	2002 年	2003 年	2004 年
黑龙江	13.31	12.69	13.69	13.88	12.92
上 海	6.40	6.18	5.86	6.80	6.31
江 苏	9.24	9.05	8.85	8.76	8.33
浙 江	8.12	8.41	8.54	8.55	8.85
安 徽	10.37	10.33	11.78	11.02	11.17
福 建	8.72	8.43	7.95	7.83	7.33
江 西	8.88	9.08	9.84	9.78	9.62
山 东	13.25	13.33	13.43	13.03	12.43
河 南	12.03	11.78	12.66	12.2	12.28
湖 北	11.42	12.13	10.57	11.22	11.11
湖 南	9.49	9.94	10.36	10.21	10.01
广 东	4.62	4.73	5.46	5.81	5.80
广 西	6.46	6.95	7.55	6.48	6.57
海 南	4.59	4.78	4.88	5.08	5.17
重 庆	9.90	10.03	9.73	10.33	9.78
四 川	9.55	9.46	9.36	9.31	8.76
贵 州	10.59	11.38	10.52	10.61	10.65
云 南	10.07	10.19	9.26	9.87	9.53
西 藏	15.77	16.71	16.25	14.04	12.95
陕 西	9.43	9.57	9.45	9.87	9.78
甘 肃	12.53	12.17	11.51	12.18	12.40
青 海	10.96	11.33	11.03	11.35	10.80
宁 夏	13.38	12.45	11.33	10.98	10.94
新 疆	13.05	13.99	12.6	14.14	13.28

资料来源：根据国家统计局编《中国统计年鉴》（2001～2005）整理而成。

3. 家庭设备用品及服务支出

2000 年，城镇居民家庭设备用品及服务支出为 439.29 元，而 2004 年为 407.37 元。城镇居民此项支出占总消费支出的比例也在逐年下降，2000 年此项支出占总支出的比重为 8.79%，但到 2004 年就已经下降到 5.67%（如表 8-5 所示）。

表 8-5　2000～2004 年全国家庭设备用品及服务消费支出比重　　单位：%

地 区	2000 年	2001 年	2002 年	2003 年	2004 年
全 国	8.79	8.27	6.45	6.30	5.67
北 京	12.93	9.50	6.18	6.33	6.75
天 津	11.80	11.54	6.96	5.94	5.65
河 北	10.22	8.91	7.03	6.72	5.90

续表

地区	2000年	2001年	2002年	2003年	2004年
山　西	9.03	7.69	6.04	6.16	5.57
内蒙古	7.35	6.97	5.88	5.49	5.79
辽　宁	6.86	5.86	5.13	4.24	4.23
吉　林	5.77	5.94	4.80	4.47	4.19
黑龙江	5.95	6.19	4.50	4.33	3.86
上　海	8.30	6.88	6.24	7.18	6.18
江　苏	10.71	10.91	7.23	6.74	6.73
浙　江	9.43	11.65	5.90	6.10	5.61
安　徽	7.12	7.25	5.23	5.08	4.50
福　建	8.60	8.12	6.73	5.99	5.33
江　西	7.29	7.50	6.72	7.15	6.15
山　东	11.17	9.95	7.09	7.60	6.85
河　南	8.17	8.11	7.20	7.00	6.27
湖　北	8.12	7.24	7.10	6.43	5.22
湖　南	10.43	8.30	7.54	6.91	5.64
广　东	7.52	6.87	6.26	6.83	5.54
广　西	9.00	9.20	6.70	6.54	6.16
海　南	4.94	6.47	5.58	5.80	5.21
重　庆	8.55	8.68	7.14	6.68	5.95
四　川	8.62	8.90	7.14	6.94	6.03
贵　州	9.56	8.47	6.11	5.79	5.22
云　南	7.41	5.84	5.35	4.48	4.42
西　藏	4.95	4.31	5.18	5.52	5.63
陕　西	11.05	11.42	8.12	6.77	6.56
甘　肃	9.74	8.31	6.59	5.71	5.66
青　海	8.01	7.47	6.00	6.87	7.61
宁　夏	9.27	10.21	6.72	6.81	6.25
新　疆	9.29	8.93	6.41	4.89	5.06

资料来源：根据国家统计局编《中国统计年鉴》（2001～2005）整理而成。

生活质量的提高反映在家庭生活的现代化、电气化进程加快及新兴家用电器的普及。据国家统计局住户调查，2003年年底，城镇每百户家庭拥有彩电130台、电冰箱88台、空调器61台、录放像机18台、组合音响26台、摄像机2台、钢琴2台、家用汽车1.3辆、家用电脑28台、移动电话90部。而消费比重上的减少正好反映了在高消费区域，以家庭设备用品为主的消费已经减弱。而农村每百户拥有彩电2003年年底为68台、电冰箱16台、洗衣机34台、移动电话

24部、摩托车119辆。可以看出农村家电普及率大大低于城镇水平,这也反映出农村将是未来家电消费的主要市场。

4. 医疗保健支出

全国城镇居民医疗保健支出一直稳步增长,此项支出占总支出比重已由2000年的6.36%上升到2004年的7.35%。学界研究有三个因素将推动城乡居民医疗保健消费支出比重继续上升:一是中国人口结构老龄化;二是随着收入水平提高人们的保健意识增强;三是城镇医疗保健制度改革使个人医疗负担增加。由此可以预计最近几年内,城镇居民此项支出的增长幅度还会有所增加(如表8-6所示)。

表8-6　　2000~2004年全国医疗保健消费支出比重　　单位:%

地区	2000年	2001年	2002年	2003年	2004年
全　国	6.36	6.47	7.13	7.31	7.35
北　京	6.93	7.59	9.24	8.94	9.69
天　津	6.66	6.23	8.69	8.87	9.36
河　北	8.66	9.38	10.4	10.13	9.46
山　西	7.63	8.43	7.74	7.20	7.11
内蒙古	7.31	6.41	7.07	7.86	7.62
辽　宁	8.09	8.13	8.66	8.79	8.27
吉　林	8.36	7.50	8.65	8.41	8.69
黑龙江	8.94	8.43	9.31	9.10	9.65
上　海	5.65	5.98	7.01	5.46	6.03
江　苏	5.53	5.38	6.22	7.36	6.78
浙　江	7.71	6.70	7.66	7.60	7.79
安　徽	4.28	4.54	6.29	6.28	6.93
福　建	4.72	4.71	4.87	4.74	5.84
江　西	4.11	3.85	5.88	5.39	5.02
山　东	6.42	6.24	7.28	7.32	7.26
河　南	7.33	7.27	8.65	8.97	8.25
湖　北	4.50	5.03	6.61	6.67	7.21
湖　南	5.18	5.93	6.16	6.43	6.91
广　东	4.32	4.84	5.57	6.40	6.07
广　西	4.70	4.85	4.46	5.60	7.16
海　南	6.06	5.58	5.52	7.52	6.03
重　庆	5.26	5.69	6.75	6.46	6.75
四　川	5.48	5.80	6.68	7.38	6.80
贵　州	5.45	5.84	5.77	5.90	5.48
云　南	5.63	7.04	8.00	9.06	9.12

续表

地区	2000年	2001年	2002年	2003年	2004年
西 藏	4.77	3.67	3.59	3.86	3.85
陕 西	7.86	7.79	8.26	8.67	8.23
甘 肃	6.60	8.18	8.20	8.21	6.94
青 海	7.34	7.97	8.51	8.36	7.85
宁 夏	7.79	8.92	8.87	8.46	7.57
新 疆	7.47	6.14	6.05	6.45	6.50

资料来源：根据国家统计局编《中国统计年鉴》（2001~2005）整理而成。

5. 交通及通讯消费支出

生活质量的提高同样反映在通讯手段信息网络的现代化加速，改革开放以来，随着温饱型消费结构向小康型消费结构的转变。随着交通通讯基础设施的逐步完善，交通和通讯工具不断更新换代，电话在城镇家庭基本普及，移动电话由20世纪90年代初的稀罕物品发展到现在变成城市中小学生的手中之物，相应的各类通讯业务也如火如荼地发展起来。城镇居民交通通讯消费支出持续稳定增长，消费比重迅速增加，一些经济较发达的省（市、自治区）如北京、天津、上海增幅都在6个百分点以上，平均增幅4个百分点。但在一些西部地区，由于自然条件以及交通、通讯基础设施的限制，该类消费出现两种倾向：消费额巨大（如西藏2004年在这方面的支出为1 184.66元）和消费额度低、增长缓慢（如山西、青海）（如表8-7所示）。

表8-7　　　2000~2004年全国交通及通讯消费支出比重　　　单位：%

地区	2000年	2001年	2002年	2003年	2004年
全 国	7.90	8.61	10.38	11.08	11.75
北 京	7.12	8.61	12.36	15.18	12.80
天 津	5.70	8.39	7.93	9.17	8.95
河 北	7.75	8.71	10.04	11.17	10.24
山 西	7.24	7.71	8.62	9.36	10.38
内蒙古	9.13	9.30	10.35	11.00	11.25
辽 宁	7.05	7.47	9.02	10.38	9.97
吉 林	7.34	7.95	9.36	10.02	10.60
黑龙江	7.55	7.59	9.21	9.96	9.85
上 海	7.80	9.38	10.65	11.40	13.48
江 苏	7.37	8.74	8.27	10.23	10.44
浙 江	8.88	8.66	10.32	12.60	13.34
安 徽	7.27	7.38	9.76	9.93	9.89

续表

地 区	2000年	2001年	2002年	2003年	2004年
福 建	8.64	9.30	9.77	11.80	12.93
江 西	7.04	7.98	9.61	9.48	9.34
山 东	7.04	7.83	9.62	10.52	12.01
河 南	6.43	7.30	10.60	10.80	10.76
湖 北	6.04	7.00	9.49	9.59	9.38
湖 南	7.58	8.56	10.69	11.18	12.81
广 东	13.43	13.28	14.16	13.21	16.40
广 西	7.68	8.75	11.21	10.55	9.06
海 南	8.58	8.00	11.90	10.94	12.10
重 庆	7.30	7.53	9.67	11.10	10.85
四 川	6.27	7.37	9.26	10.19	12.07
贵 州	7.84	8.70	10.02	11.34	10.94
云 南	8.13	8.90	10.71	12.68	12.90
西 藏	7.97	10.48	14.99	14.71	14.21
陕 西	6.96	7.90	9.02	9.33	9.36
甘 肃	6.43	7.26	9.00	10.02	10.13
青 海	7.12	7.70	10.04	9.43	9.85
宁 夏	8.85	9.53	10.90	10.98	11.11
新 疆	7.48	8.25	11.41	10.85	10.66

资料来源：根据国家统计局编《中国统计年鉴》（2001~2005）整理而成。

6. 教育娱乐及服务支出

在生活消费结构由小康向富裕型消费结构过渡，人们满足基本的"吃、穿、住、用、行"物质消费需求的同时，对娱乐文化服务的精神消费需求将不断产生和增加。从统计数据中看到各项较大幅度增加中增长最多的就是教育费用。此项支出占总消费支出的比例持续大幅度增加，由1985年的8.17%增加到2002年的14.96%。近年来，全国城乡居民的边际消费倾向与平均消费倾向呈逐年走低之势，而教育费用持续攀升大大强化了居民储蓄意愿，影响了城乡居民家庭消费倾向。而世界多数国家在人均GDP由1 000美元上升到3 000美元时，文教娱乐用品及服务的消费比重反而是有所下降的，特别是教育的费用有所下降（如表8-8所示）。

表 8-8　2000~2004 年全国文化教育娱乐及服务消费支出比重　　单位：%

地区	2000 年	2001 年	2002 年	2003 年	2004 年
全 国	12.56	13.00	14.96	14.35	14.38
北 京	15.11	16.02	17.59	17.66	17.34
天 津	12.87	12.84	16.00	13.78	14.00
河 北	12.17	11.12	11.91	12.14	11.73
山 西	12.73	13.77	16.60	15.66	15.94
内蒙古	12.44	13.07	13.97	14.22	13.80
辽 宁	11.27	12.36	13.05	12.30	12.92
吉 林	11.41	12.19	13.18	13.51	13.10
黑龙江	11.96	12.74	13.23	12.85	13.70
上 海	13.84	14.56	15.94	16.61	17.38
江 苏	12.60	12.50	14.35	14.49	14.06
浙 江	13.07	13.39	16.15	15.31	15.81
安 徽	12.02	12.96	10.13	10.59	10.92
福 建	10.37	9.96	13.20	12.22	12.87
江 西	11.36	12.54	14.53	13.52	14.72
山 东	14.19	14.81	16.60	15.35	14.73
河 南	10.63	10.41	13.02	12.75	13.12
湖 北	13.07	14.55	15.39	14.15	14.67
湖 南	14.44	14.91	15.85	16.34	15.85
广 东	11.49	11.87	15.42	14.91	14.75
广 西	12.07	13.49	16.06	13.84	14.91
海 南	11.58	12.04	13.63	11.45	11.84
重 庆	14.11	14.47	16.75	14.41	15.06
四 川	12.92	13.04	15.34	14.30	13.72
贵 州	10.76	12.23	14.69	14.43	14.44
云 南	12.52	11.35	14.67	12.22	10.61
西 藏	7.54	8.26	6.40	7.42	7.40
陕 西	12.84	13.85	16.39	16.78	16.46
甘 肃	13.65	13.41	15.69	14.97	14.37
青 海	11.84	12.64	13.55	13.21	12.97
宁 夏	12.77	11.80	13.93	12.10	11.19
新 疆	13.57	12.71	15.63	14.56	14.56

资料来源：根据国家统计局编《中国统计年鉴》（2001~2005）整理而成。

7. 居住支出

住房作为最基本的消费资料,是居民家庭消费和个人消费得以进行的场所。在居民消费水平、消费质量逐步提高的过程中,住房消费状况也会不断得到改善。随着城市改革的推进,国家一方面降低并逐步取消住房补贴,提高了公有住房的房租;另一方面开始了城镇住宅商品化改革,城镇住宅将逐步实现私有化和市场化,这些改革举措的实施,使城镇居民的居住支出在消费支出中的比重呈上升趋势。加之中国人均 GDP 超过 1 000 美元之后,城镇居民消费结构正在发生新的跳跃性变化,继 80 年代第一波衣食消费和 90 年代第二波家用电器消费热潮之后,以家庭住房、家用汽车、交通通讯为龙头的第三波消费热潮已经到来(如表 8-9 所示)。

表 8-9　　　　　2000～2004 年全国居住消费支出比重　　　　　单位:%

地 区	2000 年	2001 年	2002 年	2003 年	2004 年
全 国	10.01	10.32	10.35	10.74	10.21
北 京	6.92	6.59	9.00	8.59	8.73
天 津	9.16	11.56	12.96	13.93	13.98
河 北	9.58	10.29	10.92	10.94	12.12
山 西	8.70	9.48	11.36	11.00	10.86
内蒙古	8.62	9.62	13.74	11.41	10.08
辽 宁	8.36	8.85	9.65	10.38	10.11
吉 林	10.43	10.46	11.47	12.19	11.53
黑龙江	9.43	10.31	11.39	10.76	10.98
上 海	8.36	7.85	11.36	11.60	10.50
江 苏	8.20	7.92	11.45	10.67	10.37
浙 江	8.55	9.11	8.48	9.81	9.13
安 徽	8.76	9.01	10.21	9.62	9.36
福 建	9.40	10.64	11.19	11.95	10.65
江 西	12.67	13.54	9.75	11.67	9.47
山 东	7.87	8.40	8.21	9.09	9.01
河 南	14.28	15.82	11.09	11.46	10.93
湖 北	14.08	12.2	10.91	10.98	10.03
湖 南	11.05	11.94	10.44	9.65	9.31
广 东	13.72	13.91	10.97	12.42	11.27
广 西	15.51	14.16	10.20	13.90	10.24
海 南	8.71	10.53	10.34	10.99	9.73
重 庆	8.867	9.60	9.35	10.42	11.33
四 川	10.95	10.24	9.64	10.08	9.43
贵 州	7.75	7.81	10.36	8.53	8.52
云 南	9.26	9.69	7.51	7.40	8.67
西 藏	6.13	6.16	7.86	5.82	5.80
陕 西	10.98	9.76	11.57	10.75	10.38
甘 肃	7.33	7.31	10.24	9.54	9.64

续表

地区	2000年	2001年	2002年	2003年	2004年
青海	6.56	6.29	10.65	10.36	11.53
宁夏	6.72	7.03	9.46	10.52	11.34
新疆	7.76	9.62	9.15	9.02	9.82

资料来源：根据国家统计局编《中国统计年鉴》（2001~2005）整理而成。

8. 杂项支出

杂项支出基本持平，近年不仅是全国，大部分省（市、自治区）都表现出下降趋势。

表8-10显示，无论是全国范围内，还是在各个省（市、自治区），杂项支出都出现了下降趋势。在2001~2004年的五年间，降幅都很大。可以肯定，城镇收入并没有减少，生活水平并没有降低（可由统计部门的统计资料证实）。因此，这一结果说明城镇居民收入出现了较大幅度增长，在没有降低生活水平的情况下，降低了各杂项消费的比重。

表8-10　2000~2004年全国杂项商品及服务消费支出比重　　单位：%

地区	2000年	2001年	2002年	2003年	2004年
全国	5.17	5.35	3.25	3.30	3.35
北京	5.80	6.29	3.47	3.49	3.79
天津	4.81	4.79	3.10	3.28	3.72
河北	4.41	4.41	2.89	2.94	2.89
山西	6.79	6.08	3.19	2.87	3.00
内蒙古	6.42	6.54	3.58	3.93	4.46
辽宁	4.65	4.95	3.57	4.02	4.13
吉林	4.73	5.27	3.53	3.61	3.78
黑龙江	4.44	4.81	3.16	3.55	3.61
上海	5.50	6.10	3.56	3.79	3.61
江苏	5.21	5.40	3.21	3.48	3.30
浙江	5.05	5.75	2.99	3.39	3.25
安徽	4.50	4.29	3.42	3.27	3.31
福建	4.90	4.77	2.84	3.27	3.44
江西	5.61	4.75	3.12	2.73	2.66
山东	5.32	5.15	3.31	3.31	3.09
河南	4.92	4.65	3.10	3.19	3.34
湖北	4.45	4.40	2.71	2.73	3.05
湖南	4.58	5.38	3.33	3.44	3.46
广东	6.27	6.35	3.66	3.23	3.20
广西	4.68	4.93	3.15	3.07	3.59

续表

地区	2000 年	2001 年	2002 年	2003 年	2004 年
海 南	6.22	6.30	3.53	3.46	2.99
重 庆	4.56	4.20	2.58	2.64	2.47
四 川	4.72	4.96	2.76	2.89	3.00
贵 州	5.10	4.67	3.64	3.63	3.61
云 南	6.65	6.91	2.93	2.69	2.40
西 藏	6.60	6.59	4.93	4.59	4.60
陕 西	5.05	5.44	3.10	3.25	3.35
甘 肃	6.09	6.29	3.36	3.36	3.74
青 海	7.32	8.49	3.52	3.64	3.69
宁 夏	5.49	6.06	4.03	4.15	4.55
新 疆	4.98	5.54	3.56	4.21	4.05

资料来源：根据国家统计局编《中国统计年鉴》（2001~2005）整理而成。

（三）城镇消费结构系数状况

前面分析了八大类消费的基本情况，这一部分将运用消费结构系数这个综合指标来分析中国城镇居民的生活质量（如表 8-11 所示）。

表 8-11　　　　　　2000~2004 年全国消费结构指数

地区	2000 年	2001 年	2002 年	2003 年	2004 年
全 国	-0.0290	0.0152	0.0430	0.0449	0.0549
北 京	-0.0036	0.0313	0.0591	0.1156	0.1473
天 津	-0.0306	-0.0190	0.0625	0.0973	0.0923
河 北	0.0006	0.0211	0.0281	0.0329	0.0485
山 西	-0.0441	0.0486	0.0715	0.0895	0.0624
内蒙古	-0.0099	0.0486	0.0751	0.1208	0.1009
辽 宁	-0.1045	-0.0565	-0.0190	-0.0029	0.0204
吉 林	-0.0632	-0.0077	0.0229	0.0442	0.0713
黑龙江	-0.0646	-0.0137	0.0249	0.0402	0.0375
上 海	-0.0467	-0.0162	0.0173	0.0804	0.1087
江 苏	-0.0734	-0.0298	-0.0117	0.0176	0.0479
浙 江	-0.0124	0.0158	0.0563	0.0149	0.0742
安 徽	-0.1192	-0.0850	-0.0618	-0.0650	-0.0751
福 建	-0.1385	-0.0606	-0.0387	-0.0195	0.0133
江 西	-0.0048	0.0102	0.0428	-0.0034	0.0056
山 东	-0.0300	0.0192	0.0391	0.0378	0.0500
河 南	-0.0306	0.0602	0.0944	0.0578	0.0668

续表

地区	2000年	2001年	2002年	2003年	2004年
湖北	0.0009	0.0488	0.0493	0.0397	0.0182
湖南	0.0036	0.0505	0.1091	0.0696	0.0691
广东	0.1030	0.1470	0.1503	0.0995	0.1120
广西	0.0182	0.0829	0.1069	0.0352	0.0726
海南	-0.0682	-0.0473	0.0023	0.0067	-0.0110
重庆	-0.0615	-0.0212	0.0022	0.0281	0.0269
四川	-0.0590	-0.0062	0.0082	0.0045	0.0186
贵州	-0.0724	-0.0746	-0.0452	0.0294	0.0025
云南	-0.0584	0.0212	0.0317	-0.0286	-0.0462
西藏	-0.1975	-0.1529	-0.1151	-0.0840	-0.1262
陕西	0.0352	0.0565	0.0748	0.0988	0.0919
甘肃	-0.0641	-0.0036	0.0147	0.0578	0.0398
青海	-0.0461	-0.0226	0.0302	0.0438	0.0309
宁夏	-0.0450	-0.0001	0.0300	0.0611	0.0495
新疆	-0.0297	-0.0002	0.0375	0.0503	0.0366

资料来源：根据国家统计局编《中国统计年鉴》（2001~2005）整理而成。

通过前面介绍的消费结构等级系数的公式，可计算出2000~2004年全国31个省（市、自治区）的消费结构系数，并根据系数做出了排名。从表8-12中可以看到，全国31个省（市、自治区）的消费结构系数基本上是由2000年的负值在以后几年里转向正值的，这正好说明了中国城镇居民消费由初级消费向享受型、发展型消费的转变，人民生活质量的逐步提高。在2000年和2001年基本表现仍是初级消费为主，如食品、衣着的消费比重很大。从2002年以后，享受型和发展型消费迅速增加，如医疗保健、教育娱乐及其服务。

表8-12 2000~2004年全国消费结构指数排名

地区	2000年	2001年	2002年	2003年	2004年
北京	7	9	9	2	1
天津	13	22	8	5	5
河北	6	11	18	19	15
山西	15	7	7	7	12
内蒙古	9	8	5	1	4
辽宁	28	27	27	26	22
吉林	22	19	20	13	9
黑龙江	24	20	19	15	18
上海	18	21	21	6	3
江苏	27	25	26	22	16

续表

地区	2000年	2001年	2002年	2003年	2004年
浙 江	10	13	10	23	7
安 徽	29	30	30	30	30
福 建	30	28	28	28	25
江 西	8	14	12	27	26
山 东	12	12	13	17	13
河 南	14	3	4	10	11
湖 北	5	6	11	16	24
湖 南	4	5	2	8	10
广 东	1	1	1	3	2
广 西	3	2	3	18	8
海 南	25	26	24	24	28
重 庆	21	23	25	21	21
四 川	20	18	23	25	23
贵 州	26	29	29	20	27
云 南	19	10	15	29	29
西 藏	31	31	31	31	31
陕 西	2	4	6	4	6
甘 肃	23	17	22	11	17
青 海	17	24	16	14	20
宁 夏	16	15	17	9	14
新 疆	11	16	14	12	19

资料来源：国家统计局：《中国统计年鉴》（2001~2005）整理而成。

在结合八大类各部分的分析与消费结构系数后不难看出，中国的消费结构逐步趋于合理化方向发展。对于消费总额较大但消费结构不甚合理的省（市、自治区）在消费结构系数表中有充分的反映。但消费结构系数并不是测量消费生活质量的唯一指标，它仅仅反映了消费生活质量的一个方面，即消费的合理性。全国的消费情况是十分复杂的，通过消费额的各省（市、自治区）比较，可见中国的消费分层初见端倪。

（四）城镇消费支出的层次状况

1. 系统聚类分析法的简介

系统聚类分析的基本思想是认为所研究的样品（或指标）之间存在不同程度的相似性。通过聚类把一些相似程度较大的样品（或指标）聚合为一类，把另外一些相似程度较大的样品（或指标）又聚合为另一类，形成一个分类系统。在这个分类系统所有样品（或指标）间的特征性可以凸显出来。在实际问题中，对样品分类的聚类分析常采用距离量表来表示。①

2. 实证分析

用以上方法得到 31 个省（市、自治区）八大类的消费因数值构成样本，用主成分分析法对八大类消费因数值进行分析，通过 SPSS10.0 软件计算，得到 31 个省（市、自治区）的聚类图。

根据样本聚类系谱图和定性分析将 31 个省（市、自治区）划分为六类：第一类：上海、北京、广东、浙江；第二类：天津、福建；第三类：西藏；第四类：江苏、重庆、四川、云南、广西；第五类：辽宁、安徽、山东、新疆、湖北、湖南；第六类：河北、宁夏、甘肃、青海、吉林、黑龙江、江西、贵州、陕西、山西、内蒙古、河南。所得结果与前面所提学者采用聚类方法得出的结构大体相同，这同时也验证了在考虑时间序列后的各消费支出指数进行聚类分析的可靠性。然后，将六类省（市、自治区）的八大类的消费平均支出额结构表列出，如表 8-13 所示，能够对全国的消费总情况有更清晰的认识。

表 8-13　　六类省（市、自治区）各部分消费的平均支出

	消费总支出	食品	衣着	家庭设备用品及服务	医疗保健	交通和通讯	教育文化娱乐服务	居住	杂项商品和服务比重
第一类	8 013.65	3 242.07	622.29	675.99	525.61	881.68	1 172.49	788.49	390.28
第二类	5 912.18	2 603.81	514.19	505.58	356.57	506.09	729.22	661.10	244.24
第三类	6 281.98	2 844.47	987.32	315.60	244.67	854.63	455.91	402.56	357.41
第四类	5 015.79	2 197.78	456.62	388.11	291.78	445.29	657.67	494.07	222.91
第五类	4 589.01	1 856.12	578.59	342.30	282.52	394.45	617.85	432.52	193.00
第六类	4 076.72	1 585.58	521.88	298.90	313.28	355.92	529.58	396.73	189.30

资料来源：根据国家统计局编《中国统计年鉴》（2001~2005）整理而成。

（1）第一类为高消费收入区（上海、北京、广东、浙江），它们代表了全国城镇居民家庭的高消费水平。这些地区也是中国公认的经济增长较快、城市化水平较高的地区。从消费支出来看，无论是总的消费支出还是各部分的消费支出在全国都排在前列。其中交通和通讯、教育文化娱乐及服务是第一类的消费中较其他类较为突出的消费量。

（2）第二类为中上消费模式（天津、福建），该类中的总消费和各类消费均高于全国的均值。各项消费水平比较均匀，其较为突出的消费类为居住的消费支出，高于第一类在该部分的消费比重，为全国该类消费的比重之冠。

---

① 具体统计方法参见林杰斌、刘明德编：《SPSS11.0 与统计模型建构》，清华大学出版社 2004 年版。

（3）第三类为特殊消费模式，仅为西藏一区。它的突出特征就是其衣着消费额为全国之冠，同时在总收入和总消费支出都较高的情况下，食品消费比重、家庭用品及服务消费比重、医疗保健比重、教育文化娱乐比重和居住比重为全国最低比重，特别是医疗保健消费和教育文化娱乐及服务的消费额为全国最低。

（4）第四类为中等消费模式（江苏、重庆、四川、云南、广西），其消费总额略高于第五类和第六类，反映在各大类消费中其比重与这两类相似。仅有的不同表现在衣着消费额最低，而交通与通讯、教育文化娱乐及服务以及居住类上的消费额高出。

（5）第五类为中等偏下的消费模式（辽宁、安徽、山东、新疆、湖北、湖南），其医疗保健消费偏低为全国最低额。交通和通讯消费额以及居住消费额低于全国水平。

（6）第六类（河北、宁夏、甘肃、青海、吉林、黑龙江、江西、贵州、陕西、山西、内蒙古、河南）在各部分消费比重上与第五类相似，但在消费总额上与第五类拉开了差距，属于经济相对不发达地区。

从以上的分析可以看出，中国31个省（市、自治区）的消费分层已经开始形成，未来中国的消费特点将是食品和衣着消费的进一步下降，交通和通讯、教育文化娱乐及服务、居住消费比重将迅速增加。

（五）农村与城镇收入消费状况对比

从表8-14可以发现，无论是城镇还是农村，总体消费生活质量都在提高，恩格尔系数在不断下降。但将农村与城镇做比较，人均消费额都在不断增加的情况下，农村和城镇的消费差距还在不断加大。1997年城镇人均消费性支出是农村人均消费性支出的2.58倍，2004年增至3.29倍。1997年城镇可支配性收入是农村人均纯收入的2.46倍，到2004年增至3.21倍。农民购买力的低下严重制约了消费需求，农村的家电普及率与城市相比有15年的差距。

表8-14　　　　　　　　城乡居民收入与消费比较

年　份		1989	1997	2003	2004
居民家庭恩格尔系数	城　镇	54.5	46.6	37.1	37.7
	农　村	54.8	55.1	45.6	47.2
收入与支出	城镇人均可支配收入	1 374	5 160	8 472	9 422
	农村人均可支配收入	602	2 090	2 622	2 936
	城镇人均消费性支出	1 211	4 186	6 511	7 182
	农村人均消费性支出	535	1 617	1 943	2 185
人均储蓄余额		461	3 744	8 018	9 197

资料来源：国家统计局编《中国统计年鉴（2005）》表10-1。

四、消费指标反映的成就和不足

通过以上的分析可以看到，中国的消费实现了历史性的跨越，由20世纪80年代的满足温饱到90年代的步入小康，至2003年中国人均GDP已突破1 000美元，消费正在向消费结构的全面升级迈进。在中国大城市，消费升级的现象已经开始显现。在深圳、上海、北京、广州等城市，居民消费已由实物消费为主走向实物消费与服务消费并重的轨道。

但是还应看到生活质量的提高并非与GDP增长有确定的关系，莫里斯的"PQLI"表明当人均GDP在大约3 000美元（按1981年不变价格计算）以下时，指数和人均GDP的联系就比较紧密，但在3 000美元以上这种联系就非常脆弱，埃斯特斯的"ISP"也发现了收入对生活质量影响的类似变化。因此，阿马特亚·森提出，"经济发展并不能自然而然地给全体社会成员带来生活质量的改善，评价生活质量应有一定的价值前提：平等、根除贫困、扩大人的自由和选择的权利、维护生态平衡和实现公众参与决策。"① 关于中国目前的消费状况，还存在需要改进的地方，主要表现在以下几个方面：

1. 收入有限制约消费支出

对于包括中国在内的大多数发展中国家而言，社会财富远没达到富裕的程度。就个人而言，劳动还是人们谋生的主要手段，人们的生活质量主要是由客观物质因素决定的。在中国初步实现小康社会的现阶段，经济因素在人民生活中仍然有着举足轻重的作用，人们的主导需求仍然是生存需求，离开生活资源谈生活质量的提高显然是不切实际的。未来中国消费结构的变化是以人均收入的快速增长、市场供给的充分发展和居民需求层次的阶梯上升为基础的。没有经济的快速发展，居民消费结构的变化是不可想象的。据世界银行2002年世界发展指标数据库统计数据，按人均购买力平价（PPP）国际美元（现价）计算，2000年中国人均总国民收入（Gross National Income）为3 920美元，仅相当于世界人均收入水平的53%。中国还有一半人口仍处在低收入水平，仍属于第四世界的国家。②

2. 资源分配不平衡，消费差距不断拉大

在全国范围来看，居民消费差距明显。尤其近年来，农民收入增幅减缓，而

---

① 周长城、饶权：《生活质量测量方法研究》，载《数量经济技术经济研究》2001年第10期，第74～77页。
② 北京国际城市发展研究院编著：《中国数字黄皮书》，中国时代经济出版社2003年版，第237页。

城镇居民收入增幅加快,使差距加速扩大,可以预测今后城乡收入差距还将进一步扩大,这是由于城镇劳动生产率始终高于农业劳动生产率。如果农村没有特殊的政策支持,则城乡差距的扩大趋势难以扭转。由于农民消费水平较低,在社会消费品零售额中的比例逐年下降,加之收入有限,农民购买力的低下,严重制约了消费需求,农村的家电普及率与城市相比有15年的差距。

3. 消费结构不合理

全面建设小康社会,全面提升人民生活质量,就是要改变目前达到的仍是低水平的、不全面的、发展很不平衡的小康社会。据统计,中国平均每46万人口才拥有一家公共图书馆,总共3 000家公共图书馆中有600多家全年无一分钱的购书经费,全国人均拥有公共图书馆藏书仅为0.27册。全国公共图书馆持证读者数582万人,仅占全国总人口的0.47%,美国这一比例是2/3,英国是58%。美国每1.3万人拥有一家公共图书馆,英国和加拿大每1万人左右拥有一家公共图书馆,德国每6 600人一家,奥地利是4 000人,瑞士是3 000人……这些数据我们望尘莫及。在公共图书馆的密度上,中国可能几十年后也无法与德国、瑞士那样的国家相比。[①] 人类文明发展的趋势,经济和社会发展的热点,将从物质领域逐步转向精神文化领域,精神文化消费将成为人类未来生活的重要内容。市场经济深入发展,需要物质文明建设为精神文明建设提供物质条件和技术支持,但也需要精神文明建设为物质文明建设提供精神动力和智力支持。

4. 消费环境令人担忧

消费环境分为消费的自然环境和消费的社会环境。然而,中国低层次的消费结构产生了低水平的生产结构,现阶段掠夺性的生产、消费方式对中国的环境产生了很大压力,迫使中国的环境在向不可持续的道路上行驶。一方面经济在高速增长,另一方面自然环境被大量浪费,并造成了不断积累的环境污染。粗放式的生产模式使自然环境不断恶化。

消费的社会环境与自然环境都令人担忧,对消费的错误引导以及消费文化的忽视致使假冒伪劣商品层出不穷,消费行为低俗化、堕落化,"黄赌毒"屡禁不止。2002年,全国各级消协共受理投诉690 062件,其中涉及质量问题的有452 440件。其中消费者对商品质量、虚假广告等五方面的投诉十分突出。[②]

消费指标是衡量生活质量的一个重要方面。在本研究中,我们构建了两项指标来反映新千年之初中国消费生活质量的情况,分别是人均消费支出结构和消费结构系数,前者具体又包括食物比重(即恩格尔系数)、衣着比重、家庭用品及

---

① 参见新浪网 http://cul.sina.com.cn/t/2005-01-05/104168.html。
② 参见新浪网 http://finance.sina.com.cn/x/20030210/1006309315.shtml。

服务比重、居住比重、医疗比重、文化教育娱乐及服务比重、交通通讯比重以及杂项比重等八项具体指标。数据分析发现，2000~2004年五年间，我国居民消费生活质量改善巨大，消费结构系数不断优化。但是仍存在着一些问题，诸如城乡消费差距、地区消费差距等不断扩大。因此，这要求国家必须在宏观层面上加以调整，大力促进农村以及中西部地区和省（市、自治区）消费生活质量的改善。

第九章

生活质量的健康指标及其评价

健康是人类追求的永恒主题。世界卫生组织1948年在其宪章中提出:"健康不仅仅是没有疾病或不虚弱,而是身体的、精神的健康和社会适应的良好总称。"[①] 也就是说,如今的健康是身体的、精神的和社会的"三位一体"的全面健康。这种健康事实上已经包含了今天所说的"生活质量"的意义。达到了这种全面健康,也可以说是从现阶段的小康水平社会迈进了全面小康水平社会。健康[②]、全面小康和生活质量三者有着密不可分的联系。

一、健康测量方法与指标选取

测量方法与测量指标不同,前者指测量所采取的形式,如问卷法或访谈法;后者力图用量化的结果来反映一定的现象。下文将从生活质量和测量指标谈起,综合国际对健康的测量方法和选取的健康指标建立健康生活质量指标体系。[③]

本研究对健康生活质量指标的设置和选取遵循以下原则:(1)因地制宜原则,选取指标从中国的实际情况出发;(2)可操作性原则,选取指标要考虑到

---

① 参见世界卫生组织网站 www.who.int。
② 考虑到中国目前的发展阶段,本文的健康仅停留在身体健康层面,没有涉及精神健康和社会健康。
③ 健康生活质量是指与生活质量关系最重大的身体健康方面。健康生活质量指标体系则是指为测量健康生活质量而设立的一套指标,用以评价人们的身体健康程度以及身体健康对生活质量的影响程度。

数据的可获取性；（3）国际可比较性原则，根据选取指标可以将数据进行国际比较；（4）平衡性原则，选取指标要兼顾解释力和简明力两方面。

本研究建立的健康生活质量指标体系具体如图9-1所示。卫生资源维度使用的指标有每千人口病床数、每千人口医生数、人均医疗卫生费用、卫生总费用占GDP百分比，这体现的是社会对人民健康的保障方面；健康状况的维度使用的指标是平均预期寿命、婴儿死亡率、孕产妇死亡率和传染病发病率，这体现了人民健康的需求/满足方面。

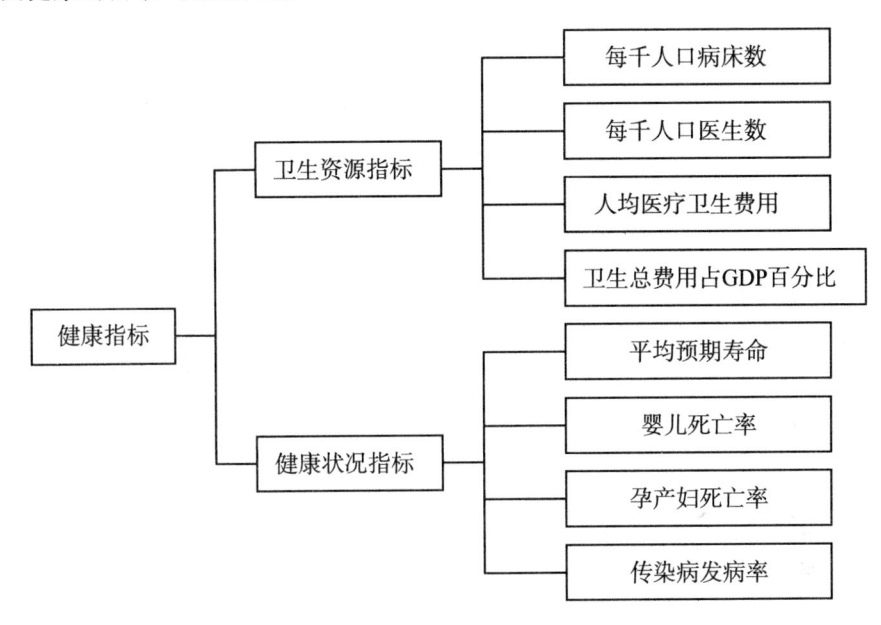

图9-1 健康指标框架

与2003年设置的健康生活质量指标相比，保留的健康生活质量指标是"平均预期寿命"、"1岁以内婴儿死亡率"和"传染病发病率"，[①] 这三项指标无论从内容上看还是从使用频率来看都当之无愧成为健康的基本指标。稍做改动的健康生活质量指标是"每万人拥有医生数"和"每万人拥有病床数"，本文中这两项指标被修改为"每千人口病床数"和"每千人口医生数"，它们所反映的内容是一致的，只是在统计单位上略有差别，做这样的修改是为了引用数据资料的方便，因为《世界发展指标》、《世界卫生报告》以及《中国卫生统计摘要》中在病床数和医生数两项指标上使用的都是"每千人口"的统计单位。

---

① 周长城等著的《中国生活质量：现状与评价》（社会科学文献出版社2003年版）中健康相关生活质量指标有平均预期寿命、1岁以内婴儿死亡率、传染病发病率、每万人拥有病床数和每万人拥有医生数五项。

新加入的健康指标有"人均医疗卫生费用"、"医疗卫生费用占 GDP 百分比"和"孕产妇死亡率"。"人均医疗卫生费用"、"医疗卫生费用占 GDP 百分比"可以来评价一个国家或地区卫生筹资的水平以及与一个国家或地区经济发展水平相适应的程度。在健康生活质量指标体系中增加这两项指标是因为它们是国际通用的测量卫生资源的指标，如《世界发展指标》和《世界卫生报告》中都将这两项指标作为衡量各国的卫生资源状况的固定指标，在《中国卫生统计年鉴》中也可以获得相应数据。加入这两个指标后便于与国际接轨，使国家和地区间卫生消费具有可比性，在与国际进行比较中，明确中国卫生发展及投资水平，找出不足与差距，以改善和发展中国的卫生事业。之所以未选取"卫生总费用"这一使用频率同样也很高的指标，是因为它与"人均医疗卫生费用"的指标有重复之嫌，况且使用人均的医疗卫生费用会更直观地反映其内容。所以本着可操作性原则，国际可比较性原则和平衡性原则，在卫生资源维度新增加了"人均医疗卫生费用"和"医疗卫生费用占 GDP 百分比"两项指标。

2003 年设置的健康生活质量指标中有反映婴儿健康状况的指标，即"1 岁以内婴儿死亡率"（与这里的"婴儿死亡率"相同），这只是反映了一个国家或地区的妇幼保健工作的一方面，忽略了妇幼保健工作的另一方面——妇女，尤其是孕产妇健康状况。事实上，孕产妇和婴儿属于健康高风险群体，孕产妇死亡率与婴儿死亡率一样，是一个敏感而又综合的指数，孕产妇死亡率的高低能明显地反映出一个国家或地区的制度环境、经济发展状况和卫生保障条件，特别是生殖健康服务的水平。孕产妇死亡率降低，无疑可以有效地降低总体死亡率。在国际指标中，"孕产妇死亡率"是反映妇幼保健状况的经典指标。联合国千年发展目标中也明确提出"到 2015 年将产妇死亡率降低 3/4"的具体指标，这足以见得国际对产妇健康的关注。选取该指标不仅使得衡量中国人民健康状况的指标更丰富全面，而且该指标的数据能够从卫生部公布的统计信息中查询，通过进行国际比较准确地反映中国妇幼保健的成效与需要改进的地方。

二、卫生资源状况及其评价

卫生资源是重要的国民健康资源，具体是指用于卫生服务的人力资源、物力资源、财力资源和社会资源，这些资源为当代人民的健康提供支持和选择。卫生资源属于社会资源层面，它反映了一个国家或地区对人民健康的投入和提供的健康保障程度。如何合理分配与有效利用稀缺的卫生资源，关系到一个国家或地区居民的健康水平和资源利用效率，也是当今世界各国共同关心的战略问题，更直接关系到个人的生活质量。

卫生资源状况指标有：每千人口病床数、每千人口医生数、人均医疗卫生费用、医疗卫生费用占 GDP 百分比，这四个指标也是在世界发展指标和世界卫生报告中常用的指标。下面就一一考察近年来中国的卫生资源状况。

1. 每千人口病床数和每千人口医生数

居民平均每千人口拥有的病床数、医生数是反映一个国家或地区医疗卫生事业发展水平的两个重要指标。这相当于国家或地区对卫生部门的"投入"，也是满足人们健康需求的基本物质条件。这两个指标的计算公式如下：

每千人口病床数 = 病床总数 × 1 000／总人口

每千人口医生数 = 专职医生数 × 1 000／总人口

值得注意的是，这两项指标反映的是可获得的医疗卫生资源，不等于实际医疗卫生资源的利用情况。图 9 - 2 和图 9 - 3 是中国 1949～2005 年部分年间居民每千人口病床数、医生数，它描绘了新中国成立以后中国医疗卫生事业的基本设施发展的概貌。

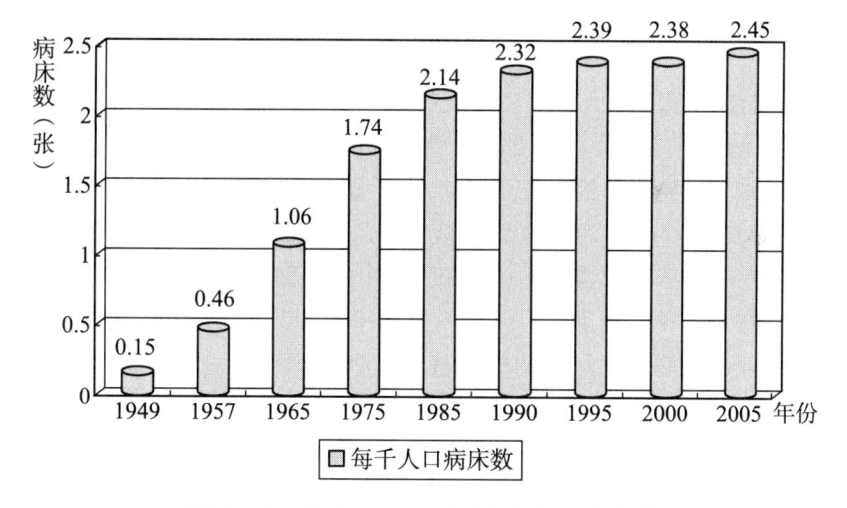

图 9 - 2　1949～2005 年每千人口病床数

资料来源：中华人民共和国卫生部网站（www.moh.gov.cn），《2000 年中国卫生统计摘要》、《2006 年中国卫生统计提要》。

医院病床的配备数量是最基本的医疗基础设施。在任何国家和任何时候，病床数量的匮乏将直接影响到病人的治疗效果，关系到人民的身体健康。因此，每千人口病床数就成了判断一个国家或地区医疗资源的重要指标。如图 9 - 2 所示，中国每千人口拥有的病床数自新中国成立后呈持续增长的趋势，从 1949 年的每千人病床数 0.15 张增加到 2000 年 2.38 张，增长了近 16 倍，这种速度是不容忽视的。到了 2005 年，这一指标的数据变成了 2.45 张。这相当于 1949 年每一万

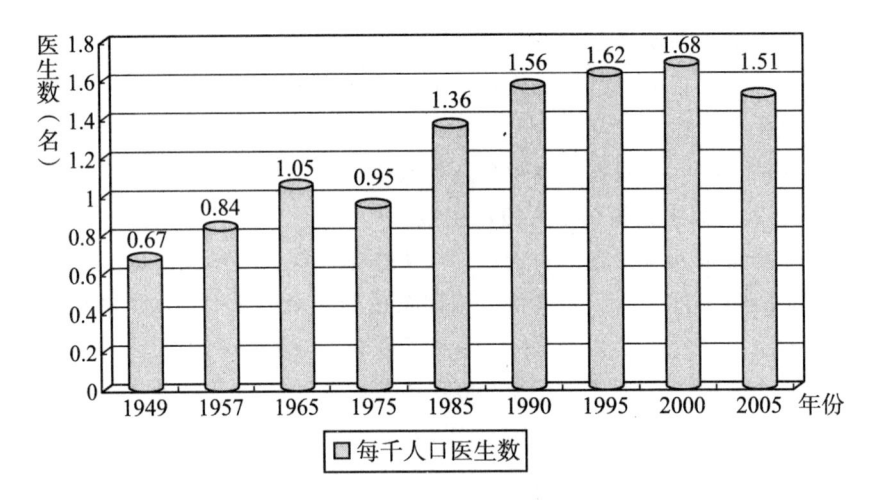

图 9-3　1949~2005 年年每千人口医生数

资料来源：中华人民共和国卫生部网站（www.moh.gov.cn）：《2000年中国卫生统计摘要》、《2006年中国卫生统计提要》。

个中国居民才能拥有一张半病床，而到了2004年每一万个中国居民可以拥有24张半病床，也即16.3个1949年的中国居民拥有的病床数才等于1个2005年的中国居民拥有的病床数。

图9-3显示了自新中国成立以来中国每千人口医生数大规模增加。1949年中国每千人口平均拥有的医生数是0.67人，到了2000年，每千人口医生数增加到了1.68人，是1949年的两倍半多。这表明自从新中国成立以来除了加大了医院基础设备——病床的配备外，还十分关注对专职医生的培养。专职医生数量对人民的健康意义同样十分重大，因为医生是一个专业性十分强又直接关系人的生死存亡的职业，除非受过严格的专业教育和训练，否则一般的人是不可能担当的。即使医院基础设施丰富齐全，但医生数量供不应求，也会直接影响人民的健康。在国际医疗卫生资源的比较中，每千人口医生数同样是一个重要的指标。在1993~1999年间，俄罗斯、澳大利亚、法国等发达国家的每千人口医生数分别是4.2名、3.2名和3.0名，远远高于中国的1.7名，中国在该项指标上只能排在中等水平。①

从整体看，中国每千人口病床数和医生数自1949年以来是增加的，但是每千人口平均拥有的病床数和医生数在各地的分配存在差异。表9-1显示了中国各省（市、自治区）的每千人口病床数在近几年的数据和各自的全国排名。

---

① 参见中华人民共和国卫生部网站 www.moh.gov.cn。

表 9-1　　　　　　2001~2005 年全国每千人口病床数　　　　　单位：张

地区	各省（市、自治区）每千人口病床数									
	2001年	排序	2002年	排序	2003年	排序	2004年	排序	2005年	排序
总 计	2.39		2.32		2.34		2.40		2.45	
北 京	6.28	1	6.31	1	6.14	1	6.31	1	6.41	1
天 津	4.37	3	4.12	3	4.08	3	4.15	3	4.18	3
河 北	2.26	19	2.22	18	2.21	18	2.16	21	2.24	20
山 西	3.23	8	3.07	6	3.02	8	3.11	6	3.10	6
内蒙古	2.72	10	2.58	10	2.58	11	2.59	13	2.69	12
辽 宁	4.08	4	3.79	4	3.8	4	3.85	5	3.85	5
吉 林	3.26	6	3.01	8	3.04	7	3.04	8	3.08	7
黑龙江	2.99	9	2.99	9	2.93	9	3.02	9	2.96	8
上 海	5.75	2	5.58	2	5.57	2	5.64	2	5.75	2
江 苏	2.29	17	2.3	13	2.36	14	2.46	14	2.54	14
浙 江	2.43	14	2.43	12	2.58	11	2.74	10	2.85	10
安 徽	1.83	29	1.75	29	1.75	29	1.78	29	1.84	28
福 建	2.47	13	2.03	24	2.09	23	2.18	20	2.16	21
江 西	1.96	26	1.9	27	1.79	28	1.80	28	1.79	29
山 东	2.29	17	2.25	15	2.22	17	2.35	15	2.51	15
河 南	1.93	27	1.93	26	1.97	26	2.00	26	2.02	26
湖 北	2.17	22	2.06	22	2.13	22	2.13	23	2.14	22
湖 南	2.05	24	1.94	25	2.03	25	2.07	25	2.12	25
广 东	2.14	23	2.15	21	2.23	16	2.35	15	2.45	16
广 西	1.80	30	1.71	30	1.7	30	1.75	30	1.76	30
海 南	2.51	12	2.22	18	2.15	20	2.13	22	2.13	23
重 庆	1.87	28	1.87	28	1.91	27	1.92	27	1.94	27
四 川	2.02	25	2.06	22	2.07	24	2.11	24	2.13	23
贵 州	1.51	31	1.5	31	1.48	31	1.52	31	1.50	31
云 南	2.21	21	2.16	20	2.15	20	2.26	17	2.31	18
西 藏	2.43	14	2.24	16	2.26	15	2.25	18	2.41	17
陕 西	2.63	11	2.56	11	2.63	10	2.62	12	2.69	12
甘 肃	2.25	20	2.24	16	2.21	18	2.24	19	2.30	19
青 海	3.25	7	3.07	6	3.05	6	3.05	7	2.92	9
宁 夏	2.39	16	2.27	14	2.55	13	2.70	11	2.80	11
新 疆	3.62	5	3.49	5	3.69	5	3.86	4	3.86	4

资料来源：中华人民共和国卫生部编：《中国卫生统计年鉴（2003）》，中国协和医科大学出版社 2003 年版，第 46 页；中华人民共和国卫生部编：《中国卫生统计年鉴（2004）》，中国协和医科大学出版社 2004 年版，第 66 页；中华人民共和国卫生部网站（www.moh.gov.cn）：《2001 年中国卫生统计提要》、《2005 年中国卫生统计提要》、《2006 年中国卫生统计提要》。

按照中国各省（市、自治区）每千人口病床数的变化基本上可以将中国各省（市、自治区）分为三种类型：

第一类是每千人口病床数增加了的省（市、自治区），如浙江和广东。浙江2005年的每千人口病床数比2001年增加了0.42张；2005年广东每千人口病床数比2001年也增加了0.31张，相应的全国排名从2001年的第23名升到2005年的第16名，上升了7位，从病床数的增加和全国排名的上升可以看到这些省（市、自治区）对医疗基础设施建设的重视和投入。

第二类是每千人口病床数减少了的省（市、自治区），如海南。2005年的每千人口病床数比2001年减少了0.38张，相应的全国排名也从2001年的第12名降到2005年的第23名，下降了11位；辽宁2005年的每千人口病床数比2001年也减少了0.23张。

第三类是每千人口病床数基本保持不变的省（市、自治区），如从2001年到2005年的5年中北京、上海、天津的每千人口病床数稳居全国前三甲。贵州和广西分别位于倒数后两名，安徽则5年中有4年倒数第三，最后一年也是倒数第四。

从表9-2可见，2000~2004年中国每千人口医生数整体呈下降趋势，但具体到各个省（市、自治区）情况又不同。大部分的省（市、自治区）每千人口医生数越来越少，以全国排名较后的安徽和贵州来说，贵州从2000年的每千人口医生数1.24名下降到2004年的0.96名，安徽从2000年的每千人口医生数1.11名下降到2004年的1.00名；甚至连全国排名前列的省（市、自治区）拥有的每千人口医生数也日益减少，例如天津的每千人口医生数变化最大，从2000年的每千人口医生数3.27名下降到2004年的2.69名，减少了0.58名，上海的也从2000年的每千人口医生数3.77名下降到2004年的3.24名，减少了0.53名。2004年只有浙江和福建两个省（市、自治区）的每千人口医生数增加了，与2000年相比，浙江的每千人口医生数增加了0.17名，福建的每千人口医生数增加了0.04名，可见增加的幅度十分有限。

表9-2　　　　　2000~2004年全国每千人口医生数　　　　单位：名

地区	各省（市、自治区）每千人口医生数									
	2000年	排序	2001年	排序	2002年	排序	2003年	排序	2004年	排序
总　计	1.62		1.69		1.47		1.48		1.50	
北　京	4.63	1	4.62	1	4.13	1	4.14	1	4.21	1
天　津	3.27	3	3.16	3	2.88	3	2.77	3	2.69	3
河　北	1.67	16	1.70	15	1.44	18	1.43	19	1.48	18
山　西	2.59	4	2.69	4	2.02	8	2.04	8	2.08	8

续表

地区	各省（市、自治区）每千人口医生数									
	2000年	排序	2001年	排序	2002年	排序	2003年	排序	2004年	排序
内蒙古	2.42	7	2.47	5	2.09	6	2.1	7	2.12	7
辽宁	2.43	6	2.45	6	2.16	4	2.23	4	2.21	5
吉林	2.27	8	2.34	8	2.14	5	2.14	5	2.18	6
黑龙江	2.11	9	2.14	9	1.73	10	1.72	12	1.72	12
上海	3.77	2	3.65	2	3.28	2	3.29	2	3.24	2
江苏	1.62	18	1.62	18	1.44	18	1.44	18	1.45	19
浙江	1.65	17	1.70	15	1.65	13	1.74	11	1.82	9
安徽	1.11	31	1.13	31	0.97	31	0.97	30	1.00	30
福建	1.25	28	1.28	27	1.34	23	1.23	25	1.29	24
江西	1.31	26	1.26	28	1.13	27	1.12	26	1.15	27
山东	1.61	19	1.65	17	1.45	17	1.45	16	1.51	15
河南	1.17	30	1.16	30	1.05	29	1.09	28	1.11	28
湖北	1.74	14	1.72	14	1.46	16	1.45	16	1.49	17
湖南	1.55	20	1.59	20	1.32	24	1.37	21	1.36	21
广东	1.48	24	1.50	24	1.35	21	1.41	20	1.45	19
广西	1.30	27	1.29	26	1.08	28	1.04	29	1.10	29
海南	1.70	15	1.62	18	1.53	15	1.5	15	1.51	15
重庆	1.45	25	1.45	25	1.21	26	1.16	26	1.16	26
四川	1.55	20	1.55	21	1.37	20	1.36	22	1.32	23
贵州	1.24	29	1.25	29	0.98	30	0.97	30	0.96	31
云南	1.53	22	1.52	22	1.25	25	1.27	24	1.26	25
西藏	2.09	10	1.99	10	1.71	12	1.66	13	1.66	13
陕西	1.80	13	1.84	13	1.65	13	1.66	13	1.62	14
甘肃	1.49	23	1.51	23	1.35	21	1.36	22	1.33	22
青海	2.05	11	1.98	11	1.95	9	1.85	9	1.74	11
宁夏	1.83	12	1.86	12	1.72	11	1.84	10	1.82	9
新疆	2.50	5	2.36	7	2.03	7	2.14	5	2.25	4

资料来源：中华人民共和国卫生部编：《中国卫生统计年鉴（2003）》，中国协和医科大学出版社2003年版，第23页；中华人民共和国卫生部编：《中国卫生统计年鉴（2004）》，中国协和医科大学出版社2004年版，第28页；中华人民共和国卫生部网站（www.moh.gov.cn）、《2000年中国卫生统计提要》、《2001年中国卫生统计提要》、《2005年中国卫生统计提要》。

在每千人口病床数和医生数两个指标中，值得注意的是北京和新疆。北京的人均床位数和医生数全国排名首位，这是作为首都，聚集了丰厚的卫生医疗资源，卫生部直属的很多医疗机构设在北京。另一个是新疆，虽然新疆的经济发展水平不高，但由于是少数民族占人口绝大多数的地区，有来自中央的特别补贴，所以每千人口病床数和医生数在全国排位前列（每千人口病床数为3.86张，每千人口医生数为2.25人，两个指标全国排名均为第四）。

从这两项指标所反映的数据来看,中国的医疗卫生资源呈现两个分布特点。第一个是"地域化",即在东部沿海发达地区,医疗卫生资源的供给量较丰富,他们的排名在全国处于中上等,而大多数西部省(市、自治区),人均可获得的医疗卫生资源却十分有限。并且这种"地域化"的分布特点并没有随时间发展而改善的趋势。例如从 2004 年在每千人口病床数指标所反映的情况看,北京的条件最好,每千人口拥有的病床数最多,达到 6.31 张,而贵州每千人拥有的病床数最少,只有 1.52 张。两者相差接近 4.2 倍。2004 年每千人口拥有的医生数的状况与此类似,北京每千人口医生数为 4.21 人,居全国第一位,排在全国最后的是贵州,每千人口医生数仅 0.96 人,不到 1 人,两者相差接近 4.4 倍。改革开放三十年来,在北京、上海、天津三个直辖市和沿海省(市、自治区),医疗条件得到了明显的改善。中西部省(市、自治区)则并没有表现出这种明显的改善,改善的幅度有限(如贵州、西藏、青海),有些省(市、自治区)情况还稍许有些恶化(如湖北、江西、福建,近几年的每千人口病床数和医生数都呈下降趋势)。除每千人口病床数和医生数两项指标外,下面几项指标的分析也反映出这个问题,这说明医疗卫生资源受经济发展水平的影响大,增加医疗卫生资源供给的前提是经济发展和资金投入。

中国的医疗卫生资源分布的第二个特点是"对应人口密集化",卫生资源受到了地方人口密集度的影响,人口集中的地方,人均可获得的医疗卫生资源也相对较多,这是因为人口密集的地方多是经济较发达的城市或地区。从这两个指标反映的问题来看,医疗卫生资源配备丰富的物质基础和前提条件就是经济发展水平。换言之,在目前,经济水平对改善人民健康状态的贡献是举足轻重的。因此,提升人民健康的有利途径是发展经济,增加对公共卫生部的投入。

中国医疗卫生资源分布的"地域化"和"对应人口密集化"两个特点导致的直接后果是地区对抗疾病风险的能力显示差距。特别是当急性传染病来临时,卫生医疗资源配置的失衡就暴露得一清二楚,这种差距更是直接影响到当地人们的健康。据中国卫生部资料报道,当 2003 年"非典"袭来时,同为此次"非典"重灾区,北京每千人口拥有的医院床位数为 6.28 张,山西省只有 3.23 张;以每千人口拥有的医生计,北京为 4.62 人,山西仅为 2.69 人;以每千人口拥有的护士计,北京为 3.59 人,山西为 1.33 人。在中西部 19 个省(市、自治区)里,山西省的医疗条件还算不错。在另一个也发现了"非典"病例的安徽省,每千人口拥有的床位数、医生数和护士数仅为 1.83 张、1.13 人和 0.67 人,也就是说,平均下来,每五个安徽居民,才能享受到一个北京市民的医疗卫生条件。[①]

---

① 楼夷、田启林:《"SARS 西侵"系列之二:忧患中西部》,载《财经》2003 年 5 月 3 日。

2. 人均医疗卫生费用和卫生总费用占国民生产总值百分比

人均医疗卫生费用和卫生总费用占国民生产总值百分比，是反映个人和国家对健康的货币投资。按照世界卫生组织的规定：凡是维持、改善健康的一切活动，例如疾病、失能或精神障碍以及预防、诊断、治疗、护理、康复等照顾有关的，由医疗卫生服务提供者所提供的服务和物品、家庭医疗费用开支以及政府有关的卫生政策与管理费用均列入卫生费用。

中国对卫生费用的定义是：一个国家或地区，在一定时期内（通常是一年），全社会用于医疗卫生服务所消耗的资金总额。包括提供卫生保健服务所消耗的活劳动和物化劳动的货币总额。活劳动指卫生人力资源，即不同专业、技术职称的卫生技术人员。物化劳动指药品、卫生设施、医疗设备、卫生材料以及包括信息在内的知识产权。[①]

卫生总费用反映一定时期内全社会的医疗卫生健康总需求。同时，它又是衡量一个国家卫生投入的重要指标。人均医疗卫生费用是计算一定时期内（通常为一年），一个国家或地区的人口平均医疗卫生费用。它与卫生总费用相比较，能够更直观地反映国家对健康的投入。

图9-4清晰地反映了自1978年以来，中国人均医疗卫生费用呈直线增长的趋势。从数值上看，从1978年的人均医疗卫生费用11.45元增长到2004年的583.9元，增长了近51倍。

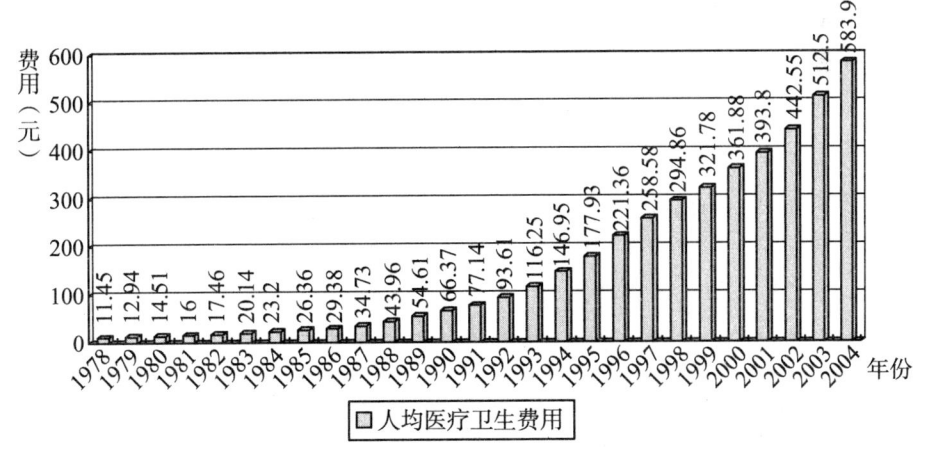

图9-4　1978~2004年年人均医疗卫生费用

资料来源：杜乐勋、张文鸣、张大伟主编：《中国医疗卫生产业发展报告》，中国卫生产业杂志社、社会科学文献出版社2004年版，第372~373页；中华人民共和国卫生部网站（www.moh.gov.cn），《2006年中国卫生统计提要》。

---

① 参见东莞台商信息网 www.3722.cn/softdown/list.asp?id=55970。

卫生总费用占国民生产总值（GNP）或卫生总费用占国内生产总值（GDP）的百分比通常用来表示卫生事业与国民经济之间的关系是国际普遍规律。卫生总费用占国内生产总值的百分比有上升趋势，它反映了卫生总费用的增长快于国内生产总值的增长。图9－5显示了自中国改革开放以来，卫生总费用占国内生产总值百分比总体呈上升趋势。1978年中国卫生总费用占国内生产总值百分比还只有3.04%，到了2000年，这一比例上升到了5.3%，略高于世界卫生组织规定的5%的下限。2002年，这一比例上升到了5.51%。2003年这个数字是5.62%，到了2004年又回落到5.55%。与1978年相比，2004年中国卫生总费用占国内生产总值百分比增长了2.51个百分点，这种上涨的幅度不小，大概每十年增长一个百分点。

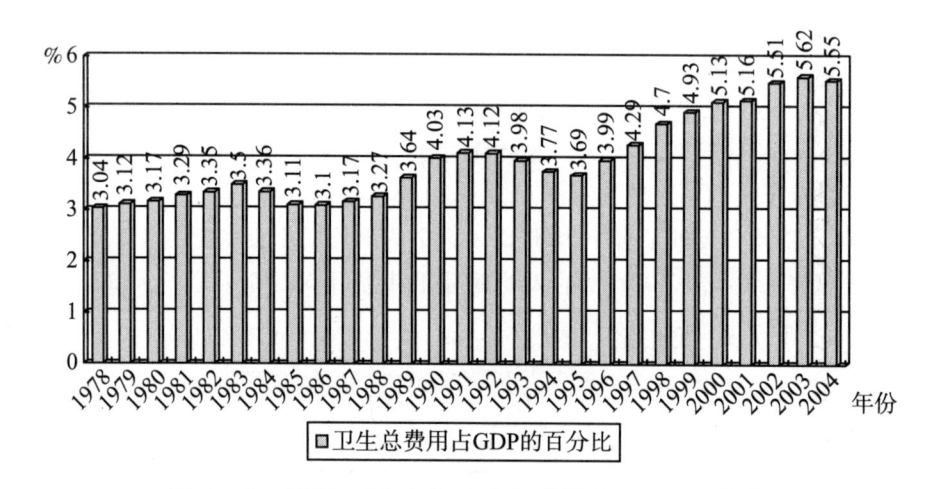

图9－5　1978～2004年卫生总费用占GDP百分比

资料来源：杜乐勋、张文鸣、张大伟主编，《中国医疗卫生产业发展报告》，中国卫生产业杂志社，社会科学文献出版社2004年版，第372～373页；中华人民共和国卫生部网站（www.moh.gov.cn）；《2006年中国卫生统计提要》。

然而，在中国人均医疗卫生费用和卫生总费用占国内生产总值百分比增长的同时，还有两个问题值得注意。首先，中国人均卫生总费用在城乡之间分布是不均衡的，如图9－6所示，虽然城市和农村的人均卫生总费用都在增加，但两者之间的差距仍然很大，特别是2000～2004年的5年时间，城乡人均医疗卫生费用的增长趋势还有拉大差距的势头。

其次，在中国卫生总费用逐年增加的同时，卫生总费用的构成也在发生改变。如图9－7显示，从1978～2003年间，政府预算的卫生支出和社会卫生支出在显著地减少（政府预算卫生支出由1978年的32.16%下降到2003年的17.2%，社会卫生支出由1978年的47.41%下降到2003年的27.3%，尤其是政

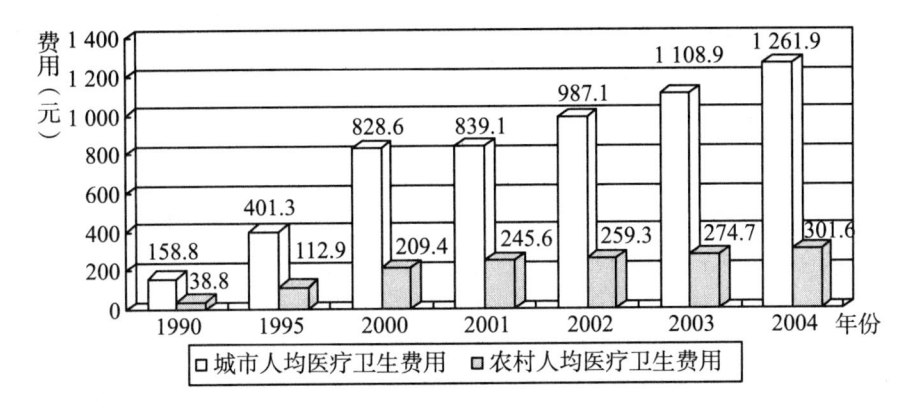

图 9 – 6 1990～2004 年城乡人均医疗卫生费用

资料来源：中华人民共和国卫生部网站（www.moh.gov.cn）；《2006 年中国卫生统计提要》。

府预算卫生支出的比例经过 26 年的时间竟然下降了近 1 倍），居民个人卫生支出所占的比例逐渐增大（由 1978 年的 20.43% 上升到 2003 年 55.5%，增加到原来的两倍多）。居民个人卫生支出的增加可从两个方面来理解：一方面是居民自觉自愿地增加卫生支出，如定期上医院做体检等，这反映了人们对健康的关注程度和对健康的投资，是应该大力提倡的；但另一方面，这种增加是被迫的，因为当今药品的价格居高不下，手术住院费用大幅上调，"看病难，看病贵"反映了当下中国城乡居民的共同心声。这种个人卫生支出的增加加重了人们的经济负担，尤其限制了边远地区和农村居民获取医疗卫生资源的能力，影响到他们的健康。

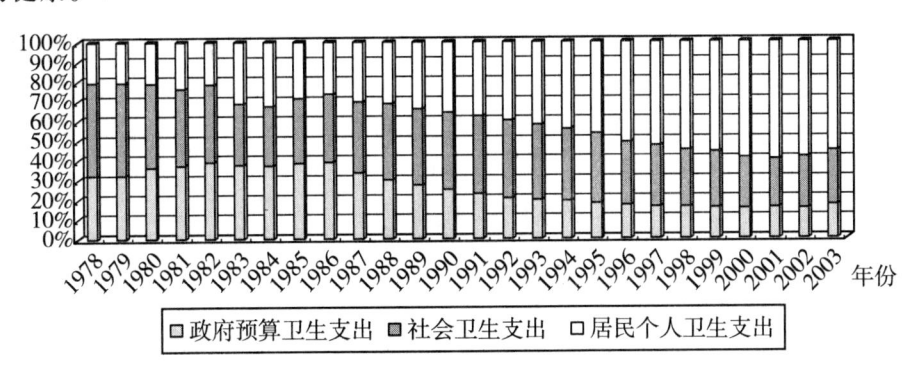

图 9 – 7 1978～2002 年卫生总费用的构成

资料来源：杜乐勋、张文鸣、张大伟主编：《中国医疗卫生产业发展报告》，中国卫生产业杂志社、社会科学文献出版社 2004 年版，第 377 页；中华人民共和国卫生部网站（www.moh.gov.cn），《2005 年中国卫生统计提要》。

三、健康状况及其评价

医疗资源反映的是国家或地区为人民提供的医疗卫生保障程度,如果它相当于"投入"部分,那么人民健康状况就相当于"产出"部分,它反映了在国家对医疗卫生投入的情况下,人们确实享受到的效益,即健康水平的提高和改善。

健康状况指标包括平均预期寿命、婴儿死亡率、孕产妇死亡率、传染病发病率。其中,婴儿死亡率、孕产妇死亡率和传染病发病率为逆指标。

1. 平均预期寿命

寿命是指某一个人的生存年限,而预期寿命是指在某一年出生的人群预计平均的生存年限。平均预期寿命,通常表示为一个人口群体从出生起平均存活的年龄(岁)。平均预期寿命是反映生活质量的综合指标,它既能反映社会、经济的进步状况和医疗水平的发展状况,也能从一个侧面反映人们的营养状况和生活质量的改善状况。平均预期寿命的高低主要受社会经济条件和医疗水平等因素的制约,不同社会、不同时期有很大差别。

新中国成立前中国的平均预期寿命只有35岁,远远落后于世界其他国家。20世纪50年代初期,中国人口平均预期寿命与发达国家相差18岁,80年代时差距为8岁左右,目前,中国人口预期寿命与发达国家比较约低5岁,说明与它们还有差距。但与过去相比,其差距正在缩小。①

根据1990年进行的全国第四次人口普查,中国人均预期寿命为68.55岁,男性的平均预期寿命是66.84岁,女性的平均预期寿命是70.47岁。2000年进行的第五次全国人口普查资料显示,中国人均期望寿命上升到71.4岁,男性的平均预期寿命上升到69.63岁,女性的平均预期寿命上升到73.33岁,比1990年分别增加了2.85岁、2.79岁和2.86岁。

两次中国人口普查的结果与国际模式类似,都是男性期望寿命略低于女性。将中国各省(市、自治区)的两次人口普查的结果相比较,总体预期寿命变化最大的是青海、黑龙江和吉林,2000年的平均预期寿命比1990年分别增长了5.46岁、5.40岁和5.15岁,几乎一年增加半岁多。甘肃、陕西和广东的总体预期寿命变化不大,与1990年相比只增加了0.23岁、0.67岁和0.75岁。与总体预期寿命变化相对应的是各省(市、自治区)的全国排名变化,排名变化较大的有陕西和吉林,陕西的全国排名从1990年的第13名下降到2000年的第23

---

① 参见《小康》杂志网 www.chinaxiaokang.com。

名,下跌了整整 10 位;吉林从 1990 年的第 17 名上升到 2000 年的第 9 名,上升了 8 位,上海、北京和天津 3 个省市的总体预期寿命保持中速的增长,在十年内分别增加了 3.24 岁、3.24 岁和 2.59 岁,其全国排名也基本没有发生大的变化。平均预期寿命全国排名的升降在一定程度上反映了各省(市、自治区)医疗卫生事业的投入和发展。①

根据世界银行《2003 年世界发展报告》,2000 年世界平均预期寿命为 66 岁,低收入国家的出生时预期寿命为 59 岁,中等收入国家为 69 岁,中低收入国家为 64 岁,高收入国家为 78 岁。按照这个分类,中国的平均预期寿命显著地高于世界平均水平和同等发展水平的发展中国家。②

但是,中国各省(市、自治区)的平均预期寿命存在显著差别,2000 年全国人口普查的结果显示(如表 9-3 所示):预期寿命最高的上海为 78.14 岁,预期寿命最低的西藏为 64.37 岁,两者相差 13.77 岁。其中,城镇居民人均预期寿命 75.21 岁,农村居民人均预期寿命 69.55 岁,前者比后者高出 5 岁多,相当于发达国家与中等收入国家之间的差距。

表 9-3   1990 年与 2000 年平均预期寿命   单位:岁

地区	1990 年平均预期寿命				2000 年平均预期寿命			
	合计	男	女	排序	合计	男	女	排序
总 计	68.55	66.84	70.47		71.40	69.63	73.33	
北 京	72.86	71.07	74.93	2	76.10	74.33	78.01	2
天 津	72.32	71.03	73.73	4	74.91	73.31	76.63	3
河 北	70.35	68.47	72.53	8	72.54	70.68	74.57	12
山 西	68.99	67.33	70.93	14	71.65	69.96	73.57	16
内蒙古	65.68	64.47	67.22	25	69.87	68.29	71.79	24
辽 宁	70.22	68.72	71.94	9	73.34	71.51	75.36	7
吉 林	67.95	66.65	69.49	17	73.10	71.38	75.04	9
黑龙江	66.97	65.50	68.73	20	72.37	70.39	74.66	13
上 海	74.90	72.77	77.02	1	78.14	76.22	80.04	1
江 苏	71.37	69.25	73.57	6	73.91	71.69	76.23	6
浙 江	71.78	69.66	74.24	5	74.70	72.50	77.21	4
安 徽	69.48	67.75	71.36	12	71.85	70.18	73.59	14
福 建	68.57	66.49	70.93	16	72.55	70.30	75.07	11

---

① 作者原本希望将各省(市、自治区)的人均医疗卫生费用和卫生总费用占 GDP 百分比与各省(市、自治区)的平均预期寿命和传染病发病率、孕产妇死亡率等做回归分析,以进一步说明健康投入和健康状况的提高两者的关系,但由于数据资料的限制未能实现。

② 国务院发展研究中心发展战略和区域研究部"十一五"规划基本思路课题研究组:《全面建设小康社会的十六项指标》,载《经济参考报》2004 年 3 月 11 日。

续表

地区	1990年平均预期寿命				2000年平均预期寿命			
	合计	男	女	排序	合计	男	女	排序
江 西	66.11	64.87	67.49	24	68.95	68.37	69.32	25
山 东	70.57	68.64	72.67	7	73.92	71.70	76.26	5
河 南	70.15	67.96	72.55	10	71.54	69.67	73.41	17
湖 北	67.25	65.51	69.23	18	71.08	69.31	73.02	20
湖 南	66.93	65.41	68.70	22	70.66	69.05	72.47	21
广 东	72.52	69.71	75.43	3	73.27	70.79	75.93	8
广 西	68.72	67.17	70.34	15	71.29	69.07	73.75	18
海 南	70.01	66.93	73.28	11	72.92	70.66	75.26	10
重 庆	—	—	—	—	71.73	69.84	73.89	15
四 川	66.33	65.06	67.70	23	71.20	69.25	73.39	19
贵 州	64.29	63.04	65.63	26	65.96	64.54	67.57	29
云 南	63.49	62.08	64.98	27	65.49	64.24	66.89	30
西 藏	59.64	57.64	61.57	30	64.37	62.52	66.15	31
陕 西	69.40	66.23	68.79	13	70.07	68.92	71.30	23
甘 肃	67.24	66.35	68.25	19	67.47	66.77	68.26	26
青 海	60.57	69.29	61.96	29	66.03	64.55	67.70	28
宁 夏	66.94	65.95	68.05	21	70.17	68.71	71.84	22
新 疆	62.59	61.95	63.26	28	67.41	65.98	69.14	27

资料来源：国家统计局人口和社会科技统计司编：《中国人口统计年鉴（2004）》，中国统计出版社2004年版，第201页。

2. 婴儿死亡率和孕产妇死亡率

婴儿和妇女的健康尤其重要，因为他们直接关系到人类自身的繁衍和人类发展的未来，因此对婴儿死亡率和孕产妇死亡率的测量对国家和政府来说意义重大。

婴儿死亡率[①]指某地区一年内每1 000名活产婴儿中未满1岁的婴儿死亡人数之比。计算公式为：

婴儿死亡率 = 一年内未满1岁婴儿死亡数 ÷ 当年活产数 × 1 000‰

孕产妇死亡数是指妇女从妊娠开始至妊娠结束后42天内死亡者，不论妊娠时间和部位，包括内外科原因、计划生育手术、宫外孕、葡萄胎死亡者，不包括

---

① 反映婴儿和儿童健康状况的指标还有"新生婴儿死亡率"、"低体重出生婴儿百分比"、"5岁以下儿童的死亡率"等，但由于婴儿死亡率是个综合的指标，能够说明一个国家或地区的医疗水平和妇幼保健工作，所以在此只选用1岁以下婴儿死亡率这个指标。

意外原因（如车祸、中毒等）死亡者。① 孕产妇死亡率是指一年内每 10 万名活产儿中孕产妇死亡数。计算公式：

孕产妇死亡率 = 一年内孕产妇死亡人数 ÷ 当年活产总数 × 100 000 ÷ 100 000

自新中国成立后，婴儿死亡率和孕产妇死亡率下降了很多，如婴儿死亡率是从新中国成立前的 200‰ 下降到 2001 年的 30‰，而同期世界的平均水平是 56‰，中等收入的国家是 31‰，高收入国家是 5‰，低收入国家是 80‰②，在这个指标上中国虽然与高收入国家有一定差距，但在发展中国家中排在前列。孕产妇死亡率从解放前的 150/10 万，下降到 2002 年 43.2/10 万。这说明中国的经济水平和人民的生活水平自新中国成立后有了很大提高，人民的身体素质较以往有了显著改善，医疗技术水平特别是妇幼保健工作取得较好的社会效益，为整个世界的婴儿死亡率和孕产妇死亡率下降做了贡献。

同时也要注意到，虽然中国婴儿死亡率和孕产妇死亡率整体上呈下降趋势，但这种下降幅度在城乡之间和省（市、自治区）之间存在巨大差异。

图 9-8 显示，中国总体婴儿死亡率从 1991 年的 50.2‰ 降到 2004 年的 21.5‰，其中农村婴儿死亡率的下降幅度较大，从 1991 年的 58‰ 下降到 2004 年的 24.6‰，对应的折线下折趋势比较明显，而城市的婴儿死亡率的下降幅度不太明显，对应的折线较平缓。1991 年农村婴儿死亡率是城市的 3.35 倍，2004 年农村婴儿死亡率是城市的 2.44 倍。

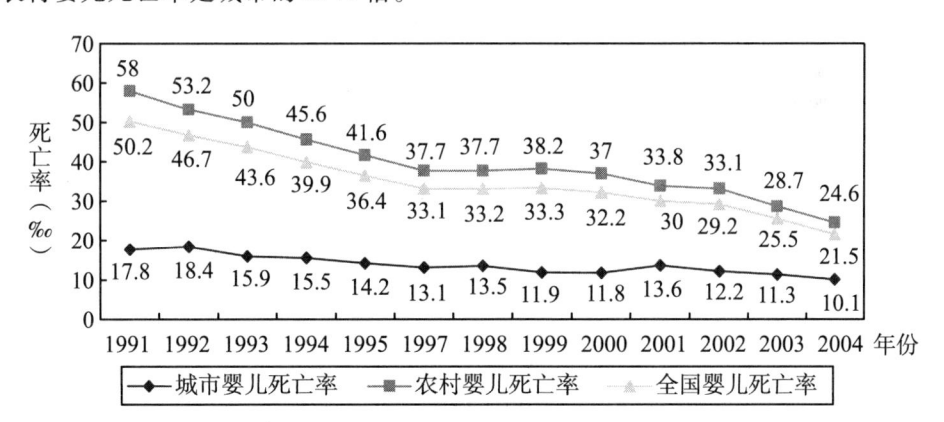

图 9-8　1991~2004 年城乡婴儿死亡率

资料来源：中华人民共和国卫生部网站（www.moh.gov.cn）；《2005 年中国卫生事业发展情况统计公报》。

---

① 参见中华人民共和国卫生部网站 www.moh.gov.cn/tjxxzx/tjxxfgybz/tjfgyzd/1200208090004_19.doc。
② 中华人民共和国卫生部编：《中国卫生统计年鉴（2005）》，中国协和医科大学出版社 2005 年版，第 364 页。

从中国婴儿死亡率在各个省（市、自治区）的分布来看，东北部和经济发展较好的部分南方省（市、自治区）婴儿死亡率较低，在全国排名靠前，而西部省（市、自治区）的婴儿死亡率较高，这说明婴儿死亡率与地区的经济发展水平和医疗卫生条件直接相关。1981年婴儿死亡率全国排名前5位的5个省（市、自治区）分别是北京（16.1‰）、广东（19.4‰）、上海（19.7‰）、吉林（19.9‰）和天津（20.1‰）。① 新疆（115.0‰）、青海（88.4‰）和云南（80.0‰）的婴儿死亡率分别是全国排名的倒数三位。其中新疆的婴儿死亡率是北京的七倍多，说明部分省（市、自治区）之间差距较大。1990年中国婴儿死亡率下降到27.3‰，比十年前（1981年中国婴儿死亡率37.7‰）减少了10.4个千分点，全国排名前5位的分别是北京（8.8‰）、河北（9.2‰）、天津（10.7‰）、上海（12.4‰）和山东（12.9‰），排名倒数三位的分别是西藏（96.2‰）、青海（66.3‰）和云南（65.8‰）。数据显示，十年中婴儿死亡率下降趋势最明显的省（市、自治区）是西藏，② 下降了56.5‰，下降了近一半。北京和天津两个省市的婴儿死亡率也基本下降了一半，但由于原有的婴儿死亡率就低，幼儿保健工作的基础好，所以在全国的比较中它们的下降幅度不明显，婴儿死亡率的下降表明了当地幼儿保健等医疗卫生条件的进一步改善。

图9-9说明，中国孕产妇死亡率总体呈下降趋势，全国孕产妇死亡率从1991年的80/10万降到2004年的48.3/10万。与婴儿死亡率相比较，中国孕产妇死亡率下降趋势在城乡之间并不是一帆风顺，都存在回升的时间点，如农村孕产妇死亡率在1999年（79.7/10万）就比1998年（74.1/10万）增加了5.6/10万例，城市孕产妇死亡率在2001年（33.1/10万）比2000年（29.3/10万）增加了3.8/10万例。1991年农村孕产妇死亡率是城市的2.15倍，2004年农村孕产妇死亡率是城市的2.41倍，还存在比例增高的现象。③

---

① 西藏没有1981年婴儿死亡率的记录，所以无法算出其婴儿死亡率下降幅度，类似地区还有海南。

② 婴儿死亡率、孕产妇死亡率和传染病发病率是逆指标，数值越低反映该指标测量主体状况好，社会越进步，所以按照反映内容的由好到差这三项指标的排序是由小到大，不同于前者的由大到小。

③ 农村孕产妇死亡率比城市高出的倍数会随时间推移而增长，作者对此存有疑问，经过进一步查询资料发现原因主要有以下几点：农村孕产妇家居山区交通不便，乡镇卫生院技术力量薄弱，农村家庭卫生知识匮乏，传统观念使得农村孕产妇不重视孕期保健和产前检查，分娩不到医院，接生不请医生或接生员。这一现象在一定程度上说明虽然中国政府始终将降低孕产妇死亡率列为公共卫生的优先领域之一，但中国的妇女保健工作还存在需要改进的地方，尤其应该将工作重点放在农村。当然，还有一种原因值得考虑，就是存在漏报和故意低报的现象。

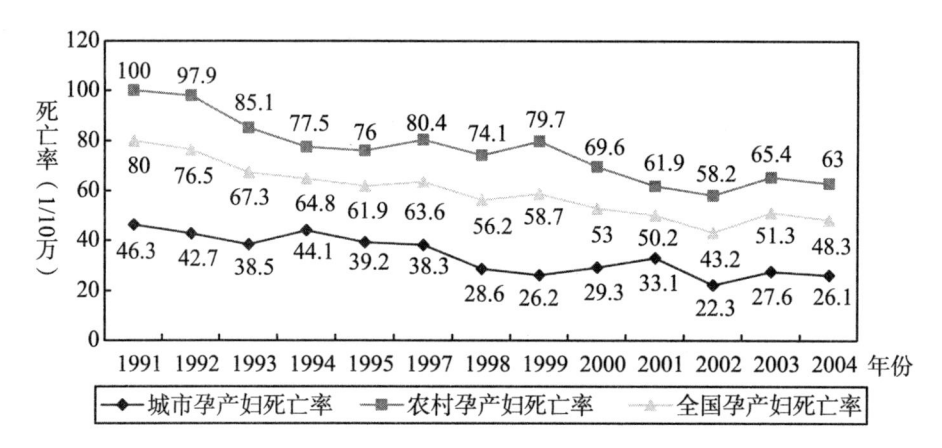

图 9-9 1991~2004 年城乡孕产妇死亡率

资料来源：中华人民共和国卫生部网站（www.moh.gov.cn），《2005 年中国卫生事业发展情况统计公报》，《2003 年中国卫生统计提要》。

除此以外，2002 年中国妇幼卫生 116 个监测点①报告还显示，边远地区的孕产妇死亡率明显高于沿海地区。上海、北京、天津和浙江等省（市、自治区）孕产妇死亡率在 20/10 万左右，已接近发达国家水平；而边远地区还在 70/10 万上下，约是沿海地区的 3.6 倍。②

如表 9-4 所示，2002 年和 2004 年，孕产妇死亡率全国最低的前四个省（市、自治区）分别是上海、天津、浙江和北京，西藏、新疆、青海和贵州是全国孕产妇死亡率全国最高的四个省（市、自治区）。如 2002 年，西藏的孕产妇死亡率（401.4/10 万）是上海（10.0/10 万）的 40 倍。经过两年的努力，2004 年，西藏的孕产妇死亡率下降到了 310.4/10 万，每 10 万孕产妇中死亡的人数减少了 91 名，这种妇幼工作的改进在全国是首屈一指的，在降低孕产妇死亡率工作中做得好的省（市、自治区）还有新疆和宁夏。但是，也有的现象需要引起当地有关部门的注意，如与 2002 年相比，2004 年孕产妇死亡率上升的省（市、自治区）有重庆、海南和湖北，孕产妇死亡率分别上升了 13.7/10 万、7.7/10 万和 7.3/10 万例。这说明中国各省（市、自治区）之间的孕产妇死亡率差距客观存在。

---

① 1990~1995 年，卫生部在 30 个省、自治区、直辖市建立两个妇幼卫生监测网，即孕产妇死亡监测网（247 个监测点，覆盖人口 1 亿），5 岁以下儿童监测网（81 个检测点，覆盖人口 855 万），对全国孕产妇死亡和 5 岁以下儿童死亡情况进行了连续 5 年的动态监测。从 1996 年开始实行孕产妇死亡监测，5 岁以下儿童死亡监测和出生缺陷发生率"三网合一"，抽取 116 个监测点建立全国妇幼卫生监测网。

② 参见中国网 www.china.org.cn。

表 9－4　　　　　　　　2002 年与 2004 年孕产妇死亡率　　　　　单位：1/10 万

地区	2002 年	排序	2004 年	排序
总计	47.8		45.2	
北京	18.3	4	18.0	4
天津	11.5	2	12.2	2
河北	31.9	12	29.0	10
山西	49.3	19	44.6	18
内蒙古	47.7	18	48.9	19
辽宁	23.4	8	18.2	5
吉林	40.6	15	32.2	12
黑龙江	22.4	6	19.4	6
上海	10.0	1	10.8	1
江苏	25.4	9	21.7	8
浙江	12.8	3	14.4	3
安徽	31.9	12	29.4	11
福建	31.0	11	32.2	12
江西	41.1	16	42.8	16
山东	22.5	7	21.8	9
河南	54.1	22	50.7	20
湖北	34.8	14	42.1	15
湖南	46.8	17	44.2	17
广东	19.7	5	20.3	7
广西	54.0	21	55.2	22
海南	28.6	10	36.3	14
重庆	65.4	23	79.1	25
四川	74.3	25	79.3	26
贵州	111.4	28	95.4	29
云南	73.6	24	65.4	24
西藏	401.4	31	310.4	31
陕西	52.2	20	58.8	23
甘肃	87.3	27	79.5	27
青海	130.9	29	114.5	28
宁夏	76.6	26	54.5	21
新疆	160.3	30	123.7	30

资料来源：中华人民共和国卫生部编：《中国卫生统计年鉴（2003）》，中国协和医科大学出版社 2003 年版，第 141 页；中华人民共和国卫生部编：《中国卫生统计年鉴（2005）》，中国协和医科大学出版社 2005 年版，第 195 页。

3. 传染病发病率

传染病，顾名思义是具有传染性的疾病。各种病原体在一定的外界环境条件下，通过某种方式在人群中传播，常造成传染病流行。传染病流行时，发病迅速，症状剧烈，波及人数多，影响范围大，因此，对人民的生命健康和国家经济建设有极大危害性。① 各国都把传染病严格控制和管理看成举足轻重的大事。

在过去经济卫生条件不发达的情况下，急性传染病是中国在疾病控制方面的主要任务，经过多年来中国卫生部门的加大资金投入和强化疫情监测等相关工作的努力，中国的传染病防治工作取得了显著成就。中国法定报道传染病的发病率在50年代是3 200/10 万，到2002年已下降到180.14/10 万，不仅于1961年消灭了天花（比全球范围内的目标提前了10多年），2000年完成了无脊髓灰质炎证实工作，实现了消灭本土脊灰的目标，还有效控制了霍乱、鼠疫、回归热、斑疹伤寒、黑热病等严重危害人民健康的烈性传染病，消灭或基本控制了白喉、百日咳、麻疹等传染病。②

传染病发病率是一个测量传染病危害性的重要逆指标。传染病发病率是指在一定时间内（通常是一年），在可能发生传染病的一定人数中，传染病发生的病例数。计算公式为：

传染病发病率 = 该时期内传染病新发生的病例数/可能发生传染病的总人数 ÷ 100 000

图 9 – 10 反映了中国 1985～2005 年的传染病发病率的趋势走向。③ 1985～1990 年这五年时间，中国的传染病发病率从 872.33/10 万下降到 292.22/10 万，下降的幅度非常明显，在图形上反映为线形的急剧下跌，在相对短的时间里取得这样的成绩是非常值得骄傲的。此后，传染病报告发病率基本稳定，变化不大，传染病下降的进展开始放缓，整个线形呈平缓的形状。

尽管中国的传染病防治工作取得了巨大成就，但当前仍面临四大挑战：

挑战之一来自传染病发病率本身有回升的迹象。传染病发病率由 2002 年的 180.18/10 万上升到 2005 年的 268.31/10 万，在图中表现为在 2002 年时间点上折线向上抬起。

挑战之二是传染病发病率在城乡之间分布不平等。可以说在中国农村，特别是在欠发达农村，传染病依然是危及公共健康安全的一个最重要的因素。例如，结核病在不同地区疫情差别很大，西部疫情是东部的 1.7 倍，农村的疫情高于城

---

① 参见中华女性网 www.china-woman.com。
② 参见中医药传播网 www.xiaoduweb.com/Html/Dir0/14/41/63.htm。
③ 1990 年以前报告的传染病包括鼠疫、副霍乱、白喉、流脑、百日咳、猩红热、麻疹、流感、痢疾、伤寒副伤寒、病毒性肝炎、脊髓灰质炎、乙脑、疟疾、黑热病、森林脑炎、恙虫病、出血热和钩端螺旋体病 19 种；1990～1995 年包括 24 种传染病（不包括新生儿破伤风和肺结核）；1996～2002 年包括 26 种传染病（不包括传染性非典型肺炎）。

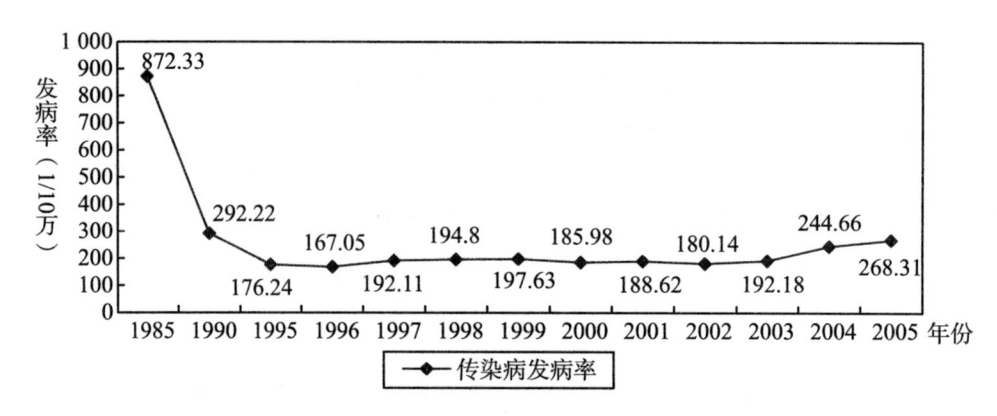

图 9－10 1985～2005 年传染病发病率

资料来源：中华人民共和国卫生部网站（www.moh.gov.cn）；《2006 年中国卫生统计提要》。

市近 1 倍，中国 80% 的结核病人在农村①。

挑战之三是传染病发病率在中国省份之间分布不均衡。与以上所见到的医疗卫生资源较丰富的地区婴儿死亡率和孕产妇死亡率也相应较低的模式不同（如表 9－5 所示），中国传染病发病率较低的省（市、自治区）有山东、广东、山西、湖南和江苏，而传染病发病率较高的省（市、自治区）有四川、甘肃、宁夏和青海；而在其他健康生活质量指标上反映情况较好的省（市、自治区），如北京、上海和天津，在传染病发病率这一指标上并不理想，其全国排名徘徊在第 10~25 名之间，居于全国的中等偏下水平。造成这一现象的原因在于传染病本身具有特殊性，由于引发传染病的病原体必须通过一定的介质传播，空气、水流等都可能成为传播介质，而这些介质都属于环境因素，因此传染病具有较强的地域性。各省（市、自治区）传染病发病率的高低除了与本地区的传染病防止和控制等人为因素有关外，还与本省（市、自治区）的地理位置和环境等自然因素有关。

表 9－5　　　　2002~2004 年法定报告传染病发病率　　　　单位：1/10 万

地　区	2002 年	排序	2003 年	排序	2004 年	排序
总　计	182.25		192.18		244.66	
北　京	229.16	24	231.49	21	408.03	28
天　津	195.18	18	196.96	13	261.26	16
河　北	146.03	6	158.90	7	192.10	4
山　西	115.33	4	112.96	3	192.16	5
内蒙古	168.83	9	165.07	9	256.02	14

---

① 参见搜狐健康网 health.sohu.com/38/08/harticle15730838.shtml。

续表

地 区	2002年	排序	2003年	排序	2004年	排序
辽 宁	193.24	17	162.44	8	206.31	8
吉 林	171.23	12	184.15	10	220.48	10
黑龙江	163.87	8	189.65	11	275.56	19
上 海	201.90	19	219.93	16	357.76	23
江 苏	130.79	5	138.23	4	202.46	6
浙 江	271.89	26	288.75	26	407.33	27
安 徽	148.76	7	155.49	6	180.16	3
福 建	178.60	16	217.83	15	268.16	18
江 西	171.31	13	206.83	14	258.56	15
山 东	91.24	1	100.88	1	128.87	1
河 南	168.86	10	190.01	12	239.33	12
湖 北	171.02	11	220.87	17	254.21	13
湖 南	112.00	3	144.49	5	130.24	2
广 东	111.59	2	111.40	2	205.06	7
广 西	203.19	20	246.31	22	300.30	20
海 南	176.23	15	225.06	20	404.54	26
重 庆	208.66	21	223.60	19	265.91	17
四 川	337.62	30	380.05	29	318.87	21
贵 州	175.40	14	221.04	18	322.91	22
云 南	278.85	27	294.55	27	216.29	9
西 藏	221.99	23	254.28	23	239.05	11
陕 西	221.00	22	277.51	25	388.29	25
甘 肃	348.80	31	382.64	30	444.16	30
青 海	320.49	29	350.11	28	384.59	24
宁 夏	315.46	28	467.53	31	516.40	31
新 疆	263.48	25	261.52	24	435.31	29

资料来源：中华人民共和国卫生部编，《中国卫生统计年鉴（2003）》，中国协和医科大学出版社2003年版，第180页；中华人民共和国卫生部编，《中国卫生统计年鉴（2004）》，中国协和医科大学出版社2004年版，第202页，第236页。

挑战之四是引发传染病的各种危险因素依然存在并且有增加的趋势。2003年的SARS给人们敲响了警钟：防治传染病不是一朝一夕就能完成的工作，同时由于各方面原因的存在，新的传染性疾病也层出不穷，因此要将防止传染病工作作为一个持续的艰巨工程，不能有丝毫松懈，尤其要落实农村贫困地区与各地流动人口的防病措施。

从以上对中国近年来的卫生资源状况和健康状况的分析中可以看出，新中国成立50多年来，中国的医疗卫生事业取得了巨大成就，这主要表现在：中国以占世界卫生总支出1%左右的比例，为占世界22%的人口提供了基本医疗卫生服务。① 医疗卫生资源逐年丰富，居民平均每千人口拥有的医生数、医院床位数呈上升趋势，人均医疗卫生费用和卫生总费用占国民生产总值的百分比更是长势喜人。随着中国对健康投入的增加，中国的医疗条件大为改观，人民健康水平也相应提高，据中国的第五次全国人口普查资料显示，中国的人均预期寿命显著地高于世界平均水平和同等发展水平的发展中国家，据估算，2020年中国的人均预期寿命可达到75岁。婴儿死亡率和孕产妇死亡率下降了很多，传染病发病率基本稳定。世界卫生组织在《2000年世界卫生报告——卫生系统绩效评价》中论述中国卫生的特点：用较少的费用基本解决了世界人口最多国家的卫生问题，健康水平绩效排列在192个国家的第61位。② 特别值得一提的是，经过"非典"和禽流感的考验，中国抗击和应对突发事件的能力得到增强。

---

① 参见中医药传播网 www.xiaoduweb.com/Html/Dir0/14/41/63.htm。
② 参见中医药传播网 www.xiaoduweb.com/Html/Dir0/14/41/63.htm。

第十章

生活质量的教育指标及其评价

邓小平曾指出"教育是一个民族最根本的事业"。[①] 在改革开放的大背景下，他于1983年对教育改革提出了"三个面向"，即教育要面向现代化、面向世界、面向未来，其实关注的就是科教兴国和可持续发展两大战略。教育与生活质量、全面小康有着十分密切的联系，在提高生活质量、全面建设小康社会的进程中起着不言而喻的重要作用。教育能够改变和决定一个人未来的命运，教育也能够改变和决定一个国家未来的发展。教育对提高生活质量和全面建设小康社会具有决定性的影响。

有研究表明，教育可以增进个人的健康知识，养成良好的卫生习惯，从而促进个人身体健康。此外，教育还可以通过提高个人的文化修养，丰富个人的精神生活，提高生活品位；可以提高婚姻和家庭生活的质量，并促进优生优育；可以提高决策能力和消费水平，以提高资源的使用效率，等等。总之，教育和提高生活质量是分不开的，教育对生活质量有着重大的意义。社会发展的最终目的是改善和提高全体居民的生活质量，人的生存和发展需要及其现实满足程度是社会发展的基本出发点，人口生活质量的提高是人的全面发展的体现，是社会发展所追求的终极目标和最高原则，是全面建设小康社会的实质所在。教育是"育人"的系统工程，在提高人口素质、提升生活质量，建设全面小康社会的进程中功不

[①] 《百年小平系列报道之三——越到晚年他越感到教育的重要性》，载《北京晚报》2004年8月9日。

可没。教育事业是一项"功在当代，利在千秋"的伟大事业。

一、建构教育发展评价指标体系

"国家强盛和民族振兴靠人才，人才培养靠教育"。人类已经进入一个前所未有的、将由学习来决定生活质量的新世纪（刘精明，2005）。要对教育的发展水平做出测评，鉴定教育是否符合生活质量提高和实现全面小康社会的要求，就需要构建教育发展指标体系。本研究通过借鉴国际组织世界教育指标框架和国内相关研究状况及启示，尝试构建衡量中国教育发展状况的教育指标体系。教育指标是教育现象数量化的科学范畴，能够反映教育总体的数量特征。教育指标是指综合反映教育发展状况和进程、制定教育发展目标和规划的数据指标。

（一）教育发展指标体系内容框架

教育保障和教育需求是决定一个国家或地区教育发展水平的直接因素。教育保障是指一个国家或地区的教育资源状况，它受两方面制约：一方面是该国家或地区经济发达程度，即教育资源的客观丰富程度；另一方面是该国家或地区发展教育的努力程度，即在一定的资源条件下为教育发展提供相对丰富的资源。教育需求则是来源于国民的受教育需求，是教育发展的重要推动力量。教育需求和保障（供给）的均衡是一个国家或地区追求的理想状态，在实践中，两者的均衡程度是一个国家或地区发展水平和教育现代化程度的重要标志（徐玲，2004）。

在教育保障和需求这一理念下，结合国内外研究及中国教育现状和发展趋势，本研究建构了教育指标体系。提高教育生活质量首先要保证教育投入，本指标体系首先考虑教育投入问题，并在其中具体细分为财政投入和人力投入。客观生活质量的提高不代表主观生活质量的同步提高；教育保障方面得以发展不代表人口教育素质的真正发展。鉴于此，同样重视教育需求满足程度的测量。在这个方面，本研究选择了全面充分体现人民受教育机会和取得的教育成就的指标：入学率和人均受教育年限。

如表10-1所示，在教育保障状况中，选择了作为投入指标的"公共教育开支占GDP的百分比"、"公共教育开支占政府公共总开支的百分比"和"各级各类学校专任教师学历合格率"。其中，前两项指标反映的是财政投入状况，后一项为人力投入状况；在教育需求满足程度中，选择了教育增量指标"综合入学率①"和存量指标"25 岁及以上人口的平均受教育年限"。综合入学率是 6～24 岁学龄人口的入学率，是初等、中等、高等教育入学率的集中反映；25 岁及以上人口的人均受教育年限反映的是一国的教育成就。

表 10－1　　　　　　　中国教育发展指标体系内容框架

类　　别	指标设置	指标内涵
教育保障状况	公共教育开支占 GDP 的百分比 公共教育开支占政府公共总开支的百分比	财政投入
	各级各类学校专任教师学历合格率	人力投入
教育需求满足程度	综合入学率	学龄人口的受教育需求满足情况
	25 岁及以上人口的人均受教育年限	教育成就

由于建立教育发展指标体系的目的是评价中国教育发展的整体状况，为国家调整和制定教育政策提供参考，所以为了整体教育状况的可评价性，在指标选取方面不可设得过细，只要一定程度上反映教育状况的基本特征即可。②

（二）指标内涵与计算

1. 公共教育经费投入

在中国，国家是教育经费的主要承担者，加上私人教育投资难以统计，所以在财力投入方面下设的两个指标都是评价国家财政性教育经费投入的。公共教育经费是衡量教育资金投入的主要指标，它反映一个国家对教育的重视程度和努力程度，同时也反映一个国家的经济实力和教育实力。这里用两个结构比例性指标来反映教育经费的投入——公共教育开支占 GDP 百分比和公共教育开支占政府公共总开支百分比。国际组织在进行教育指标设置时也大多考虑了这两项（如 UNESCO）。长期以来，中国的教育经费投入没有达到《中国教育改革和发展纲要》③（以下简称《纲要》）所提出的"到本世纪末，国家教育财政性教育经费

---

① 目前国内研究还没有"综合入学率"之说，本研究提出这个概念时借鉴了国际说法。如联合国组织人文发展指数中的初等、中等、高等教育综合毛入学率、综合入学率的内涵相当于以往中国学者"在校率"（冯立天，1995）的提法。

② 指标设置主要是针对国家正规学历教育的，不包括工读学校、特殊教育、学前教育和各种非学历教育。正规学历教育指在中小学校、学院、大学及其他正规教育机构这一系统中提供的教育。在正常情况下，它应是为儿童和青年提供的一种有连续性的、"阶梯式"的全日制教育，一种一般自 5～7 岁开始至 20 岁或 25 岁结束的教育。

③ 中共中央、国务院印发：《中国教育改革和发展纲要》（中发［1993］3 号），1993 年 2 月 13 日。参见教育部网站 www.moe.edu.cn。

支出占国民生产总值的比例应达到 4%" 的要求,教育经费紧张一直成为困扰和制约教育事业发展的"瓶颈"。在此指标的设置符合国际比较的原则,同时也可考察中国教育经费投入目标的实现程度。

2. 教育人力投入(教师学历合格率)

教育是教师与学生的双边活动,教师资源状况直接影响到了学生的受教育质量,在教育人力资源投入方面,设置了"各级各类学校专任教师学历合格率①"来对教育状况从教师质量上进行评价。教师学历合格率的计算公式为:

$$学历合格率 = \frac{符合国家学历要求的教师数}{教师总数} \times 100\%$$

3. 综合入学率

综合入学率②是从受教育机会来反映 6～24 岁的学龄人口的教育满足程度的,是初等教育入学率、中等教育入学率和高等教育入学率的综合指数。计算公式为:

综合入学率③ =（小学在校学生数 + 普通初中在校学生数 + 职业初中在校学生数 + 中等专业学校在校学生数 + 职业高中在校学生数 + 普通高中在校学生数 + 普通本专科在校学生数 + 研究生学生数）÷6～24 岁人口数 ×100%

把综合入学率进行分解,又可得到各级教育的入学率,即在对在校整体状况测量的同时,又可评价各级教育的入学率。相应地,各阶段教育入学率的计算公式为:

$$小学阶段入学率④ = \frac{小学在校学生数}{小学学龄人口数} \times 100\% \quad (初等教育)$$

$$初中阶段入学率⑤ = \frac{初中在校学生数}{12～14 岁人口数} \times 100\%$$

$$高中阶段入学率⑥ = \frac{高中在校学生数}{15～17 岁人口数} \times 100\%$$

$$大学阶段入学率 = \frac{大学在校学生数}{18～24 岁人口数} \times 100\% \quad (高等教育)$$

---

① 各级各类学校指初等教育、中等教育、高等教育三个级别中的各类普通正规学历教育学校,不包括工读学校、特殊教育和学前教育。

② 入学率有毛入学率和净入学率之分。毛入学率是指已入学人数（无论年龄多大）与适龄入学人数之比。净入学率是指官方入学年龄（国家教育制度制定的年龄）儿童中已入学人数与相应官方学龄人口数之比。此处的综合入学率为毛入学率。

③ 由于测量的是学龄人口的入学率,所以省去了各级教育中在年龄上已为超龄状态的成人教育。

④ 1991 年前的小学入学率的学龄是按 7～11 周岁计算的。从 1991 年起入学率按各地不同入学年龄和学制分别计算。

⑤ 初中包括普通初中和职业初中。

⑥ 高中包括普通高中、中专、职业高中。

其中，小学和初中阶段入学率又可以合并统计，作为"义务阶段入学率"，也即常说的"义务教育普及率"。计算公式为：

$$义务教育普及率 = \frac{小学与初中在校学生总数}{义务教育适龄人口数} \times 100\%$$

而大学阶段入学率也就是所说的高等教育普及率。

4. 教育成就（人均受教育年限）

教育成就衡量的是 25 岁及以上人口的人均受教育年限（冯立天，1995），它代表了一个国家或地区经过长期努力所取得的教育成果，标志着一个国家的劳动力人口的整体素质。当前，许多国际组织也采用了这一指标（如 OECD、UNESCO）。计算公式如下：

人均受教育年限[①] = （研究生文化程度人口数 ×19 + 大学本科文化程度人口数 ×16 + 大学专科文化程度人口数 ×15 + 高中文化程度人口数 ×12 + 初中文化程度人口数 ×9 + 小学文化程度人口数 ×6）÷25 岁及以上人口数

关于人均受教育年限有几种不同的统计口径：（1）总人口的人均受教育年限；（2）6 岁及以上人口的人均受教育年限；（3）25 岁及以上人口的人均受教育年限；（4）具有各种文化程度的人口的人均受教育年限。目前国内研究基本上采用第一种口径，但这种方法有着严重的不足，其中，即使教育人口刚进入某一教育阶段，也用所属教育级别的学制作为系数，这样就与实际情况不符了。这里采用第三种，即 25 岁及以上人口的人均受教育年限。这个指标与考察学龄人口（6~24 岁）的入学状况相互补充，保持了年龄上的延续性，考察了非学龄人口的既得学历情况，反映了国家教育投入的成果，是一国现阶段教育成就的集中体现。但此处面临着数据获得上的问题，即国内目前还没有 25 岁及以上非学龄人口的受教育程度的专门统计数据，所以为此指标的统计与评价带来了困难。在本文后来的统计分析与评价中，不得不将人均受教育年限的统计口径改为普遍采用的 6 岁及以上人口的平均受教育年限。虽然违背了从 6~24 岁学龄人口和 25 岁及以上人口两个顺延阶段考察国民教育需求满足程度的设计初衷，但同样是起于 6 岁，却并不重复，前者统计的是入学情况，后者统计的是教育覆盖率。再者，国际上大多国家也采用 6 岁及以上人口的平均受教育年限这一口径，方便进行国际比较。

综上所述，理想的指标体系中的个别指标在数据获得方面存在着困难，影响了对教育发展评价的系统性和准确性，所以按照指标设计的可操作性原则，本研究实际最后选用的指标体系如图 10-1 所示。

[①] 由于中国目前的统计数据都是把博士直接归为研究生人口一起统计的，所以在此也以研究生文化程度为起始，实际上是包括了博士的。各种受教育程度人口数后面的乘数为相应学历的受教育年限。

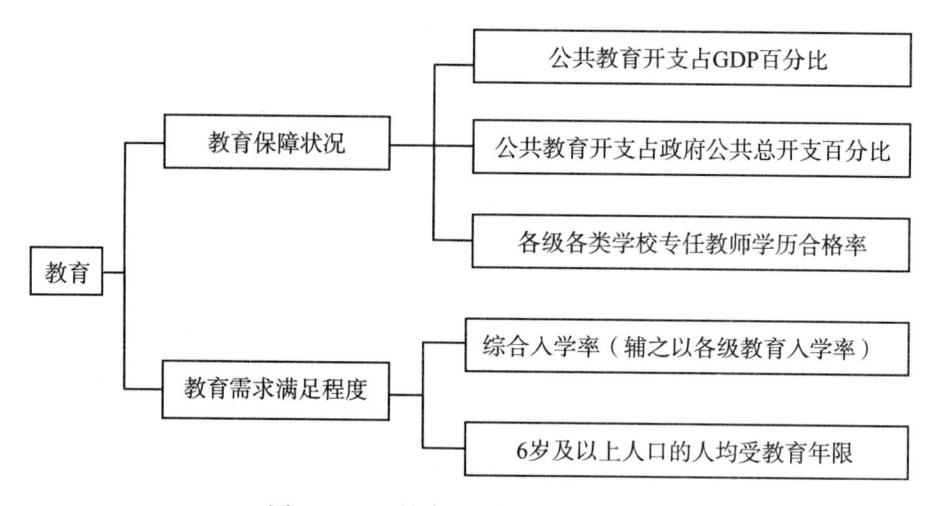

```
                                ┌── 公共教育开支占GDP百分比
                 ┌── 教育保障状况 ──┼── 公共教育开支占政府公共总开支百分比
                 │                └── 各级各类学校专任教师学历合格率
   教育 ────────┤
                 │                  ┌── 综合入学率（辅之以各级教育入学率）
                 └── 教育需求满足程度┤
                                    └── 6岁及以上人口的人均受教育年限
```

图 10-1　教育发展评价指标体系

二、教育发展状况评价

根据之前的指标设计，本节从教育保障和教育需求满足程度两方面共五大指标来评价中国教育发展状况。它们是：公共教育开支占 GDP 百分比；公共教育开支占政府公共总开支百分比；各级各类学校专任教师学历合格率；入学率；6 岁及以上人口的人均受教育年限。

（一）教育保障状况

教育保障有财力保障和人力保障。衡量财力保障状况的指标是"公共教育开支占 GDP 百分比"、"公共教育开支占政府公共总开支百分比"；衡量人力保障状况的指标是"各级各类学校专任教师学历合格率"。

1. 财力投入

保障状况首先由公共教育投资情况来反映。联合国教科文组织和经合组织一般采用公共教育支出（Public Education Expenditure）一词定义各级政府机构用于教育的支出，其中，不直接与教育有关的支出（如文化、体育、青年活动等）原则上不包括在内，政府其他部门或同等机构，如卫生和农业部门用于教育的支出则包括在内。该定义强调公共教育支出是各级政府的教育支出，以区别于其他私人来源的支出。公共教育经费是衡量教育资金投入的主要指标，它反映一个国家对教育的重视程度和努力程度，同时也反映一个国家的经济实力和教育实力。高水平的生活质量需要高水平的教育，高水平的教育必然需要高投入。为了对中国教育经费的保障状况有一个清晰的了解，在此统计了 1991～2005 年的国家财政性教育经费[①]投入情况（如表 10-2 所示）。

表 10-2　　　　　1991~2005 年公共教育经费投入情况

年　份	GDP	国家财政总支出	国家财政性教育经费	教育经费占 GDP 的百分比（%）	教育经费占国家财政总开支的百分比（%）
1991	21 781.5	3 386.62	617.83	2.84	18.24
1992	26 923.5	3 742.2	728.75	2.71	19.47
1993	35 333.9	4 642.3	867.76	2.46	18.69
1994	48 197.9	5 792.62	1 174.74	2.44	20.28
1995	60 793.7	6 823.72	1 411.52	2.32	20.69
1996	71 176.6	7 937.55	1 671.7	2.35	21.06
1997	78 973	9 233.56	1 862.54	2.36	20.17
1998	84 402.3	10 798.18	2 032.45	2.41	18.82
1999	89 677.1	13 187.67	2 287.18	2.55	17.34
2000	99 214.6	15 886.50	2 562.61	2.58	16.13
2001	109 655.2	18 902.58	3 057.01	2.79	16.17
2002	120 332.7	22 053.15	3 491.4	2.90	15.83
2003	135 822.8	24 649.95	3 850.62	2.84	15.62
2004	159 878.3	28 486.89	4 465.86	2.79	15.68
2005	183 084.8	33 930.28	5 161.08	2.82	15.21

资料来源：国内生产总值、国家财政总支出的数据来自国家统计局，《中国统计年鉴（2006）》，中国统计出版社 2006 年版；国家财政性教育经费数据来自 2006 年教育部、国家统计局、财政部，《全国教育经费执行情况统计公告》，http://202.205.177.9/edoas/website18/level3.jsp？。

可见，中国的国家财政性教育经费是逐年上升的，由 1991 年的 617.83 亿元提高到 2005 年的 5 161.08 亿元，增长了 8 倍多，绝对增长量非常明显。更直观地了解公共教育开支占 GDP 百分比和公共教育开支占政府公共总开支百分比的变化趋势，如图 10-2 所示。

---

① 国家财政性教育经费包括国家财政预算内教育经费，各级政府征收用于教育的税、费，企业办学校教育经费，校办企业、勤工俭学和社会服务用于教育的经费（参见教育部、国家统计局、财政部：《2003 年全国教育经费执行情况统计公告》，教育部网站 http://202.205.177.9/edoas/website18/level3.jsp？tablename=944&infoid=8804）。对于中国来说，国家财政性教育经费基本上相当于公共教育经费，本研究在进行国际比较时，用国家财政性经费代替公共教育经费。

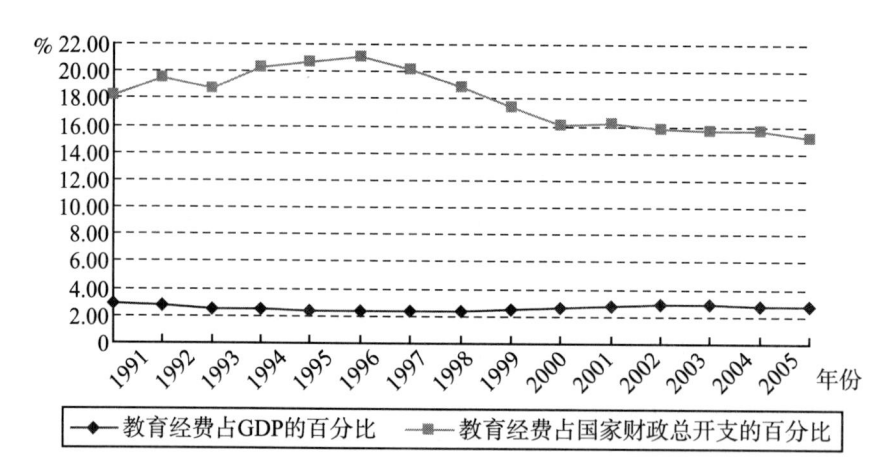

图 10-2　1991~2005 年教育经费占 GDP、国家财政总开支的状况

资料来源：国内生产总值、国家财政总支出的数据来自国家统计局，《中国统计年鉴（2006）》，中国统计出版社 2006 年版；国家财政性教育经费数据来自 2006 年教育部、国家统计局、财政部，《全国教育经费执行情况统计公告》，http://202.205.177.9/edoas/website18/level3.jsp?。

如图 10-2 所示，教育经费在 GDP 中所占比例的总体趋势是上升的。在 2002 年，教育经费占 GDP 的百分比达到最高，为 2.90%。但教育经费所占 GDP 百分比不是一贯上升，其间经历了曲折。在教育经费占 GDP 的百分比中，1991~1995 年呈逐年下降趋势，1991 年为 2.84%，下降到 1995 年仅为 2.32%。公共教育经费占 GDP 的比例可以比较准确地反映教育在国家"优先发展"中的战略地位，它应随着 GDP 的增长而增长，下降则说明教育经费的增长慢于 GDP 的增长。教育经费的短缺，不仅影响教育质量的提高，还会导致乱收费，使低收入家庭不堪重负，引起教育不公正。而从 1996 年开始，教育经费在 GDP 中所占比例又不断回转，呈上升趋势，从 1996 年的 2.35%一直上升至 2002 年的 2.90%。

产生这种波动的原因主要在于，在中国，国家一直是教育经费的主要提供者，国家财政性教育经费一直是教育投资的主要来源。所以，近些年来中国教育投资持续稳定的增长也是和国家政策分不开的。中国教育发展纲要中明确指出，国家财政对教育的拨款是教育经费的主渠道，必须予以保证。各级政府要树立教育投资是战略性投资的观念，合理调整投资结构，在安排财政预算时，优先保证教育的需求并切实做到"三个增长"①。

在一个国家的 GDP 获得高发展后，以 GDP 作为衡量教育经费投入的分母显

---

① "三个增长"是中国《教育法》中所提出的，即：国家财政性教育经费支出占国民生产总值的比例应当随着国民经济的发展和财政收入的增长逐步提高；全国各级财政支出总额中教育经费所占比例应当随着国民经济的发展逐步提高；各级人民政府教育财政拨款的增长应当高于财政经常性收入的增长，并使按在校学生人数平均的教育费用逐步增长，保证教师工资和学生人均公用经费逐步增长。

然就不合适了，此时教育经费占国家财政总开支的百分比就成为教育财政投入方面的主要指标。目前中国这一指标的势头也不看好，如图10-2所示，教育经费占国家财政总开支的百分比在1996年最高，为21.06%，此后呈下降趋势，2005年为15.21%。不过，这其中的因素很多，毕竟教育只是国家管理系统之一，还有许多方面需要国家进行投资和调节，每年会有工作重点及其部署和一些特殊情况及突发事件的出现，所以教育经费占国家财政总开支这一指标值的上下浮动也是正常的。国家规定"各级财政支出中教育经费所占的比例全国平均不低于百分之十五"（《纲要》，1993），按照这一规划，国家的教育经费还是达到了要求。

表10-3是世界银行统计的世界上40个国家和地区在1990年、1995年、2002年这三年各自的公共教育经费占GDP的比重情况。以美国、法国、英国、新西兰、白俄罗斯、以色列、马来西亚为代表的14个国家和地区的教育经费占GDP的比重都超过了5%，其中，以色列、白俄罗斯和新西兰甚至超过了6%；以德国、意大利、印度、伊朗为代表的8个国家和地区达到了4%。

表10-3 各国公共教育经费支出占国内生产总值比重　　　　单位：%

国家和地区	公共教育经费支出占国内生产总值比重（%）			国家和地区	公共教育经费支出占国内生产总值比重（%）		
	1990	1995	2002		1990	1995	2002
中　　国	2.3 [3]	2.5 [3]	2.1 [3][4]	南　　非	5.9	5.9	5.3
孟加拉国	1.5		2.4	美　　国	5.1		5.7 [2]
印　　度	3.7	3.1	4.1 [2]	阿 根 廷		10	3.6	4.6 [2]
印度尼西亚	1	1.3	1.3 [1]	巴　　西		5	4.3 [2]
伊　　朗	4.1	4.1	4.9	委内瑞拉	3		
以 色 列	6.3		7.3 [1]	白俄罗斯	4.8	5.5	6.0 [2]
日　　本			3.6 [2]	保加利亚	5.2	3.8	3.5 [1]
哈萨克斯坦	3.2	4.5	3.0	捷　　克		5.2	4.2 [1]
韩　　国	3.4	3.4	4.3 [1]	法　　国	5.3	6	5.7 [2]
马来西亚	5.1	4.4	7.9 [1]	德　　国		4.7	4.6 [1]
蒙　　古	12.3	6.3	9.0	意 大 利	3.1	4.6	5.0 [1]
巴基斯坦	2.6	2.8	1.8 [2]	荷　　兰	5.7	5	5.0 [1]
菲 律 宾	2.9	3	3.2 [1]	波　　兰		4.9	5.6 [1]
新 加 坡	3.1	3.1		罗马尼亚	2.8		3.3 [1]
斯里兰卡	2.7	3		俄罗斯联邦	3	3.6	3.1 [1]
泰　　国	3.6	4.1	5.2 [2]	西 班 牙	4.2	4.7	4.4 [1]
土 耳 其	2.2	2.3	3.7 [1]	乌 克 兰	5.2	7.2	5.4
越　　南	2	2.9		英　　国	4.8	5.2	4.7 [2]
埃　　及	3.9	4.7		澳大利亚	4.9	5.2	4.9 [1]
尼日利亚	0.9	0.7		新 西 兰	6.1	7	6.7 [1]

注：[1] 2001年数字。[2] 2000年数字。[3] 数据来源于世界银行。[4] 1999年数字。
资料来源：张塞：《国际统计年鉴2005》，中国统计出版社2005年版。

而中国当时还处在百分之二点几的水平，仅高于孟加拉国、尼日利亚等经济落后国家。还有资料显示，目前世界上80%的国家这一比例在5%以上，10%的国家在4%以上，有的国家（如丹麦）最高达到8.3%（杨明，2000）。

"公共教育开支占GDP百分比"和"公共教育开支占政府公共总开支百分比"都是总量指标。由于一国内各地区在经济发展水平、人口基数和人口密度等方面都存在差异，各地区所处的教育发展阶段和发展目标也不同，再加上各地区各自的区域特点，不便在公共教育投入上用统一的评价标准进行分析评价。关于教育财政投入的这两个指标只适合在全国层面进行统计和评价，不适于用来测量和评价国内各地区的教育经费投入情况。但教育经费投入在教育发展、教育生活质量提高中作为物质保障的基础性重要作用是不容置疑的，2000~2005年中国各地区教育经费投入情况如表10-4及表10-5所示。

表10-4　　　　　2000~2004年教育经费占GDP百分比　　　　单位：%

地区	2000年		2001年		2002年		2003年		2004年	
	教育经费占GDP百分比	排名	教育经费占GDP百分比	排名	教育经费占GDP百分比	排名	教育经费占GDP百分比	排名	教育经费占GDP百分比	排名
北　京	10.10	1	8.60	1	8.17	2	7.82	2	7.41	2
天　津	4.18	16	4.48	19	4.54	21	4.34	22	3.98	24
河　北	3.06	30	3.23	30	3.49	30	3.35	30	3.19	30
山　西	4.83	11	4.82	14	5.06	16	4.57	21	4.34	21
内蒙古	4.15	17	4.20	22	4.41	22	3.92	26	3.67	28
辽　宁	3.13	28	3.39	29	3.56	29	3.76	27	4.05	23
吉　林	4.96	9	4.96	11	5.22	13	5.00	14	4.66	17
黑龙江	3.61	25	4.21	21	4.37	23	4.64	19	4.46	20
上　海	4.41	13	4.45	20	4.77	18	4.59	20	4.75	15
江　苏	3.39	26	3.56	25	3.81	27	3.74	28	3.71	27
浙　江	3.65	24	4.10	24	4.24	24	4.24	23	4.29	22
安　徽	3.72	23	4.13	23	4.66	20	4.68	18	4.66	18
福　建	3.13	29	3.56	26	3.98	25	3.94	24	3.86	25
江　西	3.76	21	4.54	18	4.77	19	4.81	16	4.53	19
山　东	2.88	31	3.13	31	3.25	31	3.10	31	2.84	31
河　南	3.33	27	3.54	27	3.79	28	3.71	29	3.51	29
湖　北	3.99	20	5.13	10	5.46	10	5.31	10	5.30	10
湖　南	4.13	18	4.62	16	5.07	15	5.05	13	4.83	13
广　东	3.74	22	3.50	28	3.85	26	3.93	25	3.76	26
广　西	4.56	12	4.93	12	5.33	12	5.10	12	4.68	16
海　南	4.30	15	4.60	17	4.78	17	4.75	17	4.87	11
重　庆	4.40	14	4.91	13	5.36	11	5.31	10	5.33	9

续表

地区	2000年		2001年		2002年		2003年		2004年	
	教育经费占GDP百分比	排名	教育经费占GDP百分比	排名	教育经费占GDP百分比	排名	教育经费占GDP百分比	排名	教育经费占GDP百分比	排名
四川	4.04	19	4.73	15	5.16	14	4.99	15	4.85	12
贵州	5.32	6	5.94	6	6.98	4	6.69	4	6.81	3
云南	4.99	8	5.41	9	5.60	8	5.67	7	5.68	7
西藏	6.94	2	7.06	2	8.48	1	9.91	1	10.64	1
陕西	6.11	3	6.74	3	7.09	3	7.19	3	6.45	4
甘肃	5.44	5	6.10	5	6.79	5	6.53	5	6.11	5
青海	4.86	10	5.48	8	5.59	9	5.11	11	4.83	14
宁夏	5.60	4	5.78	7	6.09	7	5.50	8	5.51	8
新疆	5.15	7	6.29	4	6.71	6	6.25	6	6.03	6

资料来源：表中数据由国家统计局和教育部公布的相关数据计算而得，各地区教育经费数据均为统计年鉴出版日期前两年数据，故此数据只更新到2004年。参见国家统计局《中国统计年鉴》（2002~2006），中国统计出版社2002~2006年版。

表10-5　2000~2005年地方财政教育事业费占地方财政支出百分比

单位：%

地区	2000年		2001年		2002年		2003年		2004年		2005年	
	地方财政教育事业费占地方财政支出百分比	排名	地方财政教育事业费占地方财政支出百分比	排名	地方财政教育事业费占地方财政支出百分比	排名	地方财政教育事业费占地方财政支出百分比	排名	地方财政教育事业费占地方财政支出百分比	排名	地方财政教育事业费占地方财政支出百分比	排名
北京	13.56	23	12.92	26	13.66	24	13.45	23	13.51	22	13.78	21
天津	16.50	11	15.45	13	15.68	14	15.25	18	14.77	16	15.20	17
河北	17.72	5	17.42	7	19.08	3	18.41	2	18.12	3	17.42	4
山西	16.96	9	17.40	8	17.55	7	16.22	12	15.46	14	15.27	15
内蒙古	12.03	29	12.45	27	12.27	28	12.15	28	11.74	28	11.54	29
辽宁	12.72	28	11.80	28	12.65	27	12.54	27	12.99	25	11.81	27
吉林	13.74	22	13.56	25	13.79	23	13.12	24	11.96	27	11.75	28
黑龙江	12.83	27	13.58	24	14.33	21	14.36	21	13.16	23	13.53	22
上海	13.82	21	14.08	21	13.46	25	12.07	29	11.24	30	11.11	30
江苏	19.86	1	19.82	1	18.88	5	17.09	8	16.34	10	15.43	14
浙江	18.13	4	18.13	5	18.26	6	18.31	3	18.82	2	18.30	2
安徽	16.69	9	16.51	10	16.83	11	16.66	10	17.55	8	16.47	8
福建	19.11	3	19.41	2	20.44	1	20.55	1	19.53	1	18.80	1

续表

地区	2000年		2001年		2002年		2003年		2004年		2005年	
	地方财政教育事业费占地方财政支出百分比	排名	地方财政教育事业费占地方财政支出百分比	排名	地方财政教育事业费占地方财政支出百分比	排名	地方财政教育事业费占地方财政支出百分比	排名	地方财政教育事业费占地方财政支出百分比	排名	地方财政教育事业费占地方财政支出百分比	排名
江西	17.07	8	17.07	9	17.35	8	16.87	9	16.23	11	15.59	12
山东	19.26	2	18.27	4	18.91	4	17.73	7	17.22	8	16.97	6
河南	17.36	6	18.88	3	19.60	2	18.30	4	17.42	7	16.78	7
湖北	15.64	14	14.55	18	16.29	13	16.48	11	16.17	12	15.26	16
湖南	14.63	17	15.08	16	15.57	15	15.70	16	14.50	18	14.08	19
广东	13.40	25	13.64	23	15.33	17	15.64	17	15.54	13	14.38	18
广西	17.30	7	17.63	6	17.19	10	17.83	6	17.84	4	17.21	5
海南	15.02	16	14.13	20	15.31	18	14.04	22	14.09	20	16.01	9
重庆	14.34	19	13.98	22	12.88	26	12.57	26	12.58	26	12.45	24
四川	13.56	23	14.35	19	14.57	20	14.87	19	13.69	21	12.99	23
贵州	15.77	13	16.14	12	17.21	9	18.09	5	17.63	5	17.93	3
云南	15.05	15	15.37	14	16.33	12	15.86	13	16.85	9	15.96	10
西藏	11.64	30	8.56	31	8.72	31	8.96	31	11.29	29	10.99	31
陕西	14.15	20	14.96	17	15.06	19	15.86	14	14.40	19	15.54	13
甘肃	14.63	17	15.28	15	15.41	16	15.86	15	15.03	15	15.72	11
青海	10.65	31	10.05	30	9.70	30	10.35	30	11.11	31	11.97	26
宁夏	13.29	26	11.64	29	11.34	29	13.03	25	13.09	24	12.18	25
新疆	16.42	12	16.27	11	13.88	22	14.39	20	14.58	17	14.00	20

资料来源：表中数据由国家统计局公布的相关数据计算而得。参见国家统计局《中国统计年鉴》第八章：财政，表8-15：各地区财政支出（2001~2006），中国统计出版社2001~2006年版。

教育经费占地方 GDP 最高的省（市、自治区）是北京和西藏，五年的均值超过了 8%，陕西、贵州、青海、甘肃、云南、宁夏、新疆等西部七省（市、自治区）五年来的均值则超过了 5%，其余各省（市、自治区）教育经费占地方 GDP 百分比基本上分布在 3%~5%之间（如表 10-5 所示）。

地方财政教育事业费占地方财政支出比重较大的省（市、自治区）有：福建、江苏、浙江、广西、河北、山东等，其指标值均在 16%以上。而辽宁、内蒙古、青海、西藏、上海等地指标值则处于比较低的位置，尤其是上海的教育事业费占地方财政支出的百分比从 2001 年的 14.08% 逐年降低到 2005 年的 11.11%。西藏和青海的指标值则从 2001 年后呈现逐步增长的趋势，西藏的指标值从 2001 年的 8.56% 增长到 2004 年的 11.29%，而青海则从 2002 年 9.70% 的低点上升到 2005 年的 11.97%。其余省（市、自治区）的教育事业费在地方财政支出中所占比重基本上分布在 12%～18% 之间（如表 10-5 所示）。

2. 人力投入

评价教育人力投入的指标是"各级各类学校专任教师学历合格率"。按照《教师法》中对教师学历的规定，可以把本课题研究范围内的各级教育对专任教师学历的要求概括性地理解为：小学专任教师资格要求为高中（含中专）及以上学历；初中专任教师资格要求为大专及以上学历；高中专任教师资格要求为大学本科及以上学历；大学专任教师资格要求为研究生或大学本科及以上学历。据此，近五年的各类学校①的专任教师学历合格率统计如表 10-6 所示。

表 10-6　　2000～2005 年全国专任教师学历合格率　　单位：%

年份 学校类别	2000	2001	2002	2003	2004	2005
小学	96.9	96.81	97.39	97.85	98.31	98.62
初中	87.0	88.72	90.28	91.98	93.75	95.22
普通高中	68.43	70.71	72.87	75.71	79.59	83.46
职业高中	44.33	49.51	53.5	59.39	63.77	67.74
普通中等专业学校	72.86	73.86	75.3	—	—	—

资料来源：2000～2005 年教育部《全国教育事业发展统计公报》。参见教育部相关网页 http://202.205.177.9。

表 10-6 显示，义务教育阶段的专任教师学历合格率较高。其中小学教师合格率一直在 95% 以上，截至 2005 年，合格率到达了 98.62%；初中教师合格率仅次于小学，在 2002 年时达到了 90% 以上，在 2003 年、2004 年和 2005 年又有了进一步的提高，分别为 91.98%、93.75% 和 95.22%。

相对于小学、初中教师学历的合格率情况，普通高中和普通中等专业学校的专任教师合格率偏低。在 2000 年，中国普通高中专任教师学历合格率只有 68.43%，直到 2001 年以后才突破了 70%，到 2004 年获得了快速的提高，达到了 79.59%，比上年增长了 5.12%；而 2005 年又增长了 4.86%，达到 83.46%。从中，可以看到中等教育阶段教师学历可喜的改善。而普通中等专业学校的教师学历合格率近几年都在 70% 以上（2003 年、2004 年、2005 年的数据缺失）。与

---

① 目前官方的统计数据也只能获得个别类别学校的，所以此处关于专任教师学历合格率的统计主要是关于普通教育学校的，而没有高等教育学校的教师学历合格情况的数据。

普通高中和普通中等专业学校同样作为中等教育学校的职业高中的情况就不理想了。如表 10-6 所示，2000 年其教师学历合格率为 44.33%，2001 年为 49.51%，也就是说一半以上的专任教师的学历都没有达到合格，这种情况不免让人担忧。到 2004 年，这一比率达到了 63.77%，按照以 60% 作为达标的习惯则刚刚达到及格，可以说职业高中的教师学历合格率在低水平线上徘徊。

各省（市、自治区）专任教师学历合格率的情况比较复杂，不仅与教育阶段有关，而且受到地区经济发展水平的影响。

（1）2004 年各教育阶段中国各地区教师学历合格率的基本情况：在小学教育阶段，中国各地区的教师学历合格率数据集中且都保持在较高水平。有 21 个省市的小学教师合格率在 98% 以上，其中最高的为河北（99.72%），北京、上海、广东紧跟其后，分别达到 99.43%、99.38% 和 99.32%。其次，四川、湖北、青海、陕西、广西和江西这一数字超过了 97%；甘肃和云南超过了 95%。较为落后的有西藏和贵州这两个西部地区，其中，贵州的小学教师学历合格率最低，为 93.4%。

在初中教育阶段，上海市明显领先，其本阶段的教师学历合格率为 99.2%，其次为北京和吉林，分别为 98.25% 和 98.02%；华北地区除首都北京作为中国的文化中心而在教师学历合格率上居于高水平外，其他的 4 个省（市、自治区）中有 3 个都在此指标上处于落后位置：天津为 91.37%、山西为 91.4%、内蒙古为 92.6%。长江中下游的湖北和江西，西部地区的四川、贵州、陕西和甘肃这 6 个省（市、自治区）的初中教师学历合格率也未达到 92%，同样处于落后的位置，西北地区的陕西和甘肃的这个指标值明显落后，分别只有 89.68% 和 90.25%。

在高中教育阶段，上海和北京这两个城市在教师学历合格率上显现出了令人赞叹的优势。上海为 97.77%，北京为 95.46%。另外吉林和浙江以 91.90% 和 92.61% 的指标值进入了高中教育阶段各省（市、自治区）教师学历合格率的第一层次。辽宁、天津、宁夏、云南、海南、湖北、河南、山东、江苏和黑龙江等 10 个省（市、自治区）处于第二层次，以上各地区这一指标值均超过了 80%。而中国其他省（市、自治区）的指标值为百分之六七十，处于第三层次。

在大学教育阶段也就是中国的高等教育阶段，吉林的大学专任教师学历合格率最高，为 97.35%，其次为超过了 95% 的河南、江苏、北京、辽宁、河北、上海、黑龙江、广东、浙江、广西、湖北、陕西、甘肃、山东、湖南、福建、安徽、天津等省（市、自治区）。处于明显落后位置的西藏和青海，分别只有 88.71% 和 84.37%，不到 90%。

（2）专任教师学历合格率的两大基本特征（如图 10-3 所示）：第一，各地区教师学历合格率从小学到高中阶段呈不断下降趋势，而到高等教育阶段这一趋势又迅速反弹。

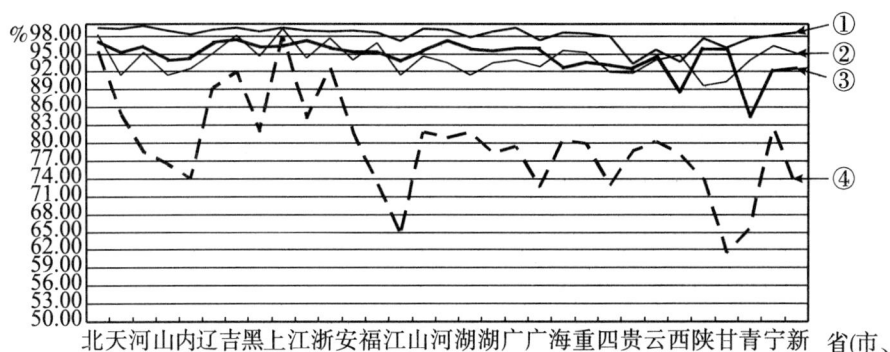

%98.00
95.00
92.00
89.00
86.00
83.00
80.00
77.00
74.00
71.00
68.00
65.00
62.00
59.00
56.00
53.00
50.00

北京 天津 河北 山西 内蒙古 辽宁 吉林 黑龙江 上海 江苏 浙江 安徽 福建 江西 山东 河南 湖北 湖南 广东 广西 海南 重庆 四川 贵州 云南 西藏 陕西 甘肃 青海 宁夏 新疆　省（市、自治区）

①——小学教师学历合格率　②——初中教师学历合格率
③—·高中教师学历合格率　④——大学教师学历合格率

图 10 – 3　2004 年教师学历合格率特征图

资料来源：2000 ~ 2005 年教育部，《全国教育事业发展统计公报》。参见教育部相关网页 http://202.205.177.9。

如图 10 – 3 清晰可见，由上到下四条曲线分别是小学教师学历合格率、大学教师学历合格率、初中教师学历合格率和高中教师学历合格率。也就是说，小学教育阶段的专任教师学历合格率最高，其次为大学教师，再次为初中教师，最后为高中教师。

第二，从初等教育到高等教育，各地区的教师学历合格率差异在拉大，尤其表现在高中教育阶段。

如图 10 – 3 所示，在小学阶段，各地区教师学历合格率数值集中，基本上在 98% 上下浮动。

在初中阶段，各地区的指标值基本上都超过了 90%，但浮动区域由小学阶段的一个变成了两个：围绕着 95% 和 92% 两个数值上下浮动。且出现了西部省（市、自治区）落后的迹象，陕西为最低点，其初中教师学历合格率仅为 89.68%，低于全国平均值 94.14% 五个百分点。

进入高中阶段后，教师学历合格率的地区差异表现得最为明显。如图 10 – 3 所示，在此阶段，指标值差异迅速拉大，且产生了明显的地理分区上的差异。上海（97.77%）、北京（95.46%）异军突起，江西（64.32%）、甘肃（61.46%）名落孙山，最高值和最低值竟然相差近 40 个百分点！高中教师学历合格率产生了两个指标值分布的区域带，一个是起自辽宁终于浙江，属东北—华东带；另一个是起自河南终于西藏,属中南—华南带。辽宁、吉林、黑龙江、上海、江苏、浙江6个省(市、自治区)的指标值均值为88.92%,河南、湖北、湖南、广东、广西、海南、重庆、四川、贵州、云南、西藏11个省(市、自治区)的指标值均值为78.44%,两个区域带的平均水平相差10个百分点之多。

在大学阶段,各地区指标值之间的差异有所回升,但还是大于在义务教育阶段的差异。全国整体水平较好,平均指标值为94.52%,但西部经济落后地区仍呈现弱势。西藏和青海的指标值分别为88.71%和84.37%,不到90%。

(二) 教育需求满足程度

1. 入学率

入学率最重要的意义就是评估就学年龄中的人口是否享有充分接受教育的机会,通常被作为一个国家教育发展水平的重要指标之一,而综合入学率能让人们从整体上把握这种教育机会的满足状况。联合国人文发展指数中教育方面的指标就包括"综合毛入学率"。2000~2005年中国教育的综合入学率情况如表10-7所示。

表10-7　　　　2000~2005年中国各级教育综合入学率

年　份	6~24岁人口数	在校学生总数(万人)	综合入学率(%)
2000	39 622.0	22 155.7	55.9
2001	37 873.5	22 241.9	58.7
2002	37 660.5	22 557.1	59.9
2003	37 006.6	22 705.5	61.4
2004	35 548.0	22 634.3	63.7
2005	33 938.3	21 006.8	61.9

资料来源:在校学生数数据来自国家统计局《中国发展报告》(2004~2006),中国统计出版社2004~2006年版;2000年、2002年、2003年、2004年和2005年的6~24岁人口数来自国家统计局人口抽样调查数据,详情请登录国家统计局网站 http://www.stats.gov.cn;2003年6~24岁人口数来自国家统计局人口和社会科技统计司编《中国人口统计年鉴2003》,中国统计出版社2003年版。

如表10-7所示,2000年中国学龄人口的综合入学率为55.9%,也就是说有刚过一半的学龄人口的受教育需求得到了满足;这一指标在2001年为58.7%,2002年的时候达到了59.9%,在2003年的时候升为61.4%,到了2004年达到63.7%。据联合国开发计划署2004年的《人类发展报告》中对世界上177个国家的统计数据显示，到2001年，世界总体平均水平的初等、中等和高等教育入学率（即同于本文中的综合入学率）为64%，高收入国家的入学率为92%，中等收入国家为71%，低收入国家为51%。从中，可以比较出中国的综合入学率所处的位置。也就是说，到2005年为止，中国的综合入学率还没有达到2001年64%的世界平均水平。作为一个发展中大国，如何把庞大的人口变为丰富的人力资源而不是人口负担，是摆在中国面前的严峻问题。2005年数据显示的中国综合入学率为61.9%，说明在中国还有近40%的学龄人口由于各种原因没有在学。那么到底这些未入学人口处于何种教育程度呢？哪种教育的入学需求最没有得到满足呢？把综合入学率分解成各阶段教育入学率，可以帮助了解其中的具体情况，从而对这些问题进行解答。关于中国各级教育入学率[①]如表10-8所示。

表10-8　　　　　2000～2005年中国各级教育入学率　　　　单位：%

年　份	小学*	初中	高中	大学
2000	104.6	88.6	38.2	12.5
2001	104.5	88.6	38.6	13.3
2002	107.5	88.7	38.4	15.0
2003	107.2	90.0	42.1	17.0
2004	106.6	92.7	46.5	19.0
2005	99.15	95.0	52.7	21.0

　　* 由于毛入学率是指已入学人数（无论年龄多大）与适龄入学人数之比，所以对于本身入学率就很高的小学教育阶段来说，由于在统计计算时计入了由于早入学、晚入学、复读等原因导致的"超龄"学生在校数，所以毛入学率超过100%的这种情况是很正常的。

　　资料来源：2000～2003年各级教育入学率的数据来自《中国教育统计年鉴（2003）》，人民教育出版社2004年版；2004年的数据来自教育部《2004年全国教育事业发展统计公报》，http://202.205.177.9/edoas/website18/level3.jsp?tablename=1068&infoid=14794；2005年的数据来自教育部《2005年全国教育事业发展统计公报》，http://202.205.177.9/edoas/website18/info20464.htm。

小学和初中入学率主要用于反映国家或地区教育机会的均等性，在这一阶段对国民进行基本的素质教育；高中教育入学率的提高是在普及义务教育后的下一步普及目标，是成为高级专门人才的渡桥；而对大学入学率来说，则更多的是与人力资源开发相联系，着重考虑对国家的经济、社会发展所产生的影响，是人才

---

① 各级教育入学率均为毛入学率。

强国战略的主战场,反映的是国家提供高等就学机会的整体水平。

据联合国教科文组织的统计,1985~1997年高等教育的毛入学率世界平均从12.9%上升到17.4%,发展中国家从6.5%上升到10.3%,而发达国家已从39.3%上升到61.1%,美国高达80%左右。① 看来,中国高等教育还将在很长一段时间内处于大众化阶段,而且是初级大众化阶段。中国各省(市、自治区)的义务教育阶段入学率情况如表10-9所示。

表10-9　　　　　2000~2003年义务教育阶段入学率　　　　单位:%

地区	义务教育阶段入学率			
	2000年	2001年	2002年	2003年
全国	99.11	97.21	100.00	100.00
北京	100.00	98.03	100.00	100.00
天津	100.00	100.00	100.00	100.00
河北	100.00	100.00	100.00	100.00
山西	93.02	92.71	100.00	100.00
内蒙古	94.24	90.71	95.66	99.38
辽宁	100.00	100.00	100.00	100.00
吉林	99.16	93.70	100.00	100.00
黑龙江	100.00	97.46	99.72	100.00
上海	100.00	96.81	100.00	100.00
江苏	97.80	97.44	97.76	100.00
浙江	100.00	100.00	100.00	100.00
安徽	91.82	95.82	93.52	100.00
福建	100.00	97.60	100.00	92.81
江西	92.50	89.64	91.14	95.97
山东	100.00	98.47	100.00	100.00
河南	100.00	98.02	100.00	100.00
湖北	92.62	90.20	84.44	89.15
湖南	100.00	95.49	98.25	100.00
广东	99.07	100.00	100.00	97.78
广西	99.36	96.62	100.00	100.00
海南	100.00	99.56	99.86	100.00

---

① 谈松华:《衡量教育现代化的指标体系》,载《中国教育报》2002年8月4日。

续表

地区	义务教育阶段入学率			
	2000 年	2001 年	2002 年	2003 年
重 庆	93.22	93.76	99.25	100.00
四 川	92.83	93.80	94.61	95.73
贵 州	96.88	97.49	100.00	100.00
云 南	94.71	93.41	100.00	95.39
西 藏	70.07	71.58	84.89	81.96
陕 西	100.00	100.00	100.00	100.00
甘 肃	92.40	94.38	100.00	100.00
青 海	82.64	82.64	80.76	84.47
宁 夏	91.90	90.78	95.40	96.71
新 疆	100.00	100.00	100.00	100.00

注：[1] 表中数据由《中国统计年鉴》相关数据计算而得。

[2] 义务教育阶段入学率超过100%可能出自以下原因：①人口抽样数据误差的存在；②"不足龄"儿童提早入学；③由于失学、辍学、降级所导致的"超龄"人口入学。具体原因或者说主要是出自何种原因需根据各地情况具体分析。

[3] 义务教育阶段入学率大于或等于100%，则均记作100%。

资料来源：国家统计局《中国统计年鉴》(2001~2004)，中国统计出版社 2001~2004 年版。

(1) 各地区义务教育阶段入学率整体上达到满意水平。由表10-9可见，中国绝大部分地区的义务教育阶段入学率都达到了令人满意的水平，只有寥寥几省（市、自治区）的入学率未超过90%。而本课题组在上一阶段研究时，大部分省（市、自治区）的这一指标值仅为70%多（1998年数据），近几年中国义务教育事业的发展取得了傲人的成就。

(2) 指标值偏低省（市、自治区）具体分析。在整体达到满意发展水平的同时，个别省（市、自治区）处于未跟上整体发展的落后状态。处于青藏高原地区的青海和西藏的义务教育阶段入学率为全国最低水平，青海2003年的入学率最高，为84.47%；西藏2002年的值最高，为84.89%。由于地势高峻和环境气候恶劣，这两个省（市、自治区）处于较为闭塞的发展状态，势必影响了教育发展。但随着国家西部地区"两基"攻坚计划实施的不断升级，相信青海和西藏的义务教育状况会极大的改善，达到验收标准。

除了这两个省（市、自治区）之外，从表10-9中可以看到还有一个省的义务教育阶段入学率近两年也出现了低于90%的状况，这个省就是湖北。湖北省位于洞庭以北，处在长江中游，历来被视为"唯楚有材"之地，荆楚大地也素有尊师重傅的传统。那么这样一个教育大省的入学率为何呈现如此局面呢？湖北作为全国人口大省之一，同时也是农业大省，农村人口比重达到了 70% 以上。经了解，由于历史人口波动等原因，从 2000 年开始，湖北省进入了农村初中适龄人口高峰期。据湖北省教育部门统计，湖北农村初中适龄人口的高峰区间在 2000～2006 年，2003 年达到最高峰，为 268.47 万人。初中教育很大程度上要靠老师引导，乃至"手把手"拉着走。可是，一双大手能"拉"多少双小手呢？2003 年湖北农村初中生师比为 22∶1，超过省定标准。① 一方面是陡然猛涨的学生人数，一方面是相对有限的教学资源，在严峻的挑战下势必影响了教育质量，增加了初中辍学人数，义务教育入学率近两年在较低水平上发展也就不难理解了。

在此，本研究认为由于中国无论是整体上还是各地区的义务教育阶段入学率都达到了较高的发展水平，所以除国家每年的例行统计外，其他组织或学者再重点统计中国各地区义务教育入学率就没有意义了，只需对个别落后省（市、自治区），如西部某些地区进行跟踪统计和评估。

由于无法获取高中和大学适龄人口数，所以不能对中国各地区高中和大学阶段入学率进行具体统计。② 但由以上对全国各级教育入学率的统计及全国各地区义务教育阶段入学率的分析，仍可得出结论：中国目前的综合入学率不高主要是受高中阶段和大学阶段的入学率不高所影响的。这从侧面也说明了，中国目前仍处于刚刚完成普及九年义务教育的教育发展阶段（至于义务教育的巩固及质量则另论），从某种意义上来说，教育还刚起飞。

2. 人均受教育年限

人均受教育年限是一个国家或地区国民整体受教育水平的反映，提高人均受教育年限是各个国家或地区发展教育的重要目标之一。根据前面所述的计算公式，6 岁及以上人口的平均受教育年限的计算方法为：

---

① 张志峰：《湖北：应对初中人口高峰》，载《人民日报》2004 年 11 月 11 日第 13 版。

② 笔者曾为高中和大学入学率的数据向中华人民共和国教育部咨询过，获得的官方答复是：由于种种原因，中国目前关于各省（市、自治区）入学率的统计只存在于小学和初中阶段，也就是义务教育阶段，而在高中和大学阶段就没有各省（市、自治区）的上报数据了，取而代之的是中等和高等教育阶段在校学生数和毕业生数。而中国各级教育入学率中的高中和大学入学率只是推算出来的结果。本研究前面也提到过，联合国有一项指标是"初等、中等、高等教育毛入学率"，由于中国中等教育的高中部分以及高等教育的入学率没有统计数据，所以致使联合国无法在此指标上把中国与其他国家进行较有信度的比较。在此，本研究希望中国中央及地方都能将教育基本数据的统计重视起来，以便能够及时监测教育发展状况，同时也可与国际进行接轨比较，改革教育中的不足，求得国民教育生活质量的提高。况且，大学阶段入学率这一指标在理论上讲比较好讲，但具体操作比较麻烦。其一，就一个省（市、自治区）而言，其 18～24 岁年龄组的人口可能在本省（市、自治区）读大学，也可能在外省（市、自治区）读大学，具体人数不清。其二，就本省（市、自治区）范围内的高等院校而言，学校面向全国招生，在校学生中既有本省（市、自治区）18～24 岁年龄组的人口数，也有来自外省（市、自治区）该年龄组的人口数。所以这一指标真正计算起来，有许多条件不具备，不便计算。

人均受教育年限 = (研究生文化程度人口数×19 + 大学本科文化程度人口数×16 + 大学专科文化程度人口数×15 + 高中文化程度人口数×12 + 初中文化程度人口数×9 + 小学文化程度人口数×6) ÷6 岁及以上人口数

但为与现有的统计资料的分类相统一，对计算公式进行了相应的调整，但同样是科学的，不影响指标评价。调整后的计算公式为：

人均受教育年限 = (大专及以上文化程度人口数×16 + 高中文化程度人口数×12 + 初中文化程度人口数×9 + 小学文化程度人口数×6 + 不识字或识字很少的人口数×0) ÷6 岁及以上人口数

= 大专及以上文化程度人口所占比重×16 + 高中文化程度人口所占比重×12 + 初中文化程度人口所占比重×9 + 小学文化程度人口所占比重×6 + 不识字或识字很少的人口所占比重×0

目前，国内学者关于各类教育程度的教育年限赋值（即教育年限后的乘数）没有形成一致的看法。小学文化程度的乘数为6，初中为9，高中为12，这三个乘数值在中国学术界是统一的，但大专及以上文化程度的年限则没有统一。有的学者认为是15.5年（如叶平，2001），有的记作15年（地方性研究一般采用这个值）。本研究取专科、本科和研究生的中间值，定大专及以上文化程度人口的受教育年限为16年（又如胡鞍钢，2002）。此外，有的学者还将不识字或识字很少的人口受教育年限记为1年。由于本研究是从各级学校教育的角度来研究和评价中国教育发展的，所以在此不考虑非正式教育形式的扫盲教育中的人口及其他未完成小学阶段教育的人口，因而将不识字或识字很少的人口的受教育年限记为0（即忽略不计）。从中国目前"不识字或识字很少的人口"和"大专及以上文化程度人口"在总人口中所占的比重来看，尚未统一的不同乘数计算出的人均受教育年限的最终值也只不过存在不超过0.15的差异，这种小程度的出入并不影响对中国人均受教育年限的结论及评价。

由公式计算而出的中国近六年来的全国及各地区的人均受教育年限如表10-10所示。

表10-10　　　　　2000~2005年中国各地区人均受教育年限

地区	中国人均受教育年限									
	2000年	排名	2001年	排名	2002年	排名	2003年	排名	2004年	排名	2005年	排名
全国	7.62	—	7.68	—	7.73	—	7.91	—	8.01	—	7.83	—
北京	9.99	1	10.26	1	10.26	1	10.35	1	10.56	1	10.69	1
天津	8.99	3	8.86	3	9.15	3	9.25	3	9.64	3	9.51	3

续表

地区	中国人均受教育年限											
	2000年	排名	2001年	排名	2002年	排名	2003年	排名	2004年	排名	2005年	排名
河北	7.74	13	7.75	12	8.03	12	8.38	8	8.38	9	8.17	11
山西	8.02	8	8.17	7	8.25	8	8.4	7	8.38	9	8.42	7
内蒙古	7.76	12	7.71	15	7.88	15	7.77	18	8.17	13	8.22	9
辽宁	8.41	4	8.27	5	8.44	5	8.92	4	8.84	4	8.75	4
吉林	8.24	6	8.5	4	8.61	4	8.7	5	8.8	5	8.47	5
黑龙江	8.25	5	8.25	6	8.3	7	8.41	6	8.49	6	8.46	6
上海	9.3	2	9.44	2	9.59	2	10.13	2	10.11	2	10.03	2
江苏	7.85	9	7.71	15	7.59	18	7.69	21	7.81	20	8.13	12
浙江	7.46	22	7.34	23	7.68	16	7.76	20	7.95	18	7.61	20
安徽	6.98	26	7.13	26	6.99	26	7.66	23	7.49	23	7.04	25
福建	7.49	21	7.57	19	7.46	20	7.59	24	7.49	23	7.54	21
江西	7.55	20	7.72	14	7.48	19	8.29	10	7.98	17	7.53	22
山东	7.58	18	7.83	11	8.08	10	7.85	17	7.94	19	7.72	18
河南	7.72	15	7.98	8	8.08	10	7.97	15	8.22	12	7.99	15
湖北	7.77	11	7.92	9	7.34	24	7.92	16	7.68	22	7.82	17
湖南	7.8	10	7.88	10	7.91	14	8.05	13	8.16	14	7.99	16
广东	8.07	7	7.75	12	8.09	9	8.01	14	8.13	15	8.36	8
广西	7.57	19	7.62	17	7.62	17	7.77	18	8.02	16	7.66	19
海南	7.68	17	7.57	19	7.94	13	8.19	11	8.41	8	8.11	13
重庆	7.28	23	7.34	22	7.44	21	7.67	22	7.25	26	7.39	23
四川	7.06	24	7.2	25	7.29	25	7.42	25	7.45	25	6.84	27
贵州	6.15	29	6.54	28	6.73	28	6.89	28	6.98	28	6.42	29
云南	6.33	28	6.19	29	6.12	30	6.04	30	6.82	29	6.38	30
西藏	3.43	31	4.1	31	4.32	31	3.87	31	4.4	31	3.74	31
陕西	7.71	16	7.59	18	7.43	22	8.11	12	8.26	11	8.06	14
甘肃	6.54	27	6.72	27	6.78	27	7.04	27	7.24	27	6.86	26
青海	6.12	30	5.97	30	6.35	29	6.72	29	6.8	30	6.76	28
宁夏	7.03	25	7.28	24	7.39	23	7.35	26	7.7	21	7.37	24
新疆	7.73	14	7.37	21	8.37	6	8.38	8	8.49	6	8.20	10

资料来源：2000年数据由2000年中国人口普查汇总数据计算而得；2001年数据由2001年人口变动抽样调查数据计算而得，抽样比为0.963‰；2002年数据由2002年人口变动抽样调查数据计算而得，抽样比为0.988‰；2003年数据由2003年人口变动抽样调查数据计算而得，抽样比为0.982‰；2004年数据由2004年人口变动抽样调查数据计算而得，抽样比为0.966‰。

参见国家统计局：《中国统计年鉴》(2002~2005)，中国统计出版社2002~2005年版；国家统计局人口和社会科技统计司编：《中国人口统计年鉴(2005)》，中国统计出版社2005年版。

(1) 中国人均受教育年限的总体水平及国际比较。中国教育部部长周济称：到 2002 年年底中国人均受教育年限接近 8 年①。统计显示，2002 年中国人均受教育年限为 7.73 年，与官方统计数字接近。表 10 - 10 显示，到 2005 年，中国人均受教育年限为 7.83 年，据此，中国目前人均受教育年限约为 8 年，也就是说相当于初中二年级的水平，还没有达到九年义务教育的标准。而联合国教科文组织统计的世界 70 个国家和地区的人均受教育年限为 12 年左右，美国为 13.4 年，爱尔兰为 11.7 年，韩国为 12.3 年②。中国有 13 亿人口，人均受教育年限仅 8 年，低于世界平均水平近 4 年！在中国多数省（市、自治区）的人均受教育年限都为七八年，走在前列的北京、上海和天津，教育年限也只不过为 10 年左右，只是刚跳出了基础教育的范畴，相当于高中一、二年级的水平。

中国教育部于 2003 年首次公布了《中国人口与人力资源报告》③，其中资料显示，中国 15 岁以上国民受教育年限仅为 7.85 年，25 岁以上人口人均受教育年限为 7.42 年，两项平均仍不到初中二年级水平，与美国 100 年前的水平相仿，比韩国低近 4 年。专家们在报告中指出，中国国民受教育年限的差距主要表现在接受高层级教育人口比例过低和初中以下学历人口比例过大。在发达国家和新型工业化国家中，接受过高等教育和中等教育的人口所占比例较高。如美国和韩国，25～64 岁人口中具有高中及以上受教育水平者比例分别占 87% 和 66%。其中，接受过高等教育的人口比例分别占 35% 和 23%。相比之下，中国 2000 年 25～64 岁人口中受高中及以上教育水平者只占 18%，受初中以下教育水平的占 82%，受小学及小学以下教育水平者比例高达 42%。每百人中受大专及以上教育的人不足 5 人。中国目前人均受教育年限接近 8 年，在 9 个发展中人口大国中居于前列，中国目前提出的发展目标是：到 2010 年，人口平均受教育年限接近 11 年。④ 从全国增长幅度来看，三年的时间，全国人均受教育年限增长了 0.29 年。那么可否达到中等发达国家的 13～14 年呢？什么时候能达到呢？

(2) 中国各地区人均受教育年限的层次水平。通过对近来五年的中国各地区的数据分析可以看出，按人均受教育年限来划分，中国人口的教育成就可分为四个层次：

第一层次，人均受教育年限水平远高于全国平均水平，它们是北京、上海和

---

① 孙宇挺：《中国人均受教育年限 8 年农村义务教育经费大增》，中国新闻网 www.chinanews.com.cn/n/2003 - 09 - 16/26/346934.html。
② 潘晨光、娄伟：《人才形势与发展环境分析》，中国网 www.china.org.cn/chinese/zhuanti/rcbg/742.htm。
③ 参见教育部网站 www.moe.edu.cn/edoas/website18/level3.jsp? tablename = 885&infoid = 8366。
④ 中共教育部党组："学习贯彻十六大精神　开创教育改革发展新局面"，载《中国教育报》2002 年 11 月 29 日第 1 版。

天津。2000~2005年6年来，这三个直辖市的人口受教育水平不断上升。到2004年，北京、上海、天津的人均受教育年限分别达到了10.69、10.03和9.51。

第二层次，人均受教育年限水平较高于全国平均水平，它们是东北三省辽宁、吉林、黑龙江及华北的山西。2005年，这四个省份的人均受教育年限分别为8.75、8.47、8.46和8.42，高于全国平均水平半年到一年左右。

第三层次，人均受教育水平相近于全国平均水平，它们集中于中国东部和中部地区，分别是河北、内蒙古、江苏、浙江、福建、江西、山东、河南、湖北、湖南、广东、广西、海南、陕西、新疆。

第四层次，人均受教育水平远低于全国平均水平，它们多为西部地区的省（市、自治区），有安徽、重庆、四川、贵州、云南、西藏、甘肃、青海、宁夏，其中，西藏始终名列最后，2005年其人均受教育年限仅为3.74年！也就是说人均受教育水平为文盲程度。

从以上的人均受教育年限的全国各地区的分析来看，中国人均受教育年限水平存在着明显的地域性特征，与地区经济发展水平有着强相关性。中国经济发展呈现由东向西、逐渐衰减的趋势，而教育发展水平也呈现着东、中、西部逐渐递减的这一趋势。可见，教育投入对教育发展起着至关重要的先决作用，不仅要在生活质量观念上提高对教育的重视，并且要不断加大国家对教育的投入，各地区尤其是落后的西部各省（市、自治区）要努力加大对教育的地方财政投入。

(3) 特别省（市、自治区）分析。值得一提的是，在五年数据的排名幅度来看，有三个省（市、自治区）凸显出来，它们是江苏、海南和新疆。这两个地区的人均受教育年限的排名变化最大，江苏是下降，海南、新疆是上升。江苏由2000年时的第9名下降到2005年的第12名，人均受教育年限的数值2000年为7.85，2005年则为8.13，可以说几乎没什么变化，这从一个侧面反映了其他省（市、自治区）在这方面的进步。海南的人均受教育年限排名则从2000年的第17名上升到2005年的第13名，人均受教育年限2000年还是7.68，2005年就上升到了8.11。而新疆的人均受教育年限在2000年时为7.73年，位居第14名，2005年前进为第10名，受教育年限上升为8.20年。

下降还是上升的原因都是可以理解的：江苏虽然在排名上下降，但人均受教育年限并没有太大变化，即使有所下降，幅度也不是很大。可是放在全国其他省（市、自治区）和地区在教育事业上的不断投入取得成效的大环境下，江苏在这方面一直在原地踏步，这值得引起当地政府的重视。海南人口比较少，这也是教育投入能够取得比较直观效果的原因之一。而新疆作为偏远的自治地区，一直是经济发展和教育水平落后的地区，也正是这个原因，多年来，中国政府十分重视对新疆的关注和财政支持。1997~2003年，新疆的"两基"①攻坚历时6年，经过一期、二期"国家贫困地区义务教育工程"和"中小学危房改造工程"的实施，新疆已有65个县（市、区）基本普及九年义务教育。普及义务教育的成果无疑为人均受教育年限的提高做出了贡献，也正是由于"两基"工作的不断推进，才使新疆这个地广人稀的经济落后地区的人口受教育水平得到了可喜的提高。

（4）各地区人均受教育年限的教育公正问题。教育性别公正是世界各国普遍关注的问题。联合国在千年发展目标中的教育方面重点关注的就是教育的性别公正问题，强调要努力在各级教育中消除性别不平等现象（UN，2003）。对于中国来说，教育公正与否直接关系到构建和谐社会的成败，关系到真正提高生活质量的实现。

一是人均受教育年限的性别差异。对2000~2005年这五年的中国各地区男女的人均受教育年限分别统计，可发现，在各年各地区男性的人均受教育年限都要大于女性的这一值，无一例外。中国各地区人均受教育年限的性别差异如图10-4所示。

图10-4显示的是各地区五年的男性人均受教育年限高于女性的人均受教育年限的差值。如图所示，人均受教育年限的性别差异在西部六省（市、自治区）：宁夏、青海、甘肃、西藏、云南、贵州表现得最为明显。其中，贵州在2000年时，人均受教育年限的性别差异竟然达到了1.77年。此外，岭南地区的海南也存在着严重的教育性别差异，2000年这一值达到1.44。差异较小的省（市、自治区）有北京、天津、河北、山西、辽宁、吉林、黑龙江和新疆，主要分布在华北和东北地区，大概差异在0.6年。可喜的是，各地区的人均受教育年限的性别差异都呈缩小的趋势，性别差异大的西部各省（市、自治区）缩小得更为迅速、明显。如贵州2000年的男女受教育年限差值为1.77，到2001年缩减为1.46，2002年又进一步缩减为1.33年，2003年这一数值为1.22年，到了2004年这个值已为1.2年。

二是人均受教育年限的城乡差异。在人均受教育方面，不仅存在着上述的各省（市、自治区）之间的差异、性别差异，而且还存在着城乡差异，而且城乡差异较大，值得关注。《中国教育与人力资源问题报告》显示②，2000年中国15岁以上人口中仍有文盲8 699.2万人，其中3/4分布在农村。农村劳动人口人均受教育年限为7.33年，而城市是10.20年。城市、县镇和农村之间劳动力人口受教育水平的比重情况为：具有大专及以上受教育水平的人口比例是20∶9∶1；

---

① "两基"是基本普及九年义务教育和基本扫除青壮年文盲的简称。
② 教育部：《中国教育与人力资源问题报告》，载《中国教育报》2003年2月16日。

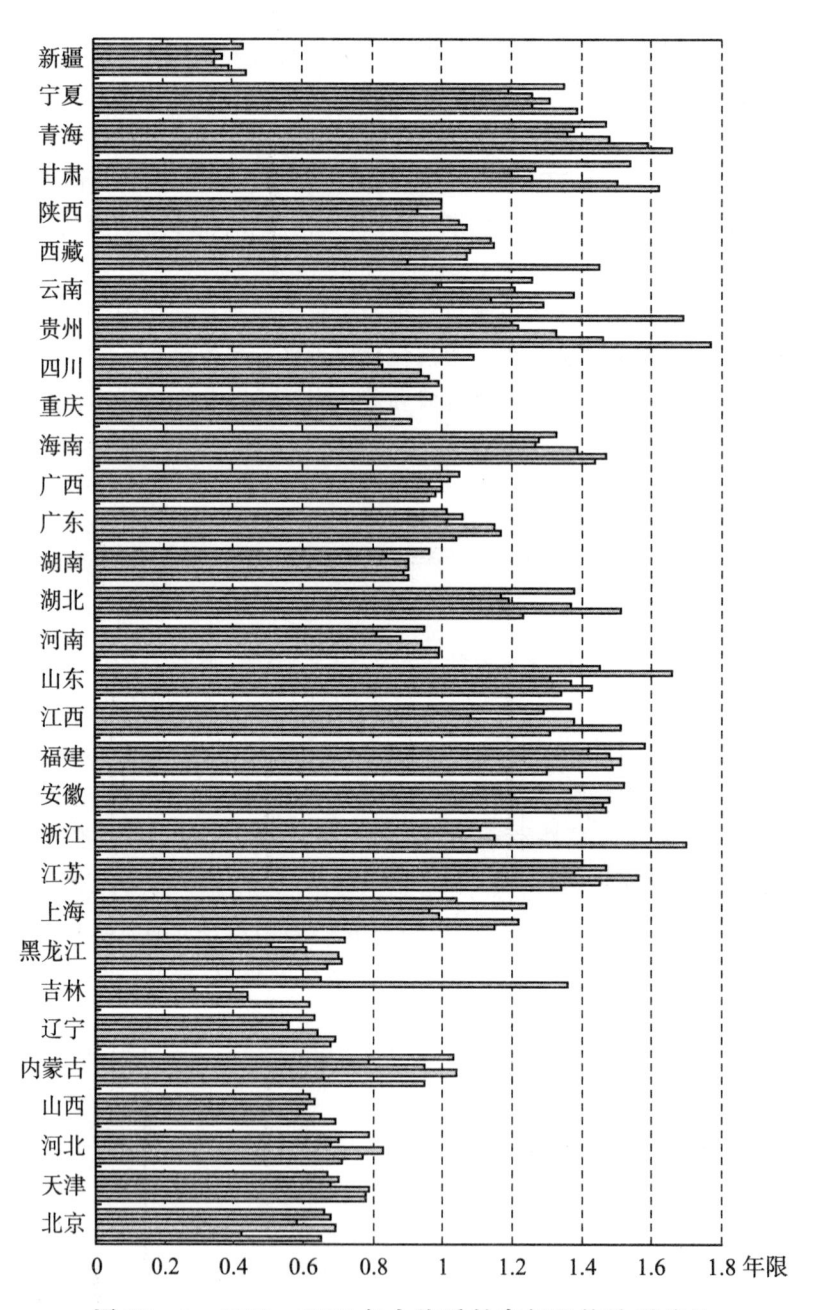

图 10-4　2000～2005 年人均受教育年限的性别差异

注：每个省（市、自治区）的柱状图由下至上分别表示 2000～2005 年的数值。

资料来源：根据国家统计局提供的"各地区按性别和受教育程度分的人口"数据计算而得，参见国家统计局《中国统计年鉴》（2002～2006），中国统计出版社 2002～2006 年版；国家统计局人口和社会科技统计司编《中国人口统计年鉴（2006）》，中国统计出版社 2006 年版。

受高中教育的人口比为4∶3∶1；受初中教育的人口比为0.91∶1.01∶1；受小学教育的人口比为0.37∶0.55∶1。可见，中国城乡之间劳动力受教育水平层次结构存在明显差距。而且，地区间劳动力文化素质也呈现出较大的不均衡性。专家们指出，城乡劳动力人口整体素质差异过大，不适应城市化进程的需求。乡村文盲率居高不下对于提高中国农业劳动生产率、推进农业产业化以及城镇化建设都是不利因素。

　　教育发展为提高国民素质，为科技创新、经济增长和社会进步做出了重要贡献。各级各类教育持续协调发展，为现代化建设各行各业输送了数以亿计的高素质劳动者和大批专门人才；高等学校成为基础研究的主力军、高新技术研究的重要方面军和科技成果转化的强大生力军，为繁荣和发展哲学社会科学、推动理论创新和促进先进文化建设做出了重要贡献！

第十一章

生活质量的社会保障指标及其评价

社会保障是人类社会发展所必需的一种经济活动和社会分配方式,也是人类社会发展的基本条件和保障。社会保障是一种社会制度,是国家社会经济制度中的重要组成部分。社会保障在社会发展中的作用越来越大,其基本功能是:保证社会稳定,促进经济发展;保证社会公平,提高效率;保障公民基本生活,激励公民积极劳动;提高公民素质,促进社会进步。社会保障是为了满足人们的基本生活需求,它保障的是最低生活需要,保证公民在收入中断或不能工作时,能获得基本的生活费用。社会保障包括对失业者提供失业保险,对贫困家庭提供困难补助,对退休老人提供养老保险等。只有社会保障覆盖率是社会生产力和社会制度发展达到全面小康水平的集中反映[①]。所以,提高生活质量和建设小康社会,必须大力发展社会保障事业,健全和完善社会保障体系。

一、社会保障与全面小康

(一) 社会保障及其概念

社会保障的概念起源于20世纪30年代,"社会保障"一词最早出现在美国

---

① 刘福坦:《破除指标体系的迷雾》,赵汀阳主编,《年度学术2003年:人们对世界的想象》,中国人民大学出版社2003年版。

的《1935年社会保障法》中。社会保障的核心要素——社会保险，最早由法国政府于1883年创立实施。英国社会保障是一种公共福利计划，是在保护个人及其家庭免除因失业、年老、疾病或死亡而在收入上所受到的损失，并通过公益服务（如免费医疗）和家庭生活补助，以提高其福利。这项计划包括保险计划、保健、福利事业和各种维护收入计划。国际劳工局1989年对社会保障的定义为：社会通过一系列公共措施向其成员提供的用以抵御因疾病、生育、工伤、失业、伤残、年老、死亡而丧失收入或收入锐减引起的经济和社会灾难的保护、医疗保险的保护以及有子女家庭的补助（李建新，1999）。

中国社会保障体系包括社会保险、社会救济、社会福利、优抚安置和社会互助、个人储蓄积累保障，这几项社会保障是相互联系、相辅相成的。"社会保障是社会安定的重要保证。要以社会保险、社会救助、社会福利为基础，以基本养老、基本医疗、最低生活保障制度为重点，以慈善事业、商业保险为补充，加快完善社会保障体系。"[①] 社会保险在社会保障体系中居于核心地位，它是社会保障体系的重要组成部分，是实现社会保障的基本纲领，它被称作劳动者的"安全网"、收入分配的"调节器"、经济社会运行的"减震器"。社会救助处于社会保障体系的最低层次，是社会保障要实现的最低目标和纲领。社会福利是社会保障的最高层次，是实现社会保障的最高目标和纲领。它的目的是增进群众福利，改善国民的物质文化生活，它把社会保障推上最高阶段。社会优抚安置是社会保障体系的特殊组成部分，属于特殊阶层的社会保障，是社会保障的特殊纲领。

社会保障不仅保障公民的基本生活，它还是国民收入再分配的一种手段，有利于实现社会公正。社会保障是社会发展到一定阶段的产物，是社会文明进步的一个标志（周长城等，2001）。

（二）社会保障与全面小康

小康是一个由收入水平决定的消费方式和生活方式的概念。社会保障制度就可以使人们没有后顾之忧，人们可以放心消费，中低收入阶层的工资可以月月光，没有必要压缩当期消费向银行存款。最终消费品市场繁荣，整个国民经济就会充满活力，就业岗位就会增加，社会保障资金耗费反而会降低。可见不断增强社会保障度、提高社会保障覆盖率对中国社会经济发展是何等重要。把社会保障覆盖率作为考核全面小康社会建设进度的指标是无可替代的（刘福垣，2003）。

考察社会保障与全面小康社会的关系，将社会保障覆盖率或者是基本保险覆

---

① 人民日报理论部：《坚持和完善中国特色社会主义若干重大问题解析》，人民日报出版社2007年版，第38~39页。

盖率作为一项重要的社会指标来衡量全面小康社会的发展状况，社会保障的基本覆盖率是衡量人民生活质量和全面小康社会建设的重要指标。

二、社会保障评价指标的确立

（一）指标设置的原则和依据

社会保障是维持社会稳定、实现社会公正的重要机制，是经济发展和社会有序运行的重要前提。经济和社会稳定发展，才能使人们的生活质量不断提高。社会保障是一种社会稳定机制，是全体社会成员健康发展的有力保证，是提高就业劳动力生活质量的重要补充（周长城等，2003）。

我国已经实现了基本小康，力争到2020年时实现全面小康。而全面小康和基本小康的区别不在于收入消费量的差别，而在于小康人口覆盖面的差别。如果我们想清楚了这一点，考核全面小康建设进度就不用设计各种指标体系，只要一个能够准确反映低收入者达到小康水平的指标就足够了。社会保障覆盖率就是这个唯一的不可替代的考核指标（刘福垣，2003）。

（二）社会保障指标体系框架

社会保障评价指标体系（如图11-1所示）主要是用来衡量社会保障的发展状况，本研究选择基本养老保险覆盖率、失业保险覆盖率、医疗保险覆盖率和工伤保险覆盖率四个指标来体现社会保障综合覆盖率。采用养老保险和失业保险这两个指标首先是继承了先前的研究，保持研究的连贯性，但主要是因为养老保险和失业保险发展得相对比较健全和完善，并且是参与人数最多的两项社会保障，这两个指标可以反映中国社会对失去劳动能力和劳动机会的成员提供物质保障和生存机会的情况，也可以作为测量社会保障是否充分的主要指标。而且随着社会的发展，中国已经进入老龄化社会，城市化还在推进之中，就业人口逐年增加，这些因素都将医疗保险和工伤保险推到了一个重要的位置。

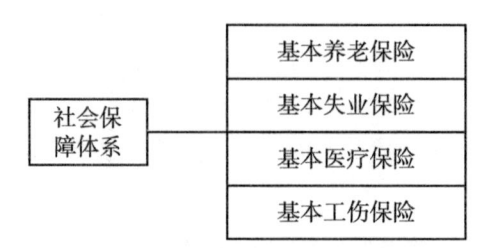

图11-1 社会保障指标体系框架

(三) 指标的计算

社会保障覆盖率主要包括四项指标：基本养老保险覆盖率、失业保险覆盖率、基本医疗保险覆盖率和工伤保险覆盖率。

1. 计算公式：

基本养老保险覆盖率＝参加基本养老保险的年末职工人数/年末就业人数×100%；

失业保险覆盖率＝参加失业保险的年末职工人数/年末就业人数×100%；

基本医疗保险覆盖率＝参加基本医疗保险的年末职工人数/年末就业人数×100%；

工伤保险覆盖率＝参加工伤保险的年末职工人数/年末就业人数×100%。

本研究所有人数均为年末统计人数，主要研究城镇就业人员的基本社会保险覆盖率。

2. 算法依据：

本研究摒弃了先前研究只计算城镇在岗职工的社会保障覆盖率的算法，采用了和《中国人口与劳动问题报告 No.6》（2005）[1] 中相同的计算方式，即扩大了社会保障的考察面，也符合中国社会保障覆盖面扩大的趋势。这种算法更为科学和实用，当然，由于中国社会保障的发展主要在城镇开展，所以只能选择研究城镇就业人员的社会保障覆盖率，由这些多数人参与的社会保障来审视目前社会保障的发展状况；农村社会保障发展相对较晚，并且极不齐备，资料和数据少之又少，考察起来也不具备代表性，因此在本报告中不予论述。

所以，根据本研究的计算方法，城镇参保人数必定小于城镇就业人数，对于表格中出现的参保人数大于就业人数的情况，我们暂时作为无效数据处理，其原因很多，原因之一可能是统计过程中个别地区的统计口径出现了问题。[2]

---

[1] 基本养老保险覆盖率的算法，具体参见蔡昉主编：《中国人口与劳动问题报告 No.6》，社会科学文献出版社2005年出版，第19页。"……离退休人员参加基本养老保险的比例……到2002年……城镇就业人员参加比例仍然停留在44.9%。"根据44.9%的来历，我们推知城镇就业人员基本养老保险覆盖率的算法为：参加基本养老保险的年末职工数/城镇年末就业人数×100%。之所以选择就业人数为分母，是因为随着城市化进程，城镇就业人数越来越多，而社会保障的发展程度理应以就业人数的参加度为基准，而不是仅限于城镇在岗职工。同样，失业保险和医疗保险也考察城镇就业人员的参与率。后几种覆盖率的算法也参照基本养老保险覆盖率的计算方法。

[2] 在本研究中，由于时间和其他条件的限制，资料来源主要是《中国劳动和社会保障年鉴》、《中国劳动统计年鉴》和《中国统计年鉴》，尤其是数据来源，这样也保证了数据的权威性和有效性。主要研究2000~2005年这一时间段，由于此项研究在1999年已经有一个阶段性的成果，作为后继研究就从2000年开始。

三、社会保障体系的现状与评价

（一）主要社会保险的现状

自"十五"计划执行以来，中国社会保障取得了重大进展。社会保险覆盖范围继续扩大，社会保障制度建设稳步推进。养老保险的参保人数逐年增加，关系就业人员身心健康的医疗保险业得到了较大的发展，失业保险人数平稳增加，其他保障项目也不同程度的发展。

1. 基本养老保险的发展现状

1997年，中国政府制定了《关于建立统一的企业职工基本养老保险制度的决定》，开始在全国建立统一的城镇企业职工基本养老保险制度。

中国的基本养老保险制度实行社会统筹与个人账户相结合的模式。基本养老保险覆盖城镇各类企业的职工；城镇所有企业及其职工必须履行缴纳基本养老保险费的义务。经过几年的推进，基本养老保险的参保职工已由1997年末的8 671万人增加到2001年末的10 802万人；领取基本养老金人数由2 533万人增加到3 381万人，平均月基本养老金也由430元增加到556元。2001年基本养老金社会化发放率达到98%。1991年，中国部分农村地区开始进行养老保险制度试点。农村养老保险制度以"个人交费为主、集体补助为辅、政府给予政策扶持"为基本原则，实行基金积累的个人账户模式。①

截止到2005年年底，全国参加城镇基本养老保险人数为17 487万人，比上年末增加1 134万人。其中，参保职工13 120万人，参保离退休人员4 367万人，分别比上年末增加870万人和264万人。年末企业参加基本养老保险人数为15 716万人，比上年末增加1 037万人。全年企业退休人员基本养老金全部按时足额发放。年末纳入社区管理的企业退休人员共2 655万人，占企业退休人员总数的68.3%，比上年末提高9.4个百分点。全年城镇基本养老保险基金总收入5 093亿元，比上年增长19.6%，其中征缴收入4 312亿元，增长20.3%。各级财政补贴基本养老保险基金651亿元，其中中央财政544亿元，地方财政107亿元。全年基金总支出4 040亿元，比上年增长15.4%。年末基本养老保险基金累计结存4 041亿元。年末全国参加农村养老保险人数为5 442万人，比上年末增加64万人，全年共有302万农民领取了养老金，比上年增加97万人。全年共支

---

① 参见《中国的劳动和社会保障状况白皮书》，http://www.cef.org.cn/bjzl/bps/bps_03.htm。

付养老金 21 亿元。年末农村养老保险基金累计结存 310 亿元。①

从全国来看，中国的基本养老保险参保职工人数从 2000～2005 年是呈上升趋势的，从 2000 年的 13 617.4 万人，2001 年的 14 182.5 万人，2002 年的 14 736.6 万人，2003 年增至 15 506.7 万人，2004 年又增长到 16 352.9 万人，2005 年增长到 17 487.9 万人，六年时间增加了 3 870.5 万人。参保人数的增加显示了养老保险在这几年的发展（如表 11-1 所示）。

表 11-1　　　　2000～2005 年基本养老保险参保人数　　　　单位：万人

地　区	2000 年	2001 年	2002 年	2003 年	2004 年	2005 年
全　国	13 617.4	14 182.5	14 736.6	15 506.7	16 352.9	17 487.9
北　京	391.7	425.9	436.2	448.5	459.7	520.0
天　津	288.2	281.4	296.0	283.3	298.1	308.3
河　北	634.3	641.4	643.5	665.5	683.4	707.9
山　西	416.1	365.6	361.8	364.4	376.7	383.4
内蒙古	295.1	290.6	292.9	300.9	318.8	338.9
辽　宁	1 030.0	1 022.7	1 039.2	1 070.4	1 101	1 193.6
吉　林	387.5	381.9	397.7	427.0	439	455.9
黑龙江	624.9	692.5	689.8	714.3	738.1	768.9
上　海	675.3	683.5	699.8	715.6	770.9	830.0
江　苏	890.3	888.1	1 063.5	1 135.2	1 214.1	1 345.6
浙　江	561.7	610.4	701.1	801.2	888	962.3
安　徽	415.2	432.7	432.3	456.6	463.9	471.7
福　建	230.7	242.0	285.1	364.2	377.5	409.6
江　西	327.4	328.8	339.8	355.9	371.8	387.4
山　东	1 008.6	1 022.6	1 043.0	1 135.9	1 218.7	1 302.4
河　南	729.5	736.6	757.8	751.1	781.1	814.0
湖　北	597.1	612.1	628.8	732.4	780.5	804.0
湖　南	438.8	603.4	616.5	636.2	691.7	718.6
广　东	1 172.0	1 370.3	1 405.4	1 482.2	1 588.8	1 796.1
广　西	239.4	248.9	257.2	264.8	279.3	288.6
海　南	129.1	108.2	111.2	116.7	120	120.6
重　庆	270.5	270.3	280.3	280.0	283.9	290.2
四　川	571.7	578.9	589.3	605.5	668	793.4
贵　州	165.4	159.0	168.9	168.0	174.9	183.7
云　南	252.3	243.1	252.1	257.3	255.3	258.7

① 参见劳动和社会保障部网站《2005 年度劳动和社会保障事业发展统计公报》，http://www.molss.gov.cn/gb/zwxx/2006 - 06/12/content_119277.htm。

续表

地 区	2000 年	2001 年	2002 年	2003 年	2004 年	2005 年
西 藏	7.3	7.1	7.0	7.3	7.6	7.7
陕 西	296.3	345.4	352.0	362.4	369.3	376.1
甘 肃	187.1	188.4	188.0	192.0	194.5	197.3
青 海	50.5	51.9	54.2	56.4	58.5	60.0
宁 夏	57.0	57.9	59.0	60.7	62.5	67.5
新 疆	251.6	258.4	262.1	269.3	294.8	302.1

资料来源：根据中国统计出版社 2006 年出版的《中国统计年鉴》相关数据整理得出。

2000 年全国城镇就业人员基本养老保险覆盖率，去掉无效数据上海，排名前五位的分别是：广东 92.8%，海南 90.3%，辽宁 88.5%，天津 87.2%，山东 81.1%。后三名分别是：福建 42%，新疆 33.1%，西藏 23%。2001 年全国城镇就业人员基本养老保险覆盖率，去掉无效数据广东和上海，排名前五位的分别是：辽宁 85.7%，山东 81.7%，天津 81.3%，湖南 81.1%，浙江 80.6%。后三名分别是：福建 43.4%，新疆 35.1%，西藏 19.2%。2002 年全国城镇就业人员基本养老保险覆盖率，去掉无效数据广东，排名前五位的分别是：江苏 94.7%，上海 92.6%，浙江 87.6%，天津 87.3%，辽宁 86.9%。后三名分别是：北京 47.8%，新疆 35.2%，西藏 17.4%。2003 年全国城镇就业人员基本养老保险覆盖率，排名前五位的分别是：广东 98.7%，江苏 89.9%，辽宁 89.3%，浙江 88.5%，上海 88.4%。后三名分别是：北京 44.6%，新疆 35.6%，西藏 16.3%。2004 年全国城镇就业人员基本养老保险覆盖率，排名前五位的分别是：广东 99.8%，上海 89.6%，辽宁 88.4%，江苏 87.7%，浙江 87.6%。后三名分别是：贵州 47%，北京 43%，西藏 15.5%。2005 年全国城镇就业人员基本养老保险覆盖率，排名前五位的分别是：广东 97.0%，辽宁 96.3%，浙江 88.6%，上海 88.1%，江苏 85.4%。后三名分别是：西藏 14.6%，云南 43.1%，贵州 46.9%（如表 11 - 2 所示）。

表 11 - 2 2000～2005 年参保职工基本养老保险覆盖率 单位：%

地 区	2000 年	2001 年	2002 年	2003 年	2004 年	2005 年
全 国	49.1	45.1	44.9	45.4	46.3	48
北 京	60.3	65	47.8	44.6	43	49.5
天 津	87.2	81.3	87.3	75.5	79.3	80.8
河 北	67.7	75	74.9	78.2	79.4	79.2
山 西	78.5	66.9	66.3	60.5	62.5	64.7
内蒙古	60.4	59.2	61.8	64.7	69	72.2

续表

地 区	2000年	2001年	2002年	2003年	2004年	2005年
辽 宁	88.5	85.7	86.9	89.3	88.4	96.3
吉 林	67.1	69.4	66.7	82.9	71.1	78.5
黑龙江	64.6	72.2	72.1	75.5	78.1	80.6
上 海	105.7（无效）	101.4（无效）	92.6	88.4	89.6	88.1
江 苏	79.2	76.7	94.7	89.9	87.7	85.4
浙 江	75.6	80.6	87.6	88.5	87.6	88.6
安 徽	60	58.8	58.6	61.9	63.6	63.6
福 建	42	43.4	51.2	60.2	58.1	57.8
江 西	65.7	65.8	68.1	68.4	62.6	60.2
山 东	81.1	81.7	79.3	81	83.2	79.3
河 南	69.2	71.8	71.7	69	69	68.1
湖 北	64.1	70.7	71.9	78.7	82.2	80.4
湖 南	54	81.1	80.4	77.9	78.1	76.6
广 东	92.8	107.2（无效）	102.1（无效）	98.7	99.8	97
广 西	48	49.5	50.8	51.5	51.8	50.3
海 南	90.3	70.5	73.3	73.2	72.4	69.3
重 庆	67.7	67.4	64.6	58.7	57	53.6
四 川	63.7	64.4	63.6	60.5	62.5	70.2
贵 州	51.3	47.2	51.8	49.3	47	46.9
云 南	53.1	49.4	50.8	51.8	47.4	43.1
西 藏	23	19.2	17.4	16.3	15.5	14.6
陕 西	46.5	58	51.2	51.4	58.1	60.2
甘 肃	58	58.5	56.7	55.5	53.5	54
青 海	54.7	56	56	55	53.6	52.5
宁 夏	58.2	57.6	57.9	56.6	53.6	58.8
新 疆	33.1	35.1	35.2	35.6	59.4	59.1

注：由于数据资料的来源不一致，就造成有参保职工数所占城镇从业人数的比例（养老保险覆盖率）大于100%，成为无效数据。

资料来源：依据公式，综合2001～2006年历年《中国劳动统计年鉴》和《中国劳动与社会保障年鉴》中的城镇从业人员数和基本养老保险参保人数计算得来。

从2000～2005年六年的各地区数据，可以看出：（1）辽宁从2000～2005年连续五年（2002年排名第六）进入全国排名的前五名；广东、浙江三次进入前五名；天津也从2000～2002连续三年进入前五名；西藏则于2000～2004年间一直排倒数第一，新疆在2000～2003年也一直排倒数第二。（2）重庆和西藏六年的养老保险覆盖率呈下降趋势,山西前四年一直下降,在2004和2005年小幅回升。重庆2000年为67.7%,2005年却只有为53.6%,下降幅度为14.1个百分点;西藏从2000年的23%下降到2005年的14.6%,下降了8.4个百分点。山西由2000年的78.5%下降到2003年的60.5%,下降了18个百分点,2004年才回升到62.5%,2005年再次回升到64.7%。(3)湖北、广西和新疆前五年内养老保险一直呈上升趋势,但在2005年都出现了小范围的下降。湖北由64.1%增至82.2%后2005年降至80.4%;广西由48%增至51.8%后2005年降至50.3%;新疆由33.1%增至59.4%后2005年降至59.1%。前五年福建的增幅最大。浙江由75.6%上升至88.5%,增长12.5%,2004年又回落到87.6%,2005年在创新高,达到88.6%;福建由42%增至60.2%,增长18.2%,2004年则略有下降为58.1%,2005年继续下降到57.8%;江西由65.7%增至68.4%,增长2.7%,2004年下降幅度较大,甚至不如2000年,只有62.6%,2005年继续下降,只有60.2%(具体变化幅度如表11-2所示)。(4)全国城镇就业人员基本养老保险覆盖率呈现两极分化的趋势,位于前五位的地区其城镇就业人员基本养老保险覆盖率均在80%以上,而后三位的地区其城镇就业人员基本养老保险的覆盖率都在50%以下。基本养老保险地区发展不平衡,究其原因有地区经济发展不平衡、城市化水平不同等原因,需要国家发挥宏观调控和财政支持,协助落后地区提高其基本养老保险的社会覆盖率,进一步加大养老保险的制度建设,保障经济发展健康有序地进行。

从全国来看,2000年基本养老保险覆盖率为49.1%,2001年为45.1%,2002年为44.9%,2003年为45.4%,2004年为46.3%,2005年为48.0%,总体不超过50%,可见覆盖率之低,而且这只是城镇就业人员的情况,如果加上农村就业人员(如大量的农民工),基本养老保险的覆盖率将会更低。所以中国养老保险的任务依然十分艰巨,而且中国目前已经进入了老龄化社会,老年人口将继续增加,养老保险的发展和完善关系到社会的稳定和持续发展。

2. 基本医疗保险的发展现状

1998年,中国政府颁布了《关于建立城镇职工基本医疗保险制度的决定》,开始在全国建立城镇职工基本医疗保险制度。中国的基本医疗保险制度实行社会统筹与个人账户相结合的模式。基本医疗保险制度改革正稳步推进,基本医疗保险的覆盖范围不断扩大。2001年年底,全国97%的地市启动了基本医疗保险改革,参加基本医疗保险的职工达7 629万人。此外,公费医疗和其他形式的医疗保障制度还覆盖了1亿多的城镇人口,中国政府正在将这些人口逐步纳入到基本医疗保险中。①

2005年末全国参加基本医疗保险人数为13 783万人，比上年末增加1 379万人。其中参保职工10 022万人，参保退休人员3 761万人，分别比上年末增加977万人和402万人。全年基本医疗保险基金收入1 405亿元，支出1 079亿元，分别比上年增长23.2%和25.2%。其中，统筹基金收入820亿元，支出615亿元，分别比上年增长24%和25%。②

表11-3中数据显示，2000~2005年参加基本医疗保险的就业人数增长迅速，从2000年的3 786.9万人，增至2005年的13 782.9万人，净增9 996.0万人。表明了中国政府对医疗保险的重视以及就业人员参保意识的增强。

表11-3　　　　2000~2005年基本医疗保险参保人数　　　　单位：万人

地区	2000年	2001年	2002年	2003年	2004年	2005年
全　国	3 786.9	7 285.9	9 401.2	10 901.7	12 403.6	13 782.9
北　京	232.6	240.7	321.1	436.1	483.9	574.8
天　津	—	139.6	250.2	254.7	263	299.1
河　北	159.9	282.5	330.4	383.2	472.5	562.1
山　西	72.1	157.3	216.7	245.5	295.5	324.9
内蒙古	103.7	196.9	221.7	252.3	274.2	292
辽　宁	109.5	313.6	619	697.7	783.7	864.2
吉　林	40.2	124.2	176.9	230.8	270	283
黑龙江	52.1	308.3	392.8	435.2	544.1	602.9
上　海	569.6	680.5	694.8	709.6	714.1	728.6
江　苏	307.3	456	690.9	815	976.7	1 124.1
浙　江	228	352.7	423.4	510.3	569.2	639.6
安　徽	61.5	232.8	273.4	318.2	362.2	387.1
福　建	77.8	171	230	247.8	285.9	333
江　西	61.4	71.6	106.6	188.2	250.4	276.7
山　东	253.3	490.2	625.6	691.1	771.9	861.5
河　南	296.2	460.3	537.4	567.9	590	641.5
湖　北	133.9	255.4	338.1	416.6	466.8	502
湖　南	127.3	351.6	398.1	423.5	477	503.4
广　东	350.3	544.8	717.6	877	1 034.2	1 235.3

---

① 参见《中国的劳动和社会保障状况白皮书》，http://www.cef.org.cn/bjzl/bps/bps_03.htm。
② 参见劳动和社会保障部网站《2005年度劳动和社会保障事业发展统计公报》，http://www.molss.gov.cn/gb/zwxx/2006-06/12/content_119277.htm。

续表

地 区	2000 年	2001 年	2002 年	2003 年	2004 年	2005 年
广 西	10.2	150.1	201.8	235	272.2	285.9
海 南	33.9	40.9	52.6	63.1	78.6	87.2
重 庆	9.7	36.8	58.7	121.8	206.3	237.7
四 川	261.2	437.6	480.6	531.2	587.6	647
贵 州	—	31.1	94.6	134.1	152.6	180.5
云 南	69.5	185.7	238.4	281.5	302.3	320.7
西 藏	—	—	—	6	7.1	15.2
陕 西	130.5	231.4	261.8	301	325.6	348.8
甘 肃	5	109.9	124.1	146	165.8	176.6
青 海	12.7	38.3	51.1	56.4	60.2	62
宁 夏	5.4	17.2	36.8	48.1	55.6	64.5
新 疆	—	116.2	148.1	176.4	304.4	321.1
新疆生产建设兵团	11.9	60.8	87.6	100.3	—	—

注:"—"表示数据缺失,无法计算。

资料来源:《中国劳动统计年鉴(2006)》,中国统计出版社 2006 年出版。

  根据表 11-4,2000 年全国城镇就业人员医疗保险覆盖率,去掉无效数据天津、贵州和西藏,排名前五位的分别是:上海 87.5%、北京 33.0%、四川 28.9%、广东 28.7%、河南 27.7%;后三名分别是:甘肃 1.5%、广西 2.1%、新疆 2.3%。2001 年全国城镇就业人员医疗保险覆盖率,去掉上海的无效数据,排名前五位的分别是:四川 48.6%、湖南 47.7%、河南 44.1%、浙江 42.0%、广东 41.7%;后三名分别是:重庆 9.7%、贵州 9.8%、江西 15.6%。2002 年全国城镇就业人员医疗保险覆盖率,排名前五位的分别是:上海 91.7%、天津 62.5%、江苏 59.3%、四川 51.1%、河南 50.8%;后三名分别是:重庆 13.7%、江西 22.2%、贵州 28.4%。2003 年全国城镇就业人员医疗保险覆盖率,排名前五位的分别是:上海 88.0%、江苏 61.1%、天津 59.4%、云南 57.7%、辽宁 56.9%;后三名分别是:西藏 15.6%、重庆 25.1%、江西 37.1%。2004 年全国城镇就业人员医疗保险覆盖率,排名前五位的分别是:上海 80.3%、江苏 67.8%、天津 64.3%、广东 63.1%、辽宁 61.8%;后三名分别是:重庆 39.7%、贵州 40.9%、江西 42.5%。2005 年全国城镇就业人员医疗保险覆盖率,排名前五位的分别是:上海 73.9%、天津 72.8%、江苏 67.6%、辽宁 67.5%、广东 65.4%;后三名分别是:江西 43.0%、重庆 41.2%、西藏 33.0%。

表 11-4　2000~2005 年参保职工基本医疗保险覆盖率　　　单位：%

地区	2000年	2001年	2002年	2003年	2004年	2005年
全国	13.5	22.9	27.9	31.1	34.2	36.7
北京	33	32.6	32.8	43.7	47.3	57
天津	—	38.5	62.5	59.4	64.3	72.8
河北	17	33.4	39.4	46.5	56.4	63.9
山西	14.1	29	40.1	44.5	51.1	57.2
内蒙古	21.2	39.8	46.6	52.8	57.1	58.8
辽宁	8.6	26.1	50.7	56.9	61.8	67.5
吉林	7.2	23.1	31.2	46.7	45.5	50.5
黑龙江	5.1	30.8	40.8	45.6	57.7	63.9
上海	87.5	101.0（无效）	91.7	88	80.3	73.9
江苏	27	38.9	59.3	61.1	67.8	67.6
浙江	27.1	42	47.2	50	49.9	52.7
安徽	8.4	31.5	36.9	43	48.8	50.3
福建	14.2	31.4	40.1	39.3	42.8	46
江西	13.4	15.6	22.2	37.1	42.5	43
山东	20	39.7	47.9	48.8	52.2	51.5
河南	27.7	44.1	50.8	52.5	52.1	53.6
湖北	16.8	29.9	38.4	43.5	47	47.7
湖南	16	47.7	50.8	51.7	52.9	52.2
广东	28.7	41.7	50.5	56.4	63.1	65.4
广西	2.1	30.4	38.7	43.9	48.1	47.6
海南	26.3	29.4	38	42	48.3	51.6
重庆	2.6	9.7	13.7	25.1	39.7	41.2
四川	28.9	48.6	51.1	51.8	53.6	53.2
贵州	—	9.8	28.4	39.4	40.9	45.8
云南	15.5	32.2	49.5	57.7	57.3	54.9
西藏	—	—	—	15.6	—	33
陕西	21.8	40.3	38.5	43.4	52	55.5
甘肃	1.5	35.2	39.8	44.6	47.5	49.5
青海	15.2	38.8	49.7	52.4	51.8	51.1
宁夏	5.6	17	34.1	43.1	46.5	54
新疆	2.3	40.3	50.3	56.5	60.4	62

注：由于数据资料的来源不一致，就造成有参保职工数所占城镇从业人数的比例（医疗保险覆盖率）大于100%，成为无效数据。

"—" 表示数据缺失，或者无法计算。

资料来源：依据公式，综合 2001~2006 年历年《中国劳动统计年鉴》和《中国劳动与社会保障年鉴》中的城镇从业人员数和基本医疗保险参保人数计算得来。

由 2000～2005 年的比较可以看出，城镇就业人员医疗保险覆盖率呈大幅上升趋势，2000 年为 13.5%，2001 上升到 22.9%，2002 年为 27.9%，2003 年达到 31.1%，2004 年上升到 34.2%，2005 年达到 36.7%。出现这一良好状况的原因在于有国家的重视，地方经济的发展等。但是我们应该看到，医疗保险的覆盖率要远远低于养老保险覆盖率和失业保险覆盖率，我们还需要继续努力推进医疗保险的深入发展。

3. 失业保险的发展现状

1999 年，中国政府颁布《失业保险条例》，失业保险覆盖城镇所有企业、事业单位及其职工；所有企业、事业单位及其职工必须缴纳失业保险费。近年来，失业保险的覆盖面不断扩大，保障对象不断增加。

据劳动和社会保障部统计，2003 年全国失业保险基金收入 249 亿元，支出 200 亿元，滚存结余 304 亿元；2003 年年底，全国参加失业保险人数 10 372.4 万人，年末领取失业保险金人数为 415 万人。① 2005 年末全国参加失业保险人数为 10 647.7 万人，比上年末增加 64 万人；2005 年末全国领取失业保险金人数为 362 万人，比上年末减少 57 万人；全年失业保险基金收入 333 亿元，比上年增长 13.8%，全年基金支出 207 亿元，比上年减少 3%；年末失业保险基金累计结存 511 亿元。②

与养老保险和医疗保险参保人数增长趋势相反，失业保险 2000 年的参保人数为 10 408.4 万人，2001 年为 10 354.6 万人，2002 年为 10 181.6 万人，2003 年为 10 372.4 万人，2004 年为 10 583.9 万人，2005 年为 10 647.7 万人，从 2000～2002 年各地失业保险参保人数一直呈下降趋势，直到 2003 年才有所回升，2004～2005 年又有小幅上升（如表 11-5 所示）。

表 11-5　　　　　2000～2005 年失业保险参保人数　　　　　单位：万人

地区	2000 年末	2001 年末	2002 年末	2003 年末	2004 年末	2005 年末
全　国	10 408.4	10 354.6	10 181.6	10 372.4	10 583.9	10 647.7
北　京	306.2	287.2	299.6	306.6	308.2	357.5
天　津	216.9	214.3	196.3	193.5↓	195.1	197.5
河　北	542.2	513.2	488.6	484.2↓	479	461.2
山　西	254.8	286	278.9	284.1	286.5	288.5
内蒙古	220.4	217.7	219.7	221.6	222.3	222.2

---

① 参见新华网《中国的就业状况和政策白皮书》，http://news.xinhuanet.com/newscenter/2004-04/26/content_1440079.htm。

② 参见劳动和社会保障部网站《2005 年度劳动和社会保障事业发展统计公报》，http://www.molss.gov.cn/gb/zwxx/2005-12/14/content_99533.htm。

续表

地 区	2000年末	2001年末	2002年末	2003年末	2004年末	2005年末
辽 宁	693.7	656.7	591.2	622.2	616.2	607.7
吉 林	279.3	283.8	284	292.9	282.2	199.4
黑龙江	526.3	532.6	466	479	475.8	459.6
上 海	434.9	430.7	436	441.1	487.8	466.1
江 苏	764.1	766.5	735.6	761.6	797.1	838.3
浙 江	388.6	391.1	390	396.8	428.4	444.7
安 徽	368.7	375.2	378.8	380.8↑	371.1	360.3
福 建	167.3	239.6	249.5	266.4↑	266.4	266.6
江 西	226.8	235.9	226.7	215.5	226.6	230.7
山 东	715.9	700.2	701.2	719.1	747.5	771.1
河 南	671	676.1	670.4	680	681.6	681.9
湖 北	497.9	420.8	416.1	390.1↓	391.3	391.5
湖 南	346.5	352	326.6	347.5	380.5	382.7
广 东	748.5	819.5	890.2	954.1	1 005.8	1 099.1
广 西	224.6	217.7	215.5	219.1	226.4	219.9
海 南	56.2	56.1	60.2	57.7	57.9	56.7
重 庆	210	210	205.3	199.5	193.4	188.2
四 川	470.2	412.2	402.9	400↓	398.6	380.5
贵 州	138.7	136.4	132.2	128↓	129.9	129.1
云 南	191.2	190.7	183.2	183↓	173.2	180.3
西 藏	5.7	6.3	7.1	7.1	6.7	6.7
陕 西	309.8	304.9	315.7	323.3	325.5	326.7
甘 肃	172	162.7	161	162.1	161	160
青 海	43.8	35.7	32.2	33.2	33.1	33.2
宁 夏	34.1	34.7	35.7	36.3↑	36.4	37.2
新 疆（含兵团）	182.5	188.2	185.2	186.5	192.4	202.4

注：参保职工人数＝企业参保人数＋事业单位参保人数＋其他单位参保人数；其中，企业包括国有企业、集体企业和其他企业，这个其他企业也包括外商投资企业。所以这个年末参保人数不仅仅包括城镇参保人数。而是各行各业的参保人数。

资料来源：《中国劳动和社会保障年鉴（2005）》，中国劳动和社会保障出版社2005年版；《中国统计年鉴（2006）》，中国统计出版社2006年出版。

如表11－6和表11－7所示，安徽、河南和陕西在2000～2005年间失业率一直呈上升趋势；从全国来看，2000～2004年五年，城镇失业人数和失业率均呈上升趋势。

表 11-6　　2000~2005 年城镇登记失业人员及失业率

地区	失业人员（万人）						失业率（％）					
	2000年	2001年	2002年	2003年	2004年	2005年	2000年	2001年	2002年	2003年	2004年	2005年
北　京	3.3	5.2	6.0	7.0	6.5	10.6	0.8	1.2	1.4	1.4	1.3	2.1
天　津	10.5	11.4	12.9	12.0	11.8	11.7	3.2	3.6	3.9	3.8	3.8	3.7
河　北	17.4	19.5	22.2	25.7	28.0	27.8	2.8	3.2	3.6	3.9	4.0	3.9
山　西	9.7	12.2	14.5	13.1	13.7	14.3	2.2	2.6	3.4	3.0	3.1	3.0
内蒙古	12.6	14.5	16.3	17.6	18.5	17.7	3.3	3.7	4.1	4.5	4.6	4.3
辽　宁	41.2	55.5	75.6	72.0	70.1	60.4	3.7	3.2	6.5	6.5	6.5	5.6
吉　林	23.0	20.2	23.8	28.4	28.2	27.6	3.7	3.1	3.6	4.3	4.2	4.2
黑龙江	25.3	35.5	41.6	35.0	32.9	31.3	3.3	4.7	4.9	4.2	4.5	4.4
上　海	20.1	25.7	28.8	30.1	27.4	27.5	3.5	—	4.8	4.9	4.4	—
江　苏	30.4	36.1	42.2	41.8	42.9	41.6	3.2	3.6	4.2	4.1	3.8	3.6
浙　江	21.8	24.0	27.7	28.3	30.2	29.0	3.5	3.7	4.2	4.2	4.1	3.7
安　徽	16.5	19.9	22.6	25.1	26.1	27.8	3.3	3.7	4.0	4.1	4.2	4.4
福　建	9.1	13.2	15.0	14.6	14.5	14.9	2.6	3.8	4.1	4.0	—	4.0
江　西	16.7	17.3	17.8	21.6	22.4	22.8	2.9	3.3	3.4	3.6	3.6	3.5
山　东	37.5	35.4	39.7	41.3	42.3	42.9	3.2	3.3	3.6	3.6	3.4	3.3
河　南	21.4	23.1	25.4	26.3	31.2	33.0	2.6	2.8	2.9	3.1	—	—
湖　北	36.6	42.2	44.7	49.3	49.4	52.6	3.5	4.0	4.3	4.3	4.2	4.3
湖　南	27.6	30.3	30.4	37.1	43.0	41.9	3.7	4.0	4.0	4.5	4.4	4.3
广　东	30.2	34.5	36.5	14.9	35.9	34.5	2.5	2.9	3.1	3.6	2.7	2.6
广　西	11.3	14.2	14.7	3.6	17.8	18.5	3.2	3.5	3.7	3.4	4.1	4.2
海　南	3.7	3.8	4.0	16.2	4.7	5.1	3.2	3.4	3.1	4.1	3.4	3.6
重　庆	10.1	13.7	16.2	33.1	16.8	16.9	3.5	3.9	4.1	4.1	4.1	4.1
四　川	30.8	31.9	33.8	11.2	33.3	34.3	4.0	4.3	4.5	4.0	4.4	4.6
贵　州	10.2	11.1	11.1	12.1	11.6	12.1	3.8	4.0	4.1	4.1	4.1	4.2
云　南	6.8	8.0	9.8	13.9	11.9	13.0	2.6	3.3	4.0	3.5	4.3	4.2
西　藏	1.0	—	1.3	9.3	1.2	—	4.1	—	4.9	3.4	4.0	—
陕　西	11.4	14.0	13.5	3.1	18.5	21.5	2.7	3.2	3.3	3.8	3.8	4.2
甘　肃	7.4	7.4	8.7	9.3	9.5	9.3	2.7	2.8	3.2	4.4	—	3.3
青　海	1.8	2.4	2.9	9.9	3.5	3.6	2.4	3.5	3.6	3.5	3.9	3.9
宁　夏	3.8	3.7	3.5	2.8	4.1	4.4	4.6	4.4	4.4	3.0	4.5	4.5
新　疆	11.0	9.7	9.9	35.5	13.3	11.1	3.8	3.7	3.7	2.9	3.8	3.9
新疆生产建设兵团	2.0	2.4	2.8	—	—	—	2.0	2.5	3.1	—	—	—

注："—"表示数据缺失，无法计算。

资料来源：根据 2001~2005 年《中国劳动统计年鉴》和 2006 年《中国统计年鉴》的相关数据整理而来。

表 11-7　2000~2005 年城镇失业人数及失业率（年末登记数）

年 份	城镇失业人数（万人）	比上年增长（%）	失业率（%）
2000	595	3.5	3.1
2001	681	14.4	3.6
2002	770	13.1	4
2003	800	3.9	4.3
2004	827	3.4	4.2
2005	839	1.5	4.2

资料来源：根据 2005 年中国统计出版社出版的《中国统计年鉴》整理而来。

既然失业人数和失业率均呈上升趋势，那么中国的失业保险覆盖率是什么情况呢？表 11-8 提供的具体数据可以给出一些启示。

表 11-8　2000~2005 年城镇就业人员失业保险覆盖率变化　　　　单位：%

地 区	2000 年	2001 年	2002 年	2003 年	2004 年	2005 年
全 国	48.9	43.2	41.1	40.5	40.0	39.0
北 京	67.1	61.9	47.3	44.5	42.6	48.6
天 津	90.9	88.8	83.7	78.7	79.2	79.5
河 北	73.9	77.5	74.7	75.5	74.3	69.7
山 西	59.2	67.4	66.9	62.2	63.2	65.5
内蒙古	57.2	57.2	61.1	62.8	64.7	63.4
辽 宁	81.9	76.7	69.7	73.6	71.0	70.2
吉 林	63.8	68.0	64.6	78.0	63.5	48.1
黑龙江	72.9	74.8	66.8	69.8	70.0	67.9
上 海	104.2（无效）	98.5	89.1	84.6	86.4	76.1
江 苏	87.7	87.0	85.9	79.2	75.6	69.0
浙 江	65.6	65.0	60.1	53.5	51.0	49.2
安 徽	64.1	66.0	67.4	68.7	68.4	66.1
福 建	40.2	56.7	57.1	56.3	52.6	48.0
江 西	58.4	61.9	60.0	56.3	52.2	49.2
山 东	70.0	68.8	66.4	63.5	63.1	58.0
河 南	78.1	81.6	80.1	80.9	78.4	74.9
湖 北	68.6	62.7	62.1	55.3	55.0	52.7
湖 南	57.2	62.7	57.2	57.7	58.7	56.0
广 东	69.6	74.2	75.0	73.7	73.3	68.2
广 西	58.3	56.7	56.5	56.9	56.1	51.4

续表

地 区	2000 年	2001 年	2002 年	2003 年	2004 年	2005 年
海 南	51.2	50.9	55.6	50.8	49.7	46.6
重 庆	74.0	75.3	68.9	62.5	59.0	53.2
四 川	72.7	64.8	62.3	57.9	54.6	47.4
贵 州	57.0	55.3	55.2	52.6	48.9	45.9
云 南	55.2	54.3	52.3	52.8	46.6	43.9
西 藏	25.2	26.3	28.1	26.3	23.0	21.2
陕 西	66.0	67.5	61.8	62.8	70.9	73.3
甘 肃	69.5	66.4	65.3	63.9	61.0	60.8
青 海	65.8	53.8	46.0	45.0	42.2	40.7
宁 夏	44.6	44.7	45.6	44.2	41.3	42.5
新 疆	57.3	58.8	56.4	55.0	55.1	56.2

注：由于数据资料的来源不一致，就造成有参保职工数所占城镇从业人数的比例（医疗保险覆盖率）大于100％，成为无效数据。

资料来源：依据公式，综合2001～2006年历年《中国劳动统计年鉴》和《中国劳动与社会保障年鉴》中的城镇从业人员数和基本医疗保险参保人数计算得来。

2000年全国城镇就业人员失业保险覆盖率，去掉无效数据上海，排名前五位的分别是：天津90.9％、江苏87.7％、辽宁81.9％、河南78.1％、重庆74％；后三名分别是：宁夏44.6％、福建40.2％、西藏25.2％。2001年全国城镇就业人员失业保险覆盖率，排名前五位的分别是：上海98.5％、天津88.8％、江苏87％、河南81.6％、河北77.5％；后三名分别是：西藏26.3％、海南50.9％、宁夏44.7％。2002年全国城镇就业人员失业保险覆盖率，排名前五位的分别是：上海89.1％、江苏85.9％、天津83.7％、河南80.1％、广东75％；后三名分别是：青海46％、宁夏45.6％、西藏28.1％。2003年全国城镇就业人员失业保险覆盖率，排名前五位的分别是：上海84.6％、河南80.9％、江苏79.2％、天津78.7％、吉林78％；后三名分别是：北京44.5％、宁夏44.2％、西藏28.3％。2004年全国城镇就业人员失业保险覆盖率，排名前五位的分别是：上海86.4％、天津79.2％、河南78.4％、江苏75.6％、河北74.3％；后三名分别是：青海42.2％、宁夏41.3％、西藏23％。2005年全国城镇就业人员失业保险覆盖率，排名前五位的分别是：天津79.5％、上海76.1％、河南74.9％、陕西73.3％、辽宁70.2％；后三名分别是：宁夏42.9％、青海40.7％、西藏21.2％。

由2000～2005年的比较可以看出，全国城镇就业人员失业保险覆盖率呈直线下降趋势，从2000年的48.9％下降到2005年的39％。失业人数逐年增加，而失业保险覆盖率却大幅直线下降，实在令人担忧，可见中央政府和地方各部门在这方面还有很多工作要做。

表 11-8 的 2000~2005 年各地城镇就业人员失业保险覆盖率变化的数据显示：(1) 上海连续 5 年位于第一位，但 2005 年出现下降；天津和河南连续六年进入全国排名的前五名；江苏有五年进入前五名；西藏一直居于最后一名，宁夏则连续六年排名进入倒数前三。(2) 只有安徽在 2000~2003 四年内失业保险覆盖率呈上升趋势，由 64.1% 上升至 68.7%，增长了 4.6%，只是到 2004 年才小幅下降到 68.4%，2005 年再次下降到 66.1%；大多数地区的失业保险均呈下降趋势，前五年北京下降幅度最大为 24.5%，但 2005 年开始回升。(3) 值得一提的是，虽然西藏五年均为最后一位，但是其失业保险在 2000~2002 年却一直稳步上升，但之后有出现下降。而前五位的保障水平总体上呈现出下降趋势。(4) 全国城镇就业人员失业保险覆盖率地区差距没有养老保险地区差距大，位于前五位的地区其城镇就业人员失业保险覆盖率保持在 70% 以上，而后三位城镇就业人员失业保险的覆盖率最高也达到 46%。

4. 工伤保险制度的发展现状

20 世纪 80 年代末，中国政府开始对工伤保险进行改革。1996 年，有关部门出台了《企业职工工伤保险试行办法》，开始在部分地区建立工伤保险制度。同年，政府有关部门还制定了《职工工伤和职业病致残程度鉴定标准》，为鉴定工伤和职业病致残程度提供了依据。《企业职工工伤保险试行办法》规定：工伤保险费由企业缴纳，职工个人不缴费。工伤保险缴费实行行业差别费率和企业浮动费率。根据不同行业的工伤事故风险和职业危害程度确定不同的行业费率；在行业费率的基础上，根据企业上一年实际的工伤事故风险和工伤保险基金支出情况确定每个企业当年的具体费率。①

2003 年，国务院颁布了《工伤保险条例》，并于 2004 年 1 月 1 日起施行。到 2005 年年末，全国绝大部分统筹地区已启动实施工伤保险。年末全国参加工伤保险人数为 8 478 万人，比上年末增加 1 633 万人；全年享受工伤保险待遇人数为 51 万人，比上年增加 11 万人（如表 11-9 所示）；全年工伤保险基金收入 93 亿元，支出 48 亿元，分别比上年增长 58.7% 和 42.7%；年末工伤保险基金累计结存 164 亿元。②

---

① 参见《中国的劳动和社会保障状况白皮书》，http://www.cef.org.cn/bjzl/bps/bps_03.htm。
② 参见劳动和社会保障部网站《2005 年度劳动和社会保障事业发展统计公报》，http://www.molss.gov.cn/gb/zwxx/2006-06/12/content_119277.htm。

表 11-9　2000~2005 年工伤保险基本情况

地区	2000年 年末参保职工人数	2000年 享受工伤待遇人数	2001年 年末参保职工人数	2001年 享受工伤待遇人数	2002年 年末参保职工人数	2002年 享受工伤待遇人数	2003年 年末参保职工人数	2003年 享受工伤待遇人数	2004年 年末参保职工人数	2004年 享受工伤待遇人数	2005年 年末参保职工人数	2005年 享受工伤待遇人数
全国	43 502 744	188 221	43 453 489	187 086	44 056 394	265 069	45 748 335	328 508	68 451 673	3 99 423	84 777 999	511 418
北京	2 126 718	6 493	2 046 539	1 334	2 210 814	7 227	2 428 990	12 056	2 589 339	18 509	3 038 875	22 269
天津	—	—	—	—	—	—	—	—	1 472 299	1 011	1 629 122	6 519
河北	1 522 771	4 001	1 631 029	8 151	1 467 338	3 957	1 456 909	4 108	2 739 492	5 628	3 615 597	8 888
山西	773 491	405	717 751	152	463 086	582	484 432	400	1 040 064	861	1 513 891	3 461
内蒙古	222 944	3 953	267 209	5 349	238 403	2 431	318 332	2 786	850 174	3 638	1 102 074	4 976
辽宁	4 091 713	48 384	3 905 915	50 162	3 905 379	59 638	3 458 000	72 825	4 042 359	65 945	4 746 306	73 499
吉林	669 483	20 294	307 164	11 206	365 921	15 438	371 226	12 100	1 142 880	25 902	1 366 998	19 106
黑龙江	1 302 014	478	1 043 613	854	1 189 600	9 014	1 309 403	10 952	2 026 736	30 732	2 575 129	28 106
上海	—	—	—	—	—	—	—	—	4 883 160	529	5 237 140	3 977
江苏	4 502 482	7 045	4 739 356	6 558	4 799 950	12 842	5 030 194	17 195	5 771 985	20 357	6 802 138	29 006
浙江	2 120 934	4 624	2 196 715	5 621	2 260 040	9 787	2 877 043	14 183	3 604 423	25 460	4 530 706	45 339
安徽	747 247	759	734 204	2 046	698 037	3 059	679 906	3 930	1 020 315	3 964	1 481 894	8 978
福建	1 329 657	1 875	1 590 411	2 295	1 706 913	2 952	1 722 504	5 954	2 054 085	5 276	2 391 412	9 058
江西	1 370 570	1 654	1 377 713	1 891	1 292 539	1 934	1 296 637	2 982	1 346 504	2 948	1 536 102	5 022
山东	2 794 293	4 689	2 854 635	6 125	2 777 033	10 796	2 818 274	15 192	4 767 363	25 218	5 787 319	42 766
河南	1 881 505	3 138	1 960 065	5 059	2 187 900	6 890	2 106 114	4 958	3 247 231	6 927	4 039 871	10 673

续表

地区	2000年		2001年		2002年		2003年		2004年		2005年	
	年末参保职工人数	享受工伤待遇人数	年末参保职工人数	享受工伤待遇人数	年末参保职工人数	享受工伤待遇人数	年末参保职工人数	享受工伤待遇人数	年末参保职工人数	享受工伤待遇人数	年末参保职工人数	享受工伤待遇人数
湖北	1 849 517	17 635	1 823 231	13 385	1 831 567	17 124	1 891 875	14 276	1 871 792	13 513	2 303 456	9 180
湖南	—	—	—	—	—	—	85 942	292	2 033 328	2 661	2 282 210	5 961
广东	9 606 577	46 042	9 900 946	51 773	10 499 142	80 367	11 200 081	96 663	12 150 911	107 878	16 050 664	122 265
广西	1 265 640	1 139	1 240 567	1 000	1 172 636	2 163	1 203 323	3 258	13 355 306	3 241	1 444 346	4 457
海南	739 978	150	695 253	267	688 606	619	681 660	993	645 161	878	688 905	1 032
重庆	273 511	780	250 126	940	296 539	733	264 538	1 627	1 225 525	2 135	1 540 905	8 154
四川	2 011 111	6 218	1 793 195	4 553	1 673 945	6 065	1 614 084	12 069	1 956 096	7 560	2 704 993	10 893
贵州	17 357	6	17 029	6	13 464	17	12 639	18	12 425	27	657 589	555
云南	991 437	7 018	972 559	6 028	889 603	8 639	841 140	12 094	1 509 309	8 320	1 669 450	9 470
西藏	—	—	—	—	—	—	—	—	—	—	19 166	—
陕西	263 581	263	245 033	618	255 671	421	350 523	766	1 151 182	4 417	1 491 826	6 190
甘肃	83 741	68	95 355	176	87 342	149	79 902	207	420 022	637	700 737	3 629
青海	94 292	160	70 731	435	65 518	302	66 063	440	156 940	881	205 172	1 182
宁夏	123 826	241	113 911	290	159 667	471	152 179	903	190 726	1 915	234 998	1 741
新疆	267 937	343	305 346	423	294 482	545	410 765	3 811	1 194 541	2 446	1 391 000	5 066

注:"—"表示缺乏数据。
资料来源:根据《中国劳动统计年鉴(2006)》的相关数据整理而来,中国统计出版社 2005 年出版。

5. 主要社会保险的比较

从表 11-10 中的数据的比较可以明显看出：(1) 养老保险和失业保险的参与人数远远大于其他各类保险的参与人数，并且在现实中这两种保险的发展时间较早，较其他保险发展相对完善，因此更能代表和体现中国社会保障的发展状况。(2) 在全国范围内，养老保险和医疗保险和生育保险的参与人数均呈上升趋势，而失业保险 2001~2002 年间一直呈下降趋势，直到 2003~2005 年才有所回升。(3) 由于各地区城镇就业人员的基数以及变化趋势也不相同，因此其失业保险参保率并不一定与人数增减呈相同趋势，更不与具体的社会保障覆盖率一致，因此不能从一些数据简单地推测结论。当然，参保人数增加是一进步趋势，中国社会保障的确需要扩大覆盖面。(4) 医疗保险在这几年的发展较为迅速，参保人数增长较多。工伤保险的参与人数也有一些增长。

表 11-10　　1999~2005 年失业保险、医疗保险、工伤保险、生育保险基本情况　　单位：万人

年份	失业保险年末参保职工数	生育保险年末参保职工数	基本医疗保险年末参保人数		工伤保险年末参保职工数
			职工	离、退职人员	
一、绝对数					
1999	9 852.0	2 929.8	1 509.4	555.9	3 912.3
2000	10 408.4	3 001.6	2 862.8	924.2	4 350.3
2001	10 354.6	3 455.1	5 470.7	1 815.2	4 345.3
2002	10 181.6	3 488.2	6 925.8	2 475.4	4 405.6
2003	10 372.4	3 655.4	7 974.9	2 926.8	4 574.8
2004	10 583.9	4 383.8	9 044.5	3 359.2	6 845.2
2005	10 647.7	5 408.0	10 021.7	3 761.2	8 478.0
二、比上年增长（%）					
1999	24.3	5.5	0.1	50.7	3.5
2000	4.8	76.3	89.7	66.2	9.8
2001	-0.6	15.1	91.1	96.4	-0.1
2002	-1.7	1.0	26.6	36.4	1.4
2003	1.9	4.8	15.1	18.2	3.8
2004	2.0	19.9	13.4	14.8	49.6
2005	0.6	23.4	10.8	12.0	23.9

资料来源：根据《中国劳动和社会保障年鉴》(2003~2005 年) 和《中国统计年鉴 (2006)》的相关数据整理而来。

(二) 城镇最低生活保障制度和农村社会保障状况

1993年，中国政府开始对城市社会救济制度进行改革，尝试建立最低生活保障制度。到1999年，全国所有城市和有建制镇的县城均建立了最低生活保障制度。同年，中国政府正式颁布了《城市居民最低生活保障条例》，为城市所有居民提供最基本的生活保障。城市居民最低生活保障资金由地方人民政府列入财政预算。地方政府根据当地维持城市居民基本生活所必需的费用来确定最低生活保障标准。家庭人均收入低于最低生活保障标准的城市居民均可申请领取最低生活保障待遇。城市居民领取最低生活保障待遇需要经过家庭收入调查，领取的待遇水平为家庭人均收入与最低生活保障标准的差额部分。2001年，全国领取城市最低生活保障金的人数达1 170.7万人，中央财政投入用于发放最低生活保障待遇的资金为23.01亿元。近年来，部分农村地区也开始建立了最低生活保障制度。[1] 中央政府对最低生活保障的要求是"应保尽保"，但是没有很好地实现。例如，尽管2002年民政部已经声称实现了应保尽保，其实只保障了73.18%，还存在26.6%的贫困人口没有领到最低生活保障。而且这还只是贫困的城市家庭，不包括农村。[2]

中国从1993年开始对城镇的社会保障体制进行大规模的改革，现在正处在全面推广和完善时期。但是，农村的社会保障体制改革只做了一些探索和试点，未取得典型经验。与城镇相比，农村的社会保障是相当落后的。当前农村社会保障制度的现状：覆盖率低；社会化程度低；保障水平低；管理水平低（谢世飞，2005）。一直以来中国农民主要依靠个人、家庭和村集体应对各种生存风险，但是随着经济的发展、人口结构的变化，越来越多的农村劳动力转移到城市，家庭原本的支持也逐渐淡化淡漠甚至消失，土地的保障功能弱化，如何尽快建立农村社会保障事关农民的切身利益和农村经济的持续稳定发展。但是，由于中国农村面积大、人口多、地区差异大、资金缺乏等原因，农村社会保障的建立和完善困难较多，需要更长的时间。

由表11-11可以看出，2005年我国农村的社会保障事业取得了很大的成就。全国大部分地区已经开展了农村社会保障，将农村社会保障纳入了社会发展轨道。但是，也要认识到，我国农村农民的总体基数是非常大的。而参加社会保障的农村居民人数却是很少的。这也暴露出，我国农村社会保障还有很大的不足，仍需大力提升覆盖面，增加社会保障的受益人数。

---

[1] 参见《中国的劳动和社会保障状况白皮书》，http://www.cef.org.cn/bzjl/bps/bps_03.htm。
[2] 蔡昉主编：《中国人口与劳动问题报告 No.6》，社会科学文献出版社2005年版，第266页。

表 11-11　　　　　　　　2005 年农村社会养老保险情况

地区	开展工作的地区和单位（个）				参保人数（万人）				领取人数（万人）	
	地级	县级	乡镇	村	乡镇企业	合计	参保人数	乡企参保	领养老金人数	退保转移死亡人数
全国	264	1 900	26 171	381 682	75 003	5 441.9	234.1	28.5	301.7	103.7
北京	—	13	186	3 559	2 470	40.7	8.5	1.7	2.3	0.2
天津	—	—	—	—	—	—	—	—	—	—
河北	11	142	1 458	29 227	622	227.4	2.4	0.2	5	0.4
山西	11	120	1 497	10 896	7 082	210	6	5.6	0.8	0
内蒙古	10	57	815	7 919	12	80.9	2.7	—	0.6	0.2
辽宁	13	54	911	9 150	4 371	216.8	2.1	0.1	3.1	1.3
吉林	9	41	256	1 197	35	8.5	—	—	0.1	0.1
黑龙江	13	114	864	10 917	397	181.3	0.1	—	5.1	0.3
上海	10	—	128	1 886	14 024	73.2	2.6	1.1	28.1	48
江苏	13	101	1 310	20 027	22 507	850.3	62.5	15.5	122.9	12.2
浙江	11	79	950	23 037	4 824	477.9	6.4	2.1	9.2	5.3
安徽	17	87	1 533	16 845	3 125	147.5	1.6	0.1	2.1	12.4
福建	9	84	1 072	15 334	—	152.3	1.7	—	1.7	0.4
江西	11	101	1 544	18 639	6 792	221.7	0.1	—	8.2	0.4
山东	17	149	1 834	81 847	3 234	1 041	105.7	1.5	54.7	7.7
河南	14	65	920	17 311	397	140	11.6	0.1	4.4	3.8
湖北	13	89	1 058	21 947	3 090	311.4	—	—	2.8	—
湖南	13	85	1 784	23 556	424	165.7	—	—	3.1	2.5
广东	1	2	19	219	—	88.6	—	—	24	—
广西	14	88	1 095	10 639	259	179.2	—	—	0.4	0.7
海南	12	20	214	4 116	87	28.7	0.5	—	0.9	0.1
重庆	—	12	527	3 427	156	35	—	—	1.2	0.1
四川	20	105	2 538	21 327	176	291.4	2.9	—	15.7	7.6
贵州	—	1	26	377	1	6	0.1	—	—	—
云南	14	105	1 528	10 206	508	137.8	2.3	0.5	5.3	0.3
西藏	—	13	55	206	—	14.4	14.4	—	—	—
陕西	10	99	1 613	14 145	356	89.7	—	—	—	—
甘肃	1	9	194	1 345	54	9.8	—	—	—	—
青海	7	23	193	2 000	—	13.8	—	—	—	—
宁夏	—	5	49	281	—	1.1	—	—	—	—
新疆	—	37	—	—	4	—	—	—	0.1	—

注：表中人数均指年末统计人数，"—"表示数据缺失。

资料来源：根据《中国劳动统计年鉴（2006）》的相关数据整理而来，中国统计出版社 2006 年版。

随着中国改革开放的深入发展，人们的生产生活正在发生着根本性的变化，农民的安全保障制度的建立显得更为重要。从客观上讲，它是完善社会主义市场经济体制、消除农村贫困、全面建设小康社会的需要；从主观上讲，它是实现中国农业现代化和实践"三个代表"重要思想的需要。建立农村社会保障制度是当前中国深化改革、扩大开放的一项紧迫任务（孙庆伟，2004）。

　　社会保障发展状况是衡量生活质量的重要方面。在我国当前的社会主义初级阶段，大力发展社会保障事业对于提高全社会的生活质量具有重要意义。在2000～2005年间，我国社会保障事业发展迅速，各方面社会保障都有了长足发展，基本养老保险、基本医疗保险、基本失业保险等保险覆盖面都有了显著提高。农村社会保障事业同样取得了很大的进步。但是，还要注意到，在成绩的背后，也表明我国的社会保障事业所面对的现实和低层次的发展水平。我国当前已经进入老龄化社会，基本养老保险压力巨大；较高的社会失业率难以在短期内得以根本解决；我国的社会保障的发展尚处于低水平阶段，主要是保障那些处于弱势地位的社会群体的基本生存权益，对于改善全体社会成员的社会福利的发展还有待大力提高。

第十二章

生活质量的社会公正指标及其评价

社会总体财富积累迅速,但是在地区与地区之间,部门与部门之间,行业与行业之间,人与人之间的分配与占有严重失衡,尤其是以经济不平等为基础的社会资本分配的不公平,使广大社会弱势群体产生了较严重的相对剥夺感,影响到社会的公平与公正问题。非劳动收入的蔓延不仅降低了劳动的威信,而且严重破坏了法律的威严和政府的诚信。大量的不公平现象就像一种腐蚀剂,使人们不求上进,萎靡不振,严重阻碍了人的发展和社会的发展。鉴于上述考虑,我们认为社会公正应当被作为生活质量衡量指标,纳入人民生活质量指标体系(周长城,2001)。

一、社会公正与生活质量

(一)社会公正作为衡量生活质量指标的意义

社会公正的具体测量指标多是对不平等的统计方法,而这些方法被不时地用于研究收入分配。最常用的简明方法是基尼系数,它表示最高20%收入户人均收入是最低20%收入户人均收入的倍数,衡量的是收入分配与完全平等状态的差别程度。采用基尼系数作为社会公正的客观指标有其理论和实践的重要意义。基尼系数通过测量最高平价收入与最低平价收入的倍差,能客观地反映社会中的贫富差距和社会财富分配与占有的不公。数据可以通过经济统计调查而准确获取，能够为政府决策提供客观依据。这正是社会公正指标客观性的具体表现。另一方面，社会公正也有其主观性内涵，即人们对自身生活质量的主观感受，人们对需要满足程度的主观评价，具体表现为人们对自己生活各个方面的满意程度和幸福感。人们对自己生活各个方面的满意程度是社会公正在认知层面上的生活质量指标。它是居民对自己的生活环境和条件进行参照、比较后得出的结论。人们对生活幸福与否的感受是社会公正在情感层面上的生活质量指标。它是以认知层面的满意度为基础而形成的反映社会公正与否的精神状况。

社会公正，尤其是其客观性指标（基尼系数、城乡收入比、泰尔系数和行业收入比），不仅仅反映经济不平等，实际上它由多种因素复合而成，且影响或决定着其他社会资源占有的不平等。在完全竞争的市场条件下，收入不平等主要根源于劳动收入不平等和财产收入不平等。前者受到劳动能力、技能、职业、劳动强度、教育强度、教育水平以及其他因素的影响，后者受到继承权、储蓄、风险承担、政治经济权力等因素的影响。此外，社会不平等还广泛存在于社会生活的各个方面。有差别就有不平等，所以地区之间、行业之间、企业之间、个人之间、男女之间等都会有不平等的存在。

现在财富和收入差距的扩大成为一个热门的话题，其实关键的问题不是初始差距大不大，而是对初始差距有没有调节能力和这种差距是否符合社会公正的原则。在社会阶层出现分化的情况下，社会公正原则的建立，是基于各社会阶层利益协调的共同价值认同，它不同于衡量收入分配均等程度的"平等"，也不同于市场经济下承认禀赋差别的机会公平，它是市场竞争之上维护共同生活的最高的原则，通过再分配和转移支付来救助和扶持弱势群体，是人民生活质量提高的应有之意。

综合以上方面，可以发现，当前我们社会的社会公正问题已经成为生活质量领域的重要构成内容，应当被纳入人民生活质量指标体系。可以说，如果人民生活质量的指标体系不包含社会公正因素，将是一项残缺不全的内容体系。

（二）社会公正的主要度量方法

中国目前还处于社会主义的初级阶段，发展是首要的。当前的重要任务是要不断提高广大人民群众的生活水平和生活质量标准。因此，尽管社会公正是个内涵极为丰富的概念，但是结合中国的发展状况，将社会公正界定在分配领域具有很大的实践意义。自20世纪90年代中期以来，特别是地区差距，引起了学者们的广泛关注（Tsui，1991；Tsui，1993a；Tsui，1993b；世界银行，1995；胡鞍钢、王绍光、康晓光，1995；林毅夫、蔡昉、李周，1998；王绍光、胡鞍钢，1999；王梦奎、李善同，2000；蔡昉、都阳，2000；林毅夫、刘培林，2003；王小鲁、樊纲，2004；胡联合、胡鞍钢、徐绍刚，2005）。近年来，城乡差距也引起了研究者极大的注意（国家统计局农调总队课题组，1994；薛，1997；卢，2002；史，2002；史、Sicular、赵，2002）。只有当一个社会高度发达，生存不再是人们的首要需求时，性别、种族、年龄等方面的公正问题才会引起人们的兴趣和关注。

在分配领域里，收入不平等最为严重，对社会最为不利的一个后果是产生了大量的贫困现象。贫穷使得整个社会收入不均，贫穷也造成了诸多的社会问题。贫困问题是当今世界各国共同面临的严重社会问题。它作为社会不公平的恶果之一越来越突出，引起了国际组织与各国政府的广泛关注（周长城，2001）。所以，如何消除收入的不平等，消灭贫穷就成为市场经济下政府的一个重要任务。为了保障贫困人口的基本生活，各国政府都从本国实际情况出发，划定了一条贫困线，以明确本国的贫困人口数量以及他们的生活状况，以便于通过税收、福利等政策实现社会财富从富人向穷人手里部分转移的再分配（朱国宏，1998）。然而，贫困线的划定虽然有利于缓解社会财富分配和占有不公所造成的诸多矛盾，平衡各阶层、各社会集团的关系，但是它很难反映政府在缩小收入差距、消灭贫困的问题上所做出的巨大努力，也难以反映社会发展的进程。因而，国际社会普遍采用基尼系数来衡量贫富差距，而在地区之间的差别方面则采用泰尔系数。结合中国的发展状况，将基尼系数、城乡收入比、泰尔系数和行业收入比分别作为衡量全国居民收入分配、城乡居民收入分配以及东部、西部和东部三大地区之间分配以及行业之间收入分配差距的指标是合理而有效的。

从社会发展的角度看，一定程度上的不平等本身不一定是坏事（Bertola，2000；Bardhan et al.，2000）。尤其是在中国这样的转型国家，改革前经济和社会差距很小，未必有利于调动人们的能动性和积极性。改革初期曾对"平均主义"进行过批判，后来出台的一系列改革措施都着眼于打破"铁饭碗"和"大锅饭"，让一部分人和一部分地区先富起来。因此，改革导致收入和其他方面的差距扩大，恐怕在所难免。可是，居民收入差距的持续扩大带来了一系列的社会经济问题，已经很大程度上影响着人们的心理状况和生存质量，而如何探讨和评价构成这一现象的基本动因，并预测其基本发展趋势对中国建构社会主义和谐社会又将具有重要而特殊的意义。

社会之所以需要公正，是因为公正不仅具有激发劳动热情、促进效率提高的经济功能，而且具有化解矛盾、平和冲突、遏制腐败、弘扬民主的政治功能，同时兼具调节人际关系、优化社会环境、呼唤进取精神、完善主体人格的文化功能。社会公正是一个可以从多维度、多层面加以理解的概念，它的多元性特征造就了它诸多的功能，但也给研究带来了一个难题：在建立生活质量指标体系时，将社会公平局限于分配领域是否适宜。

收入分配差距主要指的是收入分配的相对差距,即以收入比重或相对份额表示的收入差距,而不是以货币单位或实物单位表示的绝对收入差距(游宏炳,1995)。相对收入差距与绝对收入差距既有联系,又有区别。在总收入水平一定时,相对收入差距和绝对收入的变化方向是一致的。但在总收入水平不一定时,相对收入差距和绝对收入差距变化方向可能不一致,即相对收入差距扩大,绝对收入差距可能缩小;反之亦然。

生活质量指标应当包含"分配公正"项,同时也应在实践操作中把公正指标具体化为收入分配测量指标。在社会主义初级阶段,物质生产不是十分发达,收入分配的公正就是最大的社会公正。只有分配领域实现了公正,谈论其他领域的公正才会有意义和价值。社会公正作为一个亘古不变的理想、价值和原则,必须与社会发展相结合。脱离进步,脱离发展而谈论公正,谈论生活质量,只能是不切实际的幻想(周长城,2001)。

社会公正指标体系共分为总的居民收入分配基尼系数、城乡收入比系数、地区之间的泰尔系数以及行业收入比。具体设置如表12-1所示。

表 12-1 社会公正指标体系

类别	一级指标	二级指标
社会公正	全国居民收入差距	基尼系数
	城乡居民收入差距	城乡收入比
	东部、中部、西部地区收入差距	泰尔系数
	行业收入差距	行业收入比

注:*总收入的基尼系数(G)与其各个分项收入的关系可以写成:$G = \sum (U_i \times C_i)$,其中 U_i 和 C_i 分别是第 i 项收入在总收入中所占的份额和集中率。这里集中率的计算公式与基尼系数基本相同,所不同的是某项收入的集中率是根据总收入的排序,而不是该项收入的排序计算的。具体参见周长城等著:《中国生活质量:现状与评价》,社会科学文献出版社 2003 年版,第 209 页。

**如果这样来考虑我们的研究对象,全国是由城镇和农村两大区域组成,城镇和农村又分别由不同省份组成,那么我们可以利用泰尔指数表示为:$I_n = I_u + I_r + I_b = (I_{u1} + I_{u2} + \cdots + I_{un}) + (I_{r1} + I_{r2} + \cdots + I_{rn}) + I_b + I_{ub} + I_{rb}$。其中,$I_n$ 是全国的收入差距,I_u 是城镇内部的收入差距,I_r 是农村内部的收入差距,I_b 是城乡之间的收入差距;$(I_{u1} + I_{u2} + \cdots + I_{un})$ 是各个省(市、自治区)内部城镇的收入差距,$(I_{r1} + I_{r2} + \cdots + I_{rn})$ 是各个省(市、自治区)内部农村的收入差距,I_{ub} 是各省(市、自治区)之间城镇的收入差距,I_{rb} 是各省(市、自治区)之间农村的收入差距。如果换一种考虑,全国人口是由男女两种性别人口组成的,在同一种性别中又是由不同年龄组人口组成的,那么我们可以利用泰尔指数进行同样的分解分析。通过这种分解分析,我们可以发现收入差距的构成情况,发现各个分解项的收入差距对全国收入差距的解释程度。具体参见周长城等著:《中国生活质量:现状与评价》,社会科学文献出版社 2003 年版,第 211 页。

二、收入差距的现状和城乡收入差距分析

改革前夕城镇内部的收入差距是非常之低,基尼系数大约为 0.16 左右。中国农村虽然由于区域差异性的存在,收入差距高于城镇,但是仍处于较低的水平上,基尼系数处在 0.22 左右。然而,由于当时城乡之间存在着较大的差距,用基尼系数衡量的全国收入分配不均等程度并不是很低,大约在 0.30 左右。值得注意的是,当时城镇内部较低的收入分配不均等并没有得到大多数人的认同。一方面原因固然是收入分配与人们劳动和贡献的大小严重脱节,可能更重要的原因在于平均主义分配体制的背后隐藏着种种的不平等分配形式(李实、赵人伟,1999)。比如,实物收入的分配和补贴带有歧视性和等级性。基本消费品补贴只涵盖了城镇居民,遗漏了占人口 80% 左右、平均收入水平较低的农村居民;一些特殊消费品(如住房、电话、汽车等)的实物分配又和职务相联系,与一般老百姓无缘。而且,工资冻结的长期结果造成了代际的分配不公。

1978 年改革开放以来,鼓励一部分人和一部分地区先富起来的政策给经济发展注入了空前的活力,中国经济持续增长,国内生产总值(GDP)从 1978 年的 3 645 亿元增长到 2005 年的 183 085 亿元;人们生活水平明显提高,1978~2005 年,城镇居民家庭人均可支配收入由 343.4 元上升到 10 493 元;农村居民家庭人均纯收入由 133.6 元上升到 3 255 元(中国国家统计局,2006)。但是,应该看到,由于各种现实的和历史的复杂原因,以居民收入为例,1978 年以来中国收入分配的贫富差距总体上呈扩大的态势,基尼系数已经在 2000 年超过 0.4 国际警戒线,已连续多年进入收入差距严重的国家行列(汝信、陆学艺、李培林,2003)(如图 12-1 所示)。

(一)居民收入分配的基本格局

1. 从基尼系数的变化来看,总体收入差距继续扩大

据统计,1978 年以来,中国居民个人收入差距,无论是城镇居民收入差距、农村居民收入差距,还是全国居民收入的总体差距,总的特点是都在日趋扩大。1978~2003 年,城镇居民收入的基尼系数由 0.16 扩大到 0.34,意味着城镇居民收入分配不平等程度扩大了 112.5%;农村居民收入的基尼系数由 0.212 扩大到 0.368,意味着农村居民收入分配不平等扩大了 73.6%;而全国居民收入的基尼系数已在 2000 年达到 0.417,突破 0.4 这一国际公认的不平等的警戒线,且 2004 年后差距还在继续扩大(胡联合、胡鞍钢,2007)。尽管比巴西(2001 年为 0.59)、南非(2000 年为 0.58)等差距最大的国家低,但已超过世界上大多

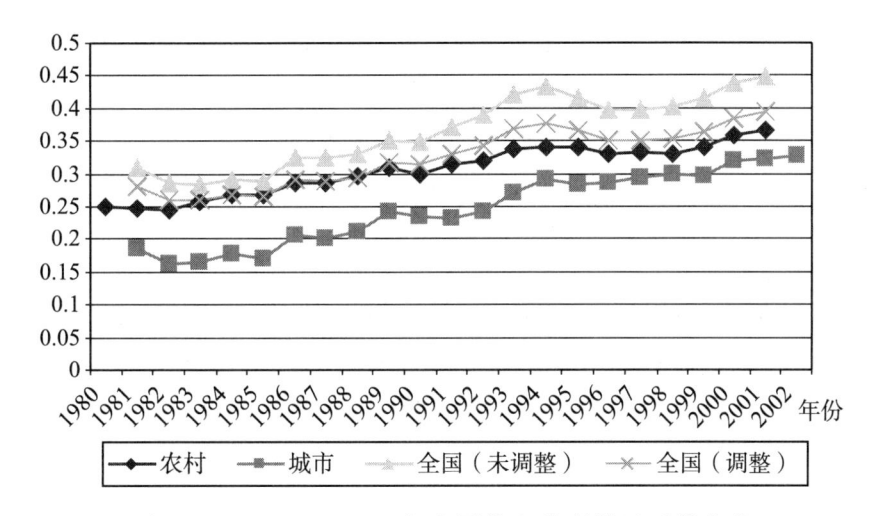

图 12-1　1980~2002 年全国收入分配基尼系数变化

资料来源：Martin Ravallion and Shaohua Chen. 2004. "China's (Uneven) Progress Against Poverty", World Bank, June 16.

数国家的分配差距水平，不但比西欧国家的水平高出不少（如意大利和德国 2000 年分别为 0.36 和 0.28，英国 1999 年为 0.36、法国 1995 年为 0.33），也明显超过 1978 年时基尼系数与中国相似的东欧转轨国家的水平（如波兰 2002 年为 0.34，罗马尼亚 2003 年为 0.30，保加利亚 2001 年为 0.32），也高出人口大国印度（2003 年为 0.33）、印度尼西亚（2002 年为 0.34），大体与俄罗斯的基尼系数相近（俄罗斯 2000 年为 0.456，略高于中国当年的水平），标志着中国收入分配差距已步入世界前列的国家阵营（世界银行，2003；《2005 年国际统计年鉴》，2005；世界银行，2003）。

2. 城乡发展不协调，城乡贫富差距逐年扩大

城乡差距大一直是中国的一大突出特点。1978 年改革以前，城乡分割的二元化传统体制使城乡差距非常突出，城乡居民的收入比率 1957 年曾高达 3.48 倍，1978 年下降到 2.36 倍。1978 年改革开放以来，城乡收入比率经历了先缩小后扩大的发展历程（但绝对差距仍是呈持续扩大的态势）。根据国家统计局的数据，1978~2005 年，中国城镇居民家庭人均可支配收入由 343 元上升到 10 493 元，平均增长 13.50%；农村居民家庭人均纯收入由 134 元上升到 3 255 元，年平均增长 12.54%。城镇居民家庭人均可支配收入与农村人均纯收入之比，相对差距由 1978 年的 2.56 倍扩大到 2005 年的 3.22 倍，绝对差距由 1978 年的 209 元扩大到 2005 年的 7 238 元。如果考虑到城镇居民享受到的各种福利，目前中国城乡居民的实际收入比已经高达 6∶1，属于世界上少数几个差距最大的国家之一。即使按照货币收入比较，城乡收入差距比中国更大的国家只有南非和津巴布韦两个国家。但如把实物性收入和补贴都算入个人收入的一部分，那么中国的城乡收入差距也许可居世界第一（胡联合、胡鞍钢、徐绍刚，2005）。

城乡居民实际收入差距要比现行统计资料反映的大一些。首先，农民人均纯收入不仅包括实物性收入，而且还包括用作生产资料的投入，如果仅考虑货币收入，剔出农民纯收入中的实物部分，按现金收入计算，目前的城乡收入差距将扩大为4倍多。其次，城镇居民人均可支配收入指标和农村居民人均纯收入指标没有反映城乡居民在福利方面的差别，如果考虑城乡在这方面的差异，城乡居民实际的收入差距将进一步扩大到6倍左右。最后，从现行统计调查制度的实际情况来看，由于存在样本偏误，高收入户难以涵盖，城镇居民人均可支配收入水平存在一定低估。而农民的人均纯收入受统计口径和统计方法的影响，可能存在高估的因素（国家发改委就业分配司，2004）。

3. 城乡发展不协调，城乡贫富差距逐年扩大

中国是一个人口众多、地域辽阔的发展中大国。不同地区之间的收入差距是中国贫富分化的一个突出特点。从人均GDP的地区差异看，通过考察地区间泰尔系数、极化系数，可以发现1978年以来中国地区间差距总体上是呈不断扩大的变化特点。从地区间差距泰尔系数来看，1978年以来中国东部、中部、西部三大地区间人均GDP差距在逐步扩大，而地区内的差距在逐步减小，到1993年地区间差距对泰尔系数的贡献值超过地区内的差距，反映出地区间差距从此成为中国地区差距的主要影响力量（陈秀山、徐瑛，2004）。从极化系数来看，以东部、中部、西部三大地区的差距看，极化系数1978年以来继续了1952年以来持续上升速度加快，表明东部沿海地区与中西部内陆地区的收入差距拉大的趋势相当明显，并且日趋突出（胡鞍钢，2001）。

2005年，东部和中部、西部三大地带间的收入差距仍较明显。城镇居民人均可支配收入是东部最高，中部次之，西部最低。东、中、西部地区分别为13 375元、8 809元和8 783元，东部是中部的1.518倍、西部的1.523倍；中部是西部的1.003倍。农村居民人均纯收入是东部最高，中部次之，西部最低。东、中、西部地区的平均收入分别为4 720元、2 957元和2 379元。东部是西部的1.596部、中部的1.984倍，中部是西部的1.243倍。总体上看，农村的地区差距要大于城镇的地区差距（孔泾源，2005）。

4. 企业改革不规范，行业贫富差距和企业内部贫富差距不断扩大

随着企业改制的不断深入，国民经济各行业间工资水平参差不齐，差距越来越大。20世纪80年代中期，中国行业间收入差距开始显现，一些垄断性行业、新兴行业与夕阳产业间的收入差距越来越大。据国家统计局测算，1990年，行业最高与最低人均收入比为1.29∶1，1995年达到2.23∶1，1999年达到2.49∶1，

2000年为2.63∶1，2002年为2.99∶1，2003年为3.98∶1。2004年为4.60∶1，2005年为4.88∶1，达到历史新高。2005年全国城镇单位从业人员平均劳动报酬为18 364元，其中，信息传输计算机服务和软件业、金融业、科研技术服务和地质勘察业平均劳动报酬较高，分别为40 558元、32 228元和27 434元；而农林牧渔业、住宿和餐饮业、建筑业平均劳动报酬较低，分别为8 309元、13 857元、14 338元。其中，2004年前三季度，石油天然气开采、烟草制造、铁路、航空、电信等行业企业的景气指数，高于各行业平均水平25%～60%。电力、能源、运力的紧张更加剧了这一状况，使得部分垄断行业和一般行业的收入差距进一步拉大。这些高收入行业几乎都是垄断行业，老百姓将之归纳为：金（金融）、银（银行）、财（财政）、保（保险）、两电（电信和电力）、一草（烟草）（陈柳钦，2004）。

总体来看，1978年改革开放以来，中国居民收入分配发生了明显的不平等分化现象，特别是20世纪90年代以来，收入不平等的问题愈发突出，日趋严重，到2000年基尼系数已突破国际公认的警戒线（0.4），进入收入不平等较为严重的历史阶段。而需要指出的是，上面讨论的主要是正常合法的收入差距情况，基本上没有考虑非法非正常因素对收入差距的影响。事实上，非法、非正常收入对中国收入差距的影响是比较大的。据陈宗胜等研究发现，中国全国居民、城镇居民和农村居民的正常收入的基尼系数不但总体上都略高于国家统计局的估算值，而且由于大量存在的非法非正常的影响（如偷税漏税、官员腐败、走私贩私、集团消费转化为个人收入），全国居民、农村居民、城镇居民收入的实际基尼系数，在1988～1999年期间因此而分别平均上升了17.82%、23.24%、31.86%；其中偷税漏税非法收入使全国居民、农村居民、城镇居民收入的基尼系数分别平均上升了11.93%、17.19%、19.67%，官员腐败性非法收入使三者的基尼系数分别上升了1.66%、1.35%、3.93%，走私贩私等其他非法收入使三者的基尼系数分别平均上升了3.60%、4.70%、6.63%；从年度上看，1995年非法非正常收入的影响最大，它使全国居民、城镇居民和农村居民的收入差距分别扩大了23.43%、31.72%、44.17%；从总体上看，由于非法非正常收入对收入差距的扩大效应，全国居民收入的实际基尼系数早在1988年就已经突破0.4的警戒线水平，1994年和1995年更高达0.5，此后仍然维持在0.48～0.49的水平上居高不下；而农村居民收入和城镇居民的实际基尼系数也先后在1994年和1995年突破0.4的警戒线水平，此后一直维持在0.4的水平居高不下（陈宗胜、周云波，2002）。

在市场经济国家中，财富分布的不公平远远大于收入分布的不公平（萨缪尔森等，2004）。中国1978年以来实行市场化取向的改革开放，随着收入分配的不平等程度也日益突出。虽然目前尚未见到关于中国财富分化的权威统计资料，但不同侧面的数据也已证实，中国财富分化也比收入分化严重得多。根据国家统计局城调队 2002 年上半年调查资料显示，中国城市居民家庭财产的基尼系数已高达 0.51，比城市居民收入基尼系数（0.32）高出 60%，已经进入比较严重的不平等阶段；城镇最富裕 10% 家庭的财产占全部城镇居民财产的 45.0%，而城镇最贫穷 10% 家庭的财产只占全部城镇居民财产的 1.4%，即"十分法"不良指数计算的财产差距为 32 倍，相比城镇居民，差距还表现为财富在城乡居民分配中的严重不平等。大体来看，自 20 世纪 90 年代初期以来，中国金融资产的分配总体上保持严重的城乡分配不平等状态，占总人口约 30% 的城市人口约占有国内全部金融资产的 80%，而占总人口 70% 的农村人口只占有国内金融资产的 20%（《中国统计年鉴》，1981～2004；《中华工商时报》，2003）。财富贫富分化的一个重要表现就是出现了一批比例只占人口总数极少数的拥有巨额财富的最富有人口，同时却仍然存在相当规模和数量的连温饱问题都成问题的贫困人口。一方面，中国最富有人口的规模，据估算以百万富翁为标准，1999 年约有 500 万人（约占全国总人口的 0.4%），其中资产上亿的大富翁有 1 000 人以上，2002 年仅私营企业户注册资本上 1 亿元就增加到 658 户（陆学艺，2002）。另一方面，中国还存在连温饱问题都没有完全解决的 2 900 多万农村贫困人口，城市也有约 1 000 万贫困人口（中国统计摘要，2004）。不难发现，中国贫富分化的问题是比较突出的，而与西方国家不同的是，中国的贫富差距是在短时间内迅速形成的，且社会的大多数居民生活水平仍然处于相对偏低的状态，社会还存在数量相当可观的绝对贫困人口（胡联合、胡鞍钢、徐绍刚，2005）。

（二）当前各地区居民收入差距的分析与探讨

1. 地区间城镇居民收入差距的现状与分析

（1）地区间城镇居民收入差距及其变化。2005 年城镇居民可支配收入最高的上海市人均收入为 18 645 元，最低的新疆人均收入为 7 990 元，最高与最低的收入绝对差距为 10 655 元，比 2003 年最高的上海（14 868 元）与最低的宁夏（6 531 元）之间的收入绝对差距高 2 318 元，最高最低比值为 2.33 倍，与 2003 年的 2.28 倍相比进一步扩大（如表 12 - 2 所示）。

各省（市、自治区）城镇居民可支配收入之间的绝对差距可以用最高与最低收入的比值来反映和描述，该比值今年来的变化趋势如表 12 - 2 所示。表中数据说明：城镇居民收入的最高最低差距在 20 世纪 90 年代前期呈现扩大趋势，中后期逐步下降；2000 年以后，最高最低差距继续扩大，总体上看，目前各省（市、自治区）之间的城镇居民收入差距比 20 世纪 90 年代要小。从范围上看，20 世纪 90 年代以来，城镇居民最高收入的省（市、自治区）一直集中在东部地区的上海和广东,而最低收入省(市、自治区)开始在中部地区,以后逐步转移到西部地区。

表 12 - 2　　　　　城镇居民最高与最低人均收入比较

年　　份	2006	2005	2004	2003	2002	2000	1995	1991
城镇居民收入最高值(元)	20 668	18 645	16 683	14 867	13 250	11 718	7 438	2 778
省(市、自治区)	上海	上海	上海	上海	上海	上海	广东	广东
城镇居民收入最低值(元)	8 871	7 990	7 218	6 530	5 944	4 724	2 863	1 302
省(市、自治区)	新疆	新疆	宁夏	宁夏	贵州	山西	内蒙古	江西
最高与最低之比	2.33	2.33	2.31	2.28	2.23	2.48	2.6	2.13

资料来源:《中国统计摘要 2007》,《中国统计年鉴》(1992~2005),中国统计出版社。

(2) 各省(市、自治区)城镇居民收入位次及其变化。以省(市、区)单位,将全国 31 个省(市、自治区,香港特区、澳门特区和台湾地区除外)的城镇居民平均收入分为高、中、低三组,进行不同地区城镇居民收入位次的比较分析。第一组和第二组各 10 个省(市、自治区),第三组有 11 个省(市、自治区)。如表 12 - 3 所示,表中,"↑"表示省(市、自治区)的位次上升,"↓"表示省(市、自治区)的位次下降,"→"表示省(市、自治区)的位次不变。

表 12 - 3　　2003 年与 2005 年城镇居民人均可支配收入变化　　　单位:元

地区	2003 年	位次	地区	2005 年	位次	趋势
全　国	8 472		全　国	9 422		
上　海	14 867	1	上　海	18 645	1	→
北　京	13 883	2	北　京	17 653	2	→
浙　江	13 180	3	浙　江	16 294	3	→
广　东	12 380	4	广　东	14 770	4	→
天　津	10 313	5	天　津	12 639	5	→
福　建	10 000	6	福　建	12 321	6	→
江　苏	9 626	7	江　苏	12 319	7	→
西　藏	8 766	8	山　东	10 745	8	↑
山　东	9 262	9	重　庆	10 243	9	↑
重　庆	8 400	10	湖　南	9 524	10	↑
广　西	8 094	11	西　藏	9 431	11	↓
湖　南	7 785	12	广　西	9 287	12	↓
云　南	7 674	13	云　南	9 266	13	→
湖　北	7 644	14	内蒙古	9 137	14	↑

续表

地区	2003年	位次	地区	2005年	位次	趋势
海 南	7 322	15	辽 宁	9 108	15	↑
辽 宁	7 259	16	河 北	9 107	16	↑
河 北	7 241	17	山 西	8 914	17	↑
新 疆	7 239	18	湖 北	8 786	18	↓
四 川	7 147	19	吉 林	8 691	19	↑
内蒙古	7 042	20	河 南	8 668	20	↑
山 西	7 013	21	江 西	8 620	21	↑
吉 林	7 005	22	安 徽	8 471	22	↑
河 南	7 005	23	四 川	8 386	23	↓
江 西	6 901	24	黑龙江	8 273	24	↑
陕 西	6 806	25	陕 西	8 272	25	→
安 徽	6 778	26	贵 州	8 151	26	↑
青 海	6 745	27	海 南	8 123	27	↓
黑龙江	6 679	28	宁 夏	8 094	28	↑
甘 肃	6 657	29	甘 肃	8 087	29	→
贵 州	6 569	30	青 海	8 058	30	↓
宁 夏	6 530	31	新 疆	7 990	31	↓

资料来源：以上数据均根据《中国统计年鉴（2006）》中相关数据计算得出。

2005年，各省（市、自治区）的城镇居民收入水平排序从最高到最低依次为：上海、北京、浙江、广东、天津、福建、江苏、山东、重庆、湖南、西藏、广西、云南、内蒙古、辽宁、河北、山西、湖北、吉林、河南、江西、安徽、四川、黑龙江、陕西、贵州、海南、宁夏、甘肃、青海、新疆（如图12-2所示）。

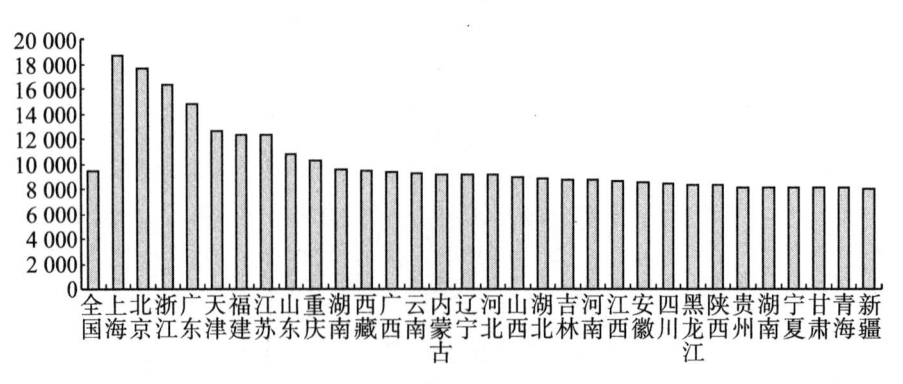

图12-2 2005年城镇居民收入比较

与2003年相比，2005年各省（市、自治区）居民收入水平相对位次变动的主要特征是：

一是省（市、自治区）间居民收入水平的位次变动较为剧烈的，几乎都集中在中低收入组，高收入组只有个别省（市、自治区）发生变动。在高收入组中，各省（市、自治区）排位由高到低依次为上海、北京、浙江、广东、天津、福建、江苏、山东、重庆、湖南。其中前7位省（市、自治区）位次与2003年相比保持不变，湖南再次进入高收入组省（市、自治区），位于第10名。在中低收入组中，除云南（第13位）、陕西（第25位）、甘肃（第29位）保持不变外，其余18个省（市、自治区）的位次均发生了变化。

二是各省（市、自治区）居民收入排序的位次变动幅度减小。在2003年，位次变动超过4个位次以上的省（市、自治区）有5个。而在2005年，位次变动超过4个位次以上的仅2个省（市、自治区），变化最大的新疆的位次由2003年的18位降至2005年的31位，降低了13个位次。内蒙古的位次由2003年的20位升至2005年的14位，上升了6个位次。

三是高收入组的组内差距加大，中低收入组的组内收入差距减少。2005年高收入组的组内最高和最低比值为1.96倍，比2003年的1.77倍扩大了近0.2倍。2005年中收入组的组内比值为1.09倍，比2003年的1.15倍有所缩小。2005年低收入组的组内比值为1.08倍，与2003年的1.07倍略有减小。

2. 地区间农村居民收入差距的现状与分析

（1）地区间农民收入差距及其变化。2005年农村居民人均纯收入为3 255元，比2003年的2 622元增加633元，增幅为近些年之最。其中，最高的上海为8 248元，最低的贵州为1 877元，高低收入差值为6 371元，最高最低的收入比值为4.39倍，与2003年的4.25倍有所扩大，表明各地区农村居民的收入差距又开始拉大（国家统计局，2007）。

各省（市、自治区）农村居民人均纯收入之间的绝对差距可以用最高与最低收入的比值来反映和描述，该比值近年来的变化趋势如表12-4所示。表中数据说明：农村居民收入的最高最低差距在20世纪90年代前期呈现扩大趋势；1995年以后，最高最低差距逐步缩小。尽管2005年最高最低差距有所扩大，但从总体上看，目前各省（市、自治区）之间农村收入差距比20世纪90年代要小。从范围上看，20世纪90年代以来，农村居民的最高收入省（市、自治区）一直集中在东部地区，而最低收入省（市、自治区）一直集中在西部地区。

（2）各省（市、自治区）农村收入位次及其变化。以省（市、自治区）单位，将全国31个省（市、自治区，香港特区、澳门特区和台湾地区除外）的农村居民平均收入分为高、中、低三组，进行不同地区农村居民收入位次的比较分

表 12-4　　　　　农村居民最高与最低人均收入比较

年　份	2006	2005	2004	2003	2002	2000	1995	1991
农村居民收入最高值（元）	9 139	8 248	7 066	6 654	6 224	5 596	4 246	1 907
省（市、自治区）	上海	上海	上海	上海	上海	上海	上海	上海
农村居民收入最低值（元）	2 134	1 877	1 722	1 565	1 490	1 374	880	431
省（市、自治区）	甘肃	贵州	贵州	贵州	贵州	贵州	甘肃	甘肃
最高与最低之比	4.28	4.39	4.1	4.26	4.26	4.07	4.83	4.42

资料来源：《中国统计摘要（2005）》，《中国统计年鉴》（1992～2004），《中国统计摘要（2007）》，北京中国统计出版社出版；以上数据均根据上述年鉴计算得出。

析。第一组和第二组各有 10 个省（市、自治区），第三组有 11 个省（市、自治区）。如表 12-5 所示，表中，"↑"表示省（市、自治区）的位次上升，"↓"表示省（市、自治区）的位次下降，"→"表示省（市、自治区）的位次不变。

表 12-5　　　　2003 年与 2005 年农村居民人均纯收入变化　　　　单位：元

地区	2003 年	位次	地区	2005 年	位次	趋势
全　国	2 622		全　国	3 254		
上　海	6 654	1	上　海	8 248	1	→
北　京	5 602	2	北　京	7 346	2	→
浙　江	5 389	3	浙　江	6 660	3	→
天　津	4 566	4	天　津	5 580	4	→
江　苏	4 239	5	江　苏	5 274	5	→
广　东	4 055	6	广　东	4 691	6	→
福　建	3 734	7	福　建	4 450	7	→
山　东	3 151	8	山　东	3 931	8	→
辽　宁	2 934	9	辽　宁	3 690	9	→
河　北	2 853	10	河　北	3 482	10	→
海　南	2 588	11	吉　林	3 264	11	↑
湖　北	2 567	12	黑龙江	3 221	12	↑
湖　南	2 533	13	江　西	3 129	13	↑
吉　林	2 530	14	湖　南	3 118	14	↓
黑龙江	2 509	15	湖　北	3 099	15	↓
江　西	2 458	16	海　南	3 004	16	↓
山　西	2 299	17	内蒙古	2 989	17	↑

续表

地区	2003年	位次	地区	2005年	位次	趋势
内蒙古	2 268	18	山 西	2 891	18	↓
河 南	2 236	19	河 南	2 871	19	→
四 川	2 230	20	重 庆	2 809	20	↑
重 庆	2 215	21	四 川	2 803	21	↓
安 徽	2 127	22	安 徽	2 641	22	→
新 疆	2 106	23	宁 夏	2 509	23	↑
广 西	2 095	24	广 西	2 495	24	→
宁 夏	2 043	25	新 疆	2 482	25	↓
青 海	1 794	26	青 海	2 152	26	→
云 南	1 697	27	西 藏	2 078	27	↑
西 藏	1 691	28	陕 西	2 053	28	↑
陕 西	1 676	29	云 南	2 042	29	↓
甘 肃	1 673	30	甘 肃	1 980	30	→
贵 州	1 565	31	贵 州	1 877	31	→

资料来源：以上数据均根据《中国统计摘要（2005）》和《中国统计摘要（2007）》中相关数据计算得出。

2005年，各省（市、自治区）的农村居民收入水平排序从最高到最低依次为：上海、北京、浙江、天津、江苏、广东、福建、山东、辽宁、河北、吉林、黑龙江、江西、湖南、湖北、海南、内蒙古、山西、河南、重庆、四川、安徽、宁夏、广西、新疆、青海、西藏、陕西、云南、甘肃、贵州（如图12-3所示）。

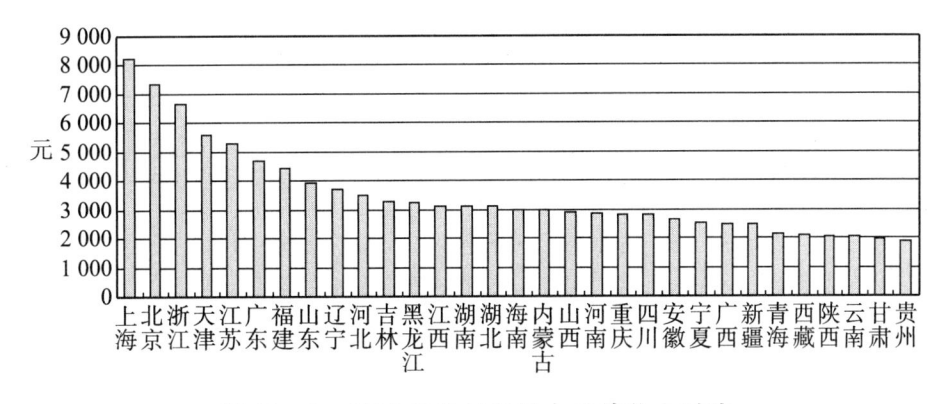

图12-3 2005年农村居民人均纯收入对比

与2003年相比，2005年各省（市、自治区）农村居民收入水平的相对位次变动的主要特征是：

一是省（市、自治区）间收入水平的位次变动范围较为集中，几乎都在中低收入组。其中，中收入组位次变动幅度最大，有9个地区的位次发生变化，而低收入组位次变动幅度要小一些。这与2003年的情况差不多。高收入组的位次没有发生任何变化，依次为上海、北京、浙江、天津、江苏、广东、福建、山东、辽宁、河北。中收入组中，除了河南不变外，其余的省（市、自治区）均发生了或大或小的位次变动。在低收入组中，除了安徽、广西、青海、甘肃、贵州五个省（市、自治区）没有发生任何变动外，其他省（市、自治区）也发生了程度不同的变动，并且也都是在低收入组中的变动。

二是省（市、自治区）收入排序的位次变动幅度不很明显。与2003年相比，有着共同的特征。位次变动在3个位次以上的省（市、自治区）只有1个，并且是在中收入组。其中，海南从2003年的11位下降到2005年的16位，下降了5个位次。这与2003年变动了4个位次的2个省（市、自治区）集中在低收入组有所不同。

三是高低收入组的组内差距加大，中收入组的组内收入差距保持不变。2005年高收入组的组内高低比值为2.37倍，比2003年的2.33倍有所扩大。2005年中收入组的组内高低比值为1.162倍，比2003年的1.161倍相比基本稳定。2005年低收入组的组内比值为1.49倍，与2003年的1.42倍有所提高。

（三）三大地区之间收入差距的分析与研究

1. 三大地区间的城镇居民收入差距

2005年东部、中部和西部地区的城镇居民收入分别为12 884元、8 691元和9 633元，比值为1.482∶1∶1.108。东部地区与中部地区的城镇居民收入差距由2004年的3 731元扩大到2005年的4 193元，差距拉大了462元；东部地区与西部地区的城镇居民收入差距由2004年的2 706元扩大到2005年的3 251元，差距拉大了545元。从收入构成来看，2005年东中西部地区中的工薪收入仍然是收入中的主要组成部分，工薪收入占全部收入的比例在三大地区中分别为74.2%、72.3%和78.3%，表明工薪收入在西部地区的收入中占的地位更为重要。2005年三大地区间的工薪收入稳步增长，经营净收入快速增长，财产性收入较快增长，转移性收入继续增长[①]。

（1）就东部地区而言，2005年地区内居民人均可支配收入为12 584.25元，高于全国平均水平（全国平均水平为9 422元）3 162.25元，超过全国平均水平的省（市、自治区）数为8个，低于全国平均水平的省（市、自治区）数为4

---

① 张东生主编：《中国居民收入分配年度报告（2006）》，中国财政经济出版社2007年版。

个,表明东部地区的收入水平总体高于全国水平。其中上海市的城镇居民人均可支配收入最高,居于全国首位。另外在全国排名中,前八名均由东部地区省(市、自治区)包揽,分别是上海、北京、浙江、广东、天津、福建、江苏和山东。可以发现东部地区强大、中西部滞后的全国经济格局在可以预见的时期内,是不会发生改变的。

(2) 就中部地区而言,2005年地区内居民人均可支配收入为8 743.38元,低于全国平均水平678.63元。除湖南外,其余7个省(市、自治区)的城镇人均可支配收入均低于全国水平。在中部地区中,湖南的城镇人均可支配收入最高,为9 524元,刚刚超过全国水平。这说明东部地区的发展落后于全国发展水平,尤其远远落后于东部地区的发展。

(3) 就西部地区而言。2005年地带内居民平均可支配收入为8 646.82元,低于全国平均水平775.18元,超过全国平均水平的省(市、自治区)仅为2个,分别为重庆和西藏。其余9个省(市、自治区)均低于全国平均水平,表明西部地区的收入水平总体低于全国水平,西部地区的发展情况和中部地区有很强的相似性。

2. 三大地区间的农村居民收入差距

2005年东部、中部和西部地区的平均收入分别为5 123元、2 815元和2 508元,比值为1.82∶1∶0.89,比2004年的收入差距有所扩大。东部地区与中部地区农村居民收入的差距由2004年的1999元扩大到2005年的2 308元,差距拉大了309元;东部地区与西部地区的收入差距由2004年的2 281元扩大到2 615元,差距拉大了334元[①]。从收入构成看,2005年东中西部地区中的工薪收入、经营性收入是收入中的主要组成部分,工薪收入占全部收入的比例为49.2%、30.6%和26.6%,经营性收入占全部收入的比例分别为41.6%、63.3%和65%。收入构成的变化表明东部地区的农民取得收入的途径开始逐步转向以城市经济为特征的打工收入,而中西部地区的农民取得收入的主要途径仍然是以家庭经营为主要特征的农村经济,两种趋势的对比反映出各地区之间城市化进程的差异。总体看来,三大地区间的工薪收入差距逐步缩小,经营性收入差距保持稳定,财产性收入差距和转移性收入差距有所缩小(孔径源,2005)。

(1) 就东部地区而言,2005年东部地区农村居民人均纯收入为4 904.25元,超过全国平均水平1 650.25元。其中,超过全国平均水平的省(市、自治区)为10个,低于全国平均增速的省(市、自治区)仅为2个。表明东部地区的农村人均纯收入水平总体高于全国水平。其中,北京和上海的农村人均纯收入

---

① 张东生主编:《中国居民收入分配年度报告(2006)》,中国财政经济出版社2007年版。

水平最高,分别是8 248元和7 346元。

(2)就中部地区而言,2005年中部地区内农村居民人均纯收入水平为3 029.25元,低于全国平均水平224.75元,其中,超过全国平均水平的省(市、自治区)仅有1个,低于全国平均水平的省(市、自治区)为7个,表明中部地区的农村人均纯收入水平总体低于全国水平,落后于东部地区的发展。

(3)就西部地区而言,2005年地区内居民人均纯收入为2 343.10元,低于全国平均水平910.90元。全部省(市、自治区)的农村人均可支配收入均低于全国平均水平,表明西部地区的人均纯收入水平总体远低于全国水平,在全国的发展中最滞后。在地区间的城镇居民人均可支配收入的比较中,西部地区与中部地区的发展水平近乎相等。但是在农村居民人均纯收入的比较中,西部地区已严重落后于中部地区了,这说明西部地区的农村发展十分不理想。

3. 地区差距对总体差距的影响分析与研究

中国社科院经济所利用泰尔系数指数的分解方法,将城市内部和农村内部的总体差距分解为地区内部的收入差距和地区之间的收入差距。结果表明,城市内部收入差距主要来自于地区内部,而不是地区之间。表12-6显示,地区之间收入差距只解释了城市内部总体差距的6.6%,而其余的93.4%是由三大地区内部的收入差距来解释。然而,农村的情况却有很大的不同。如表12-7显示,地区之间收入差距解释了农村内部总体差距的17%。这意味着农村居民收入的地区差异要远远大于城市居民收入的地区差异。

表12-6　　　　城市个人收入差距的地区分解分析

	东部	中部	西部	地区之间
泰尔系数($c=0$)	0.0723	0.0413	0.0409	0.0109
贡献率(%)	43.72	24.97	24.7	6.61
泰尔系数($c=1$)	0.086	0.0358	0.0348	0.011
贡献率(%)	51.31	21.33	20.79	6.56

资料来源:孔径源主编,《中国居民收入分配年度报告(2004)》,经济科学出版社2005年版。

表12-7　　　　农村个人收入差距的地区分解分析

	东部	中部	西部	地区之间
泰尔系数($c=0$)	0.0737	0.0519	0.0685	0.0399
贡献率(%)	31.5	22.17	29.28	17.06
泰尔系数($c=1$)	0.106	0.0474	0.0495	0.0405
贡献率(%)	43.56	19.49	20.33	16.63

资料来源:孔径源主编,《中国居民收入分配年度报告(2004)》,经济科学出版社2005年版。

（四）行业收入差距的实证分析

1. 行业收入差距的总体特点

2005年，各行业职工工资收入水平继续提高。但行业之间、行业内部以及不同行业在地区间的收入差距都呈扩大之势，尤其是垄断性行业与传统行业间的收入差距越来越大，如此下去，将严重影响到传统行业居民生活质量的提高。

从19个行业门类来看，各行业的收入在地区内排序也呈现东高中低的特点。上海在农、林、牧、渔业，采矿业，制造业，建筑业，交通运输、仓储和邮政业，批发和零售业，住宿和餐饮业，房地产业以及水利环境和公共设施管理业这9个行业中占第一位；北京在电力、燃气及水的生产和供应业，信息传输、计算机服务和软件业，金融业，租赁和商务服务业，科学研究、技术服务和地质勘察业，卫生、社会保障和社会福利业，文化、体育和娱乐业以及公共管理和社会组织中占第一位；浙江在教育行业占首位；青海在居民服务和其他服务业占首位。而排在各行业后几位的大多为中部省（市、自治区）。

2. 行业收入差距的分析与研究

（1）垄断性行业工资水平的地区差异。行业垄断主要有行政性垄断、资源性垄断和市场垄断等方式。尽管垄断形式不同，但凭借垄断地位获取超额垄断利润的形式是相同的。垄断行业的平均工资大大高于其他行业的平均工资，不同垄断行业也存在明显的地区差异。为了能较好地分析垄断性行业的地区差异，这里从行业大类的角度选取部分具有代表性的垄断行业进行简要分析。

2005年，金融业的平均工资为32 228元，是全国平均工资的1.74倍。该行业中平均工资排在前五位的是北京、上海、浙江、西藏、天津，分别为92 764元、54 390元、50 972元、49 889元和46 874元。该行业平均工资排在后五位的是甘肃、吉林、内蒙古、陕西、河南，分别为17 950元、20 381元、20 812元、20 965元和21 743元。该行业平均工资最高与最低相差74 814元，最高地区工资是最低地区工资的5.17倍。

电力、煤气及水的生产和供应业的平均工资为25 073元，是全国平均工资的1.37倍。该行业中平均工资排在前五位的是北京、天津、浙江、上海、江苏，分别为49 779元、48 417元、46 311元、40 965元和34 679元。该行业平均工资排在后五位的是江西、安徽、湖南、山西、海南，分别为17 274元、18 269元、18 302元、18 677元和18 829元。该行业平均工资最高与最低相差32 505元，最高地区工资是最低地区工资的2.88倍。

交通运输、仓储和邮政业的平均工资为21 352元，是全国平均工资的1.16倍。该行业中平均工资排在前五位的是上海、广东、天津、浙江、西藏，分别为

34 354 元、32 589 元、31 836 元、29 218 元和 28 083 元。该行业平均工资排在后五位的是安徽、吉林、河北、黑龙江、重庆，分别为 12 999 元、15 498 元、16 183 元、16 385 元和 16 399 元。该行业平均工资最高与最低相差 21 355 元，最高地区工资是最低地区工资的 2.64 倍。

(2) 基础性和传统性行业工资水平的地区差异。2005 年农林牧渔业的平均工资为 8 309 元，只相当于全国平均工资的 45.2%。该行业中平均工资排在前五位的是上海、浙江、西藏、北京和天津，分别为 25 332 元、24 410 元和 20 379 元、16 125 元、16 034 元。平均工资排在后五位的是河北、辽宁、黑龙江、湖北、海南，分别为 5 987 元、6 165 元、6 175 元、6 319 和 6 338 元。该行业平均工资最高与最低相差 21 224 元，最高地区工资是最低地区工资的 4.14 倍。

水利环境和公共设施管理业的平均工资为 14 753 元，是全国平均工资的 80.3%。该行业中平均工资排在前五位的是上海、北京、浙江、天津和广东，分别为 31 124 元、26 575 元、24 368 元、21 113 元和 19 296 元。该行业平均工资排在后五位的是吉林、黑龙江、山西、江西、陕西，分别为 9 900 元、10 651 元、10 772 元、11 052 元和 11 099 元。该行业平均工资最高与最低相差 18 284 元，最高地区工资是最低地区工资的 2.94 倍。

采矿业的平均工资为 20 626 元，相当于全国平均工资的 1.12 倍。该行业中平均工资排在前五位的是上海、北京、宁夏、安徽、山东，分别为 68 590 元、29 571 元、25 827 元、24 473 元和 24 157 元。该行业平均工资排在后五位的是江西、湖南、湖北、海南和重庆，分别为 13 618 元、13 698 元和 14 900 元、15 337 元、15 458 元。该行业平均工资最高与最低相差 54 972 元，最高地区工资是最低地区工资的 5.04 倍。

制造业的平均工资为 15 757 元，是全国平均工资的 85.8%。该行业中平均工资排在前五位的是上海、北京、天津、广东和云南，分别为 29 835 元、24 958 元、21 183 元、18 019 元和 17 166 元。该行业平均工资排在后五位的是江西、河南、山西、海南和山东，分别为 11 921 元、12 666 元、12 820 元、12 833 元和 13 019 元。该行业平均工资最高与最低相差 17 914 元，最高地区工资是最低地区工资的 2.50 倍。

(3) 充分竞争性行业工资水平的地区差异。建筑业的平均工资为 14 338 元，相当于全国平均工资的 78.1%。其中，排在前五位的是上海、天津、北京、西藏和浙江，平均工资分别是 35 034 元、26 777 元、23 300 元、19 957 元和 18 837 元；排在后五位的是甘肃、吉林、贵州、江西、四川，平均工资分别为 9 735 元、10 608 元、11 152 元、11 152 元和 11 234 元。该行业平均工资最高与最低相差 25 299 元，最高地区工资是最低地区工资的 3.6 倍。

批发零售业的平均工资为 15 241 元，相当于全国平均工资的 83.0%。其中，排在前五位的是上海、北京、浙江、广东和天津，平均工资分别为 32 385 元、32 109 元、26 150 元、23 954 元和 20 603 元。排在后五位的是山西、河北、甘肃、湖北和陕西，平均工资分别为 8 319 元、8 523 元、8 731 元、9 367 元和 9 452 元。该行业平均工资最高与最低相差 24 066 元，最高地区工资是最低地区工资的 3.89 倍。

住宿和餐饮业的平均工资为 13 857 元，相当于全国平均工资的 75.5%。其中，排在前五位的是上海、北京、广东、浙江和天津，平均工资分别为 26 939 元、19 926 元、17 423 元、15 973 元和 15 861 元。排在后五位的是甘肃、河北、陕西、山西和湖北，平均工资分别为 8 398 元、9 324 元、9 366 元、9 396 元和 9 582 元。该行业平均工资最高与最低相差 18 541 元，最高地区工资是最低地区工资的 3.21 倍。可以看出，充分竞争行业的地区差距虽然有所扩大，但其拉大的幅度相对不大。

(4) 公共管理和社会组织及科研行业收入水平的地区差异。信息传输、计算机服务和软件业的平均工资为 40 558 元，是全国平均工资的 2.21 倍。其中，排在前五位的是北京、上海、浙江、广东和西藏，平均工资分别为 71 544 元、69 572 元、54 870 元、48 972 元和 47 826 元；排在后五位是甘肃、山西、江西、河南和贵州，平均工资分别为 16 103 元、20 705 元、21 025 元、22 227 元和 23 228 元。该行业平均工资最高与最低相差 55 441 元，最高地区工资是最低地区工资的 4.44 倍。

公共管理和社会组织的平均工资为 20 505 元，是全国平均工资的 1.12 倍。其中，排在前五位的是北京、浙江、上海、广东和西藏，平均工资分别为 47 277 元、44 413 元、36 765 元、33 027 元和 31 561 元；排在后五位是陕西、河南、贵州、江西和山西，平均工资分别为 13 351 元、13 653 元、14 202 元、14 561 元和 14 741 元。该行业平均工资最高与最低相差 33 926 元，最高地区工资是最低地区工资的 3.54 倍。

科学研究、技术服务和地质勘察业的平均工资为 27 434 元，使全国平均工资的 1.49 倍。其中，排在前五位的是北京、上海、广东、天津和浙江，平均工资分别为 45 661 元、43 200 元、40 625 元、38 973 元和 37 031 元。排在后五位的是海南、江西、山西、湖南和宁夏，平均工资分别为 15 174 元、16 738 元、17 337 元、17 990 元和 18 051 元。该行业平均工资最高与最低相差 30 487 元，最高地区工资是最低地区工资的 3.01 倍。与 1995 年相比，科学研究、技术服务和地质勘察业的平均工资增长超过了 200%，高于全国平均工资的增长幅度。说明随着科教兴国战略的实施，工资分配开始向科学研究和技术服务倾斜。

教育行业的平均工资为 18 470 元，是全国平均工资的 1.01 倍。其中，排在前五位的是浙江、北京、上海、西藏和天津，平均工资分别为 36 644 元、36 447 元、32 489 元、29 824 元和 25 268 元；排在后五位是贵州、河南、广西、河北和江西，平均工资分别为 13 957 元、14 093 元、14 513 元、14 513 元和 14 881 元。该行业平均工资最高与最低相差 22 687 元，最高地区工资是最低地区工资的 2.63 倍。

卫生与社会保障、社会福利行业的平均工资为 21 048 元，是全国平均工资的 1.15 倍。其中，排在前五位的是北京、浙江、上海、广东和西藏，平均工资分别为 42 925 元、39 757 元、35 511 元、30 689 元和 28 268 元；排在后五位是山西、吉林、河南、陕西和贵州，平均工资分别为 13 866 元、14 109 元、14 259 元、14 495 元和 14 575 元。该行业平均工资最高与最低相差 29 059 元，最高地区工资是最低地区工资的 3.10 倍。

文化、体育与娱乐业行业的平均工资为 22 885 元，是全国平均工资的 1.25 倍。其中，排在前五位的是北京、上海、浙江、广东和西藏，平均工资分别为 43 617 元、40 574 元、37 564 元、32 926 元和 31 000 元；排在后五位是贵州、陕西、河南、吉林和云南，平均工资分别为 12 975 元、13 429 元、13 736 元、14 300 元和 14 570 元。该行业平均工资最高与最低相差 30 642 元，最高地区工资是最低地区工资的 3.36 倍。

作为一种社会现象，贫富差距的产生有其客观必然性，具体表现在两个方面：一方面，人们自身条件（先天禀赋和后天素质）不同必然导致他们获取社会资源的能力不同，而人们获取社会资源能力的不同又必然导致人们在获取收入和积累资产上的差别；另一方面，人们所处的自然和社会环境的不同，也必然导致他们获取社会资源的机会不同。如果说前一方面是导致居民之间贫富差距的主观原因，是可以通过个人努力得到改变的；那么，后一方面则是导致居民之间贫富差距的客观原因，是难以甚至不可能通过个人努力而改变的。

近十年来中国的贫富差距之所以扩大得这么快，既有分配方式的市场化和改革开放的时空差距带来的影响，也有资源配置和收入分配机制中非市场化的不合理因素的影响。

社会公正关系到人们对生活质量的客观描述和主观感受。从本分析中所采取的四项指标（分别是全国居民收入差距指标、城乡居民收入差距指标、东中西部地区间收入差距指标和行业收入差距指标等）的实证分析中发现，我国当前的社会公正生活质量状况不佳。这其中既有历史的原因，也有当前的原因；既有人为政策的原因，也有客观的原因。因此，要提高人民生活质量，必须抓紧改善社会公正状况，降低基尼系数、城乡收入比系数、泰尔系数和行业收入比系数，努力提升社会公正。

第十三章

生活质量的公共安全指标及其评价

安全问题关系着个人生活质量和社会和谐，要保证较高的生活质量，让社会和谐发展，就必须建设一个安定舒适的生活环境，增强人民的安全感。本书界定的社会公共安全是以社会治安为主要内容，并包括生产安全、交通安全、消防安全、食品安全，这是人们日常工作生活中最常接触和关心的，与人们的衣食住行紧密相连，其影响可以超越个体形成社会特征的内容。卫生、经济和环境安全列于其他分报告中，所以不列入本报告研究范畴。

一、社会公共安全测量与指标体系选取

公共安全的定义要求公共安全指标要考虑到公共性，即对群众生活造成影响，指标反映的是生活中所受安全损害风险的内容。社会公共安全指标的研究重点不在于计算方法，而是二级指标的选取，主要设置了五个方面的二级指标：生产安全、交通安全、消防安全、社会治安以及食品安全。这些指标充分涵盖了衣食住行的各个方面，能对群众生活造成重大影响，指标的结构框架如图 13–1 所示。

社会治安是这个指标体系中的核心内容，所以在它之下又设了两个三级指标：一个是案件受理的类型和数量，用于反映犯罪对社会的危害程度；另一个是案件的受理结果，用于反映警方的工作效率。对于其他安全事故，如生产事故、交通事故、火灾事故，主要用事故万人死亡率作为三级指标。所谓事故万人死亡率指的是一万人中由于事故造成的死亡人数，即用事故造成的死亡人数作为

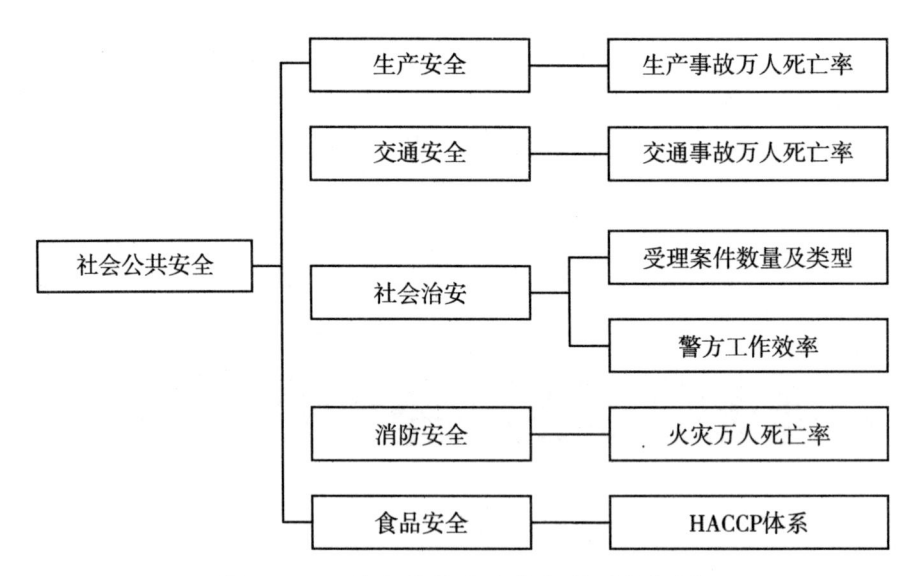

```
                    ┌──── 生产安全 ──── 生产事故万人死亡率
                    │
                    ├──── 交通安全 ──── 交通事故万人死亡率
                    │
                    │                ┌── 受理案件数量及类型
    社会公共安全 ────┼──── 社会治安 ──┤
                    │                └── 警方工作效率
                    │
                    ├──── 消防安全 ──── 火灾万人死亡率
                    │
                    └──── 食品安全 ──── HACCP体系
```

图 13-1 社会公共安全指标体系框架图

分子，事故对应人口作为分母。各类事故受经济水平、地理环境因素影响较大，如果单纯用事故数量和经济损失无法进行各省间的准确比较，所以采用了事故万人死亡率这个比值量作为指标。另外生产安全与其他两种安全事故（交通安全和火灾安全）的事故万人死亡率的计算方法不同。因为生产事故的相对人群是工人，所以分母应该是就业人数，而交通事故和火灾事故相对的人群是所有民众，所以分母是总人口。食品安全指标以国际通用的 HACCP① 为标准。

二、社会公共安全现状与评价

2004 年中国由于公共安全问题造成的经济损失达 6 500 亿元人民币，约占 GDP 总量的 6%。中国工程院院士范维唐分析了这个数字的构成：一是安全生产事故引发的损失共计 2 500 亿元；二是社会治安事件造成的损失 1 500 亿元；三是自然灾害造成的 2 000 亿元损失，四是生物侵害导致的损失为 500 亿元。②

（一）生产安全

所谓生产事故，是指发生在各种工作场所并导致人员伤亡或职业性疾患的事

---

① HACCP，即"Hazard Analysis Critical Control Point"，中文名称为危害分析和关键控制点。HACCP 为食品行业提供一种系统保障食品安全的解决方案，识别、控制和改善流程中的风险点，降低企业风险，保证客户利益。具体可参见 http://baike.baidu.com/view/95647.html? wtp = tt。
② 参见人民网 http://www.people.com.cn/GB/paper2836/13998/1249123.html。

件。近几年，生产事故率居高不下的局面十分严峻，主要是由于生产力水平落后，安全保障技术落后，接受了发达国家有较大危害性产业的转移，尤其是低水平的乡镇企业以及劳动者自己缺乏保护意识，导致了事故的频繁发生。2002～2004年间，全国各地生产事故状况如表13-1所示。

表13-1　　　　　　2002～2004年全国生产事故状况

地区	事故死亡数（人）			就业人口总数（万人）			生产事故万人死亡率（%）					
	2002年	2003年	2004年	2002年	2003年	2004年	2002年	排名	2003年	排名	2004年	排名
北京	1 686	2 172	1 867	799	859	896	2.11	15	2.53	10	2.08	15
天津	1 321	1 266	1 127	403	420	422	3.28	5	3.01	5	2.67	9
河北	6 169	6 661	5 227	3 386	3 390	3 416	1.82	20	1.96	18	1.53	25
山西	4 284	4 238	4 855	1 417	1 470	1 475	3.02	7	2.88	6	3.29	3
内蒙古	2 548	2 573	2 597	1 010	1 005	1 019	2.52	11	2.56	9	2.55	11
辽宁	5 047	4 412	4 223	1 842	1 861	1 952	2.74	8	2.37	13	2.16	14
吉林	2 839	2 642	2 985	1 095	1 045	1 116	2.59	10	2.53	11	2.67	10
黑龙江	3 156	3 015	2 968	1 627	1 622	1 623	1.94	17	1.86	20	1.83	17
上海	1 755	1 904	2 004	743	772	812	2.36	13	2.47	13	2.47	12
江苏	7 472	7 399	8 911	3 506	3 610	3 719	2.13	14	2.05	16	2.40	13
浙江	7 596	8 331	8 839	2 835	2 962	3 092	2.68	9	2.81	7	2.86	6
安徽	4 996	5 472	5 394	3 404	3 416	3 453	1.47	25	1.60	25	1.56	24
福建	4 304	4 518	4 889	1 711	1 757	1 818	2.52	11	2.57	11	2.69	8
江西	3 573	3 669	3 277	1 955	1 972	2 040	1.83	19	1.86	20	1.61	22
山东	9 815	9 589	8 335	4 752	4 851	4 940	2.07	16	1.98	17	1.67	21
河南	7 335	6 427	6 261	5 522	5 536	5 587	1.33	30	1.16	31	1.12	31
湖北	3 378	3 504	3 214	2 468	2 537	2 589	1.37	29	1.38	30	1.24	30
湖南	4 800	4 887	4 939	3 469	3 516	3 600	1.38	28	1.39	28	1.37	28
广东	12 949	12 630	11 795	3 967	4 120	4 316	3.26	6	2.07	15	2.73	7
广西	4 237	4 251	4 237	2 571	2 601	2 649	1.65	22	1.63	24	1.60	23
海南	558	596	622	342	354	367	1.63	23	1.68	23	1.69	20
重庆	1 863	3 613	2 507	1 640	1 660	1 690	1.14	31	2.18	14	1.48	26
四川	6 480	6 189	6 157	4 409	4 450	4 503	1.47	25	1.39	28	1.37	28
贵州	2 920	3 334	3 076	2 081	2 118	2 169	1.40	26	1.57	26	1.42	27
云南	3 898	4 168	4 119	2 341	2 350	2 401	1.67	21	1.77	22	1.72	19
西藏	505	678	652	129	131	135	3.91	2	5.18	1	4.83	1
陕西	2 779	2 711	3 484	1 873	1 911	1 885	1.48	24	1.42	27	1.85	16
甘肃	2 475	2 456	2 324	1 255	1 304	1 322	1.91	18	1.88	19	1.76	18

续表

地区	事故死亡数（人）			就业人口总数（万人）			生产事故万人死亡率（%）					
	2002年	2003年	2004年	2002年	2003年	2004年	2002年	排名	2003年	排名	2004年	排名
青 海	835	944	844	247	254	263	3.38	4	3.72	3	3.21	5
宁 夏	1 069	993	966	282	291	298	3.79	3	3.41	4	3.24	4
新 疆	3 016	3 096	3 282	702	721	745	4.30	1	4.29	2	4.41	2

注：各省的各类事故中不包含水上交通、铁路运输、民航飞机、农机与渔业船舶事故。

资料来源：国家安全生产监督总局，http：//www.chinasafety.gov.cn/。

1. 总体状况

从整体来看，中国生产事故状况形势严峻，平均事故万人死亡率为2.23%。各省（市、自治区）生产事故万人死亡率之间相差很大，2004年最低为河南的1.12%，最高为西藏的4.83%，两者相差约3.31倍。其中，事故万人死亡率低于2%的主要有河北、黑龙江、安徽、江西、山东、河南、湖北、湖南、广西、海南、重庆、四川、贵州、云南、陕西和甘肃共16个省（市、自治区）；万人死亡率高于3%的有山西、西藏、青海、宁夏和新疆共5个省（市、自治区）；事故死亡率介于2%～3%之间的有北京、天津、内蒙古、辽宁、吉林、上海、江苏、浙江、福建和广东共10个省（市、自治区）。

2. 地区间比较

由于地区间人口、地域、经济等条件的差异，只用事故发生次数和事故死亡人数来进行各地区的比较是不公平的，而用事故万人死亡率这个量化指标就比较合理。事故万人死亡率最低的地区依次是河南、湖北和湖南，最高的依次是西藏、新疆和青海。

高事故死亡率的西藏、宁夏和青海的事故发生数量不高，如西藏、海南在500～600件，但因为作为万人死亡率分母的当地人口远远低于其他省（市、自治区），即使事故发生数量相当少，其事故万人死亡率也很高。高事故万人死亡率反映出事故平均严重程度较高，究其原因在于，这些地区的地理条件且经济支柱多为天然气行业和采矿业。与此相对的是广东，其事故发生数是所有省（市、自治区）中唯一超过10 000的，其与第二位的山东相差3 000多起，相当于西藏事故数的6倍。

山东和河北紧随其后，绝大多数在4 000左右的水平，可这些省（市、自治区）却不在事故万人死亡率的前列，说明即使事故数量大也不代表事故严重程度深。生产事故发生数和事故万人死亡率巨大反差归结于中国的产业结构、管理水平在地域上的巨大差别。如广东存在大量中小企业，这些企业以轻工业为主，主要进行化工、机械、玩具和衣服鞋帽生产等，企业规模小且管理不够规范，很多属于乡镇企业或家庭手工作坊，导致中毒、火灾等事故频发，所以生产事故总量大。但由于行业特点，严重生产事故频发的可能性不大，且广东就业人口众多，广东的事故万人死亡率比浙江少，另外其重大事故数量远远低于山西、陕西和贵州这样的省（市、自治区），所以从造成的后果程度而言，即使广东的绝对量最大，也不意味着它的程度最严重。

接下来是山西、陕西和贵州，从媒体上经常可以看到这些省（市、自治区）发生生产事故，这是由当地的经济产业造成的，这些地方以采矿业为主，该行业本来就有很大生产事故风险，加上当地一些私人采矿者的违法操作，导致安全事故数量不断上升，尤其是它的重大事故数量一直高居不下。同样以采矿业为主的陕西省却在事故低万人死亡率省（市、自治区）中，深究原因在于，当地的煤矿事故虽然多，但整体事故结构不同，即其他轻工业和重工业生产事故少，事故总量比较小，最终使整体事故万人死亡率较低。

湖南的重大事故数量大，其总体事故数甚至超过了陕西，原因一方面在于当地地理环境，容易造成坍塌事故；另一方面在于爆竹制造和冶金产业生产风险大，尤其还存在不规范的手工作坊式的家庭生产。贵州重大事故数与总体事故数的比值最高，即其平均事故严重程度比较高。西藏的事故发生数是最低的，因为当地的产业结构主要以农业和旅游业为主，当地人口相对于其他省（市、自治区）而言也比较少。类似的原因也可以用来解释海南的低事故发生率。浙江表现为高生产事故发生率和高生产事故万人死亡率，当地经济发展水平高，相对于广东而言，在产业结构上更趋于多元化和全面化，企业数总量大且也有家庭作坊的形式，发生事故可能性更高。同样是经济发达地区，北京和上海企业数量大且经济结构多元化，但其事故万人死亡率最低，一方面在于经济结构优化，另一方面在于管理监督政策的落实。

（二）交通安全

交通安全关系到人们的出行。从 20 世纪 80 年代以来中国交通事故年死亡人数首次超过 50 000 人至今，中国交通事故率死亡人数已连续十多年居世界第一。比起火灾、水灾、矿难等灾难造成的人员伤亡和经济损失，交通事故的危害有过之而无不及，而且其涉及面更广。因此，交通事故又被称为"柏油路上的战争"、"文明世界第一大公害"。而影响交通安全的因素众多，如交通供给矛盾加剧，道路交通工具规范性差，违反交通规则现象严重，管理方法不得当等。尤其是在全国范围内，由于道路状况、地形的巨大差异，交通安全情况相当复杂。

1. 省（市、自治区）际比较

表 13-2 显示，全国范围内各省（市、自治区）交通事故发生率高，造成伤

表 13-2　2001~2004 年全国交通事故状况

地区	交通事故死亡人数（人）				交通事故万人死亡率（%）								总人数（万人）			
	2001 年	2002 年	2003 年	2004 年	2001 年	及排名	2002 年	及排名	2003 年	及排名	2004 年	及排名	2001 年	2002 年	2003 年	2004 年
北京	1 447	1 499	1 641	1 631	1.05	9	1.05	10	1.13	9	1.09	9	1 383	1 423	1 456	1 493
天津	1 119	1 218	1 129	992	1.11	7	1.21	7	1.06	11	0.97	11	1 004	1 007	1 011	1 024
河北	6 150	6 182	4 789	4 565	0.92	15	0.92	14	0.71	21	0.67	22	6 699	6 735	6 769	6 809
山西	3 029	3 644	3 626	4 172	0.93	13	1.11	9	1.09	10	1.25	7	3 272	3 294	3 314	3 335
内蒙古	1 943	2 143	2 103	2 239	0.82	17	0.9	15	0.88	14	0.94	12	2 377	2 379	2 380	2 384
辽宁	4 293	4 210	3 536	3 346	1.02	11	1.0	12	0.84	15	0.79	17	4 194	4 203	4 210	4 217
吉林	2 424	2 304	2 227	2 515	0.9	16	0.85	17	0.82	16	0.93	13	2 691	2 699	2 704	2 709
黑龙江	2 488	2 446	2 447	2 463	0.65	24	0.64	24	0.64	25	0.65	23	3 811	3 813	3 815	3 817
上海	1 503	1 398	1 406	1 543	0.93	13	0.86	16	0.82	17	0.89	14	1 614	1 625	1 711	1 742
江苏	7 184	6 947	6 640	8 100	0.98	12	0.94	13	0.9	13	1.09	9	7 355	7 381	7 406	7 433
浙江	5 901	6 642	7 149	7 549	1.28	5	1.43	4	1.53	4	1.60	2	4 613	4 647	4 680	4 720
安徽	4 333	4 557	4 155	4 794	0.68	22	0.72	22	0.65	24	0.74	19	6 328	6 338	6 410	6 461
福建	4 093	3 959	3 993	4 393	1.19	6	1.14	8	1.14	8	1.25	7	3 440	3 466	3 488	3 511
江西	3 355	3 162	2 818	2 760	0.80	19	0.75	19	0.66	22	0.64	24	4 186	4 222	4 254	4 284
山东	9 339	9 167	8 905	7 804	1.03	10	1.01	11	0.98	12	0.85	15	9 041	9 082	9 125	9 180
河南	5 893	6 618	5 756	5 467	0.62	26	0.69	23	0.60	27	0.56	27	9 555	9 613	9 667	9 717
湖北	3 024	2 776	2 729	2 530	0.51	27	0.46	30	0.45	30	0.42	31	5 975	5 988	6 002	6 016
湖南	3 355	3 658	3 664	3 824	0.51	27	0.55	29	0.55	28	0.57	26	6 596	6 629	6 663	6 698

续表

地区	交通事故死亡人数（人）				交通事故万人死亡率（%）								总人数（万人）			
	2001年	2002年	2003年	2004年	2001年	及排名	2002年	及排名	2003年	及排名	2004年	及排名	2001年	2002年	2003年	2004年
广东	10 801	12 035	11 151	10 657	1.39	2	1.53	3	1.40	5	1.28	6	7 783	7 859	7 954	8 304
广西	3 554	3 633	3 607	3 641	0.74	20	0.75	19	0.74	19	0.74	19	4 788	4 822	4 857	4 889
海南	373	500	533	520	0.47	29	0.62	28	0.66	22	0.64	24	796	803	811	818
重庆	1 146	1 076	1 037	1 619	0.37	31	0.35	31	0.33	31	0.52	29	3 097	3 107	3 130	3 122
四川	5 727	5 453	40 907	4 890	0.66	23	0.63	27	4.70	1	0.56	27	8 640	8 673	8 700	8 725
贵州	1 655	1 760	1 976	1 831	0.44	30	0.46	30	0.51	29	0.47	30	3 799	3 837	3 870	3 904
云南	2 984	3 146	3 138	3 210	0.70	21	0.73	21	0.72	20	0.73	21	4 287	4 333	4 376	4 415
西藏	354	462	621	594	1.35	3	1.73	1	2.30	2	2.17	1	263	267	270	274
陕西	2 285	2 340	2 324	2 949	0.64	25	0.64	26	0.63	26	0.84	16	3 659	3 674	3 690	3 505
甘肃	2 110	2 188	2 090	1 992	0.82	17	0.84	18	0.80	18	0.76	18	2 575	2 593	2 603	2 619
青海	558	708	744	742	1.07	8	1.34	6	1.39	6	1.38	5	523	529	534	539
宁夏	971	986	889	864	1.72	1	1.72	2	1.53	4	1.47	3	563	572	580	588
新疆	2 539	2 563	2 645	2 881	1.35	3	1.35	5	1.37	7	1.47	3	1 876	1 905	1 934	1 963

资料来源：1.《中国统计年鉴》，参见国家统计局网站 http://www.stats.gov.cn/tjsj/ndsj/index.htm。
2. 国家统计局社会和科技统计司编：《2006年中国社会统计年鉴》，中国统计出版社2006年版，第251页。

亡和经济损失严重。各省（市、自治区）在具体水平上相差很大。西藏、青海等地交通事故数量较低，其他各省（市、自治区）的平均水平在10 000件左右，低于每年10 000件的省（市、自治区）只有：青海、西藏、甘肃、贵州、天津、内蒙古和海南。2005年低于每年5 000件的省（市、自治区）有：西藏、青海、海南、贵州、宁夏、天津。各省（市、自治区）在2002~2004年交通事故逐年下降的趋势下，2005年呈下降趋势的省（市、自治区）也占大多数。下降幅度较大的省（市、自治区）是：上海、江苏、浙江、河北、山西等地。各省（市、自治区）在2002~2004年交通事故逐年下降的趋势下，2005年其事故发生数有所上升的省（市、自治区）是四川和新疆。西藏、内蒙古和青海的人口密度低，即使汽车拥有量很高，但实际路面车辆的拥挤程度不高，撞击事故发生的可能性很低（因为除驾驶员严重违规，在没有其他车辆在场引发的交通事故的比例远低于其他类型事故，并且驾驶员素质也不易量化，即由驾驶员素质作为变量无法准确地预测事故的发生率，所以这里讨论的交通事故原因主要集中于可测量的客观变量，如地形、交通工具拥有量等），更何况这里的地形主要以山地和草原为主，发生水路和飞机事故的情况也不多。海南经济发展迅速，道路建设完善，拥有完备的水陆空交通运输系统，可相对于拥有这些条件的其他省（市、自治区）而言，它的事故发生数是相当低的，这和当地的人口密度低有一定关系，但主要还是靠当地为发展旅游业兴建良好的道路设施，通畅的运输管道和交通规章的有力实施。贵州的地形以山地和丘陵为主，本来是不利于交通运输的，但是由于当地经济水平的限制，人均拥有车数少，按比例而言发生事故的可能性也较小。与此相对应的是四川，两者地形气候相似，可四川的事故发生数几乎是贵州的10倍，原因主要是四川的人口密度高，拥有车辆数多，并且四川还有水路运输，增加了发生事故数的总量，天气状况多为多雾和多云，容易造成交通事故。

事故发生数较高的前三位分别是广东、浙江和山东。这些地方的经济水平都比较高，人们生活富裕，汽车拥有程度高，容易造成道路上的拥堵和摩擦，加大了发生事故的可能。

在交通事故万人死亡率上，一直处于较高水平的是宁夏、广东、西藏和新疆。处于较低水平的是贵州、海南、重庆。除广东交通事故发生总量高外，宁夏、西藏和新疆都属于人口稠密度低地区，事故发生总量少但平均事故严重程度高，因此死亡率高。海南不论在事故发生总量和事故万人死亡率上都保持低水平。贵州和重庆地理结构上险峻，事故数多但死亡率低。

2. 年际间比较

事故发生数和损失情况不断上升，但上升趋势在控制下有所减缓，在万人死亡率上，2001~2002年总体呈上升状态，仅有辽宁、上海、黑龙江、福建、江西、重庆、山东和湖北有轻微下降；2002~2003年总体呈下降趋势，仅有北京、浙江、四川、西藏和新疆有所上升。年际间下降趋势大于上升趋势。上海、吉林、辽宁、黑龙江和山东事故死亡率一直处于下降状态。事故死亡率增长最快的是四川，从2002年的27位增长到2003年的第一位，增长幅度达8倍。北京在事故发生数上有所下降，但在死亡人数和经济损失上还是上升的。2003~2004年总体呈下降趋势，但呈现上升趋势的省（市、自治区）增加到12个：北京、天津、河北、江西、山东、河南、湖北、广东、海南、四川、贵州、西藏、甘肃、青海、宁夏、新疆。2004~2005年总体呈下降趋势，而且没有一个省（市、自治区）呈现出上升趋势。说明在经历2003~2004年部分省（市、自治区）交通事故上升趋势之后，国家相关部分采取了有效措施来降低交通事故的发生率和死亡率。2004年、2005年连续两年湖北交通事故万人死亡率全国最低。

（三）火灾安全

火灾现象呈现出复杂和多样化的趋势——现代城市人口、建筑、生产、物资集中的特点使火灾发生更为集中；各种新型材料的使用使可燃物种类增多，燃烧形式和产物更加复杂，火灾有毒气体危害问题突出；各种新能源和电器产品的使用导致火灾起因更为复杂、多样和隐蔽；高层、复杂、超高建筑的增多使火灾扑救和人员疏散的条件恶化等等。

1. 省（市、自治区）际比较

从表13-3的数据可以看出，明显的火灾事故发生带为东北三省、江浙一带，还有分散的山东和河北。就造成的损失看，事故发生数基本与损失程度成正比。

根据发生火灾的地域，可以看到地区发展和地理特征，尤其如东北三省，拥有大量森林资源且气候干燥，发生的火灾多为自燃型森林大火，造成的损失也很大。将火灾发生数和火灾造成的人数相比较，各省（市、自治区）在前者上的差异要小于后者，就是说不同的省（市、自治区）在火灾损失程度上相差很大。如贵州，在火灾发生数上很小，但在死亡人数上很大，并且波动性很大。

事故万人死亡率水平较高的省（市、自治区）是西藏、辽宁、吉林，广东、浙江、四川和新疆，西藏和新疆人口稀少造成死亡率比值偏大。辽宁和吉林则是森林大火高发地带，火势范围大造成的人员伤亡和经济损失严重。广东经济发达，火灾事故数和死亡率都较高，火灾事故万人死亡率增长幅度较大。死亡率水平较低的省（市、自治区）是陕西、湖北、贵州和山东。

普遍而言，城市发生火灾的比例高于农村。这是因为，城市人口居住密度大且多为高层建筑，逃生和挽救情况复杂，容易造成人员伤亡和巨大的经济损失，广泛使用电器产品也为火灾事故埋下隐患，这几年比较大的火灾事故除森林大火

表13-3　2001~2004年全国火灾事故状况

地区	火灾事故死亡人数（人）				火灾事故万人死亡率（%）								总人数（万人）			
	2001年	2002年	2003年	2004年	2001年	排名	2002年	排名	2003年	排名	2004年	排名	2001年	2002年	2003年	2004年
北京	27	67	42	59	0.02	13	0.047	2	0.028	6	0.04	6	1 383	1 423	1 456	1 493
天津	26	27	30	34	0.026	8	0.027	10	0.03	5	0.033	8	1 004	1 007	1 011	1 024
河北	91	83	81	74	0.014	19	0.012	26	0.012	26	0.011	22	6 699	6 735	6 769	6 809
山西	39	45	48	48	0.012	23	0.014	23	0.014	22	0.014	19	3 272	3 294	3 314	3 335
内蒙古	29	35	25	26	0.012	23	0.015	21	0.011	28	0.011	22	2 377	2 379	2 380	2 384
辽宁	145	147	113	176	0.035	2	0.035	6	0.027	9	0.042	5	4 194	4 203	4 210	4 217
吉林	89	108	76	148	0.033	4	0.04	3	0.028	6	0.055	2	2 691	2 699	2 704	2 709
黑龙江	66	68	119	106	0.017	17	0.018	17	0.031	4	0.028	9	3 811	3 813	3 815	3 817
上海	31	39	48	30	0.019	16	0.024	12	0.028	6	0.017	15	1 614	1 625	1 711	1 742
江苏	162	160	192	187	0.022	11	0.022	15	0.026	12	0.025	10	7 355	7 381	7 406	7 433
浙江	158	178	236	339	0.034	3	0.038	4	0.05	2	0.072	1	4 613	4 647	4 680	4 720
安徽	77	83	71	96	0.012	23	0.013	25	0.011	28	0.015	18	6 328	6 338	6 410	6 461
福建	66	62	95	85	0.02	13	0.018	17	0.027	9	0.024	11	3 440	3 466	3 488	3 511
江西	83	65	72	40	0.02	13	0.015	21	0.017	18	0.009	24	4 186	4 222	4 254	4 284
山东	110	105	129	37	0.012	23	0.012	26	0.014	22	0.004	31	9 041	9 082	9 125	9 180
河南	121	158	125	84	0.013	21	0.016	19	0.013	25	0.009	24	9 555	9 613	9 667	9 717
湖北	49	48	147	48	0.008	29	0.008	31	0.024	13	0.008	29	5 975	5 988	6 002	6 016
湖南	95	70	102	63	0.014	19	0.011	29	0.015	20	0.009	24	6 596	6 629	6 663	6 698

续表

地区	火灾事故死亡人数（人）				火灾事故万人死亡率（%）								总人数（万人）			
	2001年	2002年	2003年	2004年	2001年	排名	2002年	排名	2003年	排名	2004年	排名	2001年	2002年	2003年	2004年
广东	248	188	248	279	0.032	6	0.024	12	0.031	3	0.034	7	7 783	7 859	7 954	8 304
广西	62	76	100	225	0.013	21	0.016	19	0.021	16	0.046	4	4 788	4 822	4 857	4 889
海南	12	29	12	7	0.015	18	0.036	5	0.015	20	0.009	24	796	803	811	818
重庆	68	44	58	63	0.022	10	0.014	23	0.019	17	0.02	12	3 097	3 107	3 130	3 122
四川	101	128	123	138	0.012	23	0.05	1	0.014	22	0.016	16	8 640	8 673	8 700	8 725
贵州	93	98	22	63	0.024	9	0.026	11	0.006	31	0.016	16	3 799	3 837	3 870	3 904
云南	114	132	107	90	0.027	7	0.03	8	0.024	13	0.02	12	4 287	4 333	4 376	4 415
西藏	10	5	16	14	0.038	1	0.019	16	0.06	1	0.051	3	263	267	270	274
陕西	23	36	42	43	0.006	31	0.01	30	0.011	28	0.012	21	3 659	3 674	3 690	3 505
甘肃	54	31	31	24	0.021	12	0.012	26	0.012	27	0.009	24	2 575	2 593	2 603	2 619
青海	5	18	13	10	0.01	28	0.034	7	0.024	13	0.019	14	523	529	534	539
宁夏	4	16	9	4	0.007	30	0.028	9	0.016	19	0.007	30	563	572	580	588
新疆	62	44	50	28	0.033	4	0.023	14	0.026	11	0.014	19	1 876	1 905	1 934	1 963

注：总计包括铁路、交通、军队的火灾情况。

资料来源：《中国统计年鉴》，参见中华人民共和国国家统计局网站 http://www.stats.gov.cn/tjsj/ndsj/index.htm。

外都是发生在城市人群聚集地,如商场和企业等。这也可解释经济地区的高火灾事故率。

2. 年际比较

2003年与2002年相比,火灾发生的数量、人员伤亡和经济损失都呈明显的下降趋势。部分因为2002年的高火灾发生率及严重损失为人们敲起了警钟,改善了管理和监察。然而在2004年,在数量和伤亡损失上,呈现上升趋势的省(市、自治区)已经超过半数。对于2004年与2005年的数据,火灾发生数由2004年的下降变为2005年的上升的省(市、自治区)已经接近半数。其中火灾发生数一直走高的省(市、自治区)分别是湖北、海南、重庆、四川、贵州、云南、西藏、陕西、新疆。2002~2004年万人死亡率总体一直处于上升状态的省(市、自治区)是山西、上海、江苏、湖北、广西。2002年和2005年间全国火灾死亡率最高的几个省(市、自治区)是吉林、西藏、浙江。一般而言,东北三省火灾发生率和事故死亡率高于其他地区,沿海地区高于内陆地区,经济发达地区高于经济不发达地区。火灾状况受气候等地理条件、经济水平影响。

(四) 社会治安

中国正处于并将长期处于经济转轨、社会转型的特殊历史时期。到2020年人均GDP将从1 000美元提高到3 000~4 000美元。根据国际经验,在这期间利益重新分配,新旧观念相互碰撞,社会结构将发生剧烈变动,社会不稳定因素增加,对人民生命安全构成了极大的隐患。近年来,中国犯罪形势向动态化、组织化、职业化和智能化的趋势发展,全国公安机关所立刑事案件年均上升幅度为24.7%,刑事案件的总量每年均达300万起以上,各类刑事案件死亡年均近7万人,直接经济损失400亿元;经济犯罪涉案金额平均每年都在800亿元以上,违法犯罪形式趋向多样化、复杂化,而且走向国际化。①

表13-4显示2002~2005年全国刑事案件的总体形势。刑事案件总体上呈高发态势,案件类型结构基本保持平稳,如杀人、强奸、伤害这样的严重刑事案件在总案件中所占的比例较小。其中,杀人等在数量和比例上有所下降,伤害、抢劫和强奸等严重刑事案件在数量和比例上都有较大增长。伤害罪在四年中一直呈现上升趋势。总案件所占比例最大并且上升幅度最大的是盗窃,盗窃直接造成巨大的经济损失,且有灵活性和流动性的特征,在查处和打击上的收效不大。

---

① 参见 http://www.bohangedu.com/gwy/NewsDetail.asp? newsid = 581。

表 13-4　　　　2001~2004 年全国刑事案件数量及比例

项　目	2001 年		2002 年		2003 年		2004 年	
	立案数	构成比例（%）	立案数	构成比例（%）	立案数	构成比例（%）	立案数	构成比例（%）
杀人	27 501	0.62	27 276	0.61	24 393	0.56	24 711	0.52
伤害	138 100	3.10	141 825	3.27	145 485	3.31	148 623	3.15
抢劫	352 216	7.90	354 926	8.18	340 077	7.74	341 908	7.25
强奸	40 600	0.91	38 209	0.88	40 088	0.91	36 175	0.77
拐卖妇女儿童	7 008	0.16	5 684	0.13	3 721	0.08	3 343	0.07
盗窃	2 924 512	65.61	2 861 727	65.99	2 940 598	66.92	3 212 822	68.10
诈骗	190 854	4.28	191 188	4.41	193 665	4.41	205 844	4.36
走私	1 784	0.04	1 149	0.03	1 178	0.03	955	0.02
伪造、变造货币，出售、购买、运输、持有、使用假币	5 780	0.13	5 238	0.12	3 151	0.07	2 315	0.05
其他	769 224	17.26	710 814	16.39	701 537	15.97	741 426	15.71
合计	4 457 579	100.00	4 337 036	100.00	4 393 893	100.00	4 718 122	100.00

资料来源：《中国统计年鉴》http：//www.stats.gov.cn/tjsj/ndsj/index.htm。

在四年当中，2002 年的刑事案件总量比较小，并且严重刑事案件在总案件的比例也最低，这是因为当时严打活动的作用；2003~2005 年呈上升趋势。

评估公安和检察机关的工作效率是用于检验作为公共安全最主要组成部分的社会治安的重要指标，即其主要责任承担者——公安和检察机关在保证社会达到安全状态的效用有多大。立案数和结案数不仅可以反映出职能部门工作的效率，还反映出其工作效度，以最终完成作为标准。

如表 13-5 所示，2001~2004 年的结案率都达到了 80% 以上。但 2002~2004 年结案率都有略微的下降；2005 年又回升到 85%。其中，偷窃和哄抢公共财物两项犯罪行为无法达到这么高的结案率，因为这类案件的特征为偷窃具有流动性，事后侦查难度大，哄抢财物责任人分散也不便于处理。

从四年的趋势看，2002 年的立案数和结案数明显很高，这与当时的严打治理有关。2005 年的立案数和结案数又再创新高，超过 2002 年 2 个百分点。

（五）食品安全

食品安全问题严重，污染与中毒是中国目前最主要的食品安全隐患，人们的生命和健康因此受到严重威胁。2001 年卫生部收到 706 起食物中毒报告，中毒 22 193 人，死亡 184 人，但专家估计实际中毒人数可能是统计数量的 10 倍以上。

表13-5　　2002~2005年公安、监察机关受、查处案件情况

	案件类型	2002年		2003年		2004年		2005年	
		立案数	结案数	立案数	结案数	立案数	结案数	立案数	结案数
公安机关受理案件	扰乱工作公共秩序	544 363	534 504	426 962	419 237	545 030	537 187	498 871	488 611
	结伙斗殴	147 307	126 225	131 951	113 564	120 030	102 225	123 641	109 123
	侮辱妇女及其他流氓活动	27 468	25 335	21 391	19 593	16 455	14 889	17 404	16 524
	妨碍国家工作人员执行职务	51 917	49 599	48 209	46 123	35 148	33 663	38 505	37 092
	违反枪支管理规定	19 052	18 699	10 278	10 154	7 610	7 392	6 307	6 306
	违反爆炸物品管理规定	71 606	70 496	61 792	60 831	45 144	44 076	46 139	45 417
	殴打他人	1 135 896	881 592	1 138 225	8 876 863	1 193 348	935 634	1 392 145	1 163 672
	偷窃财物	1 001 965	470 116	1 066 740	465 737	1 259 087	559 921	1 513 770	924 095
	骗取、抢夺、敲诈勒索财物	150 620	84 496	158 472	75 802	190 694	82 518	213 207	115 702
	哄抢公共财物	6 007	4 582	5 507	4 047	5 387	3 697	5 355	4 200
	故意损害共私财物	117 672	84 051	126 188	87 463	134 172	92 168	168 879	128 559
	倒卖票卷、证件	16 656	16 154	13 643	13 410	14 811	14 552	17 523	17 338
	利用迷信扰乱秩序或骗财	11 275	10 688	8 051	7 833	8 119	7 751	8 224	8 116
	卖淫、嫖娼	224 976	221 930	172 314	171 604	142 633	141 123	143 995	142 746
	赌博	446 654	438 295	447 044	43 910	380 276	373 565	418 274	412 098
	违反户口、居民身份证管理	899 068	889 793	771 341	762 695	734 880	725 012	788 485	785 276
	其他	1 359 848	1 270 443	1 386 986	1 295 325	1 814 900	1 690 614	1 976 876	1 895 897
	合计	6 232 350	5 196 998	5 995 594	4 869 591	6 647 724	5 365 787	7 377 600	6 300 772
检察机关	贪污贿赂	34 716	33 085	31 953	29 986	30 548	28 525	—	—
	渎职案件	8 542	7 691	7 609	7 056	7 238	6 613	—	—

资料来源：1.《中国统计年鉴》，参见国家统计局网站 http://www.stats.gov.cn/tjsj/ndsj/index.htm。

2. 国家统计局社会和科技统计司编：《2006年中国社会统计年鉴》，中国统计出版社2006年版，第249页。

除有害微生物外，农药、兽药、生物毒素、亚硝酸盐等 15 类物质成为食品安全隐患。看不见的慢性污染更是防不胜防。据估计，中国有超过 8 亿人体内残留有早期使用的农药"六六六"和"滴滴涕"。动物产品中所含的生长激素引发的健康问题和兽药残留引起的抗药性，困扰着全球的科学家。2001 年有关部门在"残留物质监控计划"中，对规模化养殖加工企业的动物和动物产品监测结果表明，多数食用动物及其产品的农药、兽药残留和重金属含量状况不容乐观。①

2005 年 9 月江苏省质监局公布了全省桶装饮用水质量监督抽查结果，此次共抽查了全省 864 家企业生产的 864 批次桶装饮用水产品，合格率为 61%。其中获得食品生产许可证的企业产品的抽检合格率为 86.4%，未获证企业产品抽检合格率为 56.8%。②

2005 年 8 月福建省工商局对外发布今年流通领域食品质量监测情况：省工商局对福州、厦门、漳州、泉州、莆田 5 个市区食用油、腌制品、豆制品、儿童食品、调味品、饮料等六类商品 200 个样品进行抽查，经检测，有 168 个样品合格，合格率为 84%。③

2005 年 5 月国家工商行政管理总局在对郑州、济南、青岛、烟台、长春、吉林、南京、苏州、乌鲁木齐等 16 个城市的 93 家葡萄酒经销单位进行监测时发现，近三成葡萄酒不合格，滥用食品添加剂、质量低劣和违规销售葡萄酒等三大问题扰乱葡萄酒市场。④

中国的 GDP 连续多年平均保持了 8% 的高位增长，却鲜有人知道每年因公共安全问题造成的 GDP 损失高达 6%，计 6 500 亿元，这些问题每年夺去 20 万人的宝贵生命。其构成一是安全生产事故引发的损失共计 2 500 亿元；二是社会治安事件造成的损失 1 500 亿元；三是自然灾害造成的 2 000 亿元损失；四是生物侵害导致的损失为 500 亿元。实际上，这还仅仅是直观的、表面的现象，公共安全所造成的负面效应，靠这两个量化指标是无法完全表达的。2003 年发生的"非典"疫情，死亡人数仅 300 多人，但对于人们心理的影响、社会动荡程度、旅游及经济活动的限制是有目共睹的。痛定思痛，建立科学、高效的公共安全管理体制是我们亟待解决的重大课题。

公共安全是政府和百姓都特别关注的十分重要的社会问题。公共安全是人类

---

① 参见中国网《2007 年中国食品安全报告》，http：//www.lianghui.org.cn/aboutchina/data/2007spaq/2007-11/19/content_9253370_2.htm，2007 年 11 月 19 日。
② 参见新浪网 http：//finance.sina.com.cn/20050908/1453303283.shtml，2005 年 9 月 8 日。
③ 参见中国食品商务网 http：//www.21food.cn/html/news/9/42765.htm，2005 年 8 月 16 日。
④ 参见质量时空网，http：//www.zjol.com.cn/gb/node2/node268769/node312666/node312669/userobject15ai42791181.html，2005 年 6 月 21 日。

社会发展和进步的必要条件。任何一个社会的存在和发展，都需要公共安全，没有良好的公共安全保障体系与措施，这个社会的存在与发展，人们的生存与生活就不可想象。因而维护公共安全，是关系国计民生、社会安定和发展的大事；是国家实施法律、治国安邦的重要职能；是加强公共管理、建设强大国家的一项系统工程。

附表 13-1　　2002~2004 年全国生产安全事故死亡数及重大事故数

地区	事故死亡人数			重大事故数		
	2002 年	2003 年	2004 年	2002 年	2003 年	2004 年
北　京	1 686	2 172	1 867	0	0	2
天　津	1 321	1 266	1 127	0	0	0
河　北	6 169	6 661	5 227	5	8	7
山　西	4 284	4 238	4 855	10	8	13
内蒙古	2 548	2 573	2 597	3	1	1
辽　宁	5 047	4 412	4 223	2	3	2
吉　林	2 839	2 642	2 985	4	2	2
黑龙江	3 156	3 015	2 968	5	7	4
上　海	1 755	1 904	2 002	0	0	1
江　苏	7 472	7 399	8 911	1	0	0
浙　江	7 596	8 331	8 839	0	3	3
安　徽	4 996	5 472	5 394	4	4	1
福　建	4 304	4 518	4 889	1	3	2
江　西	3 573	3 669	3 277	2	3	4
山　东	9 815	9 589	8 335	1	5	6
河　南	7 335	6 427	6 261	6	6	5
湖　北	3 378	3 504	3 214	4	1	3
湖　南	4 800	4 887	4 939	15	10	11
广　东	12 949	12 630	11 795	3	7	3
广　西	4 237	4 251	4 237	3	4	6
海　南	558	596	622	1	0	0
重　庆	1 863	3 613	2 507	12	6	5
四　川	6 480	6 189	6 157	9	3	11
贵　州	2 920	3 334	3 076	9	11	12
云　南	3 898	4 168	4 119	5	6	4
西　藏	505	678	652	1	2	2
陕　西	2 779	2 711	3 484	5	3	5
甘　肃	2 475	2 456	2 324	2	4	2
青　海	835	944	844	0	0	0
宁　夏	1 069	993	966	1	1	0
新　疆	3 016	3 096	3 282	1	0	0

注：各省的各类事故中不包含水上交通、铁路运输、民航飞机、农机与渔业船舶事故。
资料来源：国家安全生产监督总局网站 http://www.chinasafety.gov.cn/。

附表13-2　　　　　2001~2004年全国交通事故状况

地区	发生数				死亡人数				损失折款（万元）			
	2001年	2002年	2003年	2004年	2001年	2002年	2003年	2004年	2001年	2002年	2003年	2004年
北京	17 645	12 053	10 842	8 536	1 447	1 499	1 641	1 631	6 267.1	4 112	4 361	4 058
天津	9 883	10 217	10 267	5 485	1 119	1 218	1 129	992	5 313.1	5 403	5 461	3 274
河北	40 693	37 895	24 333	15 095	6 150	6 182	4 789	4 565	14 121.6	13 369	10 643	7 760
山西	25 779	19 641	18 556	17 206	3 029	3 644	3 626	4 172	6 285.7	7 931	8 783	8 403
内蒙古	9 772	9 572	9 833	9 889	1 943	2 143	2 103	2 239	2 247.2	2 446	2 369	2 799
辽宁	24 785	19 777	18 443	12 985	4 293	4 210	3 536	3 346	12 633.1	11 179	8 909	7 399
吉林	16 266	27 401	11 127	9 955	2 424	2 304	2 227	2 515	4 872.8	5 611	5 280	5 046
黑龙江	12 378	11 471	9 954	8 532	2 488	2 446	2 447	2 463	4 721.8	4 936	4 606	4 331
上海	42 078	46 733	54 196	27 136	1 503	1 398	1 406	1 543	23 883.0	29 754	39 721	19 149
江苏	53 633	50 001	40 383	31 431	7 184	6 947	6 640	8 100	24 714.8	23 653	24 302	17 656
浙江	68 759	62 085	56 975	50 039	5 901	6 642	7 149	7 549	42 145.2	52 383	54 286	27 853
安徽	27 845	28 114	21 791	18 006	4 333	4 557	4 155	4 794	8 639.2	9 462	8 561	6 996
福建	35 867	36 080	33 290	24 274	4 093	3 959	3 993	4 393	14 712.4	15 257	14 230	9 409
江西	17 696	17 772	13 998	10 531	3 355	3 162	2 818	2 760	7 150.5	7 456	7 783	6 370
山东	64 786	56 818	49 414	39 815	9 339	9 167	8 905	7 804	18 961.0	17 582	17 702	13 283
河南	40 734	45 427	40 477	26 540	5 893	6 618	5 756	5 467	14 026.8	14 608	15 529	12 443
湖北	20 364	20 469	20 047	13 584	3 024	2 776	2 729	2 530	7 178.4	8 155	9 672	7 741
湖南	23 517	28 056	19 414	16 116	3 355	3 658	3 664	3 824	8 691.0	9 100	10 548	8 547
广东	69 555	78 927	68 903	68 423	10 801	12 035	11 151	10 657	30 098.9	35 834	31 388	24 127
广西	16 070	16 205	15 221	13 263	3 554	3 633	3 607	3 641	6 884.4	6 887	7 067	5 427
海南	2 334	2 369	2 335	2 041	373	500	533	520	1 166.1	1 186	1 156	819
重庆	14 221	16 455	16 086	11 109	1 146	1 076	1 037	1 619	4 186.3	4 683	4 291	2 894
四川	39 090	49 858	37 326	28 484	5 727	5 453	40 907	4 890	12 483.2	13 984	13 123	11 254
贵州	4 064	4 259	5 005	3 395	1 655	1 760	1 976	1 831	2 067.8	2 420	2 815	2 353
云南	19 815	20 700	20 676	11 421	2 984	3 146	3 138	3 210	10 739.8	10 733	9 784	5 196
西藏	803	1 065	1 317	1 097	354	462	621	594	568.1	882	1 267	956
陕西	13 194	12 771	12 502	13 348	2 285	2 340	2 324	2 949	3 998.9	3 864	3 893	6 242
甘肃	7 929	7 696	7 659	6 361	2 110	2 188	2 090	1 992	63 170.7	3 265	3 499	2 512
青海	1 525	1 628	1 619	1 212	558	708	744	742	631.9	685	732	565
宁夏	13 315	11 525	5 249	4 216	971	986	889	864	1 860.0	1 748	1 426	1 312
新疆	10 519	10 095	10 269	8 364	2 539	2 563	2 645	2 881	4 366.4	3 780	3 742	2 965

资料来源：《中国统计年鉴》中华人民共和国国家统计局 http://www.stats.gov.cn/tjsj/ndsj/index.htm。

附表 13-3 2001~2004 年全国火灾状况

地区	发生数				死亡人数				经济损失（万元）			
	2001年	2002年	2003年	2004年	2001年	2002年	2003年	2004年	2001年	2002年	2003年	2004年
北京	7 779	9 784	7 548	9 302	27	67	42	59	2 630.8	3 247.8	2 149.6	3 525.9
天津	7 955	8 000	5 261	4 659	26	27	30	34	1 411.8	1 650.1	1 843.0	1 766.0
河北	8 641	9 972	7 746	7 690	91	83	81	74	6 458.8	5 457.3	4 457.7	4 106.3
山西	3 541	3 765	3 545	3 571	39	45	48	48	1 940.2	2 436.8	2 425.3	2 539.0
内蒙古	3 524	4 090	3 523	4 577	29	35	25	26	1 405.2	837.9	1 283.2	1 473.0
辽宁	19 321	25 029	22 055	27 190	145	147	113	176	9 767.1	10 576.6	10 988.4	11 637.6
吉林	16 831	20 671	19 200	21 354	89	108	76	148	5 268.2	4 725.8	3 721.4	4 385.7
黑龙江	15 130	14 533	16 681	14 523	66	68	119	106	9 101.4	8 243.1	9 042.4	5 878.1
上海	3 187	5 979	5 820	5 133	31	39	48	30	990.1	1 417.7	1 881.3	1 797.8
江苏	12 795	14 333	14 011	16 475	162	160	192	187	7 102.3	8 258.6	8 856.1	11 011.9
浙江	17 334	20 589	27 606	13 724	158	178	236	339	16 327.7	17 378.6	24 011.1	14 491.1
安徽	7 470	8 200	6 683	7 214	77	83	71	96	487 308	7 511.2	4 890.9	4 669.5
福建	5 707	61 009	8 261	7 727	66	62	95	85	6 132.5	5 857.1	8 661.4	7 350.6
江西	5 755	5 714	8 029	6 335	83	65	72	40	3 482.9	4 142.1	4 921.3	4 526.9
山东	19 434	25 583	17 525	16 058	110	105	129	37	8 399.4	9 623.3	11 224.8	6 032.2
河南	11 508	14 220	11 677	12 206	121	158	125	84	69 801.8	7 899.2	7 330.6	6 148.7
湖北	6 225	5 437	5 862	7 519	49	48	147	48	3 274.2	3 500.0	3 633.2	4 399.3
湖南	3 979	5 054	6 221	5 611	95	70	102	63	5 158.8	6 516.7	6 378.5	24 687.5
广东	7 885	13 820	15 635	15 756	248	188	248	279	10 721.4	14 980.9	13 752.8	17 452.0
广西	2 752	2 705	2 975	2 926	62	76	100	115	3 365.8	3 087.1	3 259.7	4 155.4
海南	562	811	937	1 092	12	29	12	7	419.7	706.9	778.3	798.3
重庆	4 263	4 626	6 973	7 388	68	44	58	63	2 872.2	2 533.8	3 307.3	3 372.9
四川	6 051	7 536	9 286	9 141	101	128	123	138	4 731.2	5 706.5	4 656.1	4 514.7
贵州	1 882	2 158	1 846	2 028	93	98	22	63	2 526.6	2 704.3	1 160.5	2 058.2
云南	3 301	3 373	3 910	3 564	114	132	107	90	4 420.2	3 857.6	4 476.7	3 595.9
西藏	248	161	171	203	10	5	16	14	1 173.4	547.9	1 393.6	502.4
陕西	3 413	4 640	3 947	6 871	25	36	42	43	2 484.3	2 996.5	2 508.2	3 616.9
甘肃	2 775	3 222	3 058	3 012	54	31	31	24	2 533.7	2 611.4	2 082.8	2 318.3
青海	693	667	734	958	12	13	17	10	317.8	400.3	424.0	590.5
宁夏	2 844	3 324	2 724	3 384	4	16	14	4	621.1	921.6	1 010.3	800.8
新疆	3 992	4 190	4 482	5 513	62	44	50	28	2 687.0	4 109.2	2 538.8	2 993.9

注：总计包括铁路、交通、军队的火灾情况。
资料来源：《中国统计年鉴》中华人民共和国国家统计局网站 http://www.stats.gov.cn/tjsj/nd-sj/index.htm。

第十四章

生活质量的环境指标及其评价

环境是建构和谐社会的基础，也是生活质量的基本内核之一。缺乏一个良好而平衡的生态环境，和谐社会与生活质量也就失去了基本的意义。所以保持和提升人民的环境质量是提高人们生活质量与建构和谐社会的关键步骤和必然追求。

一、环境质量测量及其指标选取

（一）环境生活质量指标的设置

1. 环境生活质量指标体系的结构框架

以污染治理费用占 GDP 比重来反映环境保护的情况，以水环境、声环境、大气环境、固体废物、生态环境方面的指标作为评价环境状况的具体指标，即水质综合合格率、城市环境噪声达标区面积、城市空气污染指数年、日平均值、生活垃圾无害化处理率和人均公共绿地面积。其中，水质综合合格率用农村自来水普及率、城市用水普及率进行具体阐释、说明。以上述指标建构的环境生活质量指标体系结构，如图 14-1 所示。

2. 指标的内涵与计算

根据这个压力—状态—反应框架建立的环境指标体系应包括环境状态、环境污染和环境保护三个方面，而环境状态和环境污染可统一于环境状况之中的理念，本研究设置的环境生活质量指标评价体系，以主要的环境指标为依据，主要选取反映客观的环境生活质量的指标建立评价体系。

```
                            ┌─ 环境保护 ─── 环境污染治理投资总额占GDP比重
                            │
                            │                              ┌─ 农村自来水普及率
                            │             ┌─ 水质综合合格率 ┤
环境生活质量指标体系 ────────┤             │                └─ 城市用水普及率
                            │             │
                            └─ 环境状况 ──┤─ 环境噪声达标区面积
                                          │
                                          ├─ 城市空气污染指数年、日平均值
                                          │
                                          ├─ 生活垃圾无害化处理率
                                          │
                                          └─ 人均公共绿地面积
```

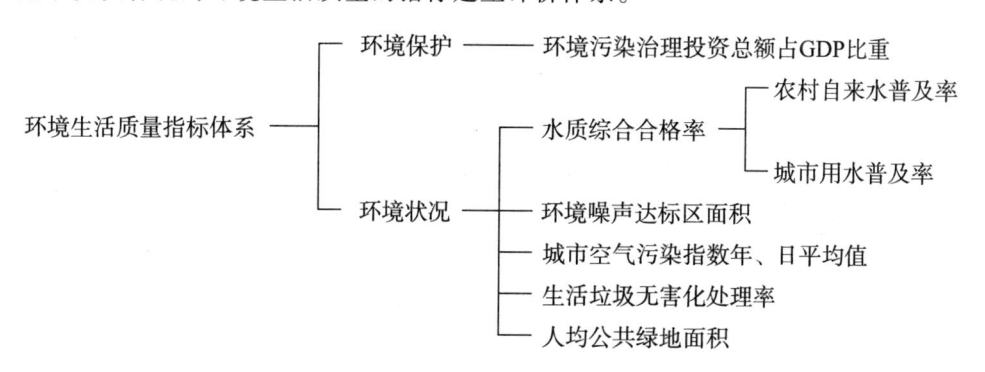

图 14-1　环境生活质量指标评价体系

环境保护方面，选择环境污染治理投资总额占 GDP 比重来评价。环境污染治理投资是指在工业污染源治理和城市环境基础设施建设的资金投入中，用于形成固定资产的资金。包括工业新老污染源治理工程投资、建设项目"三同时"环保投资，以及城市环境基础设施建设所投入的资金。环境污染治理投资总额占 GDP 比重是环境污染治理投资总额占当年 GDP 的百分比。

污染治理费用占 GDP 比重可以根据统计年鉴中的数据直接得到。

而环境状况方面，主要评价指标包括水质综合合格率、城市环境噪声达标率、城市空气污染指数年、日平均值、工业固体废物综合利用率和森林覆盖率。

（1）水质综合合格率。水质综合合格率是一个抽象、笼统的概念，非一般水处理工业及供水系统中所言的用来判断水质的专用术语，因此以两个具体指标进行阐述、说明。

①农村自来水普及率。农村自来水普及率是指农村中引用自来水人口占农村人口的百分比。其计算公式为：

农村自来水普及率 =（饮用自来水人口÷农村人口）×100%

其中农村人口指农村常住人口，其统计依国家统计局按行政建制的统计口径。

②城市用水普及率。城市用水普及率是指城市用水人口占城市人口的比例。其计算公式为：

城市用水普及率 =（城市用水人口数÷城市人口总数）×100%①

---

① 这里采用的是中国统计年鉴 2004 年的算法，与 1999 年的研究中城市用水普及率的内涵并不相同。1999 年的城市用水普及率是指城市用水（自来水）的非农业人口（不包括临时人口和流动人口）与城市非农业人口之比。其计算公式为：城市用水普及率 =（城市用水的非农业人口数÷城市非农业人口数）×100%，这原本也是统计年鉴上的算法，但从 2002 年的统计年鉴（即从 2001 年数据）开始，算法更改成本研究的算法。

在指标数据的可获得性方面,农村自来水普及率数据中的"饮用自来水人口"无法直接获得;统计年鉴中则直接给出了城市用水普及率的数据。

(2) 城市环境噪声达标区面积。统计年鉴中提供了城市环境噪声达标区面积的数据。①

(3) 城市空气污染指数年、日平均值。空气污染指数(Air Pollution Index, API)是一种能反映和评价空气质量的指标,即将常规监测到的几种空气污染物的浓度简化成单一的概念性数据形式,并分级表征空气质量状况与空气污染的程度(范元中,1998)。

城市空气污染指数年、日平均值是指针对特定城市,将给定年内的该城市空气污染指数每日监测值累计叠加,然后求其年、日平均值。其计算公式为:

$$城市空气污染指数年、日平均值 = (\sum API) \div N$$

其中 $\sum API$ 为特定城市每日空气污染指数监测值,n = N 为总日数。

在指标数据的可获得性方面,国家环保总局的网站上的中国城市空气质量日报提供了各个城市的每日空气污染指数(API)监测值。

(4) 生活垃圾无害化处理率。生活垃圾无害化处理率是指生活垃圾无害化处理量与生活垃圾产生量的百分比。在统计上,由于生活垃圾产生量不易取得,可用清运量代替。计算公式为:

$$生活垃圾无害化处理率 = (生活垃圾无害化处理量 \div 生活垃圾产生量) \times 100\%$$

(5) 人均公共绿地面积。人均公共绿地面积指人均占有公共绿地的面积。计算公式为:

$$人均公共绿地面积 = 城市公共绿地面积 \div 城市人口$$

指标的构造与内涵如表 14-1 所示。

表 14-1　　　　　　　　环境指标构造及内涵

一级指标	二级指标	三级指标	指标内涵
环境保护	污染治理费用占GDP比重		国家和社会各单位一年内用于治理"三废"及噪声等环境污染的资金总额占当年国内生产总值(GDP)的百分比
环境状况	水质综合合格率	农村自来水率	农村中引用自来水人口占农村人口的百分比
		城市用水普及率	城市用水人口占城市人口的比例

---

① 环境噪声达标区系指在《城市区域环境噪声标准》(GB3096—93)使用区域划分的基础上,经过依法强化环境噪声管理,使某一区域内各类环境噪声达到相应区域标准要求。

续表

一级指标	二级指标	三级指标	指标内涵
环境状况	环境噪声达标区面积		环境噪声达标区系指在《城市区域环境噪声标准》（GB3096—93）使用区域划分的基础上，经过依法强化环境噪声管理，使某一区域内各类环境噪声达到相应区域标准要求
	城市空气污染指数年、日平均值		城市空气污染指数年、日平均值是指针对特定城市，将给定年内的该城市空气污染指数每日监测值累计叠加，然后求其年、日平均值
	生活垃圾无害化处理率		生活垃圾无害化处理量与生活垃圾产生量的百分比
	人均公共绿地面积		人均占有公共绿地的面积

二、环境质量现状与评价

在评价环境状况方面，选用水质综合合格率，城市环境噪声达标区面积，城市空气污染指数年、日平均值，生活垃圾无害化处理率和人均公共绿地面积五个指标分别反映水环境、大气环境、声环境、固体废物、生态环境，但这是不全面的，环境状况还包括土壤状况、生物多样性和光、放射性污染等。由于这些指标缺乏资料可获得性或缺乏可比性，又与人民日常生活联系不太密切，因此，没有纳入环境状况指标。但是，人类环境是一个整体，其要素是相互联系的，略去的指标在已有的指标中也能得到一定程度的反映。如土壤状况可以间接地在水质综合合格率指标中得到一定程度的反映。所以，评价环境状况的指标（"水"、"声"、"气"、"固体废物"、"绿地面积"）能够在一定程度上反映现实的环境状况。

1. 水环境（水质综合合格率）

中国作为一个人口众多、经济水平不高的发展中大国，在水资源缺乏和水污染方面的问题更加突出：人均淡水供应量只有世界平均水平的1/4；300多个城市缺水，西部和北部地区的很多人得不到足够的饮用水供应。2003年，中国水资源供应依旧紧张。当年人均水资源2 075立方米，比上年下降5.6%。全年平均年降水量640毫米，下降3.0%。全国人均用水量为420立方米，下降1.9%。① 2005

---

① 参见中国环保网《2004年中国环境状况公报》，http://www.chinaenvironment.com/view/ViewNews.aspx?k=20050602085726562。

年,在国内生产总值比上年增长 9.9% 的形势下,全国环境质量基本稳定。地表水水质无明显变化,珠江、长江水质较好,辽河、淮河、黄河、松花江水质较差,海河污染严重;重点城市集中式饮用水源地水质总体良好;近岸海域海水水质有所改善,但东海、渤海污染较重。①

根据这种情况,选用农村自来水普及率和城市用水普及率来反映水质综合合格率:

(1) 农村自来水普及率。农村自来水普及率等于农村中饮用自来水人口占农村人口的百分比。由于数据的可获得性原因,只得到 2000 年全国及各地区的农村饮用自来水人口数(是/否),计算得到 2000 年的农村自来水普及率(如表 14-2 所示)。在经济比较发达的省(市、自治区),农村自来水普及率比较高,如上海、北京、天津以及河北、江苏和浙江(如图 14-2 所示)。广东的农村自来水普及率虽然只有 37.7%,但也排到第 10。值得注意的是在排名前 10 的省(市、自治区)中山西、云南和新疆的经济水平都不高,城市化水平也没有上述省(市、自治区)水平高,但是当地的农村自来水普及率却不低,分别为 52.3%、43.6%、42.0%,充分说明当地在农村改水②中取得的巨大成就。除去上述省(市、自治区)外,剩下的各个省(市、自治区)的农村自来水普及率均未达到 30%,改善农村人民的用水环境、改善他们的基本生活条件迫在眉睫。

表 14-2　　　　　　　2000 年农村自来水普及率

地区	农村饮用自来水的人口数(人) 是	否	农村自来水普及率(%)	排名
全国	4 984 169	15 644 132	24.1	—
北京	80 112	6 877	92.1	2
天津	52 213	25 156	67.5	3
河北	846 512	468 740	64.4	4
山西	285 080	260 329	52.3	5
内蒙古	69 515	300 735	18.8	15
辽宁	108 167	444 637	19.6	14
吉林	59 010	294 632	16.7	19
黑龙江	127 769	327 473	28.1	11
上海	60 496	1 955	96.9	1
江苏	593 437	611 968	49.2	7

---

① 参见中国环保网《2005 年中国环境公报》。
② 1980 年联合国第 35 届大会决定将 1981~1990 年定为"国际饮水供应和环境卫生十年",争取 1990 年实现"人人享有安全饮水与卫生"的全球目标。中国政府参加这一活动,还制定了 1983~1990 年全国农村改水规划,在发展改水设施方面,中国的方针是以自来水为主,其他形式为辅。

续表

地 区	农村饮用自来水的人口数（人）		农村自来水普及率（%）	排名
	是	否		
浙 江	382 228	363 986	51.2	6
安 徽	56 572	1 104 859	4.9	31
福 建	127 338	358 960	26.2	13
江 西	36 423	652 349	5.3	29
山 东	209 031	1 482 361	12.4	22
河 南	312 475	1 509 170	17.2	18
湖 北	110 313	747 837	12.5	21
湖 南	120 295	1 100 008	9.9	24
广 东	316 180	522 403	37.7	10
广 西	138 168	646 730	17.6	17
海 南	26 648	71 782	27.1	12
重 庆	49 675	512 626	8.8	27
四 川	148 239	1 493 072	9.0	26
贵 州	58 324	609 960	8.7	28
云 南	343 411	443 525	43.6	8
西 藏	2 004	37 977	5.0	30
陕 西	58 419	557 605	9.5	25
甘 肃	52 465	377 187	12.2	23
青 海	9 497	61 211	13.4	20
宁 夏	15 475	70 008	18.1	16
新 疆	128 678	178 014	42.0	9

资料来源：国家统计局主编：《中国人口统计年鉴（2004）》，中国统计出版社2004年版，第二部分——2000年第五次全国人口普查数据，第201页。

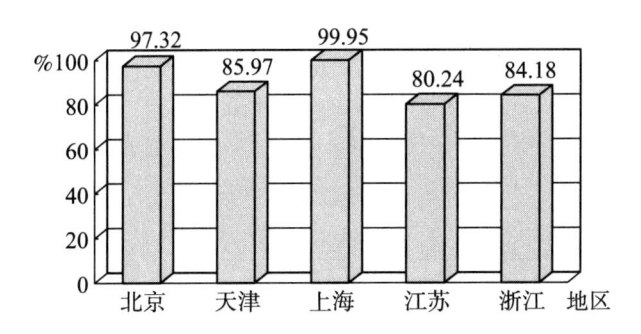

图14－2 2003年部分农村自来水普及率

资料来源：参见中华人民共和国卫生部爱国卫生简报（2004）第3期：《2003年农村改水改厕继续扩大受益》，中华人民共和国卫生部官方网站 http：//www.moh.gov.cn/public/open.aspx？n_id＝7642。

到 2004 年全国的农村自来水普及率水平仍只有 60.0%[①]，说明全国各省（市、自治区）的农村自来水普及率极不平均，虽然有些省（市、自治区）是困于地理条件的限制，如重庆、四川、贵州及西藏，但更多地区的农村自来水普及率的提高应该与解决经济落后省（市、自治区）的贫困问题切实联系起来。

选用农村自来水普及率，除了前文所述的水污染原因之外，更重要的一点是因为中国是一个经济比较落后的发展中国家，还有 1.8 亿左右的贫困人口——而他们大部分居住在广阔的农村——对贫困人口而言，提高生活质量的最紧要任务是改善其基本生活条件，如合格的饮用水。

（2）城市用水普及率。城市用水普及率是指城市用水人口占城市人口的比例。2000~2005 年的全国城市用水普及率分别是 96.7%、72.3%、77.9%、86.2%、88.8%、91.1%[②]（如图 14-3 所示）。各地区情况见表 14-3~表 14-7。

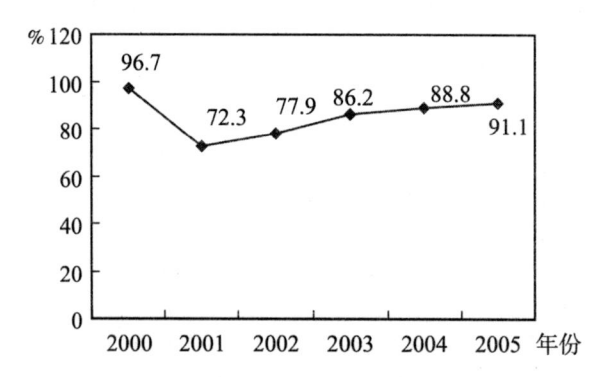

图 14-3　2000~2005 年城市用水普及率

表 14-3　　　　　　　　2001 年城市用水普及率

地　区	城市用水普及率（%）	排　名
北　京	100	1
天　津	100	1
河　北	99.2	5
山　西	73.7	18
内蒙古	76.4	16
辽　宁	86.9	9

[①] 高强：《改善城乡卫生面貌，促进疾病控制工作，掀起爱国卫生运动新高潮》，中华人民共和国卫生部官方网，http://www.moh.gov.cn/public/open.aspx?n_id=9717&seq=%B0%B4%C8%BA%BA%CB%F7%D2%FD。

[②] 此处六个全国城市用水普及率的数据来源于 2001~2006 年的《中国统计年鉴》（国家统计局编，中国统计出版社出版）。

续表

地 区	城市用水普及率（%）	排 名
吉 林	74.4	17
黑龙江	77.6	15
上 海	100.0	1
江 苏	91.0	8
浙 江	93.5	7
安 徽	71.6	22
福 建	78.9	14
江 西	80.2	13
山 东	56.6	27
河 南	72.2	19
湖 北	56.5	28
湖 南	82.0	12
广 东	84.5	11
广 西	70.3	23
海 南	94.7	6
重 庆	45.0	29
四 川	38.9	30
贵 州	38.5	31
云 南	68.6	24
西 藏	84.7	10
陕 西	71.9	20
甘 肃	60.3	26
青 海	100.0	1
宁 夏	63.5	25
新 疆	71.9	20

资料来源：参见国家统计局官方网站（http://www.stats.gov.cn/yearbook2001/indexC.htm）；《2002年中国统计年鉴》，第十一章城市概况中第13个表格：各地区城市设施水平（2001年）。

表14-4　　　　　　　　　　2002年城市用水普及率

地 区	城市用水普及率（%）	排 名
北 京	100.0	1
天 津	100.0	1
河 北	99.8	5
山 西	82.9	14
内蒙古	77.2	20

续表

地 区	城市用水普及率（%）	排 名
辽 宁	87.1	11
吉 林	76.3	22
黑龙江	80.5	17
上 海	100.0	1
江 苏	89.0	9
浙 江	96.6	6
安 徽	79.7	18
福 建	82.9	14
江 西	84.0	13
山 东	64.2	26
河 南	73.2	24
湖 北	66.3	25
湖 南	80.7	16
广 东	91.8	8
广 西	63.9	27
海 南	85.6	12
重 庆	62.6	28
四 川	43.5	31
贵 州	74.8	23
云 南	77.9	19
西 藏	87.6	10
陕 西	76.9	21
甘 肃	57.4	30
青 海	100.0	1
宁 夏	62.5	29
新 疆	95.8	7

资料来源：参见国家统计局官方网站：《2003年中国统计年鉴》，第十一章城市概况中第13个表格：各地区城市设施水平（2002年）。

表14－5 2003年城市用水普及率

地 区	城市用水普及率（%）	排 名
北 京	100.0	1
天 津	100.0	1
河 北	99.9	5
山 西	81.2	20
内蒙古	80.0	21
辽 宁	87.9	15

续表

地　区	城市用水普及率（%）	排　名
吉　林	78.5	25
黑龙江	80.0	21
上　海	100.0	1
江　苏	91.9	12
浙　江	98.3	6
安　徽	79.9	23
福　建	92.1	11
江　西	92.3	10
山　东	71.6	28
河　南	90.4	14
湖　北	73.6	27
湖　南	86.4	16
广　东	90.8	13
广　西	65.9	30
海　南	83.6	17
重　庆	76.5	26
四　川	97.3	7
贵　州	78.7	24
云　南	81.5	19
西　藏	69.0	29
陕　西	93.8	9
甘　肃	82.2	18
青　海	100.0	1
宁　夏	63.6	31
新　疆	96.7	8

资料来源：参见国家统计局官方网站（http://www.stats.gov.cn/tjsj/ndsj/yb2004-c/indexch.htm）：《2004年中国统计年鉴》，第十一章城市概况中第14个表格：各地区城市设施水平（2003年）。

表14-6　　　　　　　　2004年城市用水普及率

地　区	城市用水普及率（%）	排　名
北　京	100.0	1
天　津	100.0	1
河　北	99.9	4
山　西	85.6	20
内蒙古	82.2	22
辽　宁	93.0	13

续表

地 区	城市用水普及率（%）	排 名
吉 林	77.3	26
黑龙江	80.8	24
上 海	100.0	1
江 苏	94.0	12
浙 江	98.9	6
安 徽	90.0	16
福 建	95.9	9
江 西	92.2	14
山 东	75.5	28
河 南	92.1	15
湖 北	73.8	29
湖 南	87.6	19
广 东	95.1	10
广 西	78.7	25
海 南	89.6	17
重 庆	76.8	27
四 川	97.5	8
贵 州	88.6	18
云 南	81.5	23
西 藏	69.0	30
陕 西	94.4	11
甘 肃	85.2	21
青 海	99.9	4
宁 夏	61.1	31
新 疆	98.1	7

资料来源：参见国家统计局官方网站（http://www.stats.gov.cn/tjsj/ndsj/yb2004-c/index-ch.htm）；《2005年中国统计年鉴》，第十一章城市概况中第12个表格：各地区城市设施水平（2004年）。

表14-7　　　　　　　　　2005年城市用水普及率

地 区	城市用水普及率（%）	排 名
北 京	100.00	1
天 津	100.00	1
河 北	99.95	5
山 西	90.32	19
内蒙古	83.88	22
辽 宁	93.83	12

续表

地 区	城市用水普及率（%）	排 名
吉 林	83.20	23
黑龙江	79.55	26
上 海	99.98	4
江 苏	96.28	11
浙 江	99.10	6
安 徽	90.52	18
福 建	98.68	8
江 西	92.64	15
山 东	77.39	29
河 南	91.94	16
湖 北	77.62	28
湖 南	91.11	17
广 东	98.80	7
广 西	82.28	24
海 南	85.97	20
重 庆	79.38	27
四 川	97.22	10
贵 州	92.75	14
云 南	82.07	25
西 藏	61.82	31
陕 西	93.24	13
甘 肃	85.94	21
青 海	100.00	1
宁 夏	62.89	30
新 疆	97.86	9

资料来源：参见国家统计局官方网站（http://www.stats.gov.cn/tjsj/ndsj/yb2004-c/index-ch.htm）；《2006年中国统计年鉴》，第十一章城市概况中第14个表格：各地区城市设施水平（2005年）。

由于从2001年开始，计算城市用水普及率的公式由2001年以前的"城市用水普及率=（城市用水的非农业人口数÷城市非农业人口数）×100%"转变为"城市用水普及率=（城市用水人口数÷城市人口总数）×100%"，2000年的数据与2001年、2002年、2003年的数据没有可比性。而以前的算法只考虑非农人口的用水普及率显然是不够的，城市生活不仅包括非农人口，当然也包括农业人口，将城市人口的饮用水质量整体考察，显然更符合建立和谐社会的宗旨。

图14-3表明，若以2001年的数据为基点，每年的城市用水普及率都在稳

步增长。2002年比2001年增长5.6个百分点，2003年比2002年增长8.3个百分点，2004年比2003年增长2.6个百分点。说明改善居民饮用水质量的工作还是具有一定成效的。2005年比2004年增长了2.3个百分点。说明改善居民饮用水质量的工作正在逐步提高居民的饮用水质量。

　　城市用水普及率反映的是城市人口用水（自来水）的最基本满足程度，而没有反映深层次的用水水质状况。尽管中国水资源缺乏，水污染严重，但基于城市的重要性，尤其是特大城市的重要性，对大城市的供水能够得到较好的满足。如表14-3至表14-7所示，北京、天津、上海这三个城市的用水普及率始终为100%，一方面，这三个都是特大城市，城市建设和供水保障都能够得到国家的重视；另一方面，这三个城市的经济发展水平在全国一直很高，也有能力普及自来水。而河北和青海也一直保持在99%以上，这可能是因为河北自古是京畿地区，城市化水平较高的缘故，而青海丰富的水资源也使得它的城市建设比较便利。另外，如表14-3至表14-7所示，历年城市用水普及率排名最后三位的省（市、自治区）或城市，要么因为地理环境的限制（如重庆、四川、贵州地处多山丘陵地带，甘肃、宁夏地处西北干旱少雨地带），水资源匮乏，要么因为经济落后，没有能力大面积推广、普及自来水（如湖北、广西、西藏）。

　　将2001~2005年的全国各地区城市用水普及率排名做比较，31个省（市、自治区）中，3个城市的用水普及率数值始终不变，如北京、天津、上海的城市用水普及率始终为100%，河北和青海也一直保持在99%以上，说明这几个省（市、自治区）在城市用水建设实践方面保持良好。

　　除去以上5个省（市、自治区），有12个省（市、自治区）2004年较之2001年排名都有上升，分别为浙江（2001~2004四年的排名分别为第7、第6、第6、第6）、安徽（第22、第18、第23、第16）、福建（第14、第14、第11、第9）、河南（第19、第24、第14、第15）、广东（第11、第8、第13、第10）、重庆（第29、第28、第26、第27）、四川（第30、第31、第7、第8）、贵州（第31、第23、第24、第18）、云南（第24、第19、第19、第23）、陕西（第20、第21、第9、第11）、甘肃（第26、第30、第18、第21）、新疆（第20、第7、第8、第7）。这其中排名上升在5名之内的有浙江、河南、广东、重庆、云南，城市用水普及率基本呈稳定上升趋势；排名上升在5~10名的则有安徽、福建、陕西和甘肃，说明这几个省（市、自治区）在城市建设上还是相当花工夫的；值得一提的是，四川、贵州、新疆这三个省（市、自治区）在年度排名上名次急剧变化。四川2002年的城市用水普及率排名倒数第1，为43.5%，而到了2003年急剧升到97.3%，排名第7，名次升了24位；陕西2002年的城市用水普及率排名第21，为76.9%，到2003年就达到93.8%，排名第9，名次升 12 位；新疆 2001 年排名 20，到 2004 年升 13 位，排名第 7，其城市用水普及率也从 71.9% 升到 98.1%。要重视这三个省（市、自治区）在城市推广自来水所做出的努力，这种努力能够满足更多的人的基本生存需要。

还有 15 个省（市、自治区）2004 年比 2001 年排名有下降，分别是山西（2001～2004 年四年的排名分别为（第 18、第 14、第 20、第 20）、内蒙古（第 16、第 20、第 21、第 22）、辽宁（第 9、第 11、第 15、第 13）、吉林（第 17、第 22、第 25、第 26）、黑龙江（第 15、第 17、第 21、第 24）、江苏（第 8、第 9、第 12、第 12）、江西（第 13、第 13、第 10、第 14）、山东（第 27、第 26、第 28、第 28）、湖北（第 28、第 25、第 27、第 29）、湖南（第 12、第 16、第 16、第 19）、广西（第 23、第 27、第 30、第 25）、海南（第 6、第 12、第 17、第 17）、西藏（第 10、第 10、第 29、第 30）、宁夏（第 25、第 29、第 31、第 31）。

根据五年的数据比较显示，如山西、内蒙古、辽宁、吉林、江苏、湖北、湖南、广西，这些省（市、自治区）的城市用水普及率都有所上升。黑龙江、江西、山东的排名的下降并不表示城市用水普及率绝对下降。宁夏的城市用水普及率微弱下降之后在 2005 年又有所上升，五年的城市用水普及率分别为 63.5%、62.5%、63.6%、61.1% 和 62.89%。而海南的城市用水普及率由 2001 年的 94.7% 逐年下降到 85.6%、83.6%，到 2004 年才又小幅上升到 89.6%，2005 年又下降到 85.97%。只有西藏的城市用水普及率由 2001 年的 84.7% 和 2002 年的 87.6% 急剧下降到 2003 年和 2004 年的 69%，2005 年的 61.82%。

2. 声环境（城市环境噪声达标区面积）

中国多数城市处于中等噪声污染水平，其中，生活噪声、交通噪声和建筑施工噪声影响范围大、对环境冲击强并呈扩大趋势。据环境监测表明，全国有近 2/3 的居民在噪声超标的环境中生活和工作。

2003 年，中国城市噪声基本得到控制，一半以上的城市区域声环境质量较好，近 80% 的城市道路交通声环境质量较好，但噪声污染仍是城市居民反映最为强烈的环境问题。位于居民区的餐饮、娱乐设施及施工噪声一直是居民投诉的焦点，部分地区的航空、铁路交通噪声扰民严重。[1]

由图 14-4 所示可知，城市环境噪声污染治理一直是稳步进行的，城市环境噪声达标区面积是越建越大，以平均每年 2 000 平方公里的速度增长。但是这并不能体现出城市环境噪声污染治理的成效究竟如何，也没有体现人们对于声环境方面的基本需求是否得到了满足。

---

[1] 参见国家环境保护总局：《2003 年全国环境统计公报》，www.cpirc.org.cn/tjsj/picture/hj2003.pdf。

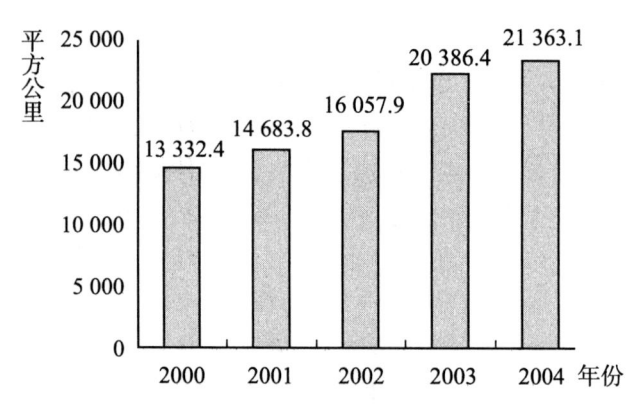

图 14-4 2000~2004 年城市环境噪声达标区面积

下面列出 2000 年、2001 年、2002 年三年的全国各地区城市环境噪声达标区面积（如表 14-8 至表 14-10 所示）。

表 14-8　　　　　　　2000 年城市环境噪声达标区面积　　　　单位：平方公里

地区	城市环境噪声达标区面积	排名
北京	349	11
天津	173	20
河北	332	13
山西	186	18
内蒙古	147	23
辽宁	622	4
吉林	278	15
黑龙江	450	9
上海	444	10
江苏	692	3
浙江	475	8
安徽	293	14
福建	172	21
江西	515	6
山东	732	1
河南	528	5
湖北	476	7
湖南	231	16
广东	726	2
广西	219	17
海南	21	30

续表

地 区	城市环境噪声达标区面积	排 名
重 庆	166	22
四 川	339	12
贵 州	126	25
云 南	86	27
西 藏	—	—
陕 西	182	19
甘 肃	130	24
青 海	0	31
宁 夏	56	29
新 疆	83	28

资料来源：国家统计局城市社会经济调查队编，《中国城市统计年鉴（2001）》，中国统计出版社 2002 年版，第 309~316 页。

表 14－9　　2001 年城市环境噪声达标区面积　　单位：平方公里

地 区	城市环境噪声达标区面积	排 名
北 京	—	—
天 津	348	12
河 北	336	14
山 西	245	16
内蒙古	194	20
辽 宁	672	4
吉 林	497	9
黑龙江	551	6
上 海	538	7
江 苏	796	1
浙 江	501	8
安 徽	286	15
福 建	219	18
江 西	196	19
山 东	780	2
河 南	568	5
湖 北	475	10
湖 南	343	13
广 东	771	3
广 西	227	17

续表

地区	城市环境噪声达标区面积	排名
海 南	21	29
重 庆	168	22
四 川	367	11
贵 州	127	24
云 南	97	25
西 藏	—	—
陕 西	189	21
甘 肃	146	23
青 海	31	28
宁 夏	58	27
新 疆	96	26

资料来源：国家统计局城市社会经济调查队编，《中国城市统计年鉴（2002）》，中国统计出版社 2003 年版，第 317~324 页。

表 14-10　　　　2002 年城市环境噪声达标区面积　　　　单位：平方公里

地区	城市环境噪声达标区面积	排名
北 京	—	—
天 津	477	12
河 北	410	14
山 西	182	22
内蒙古	277	18
辽 宁	727	8
吉 林	586	10
黑龙江	386	16
上 海	502	11
江 苏	1 513	3
浙 江	1 072	4
安 徽	298	17
福 建	249	19
江 西	393	15
山 东	1 694	2
河 南	885	5
湖 北	773	7
湖 南	470	13
广 东	1 747	1

续表

地　　区	城市环境噪声达标区面积	排　　名
广　西	798	6
海　南	21	29
重　庆	173	23
四　川	605	9
贵　州	136	24
云　南	125	25
西　藏	—	—
陕　西	196	21
甘　肃	205	20
青　海	31	28
宁　夏	61	27
新　疆	96	26

资料来源：国家统计局城市社会经济调查队编，《中国城市统计年鉴（2003）》，中国统计出版社 2004 年版，第 323~330 页。

从表中可以看到，前三名一直是江苏、山东和广东，只是名次互有变化；后三名也一直是海南、青海和宁夏，名次也只是微小变化。这种状况的出现不能说明经济发达的省（市、自治区）就比经济落后的省（市、自治区）声环境好，而是与指标的选择有关。城市环境噪声达标区面积反映的是城市中声环境污染控制的情况，而实际上很多省（市、自治区）由于整体声环境较好，城市中声环境污染控制的建设就比较少，海南、青海、云南、新疆等西部省（市、自治区）正是这种状况。

在建构环境生活质量评价指标体系的时候，考虑过另外一个指标——城市环境噪声达标区覆盖率。计算公式为：

噪声达标区覆盖率 =（噪声达标区面积之和 ÷ 建成区总面积）× 100%

但是，由于噪声建成区总面积的数据获得困难，噪声达标区覆盖率无法计算，所以没能使用该指标来评价城市声环境质量。

2002~2005 年全国建成城市噪声达标区个数分别为 3 128 个、3 573 个、3 534 个、3 565 个。2002~2005 年全国建成城市噪声达标区面积分别是 1.6 万平方公里、2.0 万平方公里、2.1 万平方公里、2.5 万平方公里。[①]

3. 大气环境（城市空气污染指数年、日平均值）

呼吸空气是人类生存的根本需求，正所谓 "人活一口气"。但是，世界卫生

---

① 国家统计局编：《中国统计摘要（2007）》，中国统计出版社 2007 年版，第 210 页。

组织和联合国环境规划署的调查报告指出，全世界大多数城市居民正呼吸着严重污染的空气。在20余亿人口居住的城市中，通过15年的监测证明，二氧化碳和悬浮颗粒物每年平均散发达1.8亿吨甚至更高，粉尘和烟雾在1亿吨左右。其中6.25亿人分别居住在发展中国家的城市，接触的二氧化碳超过规定的标准，粉尘和烟雾使12.5亿城市居民生活在"不能接受"的条件中。其余2亿人是"勉强过得去"。[①] 在中国，城市空气污染状况更糟。

　　大气污染是中国面临的除水污染外最重要的环境问题。2005年，全国废气中二氧化硫排放量高达2 549.3万吨，烟尘排放总量达1 182.5万吨，工业粉尘排放量911.2万吨，工业燃料燃烧二氧化硫排放达标率和工业生产工艺二氧化硫排放达标率分别为80.9%和71.0%。酸雨问题日益严重，在全国开展酸雨监测的696个市（县）中，出现酸雨的城市357个（占51.3%），其中浙江象山县、安吉县、福建邵武市、江西瑞金市酸雨频率为100%。与上年统计的527个城市相比较，出现酸雨的城市比例增加了1.8个百分点；降水pH年均值低于5.6的城市比例增加了0.7个百分点，其中pH值小于4.5的城市比例增加了1.9个百分点。酸雨频率超过80%的城市比例增加了2.8个百分点。降水pH年均值低的城市以及高酸雨频率的城市比例均比上年有所增加，表明2005年酸雨污染较上年有所加重。

　　2005年城市空气质量总体较上年有所好转，但部分城市污染仍然严重。在监测的522个城市中，地级以上城市319个，县级城市203个。空气质量达到一级标准的城市22个（占4.2%）、二级标准的城市293个（占56.1%）、三级标准的城市152个（占29.1%）、劣于三级标准的城市55个（占10.6%）。主要污染物为可吸入颗粒物。

　　与上年相比，空气质量达到或优于二级的城市比例比上年增加12.6个百分点；劣于三级的城市比例比上年减少9.9个百分点。城市空气质量有所改善。[②]

　　空气污染指数（API）是一种能反映和评价空气质量的指标，即将常规监测到的几种空气污染物的浓度简化成为单一的概念性数据形式，并分级表征空气质量状况与空气污染的程度，其结果简明直观，使用方便，适用于表示城市的空气质量状况和变化趋势。

　　根据公式，可计算出全国主要城市的城市空气污染指数平均值[③]，如表14-11所示。

---

① 周长城等著：《中国生活质量：现状与评价》，社会科学文献出版社2003年版，第245页。
② 中国环保网《2005年中国环境公报》，http://www.chinaenvironment.com/view/ViewNews.aspx?k=20060727173352953。
③ 城市空气污染指数年、日平均值指需将给定年内空气污染指数每日监测值累计汇总，再求其年、日平均值；但由于数据极其繁杂，在此只选取每年的3月1日至5月31日全国各主要城市的空气污染指数平均值。虽非严格计算，但结果仍具有一定的显示信息和揭示问题的作用。

表 14-11　2001~2005 年全国主要城市空气污染指数（API）

（2001 年 1 月 1 日~2005 年 12 月 30 日）

城市	API 日平均值					2001~2005 年 API 年平均值	首要污染物	空气质量级别	空气质量状况
	2001 年	2002 年	2003 年	2004 年	2005 年				
北　京	145	140	101	110	107	120.6	TSP	Ⅲ	轻微污染
天　津	140	114	99	84	80	103.4	TSP	Ⅲ	轻微污染
石家庄	148	107	90	100	97	108.4	TSP	Ⅲ	轻微污染
太　原	170	122	101	124	103	124	TSP	Ⅲ	轻微污染
呼和浩特	135	97	77	76	82	93.4	TSP	Ⅱ	良
沈　阳	119	139	103	106	87	110.8	TSP	Ⅲ	轻微污染
长　春	78	88	81	77	75	79.8	TSP	Ⅱ	良
哈尔滨	105	108	95	94	71	94.6	TSP	Ⅱ	良
上　海	95	91	78	79	75	83.6	TSP	Ⅱ	良
南　京	123	103	84	91	101	100.4	TSP	Ⅲ	轻微污染
杭　州	100	94	86	82	83	89	TSP	Ⅱ	良
合　肥	95	83	73	80	78	81.8	TSP	Ⅱ	良
福　州	78	64	67	67	68	68.8	TSP	Ⅱ	良
南　昌	92	77	68	75	69	76.2	TSP	Ⅱ	良
济　南	127	91	91	134	102	109	TSP	Ⅲ	轻微污染
郑　州	101	100	85	82	87	91	TSP	Ⅱ	良
武　汉	118	89	87	95	90	95.8	TSP	Ⅱ	良
长　沙	128	91	80	96	95	98	TSP	Ⅱ	良
广　州	69	47	77	73	70	67.2	NO_2	Ⅱ	良
南　宁	55	54	54	59	60	56.4	TSP	Ⅱ	良
海　口	34	32	28	32	39	33	TSP	Ⅰ	优
重　庆	112	113	90	109	93	103.4	SO_2	Ⅲ	轻微污染
成　都	90	86	79	89	94	87.6	TSP	Ⅱ	良
贵　阳	80	64	64	74	70	70.4	TSP	Ⅱ	良
昆　明	58	54	68	73	71	64.8	TSP	Ⅱ	良
拉　萨	67	62	68	55	70	64.4	TSP	Ⅱ	良
西　安	117	118	91	102	84	102.4	TSP	Ⅲ	轻微污染
兰　州	210	172	125	123	104	146.8	TSP	Ⅲ	轻微污染
西　宁	189	116	120	108	85	123.6	TSP	Ⅲ	轻微污染
银　川	160	93	83	83	71	98	TSP	Ⅱ	良
乌鲁木齐	145	100	66	60	65	87.2	TSP	Ⅱ	良

注：由于空气污染指数（API）是一个逆向指标，所以 API 值越高，空气质量越差；反之，API 值越低，空气质量则越好。

资料来源：国家统计局官方网站 http：//www.stats.gov.cn/，城市空气污染指数每日监测值。城市空气污染指数年、日平均值的计算方法为将给定每年内的该城市空气污染指数每日监测值累计叠加，然后求其年、日平均值。其计算公式为：城市空气污染指数年、日平均值 = ($\sum API$) ÷ N，其中 $\sum API$ 为每日空气污染指数监测值之和。n = N 为总日数。

从表 14-11 中可看出，各城市空气质量都不尽如人意，北方城市的污染指数要普遍高于南方城市，各城市首要污染物大都为 TSP（即总悬浮颗粒物）。北京、天津、石家庄、太原、兰州、西宁这几个城市地处北方，春秋交替时经常发生扬尘，空气中总悬浮颗粒物污染比较严重，尤其是兰州，地处西北戈壁边缘，空气质量长期恶劣，仍须花大力气治理。而其他几个轻微污染的城市，如沈阳、济南、南京、西安，无一不是各地的工业重镇，这充分表明，空气质量治理要与工业的现代化改造紧密结合才能更加卓有成效地提高空气质量。重庆的首要污染为 SO_2（二氧化硫），因此其酸雨问题较为严重（联合国，1997）。

比较而言，全国 31 个城市中只有海口的空气质量达到了优，南方沿海城市的 API 值普遍较低，如福州、广州、南宁，这是由于海风容易使空气中的污染物扩散；而西部城市中贵阳、昆明、拉萨的空气质量较好，这可能是因为地处西部，工业企业较少的缘故。

选用城市空气污染指数年、日平均值，除前文所述原因外，还有其他因素。例如，相对于农村、城镇而言，城市是政治、经济、文化、商业的中心，对提高生活质量，发展社会经济、文化起着重要作用；相对于农村而言，城市有更多的大气污染源，却远没有农村那么好的扩散条件，因此，其空气污染更加恶劣（冯立天，1997）。城市空气污染指数年、日平均值这一指标结果简明直观，使用方便，适用于综合反映城市的空气质量状况和变化趋势，并且具有很好的可比性。但是，该指标计算复杂、烦琐，需要较多的数据。①

4. 固体废物（城市生活垃圾无害化处理率）

固体废物，即垃圾，是指在生产建设、日常生活和其他活动中产生的污染环境的固态、半固态废弃物质。

固体废物问题较之其他形式的环境问题有其独特之处，简单概括为"四最"——最难得到处置、最具综合性的环境问题、最晚得到重视、最贴近的环境问题。这也是环境论坛"绿色北京"聚焦固体废物之所在。关注固体废物问题，也就是关注人们最贴近的环境问题。通过对日常生活中垃圾问题的关注，也将最有效地提高全民的环境意识、资源意识，关注自己的生活、关注周围的环境，提高人们的生活质量。

近几年，固体废物污染变得越来越严重。2005 年，全国工业固体废物产生量为 13.4 亿吨，比上年增加 12.0%；工业固体废物排放量为 1 654.7 万吨，比上年减少 6.1%。工业固体废物综合利用量为 7.7 亿吨，综合利用率为 56.1%，

---

① 大学环境保护及环境监测专业的教科书中规定：计算空气污染指数平均值，起码要有 60 个以上连续的日监测值（蒋展鹏、祝万鹏编：《环境工程监测》，清华大学出版社 1990 年版）。另外，计算空气污染指数还需大量的 TSP、SO_2、NO_2 等污染物浓度值。

与上年基本持平。2005年，城市道路清扫保洁面积为31.1亿平方米，其中，机械清扫面积6.6亿平方米，机械清扫率21.11%，比上年增加了3.1个百分点。全年清运生活垃圾、粪便1.95亿吨，大中城市垃圾粪便基本日产日清。①

如图14-5显示，到2003年为止，全国的城市生活垃圾无害化处理率才达到50%左右，生活垃圾无害治理的总体成效不高；同时也说明固体废物的污染问题较之大气、水污染是最后引起人们的注意，也是最少得到人们重视的污染问题。虽然治理大气、水污染关系人类的基本生产能力，但是固体废物方面的污染将越来越威胁人类的健康生活空间。生活垃圾治理工作应该得到更多的重视和投入。

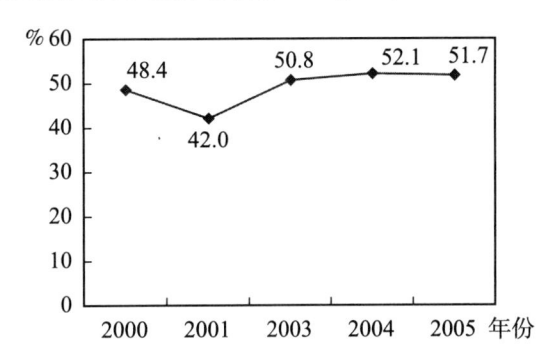

图14-5　2000~2005年城市生活垃圾无害化处理率

表14-12、表14-13和表14-14中各地区城市生活垃圾无害化处理率排名表明，处于前三名和后三名的省（市、自治区）在地域分布上并没有什么特点，都是既有东部，又有中西部，如前三名的江苏、山东、青海和后三名的上海、山西、安徽、湖南、重庆、甘肃。但总的来说各地区城市生活垃圾无害化处理率水平差距参差不齐，生活垃圾无害化处理率高的达到90%以上，低的却不到15%。这再次说明了固体废物的污染问题在某些省（市、自治区）没有得到充分的重视，这些省（市、自治区）中的人们生活在有害物质中还不自觉，环保部门应该加大对固体废物污染治理的投入，承担改善人们环境生活质量的责任。

表14-12　　　　2003年全国城市生活垃圾无害化处理率

地　　区	生活垃圾无害化处理率（%）	排名
全　国	50.8	—
北　京	73.6	6
天　津	60.6	11

---

① 中国环保网《2005年中国环境公报》，http://www.chinaenvironment.com/view/ViewNews.aspx?k=20060727173352953。

续表

地 区	生活垃圾无害化处理率（%）	排名
河 北	41.0	18
山 西	33.3	22
内蒙古	32.3	23
辽 宁	46.5	15
吉 林	48.9	14
黑龙江	27.5	26
上 海	11.8	30
江 苏	89.7	1
浙 江	84.9	4
安 徽	36.2	20
福 建	76.7	5
江 西	49.5	13
山 东	86.3	2
河 南	65.1	9
湖 北	62.8	10
湖 南	22.5	28
广 东	42.3	17
广 西	60.5	12
海 南	73.2	7
重 庆	14.6	29
四 川	43.5	16
贵 州	26.1	27
云 南	70.5	8
西 藏	—	—
陕 西	38.5	19
甘 肃	35.0	21
青 海	85.7	3
宁 夏	30.5	25
新 疆	31.6	24

资料来源：参见国家统计局官方网站（http://www.stats.gov.cn/tjsj/ndsj/yb2004-c/indexch.htm）：《中国统计年鉴（2004）》，第十二章环境保护，第12个表：各地区城市生活垃圾清运和处理情况（2003年）。

表14-13　　　　2004年全国城市生活垃圾无害化处理率

地 区	生活垃圾无害化处理率（%）	排名
全 国	52.1	—
北 京	80.0	6
天 津	61.0	9

续表

地 区	生活垃圾无害化处理率（%）	排名
河 北	41.9	19
山 西	14.7	30
内 蒙 古	41.3	20
辽 宁	49.4	14
吉 林	52.5	13
黑 龙 江	26.0	27
上 海	20.2	29
江 苏	91.0	2
浙 江	85.9	4
安 徽	25.5	28
福 建	81.2	5
江 西	48.7	16
山 东	86.0	3
河 南	55.3	12
湖 北	57.5	11
湖 南	32.5	25
广 东	48.2	17
广 西	60.9	10
海 南	67.8	8
重 庆	49.1	15
四 川	44.8	18
贵 州	39.8	21
云 南	75.4	7
西 藏	—	—
陕 西	36.5	23
甘 肃	38.7	22
青 海	95.4	1
宁 夏	29.3	26
新 疆	35.9	24

资料来源：参见国家统计局官方网站（http://www.stats.gov.cn/tjsj/ndsj/yb2004-c/indexch.htm）；《中国统计年鉴（2005）》，第十二章环境保护，第12个表：各地区城市生活垃圾清运和处理情况（2004年）。

表14-14　　　　2005年全国城市生活垃圾无害化处理率

地 区	生活垃圾无害化处理率（%）	排名
全 国	51.7	—
北 京	96.0	2

续表

地 区	生活垃圾无害化处理率（%）	排名
天 津	80.5	7
河 北	45.8	20
山 西	13.1	30
内蒙古	42.7	21
辽 宁	50	18
吉 林	40.2	22
黑龙江	32.3	27
上 海	35.7	26
江 苏	82.9	4
浙 江	82.4	5
安 徽	17.6	28
福 建	85.9	3
江 西	48.9	19
山 东	58.2	11
河 南	57.9	12
湖 北	61	10
湖 南	39.7	24
广 东	50.6	16
广 西	61.4	9
海 南	69	8
重 庆	54.8	14
四 川	51.2	15
贵 州	57.8	13
云 南	82.2	6
西 藏	—	—
陕 西	39.8	23
甘 肃	17.2	29
青 海	100	1
宁 夏	50.4	17
新 疆	35.9	25

资料来源：《中国统计年鉴（2006）》，第十二章环境保护，第15个表：各地区城市生活垃圾清运和处理情况（2005年）。

5. 生态环境（人均公共绿地面积）

生态环境是人类生存的基本条件，是实现可持续发展的物质基础，是全面实现小康目标的重要内容。经过长期努力，中国生态环境建设和保护取得了很大成绩，但是由于人口众多，经济快速发展，生态恶化的趋势并未能出现根本性的扭转，生态环境形势依然十分严峻。人工生态环境有所改善，原生生态环境在加速衰退。森林、海洋、湖泊、湿地等是生态环境的重要方面和表现，但是这里选择人均公共绿地面积作为考核生态环境的一个指标，是考虑到作为人工生态环境的一个重要方面，人均公共绿地面积与人类的日常生活及其生活质量显然具有更加密切的关系。

2004年末，城市建成区绿化覆盖面积95.98万公顷，比上年增长8.9%。建成区绿化覆盖率由上年的31.15%上升至31.64%。全国拥有城市公共绿地面积25.17万公顷，比上年增加3.22万公顷；城市人均拥有公共绿地7.38平方米，比上年增加0.89平方米。[①]

如图14-6所示，全国人均公共绿地面积在2001年有一个起伏。如果将2001年的数据忽略，那么历年的人均公共绿地面积都在稳步增加。2002年比2000年增加1.7平方米，2003年比2002年增加1.1平方米，2004年比2003年增加0.9平方米。2005年比2004年增加0.5平方米。当然，如果将2001年的数据考虑在内，2000~2001年人均公共绿地面积则有急剧的增长，增长率超过了100%。

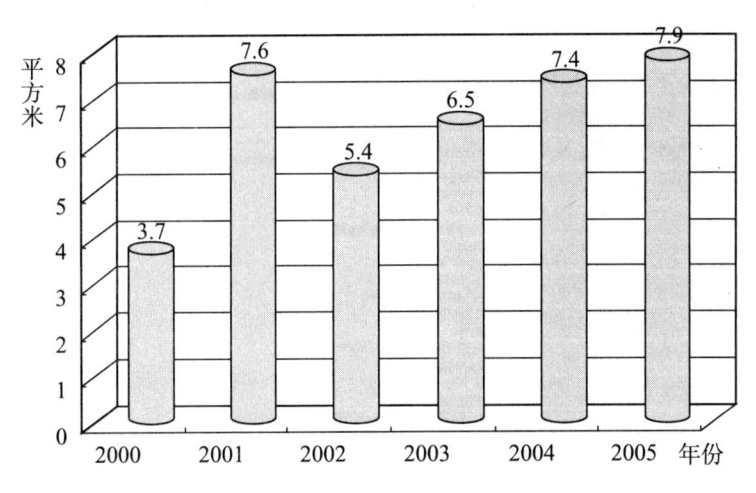

图14-6 2000~2005年全国人均公共绿地面积

各地区人均公共绿地面积的情况如图14-7所示，2005年人均公共绿地面积如表14-15所示。北京、广东、海南、云南四省（市、自治区）的公共绿地面积人均占有量较高，而且北京的人均公共绿地面积是逐年上升的，说明首都的绿化确实富有成效。广东、海南、云南则在4年里有增有减，虽然三省（市、自治区）的底子（人均公共绿地面积情况）很好，但更应重视对现有的各个绿地面积的保持上。当然，由于考察的是人均值，各省（市、自治区）的人口数就成了一个非常重要的因素。这些省（市、自治区）的人均公共绿地面积的下降也可能有人口增长方面的因素。重庆的人均公共绿地面积一直不高，就是受到人口基数

---

① 国家统计局编：《中国统计摘要（2005）》，中国统计出版社2005年版，第101页；国家统计局编：《中国统计年鉴（2004）》，中国统计出版社2004年版，第407页。

过大的影响。这其中，西藏的人均公共绿地面积在 2000 年以后急剧减少，不得不让人为它的生态环境而担忧，随着西部大开发战略的实施，西藏受到越来越多的关注，迎来更多的建设机会、迎来越来越多的游客，但是西藏的生态环境是脆弱的，支持西藏发展的同时也绝不能以牺牲当地良好的生态环境为代价。

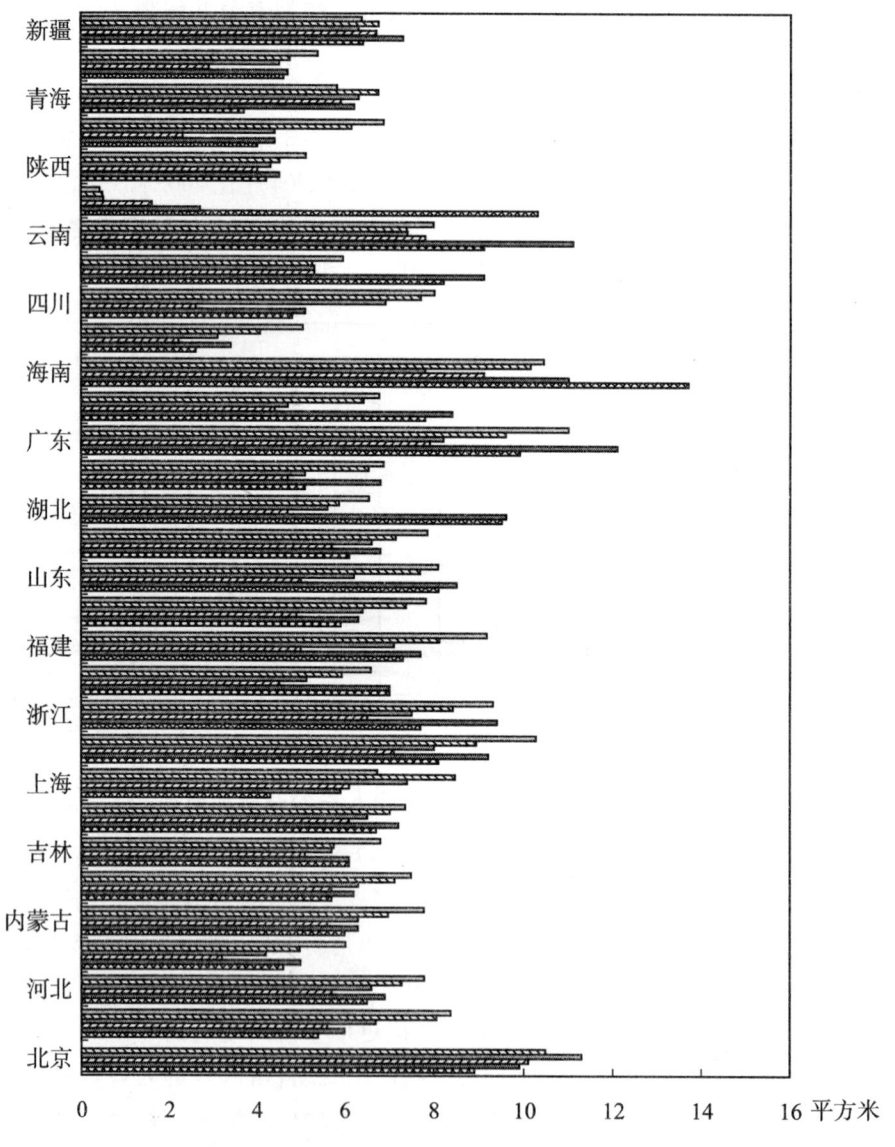

图 14-7 2000~2005 年全国人均公共绿地面积

注：各省（市、自治区）柱状图由下至上分别为 2000~2005 年的数据。
资料来源：国家统计局官方网站（http://www.stats.gov.cn/tjsj/ndsj/yb2004 - c/indexch.htm）;《中国统计年鉴（2005）》，第十一章城市概况中第 12 个表格：各地区城市设施水平（2004 年）；国家统计局编，《中国统计年鉴（2006）》，中国统计出版社 2006 年版。

表 14-15　　　　　　　　2005 年全国人均公共绿地面积

地　区	人均公共绿地面积（平方米）	排　名
全　国	7.89	—
北　京	—	—
天　津	8.38	6
河　北	7.79	12
山　西	6.02	24
内蒙古	7.78	13
辽　宁	7.49	14
吉　林	6.80	18
黑龙江	7.36	15
上　海	6.73	20
江　苏	10.27	3
浙　江	9.31	4
安　徽	6.58	21
福　建	9.17	5
江　西	7.82	11
山　东	8.09	7
河　南	7.85	10
湖　北	6.54	22
湖　南	6.87	16
广　东	11	1
广　西	6.76	19
海　南	10.44	2
重　庆	5.04	29
四　川	8	9
贵　州	5.95	25
云　南	7.98	8
西　藏	0.42	30
陕　西	5.11	28
甘　肃	6.86	17
青　海	5.82	26
宁　夏	5.38	27
新　疆	6.37	23

资料来源：《中国统计年鉴（2006）》，中国统计出版社 2006 年版。

当初在指标的选择上曾考虑森林覆盖率，当然生态环境不仅仅是森林覆盖率那么简单，但是作为一个可获得的数据形式，确实具有一定的优点。但是如果只考虑森林（绿地）这部分，那么人均公共绿地面积无疑与人们的日常生活联系更加密切，在没有更好的指标来评价生态环境质量的时候，就选定了人均公共绿地面积作为评价指标。

三、环境保护现状与评价

在讨论环境问题时，人们更重视由于人类为其自身的生存和发展，在利用和改变自然的过程中，因破坏环境而对人类产生的各种负效应以及消除和减少这些负效应而做出的种种努力，污染治理是重要的一环。

发达国家的相关资料表明：当环境保护投资达到GDP的8%时，环境恶化会得到控制，环境质量将持续改善，而环境保护投资不足是环境恶化的重要原因（陶跃华，1998）。世界上一些发达国家在20世纪70年代，环境投资占国民生产总值不足1%，结果环境急剧恶化。要控制污染，改善环境，不增加投入是办不到的。只有加强环境保护投资力度，才能促进社会、经济和环境的协调、可持续发展，并最终实现生活质量的改善和提高。

因此，在设置环境保护指标时用"环境污染治理投资总额占GDP比重"来表示。

2005年，全国环境污染治理投资为2 388.0亿元（比上年增加25.1%）。其中城市环境基础设施建设投资1 289.7亿元（比上年增加13.0%）；工业污染源治理投资458.2亿元（比上年增加48.7%）；新建项目"三同时"环保投资640.1亿元（比上年增加39.0%）。2005年环境污染治理投资占国内生产总值的1.31%。[①]

"环境污染治理投资总额占GDP比重"作为评价环境保护指标的优点在于：

①直接、明确。"环境污染治理投资总额占GDP比重"指的是国家和社会一年内用于工业污染源治理和城市环境基础设施建设的资金投入总额占当年GDP的百分比，直接、明确地反映了国家和社会解决环境问题的投资力度。

②资料易得、方法简单。"环境污染治理投资总额占GDP比重"的数据可以从相关部门（统计局或环保局）直接获取。

③有很强的现实意义。发达国家的工业化道路是一种不可持续的发展模式，中国人均资源短缺，要实现可持续发展，就必须改革粗放经营的生产方式，提高资源利用率，减少环境污染。而"环境污染治理投资总额占GDP比重"这一指标，既揭示了工业污染源治理和城市环境基础设施建设的投资力度，又说明了环

---

① 中国环保网《2005年中国环境公报》，http://www.chinaenvironment.com/view/ViewNews.aspx?k=20060727173352953。

境破坏给国民经济发展带来的负担。

该指标的缺陷是，它只是反映了国家和社会对污染末端治理的努力程度。环境保护是一个全方位的管理过程，除污染治理之外，还包括污染防治、环境改良（如扩大绿地面积、国土整治、河川疏浚等）、环境保护宣传教育、环境监测、信息搜集整理交流等。

但是，到目前为止，用"环境污染治理投资总额占 GDP 比重"① 这一指标来评价环境保护水平是最佳选择。所以，即使缺乏全国各地区的环境污染治理投资总额占 GDP 比重的数据，还是选用"环境污染治理投资总额占 GDP 比重"这一指标。

20 世纪 90 年代初，随着环境问题的全球化严重制约全球经济的发展，国际社会对传统发展模式进行了深刻反思。1992 年联合国专门召开了环境与发展大会，根据国际社会的共识，把可持续发展作为人类社会迈向 21 世纪的共同发展道路。会议制定的《21 世纪议程》指出，工业革命以来所沿用的那种以大量消耗资源和粗放型为特征的高投入、高消耗、高污染的传统发展模式，是当今世界环境危机及由此延伸的其他种种危机的根源所在，是牺牲了人类长远发展、普遍发展的根本利益，是难以为继和不可持续的，必须加以摒弃。会议提出的可持续发展是一种全新的发展思想和发展战略。它强调发展的可持续性，即发展在满足需求的同时要考虑自身的可持续性，发展和需求都要以地球生物圈的承受力为限，经济和社会的发展不能超越资源与环境的承受力，当代人的发展要有利于后代人的发展；强调发展的公平性，即发展满足整代人而不是一部人的需要；追求经济、社会、生态环境三者整体的而不是偏废的发展。会议制定了全球推进可持续发展战略相关的政策和行动准则，推动了全球实施可持续发展战略的行动，促进人类文明又一次新的转折。

---

① 环保投资占 GDP 比重是指环境保护投资占当年 GDP 的百分比。计算公式为：环保投资占 GDP 比重 =（环境保护投资总额÷GDP）×100%。

第十五章

生活质量的闲暇指标及其评价

闲暇时间的增多、闲暇生活的丰富不仅是社会进步的标志,也是人的本体论意义之所在,是检验人的生存状况、生命质量、精神态度的试剂(马惠娣,2005)。可以说,闲暇是人们生活质量的终端显示器。同时,闲暇时间作为人类生命活动的组成部分,是人类全面发展自我的必要条件和重要领域,是精神文明建设必须引起高度重视的时空(马惠娣,2005),对全面小康的实现有着重要意义。

一、闲暇、生活质量与全面小康

关于闲暇,不同的学科和不同的研究者有不同的定义。有学者指出,把有关休闲的种种定义归类,发现它们出现在四种基本语境之中,即时间(Time)、活动(Activity)、存在方式(State of Existence)和心态(State of Mind)(杰弗瑞·戈比,2000)。也有学者认为,休闲总的来说主要是指自由时间、消遣活动、有意义的体验,或这三种因素的混融(亨德森,2000)。王雅林认为"休闲是一种时间结构、活动结构和心理结构相统一的特殊社会现象"[①]。虽然研究者对闲暇或休闲的定义各不相同,但可以看出,闲暇生活有三大基本构成要素不变,即闲暇时间、闲暇活动和闲暇心理体验。由于本书侧重于闲暇客观指标的设计和分析,因而不包括闲暇心理体验这类主观感受,只研究闲暇时间、闲暇活动及与之

---

① 王雅林:《信息化与文明休闲时代》,载《学习与探索》2000年第6期。

相关的其他客观方面。

（一）闲暇时间的社会内涵

闲暇时间是闲暇研究的核心概念，也是闲暇活动及一切与闲暇相关事物的载体。对于闲暇时间可谓众说纷纭，本书对闲暇时间的界定与闲暇社会学相一致，即"闲暇时间，又称自由时间、空闲时间、余暇时间，是人们在劳动时间之外，除去满足生理需要和家务劳动等生活必要时间支出之后，剩余下来的个人可以自由支配的时间"①，可见，闲暇时间最主要的特点在于其自由性。因此，闲暇时间的范畴要比业余时间窄，但比空闲时间宽，接近于马克思所论述的自由时间："自由时间就是可以自由支配的时间，这种时间不被直接的劳动所吸收而是用于娱乐和休息，从而为自由活动开辟广阔的天地。"②

从闲暇时间利用的角度看，生命由时间构成，因而对时间的利用水平反映了人们的生活质量和生命质量。闲暇时间的增多不仅是社会进步的标志，其本质更能反映一个人的生存状况、生命质量和精神态度，是对人驾驭自己生命能力的检验（马惠娣，2005）。人们对闲暇时间的利用情况，对休闲方式的选择，实际是对生活方式和生活态度的选择。丰富健康的闲暇活动，良好的生活方式，不仅有益于身心健康，也有益于一个人在社会中所产生的价值的大小，有益于生活质量的提高；单调乏味甚至一些不健康的闲暇方式，则会大大降低人的生活品质。

从闲暇与工作、健康、消费、教育生活质量及整体生活质量的关系看，闲暇对于提升人们的生活质量具有不可替代的作用。孔子道："张而不弛，文武弗能也；弛而不张，文武弗为也；一张一弛，文武之道也。"③ 这句话形象地说明了闲暇对于工作和生活的调剂作用。古人云："流水之声可以养耳，青禾绿草可以养目，观书绎理可以养心，弹琴学字可以养脑，逍遥杖履可以养足，静坐调息可以养筋骸"④，则形象地描述了闲暇对于健康、对于人们养生之道的积极功能。人们利用闲暇时间学习唱歌、弹琴、绘画、舞蹈等活动，是培养自己的休闲技能；而利用闲暇时间学习专业技术、不断"充电"，则是提升自我素质，开发自身潜能，"休闲教育"的提法也逐渐为更多人所接受。可见，闲暇作为日常生活的一部分，与工作、健康、消费、教育生活质量息息相关，是提高人们整体生活质量的一个重要因素。

---

① 《中国大百科全书·社会学》，中国大百科全书出版社 2002 年版，第 430~431 页。
② 《马克思恩格斯全集》第 26 卷第三册，人民出版社 1974 年版，第 281~282 页。
③ 出自《礼记·杂记下》，《十三经注疏》（下册），中华书局 1980 年版，第 1567 页。
④ （明）周益祥撰：《陈履吉采芝堂文集》（卷13），载《四库全书》，商务印书馆 2004 年版。

(二) 闲暇与全面小康

闲暇作为一种以时间形态存在的社会资源，是人实现自由全面发展的必要条件，对于人的生命具有本体论的意义。马克思曾指出："自由王国只是在由必需的和外在的目的规定要做的劳动终止的地方才开始，因而按照事物的本性来讲，它存在于真正物质生产领域的彼岸。"① 而人类想要建立自由王国，获得自由，首先必须赢得实现自由的时间，即闲暇时间。因此，工作日的缩短，自由时间的增加，是建立自由王国的根本条件。同时，闲暇作为人的生命活动的组成部分，不仅是社会文明的重要标志和人类全面发展自我的必要条件，也是人类生存状态的追求目标。可以说，休闲作为人的一种存在方式和生活方式，是人的价值存在的一种表现形式，对于人的生命具有本体论的意义。毫不夸张地说，健康高尚的休闲乃是人的本质的真正实现。

生活质量的提高是社会发展所追求的终极目标和最高原则。经济发展到一定阶段，生活质量的提高将成为社会发展的核心问题。人才是社会发展所追求的终极目标，社会发展史说到底是个人本质力量发展的历史。社会生产力是判定一个社会发展水平的历史尺度，而人民生活质量则成为判定一个社会发展健康和完善程度的价值尺度（周长城，2000）。因此，将经济社会的发展与提高人民生活质量相联系，追求全面的发展，已经成为发展目标的关键。事实也证明，单纯的经济增长，没有给发展中国家带来预期的社会发展和人民生活质量的提高；相反，一些发达国家发展过程中出现问题，在经济增长到一定程度后，人们的生活质量却开始呈下降趋势，他们不得不付出更高的成本代价来维持高生活水准（吴忠民，1997）。追求人们生活质量的提高，充分体现了"以人为本"的思想。

二、闲暇生活质量指标体系建构

本研究的指标体系是在综合国内外闲暇研究的指标设计方法基础上加以改进而建构的，共分为四个部分：

（1）闲暇时间。"闲暇时间"选取的指标是在综合中国学者已有研究的基础上形成的。所选取的具体指标有：居民周平均日闲暇时间（分）；居民工作日闲暇时间（分）；居民休息日闲暇时间（分）；不同性别群体闲暇时间；不同年龄群体闲暇时间；不同文化群体闲暇时间；不同就业群体闲暇时间。

---

① 《马克思恩格斯全集》（第25卷），人民出版社1975年版，第926页。

（2）闲暇活动。闲暇活动的测量包括活动频率（次数/周）和活动结构的协调度。由于关于闲暇活动频率（次数）的资料欠缺，因此舍去这一指标。闲暇活动结构的协调度通过比较各类闲暇活动时间占总闲暇时间的百分比来测量。对闲暇活动结构的分类采用王雅林的分类法，然后将之转化为具体指标如下：比较消遣娱乐型活动和学习提高型活动的时间分布（%）；比较积极参与型活动和被动接收型活动的时间分布（%）；比较户内活动和户外活动的时间分布（%）。

（3）闲暇消费。本书关于闲暇消费具体指标的设置不同于已有研究。荷兰学者的研究将"旅游"与闲暇消费分开，作为独立部分；将政府修建公共设施的情况作为公共消费纳入闲暇消费部分。本书将旅游纳入闲暇消费，因为旅游本身就是一种闲暇活动。又由于本文设置了"闲暇设施与资源"指标，因而将政府修建公共设施的情况纳入该部分。

本书对于闲暇消费的研究主要选取以下指标：①文化娱乐用品消费支出[①]。该指标具体用"全国/各地区城镇居民家庭平均每人文娱用品占居民生活消费总支出比重（%）"来反映。[②] ②文化娱乐服务消费支出。该指标具体用"全国/各地区城镇居民家庭平均每人文娱服务占居民生活消费总支出比重（%）"来反映。③旅游。主要指标包括：全国旅游人数（百万人次）、城镇居民旅游人数、农村居民旅游人数；全国旅游人均花费（元）、城镇居民旅游人均花费（元）、农村居民旅游人均花费（元）。

（4）闲暇设施与资源。在已有的关于闲暇生活质量的指标体系中，虽然对闲暇设施、空间、场所等资源有所提及，但并未对此进行过系统的研究和比较。本书主要通过近四年来的数据比较，反映国家对闲暇设施及资源的投入与供给情况。主要指标包括：全国/各地区公共图书馆、博物馆、影剧院数量（个）；广播/电视人口覆盖率（%）；全国/各地区图书、杂志和报纸出版数量（种）。

可以看出，以上四个部分中，前三个部分主要反映的是人们闲暇生活的需求/满足状况，最后一部分则反映社会所提供的闲暇资源即人们闲暇生活的保障状况（如表15-1所示）。

---

① 由于中国统计年鉴中将农村居民的"文教娱乐用品及服务"支出作为一个整体，将"教育"支出包含在内，因而无法分别得到关于文化娱乐用品和文化娱乐服务的数据；而城市的数据则是分开统计的，因此只选用关于城市的指标。此处的文化娱乐用品主要指耐用消费品。

② 在"文化娱乐用品/服务消费支出"两方面，本来可以直接使用统计年鉴中的"全国各地区城镇居民家庭平均每人文化娱乐用品/服务支出（元）"作为具体测量指标，但考虑到各个地区经济发展水平的差异，比较绝对数值并无太大意义。例如，广东省由于经济发展水平较高，在文娱用品支出方面的绝对数自然较大，但实际上其相对比重却可能较小。

表 15-1　　　　　闲暇生活质量指标体系结构

一级指标	二级指标与次级指标	
闲暇时间	居民周平均日闲暇时间（分）	
	居民工作日闲暇时间（分）	
	居民休息日闲暇时间（分）	
	不同群体闲暇时间	不同性别群体闲暇时间
		不同年龄群体闲暇时间
		不同文化群体闲暇时间
		不同就业群体闲暇时间
闲暇活动	消遣娱乐型活动与学习提高型活动时间分布比较（%）	
	积极参与型活动与被动接收型活动时间分布比较（%）	
	户内活动与户外活动时间分布比较（%）	
闲暇消费	文化娱乐用品：全国/各地区城镇居民文娱用品占居民生活消费总支出比重（%）	
	文化娱乐服务：全国/各地区城镇居民文娱服务占居民生活消费总支出比重（%）	
	旅游 旅游人数	全国旅游人数（百万人次）
		城镇居民旅游人数（百万人次）
		农村居民旅游人数（百万人次）
	旅游花费	全国旅游人均花费（元）
		城镇居民旅游人均花费（元）
		农村居民旅游人均花费（元）
闲暇设施及资源	全国/各地区公共图书馆、博物馆、影剧院数量（个）	
	广播/电视人口覆盖率（%）	
	全国/各地区图书、杂志、报纸出版数量（种）	

三、闲暇生活质量现状与评价

中国 1995 年开始实行每周五天工作制；1999 年起实施"五一"、"十一"、春节三个长假日；国家法定假日全年为 114 天。某些群体的闲暇时间拥有量更多，例如学生群体，加上寒暑假，全年有 140~160 天假期。国家公务员，科研与事业单位、外资企业管理人员享有"带薪休假"制度，每月约 10 天，全年约 124 天假期。从事第一产业的农民，由于机械化程度的提高，全年约有半年闲暇时间。从事第二产业的工人，由于国家产业结构的调整，约有 4 000 万人处于待业、失业、不稳定工作状态。退休人员绝大多数赋闲在家。① 闲暇已成为人们生活中的重要部分，闲暇生活也已成为影响人们生活质量的重要因素，因此对中国

---

① 马惠娣、张景安主编：《中国公众休闲状况调查》，中国经济出版社 2004 年版，第 12 页。

目前闲暇生活质量的各个方面进行系统的梳理是十分必要的。下面就依据前文所选取的指标对中国闲暇生活质量现状进行述评。

(一) 闲暇时间

1. 居民周平均日、工作日、休息日闲暇时间

如表 15-2 所示，上海、天津、哈尔滨三市居民每周休息日闲暇时间总计为 426.88 分钟，工作日闲暇时间总计为 300.76 分钟，休息日比工作日多出 126.12 分钟。由此表还可发现，不论是总休闲时间还是各项具体闲暇活动的时间，休息日都比工作日多，尤其是在看电视、社交活动和逛街逛商店三项活动上。这充分反映出"双休制"的实行，对增多人们的休闲时间，提高人们的闲暇生活质量有着重要作用。

表 15-2　1998 年上海、天津、哈尔滨三城市居民每周闲暇时间分配

单位：分钟

序号	各项指标	工作日	休息日	每周平均一日
1	读报刊书籍	32.60	41.82	35.37
2	看电视（不包括电视讲座）	104.22	130.31	111.70
3	听广播（不包括广播讲座）	15.32	19.90	16.71
4	学习与自修（广播电视讲座、函授、夜大、辅导班、自学等）	14.75	16.76	15.53
5	逛街、逛商店、夜市等（不以购物为目的）	16.59	30.38	20.68
6	看录像、影碟、听音响	7.76	13.16	9.39
7	去影剧院、录像厅或现场观看表演、比赛	1.08	2.69	1.52
8	体育锻炼、室外散步	18.73	24.50	20.40
9	去舞厅、歌厅、夜总会娱乐	1.16	1.90	1.37
10	利用电脑学习或获取信息	1.96	3.07	2.30
11	玩电脑游戏、玩游戏机（包括电子宠物）	1.43	2.62	1.85
12	吹拉弹唱等自娱活动	1.19	1.57	1.29
13	下棋、打牌（包括扑克、麻将）	11.30	19.90	13.66
14	业余爱好（书法、绘画、摄影、收藏、写作、设计、发明等）	2.52	3.51	2.78
15	养花鸟虫鱼和宠物（不包括玩电子宠物）	4.32	5.27	4.62
16	参观、游玩（名胜古迹、纪念馆、展览馆、博物馆、风景区、公园等）	2.66	5.31	3.36
17	参与社会工作或公益活动	3.25	3.32	3.33
18	从事工作外有收入的活动（炒股票、经商、讲课、咨询、出诊等）	6.90	6.12	6.68

续表

序号	各项指标	工作日	休息日	每周平均一日
19	从事社交活动（走亲访友、约会、聚餐等）	13.36	36.72	19.52
20	电话闲聊	2.96	3.66	3.21
21	与人闲聊（电话闲聊除外）	11.75	16.19	13.06
22	参加宗教活动	0.60	1.92	0.95
23	无事休息（闲呆、闭目养神）	22.58	30.71	24.95
24	其他休闲活动	1.80	5.63	2.78
	休闲时间总计	300.76	426.88	336.99

资料来源：王雅林主编，《城市休闲——上海、天津、哈尔滨城市居民时间分配的考察》，社会科学文献出版社 2003 年版，第 44～45 页。

综合以上几个城市的情况来看，可以发现以下两点：第一，随着经济的发展和社会的进步，人们的总体闲暇时间也逐年递增，这是体现人们闲暇生活质量提高的最直观、最重要方面；第二，休息日比工作日闲暇时间多 2～4 个小时，这一方面说明"双休制"对增加人们闲暇时间、丰富人们闲暇生活的重要；另一方面也说明人们对闲暇活动有明显的倾向。在工作日，人们由于工作压力，对闲暇活动的需求得不到满足，从而对闲暇活动有强烈的需求，因此，在休息日，由于工作时间减少了很多，闲暇活动就会获得更多的时间投入。

2. 不同群体闲暇时间

（1）不同性别群体闲暇时间。如表 15 - 3 所示，整体上看，上海、天津、哈尔滨男性居民工作日总休闲时间为 314.38 分钟，女性工作日总休闲时间为 288.41 分钟；休息日男性总休闲时间为 471.69 分钟，女性总休闲时间为 387.87 分钟。无论是工作日还是休息日，男性的总休闲时间都要高于女性。工作日男性闲暇时间比女性多 25.97 分钟，休息日男性闲暇时间比女性多 83.82 分钟。

表 15 - 3　　上海、天津、哈尔滨三城市居民男女性别群体休闲时间分配状况　　单位：分钟

项目	工作日		休息日	
	男	女	男	女
读报刊书籍	37.57	28.09	50.91	34.56
看电视（不包括电视讲座）	104.63	103.86	138.23	123.36
听广播（不包括广播讲座）	17.11	13.69	22.36	18.24

续表

项　　目	工作日		休息日	
	男	女	男	女
学习与自修（广播电视讲座、函授、夜大、辅导班、自学等）	15.10	14.43	17.63	17.34
逛街、逛商店、夜市等（不以购物为目的）	13.87	19.06	27.11	34.30
看录像、影碟、听音响	9.34	6.33	16.52	10.73
去影剧院、录像厅或现场观看表演、比赛	1.09	1.06	3.05	2.25
体育锻炼、室外散步	18.12	19.29	25.79	23.46
去舞厅、歌厅、夜总会娱乐	0.83	1.46	1.84	1.96
利用电脑学习或获取信息	2.42	1.54	4.57	1.89
玩电脑游戏、玩游戏机（包括电子宠物）	2.00	0.92	4.93	1.07
吹拉弹唱等自娱活动	1.28	1.11	1.82	1.32
下棋、打牌（包括扑克、麻将）	14.79	8.14	27.00	12.86
业余爱好（书法、绘画、摄影、收藏、写作、设计、发明等）	2.93	2.14	4.64	2.33
养花鸟虫鱼和宠物（不包括玩电子宠物）	5.65	3.11	7.79	3.21
参观、游玩（名胜古迹、纪念馆、展览馆、博物馆、风景区、公园等）	3.21	2.16	5.31	4.93
参与社会工作或公益活动	2.33	4.08	3.17	3.84
从事工作外有收入的活动（炒股票、经商、讲课、咨询、出诊等）	8.72	5.24	7.54	4.87
从事社交活动（走亲访友、约会、聚餐等）	14.14	12.64	38.57	31.64
电话闲聊	2.99	2.92	3.73	3.93
与人闲聊（电话闲聊除外）	10.27	13.09	15.86	16.73
参加宗教活动	0.52	0.66	0.62	2.88
无事休息（闲呆、闭目养神）	22.94	22.24	35.86	26.39
其他休闲活动	2.51	1.14	6.85	3.76
休闲时间总计	314.38	288.41	471.69	387.87

资料来源：王雅林主编，《城市休闲——上海、天津、哈尔滨城市居民时间分配的考察》，社会科学文献出版社 2003 年版，第 70~71 页。

从各项活动的时间分布看，在读报刊书籍、看电视、听广播这类大众传媒项目上，男性花费的时间多于女性，不过男女两性看电视的时间差别很小。男性在看录像影碟、玩电脑游戏、下棋打牌、养花鸟鱼虫和宠物等消遣娱乐活动方面，所花时间多于女性。而女性在逛街逛商店项目上所花时间多于男性，这体现出女性在休闲方式上特定的心理偏好。

在女性总体闲暇时间少于男性的情况下,女性平均每天用于学习与自修的时间大体与男性相同;工作日和休息日女性参与社会工作或公益活动的时间都要高于男性;女性在工作日用于体育锻炼的时间多于男性,这反映出女性在闲暇生活中更注重选择那些提升自身文化与身体素质、对社会有益的活动。农民闲暇时间的性别比较如表 15-4 和表 15-5 所示。

表 15-4　　　　农民平均每天总闲暇时间的性别比较　　　单位:分钟

项　目	男性	女性	男性 - 女性
平均每天闲暇时间	333.42	263.41	70.01

资料来源:田翠琴、齐心著,《农民闲暇》,社会科学文献出版社 2005 年版,根据第 203 页文字内容整理得出。

表 15-5　　　　农民各类闲暇时间的性别比较　　　单位:分钟

项　目	闲暇时间		
	男性	女性	男性 - 女性
看电视	114.65	96.88	17.77
无事休息闲呆	47.79	24.34	23.45
下棋打扑克	10.67	1.92	8.75
看书报杂志	11.37	4.47	6.90
户外交往交谈	46.04	40.83	5.21
夫妻之间的交流交谈	19.72	14.87	4.85
社会工作与公益活动	9.81	7.16	2.65
搓麻将	17.46	22.81	-5.35
逛街赶集	10.98	14.62	-3.64
探访接待亲友	11.45	13.40	-1.95

资料来源:田翠琴、齐心著,《农民闲暇》,社会科学文献出版社 2005 年版,根据第 205 页文字内容整理得出。

综合以上几个城市与农村的情况,可以得出如下结论:第一,男女闲暇时间存在着性别不平等。无论工作日、休息日还是平均日,无论城市还是农村,男性总闲暇时间都多于女性,这与男女性别群体仍受传统社会分工模式的影响有关。传统的"男主外,女主内"的分工模式使得女性在家庭中承担更多的家务劳动,因此其闲暇时间明显低于男性。第二,男性与女性的闲暇活动各有其心理偏好。女性喜欢逛街,男性则青睐看书读报、下棋打扑克之类的活动。第三,城市女性与农村女性休闲方式的差异一定程度上反映其素质差异。在总闲暇时间少于男性的情况下，城市女性花在学习自修、社会公益活动上的时间和男性持平甚至多于男性；而农村女性则花在搓麻将上的时间多于男性。

（2）不同年龄群体闲暇时间。从总体看，闲暇时间最多的是60~70岁的老年人，其周平均日闲暇时间为512分钟；其次是50~59岁的年龄群体，其闲暇时间为368分钟；再次是20~29岁的青年群体和15~19岁的青少年群体，其闲暇时间分别为336分钟和325分钟；最后是30~39岁、40~49岁的中年群体，其闲暇时间分别为281分钟和299分钟（如表15-6所示）。

表15-6　　　　2001年北京市居民不同年龄闲暇时间比较　　　　单位：分钟

项　　目	15~19岁	20~29岁	30~39岁	40~49岁	50~59岁	60~70岁
学习文化科学知识	74	22	4	3	1	5
阅读报纸	6	8	12	15	19	30
阅读书刊	9	15	7	8	10	16
看电视	108	156	155	156	180	196
听广播	5	4	7	5	10	21
观看影剧文体表演	3	2	0	2	1	1
观看各种展览	0	3	1	1	1	1
游园散步	7	16	14	16	39	92
其他娱乐	32	24	20	22	16	36
体育锻炼	9	7	4	8	26	31
休息	20	20	15	20	30	35
教育子女	0	1	7	5	4	1
公益活动	0	4	1	0	3	4
探访接待亲友	9	17	17	13	16	15
非工作目的使用计算机	35	20	7	3	0	1
其他自由时间	8	17	10	22	12	27
总闲暇时间	325	336	281	299	368	512

资料来源：马惠娣、张景安主编，《中国公众休闲状况调查》，中国经济出版社2004年版，第151页。

中年人（30~49岁）群体除了在教育子女这项内容上所花时间多于其他几个群体，无论在总闲暇时间还是各类具体活动时间都最少，这反映出背负双重责任与义务而被誉为"生存在夹缝中"的中年一代承受着较大的生活压力，既要忙于工作，又要照顾老人和小孩，因此闲暇时间最少。

老年人在阅读报纸、看电视、听广播、游园散步、体育锻炼、休息这几项活动上所花时间最多。老年人晚年几乎没有工作压力，家务事也较少，因而闲暇时间最多。老年人花在游园散步和体育锻炼上的时间多，说明他们把保持自身健康放在十分重要的地位。此外，老年人花在看电视、休息上的时间多，反映出其休闲方式不够积极。农民不同年龄群体的闲暇时间分配如表 15-7 所示。

表 15-7　　　　　农民不同年龄群体的闲暇时间分配　　　　　单位：分钟

年龄		29 岁以下	30~39 岁	40~49 岁	50 岁以上
总闲暇时间（分钟/日）		280.04	276.39	305.51	357.38
看电视	分钟/日	119.03	99.61	109.70	112.48
	占闲暇时间的（%）	42.50	36.04	35.91	31.47
户外、交往、交谈	分钟/日	38.51	43.56	47.22	43.92
	占闲暇时间的（%）	13.75	15.76	15.46	12.29
无事、休息、闲呆	分钟/日	21.19	32.23	39.72	53.15
	占闲暇时间的（%）	7.57	11.66	13.0	14.87
三项活动占总闲暇时间的（%）		63.82	63.46	63.46	58.64

资料来源：田翠琴、齐心著，《农民闲暇》，社会科学文献出版社 2005 年版，第 221 页。

可以发现不同年龄群体的闲暇时间分布情况如下：第一，不同年龄群体的闲暇时间占有量呈两头（青年和老年）多、中间（中年）少的分布。与青年、老年群体相比，"上有老、下有小"的中年群体生存压力更大，闲暇时间更少。第二，年轻人花在学习知识上的时间最多，反映其对提升自身素质比较重视；此外，年轻人更多使用计算机，反映其更易接受新兴、现代的休闲方式。第三，老年人关注自身的健康保持问题；同时老年人花在无事休息上的时间多，反映其闲暇时间的有效利用率不高。

（3）不同文化群体闲暇时间。根据上面的数据，不同文化程度居民在工作日的闲暇时间分布规律性并不明显；但在休息日总体上呈现出文化程度越高，闲暇时间越多的趋势。王雅林指出，不同文化群体的差别主要不是表现在闲暇时间的占有数量上，而是表现在闲暇活动的节律和活动内容上；文化程度同闲暇时间里用于业务学习和提高的时间呈正相关。[①]

综合上述分析，不同文化群体闲暇时间存在着差别；但从不同研究者的研究结果看，暂时还不能对其规律性进行某种定论。不过，研究者们在有些结论上是一致的：休息日呈现出文化程度越高，闲暇时间越多的趋势；不同文化群体的时间差异与闲暇活动的具体内容相关。

---

① 马惠娣、张景安主编：《中国公众休闲状况调查》，中国经济出版社 2004 年版，第 112 页。

（4）不同就业群体闲暇时间。如表 15-8 所示，从总闲暇时间看，非在业者工作日的闲暇时间为 412.52 分钟，在业者工作日的闲暇时间为 228.96 分钟；非在业者休息日的闲暇时间为 439.66 分钟，在业者休息日的闲暇时间为 412.57 分钟。可以看出，无论工作日还是休息日，非在业者的闲暇时间都多于在业者。从各类具体活动的时间分布看，无论是工作日还是休息日，在业者用于学习自修和利用电脑学习或获取信息两项上都高于非在业者，这说明在业者由于工作需求、职位升迁等方面的压力，更重视给自己"充电"。此外，在去影剧院、录像厅或现场观看表演、比赛一项上无论工作日还是休息日在业者的时间都比非在业者多，这可能与他们的经济状况相关。一般在业者的经济情况要好一些，因此在需要花钱的活动上闲暇时间就相对多一点。

表 15-8　　上海、天津、哈尔滨三市在业群体和非在业群体闲暇时间分配

单位：分钟

项目类别	非在业者			在业者		
	工作日	休息日	每周平均一日	工作日	休息日	每周平均一日
读报刊书籍	35.72	38.66	36.56	29.75	43.53	33.69
看电视（不包括电视讲座）	130.59	136.39	132.25	89.89	128.38	100.89
听广播（不包括广播讲座）	20.49	22.58	21.09	11.72	18.16	13.56
学习与自修（广播电视讲座、函授、夜大、辅导班、自学等）	9.99	8.99	9.7	10.09	15.86	11.74
逛街、逛商店、夜市等（不以购物为目的）	25.86	28.41	26.59	11.88	32.4	17.74
看录像、影碟、听音响	8.03	9.35	8.41	7.66	15.41	9.87
去影剧院、录像厅或现场观看表演、比赛	1.04	1.46	1.16	1.14	3.07	1.69
体育锻炼、室外散步	35.54	37.37	36.06	9.03	16.86	11.27
去舞厅、歌厅、夜总会娱乐	1.53	1.58	1.54	0.96	2.14	1.3
利用电脑学习或获取信息	0.71	0.61	0.68	2.03	3.93	2.57
玩电脑游戏、玩游戏机（包括电子宠物）	0.74	1.99	1.1	1.07	2.92	1.6
吹拉弹唱等自娱活动	1.33	1.47	1.37	0.99	1.48	1.13
下棋、打牌（包括扑克、麻将）	17.73	22.74	19.16	7.78	18.36	10.8
业余爱好（书法、绘画、摄影、收藏、写作、设计、发明等）	3.52	3.19	3.43	1.8	3.27	2.22

续表

项目类别	非在业者			在业者		
	工作日	休息日	每周平均一日	工作日	休息日	每周平均一日
养花鸟虫鱼和宠物（不包括玩电子宠物）	6.88	6.86	6.87	2.89	4.35	3.31
参观、游玩（名胜古迹、纪念馆、展览馆、博物馆、风景区、公园等）	5.56	4.82	5.35	1.1	5.43	2.34
参与社会工作或公益活动	6.71	4.49	6.08	1.39	2.83	1.8
从事工作外有收入的活动（炒股票、经商、讲课、咨询、出诊等）	11.97	5.94	10.25	4.51	6.31	5.02
从事社交活动（走亲访友、约会、聚餐等）	16.39	29.84	20.23	11.23	37.48	18.73
电话闲聊	3.34	2.95	3.23	2.46	3.89	2.87
与人闲聊（电话闲聊除外）	21.19	20.5	20.99	6.68	13.72	8.69
参加宗教活动	1.11	4.38	2.04	0.36	0.52	0.41
无事休息（闲呆、闭目养神）	43.34	40.22	42.45	11.57	26.93	15.96
其他休闲活动	3.2	4.85	3.67	0.97	5.36	2.22
休闲时间总计	412.52	439.66	420.27	228.96	412.57	281.42

资料来源：王雅林主编，《城市休闲——上海、天津、哈尔滨城市居民时间分配的考察》，社会科学文献出版社 2003 年版，第 30~31 页。

非在业者在看电视、听广播、体育锻炼、下棋、打牌、参与社会工作或公益活动、与人闲聊、参加宗教活动、无事休息这些项目上多于在业者。非在业者在体育锻炼上时间多可能是由于非在业者中离退休人员多，重视对健康的时间投资。社会工作和公益活动主要同解决弱势群体问题相关，与非在业者中的下岗、无业或再就业人员关系相对紧密，因而非在业者这方面所花时间比在业者多[①]。

（二）闲暇活动

1. 消遣娱乐型活动与学习提高型活动时间分布

工作日，上海、天津、哈尔滨三市居民消遣娱乐型活动时间占一天总闲暇时间的 49.1%，学习提高型活动占 17.2%。休息日，娱乐时间比重占 46.2%，学习活动占 15.3%。可见，无论工作日还是休息日，三市居民娱乐型活动在总时

---

① 王雅林主编：《城市休闲——上海、天津、哈尔滨城市居民时间分配的考察》，北京：社会科学文献出版社 2003 年版，第 104~105 页。

间中所占比重都大大高于学习型活动，城市居民消遣娱乐型活动与学习提高型活动的时间结构不协调（如表15-9所示）。

表15-9　　　　上海、天津、哈尔滨三市居民消遣娱乐型活动
与学习提高型活动时间分布

单位：%

	工作日	休息日	每周平均一日
消遣娱乐型活动	49.1	46.2	48.1
学习提高型活动	17.2	15.3	16.6

注：1. 将表15-8的第2、3、6、7、9、11、12、13、15项归入消遣娱乐型活动，再计算该类活动时间在总闲暇时间中所占百分比。

2. 将表15-8的第1、4、10、14项归入学习提高型活动，再计算该类活动时间在总闲暇时间中所占百分比。

资料来源：王雅林主编，《城市休闲——上海、天津、哈尔滨城市居民时间分配的考察》，社会科学文献出版社2003年版，根据第44~45页数据计算得出。

2. 积极参与型活动与被动接受型活动时间分布

在工作日，三市居民被动接受型活动时间占总时间比重的42.3%（如图15-1所示），休息日被动接受型活动时间占总时间比重的38.3%，平均每天被动接受型活动时间占总时间比重的40.9%。这反映出城市居民的闲暇活动方式不够积极，主动参与型活动较少。

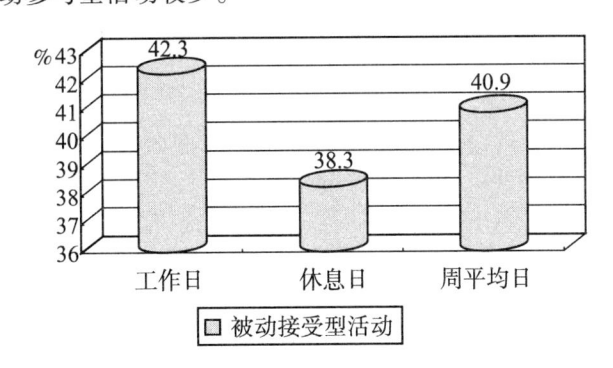

图15-1　上海、天津、哈尔滨三市居民积极参与型
活动与被动接受型活动时间分布

资料来源：王雅林主编，《城市休闲——上海、天津、哈尔滨城市居民时间分配的考察》，社会科学文献出版社2003年版，根据第44~45页数据计算得出。

3. 户内活动与户外活动

三个城市的居民在户内活动和户外活动上的时间分布极不协调（如表15-10所示）。工作日居民户内活动时间占总闲暇时间的66.5%，户外活动时间占总

时间的 21.4%。休息日居民户内活动时间占总闲暇时间的 61.9%，户外活动时间占总时间的 26.4%。无论工作日还是休息日，户内活动时间都占了一大半。工作日人们户内活动时间所占比重有所减少，而户外活动时间所占比重增加了。这是由于休息日人们用于逛街逛商店、看电影、健身的时间增多，花在参观游玩和走亲访友、约会、聚餐等交往活动的时间也比平时多。

表 15-10　　　　　上海、天津、哈尔滨三市居民户内
活动与户外活动时间分布

单位：%

	工作日	休息日	每周平均一日
户内活动	66.5	61.9	64.9
户外活动	21.4	26.4	23.1

注：1. 将表 15-8 中的第 1、2、3、6、10、13、15、23 项归入户内活动。
2. 将表 15-8 中的第 5、7、8、9、16、17、18、19、22 项归入户外活动。
资料来源：王雅林主编，《城市休闲——上海、天津、哈尔滨城市居民时间分配的考察》，社会科学文献出版社 2003 年版，根据第 44~45 页数据计算得出。

（三）闲暇消费

1. 文化娱乐用品

从全国平均水平看，与 2001 年和 2002 年相比，2003 年、2004 年、2005 年文娱用品支出占总消费支出的比重有较大上升（如表 10-15 所示）。2001~2005 年文娱用品支出占总消费支出的比重分别为 2.64%、4.07%、3.52%、3.57%、3.52%。2002 年比 2001 年增加了 1.4 个百分点，到 2004 年则有 0.43 个百分点的下降。2003 年、2004 年、2005 年水平基本持平趋势中微幅下降。总体来说，近五年来居民用于文娱用品的消费支出稳中有升。

从各省的情况看，2001 年和 2002 年居民文娱用品支出占总支出的比重低于全国平均水平的省（市、自治区）有 19 个，而该项比重高于全国平均水平的省（市、自治区）只有 12 个。2003 年，低于全国平均水平的省（市、自治区）有 20 个，高于全国平均水平的省（市、自治区）有 11 个。2004 年低于全国平均水平的省（市、自治区）有 18 个，而高于全国平均水平的省（市、自治区）有 13 个。而 2005 年低于全国平均水平的省（市、自治区）有 21 个，而高于全国平均水平的省（市、自治区）仅有 10 个。这说明各省（市、自治区）之间的差异较大。例如 2005 年排名第一的北京，其文娱用品支出比重是西藏（排名最后）的 3.6 倍。

但是，文娱用品支出占总支出比重的高低与各省（市、自治区）的经济发展水平并不存在线性相关关系。有些经济发达的省（市、自治区），该项支出占

总支出的比重排名反而靠后,如广东;相反,有些经济不发达的省(市、自治区)却排名靠前,如甘肃。

从各地区排名看,上海、北京连续五年位居前三名(如表15-11所示)。黑龙江、西藏、安徽、海南总体上排名最末。山东、山西、内蒙古、四川、云南、青海等省(市、自治区)近年来排名有所上升,其中山东名次上升最快,从之前的第六名上升到第一名,并连续三年保持第三的位置。

表15-11　　全国及各地区城镇居民文化娱乐用品支出占消费总支出比重　　单位:%

地区	2001年 文化娱乐用品占总支出比重	排序	2002年 文化娱乐用品占总支出比重	排序	2003年 文化娱乐用品占总支出比重	排序	2004年 文化娱乐用品占总支出比重	排序	2005年 文化娱乐用品占总支出比重	排序
全 国	2.64		4.07		3.52		3.57		3.52	
北 京	4.04	2	5.11	3	5.11	1	4.97	1	5.11	1
天 津	3.58	3	4.85	6	3.96	6	4.01	6	3.96	6
河 北	2.17	23	3.59	21	3.50	12	3.34	20	3.50	12
山 西	2.59	11	3.79	17	3.40	15	3.79	9	3.40	15
内蒙古	2.01	29	3.98	15	3.80	8	4.1	5	3.80	8
辽 宁	2.36	17	3.41	25	2.64	29	2.56	30	2.64	29
吉 林	2.09	26	3.34	26	2.60	30	3.35	19	2.60	30
黑龙江	1.67	31	2.69	29	2.93	26	2.98	26	2.93	26
上 海	4.15	1	5.17	2	4.70	2	4.9	2	4.70	2
江 苏	2.55	13	4.33	10	4.20	4	3.62	12	4.20	4
浙 江	3.16	8	4.68	7	3.37	16	3.9	7	3.37	16
安 徽	1.71	30	2.56	30	3.05	21	2.62	29	3.05	21
福 建	2.17	24	4.45	9	3.63	9	3.42	15	3.63	9
江 西	2.06	27	3.49	23	3.02	23	3.21	21	3.02	23
山 东	3.21	6	5.23	1	4.40	3	4.28	3	4.40	3
河 南	2.18	22	3.07	27	3.46	13	3.16	23	3.46	13
湖 北	2.34	18	3.55	22	2.86	27	3.0	25	2.86	27
湖 南	2.20	20	4.14	11	3.35	17	3.11	24	3.35	17
广 东	2.48	14	3.71	19	3.00	24	3.38	18	3.00	24
广 西	3.23	5	4.94	5	3.57	10	3.62	12	3.57	10
海 南	2.10	25	2.70	28	2.74	28	2.76	28	2.74	28
重 庆	2.56	12	3.73	18	4.17	5	3.8	8	4.17	5
四 川	2.40	15	3.93	16	3.35	17	3.39	17	3.35	17
贵 州	2.37	16	3.49	24	3.33	19	3.42	15	3.33	19

续表

地区	2001年		2002年		2003年		2004年		2005年	
	文化娱乐用品占总支出比重	排序	文化娱乐用品占总支出比重	排序	文化娱乐用品占总支出比重	排序	文化娱乐用品占总支出比重	排序	文化娱乐用品占总支出比重	排序
云南	3.20	7	4.00	14	3.05	21	2.83	27	3.05	21
西藏	3.11	10	1.49	31	1.41	31	1.56	31	1.41	31
陕西	2.32	19	4.09	12	3.17	20	3.78	10	3.17	20
甘肃	3.16	8	4.96	4	3.94	7	4.2	4	3.94	7
青海	2.19	21	3.62	20	3.51	11	3.53	14	3.51	11
宁夏	3.24	4	4.03	13	3.43	14	3.69	11	3.43	14
新疆	2.06	28	4.62	8	2.94	25	3.18	22	2.94	25

资料来源：根据《中国统计年鉴》2002~2006年数据计算得出。

除了北京、天津、上海等直辖市，排名所体现出的地区性差异也比较明显。东北三省辽宁、吉林、黑龙江的排名普遍靠后，除了吉林2004年排名爬升到19位，其余均位于25名之后。东部沿海地区如江苏、浙江等的排名居中偏前。中部地区如河南、湖北、湖南等排名居中偏后。西部地区有三个省（市、自治区）的排名较靠前，即甘肃、宁夏和云南。此外，西部地区其余几个省（市、自治区）的排名上升趋势也较明显，其整体排名超过了中部地区。这反映出国家实施西部大开发战略以来，西部地区居民的生活水平确实提高了，用于文化娱乐耐用消费品的支出比重逐步增加。

2. 文化娱乐服务

从全国平均水平看，居民文化娱乐服务支出占消费总支出的比重上升或下降的总趋势不明显，如表15-12所示。从各省（市、自治区）的情况看，2001年17个省（市、自治区）的居民文娱服务支出占总支出的比重低于全国平均水平，14个省（市、自治区）高于全国平均水平；2002年18个省（市、自治区）低于全国平均水平，13个省（市、自治区）高于全国平均水平；2003年21个省（市、自治区）低于全国平均水平，仅有10个省（市、自治区）高于全国平均水平；2004年则有22个省（市、自治区）低于全国平均水平，仅有9个省（市、自治区）高于全国平均水平；2005年则有19个省（市、自治区）低于全国平均水平，有12个省（市、自治区）高于全国平均水平。各省（市、自治区）之间存在很大差异。2005年排名第一的广东，其文娱服务支出比重是西藏（排名最后）的3.2倍。不过，文娱服务支出占总支出比重的高低与各省（市、自治区）的经济发展水平也不存在线性相关关系。

从各地区排名看，排名整体水平最前的是3个直辖市：北京、重庆和上海。

其中，北京连续四年名列前三。排名整体水平最后的是：西藏、河北、辽宁、吉林。其中，西藏连续四年排名最末。甘肃、新疆、山东、天津的排名下降，山东和新疆名次下降最快。广东、湖南、云南、贵州、广西、江西、浙江排名上升，广东名次上升最快，近四年保持第一。将全国及各省（市、自治区）文娱用品支出比重与文娱服务支出比重情况进行对比，发现不论全国还是各省（市、自治区），文娱用品消费支出都高于文娱服务支出（从绝对数看）。这从一个方面反映出中国人在消费观念上仍然偏向于购买实物而非享受服务。

表 15-12 2001~2005 年城镇居民文化娱乐服务支出占消费总支出比重 单位：%

地区	2001 年 文化娱乐服务占总支出比重	排序	2002 年 文化娱乐服务占总支出比重	排序	2003 年 文化娱乐服务占总支出比重	排序	2004 年 文化娱乐服务占总支出比重	排序	2005 年 文化娱乐服务占总支出比重	排序
全 国	2.30		2.68		3.10		3.02		3.10	
北 京	3.55	1	3.93	2	4.41	2	4.38	2	4.41	2
天 津	2.14	20	1.97	25	1.91	25	2.05	26	1.91	25
河 北	1.40	30	1.67	28	2.27	24	1.84	28	2.27	24
山 西	1.91	27	2.38	16	2.65	19	2.58	19	2.65	19
内蒙古	2.60	6	1.87	26	2.90	15	2.62	18	2.90	15
辽 宁	1.71	29	1.52	29	1.71	29	1.61	30	1.71	29
吉 林	2.18	19	1.50	30	1.78	28	1.82	29	1.78	28
黑龙江	2.05	22	1.98	24	2.29	23	2.17	23	2.29	23
上 海	2.58	7	2.93	10	3.55	8	3.76	5	3.55	8
江 苏	2.36	11	2.21	21	3.13	11	2.83	16	3.13	11
浙 江	2.23	16	3.03	8	3.79	4	3.83	4	3.79	4
安 徽	2.09	21	1.79	27	1.88	27	1.94	27	1.88	27
福 建	1.93	26	2.33	18	2.91	14	3.32	7	2.91	14
江 西	2.02	25	2.26	20	3.73	5	3.01	10	3.73	5
山 东	2.72	3	2.17	23	2.22	25	2.12	24	2.22	25
河 南	2.05	23	2.99	9	2.89	16	2.96	12	2.89	16
湖 北	2.21	18	2.53	14	2.89	16	2.93	13	2.89	16
湖 南	2.48	9	3.26	4	4.07	3	3.9	3	4.07	3
广 东	2.41	10	4.02	1	4.74	1	4.63	1	4.74	1
广 西	2.23	17	2.86	11	3.13	11	3.27	9	3.13	11
海 南	2.34	12	2.28	19	2.40	22	2.65	17	2.40	22
重 庆	2.66	5	3.06	7	3.00	13	2.88	14	3.00	13
四 川	2.58	8	2.76	12	3.32	9	2.99	11	3.32	9
贵 州	2.32	14	3.13	6	3.63	6	3.75	6	3.63	6

续表

地区	2001年		2002年		2003年		2004年		2005年	
	文化娱乐服务占总支出比重	排序	文化娱乐服务占总支出比重	排序	文化娱乐服务占总支出比重	排序	文化娱乐服务占总支出比重	排序	文化娱乐服务占总支出比重	排序
云 南	1.80	28	3.28	3	3.22	10	2.85	15	3.22	10
西 藏	0.85	31	0.43	31	1.49	31	1.04	31	1.49	31
陕 西	2.30	15	2.21	22	2.54	20	2.5	20	2.54	20
甘 肃	2.72	4	2.75	13	2.75	18	2.4	21	2.75	18
青 海	2.34	13	3.25	5	3.58	7	3.07	9	3.58	7
宁 夏	2.05	24	2.35	17	2.53	21	2.09	25	2.53	21
新 疆	2.92	2	2.51	15	1.65	29	2.35	22	1.65	29

资料来源：根据《中国统计年鉴》2002~2006年数据计算得出。

3. 旅游

（1）旅游人数。由图15-2可以看出，农村居民旅游人数近五年呈现逐年递增的趋势。城镇居民旅游人数2000~2002年逐年递增，到2003年有所下降，2004年又有上升。全国总旅游人数也是2000~2002年逐步递增，但到2003年有所下降，到2004年则又有上升。2003年中国遭遇"非典"风波，是导致国内旅游人数减少的一个重要原因。

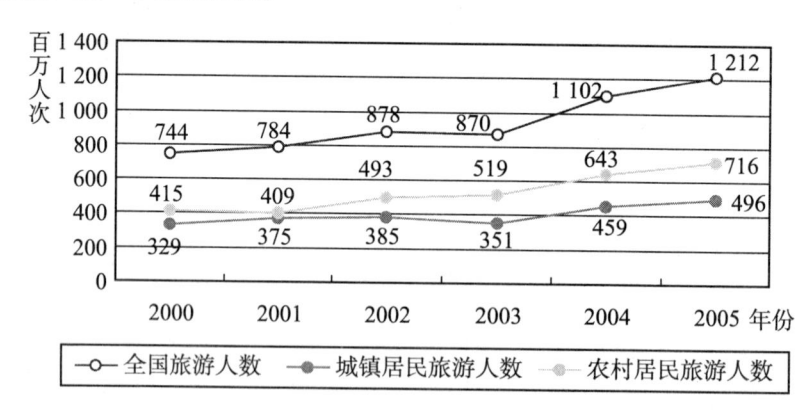

图15-2 2000~2005年国内旅游人数

资料来源：《中国统计年鉴》2001~2006年数据。

此外，将城市与农村的情况对比，可以发现农村居民旅游人数要高于城市居民旅游人数。对比两者旅游中的花费可知（见图15-3），城镇居民旅游花费远远高于农村居民，这可能是城镇居民旅游人数反而比农村少的原因之一。

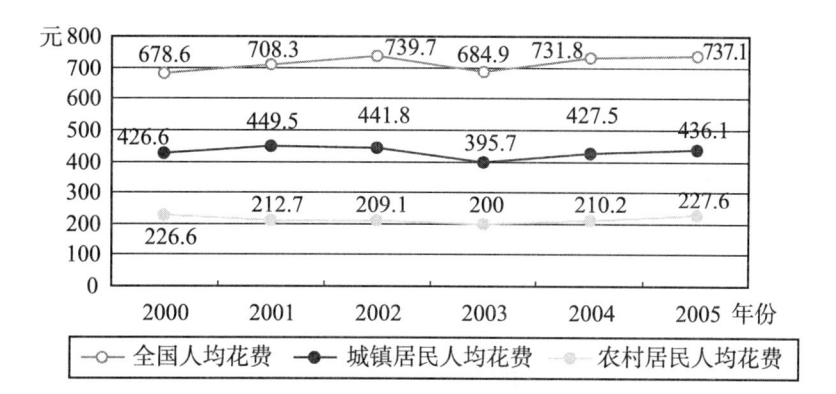

```
元 800
    700  678.6    708.3   739.7          731.8   737.1
                                  684.9
    600
    500         449.5   441.8           427.5   436.1
        426.6                   395.7
    400
    300
    200         212.7   209.1   200    210.2   227.6
        226.6
    100
      0
         2000   2001   2002   2003   2004   2005 年份
         ─○─ 全国人均花费  ─●─ 城镇居民人均花费  ─●─ 农村居民人均花费
```

图 15 - 3　2000~2005 年国内旅游人均花费

资料来源:《中国统计年鉴》2001~2006 年数据。

（2）旅游花费。农村居民旅游人均花费近五年来逐年递减。城镇居民旅游人均花费 2000~2002 年逐步递增，2003 年有所下降，2004 年又开始回升。全国人均花费 2001 年比 2000 年增加了，但从 2001 年开始逐步递减，到了 2004 年又开始上升。不难发现，无论城市、农村还是全国人均花费，2003 年都比较低。这同样在很大程度上反映了当年 SARS 事件的巨大影响。

（四）闲暇设施及资源

1. 公共图书馆、博物馆、影剧院数量

从全国情况来看，2000~2004 年公共图书馆和博物馆的数量都呈逐年递增趋势。这反映出国家对这两方面的投入在增加。2000~2002 年城市影剧院数量呈逐年递减趋势。

公共图书馆数排名居前的是云南、河北、山东、河南、广东；排名最后的是西藏、海南、宁夏、青海。博物馆数排名居前的是广东、湖北、山西、江苏、福建；排名最后的是西藏、宁夏、贵州、青海、重庆、海南。影剧院西部地区各省数量都非常少，仅有甘肃在 2002 年数目有大幅度增加。影剧院数排名最前的是江苏、浙江、广东。由此排名可以看出，排在最末的大多数是西部省份。

2. 广播/电视人口覆盖率

2001~2005 年，中国的广播人口覆盖率和电视人口覆盖率都呈逐年递增的趋势。从每年的情况看，电视人口覆盖率还要高于广播人口覆盖率。现在看电视已经成为中国最普及、人们花时间最多的休闲方式，而听广播作为传统休闲方式也依然很有市场（如图 15 - 4 所示）。

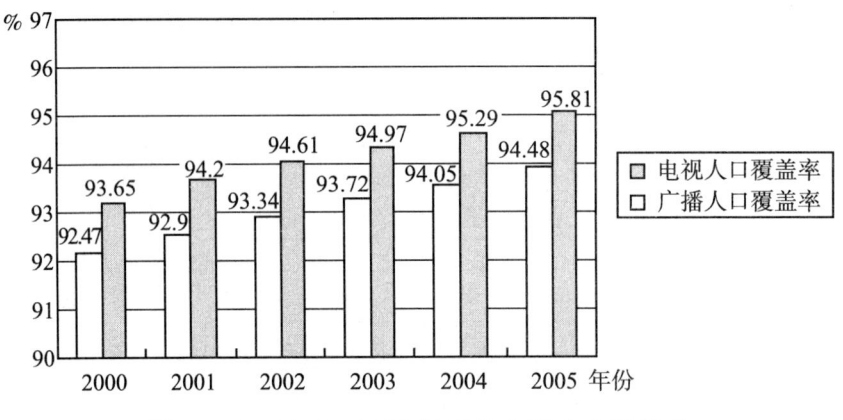

图 15-4　2000～2005年广播电视人口覆盖率

3. 图书、杂志、报纸出版数量

从全国情况看，2000～2005年图书、杂志种类数都呈逐年递增趋势。报纸种类数前三年逐年递增，到2003年开始有下降的趋势，这主要是由于电子杂志等的冲击（图表参见附录中附图15-1～附图15-6）。

从各地区情况看，图书种数排名居前的是上海、江苏、浙江、广东、湖北。西部地区整体情况最差，西藏、宁夏、青海、甘肃、贵州排名居于最后。杂志种数排名居前的是上海、江苏、湖北、广东，排名最后的是西藏、宁夏、青海、海南、贵州，可见最后的主要仍是西部城市。报纸出版数量（种）的地区差别不如图书、杂志明显，但西部几个主要省（市、自治区）的排名依然位居最末。

随着时代的发展，闲暇生活质量也越来越成为人们生活的重要方面。影响着个人的全面发展和生活质量的全面提高，必须予以更多的关注。根据前文的分析：居民闲暇活动结构不协调、活动单调、活动种类不丰富、趣味不高雅，仍是当前存在的主要倾向；闲暇设施及资源不充分，既表现为国家公共基础设施建设的薄弱，也表现为社区闲暇建设不能充分适应人们休闲生活的需求；闲暇设施及资源还存在较大的地区性差异、城乡差异和不同群体的差异，凸显出女性闲暇问题、老年人闲暇问题和非在业群体闲暇问题。

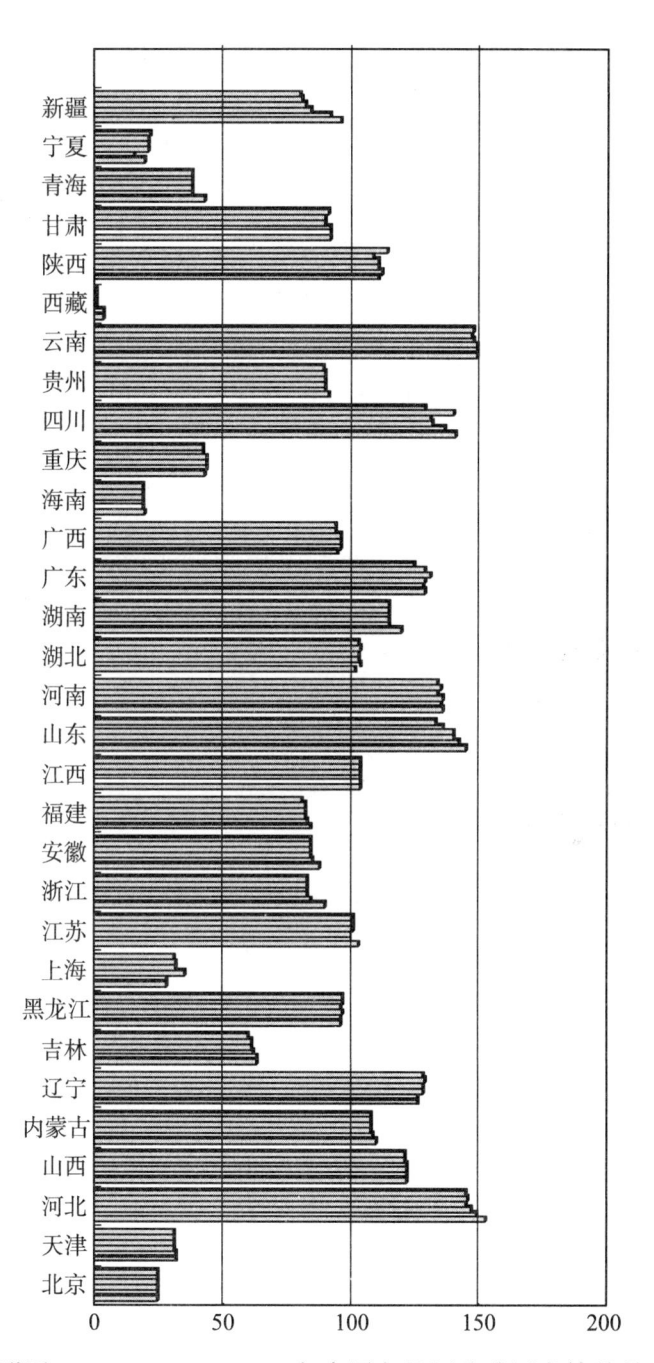

附图 15-1　2000~2005 年全国各地区公共图书馆数量

注：各省（市、自治区）柱状图由上至下分别为 2000~2005 年数据。
资料来源：《中国统计年鉴》2001~2006 年数据。

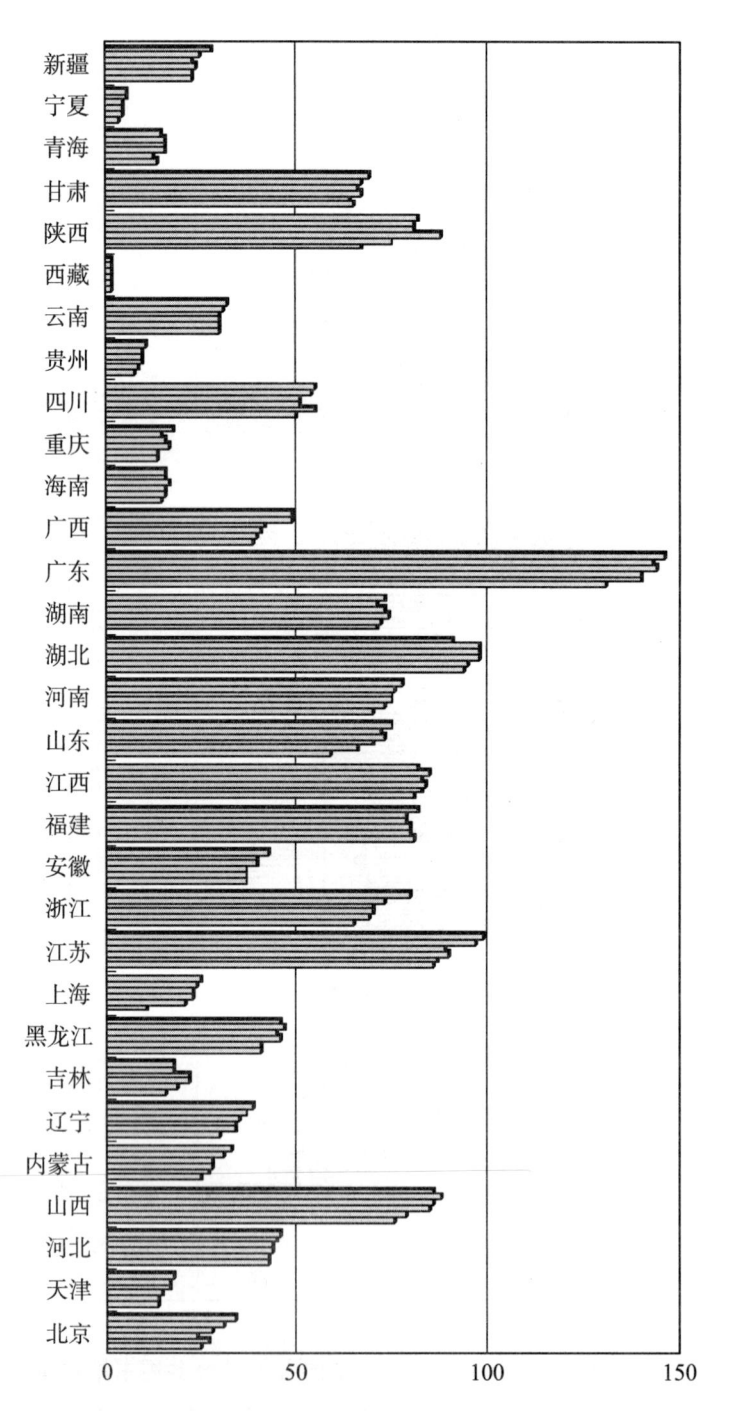

附图 15-2　2000~2005 年全国各地区博物馆数量

注：各省（市、自治区）柱状图由下至上分别为 2000~2005 年数据。
资料来源：《中国统计年鉴》2001~2006 年数据。

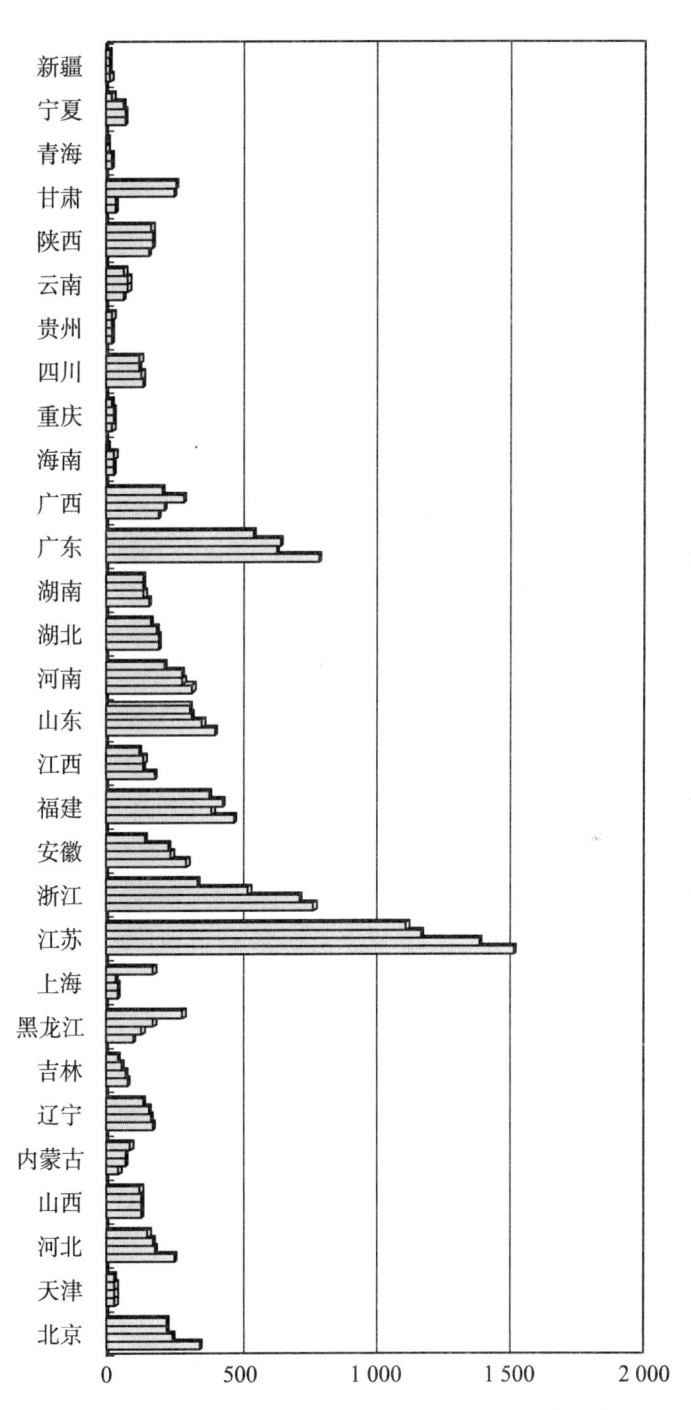

附图 15－3　2000~2004 年全国各地区城市影剧院总数

注：各省（市、自治区）柱状图由下至上分别为 2000~2004 年数据。
资料来源：《中国城市统计年鉴》2001~2005 年数据。

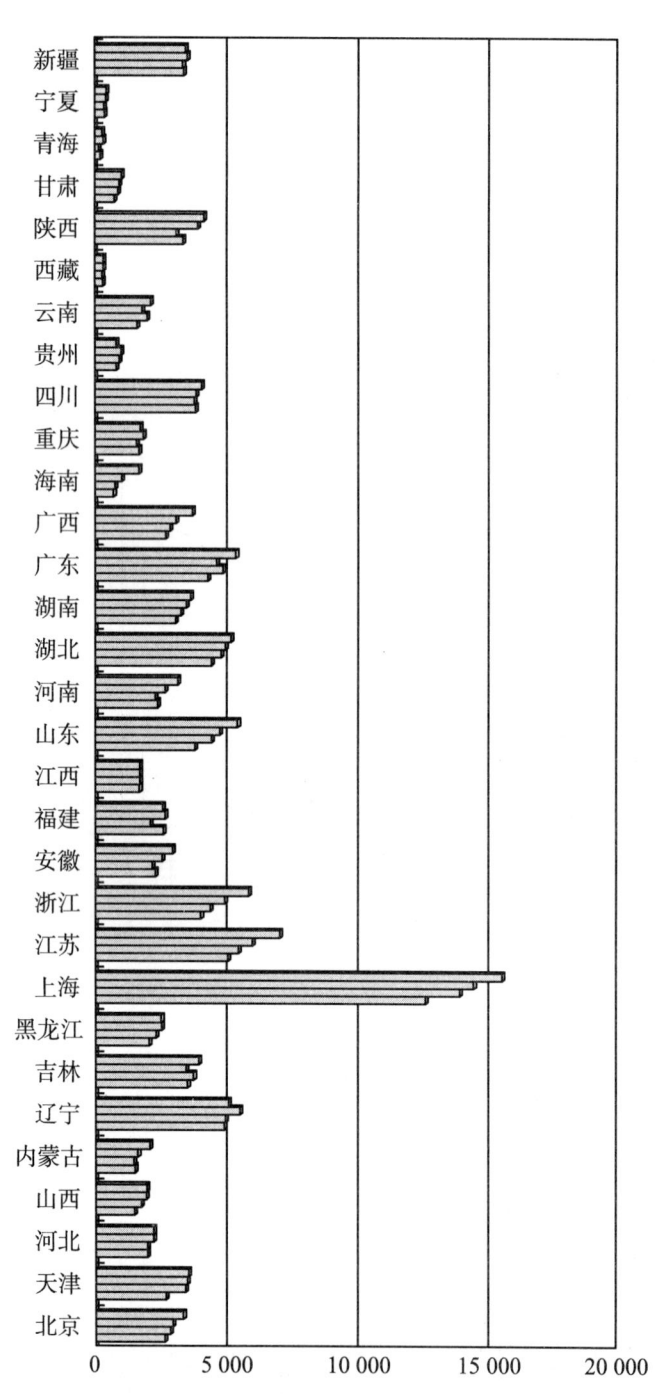

附图 15-4　2000~2003 年全国各地区图书出版数量

注：各省（市、自治区）柱状图由下至上分别为 2000~2003 年数据。
资料来源：《中国统计年鉴》2001~2004 年数据。

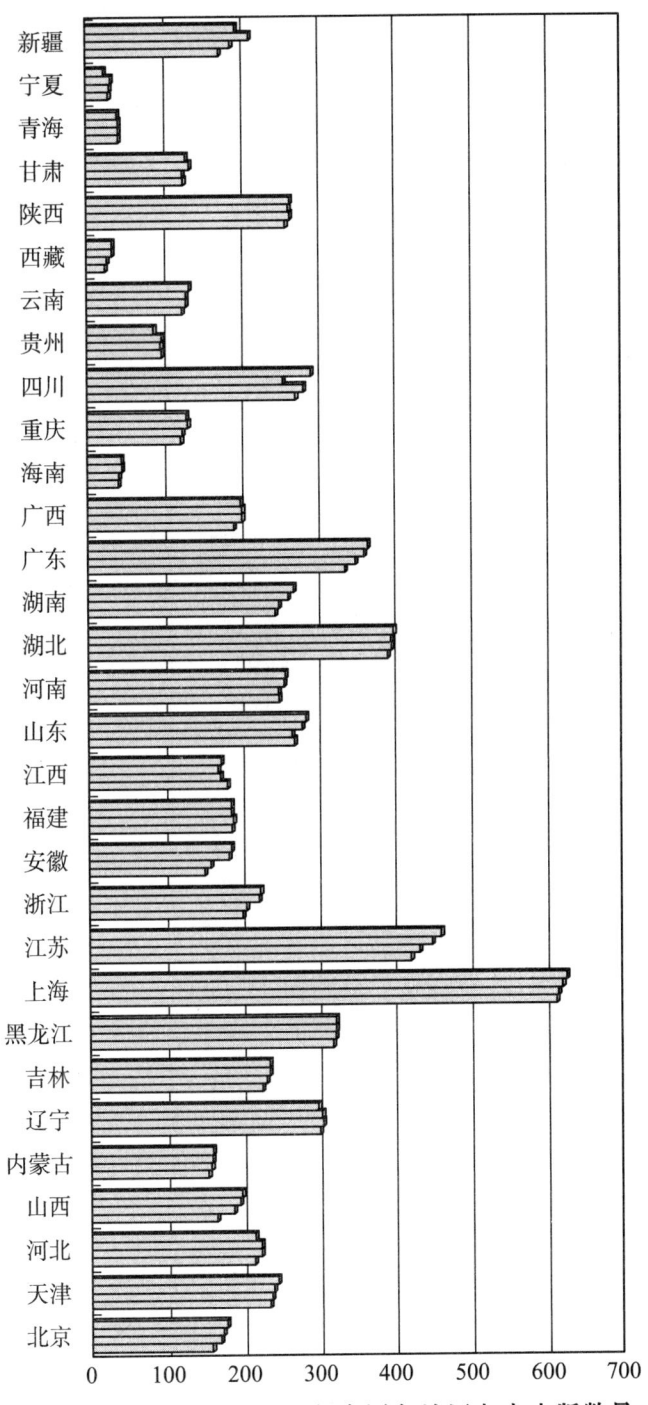

附图 15-5　2000~2003 年全国各地区杂志出版数量

注：各省（市、自治区）柱状图由下至上分别为 2000~2003 年数据。
资料来源：《中国统计年鉴》2001~2004 年数据。

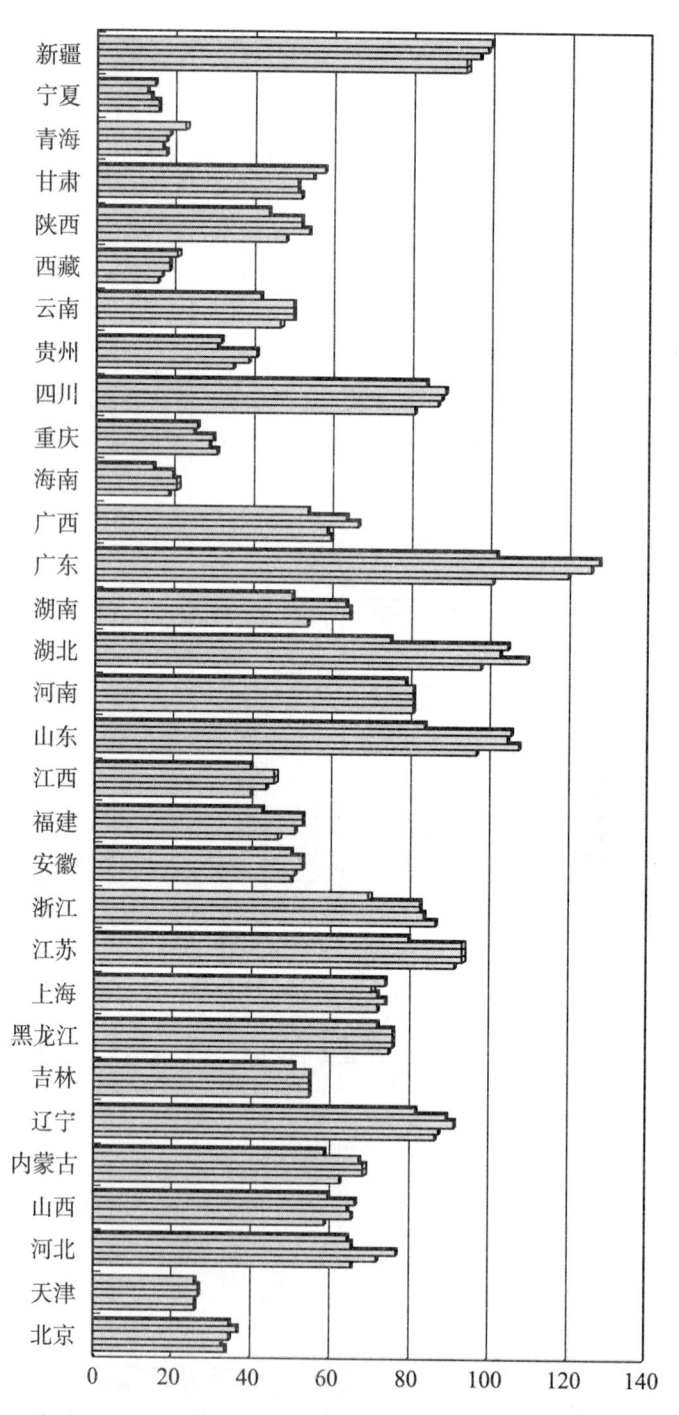

附图 15-6 2000~2005 年全国各地区报纸出版数量

注：各省（市、自治区）柱状图由下至上分别为 2000~2005 年数据。
资料来源：《中国统计年鉴》2001~2006 年数据。

第十六章

生活质量的居住指标及其评价

随着社会的进步和生活质量的不断提高，人类对住房的需求已不仅仅止于居者"有"其屋，而是更多地追求居者"优"其屋。因此，改善居住质量已成为人们现阶段提升生活质量的最大诉求。当前，关注人居环境已经成为国际社会的一个潮流，成为各国政府和全社会共同关注的焦点问题之一。正如1931年美国总统胡佛所言，没有什么东西比住房对人们的幸福和社会的安定更加重要。①

一、居住质量与生活质量

(一) 居住生活质量

居住是生活质量的一个重要方面。衣食住行，住是仅次于衣、食之后的基本需求。随着经济发展和消费观念的改变，舒适、以人为本的居住环境逐渐成为人们的生活追求。②居住生活质量同生活质量一样，既包括客观指标，也包括主观指标。客观指标主要指对住房的数量、质量、性能和居住环境等的客观评价，如住房面积大小、设施配套水平、住房性能状况，等等。主观指标则是指个体居住的生活质量满意度，主要是一种主观感受。从目前的经济发展水平、住宅产业发展水平以及人们住房消费需求来看，当前反映居民的居住生活质量水平，应以客观社会指标为主。

---

①② 周长城等著：《中国生活质量：现状与评价》，社会科学文献出版社2003年版，第33页。

(二) 居住对生活质量的影响

人们的住房水平从一个侧面反映了一个国家或地区的经济社会发展水平，因为住房的数量、质量与经济发展状况和人们的消费水平、生活质量密切相关，一切历史时期人们生活的舒适度和满意度、安居乐业情况和财富拥有状况，都可以在住房这个断面集中展示。住房是记录社会经济发展轨迹的重要标志，没有一件物品能够像住房那样丰富而生动地记述人们生活改善的过程。①

居住与生活条件构成国民生活的宏观环境，既是提高人们生活质量的基本保障，也是生活质量的具体体现。② 早在1976年《温哥华人类住区宣言》中就已经提到："人类居住条件在很大程度上决定了人们的生活质量。"③

此外，住房及其环境条件对人们的主观生活满意度有着重要影响。新加坡国立大学商学院高（Kau, 1995）于1994年对新加坡400名国民进行了问卷调查，其研究结果表明环境和住房条件在总体满意度中起重要作用。④

二、城镇居民居住质量指标体系建构

居住质量是生活质量的重要组成部分，也是评价一个国家社会发展状况的重要标准。当前，中国正在全力建设全面小康社会，居住质量是评价国民生活水平的重要量化指标，因而也是中国全面建设小康社会所不可忽视的重要内容。不断改善居民的住房状况，提高居民的住房水平，实现人与自然、人与人、人与社会和谐发展的居住小康，促进人类住区的可持续发展，是实现全面小康社会居住目标的重要内容。

本书拟在全面建设小康社会的宏观历史背景下，以城镇居民的居住质量为研究对象，构建小康目标视野下的城镇居民居住质量指标体系。同时，为了使指标体系更具有操作性，提出了相应的测评方法。

(一) 城镇居民居住质量的内涵研究

从内容上来说，居住质量主要包括两个大的方面：一是居民居住状况的客观方面，一是居民对居住状况的主观认知方面。前者一般是物质层面的、可以直接

---

① 冯俊：《从社会发展看住房》，载《武汉房地产》2004年第4期，第21页。
② 周长城等著：《中国生活质量：现状与评价》，社会科学文献出版社2003年版，第18页。
③ 卢卫前：《解读人居——中国城市住宅发展的理论思考》，天津社会科学出版社2000年版，第29页。
④ 周长城等著：《全面小康：生活质量与测量——国际视野下的生活质量指标》，社会科学文献出版社2003年版，第122页。

观测并被客观证实的现象或事物，如住房面积、住房的设施设备等；后者则一般是居民关于居住状况的主观感受（或满意度）——如对住房性能、住区环境的满意度等，这些感受可以通过有关居住满意度的测量得以量化。居住质量的客观方面，其主要优点在于它们建立在人们可以看得见的物质条件基础上，可以进行客观检验和定量分析；而居住质量主观方面的优点则在于它们抓住了那些对个人来说非常重要的居住体验和经历。

因此，居住质量是关于人们满足居住需要（这种需要是属于生存和发展层面的）而进行的全部活动及其各种特征的概括和总结，是反映人类居住发展乃至人类生活发展的一个综合概念。它包括两个方面的内涵：社会提供人们居住条件的充分程度和人们对居住需求的满意程度。由此出发，人们居住质量的好坏主要从两方面去评估：一是住房及其配套设施（如公共服务、环境等）的供给和保障情况，从而说明和了解人们居住状况所处的社会发展阶段和等级；二是人们对自身居住需求满足程度的主观感受状况，以说明处于该阶段或等级上的人们居住需求主观满足程度的差异。

应当指出的是，居住质量是一个不断变化发展的事物，随着社会的发展，居住质量的内涵和外延也将不断地变化。就当前而言，客观的居住条件是居民居住质量的基础和保障，主观满意度的作用还不明显，因而人们对居住质量更多关注的是其客观方面，对其内涵的理解也往往是从客观层面进行的。对于本研究而言，居住质量的客观方面和主观方面都不可偏废，必须结合起来理解，才能准确认识居住质量的含义，从而进行综合研究。

（二）城镇居民居住质量的指标框架

居住质量的实际测度是一个多侧面、多层次的复杂问题，因此在构建测量城镇居民居住生活质量的指标时，本研究遵循着代表性、导向性和前瞻性、可行性和操作化、可比性、系统性、既全面又精简等原则。因此，本研究充分了解国内外居住质量指标研究的发展状况，吸纳、借鉴已有的研究居住质量的指标体系，并在此基础上有所突破，建立起适合中国社会发展水平、社会发展目标和中国实际国情的居住质量指标体系，从而更好地为中国的经济社会发展服务。

本研究关注的是在全面建设小康社会的历史背景下，中国城镇居民居住质量的测量和评价。从整体上看，城镇居民居住质量指标体系由宏观和微观两大部分组成。宏观指标群，从社会发展的角度出发，衡量"居住小康社会"的居住空间状况、住房成套状况、住房拥有能力、公共管理状况等。微观指标群，从居民居住满意度的角度出发，衡量广大城镇居民对居住状况的满意状况。因此，在充分参考和吸收相关研究成果的基础上，结合中国经济社会发展的现状（特别是城市居民现有的居住状况），我们从居住空间状况、住房成套状况、住房拥有能力、住区公共资源状况、居民住房满意度等五个方面选取了具有代表性的指标，构成了一个初步的评价指标体系，以期反映全面建设小康社会时期中国城市居民居住质量目标的基本内涵和主要内容。其基本框架如表16－1。

表 16－1　　　　　　　城镇居民居住质量指标框架

变量	一级指标	二级指标
居住质量	1. 居住空间状况	（1）人均住房建筑面积
		（2）住房使用率
		（3）户均住房套数
		（4）城镇最低收入家庭人均住房面积
	2. 住房成套状况	（1）住房成套率
		（2）厨房使用状况
		（3）卫生间使用状况
		（4）自来水供水普及率
		（5）用电普及率
		（6）燃气供应率
		（7）新建住宅节能比率
		（8）新建住宅智能化率
	3. 住房拥有能力	（1）城镇低收入家庭住房保障率
		（2）公有住房率与自有住房率
		（3）住房购买力
	4. 住区公共资源状况	（1）住房纳入物业管理的比率
		（2）人均公共绿地面积
		（3）住区公共服务状况
		（4）交通服务的便捷程度
		（5）住区治安管理状况

（三）城镇居民居住质量指标框架的内涵解析

1. 居住空间状况

对于广大居民来说，居住空间状况是首先必须关注的。没有一定的居住空间，完善住房功能、提高住房性能等也就失去了坚实的物质基础。它包括以下四个具体指标：(1) 人均住房建筑面积，指的是平均每个居民拥有的住房建筑面积。这一指标的主要功能是对居民住房的生活空间是否够用进行客观意义上的度量。(2) 住房使用率，是指房屋的使用面积与建筑面积的比率。(3) 户均住房套数，是指每户居民拥有住房的套数（包括拥有所有权和拥有使用权两种情况）。(4) 城镇最低收入家庭人均住房面积。

2. 住房成套状况

随着社会经济的发展和人们生活水平的不断提高，人们对住房的成套状况提出了更高的要求。一般而言，在现代社会中，成套的住房不仅要具有良好的空间分区，拥有卧室、厨房和卫生间等基本空间，也要拥有相应的配套设施，如自来水、电力、燃气、网络，还要有相应的性能，如智能化、节能化等。因此，住房成套状况是衡量居民居住质量的重要标准。具体包括以下指标：(1) 住房成套率，指成套住宅在所有住宅中的比重。(2) 厨房使用状况。厨房，指供居住者进行炊事活动的空间。具体说来，从厨房这一领域来评估居民的居住质量，一般从如下方面着手：一是拥有独立厨房的住户在总住户中的比重；二是厨房的面积大小；三是厨房的各种设施设备状况。(3) 卫生间使用状况。卫生间，是指供居住者进行便溺、洗浴、盥洗等活动的空间。从卫生间这一领域来评估居民的居住质量，一般从如下方面着手：一是拥有独立卫生间的住户在总住户中的比重；二是卫生间的面积大小；三是卫生间的各种设施设备状况。(4) 自来水供水普及率，指用自来水的城镇居民在所有城镇居民中所占比重。(5) 用电普及率，指用电的城镇居民在所有城镇居民中所占比重。(6) 燃气供应率，指使用燃气（包括人工煤气、液化石油气、天然气）的城市居民在所有城镇居民中所占比重。(7) 新建住宅节能比率，即按照节能标准和要求建设的住宅在所有新建住宅中的比重。(8) 新建住宅智能化率。在中国目前的社会条件下，住宅智能化主要体现在住宅安保智能化和住宅网络信息化两个方面（建设部政策研究中心课题组，2004），因此，住宅智能化比率这一指标也就具体化为住宅安保智能化比率和住宅网络信息化比率两项指标。

3. 住房拥有能力

改革开放以来，中国经济体制和住房制度的改革，使住房由传统的实物分配转变为货币化分配，住房消费成为市场化行为。也就是说，政府和单位不再提供福利房，由居民通过市场来解决自己的住房，住房消费模式发生了根本性的变化。在这样一种形势下，居民住房拥有能力的重要性就显得越来越突出了。由于住房进入市场，住房拥有能力也就成为居民市场能力的反映，因而也往往成为住房市场化水平的反映。其具体衡量指标如下：(1) 城镇低收入家庭住房保障率，即城镇最低收入家庭享受基本住房保障的比率。(2) 公有住房率与自有住房率。

公有住房率，是指公有部门拥有、经营或控制的住房占城市地区中全部的成套住房总量的比率，也就是住房的公有产权率。自有住房率，则是指住户自有的住房占全部住房总量的比率，也就是住房的自有产权率。公有住房率和自有住房率，是住房福利状况与住房市场发展状况及其相互之间份额的反映。（3）住房购买力，指居民购买住房的能力。居民的收入状况决定了居民是否具备购买住宅的能力。因此，住房的价格水平，必须考虑到一定时期内居民的收入水平。目前，住房的市场价格水平，人们普遍接受的一种方法是用每单位面积的住房价格相当于居民户均年收入的比例来衡量（即房价收入比）。

4. 住区公共资源状况

住房的公共资源状况反映了住房发展及居民居住生活的社会化水平。在现代社会中，向住区居民提供充足的公共资源（如物业管理条件、住区社会服务、良好的居住环境、公共交通服务等），是使居民居住安全得到保障、居住环境得到改进和日常生活服务得到改善的重要条件，也就是提高居民居住质量的重要保障。实践证明，有没有相应的住区公共资源，以及住区公共资源的充足程度，对于居民的居住质量来说，在效果上有很大的差别。因此，住区公共资源状况是衡量居民居住质量的一个重要标准。其具体测量指标包括：（1）住房纳入物业管理的比率。物业管理是与人们住房消费息息相关的一个新兴行业，是提高人们居住质量、促进人们住房消费走向全面小康的一个重要领域。（2）人均公共绿地面积，指每个城市居民平均所拥有的公共绿地面积。（3）住区公共服务状况，主要包括住区居民能方便快捷地享受到健身锻炼设施、医疗卫生设施、文化娱乐设施、金融、邮政服务设施等，特别是拥有足够的便民利民服务网点服务于社区居民的日常生活。（4）交通服务的便捷程度。主要是指居住小区距离公交车站的远近以及公交工具的舒适、便捷程度。（5）住区治安管理状况。良好的住区治安环境是保证社区居民正常工作、学习和生活的基本条件，是居民居住安全的基本保障，也是提高居民人居环境质量的重要条件。

三、城镇居民居住质量评价

民以食为天，以住为地，衣、食、住是人类生存和发展最基本、最必要的条件。一个国家居民居住质量的高低，充分反映了这个国家经济发展水平和社会文明程度，更是衡量这个国家居民生活质量的重要标志之一。但是，在当今这个两极分化日益扩大的社会，居民的居住除了作为个人生活的必需品外，更是个人身份和地位的一种象征，呈现出明显的分化趋势。因此，创建和谐社会、提高居民的生活质量、达到住房小康目标，深入了解居民的居住质量现状、缩小居民的居住分化也就相应成为当务之急。

（一）城镇居民总体居住质量正在朝居住小康水平发展

1. 城镇居民居住空间不断扩大

（1）城镇居民人均住房面积不断扩大。居住面积虽然不是一个能够全面说明居住质量的指标，但至少是一个非常重要的指标，因为住房面积的大小，直接关系到居民居住环境的好坏。

中国的住房改革始于1980年。1978年，中国城镇人均仅仅7平方米建筑面积，约有47.5%的城镇居民家庭缺房或无房，住房问题是当时最为严重的城市社会问题之一[①]。随着住房市场化进程的推进，城镇住宅竣工面积从20世纪80年代初期每年不到1亿平方米，增加到1996年以来的每年平均6亿多平方米，2001年城镇住宅竣工面积达到7.25亿平方米，每千人住宅竣工套数达到17套左右。1996~2001年，中国城镇建成住宅约38.25亿平方米（含建制镇），合5 464万套；平均每年建设6.38亿平方米，合911万套。城镇人均住宅建筑面积由1995年的16.2平方米提高到2001年的21平方米。2002年底，全国城镇房屋建筑面积131.78亿平方米，其中住宅建筑面积81.85亿平方米，占房屋建筑面积的比重为62.11%。东部地区房屋建筑面积70.5亿平方米，中部地区40.41亿平方米，西部地区20.87亿平方米，分别占全国城镇房屋建筑面积的53.5%、30.66%和15.84%。东部地区城镇住宅建筑面积43.66亿平方米，中部地区24.49亿平方米，西部地区13.7亿平方米，分别占全国城镇住宅建筑面积的53.34%、29.92%和16.74%。2002年全国城镇人均住宅建筑面积22.79平方米，其中东部地区24.42平方米，中部地区20.59平方米，西部地区22.29平方米（如表16-2所示）。

表16-2　　　　2002~2005年城镇人均住宅建筑面积　　　　单位：平方米

地　区	2002年	2003年	2004年	2005年
北　京	26.41	24.77	25.12	32.86
天　津	22.17	23.10	24.65	24.97
河　北	21.97	23.17	24.92	26.04
辽　宁	19.37	20.24	20.99	21.96
上　海	27.97	29.35	32.10	33.07
江　苏	23.6	24.44	26.90	27.95
浙　江	30.33	31.02	34.02	34.80

---

① 刘志峰：《改善中低收入家庭的住房条件依然艰巨》，载《经济日报》2002年8月30日。

续表

地 区	2002 年	2003 年	2004 年	2005 年
福 建	29.23	30.30	31.52	32.28
山 东	22.72	24.48	25.72	26.47
广 东	25.85	24.93	26.27	26.46
广 西	21.94	23.43	24.04	24.18
海 南	22.13	24.77	25.12	32.86
东部地区人均	24.42	25.06	26.76	28.00
山 西	22.00	23.00	23.58	24.79
内蒙古	19.33	20.71	21.75	22.46
吉 林	19.80	20.49	21.25	22.03
黑龙江	18.13	20.75	21.70	22.56
安 徽	20.25	22.62	24.89	25.58
江 西	22.02	20.20	21.62	23.40
河 南	19.23	22.90	24.05	24.99
湖 北	22.24	24.43	25.39	26.00
湖 南	22.50	23.00	23.58	24.79
中部地区人均	20.59	21.99	22.90	23.90
重 庆	23.86	20.05	21.38	22.96
四 川	24.86	24.17	26.74	25.23
贵 州	18.16	25.72	28.25	30.68
云 南	24.02	26.36	26.87	27.48
西 藏	18.80	18.19	18.26	20.40
陕 西	20.98	24.93	26.54	28.59
甘 肃	21.10	19.93	20.06	20.86
青 海	18.06	21.75	22.38	23.40
宁 夏	20.8	21.11	21.98	23.28
新 疆	19.96	19.11	20.98	22.00
西部地区人均	22.29	23.05	24.26	25.24

资料来源：建设部综合财务司、住宅与房地产业司，《城镇房屋概况统计公报》(2002～2005 年)。

从 1997～2002 年五年时间里，全国城镇住宅竣工面积约 34 亿平方米，约 5 亿平方米的危旧房得到改造，近 5 千万个城镇家庭改善了住房条件。年均住宅竣工面积达到 6.8 亿平方米，城镇人均住宅建筑面积提高到 2002 年的 22 平方米左右，户均住宅建筑面积可达到 70 平方米。

2003 年底，全国城镇房屋建筑面积 140.91 亿平方米，其中住宅建筑面积 89.11 亿平方米，占房屋建筑面积的比重为 63.24%。东部地区房屋建筑面积 72.18 亿平方米，中部地区 40.04 亿平方米，西部地区 28.69 亿平方米，分别占全国城镇房屋建筑面积的 51.23%、28.41% 和 20.36%。东部地区城镇住宅建筑面积 44.67 亿平方米，中部地区 25.84 亿平方米，西部地区 18.6 亿平方米，分别占全国城镇住宅建筑面积的 50.13%、28.99% 和 20.88%。全国城镇人均住宅建筑面积 23.67 平方米，其中东部地区 25.06 平方米，中部地区 21.99 平方米，西部地区 23.05 平方米。全国城镇户均住宅建筑面积 77.42 平方米。

2004 年底，全国城镇房屋建筑面积 149.06 亿平方米，其中住宅建筑面积 96.16 亿平方米，占房屋建筑面积的比重为 64.51%。东部地区房屋建筑面积 74.45 亿平方米，中部地区 42.63 亿平方米，西部地区 31.99 亿平方米，分别占全国城镇房屋建筑面积的 49.94%、28.6% 和 21.46%。东部地区城镇住宅建筑面积 47.15 亿平方米，中部地区 28.22 亿平方米，西部地区 20.79 亿平方米，分别占全国城镇住宅建筑面积的 79.04%、29.35% 和 21.62%。全国城镇人均住宅建筑面积 24.97 平方米，其中东部地区 26.76 平方米，中部地区 22.9 平方米，西部地区 24.26 平方米。全国城镇户均住宅建筑面积 79.15 平方米，户均成套住宅套数 0.84 套。东部地区户均住宅建筑面积 82.1 平方米，中部地区 59.05 平方米，西部地区 61.94 平方米。

2005 年底，全国城镇房屋建筑面积 164.51 亿平方米，其中住宅建筑面积 107.69 亿平方米，占房屋建筑面积的比重为 65.46%。东部地区房屋建筑面积 83.8 亿平方米，中部地区 45.22 亿平方米，西部地区 35.48 亿平方米，分别占全国城镇房屋建筑面积的 50.94%、27.49% 和 21.57%。东部地区城镇住宅建筑面积 53.67 亿平方米，中部地区 30.33 亿平方米，西部地区 23.69 亿平方米，分别占全国城镇住宅建筑面积的 49.84%、28.16% 和 22%。全国城镇人均住宅建筑面积 26.11 平方米，其中东部地区 28 平方米，中部地区 23.9 平方米，西部地区 25.24 平方米。全国城镇户均住宅建筑面积 83.2 平方米，户均成套住宅套数 0.85 套。东部地区户均住宅建筑面积 85.32 平方米，中部地区 77.96 平方米，西部地区 85.75 平方米，户均成套住宅套数分别为 0.89 套、0.79 套和 0.83 套。

（2）城镇低收入家庭住房面积逐步改善。自 1980 年中国的住房改革启动以来 20 多年的时间里，城镇居民居住质量有了很大的改进，但随着城镇住房制度改革向住房商品化、社会化迈进，在多数人已拥有自己住房的同时，还有一部分低收入群体的住房质量还远远落在后面，在城镇中还存在不少像"张大民"式的家庭，一家几口人挤在一个狭小空间里的现象。住房是一项人类最基本的生存需要，许多国家更把获得适当住房的权利视为一项基本人权。党和国家在提高大多数人居住质量的同时，并没有忘记那些不能依靠自己来满足最基本住房要求的居民。早在 1998 年，国务院就出台了 23 号文件，提出对不同收入家庭实行不同住房供应政策，即：最低收入家庭租赁廉租房；中低收入家庭购买经济适用房；

高收入家庭购买、租赁商品房。次年《城市廉租住房管理办法》出台，规定了廉租住房的管理部门和实施方案。目前关于城镇最低收入家庭住房情况还没有具体的统计数据，虽然有不少城市、地区已实施了城市最低收入家庭的住房保障，但不同地区、不同城市根据各个城市、地区的具体情况制定了不同的保障制度。从各个不同城市、地区城镇最低收入家庭住房保障标准，尤其是城市廉租住房管理办法中，我们可以了解到中国最低收入家庭住房面积的有关情况。

租赁住房补贴、实物配租、租金减免是北京市廉租房的三项政策，它们面对的是具有非农业常住户口的最低收入家庭和其他需要保障的特殊家庭，这些家庭的人均住房使用面积须在 7.5 平方米及以下。北京市从 2001 年开始实行廉租住房政策这一最低收入家庭住房保障体制以来，通过 6 次公开摇号配租和 3 次直接配租活动，城八区 1 854 户申请家庭获得了配租资格，截至 2003 年年底，已有 1 228 户家庭通过这一政策解决了住房问题，人均住房面积从 2.2 平方米提高到 10.7 平方米。另有 1.12 万户廉租家庭已通过危改解决了住房问题，自 2000 年开始实行租金减免政策以来，有 1.1 万户租住直管公房的廉租家庭享受租金减免政策，年减免租金 612 万元。2005 年北京市廉租住房管理办公室计划向社会收购 40 套现房，用于解决城八区残疾人廉租户的实物配租问题[①]。

上海市廉租住房保障制度主要采取了"租赁住房补贴为主，实物配租为辅"的方式，主要对人均居住面积 6 平方米以下的低收入家庭实行租赁住房补贴方式，以人均居住面积 7 平方米为暂定解决标准，其不足部分暂按每平方米 48 元左右给予租赁住房补贴；实物配租方式是政府以低廉的租金（租金标准按家庭月均收入的 5% 收取），向孤老、烈属、残疾等特殊困难家庭按人均居住面积 7 平方米实行实物配租，并实行轮候，符合实物配租条件的家庭也可选择租赁住房补贴的办法。受政策照顾，一般三口之家能拿到每月 400 元左右的补贴，街道帮一点，自己贴一点，大多数住房困难家庭都能找到合适的房源。至 2003 年 6 月，上海市累计受理廉租房申请家庭 5 796 户，经审核符合廉租住房条件的 4 820 户，已有 4 312 户廉租家庭落实了合适的房源。至 2004 年底，已累计受理申请家庭 15 322 户，经审核符合条件的有 14 009 户，其中已有 13 515 户家庭落实了房源，占符合条件家庭数的 96.5%。2005 年上海市廉租住房受益家庭再增加 5 000 户，并逐步建立住房租赁新机制。截止到目前为止，上海住房保障体系已经惠及 200 多万户居民家庭[②]。

1998 年，广州市启动了《广州市廉租住房分配方案》，多年来共投入建设资

---

① 吉光：《廉租房建设综述：保障职能重新上阵》，载《房地产导报》2003 年第 9 期。
② 张奕：《沪健全房保，廉租房受益家庭再增 5 000 户》，载《解放日报》2005 年 4 月 8 日。

金 2.345 亿元，建设了 1 000 多套廉租住房，先后推出了 7 期廉租住房，通过抽签方式分配给双特困家庭居住，解决了 1 041 户双特困人群的居住问题。尽管建廉租房的社会效益有目共睹，但是每年投入的 3 000 万~5 000 万元，解决困难户居住的力度仍然有限。2003 年底，广州市登记在册的双特困户还有 2 914 户。从 2005 年上半年开始，广州市开始实行新的廉租房政策，从补"砖头"转变为补"人头"。政府不再忙碌于建房子，而是实施以"租赁住房补贴"为主的方式，走市场化的道路，成为合理统筹社会资源的无形之手。短短四个多月的时间里，累计解决了 468 户双特困户的住房问题，相当于之前一年多时间的效果。目前的补贴标准按人均住房面积 10 平方米，每平方米补贴 23 元计算。无房户人均每月补贴 230 元，有房户按人均住房面积 10 平方米和现人均住房面积的差额计算发放住房补贴。1 人户按 1.5 人计算，2~4 人户按实际人数计算，4 人户以上每增加 1 人按 0.8 人计算。广州市廉租房建设取得新进展，截止到 2005 年 6 月 30 日，历年累计廉租房需求人数已达 3 955 人，建设或改造套数为 1 032 套，总面积为 52 000 平方米，已安置户数为 1 041 户，财政拨款资金为 2.645 亿元，已完成安置资金 1.345 亿元①。

目前郑州市廉租住房保障已形成以实物配租、租金配租、公房租金核减和发放租金补贴等多种方式共存，发放资金为主的相对成熟完善的制度。在廉租住房保障制度的资金筹措方面，2001 年以来郑州市已筹集 8 000 余万元，累计 950 户"双困"家庭入住廉租房，符合条件的"双困"家庭覆盖面超过 95%②。

武汉市于 2002 年 11 月开始实施城镇最低收入家庭廉租房政策，截至 2003 年 8 月中旬，该市已有 1 911 户低保户住上廉租房。其中承租直管公房的 1 367 户，承租单位自管房的 544 户。2005 年武汉市为低保户提供 200 套廉租房，其中已收购近百套二手房作为房源，有些已分配到低保家庭。另外，还有 100 套将从今年兴建的经济适用房中确定房源③。

2. 住房改革大力推进了住房成套水平

（1）城镇居民住房成套率迅速上升。衡量住房质量最重要的指标就是住房成套率，即成套住房占全部住房的比例。从 1990 年、1998 年、2002 年三个典型年份全国住房成套率的对比可以发现其中显著的变化。1990 年中国住房成套率不到 40%，因此，那个年代有着严重功能缺陷的住房却成为大部分居民的主要居住场所，这必然会刺激居民对功能完善的成套住房的强烈渴求。据建设部 1998 年度统计，中国城镇住房成套率还不到 60%，有 40%多的城镇家庭住房没

---

① 黄玫：《变补砖头为补人头，广州廉租房成活棋》，载《经济参考报》2005 年 4 月 25 日。
② 程泽运：《房价新政面面观之政府》，载《大河报》2005 年 4 月 25 日。
③ 黄峰：《武汉市今年 200 套廉租房一般落实到位》，载《武汉晚报》2005 年 8 月 2 日。

有独立的厨房和卫生间,还有300多万户人均居住面积在4平方米以下的住房困难户需要解决基本居住问题。1998~2002年的4年时间里,中国的住房成套率发生了急剧的变化,由55%迅速提高到73.81%,提高了18个百分点左右,2002年73.81%的住房成套率离户均一套住房的目标还有26.19个百分点的差距①。

据建设部每年的城镇房屋建设统计公报显示,2002年底,全国城镇成套住宅建筑面积55.98亿平方米,住宅成套率为73.81%。东部地区成套住宅建筑面积31.61亿平方米,中部地区14.4亿平方米,西部地区9.98亿平方米,住宅成套率分别为76.24%、69.29%和73.34%②。全国2003年城镇户均住宅建筑面积77.42平方米,户均成套住宅套数0.83套。东部地区户均住宅建筑面积78.96平方米,中部地区74.98平方米,西部地区77.32平方米,户均成套住宅套数分别为0.87套、0.78套和0.82套。全国城镇成套住宅建筑面积68.52亿平方米,住宅成套率为79%。东部地区成套住宅建筑面积34.76亿平方米,中部地区20.07亿平方米,西部地区13.69亿平方米,住宅成套率分别为82.2%、77.69%和73.57%。2004年全国城镇成套住宅建筑面积79.27亿平方米,住宅成套率为82.44%。东部地区成套住宅建筑面积40.69亿平方米,中部地区21.94亿平方米,西部地区16.65亿平方米,住宅成套率分别为86.28%、77.72%和80.11%③。2005年全国城镇户均住宅建筑面积83.2平方米,户均成套住宅套数0.85套。东部地区户均住宅建筑面积85.32平方米,中部地区77.96平方米,西部地区85.75平方米,户均成套住宅套数分别为0.89套、0.79套和0.83套。④

(2)城镇居民住宅功能逐步完善。人们在自己的住宅解决吃喝拉撒的全部问题。住宅功能是否齐备会极大地影响到居民的居住质量。其中厨房、厕所对居民的居住质量的影响尤其大。近些年来,随着房改的步伐加快,城镇居民住宅的功能逐渐完善,绝大多数城镇家庭已拥有了厨房、卫生间。

截至2000年,城镇家庭拥有独立厨房的比率已超过85%,拥有独立厕所的比率超过70%。2000年全国城市居民独立使用厨房的比例是85.37%,与他户合用厨房的比例是2.86%,还有11.77%的家庭没有单独厨房以供使用。而据建设部统计,1998年中国有40%多的城镇家庭住房没有独立的厨房和卫生间。据2000年全国人口普查所得资料显示,全国城市家庭户住宅中独立使用厕所的比

---

① 李清明:《中国九大暴利行业揭秘》,中国社会出版社2004年版。
② 建设部财务司住宅与房地产司:《2002年城镇房屋概况统计公报》,载《中国建设报》2003年4月28日。
③ 建设部财务司住宅与房地产司:《2003年城镇房屋概况统计公报》,载《中国建设报》2004年6月25日。
④ 建设部财务司住宅与房地产司:《2005年城镇房屋概况统计公报》,www.stats.gov.cn。

例是71.26%，和邻居合用厕所的家庭户比例是6.21%，没有厕所的家庭户比例是22.53%①。

3. 城镇居民拥有住房的能力得到提升

房改前城镇居民获得住房的主要途径是通过自己的工作单位。拥有住房的能力主要是与工作单位、工龄、技术职称、职务等有关。房改后城镇居民获得住房的主要途径是通过市场，拥有住房的能力主要与自己的受教育年限、工作能力等后天自致因素有关。住宅制度逐渐从原来的"福利制"和"配给制"转变成"福利兼商品制"和"商品制"，住宅的供给主体逐步从国家转移到市场，国家不再通过住宅的供给而直接干预和控制居民的家居生活和空间。围绕住宅所发生的关系也不再是过去那种居民与国家、单位的关系，而更多的是居民与市场的关系了。与此同时，居民开始获得住宅的产权，拥有了"恒产"。那些还未得到房子的居民，则有了从市场上自由选择住宅的权利。尽管这种住宅选择自由是建立在货币收入的基础上，对比建立在资历、权力和"搞关系"基础上的住宅配给，住宅的货币化和市场化大大简化了人们之间的关系，提高了个人的自由度，极大促进了个体的积极性，使得个体通过市场拥有住房的能力得到提高。我们可以从城镇居民公有住房率和自有住房率、房价收入比以及人均年住房消费支出占消费支出比例三个方面看到这种变化。

（1）公有住房率不断下降，私有住房率快速上升。以前由于长期受福利分房的影响，中国城镇居民家庭中，居住在原公有住房的为绝大多数，私有住房很少。近年来，国家加大了房改力度，这种情况已经发生了根本性的改变，公有住房比例不断下降，私有住房比例快速上升。据1999年统计，城镇居民家庭拥有原有私房的为12%；拥有房改私房的为48.4%；拥有商品房的为5.4%。近1/3的居民家庭实现了拥有一套产权归自己的住房梦想。传统房产关系中租赁公房的家庭由1993年的76.8%急剧下降到1999年的28.6%。至1999年8月底止，城镇居民房屋产权私有化已达71.1%，其中原有私房占17%，房改房占42.9%，商品房占11.1%，另外，租赁公房占21.3%，租赁私房占5.2%，其他产权占2.5%②。1999年岁末，中国14个中心城市70%以上居民已拥有住房所有权或使用权。调查显示，居民家庭拥有原有私房的为12%；拥有房改私房的为48.4%；拥有商品房的为5.4%。传统房产关系中租用公房的居民占23.4%，租用私房的占4.0%，两项比例比过去都大大减少。到2001年止，城镇住宅商品化已经达到95%以上。个人、家庭成为购买住房的主体，产权大多为个人、家庭所有，

---

① 资料来源：《2000年人口普查资料》，www.stats.gov.cn/tjgb/qttjgb/qgqttjgb/t20060704_402334879.htm。
② 《城镇居民住房消费市场调查报告》，载《经济参考报》2000年4月17日。

90%的住房都是由个人或家庭购买；2002年底，全国城镇自（私）有住宅建筑面积56.83亿平方米，住宅自（私）有率为72.82%。东部地区自（私）有住宅30.94亿平方米，中部地区15.85亿平方米，西部地区10.05亿平方米，住宅自（私）有率分别为70.86%、76.26%和73.85%；2003年底全国城镇私有（自有）住宅建筑面积71.44亿平方米，住宅私有（自有）率为80.17%。东部地区私有（自有）住宅36.2亿平方米，中部地区20.26亿平方米，西部地区14.97亿平方米，住宅私有（自有）率分别为81.05%、78.42%和80.47%；2004年全国城镇私有住宅建筑面积77.67亿平方米，住宅私有率为80.77%。东部地区私有住宅38.51亿平方米，中部地区22.42亿平方米，西部地区16.73亿平方米，住宅私有率分别为81.67%、79.45%和80.51%；2005年全国城镇私有住宅建筑面积87.9亿平方米，住宅私有率为81.62%。东部地区私有住宅44.32亿平方米，中部地区24.17亿平方米，西部地区19.41亿平方米，住宅私有率分别为82.58%、79.69%和81.93%。

（2）人均年住房消费支出占消费支出比例逐渐增加。住房条件的改善增加了城镇居民的住房消费支出。反过来，城镇居民的住房消费支出的增加反映出城镇居民住房条件的改善。1981年城镇居民人均住房消费21元，其中水电燃料费14元，分别占消费支出的4.6%和3.1%；1998年人均住房消费支出增加到408元，水电燃料费增加到235元，分别比1981年增长18.4倍和15.8倍，消费比重分别增加到9.4%和5.4%。水电燃料等消费数量逐年增长，1998年城镇居民人均消费自来水31.2吨，比1992年（1992年以前由于消费比重小，没有分细项调查，下同）增长39.9%；电228.3度，增长1.1倍；液化石油气15.5公斤，增长56.6%；管道煤气29.3立方米，增长48%。2001年，城镇居民人均居住方面的消费支出548元，比1989年增长7倍，其中建筑材料费75元，增长2.2倍；房租112元，增长11.7倍；水费37元，增长11.2倍；电费141元，增长9.8倍；燃料费118元，增长4.8倍。居住支出占消费支出的比重从1989年的5.7%增长到10.3%①。到2004年底为止，中国城镇居民用于居住的消费支出占支出结构的10%左右。

（二）城镇居民居住质量分化加剧

收入越高的群体住大面积住房的比例越高，收入越低的群体住大面积住房的比例越低，住房面积大小和收入高低呈正相关。根据中国国家城市社会经济调查

---

① 国家统计局：《城镇居民从贫困走向小康》，www.stats.gov.cn/tjfx/ztfx/xzgwsnxlfxbg/t20020605_21434.htm。

总队 2000 年对全国城镇居民住房状况的调查，从收入看，在家庭年收入 5 000 元以下的低收入群体中，住房面积在 40 平方米以下的占 61.7%，此比例比年收入在 10 万～20 万元高收入群体的 17.0% 高 44.7 个百分点。随着收入的增加，住房面积在 40 平方米以下的比重逐渐下降，住房面积大的比重逐渐升高。不同收入家庭户均使用面积由大到小层次较为明显，高、中、低收入家庭的户均使用面积如表 16-3 所示。

表 16-3　　　　　　　不同收入家庭住房面积　　　　　　　单位：%

	<20 平方米	20～40 平方米	40～60 平方米	60～80 平方米	80～100 平方米	>100 平方米	户均使用面积（平方米）
全国平均	7.8	32.7	35.5	14.0	5.4	4.6	52.3
<0.5 万元	17.4	44.3	25.3	7.8	2.9	2.3	41.5
0.5 万～1 万元	8.8	37.5	34.6	11.6	4.0	3.5	48.7
1 万～2 万元	4.6	28.6	40.0	16.0	5.9	4.8	55.0
2 万～3 万元	3.4	21.6	39.0	19.3	8.7	7.7	61.8
3 万～5 万元	3.1	19.8	34.8	21.3	10.4	10.7	67.8
5 万～7 万元	2.3	14.5	31.7	25.1	14.4	2.1	73.9
7 万～10 万元	3.4	11.9	29.5	28.9	11.6	14.7	75.7
10 万～20 万元	2.9	14.0	24.0	24.6	14.6	19.9	78.8
>20 万元	5.5	12.7	18.2	23.6	20.0	20.0	75.7

资料来源：李学芬，《中国城镇居民住房现状大调查》，载《中外房地产学报》2000 年第 10 期。

调查显示，高收入家庭平均每户住房建筑面积 111.3 平方米。其中高收入家庭居住样式为单元房一居室的占 4.2%，单元房二居室的占 38.3%，单元房三居室的占 41.9%，单元房四居室及以上的占 11%，花园式别墅（单栋住宅）的占 4.7%。

值得注意的是，在户均使用面积小于 20 平方米的家庭中，仍然存在着 15.2% 的三人以上家庭的安居问题。这些家庭的成员因工作单位经济效益差，福利待遇低，住房条件长期得不到改善，他们大多是离退休人员、下岗待业人员及家庭负担重，就业人口少的低收入家庭。

收入越高的城镇家庭的房价收入比越低。2005 年，全国城镇居民平均每人的可支配收入是 10 493.0 元，最低收入户的平均每人可支配收入是 3 111.47 元，困难户的平均每人可支配收入是 2 656.41 元，中等收入户的人均可支配收入是 9 190.1 元，最高收入户的人均可支配收入是 22 902.3 元。2005 年全国住宅平均价格是 2 937 元，城镇居民人均住宅建筑面积 26.1 平方米。如按城镇家庭户均 3 人计算，则最低收入家庭的房价收入比超过 20∶1，中等收入家庭的房价收入是

7∶1，而最高收入家庭的收入房价比为 2∶1。城镇中等收入家庭的房价收入比接近于国际通行的房价收入比 3∶1~6∶1，城镇最低收入家庭的房价收入比远远超过了国际房价收入比的合理范围。2005 年全国城镇居民用于居住的平均消费是每户 808.66 元，最低收入户的居住消费是 384.08 元。中等收入户的居住消费是 745.49 元，还不到全国居住消费的平均数，占人均消费性支出的 10.20%。最高收入户的居住消费是 1 897.91 元，占人均消费性支出的 9.91%。

1. 受教育程度越高，住房质量越高

在社会转型过程中，人力资本对于个人收入的影响越来越大，反映在住房上，表现为受教育程度越高的人，其居住质量越高，主要表现在以下方面。

受教育程度越高的居民，居住面积越大。据 2000 年人口普查所得资料，当时人均居住面积为 22.76 平方米，其中户主没有受过教育的家庭人均住房建筑面积为 22.42 平方米，户主受过高中以上教育的人均住房建筑面积高于全国平均数，户主受过大学本科教育的人均住房建筑面积为 26 平方米，户主受过研究生教育的人均住房建筑面积达到 27.81 平方米。截至 20 世纪末，全国人均住房面积在 8 平方米以下的有 112 229 873 人，其中受教育程度低于高中住房在 8 平方米以下的有 108 024 038 人，占全国人均住房面积在 8 平方米以下总人数的 96%。

受过本科教育的人全国总计有 9 948 868 人，其中只有 65% 的人均居住面积超过 20 平方米。受过高中教育的全国总计有 89 361 693 人，其中有 51% 的人均住房面积超过 20 平方米。受过小学教育人均住房在 20 平方米以上的人数占全国同类人数的比例为 49%。受过研究生教育人均住房面积在 50 平方米以上的人数占受过研究生教育总体的 8.7%，受过大学本科教育人均住房面积在 50 平方米以上的人数占受过本科教育总体的 7.2%，而受过高中及以下程度教育人均住房面积超过 50 平方米的人数仅占同类总体的 6.2%。

2. 个人所从事的职业对其居住质量有较大的影响

各类职业家庭中，以企事业单位处及处以上负责人住房条件最为优越，单元式成套率达 93.6%，其中两居室及以上成套率达 90.8%，居各类家庭之首，高于全国平均水平 20.9%。这类家庭中住普通楼房和平房的仅占 4.8%，居各类家庭之末。普通楼房及平房居住率最高的是农林牧渔业人员，居住率达 43.3%。其次是商业服务人员，居住率达 40.9%。

户主职务越高，用于房屋装修的费用越多。随着生活水平的不断提高，城镇居民对居室环境的要求越来越高，近 1/3 的家庭进行了住房装修。户均装修支出 1.4 万元，其中房改房户均装修支出 1.3 万元，商品房户均装修支出 2.4 万元。装修家庭中，户均装修支出小于 1 万元的家庭占 58.3%，装修支出 1 万~3 万元的家庭占 33.7%，3 万元以上的家庭占 8%。从户主的职务来看，厅局级户均装修支出 2.2 万元、处级 2.0 万元、科级 1.6 万元、高工级 1.8 万元、工程师级 1.5 万元、办事员级 1.4 万元。

从户主就业情况看，不同所有制职工拥有的住房产权成分相差悬殊，拥有房改私房比例最高的是家庭住户产权人在国有单位工作的家庭，因他们享受到的福利分房优惠幅度最大，这类家庭中已有 58% 的家庭拥有房改房。而在集体单位工作和个体经营者，因不建公房或少量集资建房，拥有房改房的机会相对较少，这两类家庭中只有 33.9% 和 15.4% 的家庭拥有房改房。个体经营者只能把眼光投向商品房，购买商品房比例高达 14.1%，居各类家庭之首。

从部门和行业来看，在机关、事业单位工作的职工家庭要好于在企业工作的职工家庭。户均使用面积最大的为党政机关和金融部门干部家庭，户均使用面积分别为 65 平方米和 64 平方米，而采掘和制造业的家庭户均使用面积最小，分别只有 44 平方米和 45 平方米，相差 20 平方米。从户主的职务级别看，厅、局级户均使用面积 79 平方米、处级 66 平方米、科级 62 平方米、高工级 59 平方米、工程师级 57 平方米、办事员 56 平方米[①]。

（三）中国城镇居民居住质量分层的现状分析

那么，现今中国城镇居民居住质量分层现状到底怎样？它又体现出怎样的分层特征呢？以下研究将主要从中国的东、中、西部地区居住分层差异和大、中、小城市的规模分层差异的角度，在居住空间、住房配套设施和住房拥有能力三个方面展开，并辅以典型中部大城市武汉的调查数据作为佐证。

1. 中国城镇居民居住质量分层的地区差异

（1）不同地区城镇居民的居住空间差异。据建设部公布的信息，到 2005 年底，全国城镇房屋建筑面积 164.51 亿平方米，其中住宅建筑面积 107.69 亿平方米，占房屋建筑面积的比重为 65.46%。东部地区房屋建筑面积 83.8 亿平方米，中部地区 45.22 亿平方米，西部地区 35.48 亿平方米，分别占全国城镇房屋建筑面积的 50.94%、27.49% 和 21.57%。东部地区城镇住宅建筑面积 53.67 亿平方米，中部地区 30.33 亿平方米，西部地区 23.69 亿平方米，分别占全国城镇住宅建筑面积的 49.84%、28.16% 和 22%。2005 年全国城镇人均住宅建筑面积 26.11 平方米，其中东部地区 28 平方米，中部地区 23.9 平方米，西部地区 25.24 平方米。[②] 可见，东、中、西部城市城镇居民在居住空间上存在较大的差

---

① 李学芬：《中国城镇居民住房现状大调查》，载《中外房地产报》2000 年第 10 期。
② 资料来源：建设部《2005 年城镇房屋概况统计公报》。

异，这已经是个不争的事实。而且，西部城市人均建筑面积有高于中部城市的趋势。

（2）居民住房配套设施的地区分层差异。据中国2000年人口普查资料，我们从表16-4中可以比较清晰地看出，有部分城镇居民家庭没有厨房、厕所和自来水等最基本的设施。从表中可知，在全国范围内有2.8%的居民跟他人合用厨房，11.8%的居民根本没有厨房；6.1%居民跟他人合用厕所，更有22.6%的人根本没有厕所；还有12.5%的居民不能饮用自来水。其中，东部城市居民厨卫、自来水设备普及率较高，中部和西部城市在具体设备上存在不同差异。总之，整体来说，中部城市在住房基本配套设施方面并没有比西部显示出地区优势。（如表16-4所示）从东、中、西部具体城市来看，2000年东部江苏省城市居民独立使用厨房的比例是86%，与他户合用厨房的比例是2%，还有12%的家庭没有单独厨房以供使用；独立使用的厕所的比例是71%，与他户合用厕所的比例是3%，有26%的家庭没有厕所；91%的居民饮用自来水，还有9%的居民家庭没有自来水。中部河南省城市居民独立使用厨房的比例是86%，与他户合用厨房的比例是1%，还有13%的家庭没有单独厨房以供使用；独立使用的厕所的比例是74%，与他户合用厕所的比例是5%，有21%的家庭没有厕所；86%的居民饮用自来水，还有14%的居民家庭没有自来水。西部重庆市城市居民独立使用厨房的比例是83%，与他户合用厨房的比例是4%，还有13%的家庭没有单独厨房以供使用；独立使用的厕所的比例是64%，与他户合用厕所的比例是7%，有29%的家庭没有厕所；80%的居民饮用自来水，还有20%的居民家庭没有自来水。[①] 可见，东、中、西部地区均存在明显的住房设施分层差异。其中，从总体上综合衡量，西部地区的住房设施处于相对劣势。

表16-4　　　　2000年城市家庭户抽样住房设施状况　　　　单位：%

地区	家庭户（万户）	住房中有无厨房			住房中有无厕所			是否饮用自来水	
		本户独立使用	与其他户合用	无	本户独立使用	与其他户合用	无	是	否
全国	815	85.4	2.8	11.8	71.3	6.1	22.6	87.5	12.5
东部	434	86.2	3.4	10.4	79.5	5.8	14.7	90.3	9.7
中部	251	86.0	2.0	12.0	65.3	5.6	29.1	84.1	15.6
西部	130	82.3	1.5	16.2	69.2	7.7	23.1	84.6	15.4

资料来源：中华人民共和国国家统计局，《中国2000年人口普查资料》，中国统计出版社，2002年第11版。

---

① 根据《中国2000年人口普查资料》数据计算。

（3）城镇居民住房拥有能力的地区差异。一般来说，住房占有方式有两种，即自有住房和公有住房，拥有自有住房是个人资源和能力的一种表现。因此，通过计算住户自有的住房占全部住房总量的比率即自有住房率，可以作为衡量城镇居民的住房拥有能力的指标。据建设部每年的城镇房屋建设统计公报显示，2002年底，全国城镇自（私）有住宅建筑面积56.83亿平方米，住宅自（私）有率为72.82%。东部地区自（私）有住宅30.94亿平方米，中部地区15.85亿平方米，西部地区10.05亿平方米，住宅自（私）有率分别为70.86%、76.26%和73.85%。2003年底全国城镇私有（自有）住宅建筑面积71.44亿平方米，住宅私有（自有）率为80.17%。东部地区私有（自有）住宅36.2亿平方米，中部地区20.26亿平方米，西部地区14.97亿平方米，住宅私有（自有）率分别为81.05%、78.42%和80.47%。2004年全国城镇私有住宅建筑面积77.67亿平方米，住宅私有率为80.77%。东部地区私有住宅38.51亿平方米，中部地区22.42亿平方米，西部地区16.73亿平方米，住宅私有率分别为81.67%、79.45%和80.51%。① 可见，从住宅私有率方面衡量居民住房拥有能力，在过去的两年里，中部城市处于相对优势；但是到2004年，中部城市则没有优势可言，西部城市居民在住房拥有能力方面赶超中部城市已经是一种趋势。

2. 中国城镇居民居住质量分层的城市规模差异

（1）不同规模的城市居民居住空间差异。据2002年国家统计局城调总队调查发现，以住房建筑面积为衡量标准，在大、中、小三种规模城市中，小城市居住条件最优，中等城市次之，大城市则位居末席。据调查，小城市家庭户均住房面积和人均住房面积已分别达到88.6平方米和27.9平方米，相当于平均水平的1.16倍和1.13倍，远远高于中等城市和大城市。中等城市居民的住房条件虽不及小城市，但其户均建筑面积和人均建筑面积也超过了平均水平，分别达到76.7平方米和25.0平方米。而大城市则由于人口稠密、房价昂贵等原因致使其居民家庭住房相对紧张，户均建筑面积和人均建筑面积均落后于小城市和中等城市，分别为71.1平方米和23.2平方米，只达到平均水平的93.4%和93.9%。② 可见，城市的规模与城市居民的居住空间存在一种反比关系，即大城市的居民居住空间相对紧张，小城市的居民居住空间则处于相对宽松的状态。

（2）不同规模的城市居民居住配套设备差异。根据中国城市统计年鉴对大、中、小城市规模的划分，在2000年人口普查资料中以随机的原则，以江西为例，通过市、镇的住房设施统计数做大致的比较。我们从相关住房配套设施的缺乏

---

① 建设部综合财务司、住宅与房地产业司：《城镇房屋概况统计公报》（2002~2004年）。
② 国家统计局综合司：《首次中国城市居民家庭财产调查系列报告之二（住房篇）》，2003年。

这一角度来看，根据数据统计可知，在市级统计层次上，江西有 15 922 户住房中没有厨房，占总数的 11%；有 18 571 户不能饮用自来水，占总数的 13%；有 57 245 户住房内没有洗澡设施，占总数的 4%，有 36 825 户住房中没有厕所，占总数的 26%。在镇级统计层次上，有 22 146 户居民住房没有厨房，占总数的 16%；有 54 756 户没有饮用自来水，占总数的 4%；有 78 300 户住房中没有洗澡设施，占总数的 78%；有 55 715 户居民住房没有厕所，占总数的 41%。由此可见，江西不同规模的城市，住房配套设施存在较大的分层差异。

（3）不同规模的城市居民住房拥有能力差异。调查数据显示，中小城市的居民拥有私人住房能力比大城市要强，特别是小城市，拥有私房的家庭已超过了九成（92.6%），其中拥有全部产权私房的占 72.5%，拥有部分产权私房的占 20.1%，而仍居住在公房中的家庭仅剩 4.8%。中等城市的私房户比例略低于小城市，但也达到 85.3%，其中全部产权私房户占 49.6%，部分产权私房户占 35.7%，而公房户比例为 13.2%。与中小城市相比，大城市的住房私有率明显较低，为 72.1%，而其公房率最高，达 25.7%，也就是说，如今大城市中仍有 1/4 的家庭居住于公房之内（如表 16-5 所示）。可见，不同规模的城市，居民的住房拥有能力存在比较明显的差异。小城市居民拥有私人住房的能力比中、大城市相对要强。

表 16-5　　　　　不同规模城市居民家庭房屋产权情况　　　　　单位：%

房屋产权情况	大城市	中等城市	小城市	所有城市合计
公　房	25.7	13.2	4.8	17.8
租赁私房	2.2	1.5	2.6	2.0
私　房	32.3	49.6	72.5	45.1
部分产权的私房	39.8	35.7	20.1	35.1
合　计	100.0	100.0	100.0	100.0

资料来源：《三联生活周刊》2002 年第 40~41 合刊。

住房在今天已经不再仅仅是一种纯粹的物质需要，它还是个人身份、地位的象征，是个人在追求舒适、讲究档次的过程中精神层面的展示。住房作为衡量生活质量的硬性指标之一，其政策的内容以及实施的成效对于提高城镇居民的居住生活质量具有关键性的作用。因此，必须借鉴国外提高居民居住和生活质量的经验，立足中国特色，发挥政府的宏观调控作用，在市场对商品房定价的基础上，大力推进廉租房、经济适用房建设；完善住房保障制度，继续推进住房公积金制度；建立完善的住房信贷体系和住房金融机构。从而全面立体的建构起居民住房生活质量的保障体系，加快全面小康社会建设和社会主义和谐社会建设。

第三编

主观生活质量研究与生活质量指标体系的确立

生活质量是由客观生活质量和主观生活质量两部分组成。第二编讨论了中国居民客观生活质量的测量维度和具体指标，这些维度和指标既能够恰当反映当前中国居民的客观生活状况，又能够体现生活质量发展趋势的变迁。但是，对中国居民生活质量的测量仅仅停留在客观层面是远远不够的。国际生活质量指标体系的发展趋势说明，随着社会发展程度和人们生活追求层次的不断提高，生活质量的测量更加关注于主观层面，强调增强人们的幸福感。

中国经济社会发展是在区域发展不平衡的前提下进行的，和谐社会建设目标的实现也必然是有先有后的。对于中国率先实现全面小康的发达地区而言，应该着重思考的问题是，经济发展为什么？区域领先争什么？全面小康实现后干什么？同时，从中国经济与社会发展的全局着眼，也需要进一步考虑和谐社会应当给普通民众带来怎样的生活。事实上，在这些问题之下还存在一个更为基本的问题，即对居民而言，什么样的生活才是好的生活。而对于经济欠发达地区，政策制定也应当站在一个更长远的立场上，深入考虑以什么样的生产和生活模式来满足人们的根本需要，避免社会发展过程中不必要的环境成本、文化成本、精神健康成本等。鉴于此，主观生活质量研究的核心任务就是发现在当前社会生活和个人生活中，有哪些因素是人们高度关注并对人们的生活质量、满意感和幸福感具有重大影响。

本编将在主观生活质量指标体系研究的基础上，结合第二编对客观生活质量指标体系的探索，提出完整的主客观相结合的中国城市居民生活质量指标体系。该体系的构造努力追求物质层面与精神层面协调统一，权重赋值在各个指标上合理分配，能较为全面地反映中国社会发展和全面小康建设的得失，为和谐社会建设提供积极的参考。

第十七章

主观生活质量与幸福感测量的可行性

进入20世纪70年代，西方社会以经济增长为核心目标的传统发展模式已不再令人满意，人们开始对各种社会弊端以及造成的一系列无法克服的问题进行全面反思。于是，一场认为经济发展不能代替社会的、科技的、政治的、家庭的和个人发展的社会指标运动应运而生。社会指标运动的倡导者认为，社会发展不单是一种经济现象，而是经济、科技、社会和人的全面、综合及协调的发展过程。这就是社会全面的、多元的发展观。这种发展观主要强调经济发展与社会发展的均衡以及社会发展必须以人为中心。在这样一种社会历史氛围下，主观生活质量研究逐渐展开。

尽管生活质量研究目前分化为两大研究取向：客观生活质量研究和主观生活质量研究，但是当"生活质量"首次在《丰裕社会》中出现时，它代表的是一种主观体验，包括个人对一生遭遇的满意程度、内在知足感以及在社会中自我实现的体会。这里涉及多个相互关联的概念。

一、概念辨析

"幸福"源于希腊词"*eduaimonia*"，通常译为"happiness"。"happiness"的英文原意是"愉快或满足的感觉"，通常译为"幸福"或"快乐"。"well-being"的英文原意是"舒适、健康或幸福的状态。"某些哲学家为了抓住柏拉图和亚里士多德称之为"*eduaimonia*"的特征，而宁可用"well-being"，而不用"happiness"，因为在他们看来"*eduaimonia*"作为一种满意的状态，不是某一时某一天，而是一个人一生的事情。"由此可见，"happiness"和"well-being"的区别，两者虽都有幸福的意思，但"happiness"偏向于瞬间或短期的幸福状态，而"well-being"是指更稳定的、长期的幸福状态。因此，用"well-being"表示"幸福"的内涵更合适。

"subjective"的英文原意是"基于或受个人情感、品味或观点所影响的……"它通常被译为"主观的"。"subjective"强调了"人的内在看法"，即它涉及主体本身的态度、感觉和观点，倾向于根据各种主体本身的不同状态进行评价。从以上辞源的解释来看，"Subjective Well-being"是指个体根据自己的内在标准界定的持久的幸福状态。

"Subjective Quality of Life"（主观生活质量）和"Subjective Well-being"（主观幸福）是两个极为相似的概念，甚至在有的研究中互相替代使用。"quality"的英文原意是指"事物好的程度"，"Quality of Life"通常译为"生活质量"，是指"对人生活的满意或幸福的程度"。"传统的功利主义观点认为，生活质量应根据一种客观的尺度，如人均国民生产总值等功利来评估。但这引起了问题，因为即使就功利来评估，也还存在有关它的分配以及它对人生活的影响问题。但在很多情况下，生活质量似乎只是一个主观的问题，即只是一个人如何感受其生活质量的问题，而与外部条件无关。"因此，在生活质量的研究中出现了两个专有名词："Objective Quality of life"和"Subjective Quality of Life"分别译为"客观生活质量"和"主观生活质量"。从这里可以看出，"Subjective Quality of Life"和"Subjective Well-being"的一个区别，"Subjective Quality of life"有一个与之相对应的概念——"Objective Quality of life"，而"Subjective Well-being"却没有。而且从辞源的解释看，"Quality of life"是一个包含有等级的概念，正如安德鲁斯（F. M. Andrews）所说，"也许对于多数研究生活质量的学者来说，唯一达成一致的是关于'质量'的意义是'等级范围是从高到低，从好到坏'"（安德鲁斯，1986），而"well-being"却是一个较为模糊的概念，没有明确的范围。另一个区别是，在实际研究中，对主观生活质量的研究更多是从认知（cognitive）层面进行，而心理学上的主观幸福研究更多是从情感（feeling）层面进行。"cognitive"，源自希腊文"cognitio"，译为"认知"。按照一般的哲学用法，"认知"包括通往知识的那些状态与过程，与感觉、感情和意志相区别。在当代认知心理学和认知科学中，认知被看做心灵的表征状态和过程，它不但包括思维，而且包括语言运用、符号操作和行为控制。"feeling"，源自希腊语"pathos"，意为情感、激情。情感或激情一般被认作是情绪的同义词，即诸如痛苦、愤怒、情爱等直接影响某人行止的强烈冲动。从柏拉图开始，西方哲学中的主流传统都把激情与理性相对立。正如亚里士多德所说："所谓情感，我说的是欲望、愤怒、恐惧、自信、嫉妒、喜悦、友爱、憎恨、期望、骄傲、怜悯等，总而言之，是由快乐或痛苦相伴随的东西。"在内涵上区分这些相近概念，有助于明确研究方向，即从认知层面展开主观生活质量研究，以区别于心理学的情感取向。

二、幸福感的不可测量观

（一）思想渊源

幸福感是一种人们对客观现状的感性认识，是生活满意度、积极情感和消极情感共同作用的结果。在西方哲学史上，完善论幸福观把幸福与理性和道德相联系。亚里士多德认为，只有最平庸的人才把快乐和幸福相等同，真正的幸福是"最高的善"。"人的善是合乎德性而生成的、灵魂的现实的活动"，因而"幸福就是灵魂的一种合乎德性的现实活动"[①]。包生尔指出，德性基础上的幸福生活的原则是"倾向于实现意志的最高目标——它可以被称之为幸福——的行为类型和意志是善的。而所谓的幸福是指我们存在的完善和生命的完美运动"[②]。弗洛姆（Erich Fromm）也在前人研究的基础上进一步发展了完善论的幸福观。在他看来，快乐和幸福没有质的区别，只是快乐是同某一个别行为有关，幸福则可以被称为某种持续和一体化的快乐经历。快乐是指由于有效地实现人生存的共同目的而体验到的愉快，包括两种形式：主观快乐和真正的快乐。主观快乐以满足物质和精神需要为前提，而真正的快乐是以创造的积极性为基础。幸福是人的内在"生产能力"中所产生的一种结果。在马斯洛（Maslow）看来，这种幸福的最高表现就是人的自我实现。"一个人能够成为什么，他就必须成为什么，他必忠实于自己的本性……它可以归入人对于自我发挥和完成的欲望，也就是一种使它的潜力得以实现的倾向。这种倾向可以说成是一个人越来越成为独特的那个人，成为它能够成为的一切"[③]。在基本生活需要满足的现代社会，身心的愉悦、自我的完美体验代表着幸福的更高境界，也为幸福感的量化研究提出了更高的要求，因为自我实现的条件不仅包括基本的物质要件，还包括复杂的理想、信念、价值观、责任感、成就感、机会、能力等因素。

显然，完善论的幸福观认为，幸福就是通过充分发挥自身潜能而达到完美的体验。但是，这种完美的体验要受制于人类自身的需要和欲望，社会、文化以及人格系统会时时刻刻影响人们对自身潜能和需求的判断。而且，在现实诱惑之

[①] 亚里士多德著，苗力田译：《尼各马可伦理学》，中国社会科学出版社1990年版，第12~14页。
[②] 包生尔著，何怀宏、廖申白译：《伦理学体系》，中国社会科学出版社1988年版，第191页。
[③] 马斯洛著，许金声译：《动机与人格》，华夏出版社1987年版，第63页。

中,理性人自以为的满足往往并不是他真正需要的东西。完善论的幸福观因为过于强调理性而制造了理性与感性的断裂,从而增加了准确测量的难度。①

另一方面,这种观点的支持者们也对"主观幸福感可测论"的思想渊源——快乐主义幸福观进行了尖锐的批判。赫拉克利特(Heraditus)曾指出:"如果幸福在于肉体的快感,那么就应当说,牛找到草料吃的时候,是幸福的。"② 而功利主义伦理学大师西季威克(Henry Sidgnick)对关于幸福的实证研究进行了较为系统的反思。他认为,幸福的实证伦理学研究,主要基于利己的快乐主义假设,它包括经验的快乐主义和客观的快乐主义两种取向。然而,这两种研究取向得到的结果,都是极不可靠的。经验的快乐主义采取的经验-反思的方法,由于受到主体状态和外部条件的影响,人们对快乐的体验总是模糊不定,甚至体验到虚假的幸福;而且用当前的体验来预测未来的幸福状态是极不可靠的。客观的快乐主义在对幸福进行度量时,着眼于幸福的客观条件和根源,而且依据的是常识或多数人的意见,似乎较为合理。但是仔细分析便可发现,在人们的日常习惯与追求中,引导他们对幸福做出估价的那些原则往往是虚假的和错误的,因而这种方法也具有不准确性和不确定性。③

在实际生活中,对感觉的幸福进行度量显然是不适宜的。感觉器官对痛苦和快乐的体验能力同时存在于人类和其他动物身上,将幸福建立在肉体的快感之上显然无视理性之于人类的意义。另一方面,感觉作为心理体验的浅层,更容易受到主体自身和外部环境的影响而显得瞬时、多变,所以,快乐主义幸福观本身就存在反实证的本质。

(二)现实考虑

人的感觉具有多样性和选择性。正因为现实生活的特殊条件的限制,人们对同样事物的感觉是不同的,这说明人对事物的感觉不是机械的反应,而是依据不同的生活经历、历史条件、知识结果和心理状态做出的不同选择。而在大量不断变化且信息不充分的条件下,人们的决策是不确定的。实际的选择过程并非指向效益最大化的仅凭计算和逻辑推论就能完成的理性过程。

人类的认知与情感受制于人格和环境,因而对幸福的体验也表现出多样性和动态性。同一个人,过去和现在的幸福感绝对不同,但是在接受测量时对过去种种的记忆远远抵不上现实感受的强烈;同一个事件,一个人可能从中体验到的是

---

① 关于快乐主义幸福观和完善论幸福观的相关论述以及后文关于幸福感测量的两大取向,本文详细参考了邢占军所著:《生活质量研究的重要领域:主观幸福感研究》一文,特此表示感谢。
② 北京大学哲学系外国哲学史教研室:《西方哲学原著选读》,商务印书馆1981年版,第52页。
③ 西季威克著,廖申白译:《伦理学方法》,中国社会科学出版社1993年版,第119~182页。

愉悦和舒适，另一个人可能从中体验到的是郁闷和痛苦。所以说，穷人并不必然贫穷，他可能非常容易满足，生活很简单、很快乐；富人并不必然富有，欲望、贪婪常常让他感到空虚而无聊。我们不能以自己的眼光来评判别人的生活，而主体自身所表达出来的感受也并非"果真如此"。

图 17-1 通过对主观体验形成过程的展示更精确地表现了主观生活质量的动态性和多变性。显然，人们对幸福的感受是社会环境、文化和人格心理共同作用的结果。社会环境是生活幸福感产生的客观条件，目前研究较多的客观因素包括社会支持、生活事件、受教育水平、收入与财富、性别、健康状况、闲暇生活、职业形式等。对此形成的认知评价即为生活满意度，它是独立于情感体验的关键因素，是主观生活质量的重要衡量标准。本研究选择生活满意度来反映主观生活质量也是出于此种考虑。但是，中国经济与社会的发展速度使得这些相对稳定的客观条件具有了明显的时段性。此外，各种关于生活满意度的研究仍然没有解决主观幸福感的个体差异问题。为什么相同的社会环境下，不同个体有不同的主观幸福体验；或者不同社会环境下，不同个体有相同的主观幸福体验；或者相同环境下，同一个体有不同的幸福体验；抑或不同环境下，同一个体有相同的幸福体验。这其中必然存在文化和人格心理的协同作用。

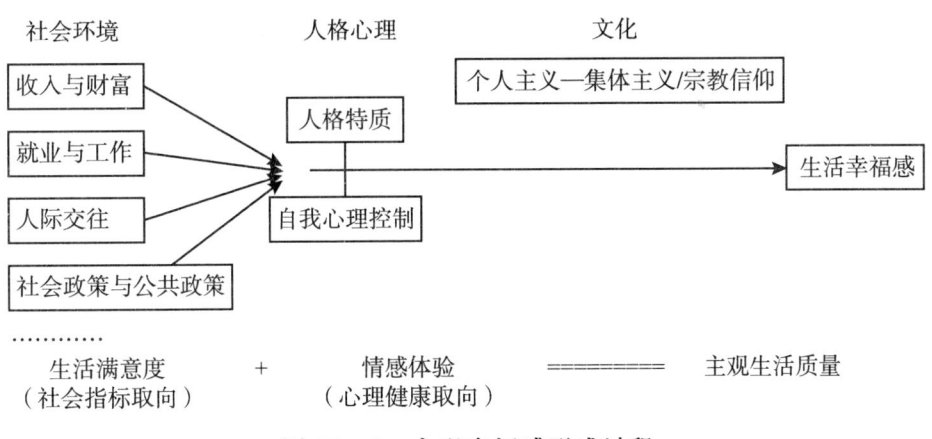

图 17-1 主观幸福感形成过程

资料来源：此图的提出参考了邹琼、佐斌，《人格、文化与主观幸福感的关系及整合模型述评》，载《心理科学进展》2004 年第 12 期，第 900~907 页。

关于文化与主观生活质量关系的研究重点探讨了个体主义与集体主义文化以及社区性宗教信仰对人们幸福感体验的影响，并提出了文化常模模型和目标调节模型来解释文化对主观幸福感的影响。但是，主观幸福感研究领域存在的普遍争议——主观幸福感是否兼具文化普遍性和文化特殊性，即研究者是否既要找到文化间的共性和差异，也要找到文化内的共性和差异①——始终没有得到解决。全球文化与民族文化、主文化与亚文化、强势文化与弱势文化的错综交织让每个人的主观幸福体验都兼有多重文化的复杂影响，而影响的结果取决于哪些文化在人格结构中占据主导地位。

然而，社会环境和文化都要通过心理过程最终形成主观幸福感。长期以来，心理学把人格心理看做测量主观生活质量最有力的指标。各种人格差异学说强调性格的内外向性、情绪的稳定性和兴奋与抑制过程的强度等人格因素对主观幸福感的影响。但是，大量人格和主观幸福感的研究只关注外向性、神经质与主观幸福感的关系，割裂了人格、文化、社会环境与主观幸福感的关系，从而导致研究的片面性和绝对化。

因此，对于主观幸福感的研究必须从人格－环境的互动角度来探讨，即人格特质对情绪的影响可以被情境削弱或强化，反之环境对情绪的影响也可以被人格特质及自我心理控制削弱或强化。迪安纳（E. Diener）等人提出了三个交互作用模型。交互作用的加法模型认为，非独立变量的变异来源于个人、情境和两者交互作用的变异；较复杂的交互作用动力模型认为，人格和情境是两个既独立又依赖，有着双向因果联系的变量，个人根据其人格变量选择情境，环境特征、个人行为和人格特点交互作用影响主观幸福感；第三种交互作用模型认为，人格产生情境，情境增加或减少整体幸福感。② 由此可见，幸福感与遗传、性格、自尊、自我概念等（心理要素），社会支持、人际关系、生活事件、社会地位、收入与财富等（社会要素），宗教信仰、风俗习惯、社会制度等（文化要素）之间及其相互之间的复杂关系，造就了幸福感测量的困难性。人格与环境的交互作用使得人们对生活的主观体验充满了变数。

正是基于种种考虑，幸福感的不可测量观总结出四条反对意见③：其一，幸福不能被定义；其二，幸福不能被直接测量；其三，绝大多数人的长久幸福是不可能的；其四，幸福是无法创造的。

---

① Diener E. D, Oishi S, Lucas R E. 2003. Personality, Culture, and Subjective Well-being: Emotional and Cognitive of Life. *Annual Reviews Psychology* 54: pp. 403 – 425.

② Diener E., Eunkook M. S., Richard E. et al., 1999. Subjective Well-being Three Decades of Process. *Psychological Bulletin* 125 (2): pp. 276 – 294.

③ Veenhoven, Ruut. 2004. Happiness As An Aim in Public Policy: The Greatest Happiness Priniciple. In *Positive Psychology in Practice*, edited by Alex Linley and Stephen Joseph, John Wiley & Sons, Hoboken (NJ).

三、幸福感的可测量观及其具体操作

(一) 思想渊源

完善论的幸福观以理性人假设为基础，认为感性是被动的、简单的、无能的。但是这种观点恰恰忽略了感性认识在全部意识活动和选择行为中的基础地位。康德在《纯粹理性批判》中肯定了感性认识的能动性。在他看来，感性有自己的形式：时间和空间，时空形式是人头脑中固有的感性机能，没有客观存在对感官的刺激，不可能产生现象质料；而没有时空形式对现象质料的整理，感性认识就无法展开[①]。

快乐主义幸福观将幸福建立在感官感觉基础之上。古希腊哲学家阿里斯底波认为幸福的唯一来源是感觉，感觉是最真实的，但人类只能感觉到快乐和痛苦，所以追求快乐是人类最大的幸福。[②] 其后的另一位古希腊哲学家伊壁鸠鲁（Epicurus）也认为快乐是幸福生活的开始和目的，肉体和器官的快乐是一切快乐的起源和基础，没有感性的快乐就没有其他的快乐和幸福。[③] 他们的观点由于过分宣扬肉体感官方面的享乐而受到较多的批评，在禁欲主义盛行的中世纪受到了极大的压抑。

重新将感觉取向的快乐主义幸福观发扬光大的是英国经验论哲学家洛克（John Locke）。洛克从人类的"趋乐避苦"心理和自然倾向出发，认为外界事物作用于人的感官，引起了人们的各种情欲和感受，从而产生苦乐感。在他看来，快乐与痛苦是相对应的，由感觉和反省得来，人类所有的情感都可以归为这两大类，属于快乐的情感包括爱慕、欲望、欢乐、希望等，属于痛苦方面的情感有憎恶、悲痛、恐惧、失望等。[④] 在洛克之后，费尔巴哈、弗洛伊德等人都坚持了感觉取向的快乐主义幸福观，其中英国功利主义伦理学创始人边沁（Bentham）提出对感觉到的幸福进行实证研究。

边沁从"最大多数人的最大幸福"原则出发，解释个体与社会的利益调整以及个人的行为选择问题。他认为，特定的行为能否给个人和社会带来幸福，可以通过计算人们从中体验到的快乐和痛苦情感来加以判断，快乐和痛苦的价值由

---

① 刘少杰著:《经济社会学的新视野——理性选择与感性选择》，社会科学文献出版社2005年版，第53~66页。

② R. M. Ryan, E. L. Deci. 2001. On Happiness and Human Potentials: A reviews of Research on Hedonic and Eudaimonic Well-being. *Annual Reviews Psychology* (52): pp. 141–166.

③ 周辅成:《西方伦理学名著选辑》(上卷)，商务印书馆1987年版，第103页。

④ 罗国杰、宋希仁:《西方伦理思想史》(下卷)，中国人民大学出版社1985年版，第91页。

强度、持续时间、确定程度、切近程度、增殖性、纯度、扩展范围七个因素决定。为了精确度量人们的幸福感，他还专门设计了一套完整的计算步骤。[①] 边沁的思想对经济学领域产生了巨大影响。一些经济学家试图对构成幸福的快乐的情感体验进行经济学的实证探索。福利经济学将福利看做是人们对享受或满足的心理反应，并在马歇尔"消费者剩余"概念的基础上，提出边际效用基数论，用边际单位商品的价格来表示消费者购买某种商品所获得的效用。

快乐主义立场因为强调人们的某些需求是否得到满足而更多地被幸福感研究者们所采用。以快乐主义幸福观为指导，主观幸福感研究形成了生活质量和心理健康两大研究传统。生活质量意义上的幸福感研究把幸福感作为反映生活质量的指标，将幸福感界定为人们依据自己的标准对自身生活满意程度的认知评价。在这个取向上，一个人是否幸福，关键在于他对自己的生活是否满意以及满意的程度如何。心理健康意义上的幸福感研究一般将主观幸福感理解为积极的情感体验和消极情感体验的权衡。在特定条件下，当一个人所体验的积极情感多于消极情感时，他便会感到幸福。在此基础上，分属于不同研究传统的研究者们发展了不同的测量方法和技术。

（二）心理健康意义上的主观幸福感测量

早期心理健康意义上的主观幸福感测量有一个基本假定：幸福的人首先拥有心理上的健康，这种健康状态主要反映在情感方面。于是，一些精神疾病诊断量表被广泛运用于主观幸福感的测量，其中比较常用的有德罗盖提斯（L. R. Derogatis）等人编订的症状自评量表 – 90（Symptom-Checklist SCL – 90，SCL – 90）。在这类量表上得分高低被认为是幸福的一个重要标准。

后来，另一些研究者认为，人们的主观幸福感取决于一定时期内积极情感和消极情感的权衡。如果人们较多体验到愉快的情感，而较少体验不愉快的情感，便可推定他们是幸福的；否则就不幸福。从这一假定出发，勃朗德博（Bradburn）在1963年编订了情感平衡量表（Affect Balance Scale，ABS）。该量表包含10个项目，其中5个项目测量的是积极情感，另5个项目测量的是消极情感。权衡被测者在这两个方向的得分情况，就可以对其近期的情感状态做出判断，从而推测其主观幸福感状况[②]。类似的还有罗顿（D. Lawton）等人编制的费城老年医学中心士气量表（the Philadlphia Geriatric Center Morale Scale，PGCMS）、沃特森（D. Watson）等人编制的积极与消极情感量表（the Possive and Negative Affect

---

[①] 唐凯麟主编：《西方伦理学名著提要》，江西人民出版社2000年版，第226~230页。

[②] Bradburn, N. M. 1969. *The Structure of Psychological Well-Being.* Chicago：Aldine.

Scale，PNAS)①。卡热玛（A. Kozma）和斯德恩斯（M. J. Stones）针对上述量表的不足，编订了纽芬兰纪念大学幸福度量表（the Memorial University of New Foundland Scale of Happiness，MUNFH）。该量表包含了24个项目，试图从短期情感反应和长期情感体验两个方面全面把握被测者的主观幸福感②。

近年来，在心理学领域又形成了心理发展意义上的幸福感研究。该取向认为，以前的主观幸福感研究所测量的东西仅仅局限于人们的正向感受，而正向感受并不等同于健康向上的生活，为此采用另一术语"心理幸福感"（Psychological well-Being，PWB），以区别于主观幸福感。瑞夫（C. D. Ryff）等人在此基础上提出了心理幸福感的多重测量维度，并编制了多维度的瑞夫心理幸福感量表。该量表所包含的维度涉及人的自我实现的6个突出方面：自主、环境驾驭、个人成长、积极的人际关系、生活目的和自我接受。三个版本分别包含了84、54、18个项目，在每个维度上分别包含14、9、3个项目。要求被测者依据自己的体验在这些项目上做出6级选择③。

总体而言，指标体系与各种量表的出现不仅表明主观幸福感的研究已经从单一的情感维度发展到加入认知维度的整体评价，同时也勾勒出主观幸福感这一概念的演化过程及其本质。而本研究所采用的正是生活质量取向的领域满意度与总体满意度相结合的方法。

尽管半个多世纪以来，不同取向的研究者们共同推动了幸福感测量研究的发展，诞生了一批被证实具有良好测量学特性且广为运用的幸福感量表，但总体看来，目前的幸福感测量研究状况却并不令人鼓舞。研究者们从各自固守的研究传统出发对幸福感进行界定和测量，使得这一研究领域长期处于一种分化的状态。近年来在全球范围内开展的一些针对不同国家居民幸福感的跨文化研究结论尤其令人费解。总之，问题集中表现在：幸福感测量的指标有待于整合、幸福感测量的研究方法论有待于创新、幸福感测量中的文化差异日渐突出。

从文化背景差异的角度讲，在对待外来的幸福感测量工具时，必须采取十分谨慎的态度，而从中国的文化背景和当前的经济社会发展程度出发，编制适合当今中国居民的幸福感指标或量表则显得尤为迫切。

---

① Watson, D. & Clark, I. 1984. Negative Affectivity: The Disposition to Experience Negative Affective State. *Psychological Bulletin* 96. pp. 465 – 490.

② Kozma, A. & Stones M. J. 1980. The Measurement of Happiness: Development of The Memorial University Newfoundland Scale of Happiness. *Journal of Gerontology* 35, pp. 906 – 917.

③ Ryff, C. D. & Singer B. 1998. The Contours of Positive Human Health. *Psychological Inquiry* 9, pp. 1 – 28.

（三）生活质量意义上的主观满意度测量

主观生活质量，也称之为可感生活质量，即为实际生活的人们所感觉到的或所承担的生活质量，主观生活质量指标盛行于美国，也是目前国际学术界研究生活质量的学者所十分关注的重要方面。

1. 主观满意度测量的兴起

在一定程度上讲，国际学术界对生活质量的研究主要侧重于主观方面，并以个人的幸福作为研究的出发点。在这一领域中，一般把能最大限度地满足公民需要的社会看成是人们所追求的社会。这种"以人为本"的思路使得研究者把对生活的满意度当成研究的基本概念。同时，也有学者用个人的幸福感来解释和衡量生活质量。例如，1957 年，密歇根大学的古瑞（Gurin）、威若夫（Veroff）和费尔德（Feled）联合几个大专院校作了一次全国随机抽样调查，主要研究美国民众的精神健康和幸福感。海德雷·坎吹尔（Hadley Cantril）1965 年发表了 13 国（包括美国）关于生活满意度和良好感觉的比较研究结果。几乎与此同时，诺曼·布拉德本（Norman Bradburn）也在一项全国民意调查中研究了国家民众的幸福感。[①]

相对于包含着情绪、情感体验的幸福程度而言，满意程度包含的是判断的或认知的体验，它是对原来的期望水平和达到目标之间的差异的知觉。两者都把生活质量界定为对生活总体或生活各个具体方面的评价和总结，这种评价和总结是从人们对生活的各个层面的认识和感受出发的。生活质量意义上的主观满意度测量研究所选取的维度主要包括总体生活满意感和具体领域满意感。

测量人们总体生活满意度的具体方法包括：古瑞和威若夫采用的直接询问方式了解被试是否感到快乐[②]；纽加顿（Neugarten）等人编制的"生活满意感指数（Life Satisfaction Index，LSI）"，该量表涉及生活热情、毅力，所达到目标与期望目标的一致程度，身体、心理、社会方面良好的自我概念，愉快乐观的心理品质等维度[③]；坎吹尔编制的"自我标定梯形量表"（Self-Anchoring Scale，SAS），要求人们按照自己的评价标准，就自己当前、五年前以及五年后预期的生活满意程度做出等级评价[④]；安德鲁（F. M. Andrews）和维斯里（S. B. Withey）等编制的多种形式的主观幸福感量表，其中包括著名的人面测验，这是一种非文字呈现形

[①②] Gurin G, Veroff L & Field S. 1960. *Americans View Their? Mental Health*, New York：Books. 转引自易松国：《生活质量研究进展综述》，载《深圳大学学报》（人文社会科学版）1998 年第 1 期，第 107 页。

[③] Neugarten, B. L., Havighurst, R. J., & Tobin, S. S. 1961. The Measurement of Life-Satisfaction. *Journal of Gerontology* 16, pp. 134–143.

[④] Carley M. 1981. Social Measurement and Social Indicators. *Issues of Policy and Theory*, pp. 34–40.

式的主观幸福感测验,要求被调查者根据一组不同表情的人面,对于自己总体生活的感觉进行评价①;戴斯(Daci)等人依据自我决定理论编制的由 21 个项目组成的总体基本需要满足量表(Basic Need Satisfaction in General,BNSG),该量表包含三个分量表(每个分量表包含 7 个项目),分别测量人们在自主、能力和关系方面的需要满足状况。在领域满足状况测量方面,分别编制了由 21 个项目组成的工作领域基本需要满足状况量表(Basic Need Satisfaction at Work,BNSW)和由 9 个项目组成的人际关系领域基本需要满足状况量表(Basic Need Satisfaction in Relationship,BNSR),编制构想与总体基本需要满足量表相同。完整的基本需要满足状况量表由 51 个项目组成,要求被测者依据自己的体验在这些项目上做出 7 级选择。

1966 年,美国哈佛大学商学院鲍尔(Bauer)教授主编并出版了《社会指标》一书,在美国乃至整个西方国家引起了强烈反响,不少国家与部分国际组织开始接受社会指标与社会报告等观念,一些国家也开始相继发表有关全国性的社会、经济状况及趋势的报告。② 关于领域满意度的研究也逐渐兴盛起来。坎贝尔(Campbell)、康维斯(Converse)和罗杰(Rodger)做了一项全国抽样调查(1976),主要研究美国社会的生活质量,重点放在对生活整体的满意度及对 13 个生活具体方面满意度的研究上。当时两家最主要的研究机构——芝加哥大学全国民意调查中心和密歇根大学社会研究所都积极参与了对生活质量的调查与研究。他们的参与对这一领域的发展起到了关键性的推动作用。③ 美国学者戴(Day)也完全从满意度的角度对美国生活中的 14 个领域进行主观测量(1987),即:对生活总的看法、家庭生活、社会生活、与工作有关的生活领域、个人健康、娱乐、精神生活、自我、健康、物品与服务的购买与消费、物质拥有、联邦政府的工作表现以及当地政府的工作表现等。④

2. 生活质量主观指标研究的进展

近年来,生活质量的研究主要集中在主客观指标的关系以及主观指标的选取上。客观指标对生活质量的解释力到底有多大?客观指标对主观指标的影响力有多大?到底哪些主观指标能较好地反映人们的生活质量是国内外学者共同关注的问题。

康明斯(Robert A. Cummins)在一篇关于主客观指标研究的文章中指出,主

---

① Andrews, F. M., and Withey, S. B., 1976. *Social Indicators of Well-Being: America's Perception of Life Quality*, New York: Plenum.
② 夏海勇:《生活质量研究:检视与评价》,载《市场与人口分析》2002 年第 1 期,第72 页。
③ [美]林南等:《生活质量的结构与指标》,载《社会学研究》1987 年第 6 期,第 73~89 页。
④ 周长城等著:《全面小康:生活质量与测量——国际视野下的生活质量指标》,社会科学文献出版社 2003 年版,第 78 页。

客观指标对生活质量结构分别起作用,然而在各自的测量领域里,变量之间的关系是十分复杂的。尽管主客观指标相对独立,但是在客观物质条件十分恶劣的情况下,它们的独立性会增强。也就是说,客观物质条件越差,它与主观满意度之间的关系就越不明显。主观生活质量是处于"自我平衡"(Homeostasis)控制之下的,这意味着主观生活质量通常保持在一个狭窄的范围之内。较低的物质生活条件的起点对自我平衡有非常大的负面影响,在这样的环境下,客观指标将排斥主观指标。康明斯还指出,衡量西方中产阶级客观物质生活条件的标准不适用于其他地区,在与西方不同的文化中也同样不适用。生活质量研究中很重要的一个问题就是,在对客观物质生活条件与主观生活质量进行测量的时候,如何使用主观指标来判断生活条件的充足与否。[1]

澳大利亚墨尔本大学应用经济学和社会学研究所首席研究员赫迪(Bruce Headey)在一项关于主观生活质量经济学模型的研究中提出,将经济学模式与心理学模式整合起来,对生活质量进行解释,而家庭经济学则是最好的切入点。他认为,经济学有恰当的概念框架,但是所选择的指标存在一定缺陷,而心理学没有一个明确的概念框架,但是却有有效的指标。经济学家认为休闲、消费等因素是影响生活质量的主要因素,而心理学家则从个性、健康、社会网络以及不同生活领域的满意度来直接测量主观生活质量,他们的研究结果是:个性、健康、人际关系网以及生活满意度能解释70%~80%的生活质量,而物品与服务的购买与消费则与生活质量几乎没有关系。[2]

道斯特(Robin A. Douthitt)等人则认为,客观指标的规范化增强了可感(Perceived)的主观生活质量指标的解释力。在解释可感的经济与非经济生活领域满意度的时候,客观指标被证明是有效的。他们的研究还指出,不断扩大的家庭规模对于提高非经济领域的主观生活满意度是十分有效的,而对于经济领域的生活满意度则具有相反的作用。[3]

美国伊利诺伊大学心理学家埃德·迪安纳(Ed Diener)的研究从政策制定的角度出发,认为经济指标、主观指标以及社会指标均能反映出一个社会的生活质量,然而三种指标各有缺陷,但同时又能相互补充。生活质量是一个复杂的、多层面的结构,要求多方面多理论视角的研究,应将三种指标结合起来解释生活

---

[1] Cummins, Robert A., 2000. Objective and Subjective Quality of Life: An Interactive Model. *Social Indicators Research* 52: pp. 55 – 72.

[2] Heady, B., 1993. An Economic Model of Subjective Well-Bing: Integrating Economic and Psychological Theories. *Social Indicators Research* 28: pp. 97 – 116.

[3] Douthitt, R. A., Macdonald, M., Mullis, R., 1992. The Relationship between Measure of Subjective and Economic Well-Being: A New Look. *Social Indicators Research* 26: pp. 407 – 422.

质量，从而对政策制定者提供更多的信息。① 迪安纳以失业为例来说明：经济学家关心的是失业的原因，而社会学家关心的是失业带来的社会问题，主观生活质量指标的研究者关心的则是失业是否会影响人们的心情以及生活满意度，如果将这三个方面结合起来，那么政策制定者们就可以了解到失业的原因、结果以及影响，从而制定更加合理的政策。

3. 对主观生活质量研究的总结与选择

自20世纪60年代社会科学领域对幸福感的经验研究以来，社会学对幸福感的研究一直从社会指标着手。主观指标被作为传统客观指标的补充，幸福感也成为衡量社会系统运行状况的一个重要的主观指标。在心理学领域，这个概念被用以研究精神健康。近些年来，老年学、医学，甚至经济学都在它们各自的领域对其展开了研究。绝大多数关于幸福感的经验研究是建立在大规模的人口调查的基础之上，也有很多研究是以特定的群体为对象，例如单身母亲、学生或彩票中奖者。时至今日，关于生活质量的国际研究已经颇具规模，所有这些研究得以展开的一个基本假设是，幸福感是一个可行性目标，这也是幸福感的可测量论较之于不可测量论最大的立论基础。把幸福感作为一个可行性目标，就必须解决几个核心问题：幸福是否能被界定、幸福感能否被测量以及在什么意义上具有某种实现的可能性。

（1）把"对生活的满意感"作为主观生活质量的标准②。"幸福"一词具有不同的含义，而且这些含义经常混合在一起。但是这种混乱的局面并不表示它没有实质性的意义可以被界定。在一个宽泛的层面上，幸福与生活质量、福利是同义词。它也可以有很多特殊的表达方式，如表17-1所示。

表17-1　　　　　　　　　四种生活质量形态

	外部质量	内部质量
生活机会	环境的适居性	个体的生活能力
生活结果	生活效用	对生活的满意感

在纵向维度上，"好的生活机会"与"实际生活结果"是有所不同的。机会与结果具有相关性，但却绝不相同。机会可能因为愚蠢或运气不好而无法实现。在横向维度上，"外部"和"内部"质量也是不同的。前者取决于环境，而后者

---

① Diener, E. and Eunkook Suh, 1997. Measuring Quality of Life：Economic, Social, and Subjective Indicators. *Social Indicators Research* 40：pp. 189 – 216.

② Veenhoven, Ruut. 2004. Happiness As An Aim in Public Policy：The Greatest Happiness Priniciple. In *Positive Psychology in Practice*, edited by Alex Linley and Stephen Joseph, John Wiley & Sons, Hoboken (NJ), pp. 1 – 16.

取决于个人。总之，从两个维度标示的四种生活质量的形态都可以表示"幸福"这一概念。

"环境的适居性"表示好的生活条件。"生活质量"和"健康"概念经常被用在这种含义上，尤其是生态学家和社会学家。经济学家有时也使用"福利"概念来表达这层意思。"适居性"是个更好的表达方式，因为它精确的反映了环境的特征，而不会带有"天堂、乐园"的隐含意义。政治家和社会改革者格外强调这种形态的生活质量。

"个人的生活能力"表达了一种内在的生活机会，即能否应对生活中的各种问题。生活质量的这种形态也经常被以不同的名称加以使用。医生和心理学家用"生活质量"和"健康"来表示这层意思。在生物学里，它可表示为"适应潜能"。森（Sen）把这种生活质量称为"能力"。在治疗学家和教育工作者的思维中，这个形态的生活质量是核心概念。

"生活的效用"表示一个好的生活必须给它自身带来更多的好处。它假设了一些更高的价值，如生态保护或文化发展等。这个形态可以被视为生活质量的信念层面，或表示"生活的意义"。它具有超越纯粹主观体验的"真实"性。这种形态的生活质量是人类所向往的，但也会增加关于生活质量的分歧。

"对生活的满意感"代表内在的生活结果，即个体观察到的、可感的生活质量。它可以归结为对生活的主观欣赏，通常可以用"主观幸福"、"生活满意度"和"幸福感"等概念来表示。只有这种形态的生活质量体现了最大幸福原则，最适合成为一种"终极目标"。社会发展、政策制定的目的是为了提高人们的生活水平，但问题在于我们需要一种评判的标准来显示在政策制定者想要促进的诸多生活机会中哪些具有优先性。这种标准应当在生活的结果中去寻找。"效用"形态不能提供有效的标准，因为外部影响因素太多，而且能够以不同的方式来衡量。相比之下，"对生活的满意感"是个更好的标准，因为它反映了外部的生活条件在多大程度上满足了个体内在的生活能力，是一种主观体验。那么接下来的问题是什么样的满意度更加精确。

（2）把幸福感界定为"生活满意度"[①]。表 17 - 2 也从两个维度勾勒了满意度的四种形态。在纵向维度上，包含了"对于生活的领域满意度"和"对于生活的整体满意度"两种形态，在横向维度上，包含了"短暂的满意度"和"持久满意度"两种形态。

[①] Veenhoven, Ruut. 2004. Happiness As An Aim in Public Policy: The Greatest Happiness Priniciple. In *Positive Psychology in Practice*, edited by Alex Linley and Stephen Joseph, John Wiley & Sons, Hoboken（NJ），pp. 1 – 16.

表 17-2　　　　　　　　　　四种类型的满意度

	暂时性	持续性
生活领域	愉快	领域满意度
总体生活	最佳体验	生活满意度

　　愉快是对生活某一领域的暂时性满意感，可以是感官上的，例如一杯好酒；也可以是精神层面的，例如阅读一篇好文章。这种满意感最大化后被称为享乐主义。在享乐主义者看来，愉快就是通常意义上的幸福。对生活某领域的持久满意度被称为"领域满意度"。它主要针对生活的某些具体领域，例如工作等。幸福的概念有时也在这个层面上被使用，尤其是在表达对自身生命历程的满意度时可替代。"最佳体验"作为对整体生活的短暂体验，一般比较强烈、深刻。在宗教著作中，经常用幸福这个概念来表示神秘主义的狂喜。上述三种形态的满意度都不太适合作为政策目标来进行操作和测量。唯有"生活满意度"表达的是对"整体生活的整体评价"，它在两个维度上都表现出了比暂时性满意感和单纯的领域满意感更高的价值。而且它更为深层的意义在于标志着人们的需求在多大程度上得到了满足。总体而言，只有把幸福界定为对整体生活的整体感受，幸福才可能成为一个可以具体把握的主观生活质量维度。

第十八章

城市居民主观生活质量研究

将生活质量作为衡量社会发展的标准，意味着首先要解决如何评估人们生活质量的高低这一核心问题。事实上，对生活质量的评估通常是通过各种各样的指标来实现。生活质量指标的研究始于20世纪60年代，这一概念的提出大大动摇了当时占统治地位，以提高物质生活水平为最终目的的社会目标。以纯粹的经济视角衡量社会发展的局限性越来越明显，视物质财富为社会发展唯一目标的观点逐渐被强调多元视野的生活质量概念所替代或拓展。生活质量不仅强调物质财富增加，而且注重健康、社会关系、自然生态等非物质的生活状况。由此人们意识到不仅要测量生活质量的客观方面，即现实生活条件，而且要测量以对生活条件的主观看法和评价为基础的个人主观的幸福感。本章沿袭前面的探讨结论，把生活满意度和领域满意度相结合，作为衡量中国城市居民主观生活质量的标准。

一、研究的必要性

主观生活质量指标包含了个人对生活的主观体验，它的基本假设是生活质量可以根据人们的主观意识对快乐感和满意度的认识来决定。这个领域包括了对个人生活质量的理解，适合直接对个人主观感受进行测试并测定其个人生活质量水平。生活质量主观指标研究者对生活质量的评估研究，始终把最大限度地满足人的全面、多元的需要作为基点，着重了解人们用什么标准来评估他们的生活质量，人们对生活质量的期望水平以及与现实的差异。

（一）学术意义

中国已经进入全面建设小康社会的历史新时期，从"以人为本"到"可持续发展"的科学发展观的提出，再到"和谐社会"理念的确立，纯粹物质生活已经无法代表人们生活追求的全部，人们追求更丰富的精神生活，因此也必须提出新的指标，包括主观指标。此外，从理论研究的角度来讲，主观指标在社会指标研究中的重要性越来越突出，这是因为：

第一，主观指标提供了个人对自身幸福评价的直接标准，而一个给定的客观指标只是人们对其自身状况感觉的间接衡量标准。如在医疗卫生方面，中国居民每万人病床数显著增加，医疗条件也得到极大的改善，但是人们对于公共医疗的满意度却非常低。

第二，主观指标可以提供单向度的数据，通常是"满意度"，因此通过对不同生活领域的调查可以对它们进行比较，如可以对工作满意度、家庭生活满意度、休闲满意度、公共政策满意度进行横向的比较，以判断居民对于哪些生活领域比较满意。而客观指标，如失业率、住房面积、休闲娱乐设施的数量等，由于没有统一的维度因而不能进行比较。

第三，主观指标可以由研究者直接设计和利用，如果一旦证明不可行，马上可以进行修改，客观指标是建立在各种政府机构收集的统计数据的基础之上的，一旦要进行修改将会涉及较多的问题。通过对主观指标的调查，研究者也可以发现哪些客观指标可能会比较重要，从而为客观指标的修改提供意见。

进一步而言，主观指标可以更清楚地反映出不同社会群体成员所关心的问题，如老年人可能更加关心健康问题，因而对于公共医疗卫生的状况特别关注；年轻人正处于事业发展的时期，对于工作状况的关心可能会超过对医疗卫生状况的关心。通过对不同生活领域满意度的调查，能发现值得关注的社会问题，从而为解决这些社会问题提供一些思路。

另一方面，对城市居民主观生活质量即生活满意度的测量，从微观角度可以反映出个体对自身生活状况的认知，从宏观角度能够反映出中国社会全面小康的进程。因此，本研究的实际意义在于通过主观指标的建构使生活满意度的测量具有可操作性，为政府部门了解民情民意、制定相关政策提供理论依据，同时也为以后在全国各地标准式访谈提供技术支撑。

（二）深层价值

在过去的几十年里，有大量研究集中于产生幸福感的条件。学者们从微观和宏观的视角重点研究了影响幸福感的外部社会条件。前者主要研究不同社会地位上的幸福感差异，后者则关注在什么样的社会中人们能够最幸福的生活，中间层面的研究相对较少。在诸多外部条件当中，社会的适居性和人们在社会中的地位是两个重点研究的对象。①

学者们发现，国家不同，其平均幸福感也会有很大不同。这其中存在着某种规律。生活在富裕国家的人们比贫穷国家的人们更幸福些，而且在那些具有法律、自由、良好的公民权、文化多元化和现代化等特征的国家里，人们的幸福感更加强烈一些。而社会平等与平均幸福感似乎没有相关性。这些社会特征密切相连，难以判断每一个变量的单独影响力，但是这些变量整体却几乎可以解释国家间所有的幸福感差异（R^2 为 0.83，表明这些变量整体对幸福感的解释力很强）。此外，物质富有程度与幸福感之间的关系也是非线性的，经济增长会提高贫穷国家的平均幸福感，但对富有国家却不甚有效。同时，打击腐败也能够促进人们的幸福感。所有这些都说明幸福感的产生依赖于生活条件满足人们一般性需求的程度。②因此，和谐社会的建设要想最终带给人们幸福生活，就必须首先让外部社会条件满足人们的普遍需求，包括发展经济，提高资源分配的公正性，健全公正、有效的法律体系，赋予并尊重居民的公民权，保持并促进文化多样化，关注民情、民生，保护环境等方面。

至于社会地位对幸福感的影响，在西方国家是相当显著的，在非西方国家，似乎作用更强。幸福感也和社会参与有着普遍关联，能够成为首属群体网络中的一员对幸福感至关重要，尤其是婚姻。但是，在现代西方社会，生儿育女与幸福感之间没有什么关联。因此，和谐社会提升居民幸福感的重要手段之一就是为人们正当的社会参与和构筑、维护首属关系网络提供方便。

当然，幸福感的最终形成也依赖于个体处理外部条件的能力。在这些能力当中有些能力是非常重要的。生理健康是绝对必要的，心理健康（并非智商）的意义更为重大。在西方国家，心理自主、独立、自信、拥有内部控制力与幸福感之间存在强关联。另外，道德信念，包括对稳定、忍耐、爱等社会价值的支持也能让人们产生幸福的感激。上述这些心理能力目前看来都可以用量表进行测量和把握，因而可以通过适当的教育以及心理健康辅导来实现。

总而言之，国际主观生活质量研究的经验表明，从对整体生活的整体满意度出发，强调外部社会性因素对主观幸福感的影响这一角度，政府和社会可以把主观生活质量视为指导实践的可行性标准，同时作为政策制定的目标。和谐社会完全可以通过自身的努力提高居民的幸福感，以完成这个社会在道德上的完善。

幸福关怀是政府落实以人为本、科学发展理念的具体体现。发展经济是增强

---

①② 相关结论可参见 Veenhoven, Ruut. 2004. Happiness As An Aim in Public Policy: The Greatest Happiness Priniciple. In *Positive Psychology in Practice*, edited by Alex Linley and Stephen Joseph, John Wiley & Sons, Hoboken (NJ), pp. 1–16.

幸福的手段，人民幸福才是社会发展的终极目标，以往片面强调 GDP 这类反映经济发展的指标，对于全面衡量一个社会的发展和进步状况是很不充分的，在实践中可能导致社会政策选择上的舍本求末。幸福指数是一个更加人性化，也更能体现一地发展实效的指标，真正将人的发展放在了发展的首位。在以科学发展观为统领，建设社会主义和谐社会的今天，国民幸福指数这个看似缥缈、极富主观性的概念，正成为越来越多的地方政府的政策目标，成为检验社会发展成就的标准。

二、主观生活质量的测量[①]

国内外对于生活质量的测量历来存在两种不同的观点：一种认为生活质量即生活的客观物质条件，因此生活质量的测量应当使用客观指标；还有一种观点认为生活质量不仅仅是客观物质条件的好坏，还要考虑个人对其生活条件的认知和反应，因此个体的生活质量水平可由个体对各个生活领域的满意度来反映。美国学者坎贝尔经过调查发现，客观指标对主观生活质量的解释力只有 17% 左右，中国学者卢淑华的研究也表明，客观生活条件与主观生活质量之间存在偏差现象，主观生活质量受参照标准的影响很大。[②]

本调查遵循后一思路，把生活满意度作为主要因变量，以生活满意度来反映主观生活质量，是在生活质量客观指标的研究、指标体系的建立与评价工作的基础上展开的拓展性研究。其基本思路是：在前人研究的基础上，结合中国社会经济发展现状，选择某些生活质量的相关领域，对全国部分地区进行领域满意度和总体满意度的调查。拟通过收集第一手数据，对具有不同人口特征的居民生活满意度进行统计描述，并分析不同生活领域的主观满意度对整个生活质量的影响力，从而选择出具有代表意义的主观指标。

整个调查过程分为两个阶段完成。第一阶段，选取 8 个生活领域作为测量维度，包括工作状况、家庭与社会关系、休闲娱乐、健康、消费、自我发展以及公共服务与公共政策等。在 2004 年对全国东部、中部、西部的共 8 个城市进行了大面积的问卷调查。第二阶段，在问卷修改的基础上，于 2007 年对武汉市和上海市居民的主观生活质量进行二次测量，增加了三个生活领域。

第一阶段调查以中国经济发达地区、经济一般发达地区以及经济欠发达地区

[①] 此部分引用的数据及相关分析同时也获得教育部人文社会科学研究 2002 年度重大项目"全面小康与生活质量：主观指标的构建及其评价"的支持。

[②] 卢淑华：《中国城市婚姻与家庭生活质量分析——根据北京西安等地的调查》，载《社会学研究》1992 第 4 期，第 62~84 页。

的 8 个城市的城市居民作为调查对象，这 8 个城市中经济发达地区有北京、上海、广州；经济一般发达地区有郑州、武汉、长沙；经济欠发达地区有兰州与昆明。样本的选取采取街头偶遇抽样的方式，先将调查城市按行政区划分为若干个区，然后再将这些区划分为若干个街道，根据一定比例分配调查名额。每个城市调查对象为 210 名左右。调查时间为 2004 年 4~8 月，调查由武汉大学生活质量研究中心的人员以及当地培训的大学生访员共同完成。本次调查共发放问卷 1 680 份，回收有效问卷 1 609 份，有效回收率为 95.8%。

参考 2004 年所使用的主观生活质量指标体系，并在此基础上予以完善和改进后，设计了 2007 城市居民主观生活质量调查问卷，调查涉及城市居民的个人健康、物质幸福、社会幸福、个体发展和情感幸福五大模块，具体从"职业"、"健康"、"社会关系"、"家庭生活"、"收入与消费"、"居住状况"、"休闲"、"自我实现"、"公共政策"、"总体生活质量"和"幸福感"等 11 个方面展开。第二阶段调查在武汉市回收问卷 515 份，其中有效问卷 500 份，有效回收率 97.1%。在上海市回收问卷 518 份，其中有效问卷 500 份，有效回收率 96.5%。

将样本人口特征与《国家统计年鉴》（2004 年、2006 年）中的相关数据进行比对的结果显示，各项指标均存在一些差异。但这并不能够说明本调查的样本代表性，原因如下：其一，《国家统计年鉴》中关于人口和居民生活的相关指标绝大部分并未按城乡进行区分，所以很多数据都反映的是全国人口特征，与本研究注重调查城市人口特征的取向存在明显差别；其二，本研究采用街头偶遇的方式搜集资料，本身在样本代表性的筛选方面缺乏一定的严谨性，样本的人口特征很大程度上取决于具体的调查地点、时间以及人口活动特点，这些因素必然也会影响样本的代表性。此外，各城市的问卷调查无论在规模还是研究主题上都是非常独特的，难以找到合适的数据进行比对，但可以为其他研究提供参考，同时希望后续研究能够进一步完善抽样过程以增强样本的代表性和结论的权威性。

（一）总体满意度分析

1. 城市居民主观生活质量整体状况

（1）第一阶段调查结果。表 18-1 显示了第一阶段调查中 8 个城市主观生活质量的整体状况。共有 61.8% 的人对自己目前的生活表示"非常满意"或者"比较满意"，35% 的人表示"不太满意"或"很不满意"，还有 3.1% 的人说不清楚自己目前对生活是否满意。从满意度得分来看，八个城市平均得分 3.54 分，标准差为 0.772 分。由此看来，人们对自己的生活还是比较满意的。

表 18-1　　　　　　　　2004 年对现在的生活质量是否满意

		频　次	百分比	有效百分比	累计百分比
有效选项	很满意	53	3.3	3.3	3.3
	比较满意	931	57.9	58.4	61.8
	不太满意	485	30.1	30.4	92.2
	很不满意	74	4.6	4.6	96.9
	说不清楚	50	3.1	3.1	100.0
	共　计	1 593	99.0	100.0	
缺　失		16	1.0		
总　计		1 609	100.0		

但是，不同城市居民的满意度情况有所不同（如表 18-2 所示），满意度最高的为上海，得分为 3.69 分，满意度最低的为昆明，得分为 3.41 分。不同城市间居民生活满意度的方差分析也表明，不同城市之间存在着显著差别（显著度水平 $p<0.05$）。

表 18-2　　　　2004 年对八城市生活质量总体满意度的描述

城市	N	均值	标准差	标准误差	均值95%的置信区间	
					下限	上限
长　沙	197	3.57	0.821	0.059	3.46	3.69
北　京	199	3.47	0.783	0.056	3.36	3.58
昆　明	200	3.41	0.880	0.062	3.28	3.53
上　海	203	3.69	0.741	0.052	3.59	3.80
武　汉	197	3.45	0.785	0.056	3.34	3.56
兰　州	198	3.68	0.618	0.044	3.59	3.76
郑　州	198	3.65	0.634	0.045	3.56	3.74
广　州	201	3.42	0.822	0.058	3.31	3.54
总　计	1 593	3.54	0.772	0.019	3.50	3.58

根据表 18-3 可以把 8 个城市划分为三个组，即上海、兰州、郑州，长沙、北京和武汉、广州、昆明。很显然，经济发展水平和生活满意度之间并不具有绝对的正相关关系。中西部的郑州和兰州两个城市的生活满意度反而比北京和广州更高。这说明在经济因素之外，还有很多其他因素共同影响着人们的生活满意度。

表 18-3　　　　　　　　2004 年对现在的生活质量是否满意

城　市	N	阿尔法子集 = 0.05		
		1	2	3
昆　明	200	3.41		
广　州	201	3.42		

续表

城市	N	阿尔法子集 = 0.05		
		1	2	3
武 汉	197	3.45		
北 京	199	3.47	3.47	
长 沙	197	3.57	3.57	3.57
郑 州	198		3.65	3.65
兰 州	198			3.68
上 海	203			3.69
Sig.		0.181	0.052	0.392

表 18-3 显示了同类子集群的均值。

a. 运用调和平均值的样本规模为 199.106。

b. 群体规模非正常状态。群体规模的调和平均值已被使用。第一种误差水平无法保证。

表 18-4 显示了人们认为的能够影响生活质量的具体因素，其中，工作状况、家庭生活和健康是各城市居民公认的最能够影响生活质量的三大因素，尤其是健康。因此，就业与福利、家庭建设以及公共医疗卫生事业的发展将决定未来城市居民的主观幸福感。

表 18-4　2004 年各城市居民对影响生活质量首要因素的选择

城市	对生活质量影响最大的因素								总计
	工作状况	家庭生活	社会交往	休闲娱乐	健康	物质拥有与消费	自我发展	公共服务与公共政策	
长 沙	45	39	7	1	72	18	15	3	200
北 京	61	43	11	3	52	7	18	2	197
昆 明	37	42	12	2	60	25	16	7	201
上 海	28	46	10	3	80	8	22	6	203
武 汉	56	30	7	6	54	22	21	4	200
兰 州	58	41	11	3	50	20	11	6	200
郑 州	55	40	3	2	66	17	15	2	200
广 州	52	55	3	0	57	15	17	1	200
总 计	392	336	64	20	491	132	135	31	1 601

（2）第二阶段调查结果。前文分析显示，对发展中国家而言，社会发展水平的重要指标经济发展水平只是众多影响主观生活质量的因素之一。主观生活质量作为对整体生活的整体满意度，并不完全受制于客观物质生活，尤其是当社会发展达到一定程度之后。上海作为中国人口最集中、经济最发达、竞争最激烈的

现代都市,之所以能够入围美世人力资源咨询公司 2005 年度《全球生活质量调查》①,排名第 102 位,在中国入围的 6 个大城市中排名最前,在所有参与调查的亚洲城市中,得分增长最快,与它完善的市场机制、人性化的政策服务是密切相关的。武汉市虽然也在近几年积极响应中央提出的"构建和谐社会"的发展战略,全面落实科学发展观,努力开创经济社会发展的新局面,并取得了丰硕的成果。但是,与上海相比,仍然存在一定差距。因此,对处于东部发达地区的上海市和处于中部发展中地区的武汉市进行跟踪调查,通过对两地居民的总体满意度和领域满意度的比较分析来寻找差距,探寻原因,对推动整个中西部地区乃至全国的和谐社会建设具有积极意义。

目标理论认为,主观幸福有赖于人们的生活目标。如果成功地实现个人目标,就会产生积极的情感体验,反之则会产生消极的情感体验。而社会比较理论强调个人的幸福感是进行比较的结果。根据这两种理论,本次调查考察了目标与现实的差距,以及生活质量在横向与纵向上的比较。

生活质量意义上的幸福感,主要是指人们根据自己的价值标准和主观偏好对于自身生活状态做出的满意程度方面的评价。可以这样认为,幸福感是一种高度的或极其强烈的生活满意状态。上海城市居民的整体幸福度较高,47.6% 的被访者感觉自己总体上"比较幸福",6.2% 的人"非常幸福",合计 53.8% 的居民幸福感较强或很强。相比之下,武汉城市居民的整体幸福度不太高,只有 9.8% 的被访者感觉自己总体上"比较幸福",42.5% 的被访者总体幸福感为"一般"(如表 18-5 所示)。

表 18-5 　　　　　　2007 年武汉—上海居民总体幸福感比较

	武 汉		上 海	
	样本数	百分比(%)	样本数	百分比(%)
非常幸福	8	1.6	31	6.2
比较幸福	40	8.2	238	47.6
一 般	207	42.5	195	39
不太幸福	197	40.5	22	4.4
很不幸福	35	7.2	6	1.2
总 计	487	100.0	492	98.4
缺 失	13	2.6	7	1.4

这组数据相对于 2004 年调查的关于总体满意度的数据有一定的差异。2004 年的调查数据显示,上海居民的总体满意度在"比较满意"以上的百分比为

① 来源于 www.xinhuanet.com,2005 年 3 月 22 日。

75.8%，武汉市为56.3%。但不能因此认为上海和武汉两市居民的主观生活质量都在下降，因为幸福感与满意度之间仍然存在差异。第二次调查采用"总体幸福感"指标代替"总体满意度"指标，必然增加个体内在条件的影响，因此数据有所变动也在情理之中。但是，至少两次调查的结果都表明，武汉市居民的主观生活质量持续低于上海市居民的主观生活质量。

  此外，在一个动态的角度上，本研究假设，人们对生活的主观感受一定程度上是在对他人、现在、过去、未来四个维度的比较中产生的。从上海市的调查结果看，56%的人认为与周围人相比，自己的生活质量状况相差不多。在现在的维度上，57%的被访者认为自己的生活目标与目前实际状况差距不太大，可以达到。在过去的维度上，81.2%的被访者认为与3年前相比自己的生活质量是"提高了"或"差不多"，在未来的维度上，被问到估计三年后自己的生活质量与目前相比的情况时，认为会维持现状或者提高的比例有所降低，为75.6%，认为说不清的则达到21%。

  武汉市的情况则是，从目标实现的差距来看，50.9%的被访者认为自己的生活目标与目前实际状况差距不太大，可以达到。从生活质量状况的横向比较看，被访者基本上将社会生活中的朋友作为比较对象，51.9%的人认为如果与周围人相比，自己的生活质量状况差不多。从纵向比较来看，与过去相比，81.7%的被访者认为与3年前相比自己的生活质量是"提高了"或"差不多"。与未来相比，71.9%的人认为三年后自己的生活质量与目前相比会维持现状或者提高，认为说不清的有24.8%。这在一定程度上反映出上海市民和武汉市民对未来经济社会发展总体是乐观的，同时也表现出近期来经济快速发展，呈现过热趋势下，人们对未来有一定的不确定性和担忧。

  在绝大多数情况下，失去某种资源比得到某种资源更能对主观幸福感产生强烈的影响。和谐社会建设要求我们要注意人们心中的目标和比较标准对其社会主观幸福感的影响，一般而言，人们会根据个人目标和当前环境间的差距预期社会的主观幸福感，如果客观生活水平处在持续的上升通道中，而人们基于不同维度的比较，对自身主观生活质量的评价却是不确定的、维持现状甚至倒退，都会对整体社会发展产生负面影响。

  表18-6至表18-8显示了2004和2007年度武汉和上海居民评价的影响生活质量的首要、次要和第三位因素。对于武汉市居民而言，工作状况是这两个年份影响生活质量的首要因素。相比之下，健康是最能影响上海市民生活质量的因素。这种差别充分显示了两个城市在发展水平上的差异。一方面，这种差异是由城市经济发展水平决定。武汉市地处中部地区，经济发展和社会发展相对滞后，人们判断生活质量的主要依据依然是工作及其带来的收入。生产过程的效率及其

公平性、舒适性在很大程度上决定了人们现实生活的质量。而在经济发达、社会发展水平和城市管理水平较高的上海市，人们则更多的考虑到健康的重要性。当然，也可以把它看做在一个充满机会和挑战的现代化都市里，生活在高竞争环境之下的居民们理所当然的忧虑。

表18-6　武汉—上海主观生活质量首要影响因素比较　　　　单位：%

	武汉		上海	
	2004年	2007年	2004年	2007年
工作状况	28.0	26.1	13.8	23.8
休闲娱乐	3.0	0.5	1.5	1.6
家庭生活	15.0	15.2	22.7	16.0
社会交往	3.5	2.0	4.9	3.3
健康	27.0	22.3	39.4	27.5
物质拥有与消费	11.0	24.8	3.9	17.0
自我发展	10.5	3.0	10.8	4.3
公共服务与公共政策满意度	2.0	1.8	3.0	2.5
居住状况		4.1		3.9

表18-7　武汉—上海主观生活质量次要影响因素比较　　　　单位：%

	武汉		上海	
	2004年	2007年	2004年	2007年
工作状况	19.0	15.4	26.1	12.8
休闲娱乐	3.5	3.1	1.5	1.9
家庭生活	28.5	23.7	32.0	24.3
社会交往	7.0	6.4	5.9	7.5
健康	17.0	12.3	14.3	18.4
物质拥有与消费	13.5	18.0	6.9	19.0
自我发展	9.5	3.6	11.8	6.3
公共服务与公共政策满意度	2.0	3.1	1.5	1.9
居住状况		14.4		7.9

表18-8　武汉—上海主观生活质量第三影响因素比较　　　　单位：%

	武汉		上海	
	2004年	2007年	2004年	2007年
工作状况	18.2	14.2	26.1	15.8
休闲娱乐	4.0	2.4	5.4	5.1

续表

	武汉		上海	
	2004 年	2007 年	2004 年	2007 年
家庭生活	16.2	13.9	17.7	10.1
社会交往	14.6	11.8	14.8	13.0
健　康	16.2	15.2	12.8	14.9
物质拥有与消费	13.1	14.4	11.3	18.0
自我发展	13.1	7.1	8.4	4.6
公共服务与公共政策满意度	4.5	6.3	3.4	2.9
居住状况		14.4		15.6

表 18-7 显示，武汉和上海居民都把家庭生活作为影响主观生活质量的次要因素。表 18-6 的内容与表 18-8 没有实质的区别，两个城市居民在关于"影响主观生活质量的第三因素"的选择上，又重复强调了工作状况的作用。这一结果在一定程度上反映了调查方法的不恰当性，让人们对影响主观生活质量的各个因素进行精确排序几乎是不可能的。尽管如此，仍然可以看到，两个城市的居民都非常认同工作状况、家庭生活、健康对当前生活质量的意义。此外，数据变化也显示了人们生活状况的其他变化，社会交往的重要性日益凸显，居住状况成为人们逐渐关注的生活维度。这一现象的产生与中国房地产市场发展过热，房价增长过快等现象密切相关。

2. 影响主观生活质量的社会人口特征分析

性别、年龄、文化程度、婚姻状况和收入与生活质量的关系是相关研究中经常考察的重要命题。在这个问题上，由于生活质量内涵界定层次的差异，两个阶段的测量结论也存在一定程度的差异。

2004 年的调查结果显示，性别、年龄、文化程度与总体生活满意度几乎没有相关性，个人月收入与总体生活满意度存在较弱的相关关系，具体结果如下所示：

（1）性别。分析结果表明，不同性别的调查对象对生活质量满意度的评价并无明显的差异（Sig. >0.05），该结论与"2004 年中国居民生活质量报告"结论一致，其文中指出不同性别城市居民的总体生活满意度没有显著差异。[①] 同时，新加坡的一项生活质量研究也表明，性别与总体满意度关系不大（如表 18-9 和表 18-10 所示）。[②]

---

① 曾慧超、袁岳：《2004 年中国居民生活质量报告》，中国社会学网，2004 年 12 月 17 日。
② Kau, A. K. and Wang Siew Hooi, 1995. Assessing Quality of Life in Singapore: An Exploratory Study. *Social Indicators Research* 35: pp. 71-79.

表18-9　　　　　　　2004年性别与总体生活满意度交互表　　　　　　单位：人

		总体而言，对现在的生活质量是否满意					总计
		很满意	比较满意	不太满意	很不满意	说不清楚	
性别	男	33	505	259	38	23	858
	女	20	426	224	36	27	733
总计		53	931	483	74	50	1 591

表18-10　　　　　　　　　2004年性别因素方差分析

总体生活满意度

	平方和	df	均值平方	F	Sig.
组间	1.180	1	1.180	1.979	0.160
组内	947.706	1 589	0.596		
总计	948.886	1 590			

但是，当测量性别与幸福感的关系时，检验结论发生了变化。

表18-11和表18-12显示，不同性别在幸福感的判断上存在显著差异（Sig. <0.05），这一结果与国际研究保持了一致。国际上关于性别对幸福的影响的基本判断倾向于认为妇女自我报告的幸福水平要高于男人所报告的幸福水平。原因有三：其一，从整体上讲，妇女经历某种极端积极和极端消极情绪的几率要超过男人。妇女们有一种趋势报告自己非常幸福，也有一种趋势报告自己非常不幸。妇女与男人之间的主要区别在其感受强度的不同，这种差异可归因为性别角色。在社会中，女人承担的是情感表达的角色，男人则被教育成工具行动的角色；其二，妇女们比男人在本质上拥有更多的体验幸福的遗传能力；其三，妇女的抱负水平较低，对生活的期望较少，比男人更容易感受到幸福。[①]

表18-11　　　　　　　　2007年性别与总体幸福感交互表　　　　　　　单位：人

		总体而言你觉得幸福吗							总计
		0	非常幸福	比较幸福	一般	不太幸福	很不幸福	9	
性别	男	0	25	163	197	29	9	1	424
	女	1	36	217	167	28	3	0	452
总计		1	61	380	364	57	12	1	876

---

① Wood, Wendy, Nancy Rhodes, and Melanie Whelan 1989. Sex Differences in Positive Well-Being: A Consideration of Emotional Style and Martial Status. *Psychological Bulletin* 106 (2): pp. 249–264.

表 18-12　　　　　　　　2007 年性别因素方差分析

总体而言你觉得幸福吗

	平方和	df	均值平方	F	Sig.
组间	8.186	1	8.186	12.633	0.000
组内	566.357	874	0.648		
总计	574.543	875			

　　这一差异的存在进一步说明满意度层面的生活质量与幸福感层面的生活质量在内涵上的差别。满意度讲究现实原则，幸福感与心理能力有关。性别与生活质量在满意度层面上的无相关性说明中国男女两性社会地位的应然性平等和实然性不平等之间的错位。近年来，中国大力倡导"男女平等"，女性地位在理论上和政策上得到很大提高。但是事实上的男女不平等现象仍然存在，例如从事同样的工作，妇女的报酬通常会比男人低，女大学生比男大学生更难找到合适的工作等。不平等的事实给那些在观念上接受了男女平等思想、提高了自身抱负和志向水平的妇女造成巨大的冲击，从而使得她们对现实生活产生了不满。

　　（2）年龄。两个阶段的研究结果显示，年龄与满意度关系不大。这与易松国、风笑天在关于武汉、北京、西安三城市主观生活质量的比较研究中所得出的结论存在差异。他们认为年龄与满意度呈正相关，即年龄越大生活满意度越高。其解释是，中老年以后，人们大都进入资源条件的顶峰阶段，同过去境况和现在一般人的条件相比，他们感到较为满意；同时，中老年后人们的生活期望值降低，追求的动机减弱，在选择参照标准时更实际，由此提高了主观生活满意度。[①] 英国与美国的相关研究也表明，年龄与幸福感之间存在 U 形关系，U 形曲线的最低点在 40 岁左右，即年轻人和老年人比中年人更幸福[②]。

　　但是，本研究认为，个人在整个生命周期中对各种机遇的适应情况都是不同的，很难做出非常笼统的一般性结论。十年来中国社会结构发生了巨大变化，不同年龄段的人面临不同的机遇与挑战，会根据年龄的变化对生活目标做出适当的调整。此外，生活异质性的增强以及生活满意度影响因素的多样化也会削弱年龄与幸福的关系。所以，关于年龄与主观幸福之关系的认定还需要谨慎的论证（如表 18-13 所示）。

　　（3）文化程度。2004 年的数据显示，文化程度与生活满意度有非常微弱的正相关，即文化程度越高的人可能有更高的主观生活满意度，这一结论与易松国

[①] 易松国、风笑天：《城市居民主观生活质量研究——武汉、北京、西安三地调查资料比较》，载《华中理工大学学报（社会科学版）》1997 年第 3 期，第 82 页。

[②] 唐若水：《幸福学家的科学新发现》，载《光明日报》2005 年 12 月 2 日。

等人的研究结论存在明显差别。易松国、风笑天研究指出文化程度在平均主义分配体制下与满意度呈负相关,计划经济体制下论资排辈现象较普遍,改革后虽然已有好转,但"由于从观念的变迁到体制的转变需要一个过程,文凭在资源分配中的优势地位并不能在体制转轨之初就能得到充分的体现",因此高学历的人虽有教育资源优势却得不到相应回报,从而产生心理失衡。①

表 18-13　　　　　　　　2007 年年龄因素方差分析

总体而言你觉得幸福吗

	平方和	df	均值平方	F	Sig.
组间	33.380	60	0.556	0.833	0.812
组内	551.517	826	0.668		
总计	584.897	886			

对此,国际相关研究支持了本研究的结论。从表面上看,这两者根本是无关的。文化程度较高的人是否幸福,取决于他们在生活中的成功程度,还取决于他们的较高抱负是否得到相应的实现。也许,接受好的教育能够使人更好地适应环境变化,但是它也会提高抱负水平。因此,有时文化程度较高的人反而比文化程度较低的人更容易产生忧虑(如表 18-14 所示)。

表 18-14　　　　　　　　2004 年文化程度因素方差分析

总体生活满意度

	平方和	df	均值平方	F	Sig.
组间	7.704	6	1.284	2.160	0.044
组内	940.973	1 583	0.594		
总计	948.677	1 589			

表 18-15 展示了文化程度与幸福感之间的关系,显然文化程度越高,幸福感越强。两次测量结果的差异再次显示了满意度和幸福感在测量层次上的区别。文化程度与幸福感之间的高度正相关说明在现实层面上虽然有诸多方面的不满,但是较高的文化程度仍然带给人们对自身能力的自信,对发展前景的乐观,以及对各种社会问题和矛盾更透彻的认识和理解,从而积极主动借助心理机制形成良好的主观感觉。

---

① 易松国、风笑天:《城市居民主观生活质量研究——武汉、北京、西安三地调查资料比较》,载《华中理工大学学报(社会科学版)》1997 年第 3 期,第 84 页。

表 18-15 2007 年文化程度因素方差分析

总体而言你觉得幸福吗

	平方和	Df	均值平方	F	Sig.
组间	13.312	7	1.902	2.942	0.005
组内	567.538	878	0.646		
总计	580.850	885			

（4）婚姻状况。婚姻状况在本次研究中也是一个影响主观生活质量的弱因素。表 18-16 显示，2004 年城市居民已婚、丧偶、未婚、离异和分居者的总体生活满意度依次递减。表 18-17 也说明已婚者的幸福感高于其他类型。邢占军曾指出，"从总体上看，城市居民中无婚姻生活群体主观幸福感高于有婚姻生活群体"。[①] 也有学者认为已婚群体中大部分人婚姻质量不高，目前只有 3% 的中国夫妇的夫妻关系可以称得上高质量。显然，本研究的结论与此相悖。

表 18-16 婚姻状况—总体满意度交互表

婚姻状况		总体而言，对现在的生活质量是否满意					总计
		很满意	比较满意	不太满意	很不满意	说不清楚	
未婚	数量（人）	13	280	192	19	19	100.0
	比例（%）	2.5	53.5	36.7	3.6	3.6	
离异	数量（人）	0	15	12	3	1	100.0
	比例（%）	0.0	48.4	38.7	9.7	3.2	
丧偶	数量（人）	2	9	7	0	0	100.0
	比例（%）	11.1	50.0	38.9	0.0	0.0	
已婚	数量（人）	36	610	259	49	28	100.0
	比例（%）	3.7	62.1	26.4	5.0	2.9	
分居	数量（人）	1	3	3	2	0	100.0
	比例（%）	11.1	33.3	33.3	22.2	0.0	
总计	数量（人）	52	917	473	73	48	100.0
	比例（%）	3.3	58.7	30.3	4.7	3.1	

许多针对不同国家和实践的研究与调查显示，婚姻确实能够提高人们的幸福水平。已婚者所报告的主观幸福水平比那些未婚者、离婚者、分居者和鳏寡者所报告的幸福水平都要高。已婚的女人比未婚的女人更幸福，已婚的男人比未婚的男人更幸福，已婚的男人和女人所报告的幸福水平差不多。这些研究与调查结果

[①] 邢占军、金瑜：《城市居民婚姻状况与主观幸福感关系的初步研究》，载《心理科学》2003 第 6 期，第 1056~1059 页。

得到了其他研究观察的验证：婚姻能在死亡率、发病率以及精神健康等方面表现出许多优点①。另外，夫妇之间对彼此的幸福也会产生积极的相互影响。

表 18-17　　　　　　婚姻状况—总体幸福感交互表　　　　　　单位：人

		总体而言你觉得幸福吗							总计
		0	非常幸福	比较幸福	一般	不太幸福	很不幸福	9	
婚姻状况	未婚	0	17	106	110	20	3	0	256
	已婚	1	42	266	246	35	10	1	601
	分居	0	0	0	2	0	0	0	2
	离异	0	1	5	9	2	0	0	17
	丧偶	0	0	3	2	0	0	0	5
	再婚	0	0	2	3	1	0	0	6
总计		1	60	382	372	58	13	1	887

（5）收入。本次调查结果表明，收入与主观生活满意度存在一定的正相关关系。个人收入和生活质量总体评价的单因素方差分析结果如下（如表 18-18 和 18-19 所示）。

表 18-18　　　　　　2004 年收入因素方差分析

ANOVA

个人每月的收入

	离差平方和	df	均值平方	F	Siq.
组间	1E+00	4	30 769 886.7	11.174	0.000
组内	4E+00	1 507	2 753 629.52		
总计	4E+00	1 511			

表 18-19　　　　　　2007 年收入因素方差分析

总体而言你觉得幸福吗

	离差平方和	df	均值平方	F	Sig.
组间	80.361	83	0.968	1.555	0.002
组内	494.427	794	0.623		
总计	574.788	877			

表 18-18 和表 18-19 是关于收入和主观生活质量之间的关系方差检验。显然，按照个人对生活满意度的总体主观评价的层次，各个层次平均个人收入有显

---

① Lee, Gary R., Karen Seccombe, and Constance L. Shehan. 1991. Marital Status and Personal Happiness: An Analysis of Trend Data. Journal of Marriage and the Family 53（November）：pp. 839-844.

著差别。95% 的置信区间下的平均收入的上下界也显著不同。F 检验的显著性很好，说明每层之间的个人平均收入确实存在显著差异。

在幸福感的研究中，学者们较为关心的命题有两个：第一，幸福感与收入之间的关系，也就是说收入在多大程度上影响幸福感；第二，对于一个经济不断增长，生活水平不断提高的社会来说，人们的收入增加是否会带来幸福感的持续上升？幸福感在不同经济增长阶段是否会有所不同？

收入与财富的影响力通常在国家和国际两个层面上被讨论。从国家内层面来看，对发达国家居民的研究大多证实个人收入与幸福感之间的相关达到了显著性水平，但相关系数并不高。研究表明，收入对个体幸福感差异的解释比例不足 2%。对法国、日本和美国等发达国家国内居民收入与幸福感关系的一项跟踪研究表明，尽管在最近 50 年来这些国家的居民收入有了迅猛增长，但是幸福感水平却相当稳定。值得注意的是，一些研究发现，在较为贫穷的国家个人收入与幸福感的相关较强。[①] 根据赛利格曼的观点，财富只是缺少时才对幸福有较大影响，一个特别贫穷的人不会感受到幸福，可当财富增加到一定水平后，财富与幸福的相关就小多了。即便是在福布斯排行榜中前 100 名、身价在 1.25 亿的富翁，也只是比中等收入的人稍微幸福一点而已。所以，富人未必比穷人更幸福。

从国际层面来看，研究者们一般将人均 GNP 和居民购买力等作为反映不同国家财富的指标。不少研究发现国家的富裕程度与国民的平均幸福感水平之间有着较强的相关，相关系数大致在 0.60~0.70 之间。[②]但是也有一些经济收入与幸福感不相符合的情况。巴西、阿根廷和中国居民的幸福感或生活满意度比其收入预期的要高出一些，而俄罗斯和东欧国家居民的幸福感则比其实际的经济收入水平预期的要低一些。与收入反差最大的是日本，其国民经济收入水平很高，但其幸福感却很低。由于这些跨文化研究比较的是大群体被试的平均幸福水平，因而尚不能直接反映出幸福感在个体水平上的差异。但尽管如此，仍可从中看出经济发展和财富积累与幸福生活之间的密切关系。

在某种意义上，"钱不是万能的，没有钱是万万不能的"这个通俗说法指出了财富和幸福感关系的一个根本规律。一些高度发达国家的研究表明，人们对于能够带来幸福的事物的选择中，金钱财富占有很高的地位。也就是说，相当多的人认为争取幸福的主要途径之一，是占有充足的财富。尽管社会中少数人所拥有的巨额财富是大多数人可望不可及的，但这并不妨碍人们梦想从财富中得到幸福。而且，这种认识，随着社会经济的发展越来越流行。比如，从 1970 年到 1998 年的近 30 年间，认为财富最重要的人，比例从 39% 上升到 74%，占第一

[①②] 刑占军：《心理体验与幸福指数》，载《人民论坛》2005 年第 1 期，第 31-33 页。

位,超出了"有一个有意义的生活哲学"、"成为本行业的权威"、"帮助穷困的人"及"建立和赡养家庭"的重要性。从个体角度而言,缺乏基本舒适生活条件的人,幸福感体验往往较低。而在"衣食足"的人群中,财富的多寡,与主观幸福体验的关系很微弱。

对于发展中国家而言,增加收入依然是提高生活质量的一个重要手段。实际上,收入与生活满意度的关系通常受到区域经济发展程度的影响,所以幸福指数首先是一个实实在在的经济发展指数。美国学者认为,收入水平与幸福之间并不是直线关系,而是曲线关系。在收入水平达到一定高度前,收入提高会增加幸福;但当收入水平超过一定高度时,它的进一步提高未必会明显增加幸福感。这是因为在基本需求得到满足之后,收入带动幸福的效应呈递减态势。根据这一观点,中国居民的收入增长对主观幸福感的贡献还具有相当大的空间,因此发展经济仍是现阶段提高居民生活质量的重要手段。

与此同时,本研究也证实了对上海、北京、杭州等六大城市居民幸福程度的调查结果,即在中国,幸福指数最高的人并不是收入最高的富豪,也不是低收入者,而是那些月薪3 000元上下的收入中等或中等偏高的小康者。无独有偶,英国的一项对10 000名工人和5 000个家庭的调查也显示那些自称"最感幸福"的英国人平均每周只挣255英镑。这是因为,对于这些小康者而言,较短的工作时间、较轻的压力以及较多的与家人和朋友分享天伦与温情能够带来金钱之外的满足。①

总体而言,用单因素方差检验的方法对文化程度、性别、婚姻状况、收入等因素和个人对生活满意度的总体主观评价进行分析的结果表明,只有收入对人们的主观生活满意度有一定影响,而文化程度等因素的影响从相关强度看非常小,几乎可以忽略不计。有学者指出,年龄、性别、收入、教育程度等所有人口统计学变量加在一起也只能解释快乐感、满意感总量的10%左右。② 因此,对主观生活质量的测量还应当引入更多的社会因素。

(二) 领域满意度统计描述

第一阶段的调查对全国8个城市的居民展开了8个领域的生活质量调查,2007年的调查在此基础上涉及城市居民的个人健康、物质幸福、社会幸福、个体发展和情感幸福五大模块,将具体生活领域划分为"职业"、"健康"、"社会关系"、"家庭生活"、"收入与消费"、"居住状况"、"休闲"、"自我实现"、

---

① 唐若水:《幸福学家的科学新发现》,载《光明日报》2005年12月2日。
② Michalos, A C., 1985, Multiple Discrepancies Theory. *Social Indicators Research* 16: pp. 195 – 223.

"公共政策"、"总体生活质量"和"幸福感"等11个方面。下文在合并同类项的基础上将两次测量的结果归并为七个方面加以说明。

1. 健康

第一阶段调查从两个方面对健康进行测量：个人健康和公共卫生。个人健康包括对个人身体状况以及精神状况满意度的测量，公共卫生包括对公共医疗服务以及公共卫生政策满意度的测量。具体的测量结果如表18-20所示。

表18-20　　　　　2004年个人健康状况满意度　　　　　单位：%

	很满意	比较满意	不太满意	很不满意	说不清楚
个人身体健康状况	27.7	53.7	15.0	2.5	1.1
个人精神状态	22.0	55.9	18.9	2.1	1.1

超过半数的人对自己的身体以及精神状况比较满意，但是人们对身体健康的满意度要高出对精神健康的满意度3.5个百分点，超过20%的人对自己的精神状态"不太满意"或"很不满意"。究其原因，被调查者认为个人的体质以及生活压力的大小对生活质量影响最大，另外，饮食起居是否有规律、是否经常锻炼身体以及心理焦虑与否对生活质量都具有一定的影响。

现代人良好的生活质量在很大程度上取决于健康的身心。一方面，随着经济结构的调整和社会保障制度的改革，人们从社会或单位获得的教育、就业、住房、医疗等保障和福利明显削弱，在激烈的市场竞争和加速的生活节奏下，由于工作紧张、职业不稳定、家务繁重等压力，亚健康人群日渐增多，从而使国民的健康问题日益突出。身心健康越来越成为人们的普遍追求。另一方面，良好的心理状态也十分重要。社会越发达，患心理疾病的人数也会越多，正如世界卫生组织指出的，（在当代社会）心理紊乱和行为失常非常普遍，对25%的人的一生都有影响。由此看来，心理健康远远重于生理健康，只有保持良好的心理状态，才会不断提高我们的生活质量。

因此，第二阶段的调查专门就具体的健康表现进行了了解。表18-21显示了2007年武汉市和上海市两个城市的居民对健康状况的评价。很明显，武汉市居民在睡眠质量、食欲、精力、性生活质量、总的身体健康和总的精神健康这6个方面都比上海市居民的评价更高。这在一定程度上能够解释为什么上海市居民把健康视为对生活质量影响最大的因素，也从一个侧面反映了上海市的快速发展给市民身体和精神健康所造成的威胁。因此，如何在保持快速发展的同时，让人们生活得健康、快乐将是上海市在未来的城市建设中要着重解决的问题。

表 18-21　　　2007 年武汉—上海市居民健康评价比较　　　　单位:%

项　目	武汉均值	上海均值
睡眠质量	6.33	6.01
食欲	6.88	6.59
精力	6.61	6.06
性生活质量	5.55	4.81
总的身体健康	6.86	6.43
总的精神健康	6.94	6.43

调查中,两个城市的被访者对性生活质量的评价都是最低的,分别为 5.55 和 4.81。同时对性生活质量评价的拒答率也明显偏高,有 7.8% 的被调查者没有回答。这一结果既反映了国人在性方面的表达方式比较含蓄,也说明国人的性生活质量还有待提高。

另一方面,在关于个人健康影响因素的排序问题上,武汉居民认为对健康影响最大的三个因素依次是:个人的体质、经济压力和生活习惯,上海居民则把个人体质、生活习惯和运动习惯排在前三位。这说明上海居民对健康的理解更为深刻,对健康的要求更高,因此,他们对当前健康的评价相对较低似乎也合乎情理。武汉市居民将体质和经济压力这一对矛盾的因素放在前两位也在一定程度上说明了快速的现代生活、激烈的竞争环境与中国人传统的养生观之间的冲突与碰撞。调查也显示,以平和的心情面对生活,较少的难过、神经紧张、烦躁不安,对生活充满希望,对生活多给予积极的评价都能够产生显著的幸福感。

除了个人健康以外,公共医疗服务的状况同样影响着生活质量。根据 2004 年的数据,人们对医院的治疗收费、药品的价格不满意程度较高。关于急救时的交通便利状况以及医院的急救措施这两项调查,有 29.1% 以及 37.5% 的人选择了"说不清楚"(如表 18-22 所示)。

表 18-22　　　　2004 年公共医疗状况满意度情况　　　　单位:%

项　目	很满意	比较满意	不太满意	很不满意	说不清楚
急救时的交通便利状况	9.2	36.4	20.2	5.1	29.1
医院的急救措施	5.3	29.7	21.5	6.0	37.5
医院的医疗收费	1.8	10.9	40.8	33.8	12.8
医院药品的价格	1.4	9.2	40.3	37.9	11.1
医院的服务	2.9	30.8	36.4	18.0	11.9
政府对公共卫生重视程度及投入	3.6	32.1	34.2	14.5	15.6

至于"对生活质量影响最大的公共卫生问题",有 38.3% 的人选择了医院治

疗费用及药品价格，远远高于其他选项，如医院医疗设备和条件（16.1%）、就医方便程度（12.4%）、医院治疗水平与服务（18.1%）以及政府对公共卫生的投入（14.7%）。调查发现，人们最关心的问题恰恰是满意度最低的问题。要提高人们的生活质量，就必须解决人们最关心的问题，加强医疗卫生基础设施的建设，尤其是降低医院治疗收费以及药品的价格，让普通民众也能享受到同时也能负担得起优质的医疗服务。

2. 工作状况

就业与工作满意度是总体幸福的一个特殊层面。鉴于工作在当今社会中所扮演的重要角色，工作满意度自身也是一个非常重要的指标。第一阶段的研究从两个不同的工作层面进行了区分：内在特征，与工作行为本身有着紧密联系，包括个人控制的机遇、利用个人技能的可能性、工作任务的多样性、支持性或控制性监督、个人交往或晋升的机会等方面；外在特征，主要指工作条件的背景，包括薪水和福利、工作条件、工作保障、工作安全、职业地位等方面。结合社会实际，本研究具体采用了工作环境（办公设施水平、空间布置以及自然环境）、工作强度、工作安全性、工作收入、工作福利、与上司关系、与同事关系、晋升机会、激励机制、表现自己能力的机会以及工作中的自主权等指标进行测量。

在2004年的调查对象中，在职在岗的人数为1023人，退休（离退休、病伤休、内退）人数为163人，下岗未再就业53人，下岗后再就业114人，自由职业182人，无业人员63人。表18-23显示，调查对象对工作环境、工作强度、工作安全性以及单位内部人际关系满意度普遍比较高，而对工作福利、工作收入、公司的晋升激励机制方面的满意度有明显的分化，有近半数的人对这些方面满意，另一半则不满意。

表18-23　　　　　　2004年工作状况满意度情况　　　　　　单位：%

项　目	非常满意	比较满意	不太满意	很不满意	说不清楚
工作环境	11.1	62.5	21.0	2.7	2.7
工作强度大小	7.2	60.7	23.2	4.8	4.1
工作安全性	18.9	64.1	11.7	2.3	2.9
工作收入	3.3	41.8	42.4	9.4	3.0
工作福利	4.4	37.9	37.0	11.7	9.0
晋升的机会	4.6	30.7	29.8	7.4	27.5
激励机制	5.2	31.5	34.7	9.6	19.0
与上司的关系	12.8	63.7	8.7	2.2	12.6
与同事的关系	21.0	66.7	4.9	0.4	7.0
表现自己能力的机会	9.4	45.2	27.5	5.5	12.4
工作中的自主权	13.6	48.9	22.2	6.4	8.8

表 18-24 显示，2004 年获得工作机会以及工作的收入和福利是人们最为关心的问题（这两项占了总人数的 63.6%），因为能否找到工作以及工作所带来的经济收入可以直接改善人们的生活状况，提高生活质量。另外，工作时间的长短对生活质量也有一定影响，长时间的劳动必然会占据人们休闲娱乐的时间，同时也会加重人们的身体和精神双方面的负担，从而降低生活质量。

表 18-24   2004 年影响生活质量的工作维度

项　目	样本数	百分比（%）	排序
获得工作的机会	283	18.5	2
工作时间	172	11.3	3
工作收入和福利	688	45.1	1
工作条件	78	5.1	4
工作安全性	55	3.6	8
表现自己能力的机会	74	4.8	5
与领导、同事的关系	63	4.1	6
单位中的激励机制	40	2.6	9
提升的机会	18	1.2	10
工作中的自主权	56	3.7	7
样本总数	1 527	100.0	

人们之所以需要工作，不仅是因为它可以带来收入和报酬，而且工作的完成还应该提供内在的满意度。国际研究表明，在达到一定的水平之后，非常高的工作满意度已不再对组织的目标有益，高度满意的职工享受的是工作的乐趣。那么，从本次调查的数据来看，在中国当前的这个经济发展水平之上和组织体制之上，分配机制和升迁机制的公平性仍是影响员工生活满意度的主要因素。

第二阶段调查在武汉和上海两个城市的居民中进行。武汉市居民对目前工作状况评价的平均分值为 5.99，对目前的工作有助于发展自己能力的机会评价平均分值为 5.03。上海市居民对目前工作状况评价的平均分值为 5.9，对目前的工作有助于发展自己能力的机会评价平均分值为 4.93。两个城市的居民都将工作收入与福利看做影响职业生活质量的第一因素，有约 2/3 的被访者认为收入对职业发展而言最为重要，同时也都把工作环境和工作稳定性作为第二、第三位因素。

表 18-25 显示，两个城市的被访者对于工作中所蕴涵的社会价值和自我实现普遍评价较低，对发展自己能力的机会、职业地位和声望、晋升机会与激励机制的现状评价明显低于以上对于工作表面特点的评价。这在一定程度上反映出当前劳动力市场的竞争激烈状况以及社会的发展水平。

表18-25　　　　　2007年武汉—上海市居民工作评价比较

项目	武汉		上海	
	均值	重要性排序	均值	重要性排序
工作状况	5.99		5.90	
工资收入与福利	5.04	1	5.19	1
工作环境	5.54	2	5.54	2
工作稳定性	5.50	3	5.74	3
工作强度	5.51	5	5.28	6
晋升机会与激励机制	4.06	7	4.42	5
职业地位和声望	4.78	6	4.63	7
发展自己能力的机会	5.03	4	4.93	4

此外，调查还发现，文化程度越高，被访者对对目前工作状况评价越高，上海市的硕士研究生及以上水平者对目前工作状况评分最高，为6.82，武汉市为6.76；其次是大学本科，上海市为6.38，武汉市为6.69；高中及以下文化程度的工作满意度较低。这充分说明人力资本的重要性，现代人的受教育程度决定了其在就业上的主动性和工作回报上的满足感。

3. 家庭与社会交往

家庭与社会交往被视为影响生活质量的重要因素之一。人的大部分时间是与家人或朋友一起度过的，因此和睦的家庭关系以及良好的社会关系是生活质量高的重要表现。在第一阶段的调查中，90%以上的居民认为自己与家人、亲戚、朋友的关系比较好，具体情况如表18-26所示。

表18-26　　　　　2004年家庭与社会交往情况　　　　　单位：%

项目	很好	比较好	一般	不太好	很不好	说不清楚
与家人的关系	72.5	21.7	4.7	0.6	0.4	0.2
与邻居的关系	40.3	35.9	20.7	1.1	1.1	0.9
与亲戚的关系	47.4	36.4	14.2	14.1	0.3	0.2
与朋友的关系	53.9	36.6	8.5	0.4	0.3	0.2

在对社会关系的价值判断中，68.3%的人认为与亲人的关系是最重要的，12.7%的人认为是朋友，还有10.6%的人认为是领导。可见，虽然现代社会人与人之间亲情关系不如传统社会那样密切，但是在人们的心目中还是占据着很重要的位置，通常人们在遇到困难的时候，给予其最大帮助的都是身边的亲人，具体情况如表18-27所示。

表 18-27　　2004 年影响生活质量的家庭与社会交往关系

项　目	样本数	百分比（%）	排序
与亲人的关系	1 086	68.3	1
与邻居的关系	54	3.4	5
与朋友的关系	202	12.7	2
与同事的关系	78	4.9	4
与领导的关系	169	10.6	3
样本总数	1 589	100.0	

同时，朋友可以给人们带来不同的社会资源，对人们的工作或者生活都会有一定的帮助。此外，对与领导关系的重视与中国计划经济体制下形成的"单位人"思想密不可分。单位制度实行基本生活保障的国家－单位分配体系，社会成员依附单位来获得基本福利和个人身份。而单位组织内部权力的集中使单位领导在资源分配过程中具有举足轻重的地位。因此，与领导的关系在一定程度上会对社会成员的生活质量造成影响。

相较于第一阶段对广泛的人际关系展开调查，第二阶段重点强调家庭关系质量对生活质量的影响以及从动态的角度揭示社会关系的支持与帮助。之所以强调家庭关系的影响，是因为即使在快速发展、偏离传统的今天，"家"依然是中国人心中最深厚的情结。

随着社会经济的不断发展，人们在日常生活中的经济联系和经济合作越来越多。调查显示，武汉居民在遇到经济困难寻求帮助的难度较大。62.4% 的人在寻求经济帮助时或多或少地感到困难，只有 37.6% 的被访者认为自己在遇到经济困难时"比较容易"和"很容易"。相比之下，上海居民更容易得到帮助和支持，有 55.5% 的被访者表示较容易或很容易得到帮助，具体情况如表 18-28 所示。

表 18-28　　　　　　　　2007 年经济支持状况　　　　　　　　单位：%

项　目	武汉	上海
非常困难	12.1	5
比较困难	19.6	9.1
有点困难	30.7	30.4
比较容易	31.7	46.4
很容易	5.9	9.1

在遇到经济困难时，两个城市的居民寻求经济帮助的首要途径都是家人，其次是亲戚和朋友，相对而言，从政府机构和银行等金融机构较少或基本没有

（如表18－29所示），这表明亲密关系和熟人群体仍然是城市人最常见、最可靠的经济支持网络。相信随着今后社会发展，金融机构和各类社会组织在人们经济支持网络中的比重将会上升。另外，武汉人在遇到烦恼或心事时，最可能提供情感支持的分别是家人、朋友和亲戚。上海人在遇到烦恼或心事时，最可能提供帮助的分别是家人、朋友和同事（如表18－30所示）。此外，两个城市的被访者对自己当前的人际关系评价都比较高，分别为7.15和7.08。

表18－29　　　2007年最可能对你提供经济帮助的途径

	项目	频数	百分比	有效百分比	累积百分比
有效值	家人	726	80.1	80.3	80.3
	亲戚	77	8.5	8.5	88.8
	朋友	68	7.5	7.5	96.3
	同事	12	1.3	1.3	97.7
	邻居	2	0.2	0.2	97.9
	志愿团体	1	0.1	0.1	98.0
	政府机构	4	0.4	0.4	98.5
	银行、财务机构	6	0.7	0.7	99.1
	其他	8	0.9	0.9	100.0
	总计	904	99.8	100.0	
缺失值	88	2	0.2		
总计		906	100.0		

表18－30　　　2007年遇到烦恼或心事最可能提供帮助的途径

	项目	频数	百分比	有效百分比	累积百分比
有效值	家人	589	65.0	65.3	65.3
	亲戚	46	5.1	5.1	70.4
	朋友	222	24.5	24.6	95.0
	同事	32	3.5	3.5	98.6
	邻居	3	0.3	0.3	98.9
	心理咨询师或心理热线	1	0.1	0.1	99.0
	其他	9	1.0	1.0	100.0
	总计	902	99.6	100.0	
缺失值	88	3	0.3		
	系统	1	0.1		
	总计	4	0.4		
总计		906	100.0		

鉴于家庭关系的重要影响,家庭建设始终是提高生活质量、构建和谐社会的基础。两个城市居民的家庭生活都比较和谐,对目前家庭生活状况打分分别为 6.74 分和 7.13 分。相比之下,上海居民的家庭生活满意度更高。此外,关于影响家庭生活的因素,两个城市的居民都认为对家庭生活影响最大的因素是配偶的理解程度、家庭和睦程度和经济水平(如表 18－31 所示)。幸福的家庭生活必须以一定的经济基础作为保障,而在此之上,夫妻之间的沟通和理解以及一家人和睦美满都是更为重要的精神保障。根据马斯洛的需求层次理论,当一个人满足了生理需要和安全需要后,就开始追求爱与归属的需要。家庭是每个人身心休憩的港湾,相互信任、相互理解和给予的家庭关系,能让每个家庭成员满足爱与被爱的需求,生活更加幸福。

表 18－31　　　　2007 年武汉和上海居民家庭生活评价均值比较

项　　目	武汉	上海
配偶的理解程度	6.88	6.32
亲子关系	8.01	6.96
家庭和睦程度	7.82	7.52
家庭经济水平	5.89	6.10
家庭经济支配权	6.61	6.29
家务负担轻重	5.84	5.81
总的家庭生活	6.74	7.13

调查还发现,被访者对家务负担轻重的评价是家庭生活所有选择中最低的。这反映出快节奏生活中的武汉居民对于减少家务劳动时间的迫切需求。大都市中,随着人们生活节奏的加快,人们都希望缩短家务劳动的时间,留出更多的时间用于学习、休闲、娱乐,不断提高家庭生活的质量。

4. 收入与消费

经济收入是影响人们生活质量的最重要因素之一。当前市场经济成为中国经济运行的主要方式,一个不可避免的结构就是会形成城市居民收入上的差距,而对于收入差距的认同,实际上也就是对人们生活方式和生活质量差距现实的认同,同时也能够反映出城市社会的分化程度。近年来,随着中国区域发展的不平衡性加剧,城市居民之间收入差距的拉大已经成为不争的事实。

表 18－32 和表 18－33 清楚展现了各城市居民人均月收入和家庭月平均收入的差异。北京、上海和广州的情况明显好于其他几个城市。收入差异与城市经济发展和社会发展水平密切相关。本次调查的东部城市人均 GDP 均超过了 3 000 美

元，北京为 3 819 美元，上海为 5 644 美元，广州为 5 793 美元①。以往的人均 GDP 的测量都是以户籍人口为分母，然而目前国家对人均 GDP 的测算有了新的标准，即把常住人口作为分母，而不是户籍人口，这对于那些外来人口较多的大城市来说，其人均 GDP 就要大打折扣了。以北京为例，如果按户籍人口计算，北京 2003 年的人均 GDP 为 3 819 美元，而按常住人口计算则只有 3 031 美元。另外，中部和西部地区五个城市的人均 GDP 均在 3 000 美元以下。

表 18-32　　2004 年各城市的人均月收入和家庭月平均收入　　单位：美元

城市	项目	个人每月的收入	全家每月的总收入
长沙	均值	1 590.15	3 288.88
	样本数	200	200
	样本标准差	1 982.541	2 997.925
北京	均值	2 682.89	5 348.87
	样本数	169	177
	样本标准差	2 064.087	4 056.784
昆明	均值	1 349.59	3 131.40
	样本数	193	193
	样本标准差	1 042.403	3 510.358
上海	均值	2 374.50	5 411.75
	样本数	202	200
	样本标准差	1 998.292	5 685.140
武汉	均值	1 363.40	2 953.49
	样本数	197	195
	样本标准差	1 029.001	3 475.238
兰州	均值	1 087.94	2 286.03
	样本数	188	190
	样本标准差	643.983	1 193.399
郑州	均值	1 252.94	2 289.95
	样本数	195	196
	样本标准差	891.901	1 382.575
广州	均值	2 888.74	7 090.91
	样本数	182	165
	样本标准差	1 957.419	8 508.230
总计	均值	1 805.21	3 905.24
	样本数	1 526	1 516
	样本标准差	1 678.284	4 611.274

---

① 北京的数据参见 http://www.cas.cn/html/Dir/2004/09/06/5025.htm，广州数据参见 http://www.hntj.gov.cn/zgxxb/200408180023.htm，上海数据根据上海 2003 年人均生产总值按当年平均汇率折合成美元计算得出。

表18-33　　　2004年城市因素对收入的影响——方差分析

项　目		平方和	df	均值平方	F	Sig.
个人每月的收入	组间	653 289 552.688	7	93 327 078.955	38.898	0.000
	组内	3 642 083 543.095	1 518	2 399 264.521		
	总计	4 295 373 095.783	1 525			
全家每月的总收入	组间	3 875 032 953.716	7	553 576 136.245	29.457	0.000
	组内	28 339 695 515.321	1 508	18 792 901.535		
	总计	32 214 728 469.036	1 515			

第二阶段的调查补充了收入水平对居民阶层认同的影响。调查中，武汉居民的个人月收入平均达到1 943.64元，家庭月收入平均达到4 283.03元。上海市居民的个人月收入平均达到3 160.25元，家庭月收入平均达到6 518.36元。

显然，上海市居民无论在个人收入还是家庭收入方面均高于武汉市水平。而关于城市白领的最新收入排行显示，上海市月收入达到5 350元才属于白领阶层，而武汉市白领的平均月收入标准只有2 680元。这些数据都足以说明两个城市在经济发展水平上的差距。当然，这种绝对数量上的差距必须置于具体的环境中才能说明问题。相对而言，武汉市的整体消费水平偏低，生活成本较低的状况在一定程度上缓解了市民收入水平在绝对数量上的劣势。

表18-34显示，有75.6%的武汉被访者认为自己家庭收入水平属于中等水平（包括中上层、中层和中下层），没有人认为自己家庭的收入属于上层阶层。与此对应，上海市的被访者中，只有14.5%的人认为自己的家庭收入属于下层阶层，有84.9%的被访者都认为自己属于中间阶层的收入水平，还有0.6%的人认为自己的家庭属于上层阶层。显然，中等收入群体在两个城市中基本显现出来。中等收入者本身是一个变化发展的概念，涉及收入水平、生活质量、文化程度、社会参与等方面。一个地区中等收入者的比重多大才是合理的目前并不存在一个统一的指标。美国高达80%，而巴西等拉美国家只有35%。本次调查中，两个城市的居民对中等收入群体的自我认知都略高于三成。可以预见的是，随着中等收入群体的形成与扩大，不仅将有助于形成现代社会结构，还将为城市未来的经济社会平稳快速发展提供必要的结构性支持。但是，作为中等收入群体典型消费特征的住房、汽车、境外度假在武汉居民中尚未普及，调查中，超过2/3左右的被访者没有自购住房、自购汽车和每年到境外度假一次的行为，究其原因，主要是因为感到现在仍然无力负担。这表明，武汉居民的收入中有相当大的一部分被其他日常消费项目所占据。中等收入群体仍处在培育壮大阶段。

表 18 - 34　　　2007 年武汉和上海居民家庭收入水平
　　　　　　　　　阶层认同的比较　　　　　　　　　　单位：%

项　目	武汉	上海
下层	24.3	14.5
中下层	36.7	38.4
中层	32.9	40.4
中上层	6.0	6.1
上层	0	0.6

收入水平对消费水平的影响是比较明显的。表 18 - 35 显示了 2004 年城市居民对消费环境的评价。32.1% 的人认为物价水平是在消费方面对生活质量影响最大的因素，其次就是个人的消费能力，实际上就是经济条件，这也是人们对物价水平满意度的另一种反映。在收入水平一定的情况下，物价水平越高，那么可购买的物品的质量和数量就要下降。表 18 - 36 进一步说明了收入水平对消费状况的影响程度，显著度为 0.023，小于 0.05，说明 2006 年武汉和上海城市居民的收入水平还是在一定程度上影响着居民的消费。

表 18 - 35　　　　　2004 年影响生活质量的消费因素

项　目	样本数	百分比（%）	排序
当地的物价水平	510	32.1	1
商品和服务的质量	213	13.4	3
购物和获取服务的便利程度	50	3.2	6
服务态度	31	2.0	8
商家的信誉	148	9.3	4
个人消费能力	480	30.2	2
个人消费观念	110	6.9	5
物质拥有数量与质量	45	2.8	7
样本总数	1 587	100.0	

表 18 - 36　　　2007 年收入因素对消费状况的影响——方差分析
　　　　　　　　　　　对过去一年消费状况打分

项　目	平方和	df	均值平方	F	Sig.
组际	1 126.112	84	13.406	1.354	0.023
组间	7 952.127	803	9.903		
总计	9 078.239	887			

2004 年对调查对象过去一年的整体消费满意度的调查显示（如表 18 - 37 所示），有 3.9% 的人表示"非常满意"，54.6% 的人表示"比较满意"，30% 的人

"不太满意",5%的人"很不满意",还有6.4%的人"说不清楚"。2005年的数据也显示,有71.5%的被调查者对过去一年的消费状况评分在5~8分之间,说明大多数消费者对过去一年的消费状况比较满意。武汉市的绝大多数被访者的日常消费生活也处于中间状态,认为目前自己收入应付日常开支情况属于"基本应付"或"比较宽松"分别占54.8%和20.9%,合计占到75.7%。被访者对过去一年消费状况打分平均值为5.4。上海市民的消费情况略好一些,有89%的被访者选择了"基本应付"以上的水平,对过去一年的消费状况评价为5.90。

表 18-37　　　　　2004年消费满意度情况　　　　　　　单位:%

项　目	非常满意	比较满意	不太满意	很不满意	说不清楚
当地商店商品丰富程度	27.7	62.3	7.2	1.1	1.7
商品质量	7.5	59.2	25.3	2.6	5.4
物价水平	3.2	50.1	37.3	4.6	4.9
商店人员的热情程度	7.4	61.6	24.1	3.2	3.4
商家为您提供的服务	5.4	54.6	28.3	4.9	6.7
"三包"政策	5.1	35.5	34.5	10.8	14.1

在消费的各个方面,人们对商店物品的丰富程度满意度是最高的,其次是商店人员的热情程度。这说明中国已经进入了在商品数量和种类上相对饱和的时代,而且随着市场秩序的不断完善,职业道德和行业态度都获得了很大程度的提高。但是人们对于商品质量以及商家提供的售后服务,尤其是"三包"政策仍然是以不满居多。在从生产型社会向消费型社会过渡的过程中,生产后环节的质量将成为判断社会发展水平和居民生活质量水平的重要指标,因此加强质量监督和售后监督,提高生产后环节的运行效率,是目前市场经济建设的重要任务。

5. 自我发展与自我实现

现代社会对个人能力的要求越来越高,能力是个人自我发展的一个重要条件,能力强的人比能力弱的人能获得更好的生存发展机会,生活质量也会随之提高。2004年的调查对个人能力进行满意度的测量,主要是个人对自身能力的一个评价。

从表18-38可以看出,至少一半以上的人对自己的各项能力均感到满意,自我评价比较高。

表 18-38　　　　　2004年自我发展满意度情况　　　　　　　单位:%

项　目	非常满意	比较满意	满意	不太满意	很不满意
与他人沟通的能力	17.9	59.6	14.8	7.2	0.6
人际协调能力	14.0	55.7	21.1	8.2	0.9

续表

项　　目	非常满意	比较满意	满意	不太满意	很不满意
组织能力	10.9	43.1	26.6	17.8	1.7
获取信息的能力	9.5	41.9	25.8	20.7	2.0
学习能力	8.8	42.3	28.7	17.7	2.5
专业知识运用能力	11.4	39.1	27.1	18.4	4.0

自我实现意味着充分地、活跃地、忘我地、全神贯注地体验生活，是个人发展的最高层次。在2007年的调查中，武汉市的被访者对自己生活和工作中个人能力的发挥、目前自我价值实现的发挥和目前在社会上受尊重状况都给予了较高的评价，分别为6.31、6.07和6.35。上海市居民的评分相对较低，分别为6.121、5.824和6.007。结合前述分析，这一结果并不能说明武汉市居民的自我实现状况更好，在一定程度上可以认为是上海市居民对自我实现的理解和要求更高。

社会阶层的认定涉及社会分层，社会分层是指由于各类社会资源分配和占有的差异而形成的社会群体的层级结构。本次调查采用了社会地位自我认定的方法，即设定社会阶层分类，由被访者自己决定社会地位的归属。调查中，两个城市的被访者对自身社会地位的认同主要集中在中间层（包括中上层、中层和中下层），武汉的比例为78.7%，上海的比例为79%。研究不同社会阶层的群体对生活质量的满意度有何差异，影响因素如何，对于提升不同阶层居民的幸福感，以及优化社会结构具有十分重要的现实意义（如表18-39所示）。

表18-39　　　　2007年武汉和上海居民社会阶层认同比较　　　　单位：%

类　别	武汉	上海
上层	0.6	0.6
中上层	9.6	8.0
中层	45.1	46.4
中下层	24.0	24.6
下层	13.6	10.2
说不清	7.0	10.2

6. 公共服务与公共政策

2004年的调查显示，人们对政府提供的公共服务的满意度比较低，有半数以上的调查对象对本市的治安状况、公交车状况以及交通秩序不满意，尤其是交通秩序（如表18-40所示）。公共交通问题是很多大城市普遍存在的问题，公交车拥挤、车况不好、交通堵塞等给市民生活带来了种种不便。因此，加快城市基础设施建设速度，增加交通工具更新的投入，加强私人交通工具的管理都是缓解交通问题的必要手段。

表 18-40　　　　　2004 年公共服务满意度情况　　　　　单位：%

项　目	非常满意	比较满意	不太满意	很不满意	说不清楚
本市治安状况	4.9	40.4	38.8	11.0	4.9
110 出警速度	7.1	38.4	19.2	6.5	28.8
公交车状况	5.4	40.4	36.6	14.6	3.1
交通秩序	3.0	27.9	47.1	19.9	2.2
城市环境	3.5	44.4	37.9	11.4	2.8
社区服务	4.3	42.4	31.8	9.3	12.2

社会保障是政府提供的最重要的公共服务之一。武汉市近几年社会保险制度逐步完善，覆盖面不断扩大，保障能力日益增加。五年累计争取中央财政养老保险补助 41.78 亿元。"十五"末，全市参加社会保险的人数达 479 万人次（其中养老、失业、医疗、工伤保险分别为 184 万人、87 万人、176 万人、32 万人）。在 2005 年的调查中，多数被访者（62.2%）参加了养老保险，59.6% 的被访者参加了医疗保险，但是失业保险、工伤保险的参保率明显不足，分别只有 17.2% 和 14.8%。85.6% 的被访者没有参加任何其他商业保险。

相比之下，上海市在养老保障、医疗保障、失业保障、社会救助以及流动人口保障等方面都勇于改革和创新，在社会保障体制上已经形成了自己的特色。一个设计细致、内容广泛、形式多样的社会保障体系已在上海基本形成框架。在保障对象上，有适应不同人群的城保、镇保、农保、综保、高保；在保障内容上，有养老、医疗、失业、生育、工伤等不同品种；在保障形式上，又有社会保险、社会救助、社会福利、社会慈善等多种方式。有 71.4% 的被访者参加了养老保险，78.8% 的被访者参加了医疗保险，但是失业保险、工伤保险的参保率明显不足，分别只有 46% 和 29%。76.8% 的被访者没有参加任何其他商业保险。

表 18-41 显示了 2004 年城市居民对政府制定和实施的贫困政策、下岗政策、教育政策和环保政策的评价情况。几乎超过半数的对象对上述四项公共政策的制定以及实施情况不满意，其中对解决下岗问题的政策不满的人数最多，占总调查对象的 61.3%，这说明虽然政府采取了相关措施帮助下岗职工再就业，但从目前的情况来看，还是不能满足下岗人员的要求。

表 18-41　　　　　2004 年公共政策满意度情况　　　　　单位：%

项　目	非常满意	比较满意	不太满意	很不满意	说不清楚
解决贫困问题政策	2.9	27.4	40.3	13.4	15.9
解决下岗问题政策	2.2	22.5	42.8	18.5	14.0
教育政策	4.5	39.0	33.4	15.9	7.2
环保政策	3.6	35.5	34.9	17.3	8.8

大量研究表明，失业者的自我报告幸福水平比那些同等条件下非失业者所报告的幸福水平要低得多。甚至有的学者认为，失业对主观生活质量的影响程度超过其他任何因素，包括那些诸如离婚和分居等重要的消极因素[1]。再就业问题将在相当长的一段时间内成为政府工作的重心。微观经济学的研究显示，失业者幸福感降低的原因中有 1/3 要归因于收入恐慌[2]，其余的 2/3 要用非货币成本加以解释，包括失业所带来的心理损失（压抑、焦虑甚至自尊的丧失）和社会损失（某种耻辱感，特别是在那种工作能决定人在生活中的地位的国家里）。因此，发展劳动力市场，增加劳动岗位，加大劳动力培训等措施的力度要进一步加大，因为这不仅关系着社会的稳定与发展，还关系着社会成员个体的自我肯定与幸福。

公共政策是政府提供公共服务的主要表现。"公共政策"的制定与执行情况是反映政府执政能力的重要指标。中国社会目前正处在快速转型期，各种矛盾和问题此起彼伏。公共政策能否及时反映并有效解决实际问题是考验政府管理水平、关系国计民生的重大课题。从改革实践看，我国公共服务领域存在的问题根源在于政府转型的滞后，由此造成了政府公共服务职能的缺位。总体上说，我国的经济体制仍然具有政府主导型经济增长方式的某些特点，政府在推动经济增长中扮演了重要角色。与此同时，由于长期忽视社会发展，造成基本公共产品的供给严重短缺。因此，建立公共服务体制重在强化政府在公共产品供给中的主体地位和主导作用。

当前，公共需求的全面快速增长与公共服务不到位已经成为我国突出的社会矛盾，这对建立公共服务体制提出了越来越迫切的现实要求。伴随着经济的持续快速增长，我国社会也在加速转型。显著的标志就是广大社会成员的公共需求全面快速增长。义务教育、公共医疗、就业与再就业、社会保障、公共安全、环境保护以及利益表达的需求越来越成为全社会普遍关注的焦点。但是 2006 年的调查显示，武汉居民对社会公正持"一般"态度的，占 41.2%，认为"不太乐观"和"很不乐观"合计也占到 42.1%。上海居民对社会公正持"一般"态度的，占 44.6%，"不太乐观"和"很不乐观"合计也达到 41.8%。表明人们认为现阶段政府公共政策中的执行与实施仍然存在一定问题。

表 18－42 显示，城市居民公共政策执行情况满意度普遍较低，最低的主要集中在医疗和住房两个方面，其中武汉市评价最高的项目是政府对传染病防治宣传和促进教育公平，评价最低的是医院药品价格和医院的诊疗收费。上海市评价最高的项目是政府对传染病防治宣传和提供就业培训，评价最低的是医院药品价

---

[1] Korpi, Tomas. 1997. Is Well-being Related to Employment Status? Unemployment, Labor Market Policies and Subjective Well-being among Swedish Youth. *Labour Economics* 4 (2): pp. 125 - 147.

[2] Frey, Bruno S., and Alois Stutzer. 1999. Measuring Preferences by Subjective Well-being. *Journal of Institutional and Theoretical Economics* 155 (4): pp. 755 - 788.

格和控制房价升高。这一结果与现阶段城市社会现状和老百姓的呼声基本符合。

表 18-42　　　　2007 年武汉和上海居民公共政策执行评价均值比较

项目	武汉	上海
医院诊疗收费	2.85	3.17
医院药品价格	2.80	2.91
医院诊疗水平及服务	4.25	3.92
政府对传染病的防治	5.72	4.74
增加就业岗位	4.31	4.43
提供就业培训	4.35	4.55
治理教育乱收费	4.01	4.01
促进教育公平	4.40	4.31
控制房价升高	3.25	3.50
增加经济适用房	3.71	3.70
住房信贷政策	4.14	4.34

（1）医疗。医院的药费、诊疗收费和医院治疗水平及服务等方面的公共卫生水平对主观生活质量的影响最大。前面的健康部分的调查发现，绝大部分的人对自己的身体健康状况和精神状况很满意或比较满意，对诸如政府对传染病防治宣传等宏观方面评价也比较高，但是具体到公共医疗服务供给，一旦涉及居民个体体验项目时，则被访者的评价明显降低。调查发现，被访者对于医院的诊疗收费、医院的药品价格的评分不仅偏低，而且是所有公共政策执行项目评价中最低的。尤其是医院药品价格一项，得分低到分别只有 2.80 分和 2.91 分，反映出居民极为不满意。前面指出，调查中，武汉市有将近一半的被访者对于医疗支出感到"有点压力"甚至是"感到压力比较大"。上海市有将近 2/3 的被访者对于医疗支出感到"有点压力"甚至是"感到压力比较大"。由此可见，公共卫生状况是影响个人健康主观满意度的主要因素，过高的医疗开销会给个人和家庭带来负担。

（2）就业。被调查者对涉及就业的公共政策执行情况，如提供就业培训、增加就业岗位评价较高。近年来，各城市都采取了大量措施鼓励居民就业，如上海市的"4050"工程、职业见习制度等。武汉市政府采取以民营为主体的方针，通过优惠政策鼓励、支持和引导非公有制经济发展，拓展就业空间，鼓励居民就业。本次调查的结果也是城市居民对政府鼓励就业行动的一种肯定。当然，这方面的工作尚需坚持。

（3）教育。被调查者对于教育领域中的促进教育公平、治理教育乱收费的评价较好，反映出现阶段城市整体教育水平较高，政府近几年加强教育管理的措施卓有成效。

（4）住房。对于生活在城市的居民而言，生活成本居高不下的主要原因并不在于吃穿等日常开销,而是由于医疗、住房和子女教育等费用较高。据统计,上海的食品、服装等生活必需品价格在世界上同等城市中属偏低水平,如同样是切片面包,上海的平均价格为每千克 1.73 美元,香港是 3.59 美元,东京是 5.67 美元,纽约是 5.14 美元。但是上海的房价按照人均 GDP、工资水平和商品房价格比较,却已接近中国香港地区、东京,甚至超过了纽约。最近,包括上海在内的长三角主要城市的房屋价格又出现新一轮的快速上涨势头,特别是在上海、杭州、南京等中心城市,住房问题已经成为城市居民最为关注的民生问题之一。

居住质量是生活质量的一个重要方面,中国人自古以来就有安居乐业的传统观念。人们对住房要求也从"居者有其屋"转变为对居住质量和住区环境的追求。一般而言,受地域经济差异的影响,不同区域的住房投资和消费也会表现出明显的地域差异。由于区位因素的影响,地产开发商在选择投资场所时会首选经济较为发达、城市化水平较高、需求量及购买力较强的发达城市。武汉和上海的快速城市化进程吸引了大量农村人口向城市集聚,促使了房地产业和基础设施建设的发展,带动了生活质量的提高。但房价短时期中的快速上涨会影响到城市居民的居住生活质量的提升。

2007 年的调查在一定程度上反映出两个城市居民基本的居住状况。武汉市被访者平均家庭住房面积为 83.45 平方米,半数被访者拥有一处房产,没有房产的占 33.3%。如果被访者住房是租的每月租金平均达到 336 元,如果被访者的住房是近一年内买的,每平米价格达到 2 906.28 元,被访者对目前住房状况打分平均值为 5.37 分(如表 18-43 所示)。上海市被访者中,没有房产的占 27.5%,有一处房产的占 53.5%。家庭平均居住面积为 88.3 平方米,平均月租金为 1 633.91 元,近一年内平均购房价格为 7 688.34 元/平方米。

表 18-43　　2007 年武汉和上海居民居住状况评价均值比较

项　　目	武汉	上海
总的居住状况	5.37	5.747
住房价格	4.75	4.73
住房面积	4.76	4.92
住房结构	4.74	5.08
住房装修	4.42	4.88
物业管理	3.66	4.79
周边环境	5.06	5.55
交通便利度	6.67	6.34

就居住满意度而言,两市的被访者认为对居住生活质量影响四大因素分别是:住房价格、住房面积、交通便利度和居住环境。而住房结构、住房装修、物业管理等问题相对影响较小。由此可以看出,住房价格已经成为影响城市居民居

住生活质量的重要因素。

7. 休闲娱乐

随着社会进步和科学技术水平的提高,民众的工作时间逐渐减少,自由支配时间不断增多,休闲娱乐成为衡量生活质量的一个重要指标,休闲时间的拥有量、家里娱乐设施的多少以及公共娱乐设施的状况等直接影响到生活质量的高低。

总体而言,人们对休闲时间的拥有量还是比较满意的(如表18-44所示),双休制以及"五一"、"十一"长假给人们创造了很多休闲娱乐的机会,不少人利用这段时间旅游或者开展其他的娱乐活动,极大地丰富了生活,放松了身心,也增强了与家人朋友的感情。但也有相当一部分人对家庭和公共娱乐设施的状况"不太满意",这在很大程度上受制于家庭的经济条件以及政府的公共投入。

表18-44　　　　　2004年休闲娱乐满意度情况　　　　　单位:%

项　目	非常满意	比较满意	不太满意	很不满意	说不清楚
休闲时间拥有量	16.2	46.5	27.2	7.1	3.1
家里娱乐设施状况	7.4	45.9	32.0	9.1	5.7
公共娱乐设施状况	4.9	44.0	33.9	8.6	8.6
到公共娱乐场所交通便利状况	7.9	54.4	25.4	7.5	4.7

表18-45显示,经济条件是影响休闲生活质量的首要因素。因此,增加个体家庭的收入,调整财富分配机制是提高居民休闲生活质量的重要举措。此外,鉴于17.8%的人认为休闲时间是影响休闲生活质量的最重要因素,合理安排时间对于改善休闲生活质量的意义也更为突出。

表18-45　　　　　2004年休闲生活质量的影响因素

项　目	样本数(人)	百分比(%)	排序
休闲时间	280	17.8	2
经济条件	870	55.3	1
家务负担的轻重程度	101	6.4	4
家里的娱乐设施	18	1.1	8
到居住地周围娱乐场所便利程度	79	5.0	5
外出活动的安全性	61	3.9	6
本人的兴趣	136	8.7	3
有没有合适的伴侣	27	1.7	7
样本总数	1 572	100.0	

2007年的调查中,武汉市的被访者对生活休闲质量打分平均值为5.11。武汉居民认为对自己休闲生活质量影响最大三个因素分别是:休闲时间、休闲消费支出和陪伴休闲的朋友的多少,这三项的打分分别为4.85、4.29和5.05,说明

人们对休闲消费和休闲时间不太满意。上海市的被访者关于休闲生活的各项评分依次为陪伴休闲的朋友的数量（5.30）、休闲时间（5.12）、公共娱乐设施及服务（4.92）、休闲消费支出（4.87）和家庭娱乐设施状况（4.58）。在激烈的职场竞争和现代快节奏的生活状态下，人们大多还处在工作和生存的压力下，不能从容地享受有钱有闲有人陪的休闲生活，城市居民的休闲生活质量还有待提高。

总而言之，城市居民主观生活质量的领域满意度分析进一步说明了城市社会发展水平，尤其是政府人性化治理能力的提高对于城市居民主观生活质量的意义。虽然以中国目前的发展水平，中国居民的生活质量仍以客观维度为主，但是客观维度的进步能否促进主观感受的积极性、乐观性和健康性，在很大程度上取决于政府和公共服务机构职能的发挥。因此，建设和谐社会，提高居民幸福感这一目标的实现要求我们兼顾经济发展与分配公正，兼顾物质丰富与精神充实，更好的发挥政府的服务功能，更积极的鼓励居民社会参与，尤其是进行家庭建设。

（三）主观生活质量指标研究的深层探讨

前文以2004年和2007年的调查数据为基础，对中国近几年城市居民主观生活质量进行了较为全面的考察和评估。通过对比分析，也发现了一些现阶段对中国城市居民生活质量影响较为显著的生活领域。这一研究的目的有二：其一，发达国家一般比较重视对主观生活质量的研究，关心如何在富裕的物质条件基础上使民众真正生活幸福、愉快。中国虽然是发展中国家，由于发展水平所限，更关注客观指标的研究。但是发展速度的加快使我们必须面对主观生活质量的评价，否则就会降低评价的价值。本研究可以为即将到来的主观生活质量研究的高潮提供积极的借鉴。其二，在生活质量指标体系的研究中，一直都存在主客观结合问题和指标权重的赋值问题。本研究通过对生活领域主观评价的测量，能够为客观指标的权重赋值提供可行的思路，并借此实现主客观的结合。

1. 主观指标的有限性

2004年度的主观生活质量指标体系共有8个二级指标和49个三级指标，需要进行简化和评价。根据相关检验结果，选择因子分析作为简化指标的方法。因子选取结果和最终确定的主观生活质量的指标框架如表18-46、表18-47所示。

表18-46   2004年因子总方差解释

因子	主成分方差			旋转平方和负载量		
	Total	方差率	累积方差贡献率	Total	方差率	累积方差贡献率
1	8.680	17.361	17.361	8.680	17.361	17.361
2	3.426	6.852	24.213	3.426	6.852	24.213

续表

因子	主成分方差			旋转平方和负载量		
	Total	方差率	累积方差贡献率	Total	方差率	累积方差贡献率
3	2.668	5.336	29.548	2.668	5.336	29.548
4	2.292	4.584	34.132	2.292	4.584	34.132
5	2.078	4.157	38.288	2.078	4.157	38.288
6	1.950	3.900	42.188			
7	1.508	3.015	45.204			
8	1.407	2.814	48.018			
9	1.368	2.737	50.754			
10	1.270	2.541	53.295			
11	1.201	2.402	55.697			
12	1.123	2.247	57.944			
13	1.069	2.139	60.083			
14	1.045	2.091	62.173			
15	0.938	1.876	64.049			

注：提取方法：主成分分析。

表18-47 2004年主观生活质量指标框架

生活质量主观满意度	个人能力评价	对人际协调能力的评价
		对组织能力的评价
		对获取信息能力的评价
		对学习能力的评价
		对专业知识运用能力的评价
	工作环境评价	对与上司关系的评价
		对与同事关系的评价
		对晋升机会的评价
		对激励机制的评价
		对表现自己能力机会的评价
	公共政策评价	对解决贫困问题政策的评价
		对解决下岗问题政策的评价
		对教育政策的评价
		对环境保护政策的评价
	人际关系评价	对与家人关系的评价
		对与邻居关系的评价
		对与亲戚关系的评价
		对与朋友关系的评价
	医疗环境评价	对医院治疗收费的评价
		对医院药品价格的评价
		对医院服务水平的评价

表 18-46 是对 2004 年指标体系全部 49 个三级指标进行因子分析之后得到因子提取和因子旋转的结果，指标框架中所提取的 5 个二级指标和 21 个三级指标也是通过这一分析步骤最终确定的。第一列是引自分析的 15 个序列号。第二列是因子变量的方差贡献（特征值），是衡量因子重要程度的指标。一般而言，特征值大于 1 是决定公因子的重要依据。在本分析中，根据具体的数值，选择特征值大于 2 的因子作为衡量生活质量主观满意度的二级指标。显然，第一个因子特征值为 8.664，表示该因子描述了原有变量总方差的 8.664%。第五个因子之后，各因子描述的方差少于 2%，且依次减少。第三列是因子变量的方差贡献率。第四列显示了因子变量的累积方差贡献率，前五个因子描述的总方差占原有变量总方差的 38.288%，说明前五个因子可以解释总方差的近 38%。

表 18-47 是以表 18-46 为基础，根据因子旋转法构造的 5 个公共因子及其下级指标。由 5 个公共因子构造的二级指标分别是个人能力评价、工作环境评价、公共政策评价、人际关系评价、医疗环境评价。

随着物质生活水平的提高以及社会开放性和公正性的加强，现代人对生活质量的考虑更多的是从自我实现的角度出发。个人能力自然成为社会成员认为的影响生活质量的首要因素。能力的增强就意味着机会的增多、收入的提高以及一系列生活境遇的改善。工作环境是个人能力发挥的具体场所，在工作中结成的人际关系、工作机遇的公正性以及工作过程的自主性都是个人能力是否得到重视和尊重的体现。阿马蒂亚·森认为人的实质自由是发展的最终目的和重要手段。所谓的实质自由是人们按照自己的意愿来生活的能力，而平等的衡量是基于基本能力的，即一个人赖以进行基本活动的能力。照此逻辑，社会制度的公正性取决于个人能否按照自己的意愿发展和发挥自己的能力。因此，"个人能力评价"和"工作环境评价"在一定程度上也是社会公正性的反映。

"人际关系评价"主要反映对与家人、邻居、亲戚、朋友之间关系的满意程度。人是社会动物，人际关系的数量和质量在很大程度上能够影响人的快乐幸福，甚至健康。婚姻是主要的人际关系方式。多项研究已经表明，两性之间的亲密关系和个体的幸福感有很强的相关关系。此外，朋友数与个体的幸福感也存在相关关系。有研究发现，具有 5 个以下亲密朋友（不包括家庭成员）的人 26% 认为自己非常幸福，而 5 个以上朋友的人中，这个比例是 38%。[①] 不管怎样，个体是在社会互动中获得承认以及必要的社会支持。爱与被爱、支持与被支持的过程，使得每一个个体获得的正向情感多于负向情感，这是影响现代人生活质量日益重要的情感指标。

"公共政策评价"和"医疗环境评价"反映了社会成员对当前大的政治环境

---

① 雁飞：《幸福的因子》，参见 http://book.lystudy.com/news_view.asp?id=16757。

和影响生活质量的重要因素的感受。其结果必然为中国和谐社会的建设提供重要参考。和谐社会应该朝着一个投资型的社会发展。所谓投资型的社会，就是投资于民众以提高他们获取未来收入能力的社会。福利的目的不是救助穷人，而是增强他们自身的能力，使得他们最后能摆脱福利的支持。因此，国家经济结构与社会关系的重组是和谐社会提高居民生活质量实践的第一步。国家必须重新平衡政府、企业、社会团体和个人之间的责任关系，调整资源的再分配方式，落实各项利益平衡政策，完善各种服务公众的社会制度。

2007年度修改后的主观生活质量指标体系在增加了"居住状况"这一领域指标的同时，强调了社会比较等动态过程对生活满意度的影响。调查结果显示，所形成的5个因子依次是住房、公共服务（包括医疗收费与医药价格、教育、职业培训与再就业等）、工作状况、社会保障与福利、家庭建设。5个因子的累积方差贡献率约为38%。

两次主观生活质量指标体系设计所选取的5个因子的累积方差贡献率均为38%左右。这一结果进一步说明主观生活质量指标不能独立存在，必须与客观指标相结合才能更全面的反映生活质量的水平。此外，这一结果也可以从以下两个方面予以解释（如表18-48所示）。

表18-48　　　　　　　2007年因子总方差解释

因子	主成分方差			旋转平方和负载量			旋转后因子载荷		
	Total	方差率	累积方差贡献率	Total	方差率	累积方差贡献率	Total	方差率	累积方差贡献率
1	13.196	18.585	18.585	13.196	18.585	18.585	6.452	9.087	9.087
2	4.755	6.697	25.283	4.755	6.697	25.283	6.250	8.802	17.889
3	3.383	4.764	30.047	3.383	4.764	30.047	6.025	8.486	26.375
4	2.821	3.973	34.020	2.821	3.973	34.020	4.306	6.065	32.439
5	2.676	3.770	37.790	2.676	3.770	37.790	3.799	5.350	37.790
6	2.161	3.043	40.833						
7	1.907	2.686	43.519						
8	1.842	2.595	46.114						
9	1.803	2.540	48.654						
10	1.592	2.242	50.896						
11	1.553	2.188	53.084						
12	1.442	2.031	55.114						
13	1.364	1.922	57.036						
14	1.282	1.806	58.842						
15	1.193	1.681	60.523						
16	1.162	1.636	62.159						

续表

因子	主成分方差			旋转平方和负载量			旋转后因子载荷		
	Total	方差率	累积方差贡献率	Total	方差率	累积方差贡献率	Total	方差率	累积方差贡献率
17	1.140	1.605	63.765						
18	1.117	1.574	65.338						
19	1.049	1.478	66.816						
20	1.020	1.437	68.253						

注：提取方法：主成分分析。

2. 影响主观指标解释力的原因

第一，测量维度的有限性问题。幸福概念的实践性决定了人们的幸福感会随着时间和空间的变化而不同。并且在人本理念不断深入的现代社会，人们所考虑的幸福因素也越来越多。然而，任何一套指标体系和量表所能够测量和反映的幸福维度都是极为有限的。例如：BNSG 设有三个分量表，共 21 个项目；ABS 量表包含 10 个项目；MUNSH 量表包含 24 个项目等，任何测量的容量都无法涵盖幸福的所有维度。

另外，在选择所测量的项目上，也未必能够忠实的反映被试所认为的幸福的构成。例如收入与财富。对收入、财富与幸福感关系的研究主要是从国家内和国际间两个层面展开。从国家内层面来看，对发达国家居民的研究大多证实个人收入与幸福感之间的相关达到了显著性水平，但相关系数并不高。研究表明，收入对个体幸福感差异的解释比例不足 2%。对法国、日本和美国等发达国家国内居民收入与幸福感关系的一项跟踪研究表明，尽管在最近 50 年来这些国家的居民收入有了迅猛增长，但是幸福感水平却相当稳定。一些研究发现，最近的一次收入增加可以增加幸福感，一般意义上的收入增加，不会增加人的幸福。从国际间层面来看，研究者们一般将人均 GNP 和居民购买力等作为反映不同国家财富的指标。不少研究发现国家的富裕程度与国民的平均幸福感水平之间有着较强的相关，相关系数大致在 0.60~0.70 之间。[①] 由于这些跨文化研究比较的是大群体被试的平均幸福水平，因而尚不能直接反映出幸福感在个体水平的差异。显然，不是所有的幸福感研究都适合设定收入或财富项目。

婚姻生活往往被人们视为幸福人生的一个重要组成部分。有人甚至将已婚者和未婚者之间幸福体验的差异比作"幸福裂谷"。然而，许多研究表明婚姻对幸福感的影响并不显著。在婚姻状况与幸福感的关系上，之所以会出现不一致的结果，是因为这一关系还可能受到社会变迁、文化背景等因素的影响。例如，一些

---

① 邢占军：《心理体验与幸福指数》，载《人民论坛》2005 年第 1 期，第 31~33 页。

研究者的研究结果表明，自20世纪70年代以来，美国人的幸福体验与婚姻状况之间的相关系数在逐渐下降。有研究者深入分析了这些资料后认为，在美国出现的这种变化应当归因为离婚率的上升和未婚同居现象的增多。这两种现象使得已婚者与未婚者之间的"幸福裂谷"得以缩小。① 可见，许多常识性的或经验性的判断未必获得数据的支持，所以对于此类项目的选择应当慎重。

此外，主观生活质量测量为了区别于客观生活质量研究，专门采用了满意度量法，从总体满意度和领域满意度两方面来测量人们的主观体验。通常将满意度进行梯度分类，分为五分、七分或者十分等，要求被试说出自身体验从属的类别。表面上似乎的确能够反映被试的满意度程度，但是往往携带一些虚假信息。这些虚假性既来自人们对自身感受梯度定位的模糊性，又来自理性与感性的错位。通常人们在谈论感受时，一般都采用模糊表述法，"还行吧"、"一般"、"凑合"、"不错"等，与严格的"很不满意"、"不满意"、"一般"、"比较满意"、"很满意"的划分难以对号入座。所以，人们在具体选择时可能会发生信息的扭曲。同时，某些感性的快乐并不被理性认可，某些理性的舒适并不被感性接纳。一位肥胖的妇女可以快乐地吞咽各种美食，但是她也知道自己不应该这样毫无节制；一个成功的商人有房有车，过着令人艳羡的奢华生活，但他在内心深处或许早已经厌倦了眼前的一切。人们对待健康的态度也正是这种错位的反应。人人都知道健康很重要，但是繁杂的生活迫使大家一次又一次的忽略它。那么，在接受测试时，有谁知道一个人表述的是感性的幸福还是理性的幸福呢？因此，测量主观生活质量已属不易，对主观指标进行权重分配更是不易。本研究的结果再次证明，脱离了客观指标的纯主观指标体系的解释力是极为有限的。但是，主观指标体系的建立却可以为客观指标体系的构建提供重要参考。

第二，建立国家层面的纯主观生活质量指标体系不太恰当。至今为止，关于生活质量的主客观研究几乎都是在国家层面与超国家层面进行，人们希望借助一系列统计数字来测量和监测不同时间和空间中，文明和社会进步的水平及程度。社会指标研究受到了各个国家和国际组织的重视。

在超国家层面上，各大国际组织在推动生活质量指标体系的建构中扮演着重要角色。联合国开发计划署提出人类发展指数（Human Development Index，HDI），用预期寿命指数、教育成度指数、生活水平指数、性别发展指数、性别赋权尺度以及贫困衡量指标来衡量各国人类发展的平均水平。世界银行使用WDI指标体系，包括人口、环境、经济和全球联系等四个领域的共31个分支指标来评估世界各国的生活质量状况。联合国教科文组织确立了包括道德与精神价值、家庭生

---

① 邢占军：《心理体验与幸福指数》，载《人民论坛》2005年第1期，第31~33页。

活、舒适生活的福利设施、充足的食品供应、娱乐与休闲时间、自由、内心的平静、个人品质、世界和平、个人发展与成功、知识、偶像、稳定的政府、安全和对老年人的充足供给、创造能力、简单生活、公正与平等、音乐、爱、教育、环境、健康、社会关系、金钱与就业在内的全面的生活质量指标体系。世界卫生组织设计了包括个体的身体健康、个体的心理健康、个体独立的水平、社会关系、环境、精神/宗教/个人信仰在内的指标体系。

社会指标研究在全球范围内的展开既是对信息社会的一种积极回应，同时也是对生活质量研究操作化和定量化的适应。在超国家层面之外，越来越多的国家将建构适合自己国情的生活质量指标体系纳入了议事日程，为国内地区之间的比较提供丰富的数据资源。

现在的问题是主观生活质量研究是否和客观生活质量研究一样，适合在国家层面以上的范围内进行。幸福的条件不可能在所有的时间和所有的地点都相同。当然，关于幸福生活的确存在一些普遍的理解，但是更多时候似乎要根据个人和具体情况而定。注重主观生活质量的美国模式已经在实践中暴露了种种弊端。前文的论述已经表明，在理论和操作上，主观生活质量的测量都面临着难以解决的问题，即主观感受的隐蔽性和多变性。幸福感往往是性格、制度、文化、社会结构的函数，而且每一个自变量的权重也要随具体条件的变化而变化。地域范围越大，文化构成和社会结构越复杂，影响主观幸福感的因素就越多，主观生活质量也越难以判断。即使在同一国家内部，个体对自己的幸福做出判断时，也无法避免地会带上文化的烙印。例如，在个人主义文化中，自我的私有成分和内部成分决定一个人的个性，个体的满意度是以情感体验为基础。在集体主义文化中，个人的个性受其与别人关系的影响，生活满意度和情感平衡之间的相关更为明显。

中国在现代化的进程中，出现了严重的地域发展差异，各地的经济发展水平、文化制度以及心理状态都不相同。所以跨越不同发展阶段所建立的主观生活质量指标体系的普适性恐怕要大打折扣。因此，以中国目前的发展现状而言，在国家层面或超国家层面上构建纯粹的全民主观生活质量指标体系以及综合指数是不太适宜的。它可以作为客观生活质量指标体系的辅助性指标予以研究。

3. 主观生活质量指标体系研究的出路

前述分析表明，主观生活质量研究面临着许多理论与操作层面的难题。这是否表明该领域的研究已经走投无路呢？关于主观生活质量影响因素的研究和心理学的最新发展为我们提供了新的思路。

（1）根据影响因素划定的特定群体研究。既然国家层面或超国家层面的指标建设不太适宜，那么可以尝试在特定群体范围内研究人们的幸福感体验。对于群体的研究可以与影响因素相结合，既可以反映群体幸福感的状态，也可以验证各种因素的影响力。目前，人格特质、自尊、自我概念、心理控制力、社会支持、生活事件、经济收入与财富、躯体健康状况、性别、年龄、制度、文化等都是影响主观幸福感的因素。在对群体幸福感进行研究时，可以以这些影响因素作为划分标准。例如以年龄为标准，可以研究儿童、青少年、成年人和老年人的幸福感差异；以收入为标准，可以研究城市居民和农村居民的幸福感差异；以社会支持为标准，可以研究世居人口与外来人口的幸福感差异。当然，在群体研究的同时，辅以时段研究的效果可能会更好。某段时间内，在特定地域、文化区域的人们对于生活的主观体验具有更多的相对稳定性。

（2）加强不同类型指标体系的整合。基于不同研究目的和研究传统，从一开始主观幸福感测量研究中便出现了两种类型的指标，即生活质量指标和心理健康指标，20世纪90年代以后又出现了心理发展指标。但是，对不同类型指标加以整合的努力也几乎从一开始就存在着。譬如，尽管生活质量和心理健康的研究界限在逐渐分明，但生活质量指标和心理健康指标整合的趋势在20世纪90年代以后却愈加明显。然而迄今为止，这种整合的努力并没有见到明显的效果。

现在一般的学者都认为SWB由三个不同维度组成：积极情感、消极情感和生活满意感。虽然这三个维度存在共同变化的倾向，但有时变化又可能不一致。积极情感和消极情感相对独立，其影响因素并不相同，个人在积极情感上的得分并非必然地预示出他在消极情感上的得分，反之亦然。生活满意度是SWB的关键指标，作为认知因素，是更有效的肯定性衡量标准，是独立于积极情感和消极情感的另一个因素。

在主观幸福感测量研究中存在的一个突出问题是，研究者们长期注重的是主观幸福感中的认知成分，即生活满意感，即使注意到了主观幸福感的情感成分，也只是考察其状态与性质（正向或负向情感），而对其所指向的内容关注不够。传统心理学则更强调对正向或负向情感的考察。这样，在一种看似精简的模型下，研究者们可能离幸福体验的本质越来越远。另外，不同文化背景下发展起来的主观幸福感测量工具是否具有普适性，也是一个亟待关注的问题。近年来，主观幸福感的大规模跨文化研究越来越多，这个问题直接关系到这些跨文化研究结果的可比性。

生活质量取向必须与心理健康取向以及心理发展取向的研究进一步整合，尤其是积极心理学。现代的积极心理学是以科学的实证研究为基础的研究体系，强调与崇尚人文精神和科学技术的统一，与社会指标的幸福感研究可以进行越来越多的对话。事实上，很多学者都已经认识到割裂人格、文化与主观幸福感的关系只会导致研究的片面性和绝对化，并为研究系统的整合做出了积极贡献。例如，施玛柯、罗德疏希奈和奥希（Schimmack, Rad. hkrishnan and Oishi）等人以两个个人主义文化取向的国家（美国和德国）和三个集体主义文化取向的国家（日本、墨西哥和加纳）为研究对象，探讨人格和文化因素在预测 SWB 的情感成分和认知成分时的相互作用，并在此基础上提出了"调节－缓和模型"[①]。今后，这方面的工作应当继续深化。

（3）不断更新主观幸福感的测量方法。迄今为止，主观幸福感测量主要采用的是自陈量表方法。大量研究表明，自陈量表测验具有较好的测量特性。量表得分与日常心境报告、私下报告、配偶报告呈中等相关。但是也有一些研究表明，主观幸福感的得分会随所使用量表、项目顺序、时间坐标、当时心境以及其他一些情景因素的变化而变化。而且，主观幸福感的自陈量表测量，似乎也较多地受到被测者反应倾向的影响。近年来，已经出现了一些不同于自陈量表的测量方法。其中较为引人注目的是经验样本测量方法。该方法通过搜集被试在日常生活中随机出现的心境、情感以及其他感受的样本，来评价被测者的主观幸福感状况。由于这种方法可以减少记忆偏差对经验报告的影响，因而被认为可以提供比自陈量表更为精确的测量结果。另外，对生活状况的定性描述打分、模糊情感刺激反应测量、微笑率测量、对生活事件回忆的记录等方法，以及一些生理反应测量方法（如唾液中的皮质醇水平测试），也都可以用于对主观幸福感状况的测量。因为在很多情况下使用不同的方法可能对"谁是最幸福的"出现不同的答案，因此在研究时应尽量采用多元方法。

（4）增强国际交流与合作。尽管文化、制度、民族心理等方面的差异使得各国国民对幸福的理解不同，但是人类关于幸福的理解仍然具有一定的共性。目前，很多关于幸福感的研究都是以国家为单位，相同的主题以相同的方式调查一遍又一遍，各种主张相互混淆，所考虑到的变量十分有限，方法的进展也很缓慢。因此，增强协作与交流是幸福感研究取得突破的有效手段。

另外，当前在一国内的相关性研究不能把握幸福的宏观社会条件。关注点集中于国家内部的幸福差异，它们是国家间幸福差异的基础。因此，幸福感研究较少涉及主要的政治争论，例如持续的经济增长的优势或者人权保护的益处。而此类研究要求跨国进行，尤其是一种半纵向的国际合作。

总而言之，在幸福感研究中除了思考幸福的益处之外，最重要的就是把握幸福感的主要决定因素，不仅要了解哪些因素能够使人们幸福，而且要探讨为什么它们能够使人们幸福。关于幸福感的哲学思考和经验研究目前已经十分丰富，但是幸福感本身的动态性和主观性使得相关工作难以取得重大突破，因此，关于幸福的界定和幸福的测量都将是为期长久的工作。

---

① Schimmack U., Rad. hkrishman, Oishi S., etc. 2002. Culture, Personality, and Subjective Well-being: Integrating Process Models of Life Satisfaction. *Journal of Psychology* 82 (4): pp. 582 – 593.

第十九章

生活质量指标体系的构建

20世纪80年代随着经济社会的不断发展以及生活质量研究在中国的引入，建立一个综合社会各方因素、充分反映居民生活质量的指标体系逐渐成为一个迫切的社会课题，由此也吸引了众多社会学家、经济学家的介入。生活质量在中国尚属于一个崭新的研究领域，因此在各种指标体系构建的早期阶段往往以理论为导向，由相关领域的专家学者进行探索性研究。随着各项研究的日臻成熟和公众对生活质量概念知晓度的提高，以实践为导向的各类生活质量指标体系才日渐丰富，往往由某些政府部门或由其委托的专家小组，乃至商业调查机构组织完成。

一、对国内现有生活质量指标体系的总结与评价

中国生活质量研究的发展总体而言经历了学术探索和政策导向两个阶段。学术探索阶段（20世纪80～90年代）的研究特点是借用西方生活质量研究的经验与传统，从个体或家庭等微观层面，借助主观指标来反映社会发展与居民生活之间的关系。政策导向阶段（2000年以来）的特点是越来愈多的中国本土学者参与到生活质量的研究中，将生活质量指标作为揭示经济社会发展缺漏，反映政府执政能力，检验改革开放实际效果的重要反馈性信号。因此，从中央到地方的各级政府、各领域专家学者普遍从中国国情出发，从宏观角度构建具有可比性的指标体系，以促进改革发展目标的实现。

（一）学术探索阶段的生活质量指标体系研究

在中国生活质量研究的早期阶段，以林南为代表的华裔社会学家将生活质量理念引入了大规模的社会调查，由此做出了积极的贡献。1985~1987年间林南在与天津、上海两地社科院的合作研究中，首次使用美国的一套指标对中国大城市居民生活质量进行了实证研究。天津千户居民调查沿袭了西方生活质量研究的传统，"使用满意度做生活质量的量度"，以人们的主观态度资料为依据，对生活质量做了分层式结构分析。该调查首先通过专家访谈和资料阅读初步选定了22个具体指标——工作、劳动形式和程度、工作环境和条件、职业的社会声望、工作的社会贡献、工作的复杂性、工作单位地点远近、工作给予你的权利、工资收入、工作的福利待遇、工作晋级和提升机会、身体状况、家庭经济状况、同事关系、和领导的关系、朋友交往、家庭生活、家庭成员间的关系、住房情况、居住环境、业余生活、邻里关系——测量人们对各个生活领域的满意度；然后使用因素分析法对众多低层次指标进行归类，得到五个主要因素（即：工作的社会特征、工作的经济特征、家庭以外的关系、家庭、环境和业余生活）；最后运用结构方程模型，归纳出影响人们生活质量的三个更大的方面（即：工作、家庭、环境）（林南等，1987）。上海市居民生活质量调查，则是从个体生活角度系统探讨了社会指标与生活质量这两个研究领域之间的关系。力图提出一个将两者结合起来，全面反映社会发展与居民生活的结构分析模型。在总体满意度下分设家庭生活、职业的社会性、职业收入和家庭经济、文化休闲、社会公共服务设施、住房和环境、社会关系和子女教育8个领域，在每个领域下面又分设37个可操作的调查指标，对城市居民进行调查，得到生活总体满意度为3.37（1为最不满，5为最满意）。分析证明决定总体生活满意度的主要是家庭生活、职业状况和生活环境这三个方面的满意程度（林南等，1989）。林南20世纪80年代在中国从事的这两项典型的生活质量调查，虽然带有明显的外来移植的痕迹，但毕竟开创了学术界大规模生活质量调查的先河，为后续研究在方法论和研究视角方面提供了宝贵的经验。

1987~1990年，卢淑华、韦鲁英根据北京、西安、扬州三市的抽样调查资料，提出了总体满意度的概念，除了引入客观指标外，还增加了参照标准对主观生活质量指标的影响，并通过中介评价指标将客观指标系统进行综合，形成了三级主客观指标作用机制的理论模型（卢淑华、韦鲁英，1992）。具体指标有12个：家庭收入、吃、健康、文化实用程度、家庭生活、住房、家务、用、交通服务业、业余生活、居住城市、工作、存款等。

风笑天、易松国对国内的生活质量研究文献做出了简要评述，认为存在两个显著的特征或趋势,即:第一,几乎所有的研究都是从"个体的"视角出发,都是以社会中的"个人"为研究的分析单位和讨论基点;第二,相当数量的实证研究采用人们对生活质量所涉及领域的主观满意度来进行讨论,较少将各种相关的反映人们客观生活条件的指标纳入总体满意度影响的分析中。因此,风笑天和易松国利用 1995 年在武汉市进行的一项大规模社会调查,力图改变生活质量研究的基本视角,从"家庭"而非"个人"的角度来考察生活质量的指标及其结构;并且将涉及家庭生活质量的各种可能的客观指标与相应的主观指标同时放到研究中,进行分析和比较。既设计了诸如家庭收入、家庭伙食消费、住房面积、住房设施、家庭物质生活设备、家庭精神生活设备、报纸杂志数、家务劳动时间这样的客观指标,又有对住房状况、邻里关系、家庭成员关系、婚姻生活、闲暇生活等方面的满意程度的主观评价指标。此外还有被访者性别、年龄、文化程度、夫妻婚龄差、家庭人口数、家庭子女数等人口和家庭特征指标,以及特别设计进行横向比较和纵向比较的参照指标(风笑天、易松国,2000)。

纵观上述理论研究型的生活质量指标体系,不难发现这些研究往往在很大程度上受到研究者学术背景和研究兴趣的左右,指标选择与指标体系的建构从属于研究者的研究目的,因此具有较大的变动性。加之关注对象的不同,使得各项理论研究型的生活质量指标体系倾向于观察某个特定群体或者区域的生活质量状况,以微观层面的指标设置为主,鲜见反映宏观社会状况,例如文化、教育、健康、社会保障、自然环境、公共安全的各项指标。

(二) 政策导向阶段的生活质量指标体系研究

进入 21 世纪,生活质量研究在中国可谓进入了普及型阶段,各类大大小小区域性的和国家性的调查层出不穷,研究主体也由社会学领域的专家学者拓展到经济学、统计学、社会保障领域的学者,乃至基层统计部门和专业调查机构。这些以实践为导向的生活质量指标体系脱离了纯粹学理型的研究模式,以地区比较和国际比较为前提,注重将宏观层面的经济、社会、资源、保障等因素纳入研究框架,指标设置日渐丰富、涵盖领域广泛。但是往往缺乏理论支撑,因此指标分析容易流于形式和表面化,对调查反映的深层社会现象解释力度不够。

1. 生活质量指标体系的泛化研究

进入新千年,随着和谐社会目标的提出,各地统计局、城市社会经济调查队以及一些有影响的大型调查公司都投身到生活质量研究领域,尝试创建反映中国居民生活状况和社会发展成就的指标体系。但是,这类研究没有明确的政策目标或国情特色,只是单纯就生活质量的各个维度进行选择和考察。

上海市城市社会经济调查队课题组在调查报告"城市居民生活质量评价指

标体系的构建"中，提出了由9个类别36项指标组成的城市居民生活质量评价客观指标体系和包括12个方面内容的居民主观评价指标体系。其中前者包括收入、消费、教育、文娱休闲、健康、居住、生活设施、生态环境、社会保障；后者包括总体感觉、收入状况、消费水平、居住条件、教育状况、健康状况、医疗条件、道路交通状况、城市生态环境、社会治安、社会保障和娱乐休闲等12个方面。①

成都市统计局考察成都市城市居民的生活质量时，根据马斯洛的"需求等级说"，将反映居民"生活质量"的指标分成：（1）宏观经济条件（包括人均国民生产总值、城市人口占总人口的百分比、第三产业占国民生产总值的比重、总人口、人口出生率）；（2）生理需求（包括居民人均可支配收入、恩格尔系数、人均居住面积、人均日热量摄入量、人均日蛋白质摄入量、人均日脂肪摄入量、文盲率、婴儿死亡率、平均期望寿命）；（3）安全与社交需求（包括基尼系数、就业率、享受社会保障人数占社会劳动者比重、万人刑事案件立案数、闲暇时间、中学入学率、人均报纸拥有量、每千人拥有的电视机）；（4）发展需求（包括同龄青年中享受高等教育的比重、专利权申请的文件数、从事研究与开发的科学家和工程师在百万人中所占人数、高技术出口品占制成品出口的比重、每千人拥有的电话数、每千人拥有的电脑数、每千人因特网用户数、人均绿地面积、人均道路、淡水资源、获得安全饮用水的人口占总人口的比重、获得卫生设施人口占总人口比重、二氧化碳排放量、人均用电量、空气质量）。共计37个指标。②

香港中文大学科学院特别编制了"中大"香港生活质素指数。该学院希望通过此项全面及持续编制的社会指标，协助量度及监察21世纪香港人生活质素的转变，并为政策制定者及社会大众提供有用的参考，借此倡议提高香港人生活质素，并引起各界的关注。此项指数的最新数字，由2003年起，每年公布一次。"中大"香港生活质素指数由3组分类指数，共计21个指标组成。社会及文化分类指数包括死亡率、出生时平均预期寿命、医疗公共开支占本地生产总值的百分比、传染病的呈报比率、压力指数、生活满意程度指数、新闻自由指数、报纸批评指数、政府表现指数、整体罪案率等十个指标构成；经济分类指数包括负担能力比率、租金指数、失业率、经济现况指数、实质工资指数、教育公共开支、教资会资助学院的学士及研究院课程的适龄学生入读率等七个指标；环境分类指

---

① 上海市城市社会经济调查队课题组：《城市居民生活质量评价指标体系的构建》，载《上海统计》2002年第12期，第15~18页。

② 成都市城市社会经济调查队课题组：《成都市城市居民生活质量考察与评价》，载《社科论坛》2004年第1期，第22~26页。

数由空气指数、水质指数、噪音指数、都市固体废物循环再造率等四个指标构成。指标的选择是基于涵盖度、代表性、可量度性及对港人生活质素的重要性等准则。

受20世纪70年代全球性的社会指标运动的影响，中国台湾地区亦于80年代初期开始了对社会指标的研究，进入了社会指标的发展阶段。在其后的十年期间呈现出官方社会指标体系的"制度化"与"普及化"、主观性社会指标的"推动化"、社会指标研究的"社会学化"与"落实化"等特点（萧新煌，1992）。90年代以来，由于台湾地区社会结构和经济条件的变化，原有的社会指标体系已经逐渐失去了反映社会福利的有效性，为此，台湾地区有关部门开始对原有社会指标体系的功能与内涵进行了重新评估，并试图以现有资料建立一个能简单、扼要的掌握及分析居民福利的指标体系。

最初构建的"生活质量指标体系（草案）"包括领域和统计项目两大部分。所谓领域，即是指从人们的生活欲望与需求出发，将人们的生活划分为基本生活条件及日常生活两部分。其中基本生活条件又分为健康、环境与安全、经济安定3个部分；日常生活则分为家庭生活、工作生活、学校生活、社会生活及文化休闲生活等5个部分。并以此8个部分作为台湾地区居民生活的8个领域。各领域之下设统计项目，也就是在各领域内选出能反映该领域现况、水平或福利状态的10～15个不等的重要统计项目。在"草案"的基础上，经过德尔菲调查和对称性检验以及非阶层式集群分析等实际调研手段或方法，最后确定了比较完整的"生活质量指标体系"，即包括9个领域（健康、环境、安全、经济安定、家庭生活、工作生活、学校生活、社会生活、文化休闲生活）、26个次领域、45个统计项目，共46个统计指标。由此，完成了从社会指标体系到生活质量指标体系的转变（施祖辉，1995）。

作为一家独立的专业调查研究机构，零点调查自1993年即开始进行针对中国居民基本的生活满意度、消费信心、公众安全感、国际化意识、对通货膨胀的心理承受能力等涉及公众生活质量的指标范围不等的监测与研究。由其发布的2004年中国城市居民生活质量指数研究报告，分为4项综合指标和22项分项指标。4项综合指标包括目前个人总体生活满意度、当前个人的情绪感受、个人总体生活幸福感和对5年后个人生活的变化预期。描述宏观环境的10项分类指标分别为国家经济发展水平评价、国家的国际地位感、社会治安安全感、流动人口对生活的影响度、物价变动承受能力、深化改革获益预期、贸易国际化获益预期、科技发展获益预期、政府管理信心度和国家总体发展方向正确性评价；描述微观因素的12项分类指标分别为个人身体健康状况评价、个人业余生活满意度、生活便利性评价、人际关系满意度、个人经济状况评价、个人职业状况满意度、社会保障满意度、居住环境满意度、自我认知、个人未来收入变化预期、个人未来竞争力预期和消费信心度。尽管在指标的设置、问题的选择等诸多方面，零点公司的生活质量调查受到多方质疑，但毕竟其从主观指标建构方面提供了有参考价值的分析，而且作为独立的调查机构从事生活质量研究本身也反映了公众对这一研究领域兴趣的增加和生活质量概念的逐渐深入人心。

此外，一些学者和课题组也从广义的角度出发提出了生活质量评价体系。赵彦云、李静萍在对国内外生活质量研究现状进行综合评价之后，从国际比较的角度出发，提出全面生活质量应包括就业、收入水平、收入分配、贫困、消费、健康、教育、环境和城市化等9个方面。其中就业和收入水平是生活质量的基本保证；收入分配和贫困反映社会公平和全民对生活质量的共享程度；消费、健康、教育和环境体现个体生存和发展的要求，是生活质量的基本内核；城市化则标志着生活质量的发展阶段。依据代表性和可得性，赵彦云和李静萍选取了34个指标对生活质量进行综合评价（2000）。

彭念一、李丽认为中国目前尚属于发展中国家，人均GDP较低，相当多的居民还处于物质消费阶段，加之统计力量较为薄弱，统计资料也很不完整，因此社会经济发展的程度还没有达到对居民的精神生活进行社会统计的必要和可能，构建客观指标来评价居民的生活质量比较符合实际情况。由此提出从收入状况、居民消费、社会安全、教育状况、健康状况、资源与环境、城市环境和社会服务8个方面建立指标体系（彭念一、李丽，2003）。

中国城市生活质量研究课题组以2005年100个城市生活质量评价为基础，首次编制"中国城市生活质量指数"，从衣、食、住、行、生、老、病、死、安、居、乐、业等12个方面构建出一个多维度的生活质量评价体系。然后以这个体系对287个地级和地级以上城市的居民收入、消费结构、居住质量、交通状况、教育投入、社会保障、医疗卫生、生命健康、公共安全、人居环境、文化休闲、就业几率等12项评估子系统进行量化分析。同时，研究方导入互动性、开放性较强的互联网公众调查，让市民为自己居住和生活的城市打分。在这次关于中国城市生活质量的网络调查中，287个城市的773 325人参与调查并发表了评论，成为迄今为止国内最大规模的城市生活质量网络公众调查。①

2. 小康理念下的生活质量指标体系研究

之所以选择将全面小康的生活质量指标体系进行单独阐述，主要是因为此类研究导向更加明确、指标设置的全局性、阶段性突出。学者们利用深厚的理论基

---

① 中国城市生活质量研究课题组：《中国城市生活质量报告NO.1》，发布于"2006中国城市论坛北京峰会"，揭晓了"2006年中国城市生活质量50佳"，引起强烈的社会反应，http://news.xinhuanet.com/fortune/2006-09/20。

础，积极借鉴国际生活质量指标体系研究的成果，结合中国社会发展的实际，对生活质量进行了中国化改造，将小康社会、和谐社会的建设理念与生活质量指标体系的构建相结合，指标体系的政策服务功能更加突出。

国家统计局与计划、卫生、教育等12个部门的研究人员按照国家提出的小康社会内涵确定了16项指标，建立了小康社会指标体系。该体系由经济水平、物质生活、人口素质、精神生活、生活环境等5个部分16项具体指标组成。在此基础上，国家统计局制定了《全国人民小康生活水平的基础标准》、《全国城镇小康生活水平的基础标准》和《全国农村小康生活水平的基础标准》三套小康指标。①

朱庆芳等根据国家统计局城调队编写的《1992年中国城市统计年鉴》，选择了32个能反映城市小康状况的有代表性的重要指标，组成指标体系，包括城市化水平和城市建设、人口素质、经济效益、生活质量、社会秩序和稳定、经济实力六个子系统。

李培林、朱庆芳在《中国小康社会》一书中，根据小康社会和现代化的内涵，参考了英格尔斯提出的10个现代化指标，并根据中国的具体情况，设计了一套指标体系，由28个指标组成指标体系，共分为5个子系统。为了加强指标体系的科学性和实用性，广泛征求了30多位专家的意见，确定了指标体系的权重，并由此统计了2001年全国全面小康社会的实现程度。其后，朱庆芳又根据最新的统计资料对指标体系的指标权重和指标设置进行了调整，发布了2002年全国全面实现小康社会指标体系和实现程度。

二、生活质量指标体系及其权重分配

本研究的第二编重点选择并评价了客观生活质量指标体系，本编的前两章也从主观维度出发探讨了中国城市居民各生活领域的满意度和总体生活满意度。这种做法从其实际效果上有助于缓解生活质量指标研究中存在的两大难题，即主客观结合问题和权重赋值问题。

（一）指标体系构建中的难题

1. 主客观结合问题

主客观维度哪一个更能代表生活质量一直是学术界长期争论的问题。一个人可能在生活条件十分恶劣的情形下而感觉良好。但这种观点忽略了生活条件的恶

---

① 周海春、吴双等：《全面建设小康社会研究综述》，http://www.amr.gov.cn。

劣可能会使预期生命降低，影响将来的生活质量。同样，一个人的客观生活质量（如财富、健康）也许与主观幸福感没有关系，如一个人很健康，但他仍然对生活不满，这也许是自己与别人比较所产生的感觉。所以，主观指标和客观指标都是幸福生活所需要的。如果只考虑生活质量的主观指标，而忽略生活质量的客观方面，那么，实际上我们就认同了穷人什么都不需要，同时也承认了剥削。从某种程度上讲，生活质量是对社会需求的满足感，如爱的需求、自我实现等，可以用主观指标来评价，也应该用主观指标评价，而生活水平是指自己能控制、能改进和维持其生活质量的物质资源和非个人资源，又必须用客观指标来评价。因此，需要主观指标与客观指标相结合来评价生活质量的水平，主观测量的有效性归根结底要回归客观指标来验证。

2. 权重赋值问题

社会指标研究的最终目的通常是构建综合指数，以便能够通过该指数简化数据，进行横向比较。但是，主观生活质量综合指数的构建存在三个明显的争议。

其一，综合指数存在的科学性和合理性问题。从科学的角度出发，所有的测量指标都是相对独立的变量，在构建综合指数的时候需要对所包含的信息和指标进行压缩，很容易造成有用信息的流失，甚至提供错误的信息。更何况主观生活质量本身就是一个多元理解的概念，更难以准确取舍各项指标。另外，不同制度和文化地域对主观幸福感也有着不同的理解，对于不同的指标对综合指数的重要程度也有不同的看法，因而用单一的综合指数很难准确测量不同地区的生活质量。

争议的第二个方面集中于综合指数的权重分配方法。对于主观生活质量研究而言，各项指标对人们主观幸福感的贡献迄今为止还没有准确的定论，甚至也不可能有定论，这种不可能性比客观生活质量要大得多。有的学者主张用等权重法，既然无法区别轻重，就把它们看得同等重要。但是，也有学者认为，对于生活质量而言，每个指标不应当被看成是同等重要的，应对不同的指标赋予不同的权重。不等权重法目前看来正显示出流行的趋势。

但是，采用不等权重法所面临的问题是，用什么方法来分配权重。目前，学者们提出的权重分配法有客观构权法、主观构权法、主观与客观相结合的构权法。这些构权法在不同场合的运用主要取决于研究者本人的倾向和选择，迄今为止学者们还没有找到一个合适的科学方法来确定权重，所以很多研究都是依靠专家的判断来决定权重的分配。而对于主观生活质量研究而言，权重赋值问题恐怕是最尴尬的问题，因为以专家的主观判断来衡量人们的主观体验，本身就包含着更多的不确定性。

(二) 本研究的解决思路

本研究解决主客观结合问题主要采用两种方法。其一，在综合指标框架中直接使用主观指标。正如前文所述，纯粹的主观指标的解释力有限，方差贡献率为40%左右。因此，我们也将在框架中赋予主观指标40%的权重，尽量保证每一个客观指标，都有主观指标与之相对应，以反映针对该客观状况城市居民的主观评价与期望。

其二，本研究的主客观相结合同时也体现在对各个指标进行权重赋值的过程中。在社会科学的评价性研究中，赋权还是不赋权一直是个争议较大的问题。对此，本报告的第一编进行了专门的讨论。部分相关研究已经证明，赋权和不赋权对测算结果的影响并不大。我们认为，适当的赋权还是必要的，但不是把权重看做影响结果的实质性因素，而是把它看做反映各生活领域在特定阶段和时期对生活质量的重要性程度的象征性符号，从而为公共政策的制定提供导向。从现有的研究结论来看，社会发展的阶段特征与制度文化因素都会对人们的主观生活满意度产生一定影响。特定时期和特定地域的人们对生活的各个领域的主观感受必有侧重。因此，本研究采用小范围不等权重法来构建生活质量综合指数。

目前看来，在综合指标体系中同时使用主观指标和客观指标可以有两种方法；一种方法是分别设计客观指标体系和主观指标体系，并分别确定其权重（如图19-1所示）；另一种方法是将客观指标和主观指标混合使用，每一个维度的客观指标都有对应的主观指标及其权重（如图19-2所示）。这也是目前被普遍采用的主客观指标结合的方法。

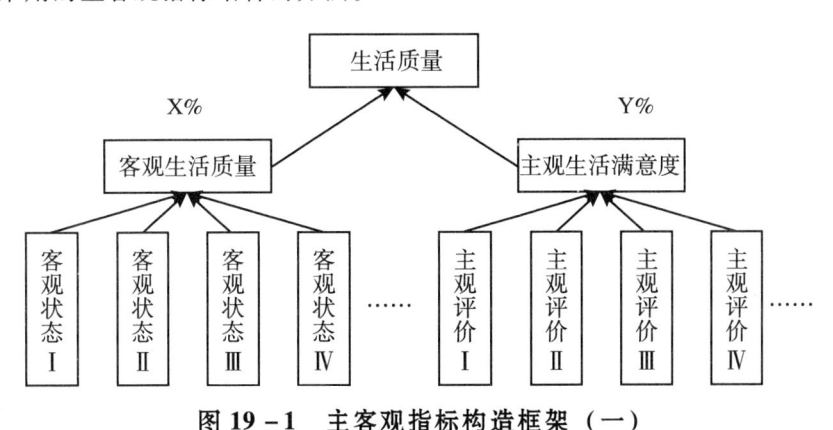

图19-1 主客观指标构造框架（一）

图19-2所示的主客观指标构造结构，以生活维度为分类标准，在同一维度下同时考察生活质量的客观状态和相应主观满意度，能较好地体现主客观的内在联系。这是它被普遍采用的主要原因。对于第一种构造，本研究认为它表面上将

主观指标和客观指标作为两个独立的系统，割裂主观维度和客观维度之间的联系，但是第二种构造却潜藏着比第一种构造更有意义的一面：一方面，可以通过主客观指标的对应来加强主观维度和客观维度的联系；另一方面，可以相对独立于客观维度而测量个生活领域的重要性，为权重分配提供依据。同时也能够为无法准确测量客观状态的某些生活领域提供一个可以度量的角度。因此，本研究采用第二种构造法来确定中国居民生活质量指标体系。本研究将结合 2004 年度和 2007 年度的主观调查数据，选择具体的生活维度，并确定主客观指标权重。

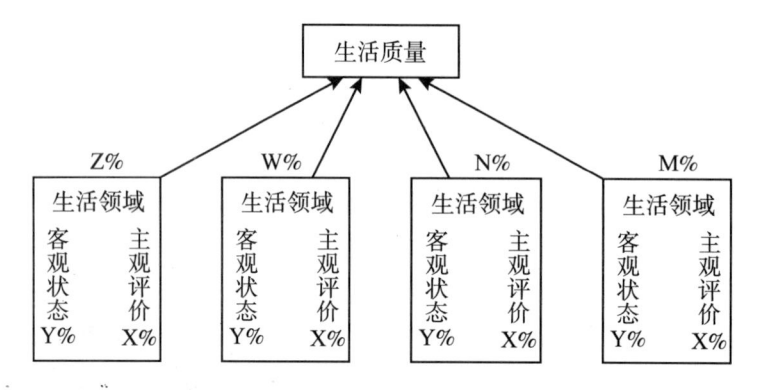

图 19-2　主客观指标构造框架（二）

（三）框架确立与权重赋值

通过对目标系统的分析，本研究将生活质量分解为不同的组成因素，并根据因素之间的相互影响关系、隶属关系聚集为不同类别的层次，形成了一个多层次结构。该层次由最高层次渐渐延伸到最低层次。这些层次大体上被分为 3 类：（1）最高层，也称目标层；（2）中间层，也称准则层；（3）最低层，也称为因素层或方案层。

目标层的指标只有一个，即"生活质量"，它被分解为两个维度：客观维度和主观维度，两个维度分别设 10 个和 9 个次级指标。各指标的选取以第二编和本编前两章的内容为依据，通过同类项或近类项合并选取，主观生活质量指标采用等权重法，客观生活质量指标的采用小范围赋权法，权重分配根据主观生活质量的测量结果进行。图 19-3 显示了客观维度和主观维度指标体系的权重分配，其中客观生活质量权重值为 0.6，主观生活质量权重值为 0.4。这一比例是根据 2004 年、2007 年两次对部分城市居民主观生活质量测量的结果确定的，由于根据两次测量数据构建的五个公共因子的总方差贡献率均为 38% 左右，因此适当浮动此比例后，我们给主观生活质量指标体系的权重为 0.4，相应的，客观维度指标体系的权重为 0.6。

```
          生活质量
         ↙        ↘
客观生活质量B1  0.6   主观生活质量B2  0.4
```

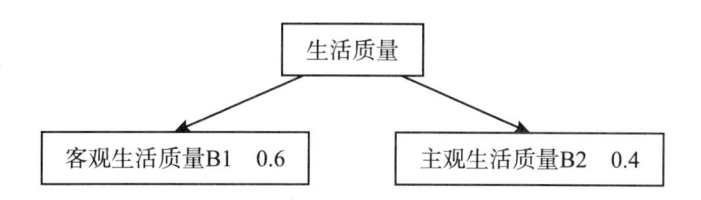

图 19-3 生活质量主客观维度权重分配

表 19-1 展示了客观生活质量指标体系及其权重。我们认为经过多重考虑和筛选，第二编中所确立的 10 个客观生活领域能够充分代表当前及今后一段时期内中国国民生活质量的外在状态，是相互联系、相互影响的因素，因此，各领域的权重都为 0.1，其和为 1。第三级、第四级指标的权重也相应采用等权重法，以此体现当前政府工作需要多头同时推进的时代要求。通过对表 19-1 中各级、各类指标的分析，可以形成以下印象：即本研究对国民生活质量客观维度的衡量强调宏观层面的社会比例，是从民生角度反映社会发展的整体态势，是群体层面的客观物质度量。这种层面和维度的指标体系将与个体的、主观的生活质量指标体系相结合，全方位反映中国国民的生活状态和社会发展状态。在 D 级指标之下，还存在 E 级指标，具体可结合第二编的相关内容予以了解。

表 19-1　　　　客观生活质量评价指标体系及其权重

B1 客观 0.6	C1 健康	0.1	D1	健康状况
			D2	卫生资源
	C2 物质福利	0.1	D3	经济供给
			D4	需求保障
	C3 消费	0.1	D5	人均消费支出结构
			D6	消费结构指数
	C4 社会保障	0.1	D7	基本养老保险覆盖率
			D8	失业保险覆盖率
	C5 社会公正	0.1	D9	基尼系数
			D10	城乡居民收入比
			D11	恩格尔系数
	C6 公共安全	0.1	D12	生产安全
			D13	交通安全
			D14	社会治安
			D15	消防安全
			D16	食品安全
	C7 环境	0.1	D17	环境保护
			D18	环境状况

续表

B1 客观 0.6	C8 休闲 0.1	D19	闲暇时间	
		D20	闲暇活动	
		D21	闲暇消费	
		D22	闲暇设施及资源	
	C9 教育 0.1	D23	教育保障状况	
		D24	教育需求满足	
	C10 居住状况 0.1	D25	居住空间状况	
		D26	住房成套状况	
		D27	住房拥有能力	
		D28	住房公共资源状况	

　　表19-2是根据2004年和2007年主观生活质量调查数据分析处理后的结果。它以2004年的指标框架为基础，结合2007年的调整以及在研究的欠缺而最终形成9个主观评价领域。权重取值的具体方法是利用因子分析中的主成分法所计算的各生活领域的方差贡献率在总方差贡献率中所占的比重而确定的。表19-3和表19-4截取了因子分析的部分结果，以解释权重赋值。

表19-2　　　　主观生活质量评价指标体系及其权重

B2 主观 0.4	C1 健康 0.1	D1	健康状况评价	E1	精神状态满意度
				E2	生理健康状况满意度
		D2	卫生服务评价	E3	医疗收费与药品价格评价
				E4	医院服务态度评价
	C2 人际关系与社会支持 0.1	D3	家庭生活满意度	E5	夫妻生活满意度
				E6	亲子关系满意度
		D4	公共关系满意度	E7	同事关系满意度
				E8	朋友关系满意度
	C3 工作与发展 0.15	D5	组织公正性评价	E9	对与上司关系的评价
				E10	对晋升机会的评价
				E11	对激励机制的评价
				E12	对表现自己能力机会的评价
		D6	个人发展前景评价	E13	对获取信息能力的评价
				E14	对学习能力的评价
				E15	对专业知识运用能力的评价
				E16	对组织能力的评价
	C4 物质福利与消费 0.1	D7	家庭收入应付开支情况评价		
		D8	家庭阶层归属评价		
		D9	家庭经济前景预期		

续表

B2 主观 0.4	C5	住房	0.1	D10	房体状况评价	E17 住房价格评价
						E18 住房面积评价
				D11	配套服务评价	E19 交通便利度评价
						E20 居住环境评价
	C6	公共政策	0.15	D10	教育政策评价	E21 促进教育公正性政策的评价
						E22 提高教育水平政策的评价
				D11	就业政策评价	E23 加强就业培训政策的评价
						E24 提高就业岗位政策的评价
	C7	社会公正	0.1	D12	贫富差距程度评价	
				D13	政治腐败程度评价	
				D14	社会保障政策实施效果评价	
	C8	公共安全	0.1	D15	社会治安状况评价	
				D16	交通安全状况评价	
				D17	食品安全状况评价	
				D18	应急系统运行状况评价	
	C9	环境	0.1	D19	环境污染状况评价	
				D20	环境治理成效评价	

表19-3　2004年度数据主成分分析所得各因子方差贡献率

评价领域	方差贡献率	占总方差贡献率之百分比
个人能力评价	17.361	45
工作环境评价	6.852	18
公共政策评价	5.336	14
人际关系评价	4.584	12
医疗环境评价	4.157	11
总　　计	38.288	100

表19-4　2007年度数据主成分分析所得各因子方差贡献率

评价领域	方差贡献率	占总方差贡献率之百分比
住房评价	17.361	25
公共服务评价	6.852	23
工作状况评价	5.336	22
社会保障与福利评价	4.584	16
家庭建设评价	4.157	14
总　　计	37.790	100

表19-2展示了主观生活质量测量的9个具体领域，其中"健康"、"人际

关系与社会支持"、"工作与发展"、"物质福利与消费"、"住房"前五个领域偏向测量国民对与个人及家庭密切相关的生活领域的感受与评价,"公共政策"、"社会公正"、"公共安全"和"环境"后四个领域偏向测量国民对政府的执政能力和执政目标实现情况的评价。相对于表19-1的客观性和群体性,这里所采用的主观指标更偏重于个体性、主观性。主观指标体系与客观指标体系并未保持完全一致,将"物质福利"与"消费"并为一个指标,将"社会保障"与"社会公正"并为一个指标,去掉"闲暇"指标,增加"人际关系与社会支持"和"工作与发展"指标。以上变动主要基于如下考虑:其一,人们对现实生活状况的主观评价和感受通常是一种整体性、长久性的满意感,不同生活领域的许多相似、相近或联系密切的部分会联合起来给个体形成某种印象。换言之,人们对生活的主观分类与社会科学的分类法并不保持一致。通常,在人们看来,收入与消费是不可分割的,社会保障是促进社会公正的重要手段。因此有必要对部分客观指标进行整合。其二,某些生活领域具有较高综合性和私人性,是很多具体生活领域共同影响的结果,难以找到准确、恰当的客观指标反映,更适合通过主观评价来度量,例如家庭生活质量、个人工作状况、个人发展前景等。因此有必要加强某些生活领域的主观测量力度。

表19-3和表19-4显示了通过因子分析所选取的各领域指标的方差贡献率及其总方差贡献率中的比例。虽然两次使用的指标体系存在一定程度的差异,但是通过相近性处理,我们仍能看到"工作与发展"是当前国民认为的最重要的生活领域。此外,公共政策与公共服务也是相对重要的领域。因此,赋予这两个指标0.15的权重,其他指标权重均为0.1。D级和E级指标均采用等权重法赋予相同的权重。

至此,本研究所构建的生活质量指标体系基本完成。显然,两套独立的指标体系相互间并未保持一致性,以至于主观测量的结果不能为客观指标的权重赋值提高可行的参考,与最初的研究设计存在一定程度的偏离。但是,这种处理更符合客观指标与主观指标测量维度的差异。如前所述,生活质量指标体系研究的两大难题——主客观结合问题与权重赋值问题——在我们的研究中依然存在。本研究所设计的由大众评价代替专家评价为客观指标赋值的解决方法显然对于客观测量与主观测量的不同特点有欠考虑。客观测量偏重外在性、群体性,着重对生活质量整体层面的把握,而主观测量的基点建立在无数被访者主观感受的表达之上,虽然也是力求反映整体状况,却是利用了方法论的个体主义的思路,以个体的感受与评价来反映整体社会发展。此外,个体头脑对生活领域的理解与分类也有别于社会科学研究的划分,以至于主观指标测量领域与客观指标测量领域出现了一定程度的差别。因此,本研究认为,以权重为纽带建立主观指标与客观指标的联系之方法是行不通的。但是，通过对某些领域指标的合并与增加，本研究依然为主客观的结合问题提供了一个可行的路径，即主观指标与客观指标的测量领域是存在一定差别的，生活质量指标体系完全可以借助测量领域的互补性来实现主客观的结合。

　　此外，权重在本研究中只是作为一个象征性标志存在。客观指标体系采用等权重法，一方面是因为在群体层面上，整体民生建设必须各方面协同并进、无所偏颇，另一方面也暗示从客观全面建设到形成主观认知与评价间还存在一个展示、沟通与感受的过程，从而产生主观指标一定程度的不等权结果。换言之，生活质量的建设与提高不仅要求政府和社会实实在在的工作，也要求这些工作成绩能够成功地被民众感知和认可，即为一个建构的过程。因此，国民生活质量的提高，不仅需要从认知对象上创造能够给民众带来实惠的进步，更需要从认知过程上主动向民众展示社会的进步和生活的改善，让他们切实感受到作为利益获得者的存在。

第二十章

矛盾与制衡中的生活质量指标体系建构

本编第十九章完成了对2004年和2007年主观调查数据的分析，构建了两个相对独立的客观指标体系和主观指标体系，并以测量领域的互补性实现了客观维度与主观维度的适当结合。这一做法突出体现了本研究对定性思维和主观测量的重视。当然在研究中，我们仍然面临很多难以解决的问题，需要提出来与大家共同探讨。

一、从定量思维向定性思维的转变

"生活质量"这一术语首次出现至今，将近一个世纪的时光已经在人类发展的历史长河中飞速流逝。回首百年，这是人类发展前所未有的波澜壮阔的时代。风起云涌的现代化历史进程将人类社会迅速由男耕女织的农业社会，卷入到物质财富极大丰富、社会发展空前活跃的繁荣时期。然而百年辉煌的发展奇迹，也给人类带来了沉重的灾难性教训。单纯对经济增长的追逐并不必然使所有社会成员能公平享受到发展带来的成果，发展中国家千百万居民的生存困境没有得到有效改变，甚至还带来了更为严重的社会两极分化。发达国家在享受高度物质文明的同时，也不得不为牺牲环境的片面发展付出惨痛的代价。

对以GDP为代表的经济指标的反思性研究使人们愈发意识到经济领域只是社会领域中的重要组成部分，经济指标虽然能够反映经济的发展状况，却无法衡量一个国家或一个社会的综合发展情况，更无法得知居民生活幸福与否。因此对于一个社会来说，除了需要经济方面的信息外，还需要"政治、社会、文化和生物、物理"等方面的信息，而且"质量方面的信息，完全可以和数量方面的信息具有同等的重要性"。① 正是这种从定量思维（追求经济增长速度、物质财富拥有的数量）向定性思维（注重社会发展的本质内涵，强调生活品质的高低）的转变，促使人们开始逐渐反思"更多是否意味着更好……，'生活质量'概念的产生代替了那些越来越受到质疑的物质繁荣的概念，成为一种全新的、多维度的、更加复杂的社会发展目标"（诺尔，2002a）。而要实现对生活质量这一新的社会发展目标的科学测量，必然需要方法论上的有利支持，20世纪60年代席卷世界的社会指标运动适时地提供了必要的理论与工具上的保障。两者的有机契合积极推动了生活质量研究在全球范围内的开展。而今生活质量早已不再仅仅是衡量社会发展的一系列指标，它把人类对自我的认知、对生活的态度、对良好人际关系的企盼、对自然环境的渴望……联系起来，构成了一个和谐统一的整体，并且在反思与升华中，实现了有益于人类发展的价值理念的整合。

从定量思维向定性思维的转变为生活质量研究赋予了更多的内涵。相对于"定量"对数量的简单直白追求，"定性"则包含了比单独的量化假设更加深层次的思考。它源于对事物的性质和属性的深刻认知，就生活质量的内涵而言，意味着更加深入地探究生活质量对自我和他我的意义，从满足人类需求和社会可持续发展的角度，提升整个人类的生活品质。在此过程中，作为社会存在的主体——人，无论是个体层面的社会成员，还是群体层面的总人群，成为生活质量研究真正的逻辑起点。

人是一个抽象而宽泛的概念，有许多具体不同的表现形式，作为独立个体的人、作为家庭成员的人、作为单位职员的人、作为社区居民的人、作为国家公民的人……凡此种种，不一而足，都可以成为研究生活质量的分析单位。以人作为研究分析的逻辑起点，通过一系列身份和社会关系的拓展，可以将不同领域、不同地域、不同层面的社会成员紧密联系在生活质量的研究框架之中。整合的过程，不但充分体现了亲缘、业缘、地缘三大社会关系的交错融合，而且实现了生活质量的研究空间从点（一个家庭）到面（其他家庭、工作单位、城市、地区……）的外延。通过图 20-1 可以系统而完整地展现出本书的研究思路。

---

① Bauer, R. A. (Ed.). 1966. *Social Indicators*. MIT Press, p. 154. 转引自秦麟征：《关于美国的社会指标运动》，载《国外社会科学》1983 年第 2 期，第 30 页。

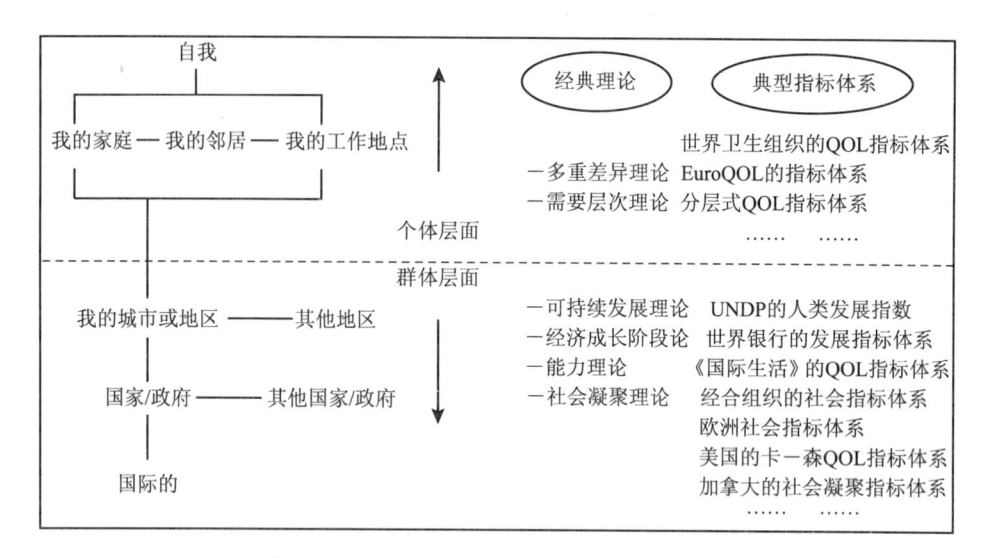

```
┌─────────────────────────────────────────────────────────────────┐
│              自我                    ┌──经典理论──┐ ┌──典型指标体系──┐│
│         ┌────┼────┐         ↑                                    │
│   我的家庭─我的邻居─我的工作地点              世界卫生组织的QOL指标体系  │
│                              │      —多重差异理论  EuroQOL的指标体系  │
│                              │      —需要层次理论  分层式QOL指标体系  │
│                          个体层面            ……         ……        │
│─ ─ ─ ─ ─ ─ ─ ─ ─ ─ ─ ─ ─ ─ ─ ─ ─ ─ ─ ─ ─ ─ ─ ─ ─ ─ ─ ─ ─ ─ ─ ─│
│                          群体层面                                 │
│   我的城市或地区────其他地区         —可持续发展理论  UNDP的人类发展指数│
│                              │      —经济成长阶段论  世界银行的发展指标体系│
│                              │      —能力理论      《国际生活》的QOL指标体系│
│   国家/政府────其他国家/政府  │      —社会凝聚理论   经合组织的社会指标体系│
│                              ↓                    欧洲社会指标体系  │
│   国际的                                         美国的卡—森QOL指标体系│
│                                                  加拿大的社会凝聚指标体系│
│                                                      ……    ……     │
└─────────────────────────────────────────────────────────────────┘
```

图 20-1　生活质量指标体系研究框架图

注：本框架图以席德和劳埃德的研究（Seed, P., and G. Lloyd. 1997. *Quality of Life*. London: Jessica Kingsley Publishers. P. 13.）为基础，并结合本研究的思路综合而成。

　　以自我为中心最密切的家庭、邻里、工作环境研究可以视为个体层面生活质量研究的范畴，城市、地区、国家等相对宏观的研究可以视为群体层面的研究范畴。个体层面的生活质量包括各种主客观要素。人们的客观生活质量要求基本需求得以满足，并且拥有必要的实现公民社会要求的物质资源；而主观生活质量则依赖于对如下内容拥有自主权以便做出有效选择：（1）"享受"——增进主观幸福感，包括快乐主义、满意度、生活的目的和个人成长；（2）在完善论（Eudaimonic）、涉人行为（Other-regarding）以及亚里士多德意义上的广泛而真实欲望中实现"繁荣（Flourish）"；（3）参与到全部的公民社会活动中（菲利浦斯，2006）。群体层面的生活质量则要求一种总体的环境可持续性，既包括各种物质资源，也包括生活于其中的社区和社会所拥有的如下社会资源：公民整合、共同合作与坚持高度职业道德、各个社会层面的广泛的弱网络联系和纽带关系；包括信任、互惠和涉人行为在内的广泛的整合标准与价值；至少与公平、公正和某种程度上的社会正义和平等主义相关的社会标准与价值（菲利浦斯，2006）。

　　这样一个综合性的生活质量指标体系研究框架有助于勾勒出一个完整而多层次的生活质量研究范畴。它指引我们以统摄全局的视野分析生活质量的不同研究领域、不同研究视角，有助于将具体的生活质量指标体系明确地定位于某一分析层次，并检验其研究的完整性。同时它又以一种和谐统一的方式寓意着提高生活质量是一个牵一发而动全身的整合性目标，对于任何个体、家庭、城市、国家甚至全球利益的忽略或损害，最终将破坏整个人类的生活质量的提高。不同个体和利益群体应该摆脱定量思维中单纯对财富数量的追求与竞争，以定性思维的理念转向关注人类发展的更高层次，在和谐有序的竞争中寻求共同进步、提高生活质量。

二、指标体系建构的多重矛盾

生活质量的评估需要借助一定的社会指标，并构成具有实践意义的指标体系。然而在将生活质量的理论研究转换为实践操作的过程中，却充满了重重矛盾，自始至终都处于围绕一个明确主题（生活质量）的不确定性发展中。

（一）概念界定的矛盾

概念界定的非确定性是首当其冲遇到的矛盾。一个构架合理的综合性生活质量指标体系首先必须对研究的核心概念——生活质量具有明确清晰的界定。然而这一看似简单的基本要求在研究实践中却遇到重重困难。生活质量是一个非常一般化和抽象化的概念，如同其他许多社会科学概念一样，生活质量针对不同个人、不同的研究团体会有不同的定义或诠释，因此一直以来都缺乏一个被普遍接受的概念。

没有疾病、健康状况、主观幸福感、功能状况、幸福、生活满意度、积极影响、自我实现、美好生活……这些看似相互矛盾、侧重点各有不同的术语频繁出现在各类生活质量的定义当中。一方面成为解释生活质量的关键词，另一方面却仿佛成为生活质量的代名词，以至于生活质量几乎成为社会科学领域内用法最不确定的概念之一。没有人能够统计清楚到底存在多少个相互矛盾的生活质量界定。甚至在某种程度上，对这一概念理解的某些新的突破，反而被视为研究创新之处。任何试图建构一种唯一性与精确性并存的定义的努力，在长期的研究实践中都被证明是徒劳无益的。社会科学概念本身所具有的共同特性表明，生活质量所能代表的仅仅是一种描述性的范畴，同时又具有很强的伦理与文化内涵。在界定生活质量的时候，不同的意识形态、文化背景、认知态度以及学术偏好都会影响人们对生活质量的判断。加之生活质量分析存在个体与群体的层次之别，不同分析层次的关注领域各有不同，也造成了概念界定的困难与矛盾。

康明斯和卡希尔曾经通过大量的文献回顾，指出研究者已经达成的几个共识（康明斯和卡希尔；Cummins and Cahill, 2000）：

- 生活质量从本质上讲是多维度的，包含许多生活领域；
- 对主观生活质量的综合界定整合了主观、客观领域；
- 在主观领域中，人们对于组成生活质量的每一个领域的重要性水平的认识是不相同的；

- 生活质量是一种文化界定，尤其体现在它的客观标准中；
- 生活质量的建构必须普遍同等地适用于处于任何环境中的个人。

明确的概念界定对生活质量指标体系建构的作用是至关重要的。作为指标体系建构的第一步，一个经过深思熟虑的概念框架有助于将指标体系包含的关注领域和测量维度具体化，使指标体系的内涵与外延明确化，便于分门别类地选择操作指标。例如，欧洲社会指标体系的成功首先得益于建立了一个定义清晰的概念框架，以生活质量为中心概念，将社会凝聚和可持续发展整合其中。从此框架出发，除了强调社会成员的客观生活状况和主观幸福感外，还充分考虑到社会质量的协调发展，社会变迁领域的价值观和态度以及社会结构的变化。世界卫生组织的生活质量指标体系同样也在健康和生活质量的界定方面进行了深入讨论，并形成了自己独树一帜的见解，详尽的理论准备为指标体系的后续发展打下坚实基础。

（二）测量可行性的矛盾

生活质量是否可以测量？这是生活质量指标体系得以存在的前提条件。许多人可能从未思考过这样一个问题，或者干脆认为这不值一提，毕竟成千上万生活质量测量报告的存在似乎不言自明地回答了这一问题。然而细细深究，却发现问题并非如此简单。生活本身是一个内涵与外延十分宽泛的概念，质量更是无形的、不可触摸的属性，两者结合起来是否能够用数字加以衡量？

也许大部分人觉得答案当然是肯定的，就如迪尔凯姆和吉登斯在20世纪所提及的，有许多"社会事实"隐藏于每个个体角色之后，行为主义因此提出如果事物存在，那么就可以被测量（莫里森；Morrison，2005）。他们也以实际行动建构着各种用于测量生活质量的指标体系。不过对于其他人来说，虽然对生活的测量是积极的社会科学化的一个组成部分，但是质量概念最显著的特征——是一种质量，一个抽象的概念，是不可琢磨、无形的，不易受数量的度量方法影响的，因此即便在我们生活中的数学处理与比例研究好像从没停止过，但对于质量研究和指标测量的渴望是很难通过即使包括了人类生活每一个方面在内的广大的数据库来消除的（莫里森，2005）。

关于生活质量是否可以测量的矛盾争议虽然存在，但似乎后者的声音越来越微弱，数字的诱惑无处不在，数以万计已经出版的各类研究报告中，数字度量的方法被广泛应用于各个层面的生活质量研究，人们似乎已经习惯于从复杂的统计分析和大量的数据结论中探究生活质量的内涵。毕竟数字的吸引力是不可抵挡的，它们具有简单、直接、不容置疑、绝对和决定性等特性。但是我们更应该以审慎理智的科学态度来看待生活质量的测量，尽可能以还原事实本来面貌的、严谨的方法开展研究，避免将各种错误的统计数字和不恰当的统计方法运用于研究之中。

(三) 主客观测量的矛盾

生活质量指标体系建构过程中一直存在主客观测量之间的矛盾。对于研究者来说是选择客观指标,还是主观指标进行测量,抑或两者的结合,长期以来争议不断。客观指标和主观指标是两种相互矛盾的指标类型。客观指标强调对生活质量"硬性"方面的测量,如收入水平、受教育年限、住房面积等,关注影响物质生活和精神生活的客观条件,这些均不以人的精神意志为转移。主观指标则刚好相反,强调对"软性"方面的测量,更多关注像收入满意度、主观幸福感之类的内容,具有很强的认知与评价色彩。主客观测量在上述指标的选择上具有很大差异。表20-1列举了在生活质量研究中使用频繁的客观指标和主观指标。

表 20-1　　常用的客观与主观社会指标

常用的客观社会指标(代表独立于个体评价的社会数据)	
预期寿命	Life expectancy
犯罪率	Crime rate
失业率	Unemployment rate
国内生产总值	Gross Domestic Product
贫困率	Poverty rate
入学率	School attendance
每周工作时间	Working hours per week
围产期死亡率*	Perinatal mortality rate
自杀率	Suicide rate
主观社会指标(个体对社会状况的评价)	
社区意识	Sense of community
物质财富	Material possessions
安全感	Sense of safety
幸福	Happiness
整体生活满意度	Satisfaction with 'life as a whole'
家庭关系	Relationships with family
工作满意度	Job satisfaction
性生活	Sex life
对分配公正的感知	Perception of distributional justice
阶级认同	Class identification
爱好与俱乐部会员资格	Hobbies and club membership

＊围产期指怀孕28周以后的胎儿和出生7天之内的婴儿。围产期死亡率指每1 000名活产婴儿所对应的在这一时期死亡的胎儿及婴儿数量。

资料来源:Rapley, M. 2003. *Quality of Life*:*A Critical Introduction*. London:SAGE Publications Ltd. P. 11.

客观生活质量测量开始于鲍尔在1966年发表的具有里程碑意义的《社会指标》一书。书中鲍尔等人探讨了各种观测与预测社会变迁的方法。自此之后，社会科学和统计学的结合发展极大推动了生活质量的量化研究。客观测量在斯堪的纳维亚半岛国家的生活质量研究中占据主导。该模式认为人们的生活水平是由人们所需要的客观资源决定的。这些客观资源主要有收入、资产、教育和知识技能，以及社会关系网络等。对客观需求的满足即是社会福利的主旨。客观指标则是衡量社会福利的关键所在。客观指标传达的信息能够反映社会问题的真实情况，为社会政策提供决策参考。虽然斯堪的纳维亚模式并不否认主观个人评价存在的积极意义，但是更倾向于认为个体的主观评价是建立在个体的期望水平基础之上，不具备作为制定社会政策依据的普遍性意义。正是基于此种考虑，很多用于跨国比较和为政府决策服务的综合性生活质量指标体系为了保持数据资料的公正客观，均采用了客观生活质量测量方法。例如UNDP的人类发展指数、世界银行的发展指标体系、《国际生活》的生活质量指标体系、经合组织的社会指标体系、美国的卡尔弗特—亨德森生活质量指标等。

　　主观生活质量测量与西方学者对幸福认识的不断深化密切相关。进入20世纪60年代以后，受综合发展观的影响，生活质量研究也逐步向更广泛、深入的领域扩展，主观层面的内容在生活质量指标体系中的地位开始受到重视。在社会指标运动中测量个体的主观幸福感和生活满意度的指标研究开始出现。主观幸福感、生活满意度和快乐等逐渐成为主观生活质量测量中具有重要影响力的指标。各种不同的社会科学研究技术，如深度访谈、重点群体讨论、临床研究、抽样调查等也被充分应用到该领域的研究过程中，拓展了数据采集的空间和形式。早期的美国模式在主观生活质量研究领域具有较强的代表性。它与斯堪的纳维亚模式的资源观相对立，认为生活质量研究或者幸福的测量主要通过评价居民个体层面的主观指标来获得，在群体中对个体心理状态（价值观、态度、信仰和期望）的详细测量对于理解社会变迁和生活质量是至关重要的。社会发展的主要目标不是生活质量的客观特征，而是以"满意度"和"幸福感"来衡量的人们的主观福利。

　　客观与主观测量源自不同的理论假设，测量内容迥然不同，两者各有利弊，但是在相互矛盾之中，又存在优势互补的可能，将两者整合起来以全面测量生活质量逐渐成为大势所趋。虽然在生活质量的研究实践中受研究经费、调查规模、学术能力、研究偏好的限制，很多学者往往偏重于客观测量或主观测量某一个方面，但是在理论层面人们已经基本就两者的整合达成共识。主观指标同样是测量生活质量不可或缺的组成部分，问题的关键在于如何在指标体系中合理地配置主观指标和客观指标，使之充分反映生活质量的本质内涵。世界卫生组织的生活质量指标体系、欧洲社会指标体系和加拿大的社会凝聚指标体系等在实现客观测量与主观测量的结合方面做出了有益的探索。

（四）总体性指数与多元指标的矛盾

总体性指数与多元指标的矛盾是生活质量指标体系后期研究中无法回避的一个问题。指标体系建构的最终目的是测量生活质量的高低，必然需要以恰当的形式反映测量的结果。是选择简单明了的总体性指数，还是从生活质量不同维度分别阐述各自的具体指标结果有时很难取舍。

对总体性指数持认可态度的学者认为通过对信息量的压缩，将不同的指标合成类指数和综合指数（总体性指数），便于国际间和全国各地区间对生活质量进行比较；也有利于吸引社会舆论的注意力，扩大生活质量研究在公众当中的影响，并对政府部门的决策和行为产生重要影响（周长城等，2003a）。诺尔在展望社会指标研究的未来方向时也特别提出了建构总结性福利指标的建议。他指出考虑到欧洲日益增强的经济和政治的整合情况，以及全球化问题和后资本主义的背景，迫切需要能够进行国际比较的总体性指数，它们可以将各种维度的福利情况综合进一种单一的测量中（拉普里，2003）。总体性指数的优点主要在于便于比较和简单明了，因此在国际性的生活质量指标体系测量中使用的较为频繁，例如 UNDP 的人类发展指数、《国际生活》的生活质量指标体系、欧洲生活质量量表等。

但是还是有很多学者对总结性指标的使用持更加审慎的态度。他们往往认为单一的总体性指数容易使问题分析片面化、简单化，掩盖了事实本来复杂的面貌。"与其尽力去表达一个多元维度的主题，例如生活质量构成一个单一的数字，更好的做法是使用一连串的测量方法来反映这种多元维度，并避免主观分析，尽管这是以指数为基础的研究方法中一个无法避免的缺点。"[①] 莫里森也持类似的观点，认为过于简单化的强行使用数字是危险的。与其他学者单纯从理论层面进行的探讨不同，他从建构总体性指数常用的公式出发，具体剖析了总体性指数存在的弊端。公式为：

$$Quality = \left[\frac{(\beta_1 X_1 + \beta_2 X_2 + \cdots + \beta_i X_i)}{(\beta_1 + \beta_2 + \cdots + \beta_i) \times 10}\right] \times 100$$

其中 $Quality$ 代表质量指数（百分比），X_i 代表变数 i 的平均值，β_i 代表变数的权重（标准 β 系数）。利用该公式对因子进行加权，然后可以加总成为一个指数。这是一个在质量测量中常见的公式，然而莫里森却认为该公式存在很多问

[①] 莫里森著，林嫒译：《生活质量指标简述》，载《行政》2005 年第 18 卷，总第 68 期，第 376 页。

题，不仅在因果关系假设和加权方面，而且在加总方面也有问题，如下所示（莫里森，2005）：

- 每一个变量本身是次级变量和次次级变量的加总（数据是多层次的）。
- 次级变量和次次级变量使用了不同的度量标准。
- 全部的指数是无意义的；如在一次英语测验中，标点的测验成绩为 A，拼写成绩为 E，那平均英语成绩为 C，将离散的和不相关的数据计算平均值是毫无意义的。
- 分散变异被忽略。
- 这个指数不能为具体的行动、计划或发展提供参考，说它是一个形成性指标，不如说是一种概括性指标。
- 单一的指数可能是直接的和未经修饰的指数。
- 数据没有考虑那些被等式排斥在外的因素。

总体性指数的弊端恰恰可以用多元化的指标加以弥补。实际上在很多小范围的学术研究中，大多数学者还是采用对不同维度、不同层面的测量指标分别进行阐述、分析的方式。这样有助于更加深入了解细分人群在不同生活领域的真实状态，发现隐藏于数字背后的社会矛盾和现实问题。

三、指标体系建构的制衡问题

制衡是一门平衡的艺术，意味着在相左的两端寻找一个最佳的平衡点。这其实和矛盾有些类似，所不同的是矛盾不仅意味着可以从非是即彼的两者中做出抉择，还可以寻求将矛盾的双方有机结合，以构成更大的范畴；而制衡则不然，它不存在将矛盾双方整合的可能，就好像面临多与寡的选择时，你不可能同时兼顾两者一样。在生活质量指标体系建构的过程中就存在着这样的与矛盾类似但又有所不同的制衡问题。

（一）测量维度离散与集中的制衡

生活质量概念的非确定性发展直接导致了应用领域的无限扩展，上至官方话语的政治目标，下至平民百姓的日常生活，生活质量频繁出现在报纸、杂志、电视、广播、互联网等各种媒介中。一方面它仿佛成了人们心中不言自明的概念，另一方面在特定语言、语境中它所体现的价值内涵却各不相同。加之生活质量的主题广泛渗透到各个不同的学科领域，社会学、经济学、医学、政治学、心理学等不同学科的交流融合极大拓展了生活质量的内涵与外延。这种繁荣发展的趋势却给生活质量的测量带来很大困扰。概念的多元决定直接导致那些以生活质量的名义进行的测量研究所包含的维度大相径庭。康明斯曾经在分析了32项研究后就指出了173个研究领域（康明斯，1996）。反映到生活质量指标体系建构中的测量维度数量更是难以统计，没有人能够说得清到底有多少个不同的维度曾经出现在各类生活质量测量中，而且数量呈现出逐渐扩大的趋势。

某些研究似乎热衷于建构一个规模庞大的生活质量指标体系，认为涵盖的测量维度越广泛，越能反映生活质量的综合情况。然而殊不知测量维度的离散与集中之间存在着某种制衡。虽然从理论上来讲，越倾向于可靠、有效、全面的分析，就需要越多的测量维度，但是就某一项具体研究来说，并非规模越大越好。因为规模庞大的生活质量指标体系在数据的收集过程中往往会遇到很多困难。以经合组织的社会指标体系为例，在2001年的统计研究中，总共52个指标中仅仅有17个指标收集到了所有成员国的数据，最困难的一个指标甚至只收集到10个成员国的数据〔卡利蒙（Kalimo，2005）〕。除此之外，如果缺乏核心的概念建构和明确的概念框架，测量维度过于离散的指标体系在研究结论的信度和效度方面都存在很多问题。我们需要的不是一个大而无当的生活质量指标体系，而是一个中心明确、结构紧凑的指标体系，因此有必要在测量维度的离散与集中之间寻找一个最佳的平衡点。一个行之有效的办法是在深入分析常用维度的基础之上，根据特定的研究意图和研究兴趣，有选择性地将新的维度整合其中。例如，《国际生活》的生活质量指标体系除了包含通常出现的经济、文化、环境、健康等一些核心维度外，还将气候维度纳入了指标体系框架中。这样一种研究创新给人们很多启示：在衡量一个国家的生活质量好坏时，还可以通过对气候因素的分析，得出关键性的结论。这也就不难理解为什么在分析法国蝉联世界生活质量最高的国家时，特别提到了其拥有极佳的气候条件。

（二）体系建构复杂与简单的制衡

生活质量指标体系不但是多维度的，还具有多层次的特性，有许多细节的构成问题需要考虑。一个成熟的指标体系少则十几个指标（如欧洲生活质量量表），多则成百上千个指标（如世界银行的WDI指标体系有将近700个指标，欧洲社会指标体系的一个"劳动力市场和工作情况"维度就有162个指标），如何将这些指标合理有序地整合到一个指标体系框架中是一项十分复杂的工作。一般而言，一个综合性的生活质量指标体系的层次结构在3~6层之间比较合理。如果指标体系设计得过于繁琐，分支层次过多，势必将研究者的注意力吸引到细小的问题上。而且臃肿的结构不但给实际的调查工作带来沉重负担，还会给数据分析增添难度。反之，如果指标体系设计得过于简单，分支层次过少，指标过粗，也会让人对指标体系的研究效力产生怀疑。毕竟生活质量是一个涵盖领域广泛、内容丰富的概念，只采用少量的指标和简化的逻辑关系很难充分反映概念的内涵。

如何在复杂与简单之间寻求平衡，将抽象的生活质量概念操作化为一个层次分明、逻辑关系清晰的指标体系并不是一件轻而易举的事情。指标体系建构的复杂与简单其实是与测量维度离散与集中一脉相承的问题。只有首先明确了合理的测量维度数量，才能进一步确定每一个测量维度的具体结构和相应的指标数量。欧洲社会指标体系在建构过程中的经验具有较高的借鉴价值。它第一明确了与欧洲社会政策热点问题息息相关的 14 个生活领域；第二在每一生活领域内区分了不同的目标维度，并且结合了社会变迁的内容；第三就是明确测量维度；第四测量维度分解为不同的次级维度；第五在次级维度上实现指标操作化。整个研究过程结构严谨，逻辑关系清晰准确。

四、指标体系建构的审慎认知

从最初经济学家基于对 GDP 指标的批判与修正而关注生活质量，到社会学家从多方位开展生活质量研究，生活质量的理念已经广泛渗透到社会生活的方方面面，成为当今最具影响力的研究领域和公众关注领域之一。

受社会指标运动和经济学量化思维的影响，在对生活质量进行评估的探索性研究中，运用指标体系收集数据，进行统计分析的方法一直以来占据主导地位，由此形成了不计其数的生活质量指标体系。从个体层面到群体层面，这种对抽象的生活质量概念进行的操作化过程，充满了重重矛盾与制衡问题，然而恰恰是这种不确定性的发展使它成为一个充满魅力的研究领域。

当我们徜徉于这个方兴未艾的研究领域，热衷于建构层级分明、结构庞大的生活质量指标体系、用一连串的数字反映错综复杂的生活现象时，审慎的意识更应该长存头脑之中［科布和里克斯福德（Cobb and Rixford, 1998）］：

• 得出一个数字并不等于建立了一个良好的指标，这是因为"量"能揭示"质"，但"质"的意义永远是不明确的，因此所有关于"质"的陈述都是临时的，而不是最终确认的。

• 有效的指标体系需要一个明确的概念基础。在开始创建一个指标的时候，首先必须花时间思考清楚到底想要测量什么，否则很可能最终虽然得到一个指标，但它实际测量的却并非你所想要的内容。在理想的情形下，概念应当在收集数据之前就已经界定好，但实际上这并不容易。另一方面，虽然测量能帮助澄清一个概念，但概念本身不能从数据里浮现出来。

• 不存在价值无涉（Value-free）的指标。没有一套指标体系能与价值观脱钩，因为"所有严肃的指标体系工作都是政治化的"。从选择指标到拟定调查问题，都充斥着对价值观的判断。认真考虑每一个指标背后隐藏的价值理念，可以形成更加平衡的陈述。忽略对其分析或解释并不能使指标报告价值中立。

● 综合性可能会成为效用的敌人。社会指标体系的综合性常常会损害到其效用的发挥。历史上最有效的指标体系都倾向于专注单一议题，指导人们思考更深层次的问题。试图使用大量指标来探寻社会的所有方面，以勾勒出更加详尽的细节是很自然的想法。然而通常更为有效的方法是选择少数更富洞察力的指标来反映复杂的整体情况。此外指标所阐述的内容往往比指标本身更为重要。覆盖小范围受众的指标体系一般都更为有效。

● 某一个指标的象征性价值会超越其作为一个事实测量的价值。尽管数值型数据常常用于报告实在的事实，然而更重要的是我们应该记住数字也可以作为某些象征。尤其是那些综合了很多因素的指数数字更是如此。在这些指数中，人们通常并不清楚这些指数在具体的术语中测量的到底是什么，因此它唯一的功能就是一种象征。一个指标的象征功能也是它与统计数值的最大区别。

● 指标不能与事实混为一谈，因为"即使是最好的指标，也只不过是对潜在的事实做出部分的衡量"。要克服这个问题，可利用多重的指标来衡量同一个社会现象。

● 一个民主的指标建立程序要求的并不仅仅是广泛的公众参与过程。许多指标研究群体似乎都认为程序公正会自动带来实质公正。根据该观点，如果社会指标是由广大的群体成员代表来开发，那么就会产生更好的社会结果。然而在实践中，情况并非如此。由此产生的一系列指标在应对现行问题时作用十分有限。对于指标研究来说，与其只是强调程序公正，更为有效的是优先考虑实质公正。当然这并不意味着应该忽视程序公正，而是表明广泛参与可能并非是一项指标项目是否真正民主的最佳"指标"。

● 测量并不必然导致适当的行动。指标作为一项工具的意义仅仅在一定程度上是作为一个更大的行动计划的组成部分。指标包含的新信息可能会改变人们的观念，但是与行动的联系却不是自动发生的。在一项指标研究得出最终报告后，研究者们希望他们的工作能产生某些积极的结果，但是通常而言很难明确指标本身能否达成项目更宏大的目标。也就是说，在指标与行动之间的联系常常是很微弱的。

● 更清晰的信息会导致更好的决定和结果，但这并不容易，因为指标只对政策的制定产生间接的影响。行为因素的影响更大。

● 要解决问题，往往需要对某一特定的社会问题具备创新的想法，因为指标具有启示的作用，在理论上就是引导人们去重新思考对某个问题的共同理解。

- 要采取行动，就应当查找能显示某一特定社会问题的成因，而并非症状的指标。单纯叙述指标而缺乏对趋势的见识，通常都会更难拟定补救的行动。
- 如果能同时控制资源的话，即如果建立指标体系的人员"与有权力进行实质改变的人士有联系"的话，指标体系可作为设定结果的基础。这能使我们更进一步去界定究竟是谁实际上有权力去采取行动。

生活质量研究虽然只有短暂的过去，但自始至终人们对量化评价方式的推崇从未停止，数量庞大的生活质量指标体系的存在似乎用事实表明这才是研究生活质量最有效的方式。然而对指标体系的审慎认知有助于我们从盲目的数字崇拜中清醒过来，能够更加科学全面地看待它的现实局限性，在使用与分析的过程中客观评价它的作用与意义。人类对生活质量的追求从未停止，正如生活本来多姿多彩的特性一样，对生活质量的评价研究也并非只有量化的方式一种。早在1997年帕克尔（Parker）就曾经利用生活历史法（Life History Methods）从事生活质量研究。这是一种定性研究方法，强调通过对生活历史的叙述来确定影响主观幸福感的主要因素。在研究中，帕克尔使用该方法分析了来自于柬埔寨、老挝和越南，现已在明尼阿波利斯/圣保罗（Minneapolis/St. Paul）地区定居的40名男性和5名女性。结果发现这些人的生活质量会受到某些情绪的影响，例如失去一种生活方式、失去重要的亲人、角色缺失、对丧失文化传统和无法向年轻一代传递文化的恐惧等（帕克尔，1997）。哈维（Harvey）认为时间-序列分析（Time-series Analysis）也可以为生活质量研究提供有价值的数据资源（1997）。他曾将时间-序列分析应用到与活动参与和时间分配相关的传统生活质量研究中。时间-序列分析包括许多方法论上的技术，如时间日记研究、事件历史分析、DNA序列方法等。这些与建构生活质量指标体系迥然不同的定性研究方法给我们很多有益的启示，不但有助于开阔研究思路，而且可以弥补单纯量化评价的不足，为生活质量研究提供重要补充。未来生活质量研究的发展趋势应该是在多元化的基础上，充分吸纳不同研究方法的精华，协同探索提高人类生活质量的奥秘所在。

第二十一章

指标反映的现实问题

生活质量主观指标研究的一个重要目的是作为社会各领域发展的指示器,显示实际工作的方向。那么如何判断哪些生活领域是重要领域呢?关于生活质量指标研究的最新进展提出了一个非常重要的权重方案来确定生活领域的现实发展与主观感受之关联。

这种新方案以乘积法为基础,但是与简单的计算满意度和重要性之乘积不同,这里增加了所有生活领域的重要性之和作为分母。因此,个体全面生活质量的得分为:

$$\sum (S_i I_i) / \sum I_i$$

其中,S_i 表示领域 i 的满意度,I_i 表示领域 i 的重要性。

新方案能够清楚地说明生活领域发展的总体情况。可以举例来说明,假设某一生活质量研究提供两个生活领域的满意度数据和重要性数据。个体 A 在一个生活领域上满意度很低,只有 1 分,而对其重要性评价很高,有 5 分;在另一个生活领域上满意度很低,只有 2 分,但对其重要性评价也很高,有 5 分。个体 B 对两个生活领域都有较高的满意度(均为 5 分),其中一个领域的重要性评价为 1 分,另一个领域的重要性评价为 2 分。使用乘积法很难将两个人的生活质量区分开来,但新方案就可以清楚地显示 A 和 B 的差别(如表 21-1 所示)。

表 21-1　　　　　　　　A、B 两人生活质量得分之比较

		A	B
领域 1 的分值	满意度	1	5
	重要性	5	1
领域 2 的分值	满意度	2	5
	重要性	5	2
赋权后的全面生活质量	乘积法	15	15
	替代法	1.5	5

这一方法的提出，对于本研究具有积极的借鉴意义。在本调查中，研究者不仅要求被访者就诸多生活领域进行重要性评价，同时也对各领域的满意度有个基本判断。因此，重要性与满意度之间的错位程度在很大程度上能够反映出生活质量各领域的应然状态与实然状态。那些重要性程度高但满意度较低的生活领域应当成为和谐社会建设的重点。

一、生活质量各领域的重要性与满意度

根据 2004 年调查的数据，1 601 名被调查者中有 30.7% 的人把健康放在第一位，即认为健康对生活质量的影响最大，24.5% 把工作状况放在第一位，21.0% 的人认为家庭生活是影响生活质量的最大因素。此外，有 8.4% 的人认为自我发展对生活质量影响最大（如表 21-2 所示）。

表 21-2　　　　　　　生活质量影响因素的影响程度比较

	样本数（人）	百分比（%）
健　康	491	30.7
工作状况	392	24.5
家庭生活	336	21.0
自我发展	135	8.4
物质拥有与消费	132	8.2
社会交往	64	4.0
公共服务与公共政策	31	1.9
休闲娱乐	20	1.2
样本总数	1 601	100.0

2007 年，对武汉市和上海市的主观幸福感调查也再次证明健康、工作状况和家庭生活对于中国城市居民的生活质量而言是最重要的三个生活领域。

（一）健康满意度

在满意度方面，2004年的调查从两个方面对健康进行测量：个人健康和公共卫生。个人健康包括对个人身体状况以及精神状况满意度的测量，公共卫生包括对公共医疗服务以及公共卫生政策满意度的测量，具体的测量结果如表21-3所示。

表21-3　　　　　　　　　　个人健康状况满意度　　　　　　　　　　单位：%

分　类	很满意	比较满意	不太满意	很不满意	说不清楚
个人身体健康状况	27.7	53.7	15.0	2.5	1.1
个人精神状态	22.0	55.9	18.9	2.1	1.1

超过半数的人对自己的身体以及精神状况比较满意，但是人们对身体健康的满意度要高出对精神健康的满意度3.5个百分点，超过20%的人对自己的精神状态"不太满意"或"很不满意"。究其原因，被调查者认为个人的体质以及生活压力的大小对生活质量影响最大，另外，饮食起居是否有规律、是否经常锻炼身体以及心理焦虑与否对生活质量都具有一定的影响。

除了个人健康以外，公共医疗服务的状况同样影响着生活质量。目前看来，人们对医院的治疗收费、药品的价格不满意的程度较高。关于急救时的交通便利状况以及医院的急救措施这两项调查，有29.1%和37.5%的人选择了"说不清楚"（如表21-4所示）。

表21-4　　　　　　　　　　公共医疗状况满意度情况　　　　　　　　　　单位：%

分　类	很满意	比较满意	不太满意	很不满意	说不清楚
急救时的交通便利状况	9.2	36.4	20.2	5.1	29.1
医院的急救措施	5.3	29.7	21.5	6.0	37.5
医院的医疗收费	1.8	10.9	40.8	33.8	12.8
医院药品的价格	1.4	9.2	40.3	37.9	11.1
医院的服务	2.9	30.8	36.4	18.0	11.9
政府对公共卫生重视程度及投入	3.6	32.1	34.2	14.5	15.6

至于"对生活质量影响最大的公共卫生问题"，有38.3%的人选择了医院治疗费用及药品价格，远远高于其他选项，如医院医疗设备和条件（16.1%）、就医方便程度（12.4%）、医院治疗水平与服务（18.1%）以及政府对公共卫生的

投入（14.7%）。

图 21-1 也显示了 2003 年湖北城镇居民个人健康的满意程度。城镇居民对自己的健康完全满意的只占了 5.7%，比较满意的占到 45.40%，一般的占到 41.5%，不满意的占到 6.70%，很不满意的占到 0.70%。这表明 48.90% 的居民对他们的健康状况并不是十分满意，这个问题的确值得引起注意。公共健康是关注健康的另一个主要层面，表现在医院的收费、医院或社区的疾病防疫工作、医疗保险状况这三个方面，居民的反映如表 21-5 所示。

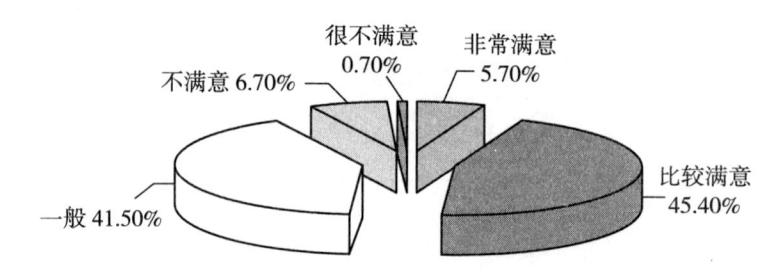

图 21-1 湖北城镇居民个人健康的满意程度

资料来源：武汉大学生活质量研究与评价中心"2003 年湖北省城镇居民生活质量"调查问卷。

表 21-5　　　　城镇居民公共健康服务的满意程度　　　　单位：%

公共服务 \ 满意程度	非常满意	比较满意	一般	不满意	很不满意
医院收费	0.9	5.2	28.9	48.3	16.7
医院或社区的疾病防疫工作	1.8	16.7	52.9	25.5	3.0
医疗保险状况	11.5	54.7	28.4	5.4	0

资料来源：武汉大学生活质量研究与评价中心"2003 年湖北省城镇居民生活质量"调查问卷。

从表 21-5 可以看出，医院收费过高仍然是城镇居民感到最为不满的问题，不满意的人占到了 93.9%。医院是为病人服务的场所，病人因为费用高而不敢进医院的现象严重阻碍了居民生活质量的提高。

（二）工作满意度

工作也是一个重要性很强的生活领域。2004 年的调查结果显（如表 21-6 所示），工作环境、工作强度、工作安全性以及单位内部人际关系是满意度比较高的方面，而工作福利、工作收入、公司的晋升激励机制方面的满意度有明显分化，有近半数的人对这些方面感到不满。

表 21-6 工作状况满意度情况   单位：%

项　目	非常满意	比较满意	不太满意	很不满意	说不清楚
工作环境	11.1	62.5	21.0	2.7	2.7
工作强度大小	7.2	60.7	23.2	4.8	4.1
工作安全性	18.9	64.1	11.7	2.3	2.9
工作收入	3.3	41.8	42.4	9.4	3.0
工作福利	4.4	37.9	37.0	11.7	9.0
晋升的机会	4.6	30.7	29.8	7.4	27.5
激励机制	5.2	31.5	34.7	9.6	19.0
与上司的关系	12.8	63.7	8.7	2.2	12.6
与同事的关系	21.0	66.7	4.9	0.4	7.0
表现自己能力的机会	9.4	45.2	27.5	5.5	12.4
工作中的自主权	13.6	48.9	22.2	6.4	8.8

此外，具体到工作的各个方面，如表 21-7 所示，获得工作机会以及工作的收入和福利是人们最为关心的问题（这两项占了总人数的 63.6%），因为能否找到工作以及工作所带来的经济收入可以直接改善人们的生活状况，提高生活质量。另外，工作时间的长短对生活质量也有一定影响，长时间的劳动必然会占据人们休闲娱乐的时间，同时也会加重人们的身体和精神双方面的负担，从而降低生活质量。

表 21-7 影响生活质量的工作维度

项　目	样本数（人）	百分比（%）	排序
获得工作的机会	283	18.5	2
工作时间	172	11.3	3
工作收入和福利	688	45.1	1
工作条件	78	5.1	4
工作安全性	55	3.6	8
表现自己能力的机会	74	4.8	5
与领导同事的关系	63	4.1	6
单位中的激励机制	40	2.6	9
提升的机会	18	1.2	10
工作中的自主权	56	3.7	7
样本总数	1527	100.0	

2003 年对湖北城镇居民工作满意度的调查结果从总体上说明了城镇居民的工作满意度状况。调查发现，很多回答"一般"的居民对自己的工作并不十分满意。很多被访者认为自己不太满意自己工作的主要原因是花费的时间和得到的收入不成正比。由此可见这 50% 的"一般"也偏向于不满意。即对工作不是很

满意的人占到了 68.1%（如表 21-8 所示）。

表 21-8　　　　　城镇居民对工作的满意程度　　　　　　　　单位：%

满意程度	非常满意	比较满意	一般	不满意	很不满意
比例	6.8	25	50	13.6	4.5

资料来源：武汉大学生活质量研究与评价中心"2003 年湖北省城镇居民生活质量"调查问卷。

（三）家庭与社会交往

家庭与社会交往被视为影响生活质量的重要因素之一。人的大部分时间是与家人或朋友一起度过的，因此和睦的家庭关系以及良好的社会关系是生活质量高的重要表现。本次调查中，90%以上的居民认为自己与家人、亲戚、朋友的关系比较好，具体情况如表 21-9 所示。

表 21-9　　　　　　　家庭与社会交往情况　　　　　　　　　单位：%

项　目	很好	比较好	一般	不太好	很不好	说不清楚
与家人的关系	72.5	21.7	4.7	0.6	0.4	0.2
与邻居的关系	40.3	35.9	20.7	1.1	1.1	0.9
与亲戚的关系	47.4	36.4	14.2	14.1	0.3	0.2
与朋友的关系	53.9	36.6	8.5	0.4	0.3	0.2

在对社会关系的价值判断中，68.3%的人认为是与亲人的关系是最重要的，12.7%的人认为是朋友，还有 10.6%的人认为是领导（如表 21-10 所示）。可见，虽然现代社会人与人之间亲情关系不如传统社会那样密切，但是在人们的心目中还是占据着很重要的位置，通常人们在遇到困难的时候，给予其最大帮助的都是身边的亲人。

表 21-10　　　　　影响生活质量的家庭与社会交往关系

项　目	样本数（人）	百分比（%）	排序
与亲人的关系	1 086	68.3	1
与邻居的关系	54	3.4	5
与朋友的关系	202	12.7	2
与同事的关系	78	4.9	4
与领导的关系	169	10.6	3
样本总数	1 589	100.0	

由此可见，总体而言，被调查者对其家庭关系和家庭生活状况的满意度是比较高的。

重要性和满意度的比较结果说明，健康和工作作为重要性很高的生活领域，城镇居民对它们的满意度都不是很高。这就进一步说明提高城镇居民健康生活、解决就业和工资问题的重要性。

二、重要领域满意度低的现实因素

构建和谐社会是历史发展的必然，也是中国提升国际竞争力的唯一选择。但是，调查结果显示，在某些重要的生活领域，由于诸多因素的影响，其建设速度和实际效果远远无法满足人民群众的要求。健康是主观生活质量测量中，被认为是最重要的生活领域，但是城镇居民的健康满意度却不是很高，尤其对于医院的收费和药品价格甚为不满。健康领域重要性与满意度的严重错位说明该领域的建设存在重大缺陷。

新中国成立60年，中国的医疗卫生事业取得了巨大成就，这主要表现在：中国以占世界卫生总支出1%左右的比例，为占世界22%的人口提供了基本医疗卫生服务。① 医疗卫生资源逐年丰富，居民平均每千人口拥有的医生数、医院床位数呈上升趋势，人均医疗卫生费用和卫生总费用占国民生产总值百分比更是长势喜人。随着中国对健康投入的增加，中国的医疗条件大为改观，人民健康水平也相应提高，据中国的第五次全国人口普查资料显示，中国的人均预期寿命显著地高于世界平均水平和同等发展水平的发展中国家，据估算，2020年中国的人均预期寿命可达到75岁。婴儿死亡率和孕产妇死亡率下降了很多，传染病发病率基本稳定。世界卫生组织在《2000年世界卫生报告——卫生系统绩效评价》中论述中国卫生的特点：用较少的费用基本解决了世界人口最多国家的卫生问题，健康水平绩效排列在192个国家的第61位。② 特别值得一提的是，经过SARS和禽流感的考验，中国抗击和应对突发事件的能力得到增强。

但是，中国当前正在凸现健康不和谐问题。健康不和谐是指当前中国人民健康水平的发展与经济发展、社会发展等其他系统的发展不协调，人民健康状况发生分层，呈现区域或城乡间不和谐的现象。

1. 中国的卫生资源保障状况和健康状况与国际其他国家存在差距

通过中国卫生资源状况的国际比较，能够客观地评估中国的卫生资源状况在世界的位置。表21-11和图21-2、图21-3显示，中国的卫生资源状况与其他

---

①② 参见中医药传播网 www.xiaoduweb.com/Html/Dir0/14/41/63.htm。

国家还存在差距。

表21-11　　　　　部分国家卫生资源状况比较

国家	每千人口医师（人）	每千人口医院病床（张）	人均医疗卫生费用（美元）	医疗卫生事业占GDP的百分比（%）
	1993~1999年	1991~1999年	2001年	2001年
中　国	1.7	2.4	49	5.2
日　本	1.9	16.5	2 627	8.0
泰　国	0.4	2.0	69	3.7
印　度	0.4	0.8	24	5.1
英　国	2.0	4.1	1 835	7.6
法　国	3.0	8.2	2 109	9.6
俄罗斯	4.2	10.8	115	5.4
波　兰	2.2	4.9	289	6.1
罗马尼亚	1.9	7.5	117	6.5
美　国	2.7	3.6	4 887	13.9
巴　西	1.3	3.1	222	7.6
澳大利亚	3.2	8.6	1 886	8.0
埃　及	1.6	2.1	46	3.9
尼日利亚	0.2	1.7	15	3.4

资料来源：中华人民共和国卫生部网站（www.moh.gov.cn），《2005年中国卫生统计提要》。

国家	死亡率(‰)
尼日利亚	112
埃及	41
澳大利亚	5
巴西	34
美国	7
罗马尼亚	21
波兰	9
俄罗斯	18
法国	5
英国	6
印度	70
泰国	26
日本	4
中国	33

图21-2　部分国家婴儿死亡率（1999年）

资料来源：中华人民共和国卫生部网站（www.moh.gov.cn），《2005年中国卫生统计提要》。

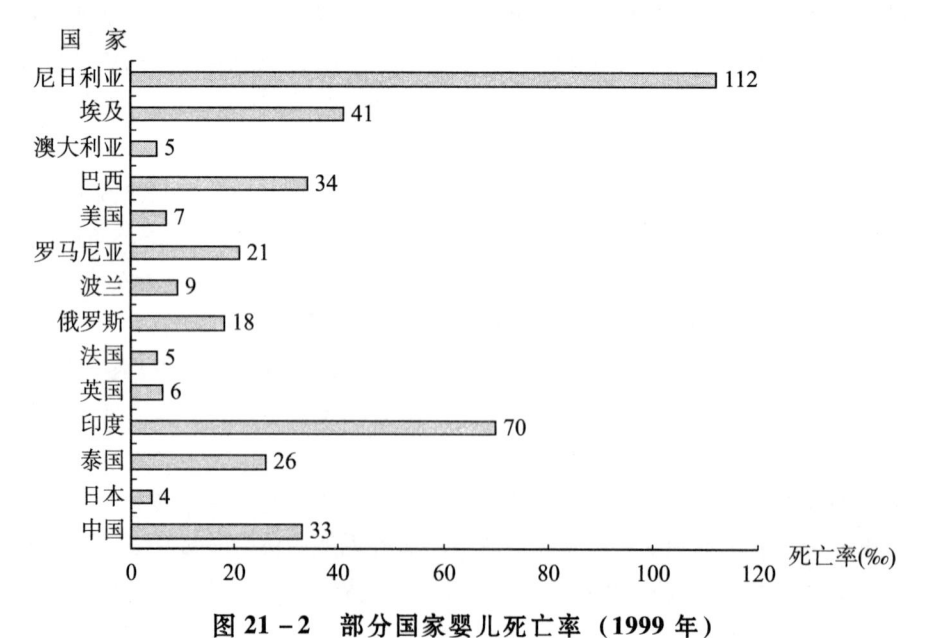

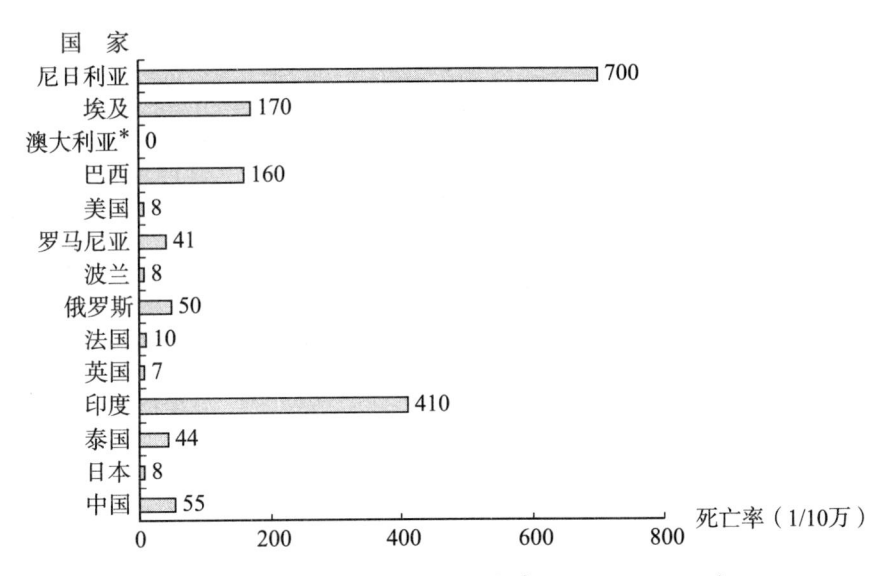

```
国    家
尼日利亚 ━━━━━━━━━━━━━━━━━━ 700
   埃及 ━━━ 170
澳大利亚* 0
   巴西 ━━━ 160
   美国 ▎8
 罗马尼亚 ▊ 41
   波兰 ▎8
  俄罗斯 ▊ 50
   法国 ▎10
   英国 ▎7
   印度 ━━━━━━━━ 410
   泰国 ▊ 44
   日本 ▎8
   中国 ▊ 55
        0    200   400   600   800    死亡率（1/10万）
```

图 21-3　部分国家孕产妇死亡率（1980～1999 年）

　　＊澳大利亚 1980～1999 年的孕产妇死亡率未被记录在《2005 年中国卫生统计提要》中，并非为 0。

　　资料来源：中华人民共和国卫生部网站（www.moh.gov.cn），《2005 年中国卫生统计提要》。

　　1993～1999 年间，每千人口医生数排在前三名的是俄罗斯（4.2 名）、澳大利亚（3.2 名）和法国（3.0 名），而中国（1.7 名）排第八位，属于中等水平。有学者指出每千人口医生数这一指标"在国际比较中，中国水平不低，主要原因是统计口径不同，中国医生数中包括了牙医和中级医士在内，外国不包括。根据中国国情，中级医士约占医生数的 22%，加牙医共占 24%，他们在人口众多尤其在农村起了很大作用，所以不应为了可比而加以扣除。"①

　　在 1991～1999 年的每千人口病床数这一指标上，中国（2.4 张）属于低等水平，远远落后于日本（16.5 张）、俄罗斯（10.8 张）和澳大利亚（8.6 张），仅仅强于埃及（2.1 张）、泰国（2.0 张）、尼日利亚（1.7 张）和印度（0.8 张）。

　　2001 年人均医疗卫生费用，美国排在第一，为 4887 美元，占 GDP 的 13.9%；第二是日本，为 2627 美元，占 GDP 的 8.0%；第三是法国，为 2109 美元，占 GDP 的 9.6%，澳大利亚、英国的人均医疗卫生费用分别为 1886 美元和 1835 美元。这是 5 个人均医疗卫生费用达到千元的国家，中国的人均医疗卫生费用只有 49 美元，医疗卫生事业占 GDP 的 5.2%。美国的人均医疗卫生费用基本上是中国的 100 倍，中国的人均医疗卫生费用仅仅高于尼日利亚、印度和埃及。与 1990～1998 年的人均医疗卫生费用 33 美元相比，中国的人均医疗卫生费

---

　　① 朱庆芳：《2020 年我国小康社会主要经济社会指标测算》，载《经济参考报》2003 年 4 月 16 日。

用只增加了 16 美元。

与中国卫生资源保障状况的国际地位相对应，中国的健康状况指标也落后于世界部分国家。特别是与有些国家相比，中国的婴儿死亡率和孕产妇死亡率还是偏高，如 1999 年在部分国家的婴儿死亡率的比较中，中国的婴儿死亡率（33‰）处于中等偏下的水平，仅强于尼日利亚（112‰）、印度（70‰）、埃及（41‰）和巴西（34‰），与日本（4‰）、法国（5‰）、澳大利亚（5‰）等发达国家存在显著差异。

在 1980～1999 年部分国家的孕产妇死亡率比较中，中国孕产妇死亡率（55/10 万）状况也不容乐观，排名倒数第五，几乎是英国孕产妇死亡率（7/10 万）的 8 倍，大约是美国、波兰和日本孕产妇死亡率（8/10 万）的 7 倍。

2. 健康投资与经济发展不和谐，政府的公共卫生支出"缩水"

近几十年来，中国的经济保持继续增长的势头，2004 年中国的 GDP 达到了 14 万亿元，中国人的富裕程度提高了 30 多倍，2004 年仅国家财政的收入便突破了 2 万亿元，仅 2004 年的国家财政收入便已是改革开放前中国国民生产总值的 5 倍。在经济增长的同时，中国在卫生方面的支出与往年比较也有很大增加，如卫生总费用从 1978 年的 110.21 亿元人民币增加到 2003 年的 6 623.3 亿元人民币，人均卫生总费用由 1978 年的 11.45 元增加到 2003 年的 512.5 元。但是，这些数据只说明了卫生总费用和人均卫生总费用绝对量的增加，从侧面反映了经济的增长，并不能证明卫生投入在整个社会系统中所占的比例。从总体上看，中国医疗卫生事业的发展，特别是政府对公共卫生和疾病预防的投入，仍滞后于社会经济发展的需要。据统计，占全世界 22% 人口的中国，卫生投入却仅仅是世界卫生总投入的 2%，这种投入的不足使得一些符合公众利益、具有更大社会效益的预防保健、基本医疗服务和农村卫生事业等项工作开展困难。

同时，与同期的其他国家相比这些数值还很低，例如 2001 年，中国的人均卫生总费用为 49 美元，美国为 4 887 美元，基本上是中国的 100 倍；同年中国的卫生总费用占 GDP 的比重为 5.2%，美国达到了 13.9%。近年来，中国政府卫生支出占总财政支出的比重呈下滑趋势。20 世纪 80～90 年代，卫生支出占财政支出比重徘徊在 5%～6% 之间，1992 年达到历史最高水平 6.11%，但到了 2002 年，这一比重却下降至 3.92%[①]。相当于经济这块"蛋糕"越做越大了，但是分给卫生部门的却越来越少了。并且，最大的问题不在于卫生部门分得的财

[①] 杜乐勋、张文鸣、张大伟主编：《中国医疗卫生产业发展报告》，社会科学文献出版社 2004 年版，第 377 页。

政支出少，而在于卫生总费用的构成也在发生改变，政府对公共卫生支出比重逐年降低，政府在财政支出的主导性角色逐渐"隐化"。

3. 健康水平与社会发展不和谐，部分健康危机困扰人们

伴随着医学科技的突破和医疗技术水平的发展，中国人民的健康水平应该比以往有更大改善，事实也是如此，例如中国的人均预期寿命就从解放前的 35 岁增加到 2000 年的 71.4 岁，翻了一倍多。但是还有一些健康危机不断出现，困扰人们。

首先，近年来，中国部分传染病发病率有回升的趋势，结核病便是一个例子。在新中国成立的头 30 年，中国的结核病的发病率下降了 60%～70%；后 20 年，尽管资金更加充裕，治疗手段更加成熟，但中国的结核病发病率不仅没有下降，反而有上升的趋势。据估计，中国大约有 4 亿人受过结核病感染，其中将近 10% 的人会发病。目前，全国约有 500 万肺结核患者，居世界第二，仅次于印度，占全球结核病患者总数的 1/4，而且其中相当多的人已具有抗药性。病毒性肝炎的情况更是不容乐观，其发病率高于结核病，并一直居高不下。现在，中国乙型肝炎病毒携带者的数量高居世界第一[①]。

其次，艾滋病威胁人们健康。艾滋病病毒于 1982 年传入中国，1985 年中国发现第一例艾滋病病人，从 1994 年进入了快速增长期。自 1999 年起，波及了全国 31 个省、自治区和直辖市。近年来，艾滋病流行形势日益严峻。至 2003 年，中国现有艾滋病毒感染者约 84 万，艾滋病病人约 8 万例；并且存在以下几个趋势：全国范围的低水平流行与局部地区和人群的高水平流行并存，艾滋病增长趋势明显；局部地区艾滋病发病和死亡的高峰期来临；高危人群中的艾滋病的流行没有得到有效控制，并且开始向一般人群扩散；艾滋病流行的危险因素广泛存在，扩大流行的潜在危险很大。2003 年，中国艾滋病毒感染率占总人口的比例虽然很低，但感染人数在亚洲位居第二，在全球居第十四位。[②]

再其次，中国的精神病的发病率逐年上升。卫生部 2004 年公布的数据显示，中国共有精神病患者 1 600 万人，各类精神病患病率达 13.47‰，在 20 世纪 70 年代时中国精神病患病率还只有 5.4‰。[③] 目前，神经精神疾病在中国疾病总负担中排名首位，约占疾病总负担的 20%。根据世界卫生组织推算，中国神经精

[①] 中华人民共和国国家统计局编：《中华人民共和国统计年鉴（2004）》，中国统计出版社 2004 年版，第 928 页。

[②] 中华人民共和国国家统计局编：《中华人民共和国统计年鉴（2004）》，中国统计出版社 2004 年版，第 924～925 页。

[③] 参见 http://zgxj.net/xlzl/shkf/wsjbdf.htm. 对于不同年代时中国精神病患病率的数据还没有统一，有的人认为"中国精神疾病的患病率从 70 年代的 3.2‰上升至 15.56‰"，全文可参见《进入精神疾病时代我们如何面对》，载《北京青年报》2004 年 12 月 27 日。

神疾病负担到 2020 年将上升到疾病总负担的 1/4①。而那时的精神疾病也将从目前的全世界十大疾病中排名第五位，跃居到第二位。最令人担忧的是，精神病患者在快速年轻化，受到情绪障碍和行为问题困扰的 17 岁以下儿童和青少年约有 3 000 万人。② 与中国患精神疾病的比例上升的事实不协调的是中国对精神病的卫生资源投入十分有限，据称，中国 1 万名精神病患者平均不到一张病床；根据国家规划，政府经费对精神卫生的投入每人每年不少于 0.15 元，而实际上，相当多的地区仍是"捉襟见肘"。③ 对精神病人健康状况关注的缺失将影响到中国整体国民健康素质的提高。

最后，随着工业化、城市化、人口老龄化进程加快，与生态环境、生活方式相关的卫生问题日益加重，急性传染性疾病对人们的危害已不像过去那么严重，反而是慢性非传染性疾病患病率上升，慢性疾病开始困扰人们。以高血压为例，中国 18 岁及其以上居民高血压患病率为 18.8%，估计全国患病人数为 1.6 亿多，与 1991 年相比，患病人数增加约 7 000 多万。更令人担忧的是，公众高血压知晓率只有 30.2%，治疗率和控制率仅为 24.7% 和 6.1%④。

4. 医疗卫生资源配置失衡，人民健康状况呈现分层

健康可以看成是卫生系统的产出，那么医疗卫生资源就是卫生系统的投入。医疗卫生资源应该是公共物品，由人民共同享有。但事实上，中国目前的医疗卫生资源配置失衡。根据世界卫生组织公布的《2000 年世界卫生报告》，在 191 个国家和地区当中，中国的医疗资源分配公正指数排 188 位，列倒数第四，仅比巴西、缅甸、塞拉里昂稍强，是世界上公共卫生资源分配最不公平的国家之一⑤。卫生资源分配在地区、城乡间差距明显，这直接导致人们的健康状况发生分层。

（1）医疗卫生资源配置失衡。首先是政府投入方面，1991～2000 年间，政府投入农村卫生的支出 690 亿元，占卫生总预算支出的 15.9%，农村卫生投入 10 年仅增长 48.5%。2000 年政府卫生预算投入比 1991 年增加的部分只有 12.4% 用于农村。据世界银行专家对中国近 11 年来的公共支出的分析显示，中国公共开支的分配向富裕区域倾斜，而在区域内则向发展最快的省份倾斜。据统计，目前约占中国总人口 15% 的城市人口享用着 2/3 的卫生保障服务，而约占 85% 的农村人口却只能享用不到 1/3 的医疗卫生保障服务。由于对农村卫生投入不足，本应由公共财政承担的疾病预防、计划免疫、卫生保健、改水改厕、社区

---

① 白剑峰：《我国精神疾病居疾病总负担之首》，载《人民日报》2004 年 10 月。
② 蔡江南：《中国医疗卫生领域面临的十大课题——蔡江南博士在美国波士顿的演讲》，载《解放日报》2005 年 4 月 10 日。
③ http：//www. Wsjk. com. cn/gb/paper211/1/class021100002/hwz175974. htm.
④ http：//news. tom. com/1002/20041015 - 1424501. hunt.
⑤ http：//www. med8th. com/humed/5/050415ssmszgwsfpgpx. . htm.

卫生服务等公共卫生服务职能，在多数地区没有到位，"治防并举，预防为主"的方针没有很好落实。①

其次是医疗基础设施方面，在东部沿海发达地区，医疗基础设施的供给量较丰富，他们的排名在全国处于中上等，而大多数西部省（市、自治区），人均可获得的医疗基础设施十分有限。在这二十年，在北京、上海、天津三个直辖市和沿海省（市、自治区），医疗条件得到了明显的改善。中西部省（市、自治区）则没有那么幸运，它们改善的幅度一般极为有限（如贵州、西藏、青海），有些省（市、自治区）情况还稍许有些恶化（如湖北、江西、福建，近几年的每千人病床数和医生数都呈下降趋势）。据中国卫生部资料报道，当2003年"非典"袭来时，同为此次"非典"重灾区，北京每千人拥有的医院床位数为6.28张，山西只有3.23张；以每千人拥有的医生计，北京为4.62人，山西仅为2.69人；以每千人拥有的护士计，北京为3.59人，山西为1.33人。在中西部19省（市、自治区）里，山西的医疗条件还算不错。在另一个也发现了SARS病例的安徽，每千人拥有的床位数、医生数和护士数仅为1.83张、1.13人和0.67人，也就是说，平均下来，每五个安徽居民，才能享受到一个北京市民的医疗卫生条件。②

最后是中国城乡居民医疗保障享有情况也存在很大差别。社科院的调查报告显示：农村人口医疗保险覆盖率只有9.58%，而城市则为42.09%③。尽管国家在大力推行农村合作医疗，但广大农村的农民还严重缺乏基本医疗保障，基本上处于自费医疗状态。在医疗服务费用快速增长的今天，许多城市居民都难以支付医疗费用开销，农村居民的情况更不容乐观了，根据卫生部官员的估计，中国农村目前有40%~60%的人看不起病。在中西部地区，因为看不起病、住不起医院，因病在家里死亡的人数估计在60%~80%。2003年中国农民的人均收入是2 622元，而第三次卫生服务调查的结果显示，2003年农民住院例的平均费用是2 236元。也就是说，如果一个农民家庭有一个人住院，可能这一年的收入就全部用到医疗费用上。④

（2）人民健康状况发生分层。这表现在区域性不和谐和城乡间不和谐两方面。健康分层主要通过人均预期寿命、孕产妇死亡率和婴儿死亡率三个指标来表明。人均预期寿命是个综合性的指标，能反映社会、经济的进步状况和医疗水平的发展状况。目前，中国一些大城市的居民健康状况已接近发达国家水平，而在中西部贫困地区，居民平均期望寿命明显低于全国的平均水平。1990年第四次全国人口普查中，人均预期寿命最高的是上海，为74.9岁，人均预期寿命最低

---

① http://www.people.com.cn/GB/34948/34951/34959/2617551.htm.
②③ 楼夷、田启林：《"SARS西侵"系列之二：忧患中西部》，载《财经》2003年5月3日。
④ 邓树林：《农民何时看病不再难?》，载《今日中国》2005年第2期。

的是西藏，为59.64岁，两者相差15.26岁。2000年全国人口普查的结果显示：预期寿命最高的仍是上海，为78.14岁，预期寿命最低的还是西藏，为64.37岁，两者相差13.77岁，比10年前缩短了1.49岁，但这种地区之间的人均预期寿命差距还是惊人的。2000年，城镇居民人均寿命75.21岁，农村居民人均寿命69.55岁，前者比后者高出5岁多，相当于发达国家与中等收入国家之间的差距。①

孕产妇和婴儿属于健康高风险群体，通过孕产妇死亡率和婴儿死亡率能明显地反映出一个国家或地区的制度环境、经济发展状况和卫生保障条件，特别是生殖健康服务的水平。1998年，西南、西北9省（市、自治区）孕产妇平均死亡率高达177.96/10万，为全国平均水平56.2/10万的2.8倍，这些地区的孕产妇死亡率情况与非洲国家相当。1995年7月，中国政府提出了到2000年末妇女发展的目标，即到2000年，孕产妇死亡率要在1990年的基础上降低1/2，即由1990年的94.7/10万降低到47.4/10万。根据1998年上报的数据，全国有21个省（市、自治区）的孕产妇死亡率未达到这一目标。其中有14个省（市、自治区）孕产妇死亡率在47.4/10万至100/10万之间，大于100/10万的有7个省（市、自治区）。国务院妇儿工委曾在西南、西北86个贫困县对1995年至1997年孕产妇的死亡情况进行调查，9省（市、自治区）孕产妇平均死亡率达177.96/10万，为全国同期孕产妇死亡率的2.8倍，有的县甚至超过300/10万，而同期上海为12/10万（中国香港地区和日本仅为4/10万）。②

中国孕产妇死亡率下降趋势在城乡之间都存在回升的时间点，如农村孕产妇死亡率在1999年（79.7/10万）就比1998年（74.1/10万）上升了5.6/10万例，城市孕产妇死亡率在2001年（33.1/10万）比2000年（29.3/10万）上升了3.8/10万例，农村的孕产妇死亡率上升的例子远远高于城市的孕产妇死亡率。1991年农村孕产妇死亡率是城市的2.15倍，2002年农村孕产妇死亡率是城市的2.61倍，还存在比例增高的现象。除此以外，2002年全国妇幼卫生116个监测点报告还显示，边远地区的孕产妇死亡率明显高于沿海、内地地区。上海、北京、天津和浙江等省（市、自治区）孕产妇死亡率在20/10万左右，已接近发达国家水平；而边远地区还在70/10万上下，约是沿海地区的3.6倍。③

中国婴儿死亡率从1991年的50.2‰降到2002年的29.2‰，农村婴儿死亡率的下降幅度较大，从1991年的58‰下降到2002年的33.1‰，而城市的婴儿死亡率的下降幅度不太明显，这是因为城市的医疗条件起点高，设备的增加和技

---

① 国家统计局人口和社会科技统计司编：《中国人口统计年鉴（2004）》，中国统计出版社2004年版，第201页。

② 参见http://www1.cei.gov.cn/forum50/doc/50zgg/2001107311677.htm。

③ 参见http://www.china.org.cn/Chinese/zhuanti/zgrkyfz/669089.htm。

术的改进对降低婴儿死亡率的效果不像农村那么显著。但是，城乡之间在婴儿死亡率上的差别还是存在的，1991年农村婴儿死亡率是城市的3.35倍，2002年农村婴儿死亡率是城市的2.71倍。有学者根据中国各类省（市、自治区）的卫生设施和健康指标得出这样一个判断：中国国内存在着"四个世界"：北京、上海可以与发达国家媲美；东北三省和东南沿海省（市、自治区）与东欧转型国家不相上下；中西部省（市、自治区）略比一般发展中国家好一些；有些西部省（市、自治区）比发展中国家还差一点，但比最不发达国家强[①]。这种"四个世界"的论断正好说明了中国的健康不和谐，存在区域性和城乡间的分层。

在这种状况之下，城镇居民只能寄希望于自身的锻炼和心态平和，外部的公共卫生条件远远无法满足群体中的需求。显然，是政府公共行为的短缺导致人们对健康这一重要的生活领域缺乏相应的满意感，并使之成为一个亟待改善的生活领域。

结 语

社会的高度发展要求人们站在一个比以往更高的层次上来衡量社会的发展程度以及生活质量的状况。对于现代社会发展和生活质量的衡量，绝不能仅仅局限于对某一因素的认识，片面强调某一方面因素的作用。生活质量从根本上取决于物质生产发展的程度。随着物质生产的发展，人们的精神需求也会发生新的变化，从而把生活质量推向更新、更高的层次。健康、工作、家庭、个人发展、环境、教育、安全、休闲等都是人们在当前和今后一段时间生活的重心。中国的和谐社会建设需要加大对民生建设的投入，"民主法治、公平正义、诚信友爱、充满活力、安定有序、人与自然和谐相处"的目标只能在人民安居乐业、生活富裕、心情舒畅的实现过程中逐步达成。

---

① 王绍光：《中国公共卫生的危机与转机》，载《比较》2003年第7期。

图表目录

表目录

表 2-1　个体—集体/物质—非物质分析框架　41
表 3-1　克雷文斯和黑尔斯的生活质量测量示意性领域　44
表 3-2　澳门居民生活质量客观指标结构框架　65
表 3-3　主观幸福感语义差异量表测量　70
表 3-4　生活满意度量表项目相关　72
表 4-1　需要种类百分比列表　81
表 4-2　世界卫生组织生活质量指标体系　91
表 4-3　欧洲生活质量量表的指标体系　94
表 4-4　欧洲生活质量量表的健康状况评估　95
表 5-1　HDI、GDI、HPI-1、HPI-2 指标体系的差异　121
表 5-2　世界发展指标体系　123
表 5-3　《国际生活》的生活质量指标体系　125
表 5-4　经合组织社会指标体系　127
表 5-5　欧洲社会指标体系概念框架　131
表 5-6　卡尔弗特—亨德森生活质量指标体系　135
表 5-7　伯纳德社会凝聚正式与实质维度的划分　138
表 5-8　加拿大社会凝聚指标体系　139
表 6-1　生活质量保障状况评价指标体系　148
表 6-2　生活质量需求满足程度评价指标体系　150
表 7-1　社会发展综合评价指数中的物质经济指标　158
表 7-2　2000~2005年东、中、西部地区人均 GDP 比较　163
表 7-3　2000~2005年全国城乡收入指标比较　166
表 7-4　2000~2005年东、中、西部地区城镇居民人均可支配收入　168

表 7-5　2000~2005 年东、中、西部地区农村人均纯收入比较　168

表 7-6　2000~2005 年城镇居民人均可支配收入比较　169

表 7-7　2000~2005 年农村人均纯收入比较　170

表 7-8　2000~2005 年全国就业状况　173

表 7-9　2000~2004 年全国物质福利水平比较　175

表 8-1　2003 年人均住户最终消费支出及增长率　183

表 8-2　中国与其他国家消费结构的比较　183

表 8-3　2000~2004 年全国食物消费支出比重　184

表 8-4　2000~2004 年全国衣着消费支出比重　185

表 8-5　2000~2004 年全国家庭设备用品及服务消费支出比重　186

表 8-6　2000~2004 年全国医疗保健消费支出比重　188

表 8-7　2000~2004 年全国交通及通讯消费支出比重　189

表 8-8　2000~2004 年全国文化教育娱乐及服务消费支出比重　191

表 8-9　2000~2004 年全国居住消费支出比重　192

表 8-10　2000~2004 年全国杂项商品及服务消费支出比重　193

表 8-11　2000~2004 年全国消费结构指数　194

表 8-12　2000~2004 年全国消费结构指数排名　195

表 8-13　六类省（市、自治区）各部分消费的平均支出　197

表 8-14　城乡居民收入与消费比较　198

表 9-1　2001~2005 年全国每千人口病床数　207

表 9-2　2000~2004 年全国每千人口医生数　208

表 9-3　1990 年与 2000 年平均预期寿命　215

表 9-4　2002 年与 2004 年孕产妇死亡率　220

表 9-5　2002~2004 年法定报告传染病发病率　222

表 10-1　中国教育发展指标体系内容框架　227

表 10-2　1991~2005 年公共教育经费投入情况　231

表 10-3　各国公共教育经费支出占国内生产总值比重　233

表 10-4　2000~2004 年教育经费占 GDP 百分比　234

表 10-5　2000~2005 年地方财政教育事业费占地方财政支出百分比　235

表 10-6　2000~2005 年全国专任教师学历合格率　237

表 10-7　2000~2005 年中国各级教育综合入学率　240

表 10-8　2000~2005 年中国各级教育入学率　241

表 10-9　2000~2003 年义务教育阶段入学率　242

表 10 - 10	2000~2005年中国各地区人均受教育年限	245
表 11 - 1	2000~2005年基本养老保险参保人数	257
表 11 - 2	2000~2005年参保职工基本养老保险覆盖率	258
表 11 - 3	2000~2005年基本医疗保险参保人数	261
表 11 - 4	2000~2005年参保职工基本医疗保险覆盖率	263
表 11 - 5	2000~2005年失业保险参保人数	264
表 11 - 6	2000~2005年城镇登记失业人员及失业率	266
表 11 - 7	2000~2005年城镇失业人数及失业率（年末登记数）	267
表 11 - 8	2000~2005年城镇就业人员失业保险覆盖率变化	267
表 11 - 9	2000~2005年工伤保险基本情况	270
表 11 - 10	1999~2005年失业保险、医疗保险、工伤保险、生育保险基本情况	272
表 11 - 11	2005年农村社会养老保险情况	274
表 12 - 1	社会公正指标体系	279
表 12 - 2	城镇居民最高与最低人均收入比较	285
表 12 - 3	2003年与2005年城镇居民人均可支配收入变化	285
表 12 - 4	农村居民最高与最低人均收入比较	288
表 12 - 5	2003年与2005年农村居民人均纯收入变化	288
表 12 - 6	城市个人收入差距的地区分解分析	292
表 12 - 7	农村个人收入差距的地区分解分析	292
表 13 - 1	2002~2004年全国生产事故状况	299
表 13 - 2	2001~2004年全国交通事故状况	302
表 13 - 3	2001~2004年全国火灾事故状况	306
表 13 - 4	2001~2004年全国刑事案件数量及比例	309
表 13 - 5	2002~2005年公安、监察机关受、查处案件情况	310
附表 13 - 1	2002~2004年全国生产安全事故死亡数及重大事故数	313
附表 13 - 2	2001~2004年全国交通事故状况	314
附表 13 - 3	2001~2004年全国火灾状况	315
表 14 - 1	环境指标构造及内涵	318
表 14 - 2	2000年农村自来水普及率	320
表 14 - 3	2001年城市用水普及率	322
表 14 - 4	2002年城市用水普及率	323
表 14 - 5	2003年城市用水普及率	324
表 14 - 6	2004年城市用水普及率	325

表14-7　2005年城市用水普及率　326

表14-8　2000年城市环境噪声达标区面积　330

表14-9　2001年城市环境噪声达标区面积　331

表14-10　2002年城市环境噪声达标区面积　332

表14-11　2001~2005年全国主要城市空气污染指数（API）　335

表14-12　2003年全国城市生活垃圾无害化处理率　337

表14-13　2004年全国城市生活垃圾无害化处理率　338

表14-14　2005年全国城市生活垃圾无害化处理率　339

表14-15　2005年全国人均公共绿地面积　343

表15-1　闲暇生活质量指标体系结构　350

表15-2　1998年上海、天津、哈尔滨三城市居民每周闲暇时间分配　351

表15-3　上海、天津、哈尔滨三城市居民男女性别群体休闲时间分配状况　352

表15-4　农民平均每天总闲暇时间的性别比较　354

表15-5　农民各类闲暇时间的性别比较　354

表15-6　2001年北京市居民不同年龄闲暇时间比较　355

表15-7　农民不同年龄群体的闲暇时间分配　356

表15-8　上海、天津、哈尔滨三市在业群体和非在业群体闲暇时间分配　357

表15-9　上海、天津、哈尔滨三市居民消遣娱乐型活动与学习提高型活动时间分布　359

表15-10　上海、天津、哈尔滨三市居民户内活动与户外活动时间分布　360

表15-11　全国及各地区城镇居民文化娱乐用品支出占消费总支出比重　361

表15-12　2001~2005年城镇居民文化娱乐服务支出占消费总支出比重　363

表16-1　城镇居民居住质量指标框架　376

表16-2　2002~2005年城镇人均住宅建筑面积　379

表16-3　不同收入家庭住房面积　387

表16-4　2000年城市家庭户抽样住房设施状况　390

表16-5　不同规模城市居民家庭房屋产权情况　392

表17-1　四种生活质量形态　407

表17-2	四种类型的满意度	409
表18-1	2004年对现在的生活质量是否满意	415
表18-2	2004年对八城市生活质量总体满意度的描述	415
表18-3	2004年对现在的生活质量是否满意	415
表18-4	2004年各城市居民对影响生活质量首要因素的选择	416
表18-5	2007年武汉—上海居民总体幸福感比较	417
表18-6	武汉—上海主观生活质量首要影响因素比较	419
表18-7	武汉—上海主观生活质量次要影响因素比较	419
表18-8	武汉—上海主观生活质量第三影响因素比较	419
表18-9	2004年性别与总体生活满意度交互表	421
表18-10	2004年性别因素方差分析总体生活满意度	421
表18-11	2007年性别与总体幸福感交互表	421
表18-12	2007年性别因素方差分析	422
表18-13	2007年年龄因素方差分析	423
表18-14	2004年文化程度因素方差分析	423
表18-15	2007年文化程度因素方差分析	424
表18-16	婚姻状况—总体满意度交互表	424
表18-17	婚姻状况—总体幸福感交互表	425
表18-18	2004年收入因素方差分析	425
表18-19	2007年收入因素方差分析	425
表18-20	2004年个人健康状况满意度	428
表18-21	2007年武汉—上海市居民健康评价比较	429
表18-22	2004年公共医疗状况满意度情况	429
表18-23	2004年工作状况满意度情况	430
表18-24	2004年影响生活质量的工作维度	431
表18-25	2007年武汉—上海市居民工作评价比较	432
表18-26	2004年家庭与社会交往情况	432
表18-27	2004年影响生活质量的家庭与社会交往关系	433
表18-28	2007年经济支持状况	433
表18-29	2007年最可能对你提供经济帮助的途径	434
表18-30	2007年遇到烦恼或心事最可能提供帮助的途径	434
表18-31	2007年武汉和上海居民家庭生活评价均值比较	435
表18-32	2004年各城市的人均月收入和家庭月平均收入	436
表18-33	2004年城市因素对收入的影响——方差分析	437

表18-34	2007年武汉和上海居民家庭收入水平阶层认同的比较	438
表18-35	2004年影响生活质量的消费因素	438
表18-36	2007年收入因素对消费状况的影响——方差分析	438
表18-37	2004年消费满意度情况	439
表18-38	2004年自我发展满意度情况	439
表18-39	2007年武汉和上海居民社会阶层认同比较	440
表18-40	2004年公共服务满意度情况	441
表18-41	2004年公共政策满意度情况	441
表18-42	2007年武汉和上海居民公共政策执行评价均值比较	443
表18-43	2007年武汉和上海居民居住状况评价均值比较	444
表18-44	2004年休闲娱乐满意度情况	445
表18-45	2004年休闲生活质量的影响因素	445
表18-46	2004年因子总方差解释	446
表18-47	2004年主观生活质量指标框架	447
表18-48	2007年因子总方差解释	449
表19-1	客观生活质量评价指标体系及其权重	465
表19-2	主观生活质量评价指标体系及其权重	466
表19-3	2004年度数据主成分分析所得各因子方差贡献率	467
表19-4	2007年度数据主成分分析所得各因子方差贡献率	467
表20-1	常用的客观与主观社会指标	475
表21-1	A、B两人生活质量得分之比较	484
表21-2	生活质量影响因素的影响程度比较	484
表21-3	个人健康状况满意度	485
表21-4	公共医疗状况满意度情况	485
表21-5	城镇居民公共健康服务的满意程度	486
表21-6	工作状况满意度情况	487
表21-7	影响生活质量的工作维度	487
表21-8	城镇居民对工作的满意程度	488
表21-9	家庭与社会交往情况	488
表21-10	影响生活质量的家庭与社会交往关系	488
表21-11	部分国家卫生资源状况比较	490

图目录

图 2-1 生活质量研究框架图　39
图 2-2 与健康相关的群体生活质量的社会生态学视角　42
图 4-1 多重差异模型　77
图 4-2 多重差异理论　79
图 4-3 传统视角中营销对生活质量的贡献　88
图 4-4 当代视角中营销对生活质量的贡献　89
图 4-5 分层式生活质量指标体系　98
图 5-1 欧洲社会指标体系的结构示意图　132
图 5-2 社会凝聚的五个维度划分　137
图 5-3 居民生活质量的学术关注度　141
图 6-1 中国生活质量评价指标体系　147
图 7-1 物质福利指标体系　160
图 7-2 2000~2005 年人均 GDP 比较　162
图 7-3 2000~2005 年人均 GDP 年增长率比较　162
图 7-4 2001~2005 年东、中、西部人均 GDP 增长率比较　164
图 7-5 2000~2005 年全国城乡收入对比　167
图 7-6 2000~2005 年全国就业人数　172
图 8-1 生活质量消费系统指标框架　181
图 8-2 1995~2004 年全国农村与城镇人均消费支出　182
图 9-1 健康指标框架　203
图 9-2 1949~2005 年每千人口病床数　205
图 9-3 1949~2005 年每千人口医生数　206
图 9-4 1978~2004 年年人均医疗卫生费用　211
图 9-5 1978~2004 年卫生总费用占 GDP 百分比　212
图 9-6 1990~2004 年城乡人均医疗卫生费用　213
图 9-7 1978~2002 年卫生总费用的构成　213
图 9-8 1991~2004 年城乡婴儿死亡率　217
图 9-9 1991~2004 年城乡孕产妇死亡率　219
图 9-10 1985~2005 年传染病发病率　222
图 10-1 教育发展评价指标体系　230
图 10-2 1991~2005 年教育经费占 GDP、国家财政总开支的状况　232
图 10-3 2004 年教师学历合格率特征图　239
图 10-4 2000~2005 年人均受教育年限的性别差异　250

图 11-1　社会保障指标体系框架　254
图 12-1　1980~2002 年全国收入分配基尼系数变化　281
图 12-2　2005 年城镇居民收入比较　286
图 12-3　2005 年农村居民人均纯收入对比　289
图 13-1　社会公共安全指标体系框架图　298
图 14-1　环境生活质量指标评价体系　317
图 14-2　2003 年部分农村自来水普及率　321
图 14-3　2000~2005 年城市用水普及率　322
图 14-4　2000~2004 年城市环境噪声达标区面积　330
图 14-5　2000~2005 年城市生活垃圾无害化处理率　337
图 14-6　2000~2005 年全国人均公共绿地面积　341
图 14-7　2000~2005 年全国人均公共绿地面积　342
图 15-1　上海、天津、哈尔滨三市居民积极参与型活动与被动接受型活动时间分布　359
图 15-2　2000~2005 年国内旅游人数　364
图 15-3　2000~2005 年国内旅游人均花费　365
图 15-4　2000~2005 年广播电视人口覆盖率　366
附图 15-1　2000~2005 年全国各地区公共图书馆数量　367
附图 15-2　2000~2005 年全国各地区博物馆数量　368
附图 15-3　2000~2004 年全国各地区城市影剧院总数　369
附图 15-4　2000~2003 年全国各地区图书出版数量　370
附图 15-5　2000~2003 年全国各地区杂志出版数量　371
附图 15-6　2000~2005 年全国各地区报纸出版数量　372
图 17-1　主观幸福感形成过程　399
图 19-1　主客观指标构造框架（一）　463
图 19-2　主客观指标构造框架（二）　464
图 19-3　生活质量主客观维度权重分配　465
图 20-1　生活质量指标体系研究框架图　472
图 21-1　湖北城镇居民个人健康的满意程度　486
图 21-2　部分国家婴儿死亡率（1999 年）　490
图 21-3　部分国家孕产妇死亡率（1980~1999 年）　491

参考文献

著作类

[1] [埃] 阿卜杜勒·马利克等著,杜越等译:《发展的新战略》(联合国资料),中国对外翻译出版公司1990年版。

[2] [英] 阿尔弗雷德·马歇尔著,陈瑞华译:《经济学原理》,陕西人民出版社2006年版。

[3] [罗] 阿波斯托尔主编,陆象淦、刘开铭译:《当代资本主义》,三联书店1979年版。

[4] [印] 阿马蒂亚·森著,任赜、于真译:《以自由看待发展》,中国人民大学出版社2002年版。

[5] [印] 阿马蒂亚·森著,[美] 玛莎·努斯鲍姆主编:《生活质量》,社会科学文献出版社2008年版。

[6] [法] 埃米尔·涂尔干著,渠东译:《社会分工论》,三联书店2000年版。

[7] 鲍宗豪主编、上海市教育委员会组编:《当代社会发展导论》,华东师范大学出版社1999年版。

[8] 北京国际城市发展研究院编著:《中国数字黄皮书》,中国时代经济出版社2003年版。

[9] 北京大学中国国民经济核算与经济增长研究中心:《中国经济增长报告——宏观调控下的经济增长》,中国经济出版社2005年版。

[10] [美] 保罗·萨缪尔森、威廉·诺德豪斯,萧琛主译:《经济学》(第17版),人民邮电出版社2004年版。

[11] [美] 保罗·福塞尔,梁丽真、乐涛、石涛译,石涛审校:《格调——社会等级与生活品位》,广西人民出版社2002年版。

[12] [英] 布赖斯·特纳编,李康译:《社会理论指南》,上海人民出版社2003年版。

[13] [法] 波德里亚,刘成富译:《消费社会》,南京大学出版社2000年版。

[14] 蔡昉主编：《中国人口与劳动问题报告》，社会科学文献出版社2004年版。
[15] 蔡昉主编：《2001年：中国人口问题报告——教育、健康与经济增长》，社会科学文献出版社2001年版。
[16] 蔡昉主编：《中国人口与劳动问题报告No.6》，社会科学文献出版社2005年版。
[17] 陈成文著：《社会弱者论》，时事出版社2000年版。
[18] 陈根法、吴仁杰著：《幸福论》，上海人民出版社1988年版。
[19] 陈立新著：《社会指标与社会协调发展》，湖南大学出版社2005年版。
[20] 陈宗胜、周云波著：《再论改革与发展中的收入分配》，经济科学出版社2002年版。
[21] 陈佳贵、王延中主编：《中国社会保障发展报告No.2》（2001～2004），社会科学文献出版社2004年版。
[22] ［美］戴维·D·史密斯著：《城市化住宅及其发展过程》，天津社会科学院出版社2000年版。
[23] ［美］丹尼尔·贝尔著，赵一凡等译：《资本主义文化矛盾》，三联书店1989年版。
[24] ［美］德尼·古莱著，高铦、温平、李继红译：《发展论理学》，社会科学文献出版社2003年版。
[25] 邓小平著：《邓小平文选》（第三卷），人民出版社1993年版。
[26] 杜乐勋、张文鸣、张大伟主编：《中国医疗卫生产业发展报告》，社会科学文献出版社2004年版。
[27] 成中英著：《中国哲学的现代化与世界化》，台湾联经出版事业公司1985年版。
[28] 戴星翼著：《走向绿色的发展》，复旦大学出版社1998年版。
[29] 丁元竹：《再造中国社会安全网》，天津人民出版社2001年版。
[30] 法律出版社编：《中华人民共和国教师法教师资格条例》，法律出版社2003年版。
[31] ［日］饭岛伸子著，包智明译：《环境社会学》，社会科学文献出版社1999年版。
[32] ［美］凡勃仑著，蔡受百译：《有闲阶级论》，商务印书馆1981年版。
[33] 范剑平、杨大侃编：《居民消费与中国经济发展》，中国经济出版社1999年版。
[34] 范剑平等编：《中国城乡居民消费结构的变化趋势》，人民出版社2001年版。
[35] 风笑天等著：《中国城市居民生活质量研究》，华中理工大学出版社1998

年版。

[36] 冯俊科著：《西方幸福论》，吉林人民出版社1997年版。

[37] 冯立天：《中国人口生活质量研究》，北京经济学院出版社1992年版。

[38] 冯立天、戴星翼主编：《中国人口生活质量再研究》，高等教育出版社1996年版。

[39] 冯立天主编：《中国人口生活质量研究》，北京经济学院出版社1992年版。

[40] [奥地利] 弗洛伊德著，文良文化编译：《本能的冲动与成功》，华文出版社2004年版。

[41] [美] 弗兰克·戈布尔著，吕明、陈红雯译：《第三次浪潮——马斯洛心理学》，上海译文出版社2001年版。

[42] [法] 弗郎索瓦·佩鲁著，张宁、丰子义译：《新发展观》，华夏出版社1987年版。

[43] 高峰等著：《生活质量与小康社会》，苏州大学出版社2003年版。

[44] 顾明远主编：《教育大辞典》，上海教育出版社1998年版。

[45] 顾朝林编：《城市社会学》，东南大学出版社2002年版。

[46] 郝超、王培霖、刘镜编著：《经济学名著指南》，民主与建设出版社2003年版。

[47] [英] 赫·斯宾塞著，胡毅、王承绪译：《斯宾塞教育论著选》，人民教育出版社1997年版。

[48] [美] 亨德森等，刘耳等译：《女性休闲——女性主义的视角》，云南人民出版社2000年版。

[49] 何怀宏著：《良心论：传统良知的社会转化》，三联书店1994年版。

[50] 侯定凯：《高等教育社会学》，广西师范大学出版社2004年版。

[51] 胡鞍钢主编：《地区与发展：西部开发新战略》，中国计划出版社2001年版。

[52] 胡鞍钢、王绍光、康晓光著：《中国地区差距报告》，辽宁人民出版社1995年版。

[53] 胡鞍钢、王绍光、周建明著：《第二次转型：国家制度建设》，清华大学出版社2003年版。

[54] 黄德兴编：《现代生活方式面面观》，上海社会科学出版社1987年版。

[55] 姜林等主编：《物业管理岗位培训教程》，上海远东出版社1997年版。

[56] 蒋萍等编著：《社会统计学》，中国统计出版社1994年版。

[57] 金正直主编：《房地产热点透析》，辽宁人民出版社1993年版。

[58] 孔泾源等编：《中国居民收入分配年度报告（2004）》，经济科学出版社2005年版。

[59] 孔伋著：《中庸古本》，中华书局1991年版。
[60] 《礼记·杂记下》、《十三经注疏》（下册），中华书局1980年版。
[61] [瑞典] 理查德·斯威德博格著，安佳译：《经济学与社会学》，商务印书馆2003年版。
[62] 李培林、朱庆芳著：《中国小康社会》，社会科学文献出版社2003年版。
[63] 李鹏著：《一次读完25本经济学经典》，吉林人民出版社2000年版。
[64] 李清明著：《中国九大暴利行业揭秘》，中国社会出版社2004年版。
[65] 李维著：《风险社会与主观幸福》，上海社会科学院出版社2005年版。
[66] 李建新著：《企业雇员薪酬福利》，经济管理出版社1999年版。
[67] 李洲、董晓春、平庆忠、徐梅编著：《房地产：投资与消费》，中国物资出版社1992年版。
[68] 厉以宁著：《社会主义政治经济学》，商务印书馆1986年版。
[69] 林杰斌、刘明德编：《SPSS11.0与统计模型建构》，清华大学出版社2004年版。
[70] 林娅著：《环境哲学概论》，中国政法大学出版社2000年版。
[71] 刘波等著：《灾害管理学》，湖南人民出版社1998年版。
[72] 刘精明著：《国家、社会阶层与教育：教育获得的社会学研究》，中国人民大学出版社2005年版。
[73] 刘兆佳等编：《华人社会社会指标研究的发展》，香港中文大学香港亚太研究所1992年版。
[74] 刘兆佳等主编：《华人社会社会指标研究新领域》，香港中文大学香港亚太研究所1993年版。
[75] 刘兆佳等编：《华人社会的变貌：社会指标的分析》，香港中文大学香港亚太研究所1998年版。
[76] 陆学艺主编：《当代中国社会阶层研究报告》，社会科学文献出版社2002年版。
[77] 陆学艺主编：《2000年中国的小康社会》，江西人民出版社1991年版。
[78] [美] 加尔布雷斯著，徐世平译：《丰裕社会》，上海人民出版社1965年版。
[79] [美] 杰弗瑞·戈比著，张春波、陈定家、刘风华译：《21世纪的休闲与休闲服务》，云南人民出版社2000年版。
[80] [美] 杰弗瑞·戈比著，康筝译：《你生命中的休闲》，云南人民出版社2000年版。
[81] [美] 吉登斯著，田禾译：《现代性的后果》，译林出版社2000年版。
[82] [荷] 玛格丽萨·德波尔著，王德辉等译：《环境、空间和生活质量：可持

续性的时间》，中国环境科学出版社 1998 年版。

[83] [美] E·A·罗斯著，秦志勇、毛永政译：《社会控制》，华夏出版社 1989 年版。

[84] [美] Robert J. Rossi and Kevin J. Gilmartin 著，李明、赵文璋译：《社会指标导论——缘起、特性及分析》，明德基金会生活素质出版部 1985 年版。

[85] [美] W·W·罗斯托著，郭熙保、王松茂译：《经济增长的阶段》，中国社会科学出版社 2001 年版。

[86] [美] W·W·罗斯托编，贺力平等译：《从起飞进入持续增长的经济学》，四川人民出版社 2000 年版。

[87] [日] 马场房子，李士瀛译：《消费者心理学》，工商出版社 1984 年版。

[88] [美] 马斯洛著，许金声等译：《动机与人格》，华夏出版社 1987 年版。

[89] [美] 马斯洛著，刘烨编译：《马斯洛的智慧（马斯洛人本哲学解读)》，中国电影出版社 2005 年版。

[90] [澳] 马尔科姆·沃斯特著，杨善华等译：《现代社会学理论》，华夏出版社 2000 年版。

[91] [西] 马约尔著，吕臣重译：《不要等到明天》，社会科学文献出版社 1993 年版。

[92] 马洪、孙尚清主编：《经济与管理大辞典·续编》，中国发展出版社 1989 年版。

[93] [英] 迈克·费瑟斯通著，刘精明译：《消费文化与后现代主义》，译林出版社 2000 年版。

[94] 卢卫著：《解读人居——中国城市住宅发展的理论思考》，天津社科出版社 2000 年版。

[95] 马惠娣、张景安主编：《中国公众休闲状况调查》，中国经济出版社 2004 年版。

[96] 马凯主编：《2005 年中国国民经济和社会发展报告》，中国计划出版社 2005 年 3 月版。

[97] 马克思、恩格斯著，中共中央马克思恩格斯列宁斯大林著作编译局译：《马克思恩格斯全集》（第 25 卷），人民出版社 1975 年版。

[98] 马克思、恩格斯著，中共中央马克思恩格斯列宁斯大林著作编译局译：《马克思恩格斯全集》（第 26 卷），人民出版社 1975 年版。

[99] 毛大庆著：《城市人居生活质量评价理论及方法研究》，原子能出版社 2003 年版。

[100] 梅里亚姆-韦伯斯特出版公司：《韦氏新大学词典》（第 9 版），韦伯斯特

出版公司 1988 年版，世界图书出版公司北京公司重印，1995 年。

[101] 梅雪芹著：《环境史学与环境问题》，人民出版社 2004 年版。

[102] 苗力田主编：《古希腊哲学》，中国人民大学出版社 1989 年版。

[103] 牛凤瑞主编：《中国房地产发展报告 No.1》，社会科学文献出版社 2004 年版。

[104] ［美］诺曼·迈尔斯著，王正平、金辉译：《最终的安全——政治稳定的环境基础》，上海译文出版社 2001 年版。

[105] 欧阳志远著：《最后的消费》，人民出版社 2000 年版。

[106] 齐铱编著：《中国内地和香港地区老年人生活状况和生活质量研究》，北京大学出版社 1998 年版。

[107] 邱晓华、郑京平主编：《解读中国经济指标》，中国经济出版社 2003 年版。

[108] 汝信等主编：《2004 年：中国社会形势分析与预测》，社会科学文献出版社 2004 年版。

[109] 汝信、陆学艺、李培林主编：《2003 年：中国社会形势分析与预测》，社会科学文献出版社 2003 年版。

[110] 张少龙编：《中国市场消费报告》，社会科学出版社 2005 年版。

[111] 沈振新主编：《提高新世纪老年人生活质量研究：第二届华裔老人国际研讨会论文集》，华龄出版社 2003 年版。

[112] ［法］萨伊著，陈福生、陈振骅译：《政治经济学概论》，商务印书馆 1982 年版。

[113] 石小玉主编，陈龙渊译：《世界经济统计研究新进展》，中央广播电视大学出版社 2002 年版。

[114] 石智勇、李春亚主编：《疾病与生活质量》，军事医学科学出版社 2000 年版。

[115] （明）周益祥撰：《四库全书》、《陈履吉采芝堂文集》（卷 13），古籍出版社。

[116] 宋林飞著：《西方社会学理论》，南京大学出版社 1999 年版。

[117] 苏伟伦著：《危机管理》，中国纺织出版社 2000 年版。

[118] 孙立平著：《断裂：20 世纪 90 年代以来的中国社会》，社会科学出版社 2003 年版。

[119] 陶行知著：《陶行知全集》（第二卷），江苏教育出版社 1986 年版。

[120] 田翠琴、齐心著：《农民闲暇》，社会科学文献出版社 2005 年版。

[121] 田松青编著：《休闲经济》，新华出版社 2005 年版。

[122] 童星、金业友：《高科技时代的生活方式》，南京大学出版社 1993 年版。

[123] ［美］托马斯·古德尔、杰弗瑞·戈比著，成素梅等译：《人类思想史中

的休闲》，云南人民出版社 2000 年版。

[124] 王宝琛编著：《现代统计指标体系》，上海社会科学院出版社 1989 年版。

[125] 王建成等著：《中国生活质量报告》，文汇出版社 2005 年版。

[126] 王立彦、李心愉著：《官方统计与国际比较统计》，北京大学出版社 1994 年版。

[127] 王洛林、余永定主编：《2001～2002 年：世界经济形势分析与预测》，社会科学文献出版社 2002 年版。

[128] 王洛林、余永定主编：《2003～2004 年：世界经济形势分析与预测》，社会科学文献出版社 2004 年版。

[129] 王梦奎、李善同主编：《中国地区社会经济发展不平衡问题研究》，商务印书馆 2000 年版。

[130] 王宁著：《消费社会——一个分析的视角》，社会科学文献出版社 2001 年版。

[131] 王琪延、张卫江、龚江辉著：《城市居民的生活时间分配》，经济科学出版社 1999 年版。

[132] 王善澄主编：《实用康复精神医学》，湖南科学技术出版社 1997 年版。

[133] 王绍光、胡鞍钢著：《中国：不平衡发展的政治经济学》，中国计划出版社 1999 年版。

[134] 王树恩、陈士俊主编：《人类与环境》，天津大学出版社 2002 年版。

[135] 王雅林主编：《城市休闲——上海、天津、哈尔滨城市居民时间分配的考察》，社会科学文献出版社 2003 年版。

[136] 王伟中主编：《中国可持续发展态势分析》，商务印书馆 1999 年版。

[137] 王子平著：《灾害社会学》，湖南人民出版社 1998 年版。

[138] [美] 沃林斯基著，孙牧虹等译：《健康社会学》，社会科学文献出版社 1999 年版。

[139] 邬沧萍主编：《北京市人口老龄化与老年人口生活质量问题研究》，北京燕山出版社 1990 年版。

[140] 吴寒光主编：《社会发展与社会指标》，中国社会出版社 1991 年版。

[141] 吴忠民著：《渐进模式与有效发展》，知识出版社 1999 年版。

[142] [瑞士] 西斯蒙第：《政治经济学新原理》，商务印书馆 1983 年版。

[143] 邢占军著：《测量幸福——主观幸福感测量研究》，人民出版社 2005 年版。

[144] (汉) 许慎撰，(宋) 徐铉等校定：《说文解字》，中华书局 1985 年版。

[145] 薛澜、张强、钟开斌著：《危机管理：转型期中国面临的挑战》，清华大学出版社 2003 年版。

[146] 郇庆治著：《欧洲绿党研究》，山东人民出版社 2000 年版。

[147] 杨伯峻著：《孟子译注》，中华书局1995年版。

[148] 扬聪、林克著：《区域优势整合——论西部经济的统筹发展》，民族出版社2004年版。

[149] 杨贵庆编：《城市社会心理学》，同济大学出版社2000年版。

[150] 杨慎编：《房地产与国民经济》，中国机械工业出版社2002年版。

[151] [英] 伊恩·迈尔斯著，贾俊平译：《人的发展与社会指标》，重庆大学出版社1992年版。

[152] 尹继佐主编：《提高城市的生活质量2003年上海社会发展蓝皮书》，上海社会科学院出版社2002年版。

[153] 尹世杰著：《消费需要论》，湖南出版社1993年版。

[154] 尹世杰著：《消费文化学》，湖北人民出版社2002年版。

[155] 尹世洪主编：《当前中国城市贫困问题》，江西人民出版社1998年版。

[156] [美] 约翰·凯利著，赵冉译：《走向自由：休闲社会学新论》，云南人民出版社2000年版。

[157] 游宏炳著：《中国居民收入分配差距研究》，中国经济出版社1998年版。

[158] 俞可平编：《治理与善治》，社会科学文献出版社2000年版。

[159] 于光远著：《论普遍有闲的社会》，中国经济出版社2005年版。

[160] 于琨奇、花菊香主编：《现代生活方式与传统文化》，科学出版社1999年版。

[161] 袁方、宋瑛主编：《社会统计学》，中国统计出版社1988年版。

[162] 袁方主编：《社会指标与社会发展评价》，中国劳动出版社1995年版。

[163] 余建英、何旭宏著：《数据统计分析与SPSS应用》，人民邮电出版社2003年版。

[164] 藏旭恒著：《中国消费函数分析》，上海人民出版社1994年版。

[165] 曾令华著：《消费水平与经济发展》，中国财政经济出版社1998年版。

[166] 张雷声著：《经济建设与全面小康》，社会科学文献出版社2005年版。

[167] 张其仔著：《新经济社会学》，中国社会科学出版社2001年版。

[168] 张塞主编，《国际统计年鉴2004》，中国统计出版社2004年版。

[169] 张仙桥、洪民文主编：《住宅社学概述》，社会科学文献出版社1993年版。

[170] 赵黎青著：《非政府组织与可持续发展》，经济科学出版社1998年版。

[171] 赵红梅、李景霞编著：《现代西方经济学主要流派》，中国财政经济出版社2002年版。

[172] 赵人伟主编：《中国居民收入分配研究》，社会科学出版社1994年版。

[173] 赵人伟、李实、卡尔·李思勤主编：《中国居民收入分配再研究》，中国财政经济出版社1999年版。

[174] 赵震江著：《犯罪社会学》，北京大学出版社 1998 年版。

[175] 郑杭生编：《中国社会发展研究报告 2004——走向更安全的社会》，中国人民大学出版 2004 年版。

[176] 郑杭生、李路路主编：《中国人民大学中国社会发展报告 2005——走向更加和谐的社会》，中国人民大学出版社 2005 年版。

[177] 郑杭生、李强、李路路著：《社会指标理论研究》，中国人民大学出版社 1991 年版。

[178] 郑杭生主编：《社会学概论新编》，中国人民大学出版社 2000 年版。

[179] 中国城市经济社会发展研究会、中国行政管理学会主办，陈俊生、刘国光主编：《中国城市年鉴》，中国城市经济出版社 2001~2004 年版。

[180] 中国教育与人力资源问题研究报告课题组编：《中国教育与人力资源问题报告：从人口大国迈向人力资源强国》，高等教育出版社 2003 年版。

[181] 中国科学院可持续发展研究组编：《2000 中国可持续发展战略报告》，科学出版社 2000 年版。

[182] 中国社会科学院环境与发展研究中心编：《中国环境与发展评论》（第二卷），社会科学文献出版社 2004 年版。

[183] 中国社会科学院数量经济技术研究所编：《社会经济指标研究资料》，超星图书馆电子图书。

[184] 中国大百科全书出版社编辑部编：《中国大百科全书·环境科学卷》，中国大百科全书出版社 2003 年修订版。

[185] 《中华人民共和国环境保护法》，法律出版社 1989 年修订版。

[186] 周长城等著：《社会发展与生活质量》，社会科学文献出版社 2001 年版。

[187] 周长城著：《经济社会学》，中国人民大学出版社 2003 年版。

[188] 周长城主编：《现代经济社会学》，武汉大学出版社 2003 年版。

[189] 周长城等著：《全面小康：生活质量与测量——国际视野下的生活质量指标》，社会科学文献出版社 2003 年版。

[190] 周长城等著：《中国生活质量：现状与评价》，社会科学文献出版社 2003 年版。

[191] 周海林著：《可持续发展原理》，商务印书馆 2004 年版。

[192] 周林东著：《奴隶与伙伴——环境新伦理》，湖北教育出版社 2000 年版。

[193] 周路主编：《中国社会治安综合治理机制论》，群众出版社 1999 年版。

[194] 周绍森著：《论中国东部崛起》，中国经济出版社 2003 年版。

[195] 周运清等著：《新编社会学大纲》，武汉大学出版社 2004 年版。

[196] 周运清主编：《住宅社会学导论》，安徽人民出版社 1992 年版。

[197] 朱启贵著:《可持续发展评估》,上海财经大学出版社1999年版。
[198] 朱庆芳著:《社会指标的应用》,中国统计出版社1992年版。
[199] 朱庆芳等著:《社会指标体系》,中国社会科学出版社2001年版。
[200] 朱国宏主编:《经济学视野里的社会现象》,四川人民出版社1998年版。
[201] 朱之鑫主编:《国际统计年鉴》(2005),中国统计出版社2005年版。
[202] 朱之鑫主编:《国际统计年鉴》(2004),中国统计出版社2004年版。
[203] 左玉辉主编:《环境社会学》,高等教育出版社2003年版。

论文类

[1] A. 米克劳斯,韦鲁英译:《生活质量的国际研究》,载《国外社会科学》1990年第4期,第60~65页。

[2] Morrison K.,林嫒译:《生活质量指标简述》,载《行政》2005年第18卷,总第68期,第359~392页。

[3] M. 约瑟夫·舍杰,陈承蔚译:《从马斯洛的发展观引出的生活质量观》,载《世界经济文汇》1987年第6期,第77~80页。

[4] K·苏斯耐、G·A·费舍,唐忠勋、叶南客译:《生活质量的社会学研究》,载《国外社会科学》1987年第10期,第58~63页。

[5] J. 哈贝马斯,张庆熊译:《在全球化压力下的欧洲的民族国家》,载《复旦学报(社会科学版)》2001年第3期,第114~121页。

[6] R. 特斯勒,新馨译:《精神健康的社会学》,载《国外社会科学》2001年第4期,第101~102页。

[7] 边燕杰、刘勇利:《社会分层、住房产权与居住质量》,载《社会学研究》2005年第2期。

[8] 蔡昉、都阳:《中国地区经济增长的趋同与差异——对西部开发战略的启示》,载《经济研究》2000年第10期。

[9] 蔡昉、王德文、都阳:《劳动力市场扭曲对区域差距的影响》,载《中国社会科学》2001年第2期。

[10] 蔡江南:《中国医疗卫生领域面临的十大课题——蔡江南博士在美国波士顿的演讲》,载《解放日报》2005年4月10日。

[11] 财政部农业司《公共财政覆盖农村问题研究》课题组:《公共财政覆盖农村问题研究报告》,载《农业经济问题》2004年第7期。

[12] 常宗虎:《重构中国社会保障体制的有益探索——全国社会福利理论与政策研讨会综述》,载《中国社会科学》2001年第3期。

[13] 陈惠雄:《快乐经济学的理论难点、发展向度与现实价值》,载《光明日

报》2006年11月20日。

[14] 陈慧敏、傅开元：《再定位 垫治疗关节盘前移位相关文献回顾》，载《口腔颌面修复学杂志》2006年第4期。

[15] 陈惠雄、刘国珍：《快乐指数研究概述》，载《财经论丛》2005年第3期，第29～36页。

[16] 陈默：《英国的住宅政策》，载《中外房地产报》1995年第12期。

[17] 陈世平、乐国安：《城市居民生活满意度及其影响因素研究》，载《心理科学》2001年第24卷，第6期，第664～666页。

[18] 陈秀山、徐瑛：《地区差距与转移支付制度的区域均衡效应分析》，载《中国社会科学》2004年第5期。

[19] 陈义平：《两种生活质量评估方法的比较分析》，载《广东社会科学》1993年第3期，第38～45页。

[20] 陈义平：《关于生活质量评估的再思考》，载《社会科学研究》1999年第1期，第84～87页。

[21] 陈迎：《发展观的演进与发展的指标衡量》，载《世界经济与政治论坛》1997年第4期，第5～9页。

[22] 陈震宇：《生活素质和社会指标体系》，载《行政》2005年第18卷，总第68期，第393～412页。

[23] 陈钰芬：《我国城镇居民生活质量的评估方法》，载《工作视点》2005年第3期。

[24] 陈宗胜：《中国居民收入分配差别的深入研究》，载《经济研究》2000年第7期。

[25] 陈宗胜：《倒U曲线的"阶梯形"变异》，载《经济研究》1994年第5期。

[26] 程兰芳：《中国城镇居民家庭的消费模式分析》，载《统计观察》2004年第4期。

[27] 程衍方等：《中国居住小康指数为62分》，载《小康》2005年第3期。

[28] 程衍方：《中国人居住小康标准解读》，载《小康》2005年第3期。

[29] 成伯清：《现代西方社会学有关大众消费的理论》，载《国外社会科学》1998年第3期。

[30] 成都市统计局：《衡量城市居民生活质量指标体系的探讨》，载《成都经济发展》2003年10月25日，第22～32页。

[31] 程泽运：《房价新政面面观之政府》，载《大河报》2005年4月25日。

[32] 迟延萍：《对教育是中国经济、社会持续发展基础再探》，载《西北大学学报》（哲学社会科学版）2000年第1期。

[33] 楚江亭：《关于构建中国教育发展指标体系的思考》，载《中国教育学刊》2002年第2期。

[34] 达德利·西尔斯：《发展的意义》，载《国际发展评论》1969年12月第2期。

[35] 但昭彬、李炎芳：《关于构建小康社会教育指标体系的思考》，载《中国教育学刊》2003年第11期。

[36] 邓树林：《农民何时看病不再难？》，载《今日中国》2005年第2期。

[37] 刁永祚：《论生活质量》，载《经济学家》2003年第6期，第4~10页。

[38] 刁永祚：《科学发展观与消费模式转变》，载《经济学家》2004年第4期。

[39] 董清义：《当代发展观的演进及其价值取向》，载《学术论坛》2003年第3期，第56~57页。

[40] 范元中：《空气污染指数计算程序》，载《环境保护》1998年第8期，第18~19页。

[41] 范剑平、张少龙：《我国市场消费结构的演进过程及其对经济增长的影响》，载张少龙编：《中国市场消费报告》，社会科学出版社2005年版。

[42] 房产俱乐部：《国际文明居住标准的四个基本特征》，载《四川青年报》2000年9月7日。

[43] 方积乾等：《与健康有关的生存质量的研究概况》，载《中国康复医学杂志》2000年第15卷，第1期，第40~43页。

[44] 方显仓、杨侠：《全新消费模式：可持续消费》，载《经济问题探索》1998年第2期。

[45] 方淑芬、李太杰：《国外社会保障制度研究与借鉴》，载《学术交流》1997年第6期。

[46] 费孝通：《跨文化的"席明纳"——人文价值再思考之二》，载《读书》1997年第1期，第3~9页。

[47] 冯立天：《中国人口生活质量研究——小康生活质量目标的进程与省际比较》，载《人口与经济》1995年第6期。

[48] 冯立天、陈再华：《北京不同年龄段城市人口生活质量差异性研究》，载《人口研究》1995年第2期。

[49] 冯立天、陈再华：《北京不同文化层次城市人口生活质量探讨》，载《人口与经济》1995年第1期。

[50] 冯俊：《从社会发展看住房》，载《武汉房地》2004年第4期，第21页。

[51] 风笑天、易松国：《武汉市居民生活质量分析》，载《浙江学刊》1997年第3期，第47~50页。

[52] 风笑天、易松国：《城市居民家庭生活质量：指标及其结构》，载《社会学

研究》2000年第4期,第107～118页。

[53] 风笑天、赵延东:《当前我国城市居民的闲暇生活质量》,载《社会科学研究》1997年第5期,第91～98页。

[54] 傅殷才:《资产阶级"生活质量"理论述评》,载《世界经济》1983年第3期,第74～76页。

[55] 高丙中:《社团合作与中国公民社会的有机团结》,载《中国社会科学》2006年第3期,第110～123页。

[56] 高永平、B. Murphy等:《WHO生活质量量表澳洲中文版现场测试》,载《上海精神医学》1997年第4期,第292～297页。

[57] 官宇轩:《社会支持与健康的关系研究概述》,载《心理学动态》1994年第2期,第34～39页。

[58] 国家发改委宏观经济研究院课题组:《"全面建设小康社会"研究综述》,载《经济研究参考》2003年第65期。

[59] 郭凡:《美国住宅社会学的居住环境和种族差别研究》,广州市房地产学会住宅社会学研究会编,载《住宅社会学研究》,1991年。

[60] 郭熙保:《论发展观的演变》,载《学术月刊》2001年第9期,第47～89页。

[61] 郭熙保:《从发展经济学观点看待库兹涅茨假说——兼论中国收入不平等扩大的原因》,载《管理世界》2002年第3期。

[62] 国世平、江伟科、邢祖军:《香港消费分析报告》,载张少龙编:《中国市场消费报告》,社会科学出版社2005年版。

[63] 国家统计局农调总队课题组:《城乡居民收入差距研究》,载《经济研究》1994年第12期。

[64] 郝潞霞:《当代发展观的演进及其人本化趋向》,载《新疆社会科学》2004年第6期,第1～5页。

[65] 赫晓辉:《可持续发展指标体系初探》,载《统计学经济数学方法》(人大复印资料)1996年第6期。

[66] 郝元涛、方积乾:《世界卫生组织生存质量测定量表中文版介绍及其使用说明》,载《现代康复》2000年第8期,第1127～1145页。

[67] 郝元涛、方积乾、吴少敏、朱淑明:《WHO生存质量评估简表的等价性评价》,载《中国心理卫生杂志》2006年第2期,第71～75页。

[68] 邰智贤:《健康住宅发展趋向解析》,载《中国房地产》2004年第12期。

[69] 贺春临、周长城:《福利概念与生活质量指标——欧洲生活质量指标体系的概念框架和结构研究》,载《国外社会科学》2002年第1期,第51～55页。

[70] 洪大用:《应对高风险社会》,载《瞭望》2004年第6期。

[71] 洪大用：《西方环境社会学研究》，载《社会学研究》1999年第2期。

[72] 洪君盛：《服务经济建设，保障社会安全》，载《公安大学学报》2002年第4期。

[73] 侯铁军：《生存质量与疾病预后的研究进展》，载《国外医学社会医学分册》2001年第2期。

[74] 侯瑜：《加拿大城市生活质量指标的构建及对我国的启示》，载《统计教育》2005年第6期，第22~26页。

[75] 侯亚非：《中国人口文化教育素质分析》，载《市场人口与分析》2001年第2期。

[76] 胡鞍钢：《从人口大国到人力资本大国：1980~2000年》，载《中国人口科学》2002年第5期。

[77] 胡本田、胡亭亭：《关于全面小康社会指标体系的探讨》，载《华东经济管理》2002年第6期。

[78] 胡联合、胡鞍钢、徐绍刚：《贫富差距对违法犯罪活动影响的实证分析》，载《管理世界》2005年第6期。

[79] 胡国清等：《生活质量研究概述》，载《湖南医科大学学报（社会科学版）》2001年第3卷第2期，第48~51页。

[80] 胡荣：《厦门市居民生活质量调查》，载《社会学研究》1996年第2期。

[81] 胡锡琴等：《解析人类发展指数》，载《统计与决策》2007年第1期，第134~135页。

[82] 胡志坚、李永威、马惠娣：《我国公众闲暇时间文化生活研究》，载《清华大学学报（哲学社会科学版）》2003年第6期。

[83] 黄辞海、白光润：《居住生态社区的内涵及其指标体系初探》，载《人文地理》2003年第1期。

[84] 黄敬岁：《实践生活质素概念——为弱智人士的生活带来转变》，载《香港弱智人士家长联会毅行者社区教育中心〈通讯〉》1999年第12期。

[85] 黄峰：《武汉市今年200套廉租房一般落实到位》，载《武汉晚报》2005年8月2日。

[86] 贾海薇、王文生、朱正威：《工作生活质量的影响因素及评价指标》，载《华南农业大学学报（社会科学版）》2003年第2期。

[87] 贾江华：《社会安全：意义与结构》，载《求实》2004年第4期。

[88] 吉光：《廉租房建设综述：保障职能重新上阵》，载《房地产导报》2003年9月。

[89] 季相林：《人的全面自由发展与闲暇时间》，载《当代世界与社会主义》2003年第6期。

[90] 江夏：《解读关注中央1号文件：让公共财政的阳光普照农村》，载《人民日报》2005年2月8日。

[91] 江泽民：《全面建设小康社会，开创中国特色社会主义事业新局面——在中国共产党第十六次全国代表大会上的报告》，载《科学时报》2002年11月8日。

[92] 纪昀：《1998年度诺贝尔经济学奖得主阿马蒂亚·森对福利经济学的贡献》，载《世界经济》1999年第3期，第71~72页。

[93] 建设部财务司住宅与房地产司：《2002年城镇房屋概况统计公报》，载《中国建设报》2003年4月28日。

[94] 教育部：《中国教育与人力资源问题报告》，载《中国教育报》2003年2月16日。

[95] 郡维国：《论中国刑法中公共安全的内涵及其认定标准》，载《中国青年政治学院学报》2002年第6期。

[96] 柯健：《中国各地区城镇居民消费结构比较分析》，载《经济问题探讨》2004年第10期。

[97] 李健宁、潘苏东：《关于教育现代化指标体系设置的构想》，载《现代大学教育》2004年第1期。

[98] 李静：《西方国家的社会福利与生活质量》，载《江西社会科学》2005年第12期，第170~173页。

[99] 李九领：《加快社会保障制度改革步伐》，载《经济论坛》2004年第2期。

[100] 李路路：《社会变迁：风险和社会控制》，载《中国人民大学学报》2004年第2期。

[101] 李明：《区域可持续发展的持续性评价分析》，载《数量经济技术经济研究》1999年第6期。

[102] 李善同等：《发展观的演进与发展的测度》，载《管理世界》1997年第4期，第2~9页。

[103] 李实：《中国居民收入分配再研究》，载《经济研究》1999年第4期。

[104] 李实：《中国经济转型与收入分配变动》，载《经济研究》1998年第4期。

[105] 李伟：《房价收入比计算方法之我见》，载《浙江统计》2004年第9期。

[106] 李伟：《房价收入比指标国际比较分析》，载《辽宁经济》2004年第5期。

[107] 李相协：《消费者财政状况与生活质量满足度的相关研究》，载《消费经济》1996年第2期。

[108] 李学芬：《中国城镇居民住房现状大调查》，载《中外房地产报》2000年第10期。

[109] 李延杰、陈秀山：《中、美、印三国健康水平综合评价的研究》，载《中国卫生事业管理》1996年第6期。

[110] 李益：《论科技进步与休闲》，广西大学2003年优秀硕士论文，载中国优秀博硕士学位论文全文数据库。

[111] 李玥：《西安市"城中村"改造模式探讨》，西安建筑科技大学2004年优秀硕士论文，载中国优秀博硕士学位论文全文数据库。

[112] 林南、王玲、潘允康、袁国华：《生活质量的结构与指标——1985年天津千户问卷调查资料分析》，载《社会学研究》1987年第6期，第73~89页。

[113] 林南、卢汉龙：《社会指标与生活质量结构模型探讨》，载《中国社会科学》1989年第4期，第75~97页。

[114] 林素穗：《城市生活品质评量之研究——以台南市为例》，载台湾立德管理学院地区发展管理研究所硕士论文，2004年。

[115] 林毅夫、刘培林：《中国的经济发展战略与地区收入差距》，载《经济研究》2003年第3期。

[116] 林毅夫、蔡昉：《中国经济转型的地区差距分析》，载《经济研究》1998年第10期。

[117] 林志群：《联合国〈住房指标调研项目〉成果简介（一）》，载《中国房地产》1994年第1期。

[118] 林志群：《联合国〈住房指标调研项目〉成果简介（二）》，载《中国房地产》1994年第2期。

[119] 梁荣、陈学会：《我国小康住宅指标体系新探》，载《中国房地产》2004年第6期。

[120] 廖俊平：《人人有房住不等于人人都买房》，载《广州日报》2005年6月27日。

[121] 廖奇：《闲暇时间：一种以时间形态存在的社会资源——"我国公众闲暇时间文化精神生活状况的调查与研究"课题评审会纪要》，载《自然辩证法研究》2004年第6期。

[122] 零点公司：《2003年居民生活质量报告》，载汝信、陆学艺、李培林编《2004年：中国社会形势分析与预测》，社会科学文献出版社2004年版。

[123] 刘耳：《当代西方环境哲学述评》，载《国外社会科学》1999年第6期。

[124] 刘福坦：《破除指标体系的迷雾》，载赵汀阳主编：《年度学术2003年：人们对世界的想象》，中国人民大学出版社2003年版。

[125] 刘继同：《生活方式与生活质量：中国社会福利研究的独特视角》，载《华中师范大学学报（人文社会科学版）》2003年第2期，第57~62页。

[126] 刘凤良、李彬：《消费理论的行为化趋向》，载《国家行政学院学报》2004年第6期。

[127] 刘声远、陈心广：《生命质量问题研究进展》，载《国外医学社会医学分册》1996年第2期。

[128] 刘群：《国外社会保障制度的三种模式》，载《价格月刊》2002年第6期。

[129] 刘晓军：《全球化过程中的消费主义评说》，载《青年研究》1998年第6期。

[130] 刘玉玫：《我国城市居民生活质量评估研究》，载《中国统计》1996年第8期。

[131] 刘志峰：《改善中低收入家庭的住房条件依然艰巨》，载《经济日报》2003年8月30日。

[132] 楼夷、田启林：《"SARS西侵"系列之二：忧患中西部》，载《财经》2003年5月3日。

[133] 卢嘉瑞：《全面建设小康与提高生活质量》，载《经济评论》2005第2期。

[134] 卢汉龙：《来自个体的报告——上海市民的生活质量分析》，载《社会学研究》1990年第1期，第71~91页。

[135] 卢淑华：《中国城市婚姻与家庭生活质量分析——根据北京西安等地的调查》，载《社会学研究》1992年第4期，第84~91页。

[136] 卢淑华、韦鲁英：《生活质量与人口特征关系的比较研究》，载《北京大学学报》1991年第3期，第56~67页。

[137] 卢淑华、韦鲁英：《生活质量主客观指标作用机制》，载《中国社会科学》1992年第1期，第121~136页。

[138] 卢淑华：《生活质量主客观指标作用机制研究》，载《中国社会科学》1992年第4期。

[139] 陆汉文：《论生活世界的内涵与生活质量测量》，载《学术论坛》2005年第11期，第109~114页。

[140] 陆学艺：《全面建设小康社会 社会指标难于经济指标》，载《中国经济时报》2002年11月15日。

[141] 陆玉龙：《关于全面小康社会城镇居民住房指标的探讨（上）》，载《国际金融报》2005年1月28日。

[142] 陆昀：《住房满意指数上海大连分最高》，载《中华工商时报》2003年1月1日。

[143] 鲁玲：《论全面小康社会指标体系的建立与监测评价》，载《理论导刊》2004年第2期。

[144] 罗萍等：《国内生活质量指标体系研究现状评析》，载《武汉大学学报（人文社会科学版）》2000年第5期，第645~649页。

[145] 罗萍：《国内生活质量指标体系研究积极成果评述》，载《中国人口科学》2000年第6期，第36~42页。

[146] 罗萍、姜星莉：《试论生活质量评估的客观指标、主观指标及主客观指标辐合趋势》，载《市场与人口分析》2002年第2期，第50~56页。

[147] 罗萍：《社会转型时期闲暇方式变革刍议》，载《新疆大学学报》（哲学社会科学版）1996年第4期。

[148] 罗跃嘉、买晓琴：《美国国家心理健康研究所介绍》，载《心理学动态》2001年第1期，第88~94页。

[149] 马惠娣：《闲暇时间与"以人为本"的科学发展观》，载《自然辩证法研究》2004年第6期，第100~102页。

[150] 马剑：《公共安全谁来负责》，载《中国保安》2004年第8期。

[151] 马宇文：《我国居民收入分配差距扩大的制度分析》，载《改革》2002年第6期。

[152] 孟坚：《小康住宅的10大标准》，载《中国证券报》2002年11月25日。

[153] 牛新文：《健康居住的指标研究》，载《中国房地产》2003年第9期。

[154] 潘岳：《谈谈绿色GDP》，载《中国经济时报》2004年4月12日。

[155] 潘岳：《绿色GDP：亟待跨越两大障碍》，载《人民日报》2004年4月8日。

[156] 潘祖光：《"生活质量"研究的进展和趋势》，载《浙江社会科学》1994年第6期，第73~76页。

[157] 潘祖光：《人口生活质量研究综述》，载《人口学刊》1994年第5期。

[158] 庞跃辉：《提高闲暇生活质量由何入手》，载《光明日报》2004年9月28日。

[159] 彭念一、李丽：《我国居民生活质量评价指标与综合评价研究》，载《湖南大学学报》2003年第5期，第21~25页。

[160] 秦斌祥、朱传一：《美国生活质量研究的兴起》，载《美国研究》1988年第3期，第133~151页。

[161] 秦麟征：《关于美国的社会指标运动》，载《国外社会科学》1983年第2期，第29~36页。

[162] "人民生活质量指标体系研究"课题组：《德国和瑞典的生活质量指标体系研究》，载《江苏社会科学》2002年第1期。

[163] 任纪军：《经济适用房政策的失效与变革》，载《经济参考报》2005年6月25日。

[164] 桑强等：《社会发展观的现代趋向》，载《发展论坛》1999年第10期，第38~39页。

[165] 上海市城市社会经济调查队课题组：《城市居民生活质量评价指标体系的

构建》,载《上海统计》2002 年第 12 期,第 16~19 页。

[166] 沈爱民:《闲暇的本质与人的全面发展》,载《自然辩证法研究》2004 年第 6 期。

[167] 沈杰:《从"GDP 崇拜"到幸福指数关怀——发展理论视野中发展观的几次深刻转折》,载《江苏行政学院学报》2006 年第 3 期,第 65~70 页。

[168] 施军:《认真建设社会安全网》,载《瞭望》2002 年第 17 期。

[169] 施祖辉:《台湾的生活质量指标研究》,载《统计与预测》1995 年第 6 期,第 14~17 页。

[170] 宋振骐:《发展高等教育的必然和潜力》,载《光明日报》2003 年 12 月 9 日。

[171] 宋忠敏、薛飒飒、高汝熹:《小康指标体系中环境指标的选择》,载《社会科学》1997 年第 5 期。

[172] 孙金华、张国富:《休闲与社会发展》,载《自然辩证法研究》2001 年第 12 期。

[173] 孙庆伟:《论建立农村社会保障制度的紧迫性》,载《经济师》2004 年第 7 期。

[174] 孙洁琬:《论联合国发展观念的更新与丰富》,载《政法论坛(中国政法大学学报)》2001 年第 4 期,第 149~155 页。

[175] 孙君恒:《发展观的转变:由 GNP 到 HDI》,载《光明日报》2003 年 8 月 19 日。

[176] 孙艳霞:《经济合作与发展组织 2003 年教育发展指标体系研究及启示》,载《外国教育研究》2005 年第 1 期。

[177] 孙玉梅:《台湾社区如何保障公共安全》,载《社区》2002 年第 6 期。

[178] 舒庆:《建立资源节约和环境友好型社会》,载《求是》2005 年第 15 期。

[179] 谈松华:《衡量教育现代化的指标体系》,载《中国教育报》2002 年 8 月 4 日。

[180] 谈松华:《论积极发展高等教育》,载《求是》2000 年第 16 期。

[181] 唐晓岚:《美国及联合国社会指标模型评析》,载《发展研究》2003 年第 4 期。

[182] 唐若水:《幸福学家的科学新发现》,载《光明日报》2005 年 12 月 2 日。

[183] 陶跃华:《环保投资是区域可持续发展的关键》,载《环境保护》1998 年第 1 期。

[184] 田丽丽、刘旺、Rich Gilman:《国外青少年生活满意度研究概况》,载《中国心理卫生杂志》2003 年第 12 期,第 814~816 页。

[185] 万明钢、李艳红:《"学会共存"的教育理想与实践——纪念德洛尔报告

发表 10 周年》，载《教育研究》2006 年第 12 期，第 17～21 页。

[186] 万仕洪：《尽快建立全国公共安全社会应急救援体系》，载《劳动保护》2004 年第 1 期。

[187] 王重明、刘忠信：《城镇居民住房统计指标探讨》，载《内蒙古统计》1999 年第 5 期。

[188] 王红月、孙艳梅：《中房协会长杨慎对"人均居住面积"算法不科学披露原由》，载《中国建设报》2001 年 12 月 10 日。

[189] 王鸿良：《中国社科院预测小康》，载《北京日报》2003 年 6 月 13 日。

[190] 王凯、周长城：《生活质量研究的新发展：主观指标的构建与运用》，载《国外社会科学》2004 年第 4 期，第 38～42 页。

[191] 王妮：《论城市公共安全体系的构建和完善》，载《行政与法》2004 年 6 期。

[192] 王绍光：《中国公共卫生的危机与转机》，载《比较》2003 年第 7 期。

[193] 王召平、李汉林：《行为取向、行为方式与疾病——一项医学社会学的调查》，载《社会学研究》2001 年第 1 期。

[194] 魏海燕：《人类社会发展观的演进与科学发展观的提出》，载《社会科学论坛（学术研究卷）》2005 年第 3 期，第 87～90 页。

[195] 王家赠：《教育对中国经济增长的影响分析》，载《上海经济研究》2002 年第 3 期。

[196] 王建武：《中国住宅产业化进程》，载牛凤瑞主编：《中国房地产发展报告 No. 1》，社会科学文献出版社 2004 年版。

[197] 王亮、赵定涛：《从人力资本理论谈教育与经济的发展》，载《未来与发展》2005 年第 2 期。

[198] 王唯：《OECD 教育指标体系对中国教育指标体系的启示》，载《中国教育学刊》2003 年第 1 期。

[199] 王唯：《从中国教育发展事业统计公报看中国教育发展指标体系的特点》，载《高等师范教育研究》2001 年专刊。

[200] 王炜等：《小城镇居住环境质量评价指标体系的研究》，载《河北农业大学学报》2002 年第 25 期。

[201] 王威、陈云：《欧洲生活质量指标体系及其评价》，载《江苏社会科学》2002 年第 1 期，第 182～186 页。

[202] 王小鲁、樊纲：《中国地区差距的变动趋势和影响因素》，载《经济研究》2004 年第 1 期。

[203] 王晓琴：《对休闲文化的美学思考》，四川师范大学 2003 年优秀硕士论文，载中国优秀博硕士学位论文全文数据库。

[204] 王晓瑜：《大力提升住宅产业水平 为全面建设小康社会做出贡献》，载《中国房地产》2003年第1期。

[205] 王雅林：《信息化与文明休闲时代》，载《学习与探索》2000年第6期。

[206] 王艳萍：《阿马蒂亚·森的"能力方法"在发展经济学中的应用》，载《经济理论与经济管理》2006年第4期，第27~32页。

[207] 王绽蕊：《京津沪教育实力在世界的位置——几个教育指标的比较研究》，载《比较教育研究》2001年第5期。

[208] 王绽蕊：《区域教育发达程度衡量指标体系的构建》，载《教育发展研究》2000年第12期。

[209] 王正平：《社会生态学的环境哲学理念及其启示》，载《上海师范大学学报：哲学社会科学版》2004年第6期，第1~8页。

[210] 王子彦：《日本的环境社会学研究》，载《北京科技大学学报》1999年第2期。

[211] 魏朝晖、莫一心：《生命质量测定量表SF-36的应用》，载《国外医学社会医学分册》1997年12月14卷第4期。

[212] 乌东峰：《论中国小康社会》，载《新华文摘》2003年第3期。

[213] 吴淑凤：《多元视野中幸福理论及其对主观生活质量研究的现实意义》，载《武汉大学学报（哲学社会科学版）》2004年第5期，第588~593页。

[214] 吴晓、张靖：《香港和新加坡的政策性差异透视》，载《城市规划》2002年第3期。

[215] 吴姚东：《生活质量：当代发展观的新内涵——当代国外生活质量研究综述》，载《国外社会科学》2000年第4期，第51~54页。

[216] 吴忠民：《现阶段中国的社会风险与社会安全运行》，载《科学社会主义》2004年第5期，第16~20页。

[217] 夏光：《论环境权益的市场化代理制度》，载《中国工业经济研究》1993年第8期，第27~31页。

[218] 夏海勇：《生活质量研究：检视与评价》，载《市场与人口分析》2002年第1期，第67~75页。

[219] 夏国美：《当代中国现代城市居民家庭生活质量分析》，载《学术界》1999年第1期。

[220] 鲜祖德等：《2003年农村全面小康进程监测结果》，载《中国国情国力》2004年第11期。

[221] 肖腊珍、刘有章：《全面小康社会进程评价系统探讨》，载《中南财经政法大学学报》2003年第5期。

[222] 萧新煌：《台湾的社会指标：回顾与展望》，载刘兆佳等主编：《华人社会社会指标研究的发展》，香港中文大学香港亚太研究所1992年版，第1~21页。

[223] 肖雪慧：《多样文化与普世价值》，载《社会科学论坛》2003年第7期，第10~18页。

[224] 谢宏钰：《公共安全：一年丧生20万》，载《瞭望》周刊2004年2月26日。

[225] 谢立中：《我国社会发展综合评价指标的再探讨》，载《南昌大学学报（社会科学版）》1994年第1期，第3~10页。

[226] 谢世飞：《对健全农村社会保障制度的思考》，载《经济师》2005年第2期。

[227] 邢占军：《幸福指数的政策意义》，载《理论动态》2006年第1705期，第23~30页。

[228] 邢占军：《中国城市居民主观幸福感量表的编制》，载《香港社会科学学报》2002年夏季第23期。

[229] 许军：《健康的定量化测量》，载《国外医学·社会医学分册》1998年12月第4期。

[230] 许瑾：《与健康相关的生命质量测量》，载《国外医学·社会医学分册》1997年12月第4期。

[231] 许益军：《社会指标在公共政策中的缘起及局限性分析》，载《南京社会科学》2006年第3期，第49~55页。

[232] 刑占军：《心理体验与幸福指数》，载《人民论坛》2005年第1期，第31~33页。

[233] 邢占军、金瑜：《城市居民婚姻状况与主观幸福感关系的初步研究》，载《心理科学》2003年第6期，第1056~1059页。

[234] 徐玲：《国际教育指标体系的分析与思考》，载《教育科学》2004年第2期。

[235] 徐娅：《首都教育指标体系研究》，载《教育科学研究》2001年第11期。

[236] 薛克勋：《公共安全服务中的政府响应机制研究》，载《武汉大学学报》2004年第2期。

[237] 阎耀军：《中国大城市社会发展综合评价指标体系的建构》，载《天津行政学院学报》2003年第1期，第71~76页。

[238] 杨多贵等：《发展观的演进——从经济增长到能力建设》，载《上海经济研究》2002年第4期，第3~9页。

[239] 杨俊、张宗益：《中国经济发展中的收入分配及库兹涅茨"倒U"假设再探讨》，载《数量经济技术经济研究》2003年第2期。

[240] 杨明：《中国教育离现代化目标有多远》，载《教育发展研究》2000年第

8期。

[241] 杨士弘：《广州城市生态环境可持续发展评价探讨》，载《中国可持续发展》2001年第2期。

[242] 杨绪忠：《人的精神生活质量的指标体系研究》，载《上海统计》2002年第10期，第21~23页。

[243] 杨燕风等：《城市快速增长期生态与环境整合指标体系研究》，载《地理科学进展》2000年第4期。

[244] 姚开屏：《简介与评论常用的一般性健康相关生活质量表兼谈对未来研究的建议》，载《测验年刊》2000年第2期，第111~138页。

[245] 叶南客：《苏南城乡居民生活质量评估与提高战略》，载《中国社会科学》1992年第3期，第135~148页。

[246] 叶平、王蕊：《中国教育现代化区域聚类与特征分析》，载《教育研究》2003年第7期。

[247] 叶平：《关于普及教育、人口素质与可持续发展问题的实证研究》，载《21世纪的抉择》，中国言实出版社2001年版。

[248] 叶文虎、栾胜基：《论可持续发展的衡量与指标体系》，载《世界环境》1996年第1期，第7~10页。

[249] 叶旭军：《城市外来农民工的健康状况及影响因素研究》，载《浙江大学博士学位论文》2003年。

[250] 叶依广、周耀平：《城市人居环境评价指标体系当议》，载《南京农业大学学报（社科版）》2004年第1期。

[251] 叶永光：《新形势下公共安全投资若干问题探讨》，载《公安学刊》2003年第3期。

[252] 易松国：《影响城市婚姻质量的因素分析》，载《人口研究》1997年第5期，第42~45页。

[253] 易松国：《生活质量研究进展综述》，载《深圳大学学报（人文社会科学版）》1998年第1期。

[254] 易松国、风笑天：《城市居民家庭生活质量：指标及其结构》，载《社会学研究》2000年第4期。

[255] 易松国、风笑天：《城市居民主观生活质量研究——武汉、北京、西安三地调查资料比较》，载《华中理工大学学报（社会科学版）》1997年第3期。

[256] 易松国、风笑天：《城市居民家庭生活质量主客观指标结构探讨》，载《上海社会科学院学术季刊》1999年第1期。

[257] 尹诚民：《我国社会保障制度的缺陷及对策分析》，载《理论探索》2004年第4期。

[258] 曾慧超、袁岳：《2004年中国居民生活质量报告》，载汝信、陆学艺、李培林主编：《2005年中国社会形势分析与预测》，社会科学文献出版社2005年版。

[259] 曾强、徐慧兰：《失业对精神与躯体健康的影响》，载《国外医学·精神病学分册》2000年第1期，第13~16页。

[260] 曾毅、顾大男：《老年人生活质量研究的国际动态》，载《中国人口科学》2002年第5期，第59~69页。

[261] 张凤荣：《社会指标运动的背景及启示》，载《长春光学精密机械学院学报（社会科学版）》2001年第2期，第42~44页。

[262] 张富良：《构建对弱势群体的社会关怀新探》，载《求实》2002年第10期，第52~54页。

[263] 张洪武：《上海住宅市场2003年运行特征与2004年走势》，载牛凤瑞主编：《中国房地产发展报告No.1》，社会科学文献出版社2004年版。

[264] 张静：《可持续发展观视野中人的发展》，载《松辽学刊》1999年第1期，第5~8页。

[265] 张蕾：《国际生活质量研究协会简介》，载《国外社会科学》2005年第3期，第66~68页。

[266] 张鸣生等：《惠州农村社区康复模式》，载《中国康复医学杂志》2005年第12期，第927~929页。

[267] 张仙桥：《住宅社会学的兴起及在中国的发展》，载《社会学研究》1995年第5期。

[268] 张卫良：《20世纪西方社会关于"消费社会"的讨论》，载《国外社会科学》2004年第5期。

[269] 张文沛：《阿马蒂亚·森：良心的肩负者》，载《名仕》2005年第9期。

[270] 张小明：《住宅消费热东山再起》，载《中外房地产导报》1997年第1期，第29页。

[271] 张奕：《沪健全房保，廉租房受益家庭再增5000户》，载《解放日报》2005年4月8日。

[272] 张玉亭、刘双乐：《物业管理业发展状况及趋势》，载牛凤瑞主编：《中国房地产发展报告No.1》，社会科学文献出版社2004年版。

[273] 赵彦云、李静萍：《中国生活质量评价、分析和预测》，载《管理世界》2000年第3期，第32~40页。

[274] 赵彦云、王作成：《我国生活质量的国际比较》，载《统计与信息论坛》2003年7月第4期。

[275] 赵玉川、胡富梅：《人类发展观的演进及可持续发展指标体系的确定》，载《中国科技论坛》1998年第1期，第52~55页。

[276] 郑杭生、李迎生：《全面建设小康社会与弱势群体的社会救助》，载《中国人民大学学报》2003年第1期，第2~8页。

[277] 郑杭生：《转型时期的中国和社会安全》，载《中国人民大学学报》2004年第2期。

[278] 郑杭生、洪大用：《中国转型时期的社会安全隐患和对策》，载《中国人民大学学报》2004年第2期。

[279] 郑晓瑛：《与健康相关的社会质量评估述论》，载《人口研究》1996年第4期。

[280] 中国大城市社会发展综合评价指标体系研究课题组：《构建中国大城市社会发展综合评价指标体系的背景和依据》，载《城市》2001年第4期。

[281] 中共教育部党组：《学习贯彻十六大精神 开创教育改革发展新局面》，载《中国教育报》2002年11月29日。

[282] "中国小康指数"调查组：《中国平安小康指数为66分》，载《小康》2005年第8期。

[283] 中国艺术研究院中国文化研究所：《关注闲暇时间的质量》，载《浙江日报》2004年8月17日，中国重要报纸全文数据库。

[284] 钟雯彬：《公共安全产品与服务的新秩序模式》，载《中国人民公安大学学报》2004年1期。

[285] 种焰：《论社会转型与公共安全》，载《政法学刊》2002年第11期。

[286] 周长城：《社会发展的终极目标是提高人民的生活质量》，载《武汉大学学报（哲学社会科学版）》2004年第5期，第581页。

[287] 周长城、饶权：《生活质量测量方法研究》，载《数量经济技术经济研究》2001年第10期。

[288] 周长城：《东南亚国家的生活质量研究》，载《国外社会科学》2002年第6期。

[289] 周长城、蔡静诚：《生活质量主观指标的发展及其研究》，载《武汉大学学报（哲学社会科学版）》2004年第5期，第582~587页。

[290] 周长城、吴淑凤：《建立人民生活质量指标体系的理论依据》，载《武汉大学学报（社会科学版）》2001年第3期。

[291] 周长城、袁浩：《生活质量综合指数建构中权重分配的国际视野》，载

《江海学刊》2002 年第 1 期。

[292] 周海洋:《上海市民基本医疗保障制度现状分析与发展探讨》,载《当代医学》2005 年第 10 期。

[293] 周治平:《影响住宅选择的社会心理因素浅析》,载《住宅与房地产》1993 年第 2 期。

[294] 朱道林、曹珍燕:《政策对房地产业的影响》,载牛凤瑞主编:《中国房地产发展报告 No.1》,社会科学文献出版社 2004 年版。

[295] 朱国宏:《生活质量与社会经济发展》,载《人口与经济》1992 年第 5 期,第 36~42 页。

[296] 朱庆芳:《从社会指标体系看改革开放以来中国社会发展》,载《当代中国史研究》1996 年第 3 期,第 25~33 页。

[297] 朱庆芳:《我国各省市区社会发展水平最新评价》,载《开放时代》1997 年第 2 期,第 68~72 页。

[298] 朱韶蓁、张进辅:《话语分析理论及其在心理学研究中的应用》,载《中国临床康复》2006 年第 14 期,第 126~128 页。

[299] 祝亚辉:《城市社会弱势群体居住问题研究》,重庆大学 2004 年硕士学位论文,载全国优秀博硕士论文库。

[300] 邹明武:《国际文明居住标准谈》,载《上海住宅》2000 年第 7 期。

外文资料

[1] Allardt, E. 1993. "Having, Loving, Being: An Alternative to the Swedish Model of Welfare Research." in *The Quality of Life*, edited by M. C. Nussbaum and A Sen. New York: Oxford University Press.

[2] Argyle, M. 1999. "Causes and Correlates of Happiness." pp. 353 – 373 in *Well-being: The Foundations of Hedonic Psychology*, edited by D. Kahneman, E. Diener, and N. Schwarz. New York: Russell Sage Foundation.

[3] Bakkes, J. A, et al. 1994. An Overview of Environmental Indicators: State of the Art and Perspectives. *Environment Assessment Technical Reports*. UNEP/EATR. 94 – Vol. 10, June.

[4] Bardhan, P., Bowles, S. and Gintis, H. 2000. Wealth Inequality, Wealth Constraints and Economic Performance, in Atkinson, A. B. and Bourguignon, F. (eds.), *Handbook of Income Distribution*, Vol. 1, Chapter 10, pp. 541 – 604, Amsterdam: Elsevier Science B. V.

[5] Bauer, R. A. (Ed.). 1966. Social Indicators: MIT Press. p. 1, quoted from

Rapley, M. 2003. *Quality of Life*: *A Critical Introduction*. London: SAGE Publications Ltd., P. 5.

[6] Beck, Urlich. 1992. *Risk Society*: *Towards a New Modernity*. London: Sage.

[7] Berger-Schmitt, R. & H. H. Noll. 2000. "Conceptual Framework and Structures of European System of Social Indicators." in *EuReporting Working Paper* 9. Mannheim: Centre for Survey Research and Methodology (ZUMA).

[8] Bertola, G. 2000. Macroeconomics of Distribution and Growth, in Atkinson, A. B. and Bourguignon, F. (eds.), *Handbook of Income Distribution*, Vol. 1, Chapter 9, pp. 477–540, Amsterdam: Elsevier, Science B. V.

[9] Bhandari, M. 2004. *Quality of Life of Urban Working Women*. Delhi: Abhijeet Publications.

[10] Biderman, A. D. 1974. "Social Indicators—Whence and Whither." pp. 27–44 in *Social Indicators and Marketing*, edited by R. L. Clewett and J. C. Olson. Chicago: American Marketing Association.

[11] Bond, J. and Corner, L. 2004. *Quality of Life and Older People*. Maidenhead, Berkshire: Open University Press.

[12] Books. Katona, George. 1964. *The Mass Consumption Society*. NY: McGraw Hill.

[13] Borgatta, E. F. and M. L. Borgatta (Eds.). 2000. *Encyclopedia of Sociology*: *Macmillan Reference*. USA New York.

[14] Bowling, A. 2005. *Aging Well*: *Quality of Life in Old Age*. Maidenhead, Berkshire: Open University Press.

[15] Bramston, P. 2002. "Subjective Quality of Life: the Affective Dimension." pp. 47–62 in *The Universality of Subjective Well-Being Indicators*. Dordrecht: Kluwer Academic Publishers.

[16] Brock, D. 1993. "Quality of Life Measures in Health Care and Medical Ethics." pp. 95–132 in *The Quality of Life*, edited by M. C. Nussbaum and A. Sen. New York: Oxford University Press.

[17] Cantril, H. 1965. *The Pattern of Human Concerns*. New Brunswick: Rutgers University Press.

[18] Carley, M. 1981. *Social Measurement and Social Indicators*: *Issues of Policy and Theory*. London: Boston Allen & Unwin. quoted from Sirgy, M. J. 1986. "A Quality-of-Life Theory Derived from Maslow's Developmental Perspective: 'Quality' Is Related to Progressive Satisfaction of a Hierarchy of Needs, Lower Order and Higher." *American Journal of Economics and Sociology* 45: 329.

[19] Centers for Disease Control and Prevention. 2000. *Measuring Healthy Days*. Atlanta, GA: CDC. quoted from Rapley, M. 2003. *Quality of Life*: *A Critical Introduction*. London: SAGE Publications Ltd.

[20] Clydesdale, T. T. 1997. Family Behaviors among Early U. S. Baby Boomers: Exploring the Effects of Religion and Income Change, 1965 – 1982. *Social Forces* 76: pp. 605 – 635.

[21] Cobb, C. W., and C. Rixford. 1998. *Lessons Learned from the History of Social Indicators*. San Francisco: Redefining Progress.

[22] Craglia, M., Leonitidou, L., Nuvolati, G., & Schweikart, J. 2004. Towards The Development of Quality of Life Indicators in The 'Digital' City. *Environment & Planning B*: *Planning & Design*, Vol. 31, No. 1.

[23] Cummins, R. A. 1996. The Domains of Life Satisfaction: An Attempt to Order Chaos. *Social Indicators Research* 38: pp. 303 – 328.

[24] Cummins, R. A. 1997a. The Comprehensive Quality of Life Scale: Intellectual Disability. Toorak: Deakin University Schoool of Psychology. p. 6, quoted from Rapley, M. 2003. *Quality of Life*: *A Critical Introduction*. London: SAGE Publications Ltd., P. 53.

[25] Cummins, R. A. 1997b. "Assessing Quality of Life." in *Quality of Life for People with Disabilities*: *Model*, *Research and Practice*, 2nd edn. Cheltenham: Stanley Thornes.

[26] Cummins, R. A. 2000. Objective and Subjective Quality of Life: An Interactive Model. *Social Indicators Research* 52: pp. 55 – 72.

[27] Cummins, R. A., and J. Cahill. 2000. "Progress in Understanding Subjective Quality of Life." Intervencion Psisocial: Revista Sobre Igualdady Calidad De Vida 9: pp. 185 – 198.

[28] Cutter, S. L. 1985. *Rating Places*: *A Geographer's View on Quality of Life*. Washington D. C: Association of American Geographers Resource Publication.

[29] David, Wastell, Peter Kawalek, Peter Langmead-Jones & Rob Ormerod. 2004. Information Systems and Partnership in Multi-agency Networks: An Action Research Project in Crime Reduction. *Formation and Organization*, Volume 14, Issue 3.

[30] Day, R. 1987. "Relationship between Life Satisfaction and Consumer Satisfaction." in *Marketing and the Quality of Life Interface*, edited by A. Coskun Samli. NY: Quorum Books.

[31] Delhey, J., P. Böhnke, R. Habich, and W. Zapf. 2002. Quality of Life in a

European Perspective: The EUROMODULE as a New Instrument for Comparative Welfare Research. *Social Indicators Research* 58: pp. 163 – 176.

[32] Diener, E., R. A. Emmons, R. J. Larsen and S. Griffin. 1985. The Satisfaction with Life Scale. *Journal of Personality Assessment* 49: pp. 71 – 75.

[33] Diener, E., E. Sandvik, L. Seidlitz, and M. Diener. 1993. The Relationship between Income and Subjective Well-being: Relative or absolute? *Social Indicators Research* 28: pp. 195 – 223.

[34] Diener, E. and E. Suh. 1997. Measuring Quality of Life: Economic, social and subjective indicators. *Social Indicators Research* 40: pp. 189 – 216.

[35] Diener, E., E. M. Suh, R. E. Lucas, and H. Smith. 1999. Subjective Well-being: Three Decades of Progress 1967 – 1997. *Psychological Bulletin* 125: pp. 276 – 302.

[36] Diener, E. and R. Biswas-Diener. 2002. Will Money Increase Subjective Well-Being? *Social Indicators Research* 57: pp. 119 – 169.

[37] D'Iribarne, Phillipe. 1974. "The Relationship between Subjective and Objective Well-being." in *Subjective Elements of Well-being*, edited by Burkhard Strumpel. Paris: OECD.

[38] Douthitt, R. A., Macdonald, M., Mullis, R. 1992. The Relationship between Measure of Subjective and Economic Well-Being: A New Look. *Social Indicators Research* 26.

[39] Emile Durkheim. 1956. *Education and Sociology*, trans. by S. D. Fox. New York: Free Press.

[40] Erikson, R. 1993. "Descriptions of Inequality: The Swedish Approach to Welfare Research (pp. 67 – 83)." pp. 67 – 87 in *The Quality of Life*, edited by M. C. Nussbaum and A. Sen. New York: Oxford University Press.

[41] Erik Nord. Ph. D. 1997. A Review of Synthetic Health Indicators. *National Institute of Public Health*, Oslo, Norway, June 1997.

[42] EuroQOL Group. 1990. EuroQOL—a New Facility for the Measurement of Health-related Quality of Life. *Health Policy* 16, P. 199.

[43] Fayers, PM., and D. Machin. 2000. *Quality of Life: Assessment, Analysis and Interpretation*. West Sussex: John Wiley & Sons.

[44] Ferriss, A. L. 1988. The Uses of Social Indicators. *Social Forces* 66: pp. 601 – 617.

[45] Flynn, P., D. Berry, and T. Heintz. 2002. Sustainability and Quality of Life Indicators: Toward the Integration of Economic, Social and Environmental Measures Indicators. *The Journal of Social Health*. Vol. 1, No. 4.

[46] Frisch, M. 2006. *Quality of Life Therapy：Applying a Life Satisfaction Approach to Positive Psychology and Cognitive Therapy.* Hoboken, N. J：John Wiley & Sons.

[47] Gilman, R., and E. S. Huebner. 2000. Review of Life Satisfaction Measures for Adolescents. *Behaviour Change* 17：pp. 178 – 195.

[48] Glatzer, W., S. Below, and M. Stoffregen (Eds.). 2004. "Challenges for Quality of Life in The Contemporary World：Advances in Quality-of-life Studies", *Theory and Research.* Dordrecht；London；Boston：Kluwer Academic Publishers.

[49] Glazer, W. 1991. An Overview of the International Development in Macro Social Indicators. Accounting, *Organizations and Society*, Vol. 6, No. 3, 1981.

[50] Godbey, G. 1985. *Leisure in Your Life：An Exploration.* State College, PA：Venture Publishing.

[51] Greer-Wooten, Bryn & Stavros Velidis. 1983. *The Relationships between Objective and Subjective Indicators of the Quality of Residential Environments.* Toronto CMA 1981, Ottawa, CMHC.

[52] Gullone, E., and R. A. Cummins (Eds.). 2002. *The Universality of Subjective Wellbeing Indicators：A Multi-disciplinary and Multi-national Perspective.* Dordrecht：Kluwer Academic Publishers.

[53] Hagerty, M. R., J. Vogel, and V. Miller (Eds.). 2002. *Assessing Quality of Life and Living Conditions to Guide National Policy：The State of the Art.* Dordrecht；London；Boston：Kluwer Academic Publishers.

[54] Harvey, Andrew S. 1997. Time Use Analysis in Quality of Life Studies. in *Developments in Quality-of-Life Studies* Vol. 1, P. 381, edited by H. Lee Meadow. Blacksburg, Virginia：International Society for Qualify-of-Life Studies.

[55] Hayden, F. G. 1977. Toward a Social Welfare Construct for Social Indicators. *American Journal of Economics and Sociology* Vol. 36, No. 2.

[56] Headey, B., and A. Wearing. 1989. Personality, Life Events and Subjective Well-being：Toward a Dynamic Equilibrium Model. *Journal of Personality and Social Psychology* 57：pp. 731 – 739.

[57] Headey, B. 1993. An Economic Model of Subjective Well-Bing：Integrating Economic and Psychological Theories. *Social Indicators Research* 28.

[58] Henderson, H., J. Lickerman, and P. Flynn. 2000. *Calvert-Henderson Quality of Life Indicators：* Calvert Group Lanham, Md.

[59] Horn, R. V. 1978. Assessment of Living Level-The Social Indicator Approach.

International Journal of Social Economics Vol. 5, No. 3.

[60] Horn, R. V. 1980. Social Indicators: Meaning, Methods and Applications. *International Journal of Social Economics* Vol. 7, No. 8.

[61] Hudler, M., and R. Richter. 2002. Cross-national Comparison of the Quality of Life in Europe: Inventory of Surveys and Methods. *Social Indicators Research* 58: pp. 217–228.

[62] Huebner, E. S. 2004. Research on Assessment of Life Satisfaction of Children and Adolescents. *Social Indicators Research* 66: pp. 3–33.

[63] Irvine, Ian & Xu, Kuan. 2002. *Crime, Punishment and Poverty in the United States*. Department of Economic at Dalhousie University Working Papers Archive Uspoy.

[64] Jacob Mincer. 1993. "Education and Unemployment", in Jacob Mincer (ed.). *Studies in Human Capital*. Cambridge, UK: Edward Elgar.

[65] Jacob, J. C., and M. B. Brinkerhoff. 1999. Mindfulness and Subjective Well-being in the Sustainability Movement: A Further Elaboration of Multiple Discrepancies Theory. *Social Indicators Research* 46: pp. 341–368.

[66] Jacob M. van Laar. 2005. *Quality of Life* [On-line]. Available from: http://www.eustar.org/download/SSc_2005/slides/day-2/2-5_JaapVanLaar.pdf, [Accessed on 2006.11.1]

[67] James S. Marks. 2003. We're Living Longer, But What About Our Quality of Life? *Centers for Disease Control and Prevention*. Volume 16, Number 1.

[68] Jeannotte, M. Sharon, et al., 2002, *Buying In or Dropping Out: The Public Policy Implications of Social Cohesion Research*. Prepared for the Department of Canadian Heritage, Strategic Planning and Policy Coordination, Strategic Research and Analysis Directorate.

[69] Jeannotte, M. Sharon. (2003). *Social Cohesion: Insights from Canadian Research*. Available from: http://www.hku.hk/socsc/cosc/Full%20paper/Jeannotte%20Sharon_Full788.pdf.

[70] Jefres, L. W., & Dobos, J. 1995. Separating People's Satisfaction with Life and Public Perceptions of The Quality of Life in The Environment. *Social Indicators Research*, Vol. 34, No. 2.

[71] Johnston, D. F. 1988. Toward a Comprehensive Quality-of-Life Index. *Social Indicators Research*, Vol. 20.

[72] Johansson, S. 2002. Conceptualizing and Measuring Quality of Life for National

Policy. *Social Indicators Research* 58: pp. 13 – 32.

[73] John Dewey. 1916. *Democracy and Education.* New York: Free Press.

[74] Joyce, C. R. B., Hannah M. McGee., and Ciaran A. O'Boyle (Eds.). 1999. *Individual Quality of Life: Approaches to Conceptualisation and Assessment.* Amsterdam: Harwood Academic Publishers.

[75] Kajanoja, J. 2002. "Theoretical Basis for the Measurement of the Quality of Life." pp. 63 – 80 in *The Universality of Subjective Wellbeing Indicators: A Multi-disciplinary and Multi-national Perspective*, edited by E. Gullone and R. A. Cummins. Dordrecht: Kluwer Academic Publishers.

[76] Kalimo, E. 2005. OECD Social Indicators for 2001: A Critical Appraisal. *Social Indicators Research* 70: pp. 185 – 229.

[77] Kau, A. K. and Wang Siew Hooi. 1995. Assessing Quality of Life in Singapore: an Exploratory Study. *Social Indicators Research* 35.

[78] J. M. Keynes. 1964. *The General Theory of Employment, Interest and Money.* A Harvest/HBJ.

[79] Kind, P., P. Dolan, C. Gudex, and A. Williams. 1998. Variations in Population Health Status: Results from a United Kingdom National Questionnaire Survey. *British Medical Journal* 316: pp. 736 – 741.

[80] Kuklys, W., and A. K. Sen. 2005. *Amartya Sen's Capability Approach: Theoretical Insights and Empirical Applications.* Berlin: Springer Verlag.

[81] Lamberton, D. (Ed.). 2002. *Managing the Global: Globalization, Employment and Quality of Life.* London and New York: IB Tauris Publishers.

[82] Land, K. 2000. "Social indicators." in *Encyclopedia of Sociology*, edited by E. F. Borgatta and M. L. Borgatta. New York: Macmillan Reference USA.

[83] Lane, Robert E. 1991. *The Market Experience.* Cambridge, England: Cambridge University Press.

[84] Lane, R. E. 1994. Quality of Life and Quality of Persons: A New Role for Government? *Political Theory* 22: pp. 219 – 252.

[85] Lancaster, Kelvin J. 1966. A New Approach to Consumer Theory. *Journal of Political Econcmy*, vol 74.

[86] LaPointe. 2001. Quality of Life with Brain Damage. *Brain and Language* 71: 135.

[87] Layard, R. 2005. *Happiness: Lessons form a New Science.* London: Allen Lane. P. 3.

[88] Leelakulthanit, Orose, Rlph L. Day, and Rockney Walters. 1991. Investigating the Relationship between Marketing and Overall Satisfaction with Life in a Developing

Country. *Journal of Macro-marketing* 1.

[89] Levett, R. 1998. Sustainability Indicators-Integrating Quality of Life and Environmental Protection. *Journal of the Royal Statistical Society*: Series A-Statistics in Society, 161 (Part 3), pp. 291 – 302.

[90] Liao, P. S., Y. C. Fu, and C. C. Yi. 2005. Perceived Quality of Life in Taiwan and Hong Kong: An Intra-culture Comparison. *Journal of Happiness Studies* 6: pp. 43 – 67.

[91] Lu, Ding. 2002. Rural-Urban Income Disparity: Impact of Growth, Allocative Efficiency and Local Growth Welfare, *China Economic Review*, 13, 4, 419 – 429.

[92] Machin, Steye & Meghir, Costas. 2000. *Crime and Economic Incentives*. IFS Working Papers W00/1 for Fiscal Studies.

[93] Marans, R. W. 2003. Understanding Environmental Quality through Quality of Life Studies: The 2001 DAS and Its Use of Subjective and Objective Indicators. *Landscape and Urban Planning* Vol. 65, No. 1 – 2.

[94] Mazumdar, Krishna. 1996. An Analysis of Causal Flow between Social Development and Economic Growth: The Social Development Index. *American Journal of Sociology and Economics* Vol. 55, No. 3.

[95] Jones, Mark., Stephanie Hall 2003. Health-Related Quality of Life. *Knox County Health at a Glance*. July 2003.

[96] Martin Trow. 1973. Problems in the Transition from Elite to Mass Higher Education. *Conference on Future Structures of Post-secondary Education*, Paris 26th – 29th June, pp. 63 – 71.

[97] McCarthy, Patrick & Tay, Richard. 2005. Road Safety, Alcohol and Public Policy. *Transportation Research Part E*: Logistics and Transportation Review, Volume 41, Issue 5.

[98] Measuring Quality of Life in the World, Nation, States, and Local Areas. 2004. *Centers for Disease Control and Prevention*. Volume 16, Number 2.

[99] Michalos, A. C. 1985. Multiple Discrepancies Theory. *Social Indicators Research* 16.

[100] Michalos, Alex C. 2003. *Essays on the Quality of Life*. Dordrecht; London; Boston: Kluwer Academic Publishers.

[101] Michael Bond. 2003. The Pursuit of Happiness. *New Scientist*. 4 October 2003.

[102] Mill, Daniel. 1995. *Acknowledging Consumption: A Review of New Studies*. London: Routledge.

[103] Mira, R. G., D. L. Uzzell, J. E. Real, and J. Romay (Eds.). 2005. *Housing, Space*

and Quality Of Life. Burlington: VT Ashgate Pub.

[104] Morrison, K. 2005. Quality of Life Indicators: An Introduction. *Macau Study* 26.

[105] Muoghalu, L. N. 1991. Measuring Housing and Environmental Quality as Indicator of Quality of Urban Life: A Case of Traditional City of Benin, Nigeria. *Social Indicators Research* Vol. 25.

[106] Murdie, R. A., D. Rhyne and J. Bates. 1992. *Monitoring Quality of Life in Canadian Communities: A Feasibility Study.* Ottawa: Centre for Future Studies in Housing and Living Environments.

[107] Noll, Heinz-Herbert. 1996. "Social Indicators and Social Reporting: The International Experience", presented to *the Canadian Council on Social Development Symposium on Measuring Well-Being and Social Indicators*, October 4 – 5. Toronto.

[108] Noll, Heinz-Herbert. 2002a. "Social Indicators and Quality of Life Research: Background, Achievements and Current Trends." pp. 168 – 206 in *Advances in Sociological Knowledge over Half a Century*, edited by Nicolai Genov. Paris: International Social Science Council.

[109] Noll, Heinz-Herbert. 2002b. Towards a European System of Social Indicators: Theoretical Framework and System Architecture. *Social Indicators Research* 58: pp. 47 – 87.

[110] Noll, Heinz-Herbert. 2004. "The European System of Social Indicators: A Tool for Welfare Measurement and Monitoring Social Change." in the *International Workshop on Researching Well-Being in Developing Countries.*

[111] Nussbaum, M. C., and A. Sen (Eds.). 1993. *The Quality of Life.* New York: Oxford University Press.

[112] Oliver James. 2003. Children Before Cash: Better Childcare Will Do More for Our Wellbeing than Greater Affluence. *The Guardian.* 17 May 2003.

[113] Parker, M. K. 1997. "Loss in the Lives of Southeast Asian Elders." p. 70 in *Developments in Quality-of-Life Studies* Vol. 1, edited by H. Lee Meadow. Blacksburg, Virginia: International Society for Qualify-of-Life Studies.

[114] Peterson, M. 2003. "Climate as a Component of Objective Quality of Life in Countries of the World." pp. 143 ~ 163 in *Advances in Quality-of-Life Theory and Research*, edited by M. J. Sirgy, D. R. Rahtz, and A. C. Samli. Dordrecht; Boston; London: Kluwer Academic Publishers.

[115] Phillips, C, and M. Thompson. 1998. *What is a QALY?* London: Hayward

Medical Communications.

［116］ Phillips, D. 2006. *Quality of Life: Concept, Policy and Practice.* London; New York: Routledge.

［117］ Pieper, Josef. 1952. *Leisure: The Basis of Culture.* New York: Pantheon Books.

［118］ Pigou, A. C. 1929. *The Economics of Welfare.* London: Macmillan. p. 14, quoted from Glatzer, W., S. Below, and M. Stoffregen. 2004. *Challenges for Quality of Life in the Contemporary World: Advances in Quality-of-life Studies, Theory and Research.* Dordrecht; London; Boston: Kluwer Academic Publishers.

［119］ Rapley, M. 2003. *Quality of Life: A Critical Introduction.* London: SAGE Publications.

［120］ Ritchie, J. R. B. 1987. "Tourism, Marketing, and the Quality-of-Life" pp. 47 – 62 in *Marketing and the Quality-of-Life Interface*, edited by A. C. Samli. New York: Basic Books.

［121］ Ruut Veenhoven (ed). 1989. "How Harmfully is Happiness?" *Consequences of Enjoying Life or Not.* Universitaire Pers Rotterdam, the Netherlands.

［122］ Ruth Weston. 1999. Workshop on Quality of Life Research. *Australian Institute of Family Studies Family Matters.* No. 52 Autumn 1999.

［123］ Sah, Raaj K. 1991. Social Osmosis and Patterns of Crime. *Journal of Political Economy.* University of Chicago Press, Vol. 99.

［124］ Sartorius, N., and W. Kuyken. 1994. "Translation of Health Status Instruments." pp. 3 – 18 in *Quality of Life Assessment: International Perspectives*, edited by J. Orley and W. Kuyken. Berlin: Springer Verlag.

［125］ Schalock, R. L. 1996. Reconsidering the Conceptualization and Measurement of Quality of Life. pp. 123 – 139 in *Quality of Life: Conceptualization and Measurement*, edited by R. L. Schalock. Washington, DC: American Association on Mental Retardation.

［126］ Schalock, R. L. 2004. The Concept of Quality of Life: What We Know and Do not Know. *Journal of Intellectual Disability Research* 48: pp. 203 – 216.

［127］ Seed, P. 1992. "Assessing, Resource Allocation and Planning." *A Literature Review Focused on the Placement of Adults with Learning Difficulties in Supported Accommodation.* University of Dundee Social Work Department.

［128］ Seed, P., and G. Lloyd. 1997. *Quality of Life.* London: Jessica Kingsley Publishers.

［129］ Sharma, L. R. (Ed.). 2005. *Quality of Life in the Himalayan Region.* New

Delhi: Published for Institute of Integrated Himalayan Studies.

［130］ Shi, Xinzheng. 2002. *Empirical Research on Urban-Rural Income Differentials*: *The Case of China*, Unpublished Manuscript, CCER, Beijing University.

［131］ Shi, Xinzheng, Terry Sicular, and Yaohui Zhao. 2002. "Analyzing Urban-Rural Income Inequality in China", Paper presented at the *International Symposium on Equity and Social Justice in Transitional China*, Beijing, July 11 – 12.

［132］ Sirgy, M. J. 1986. A Quality-of-Life Theory Derived from Maslow's Developmental Perspective: 'Quality' Is Related to Progressive Satisfaction of a Hierarchy of Needs, Lower Order and Higher. *American Journal of Economics and Sociology* 45: pp. 329 – 342.

［133］ Sirgy, M. J. 2001. *Handbook of Quality-of-Life Research*. Dordecht, Netherlands: Kluwer Academic Publishers.

［134］ Sirgy, M. J., and A. C. Samli (Eds.). 1995. New Dimensions in Marketing. *Quality-Of-Life Research*. Westport, CT: Quorum; Greenwood.

［135］ Sirgy, M. J., D. R. Rahtz, and A. C. Samli (Eds.). 2003. *Advances in Quality-of-Life Theory and Research*. Dordrecht; Boston; London: Kluwer Academic Publishers.

［136］ Sirgy, M. J., Don Rahtz, and Dong-Jin Lee (Eds.). 2004. *Community Quality-of-Life Indicators*: *Best Cases*. Dordrecht; London; Boston: Kluwer Academic Publishers.

［137］ Sirgy, M. J., A. C. Michalos, A. L. Ferriss, R. A. Easterlin, D. Patrick, and W. Pavot. 2006. The Quality-of-Life (QOL) Research Movement: Past, Present, and Future. *Social Indicators Research* 76: pp. 343 – 466.

［138］ South Australian Business Vision 2010 Inc. 2004. *Making a Difference through Benchmarking*: *Indicators of the State of South Australia*. Adelaide, South Australia: South Australian Business Vision 2010 Inc.

［139］ Taylor, C. 1993. "Explanation and Practical Reason." pp. 208 – 232 in *The Quality of Life*, edited by M. C. Nussbaum and A. Sen. New York: Oxford University Press.

［140］ Thoits, P., and M. Hannan. 1979. Income and Psychological Distress: The impact of an income-maintenance experiment. *Journal of Health and Social Behavior* 20: pp. 120 – 138.

［141］ Tsui, Kai Yuen. 1991. China's Regional Inequality: 1952 – 1985, *Journal of Comparative Economics*, 15: pp. 1 – 21.

［142］ Tsui, Kai Yuen. 1993a. Decomposition of China's Regional Inequalities, *Journal of Comparative Economics*, 17: pp. 600 – 627.

［143］ Tsui, Kai Yuen. 1993b. Economic Reform and Interprovincial Inequalities, *Journal of Development Economics*, 50, pp. 353 – 368.

［144］ Veenhoven, R. 1996. Happy Life-expectancy, A Comprehensive Measure of Quality of Life in Nations. *Social Indicators Research* 39: pp. 1 – 58.

［145］ Veenhoven, R. 2000. The Four Qualities of Life: Ordering Concepts and Measures of the Good Life. *Journal of Happiness Studies*, Vol. 1.

［146］ Vogel, J. 1997. The Future Direction of Social Indicator Research. *Social Indicator Research*, Vol. 42, No. 1.

［147］ Walls, Isabel & Buchanan, L. Robert. 2005. Use of Food Safety Objectives as A Tool for Reducing Food Borne Listeriosis. *Food Control*, Volume 16, Issue 9.

［148］ Walzer, M. 1994. *Thick and Thin: Moral Argument at Home and Abroad*. Notre Dame, Indiana: University of Notre Dame Press. p. 18. quoted from Kajanoja, J. 2002. "Theoretical Basis for the Measurement of the Quality of Life." P. 71 in *The Universality of Subjective Wellbeing Indicators: A Multi-disciplinary and Multi-national Perspective*, edited by E. Gullone and R. A. Cummins. Dordrecht: Kluwer Academic Publishers.

［149］ Wang, L. 1994. "Quality of Life in Urban China: A Data-based Study in the City of Tianjin." *UMI Dissertation Services*.

［150］ Williams, Raymond. 1976. *Keywoeds: A Vocabulary of Culture and Society*, Oxford University Press.

［151］ William, Sir. 1945. *Beveridge: Full Employmention*. Free Society Press.

［152］ Wolff, Edward N. (Ed.). 2004. *What Has Happened to the Quality of Life in the Advanced Industrialized Nations?* Northampton, MA: Edward Elgar Publishing.

［153］ Wood, V., M. L. Wylie, and B. Sheafor. 1969. An Analysis of a Short Self-report Measure of Life Satisfaction: Correlation with Rater Judgments. *Journal of Gerontology* 24: pp. 465 – 469.

［154］ Xue, Jinjun. 1997. Urban-Rural Income Disparity and Its Significance in China, *Hitotsubashi Journal of Economics*, 38, 1, pp. 45 – 49.

［155］ Yankelovich, D. 1974. "How Opinion Polls Differ from Social Indicators". pp. 54 – 56 in *Social Indicators and Marketing*, edited by R. L. Clewett and J. C. Olson. Chicago: American Marketing Association.

［156］ Yuan, Lim Lan, Belinda Yuen, and Christine Low (Eds.). 1999. *Urban Quality* of Life: *Critical Issues and Options*. Singapore: School of Building and Real Estate, National University of Singapore.

[157] Zapf, W. 1984. "Individuelle Wohlfahrt: Lebensbedingungen und wahrgenommene Lebensqualität." pp. 13 – 26 in Lebens-qualität in *der Bundesrepublik. Objektive Lebensbedingungen und subjektives Wohlempfinden*, edited by W. Glatzer and W. Zapf. Campus, Frankfurt/Main.

网站信息

[1] http://www.gesis.org/en/iz/

[2] http://www.fcm.ca/

[3] http://www.gloucestershire.gov.uk/index.cfm?articleid=6551

[4] http://www.calvert-henderson.com/index.htm

[5] http://www.bigcities.govt.nz/About_the_Project/index.htm

[6] http://www.worldbank.org/

[7] http://socialreport.msd.govt.nz

[8] http://www.who.int/

[9] http://www.nimh.nih.gov/

[10] http://www.cmha.org.uk/chinese/mental_info/mental_info.htm

[11] http://www.mhf.org.tw/2003new/index.php

[12] http://www.hkmhaf.org/main.php3

[13] http://www.cob.vt.edu/market/isqols

[14] http://www.eur.nel/fsw/soc/detabase.happiness

[15] http://who.int

[16] http://www.ccsd.ca

[17] http://acqol.deakin.edu.au/index.htm

[18] http://www.proqolid.org/questions.html#term

[19] http://finance.sina.com.cn/x/20030210/1006309315.shtml

[20] http://cul.sina.com.cn/t/2005-01-05/104168.htm

[21] http://www.biopsychiatry.com/happiness/happygene.html

[22] http://www.op.nysed.gov/dentcesponsors.htm

[23] http://pespmc1.vub.ac.be/HAPPINES.html

[24] http://www.who.int

[25] http://www.cdc.gov/nccdphp/cdnr/cdnr_winter0302.htm

[26] http://www.china.com.cn/chinese/zhuanti/254401.htm

[27] http://archive.salon.com/health/feature/2000/08/01/happiness/print.html
[28] http://www.xiaoduweb.com/Html/Dir0/14/41/63.htm
[29] http://www.hwcc.com.cn
[30] http://www.moh.gov.cn/public/open.aspx
[31] http://www.uri.edu/artsci/ecn/burkett/healtheconbib.pdf
[32] http://www.gzrehab.com.cn/Medicine
[33] http://www.cdc.gov/hrqol/hrqol14_measure.htm
[34] http://www.who.int/substance_abuse/research_tools/whoqolbref/en
[35] http://www.euroqol.org/web/users/nomenclature.php
[36] http://www.statcan.ca:8096/bsolc/english/bsolc?catno=82-221-XIE
[37] http://cwz56.wl.oot.cn/Article.asp?ArtID=267
[38] http://www.moh.gov.cn/tjxxzx/tjxxfgybz/tjfgyzd/1200208090004_1_9.doc
[39] http://www.3722.cn/softdown/list.asp?id=55970
[40] http://www.chinaxiaokang.com
[41] http://www.china.org.cn/chinese/zhuanti/zgrkyfz/669089.htm
[42] http://www.china-woman.com/gb/2002/11/18/zgfnb/jksh/1.htm
[43] http://health.sohu.com/38/08/harticle15730838.shtml
[44] http://www.med8th.com/humed/5/050415ssmszgwsfpgpx.htm
[45] http://www.med8th.com/humed/2/20031015zgggws.htm
[46] http://www.people.com.cn/GB/34948/34951/34959/2617551.html
[47] http://www.zgxl.net/xlzl/shkf/wgjsjbdf.htm
[48] http://www.wsjk.com.cn/gb/paper211/1/class021100002/hwz175974.htm
[49] http://news.tom.com/1002/20041015-1424501.html
[50] http://www.37c.com.cn/literature/literature06/manage03.asp?filename=013/01/0130101.htm
[51] http://www.jincao.com/fa/law10.s08.htm
[52] http://database.cpst.net.cn/popul/healt/artic/50509153914.html
[53] http://www.who.int/gb/ebwha/pdf_files/WHA57/A57_R16-ch.pdf
[54] http://news.xinhuanet.com/health/2005-04/22/content_2863415.htm
[55] http://www.calvert-henderson.com/pubsaf.htm
[56] http://www.ojp.usdoj.gov/bjs/
[57] http://acqol.deakin.edu.au/
[58] http://www.oecd.org/
[59] http://www.unep.net/

[60] http://faostat.fao.org/default.jsp

[61] http://unstats.un.org/unsd/default.htm/

[62] http://portal.unesco.org.

[63] http://www.epa.gov/

[64] http://www.abs.gov.au/Ausstats/abs%40.nsf/e8ae5488b598839cca256 82000131612/42976d8f56166dbbca256a1e00001fc2! OpenDocument

[65] http://www.scp.nl/english/publications/books/9037700624/The_Netherlands_in_a_European_perspective.pdf

[66] http://www.scp.nl/english/publications/books/9037701965/Trends_in_time.pdf

[67] http://www.statcan.ca/cgi-bin/imdb/p2SV.pl?Function=getSurvey&SDDS=4503&lang=en&db=IMDB&dbg=f&adm=8&dis=2

[68] http://unstats.un.org/unsd/demographic/sconcerns/tuse/default.aspx

[69] http://unstats.un.org/unsd/demographic/sconcerns/tuse/profile.aspx?id=1

[70] http://unstats.un.org/unsd/demographic/sconcerns/tuse/profile.aspx?id=2

[71] http://unstats.un.org/unsd/demographic/sconcerns/tuse/profile.aspx?id=11

[72] http://www.bls.gov/news.release/pdf/atus.pdf

[73] http://www.stat.go.jp/english/data/shakai/1.htm

[74] http://www.stat.go.jp/english/data/shakai/2001/kodo/yoyakuk.htm

[75] http://www.worldleisure.org/

[76] http://iserwww.essex.ac.uk/mtus/index.php

[77] http://www.chineseleisure.org/

[78] http://www.stats.gov.cn/tjsj/ndsj/index.htm

[79] http://www.chinasafety.gov.cn/

[80] http://www.moh.gov.cn

[81] http://www.moe.edu.cn.

[82] http://www.stats.gov.cn.

[83] http://www.mps.gov.cn/

[84] http://www.sfda.gov.cn/cmsweb/webportal/W28281998/index.html

[85] http://www.drcnet.com.cn

[86] http://www.zhb.gov.cn/

[87] http://www.usc.cuhk.edu.hk.

[88] http://www.jyb.com.cn.

[89] http://www.edu.cn.

[90] http://www.chinapop.gov.cn.

[91] http://www.china.org.cn/chinese
[92] http://www.cnspaq.com/
[93] http://www.bqc.com.cn/
[94] http://www.people.com.cn/
[95] http://www.chinarse.com/
[96] http://www.trafficsafety.com.cn/
[97] http://www.iicc.ac.cn/05traffic_safety/index.html
[98] http://www.safety.com.cn/jiaotong/jt07.asp
[99] http://www.nd-china.com/tz/haccp/
[100] http://news.xinhuanet.com/newscenter/2003-09/25/content_1099686.htm
[101] http://www.cenews.com.cn/news/2005-03-11/43803.php
[102] http://www.chinanews.com.cn/news/2005/2005-03-10/26/549140.shtml
[103] http://www.ccgov.org.cn/fgov/23/anqwj015.htm
[104] http://www.hbepb.gov.cn/
[105] http://www.stats-hb.gov.cn/
[106] http://www.isqols.org/
[107] http://www.es.org.cn/
[108] http://www.ep.net.cn/
[109] http://www.cenews.com.cn/
[110] http://www.eedu.org.cn/
[111] http://www.ce65.com/
[112] http://www.envir.online.sh.cn/law/bulletin/gb95.htm
[113] http://202.205.177.9.
[114] http://www.molss.gov.cn/index_tongji.htm
[115] http://hkupop.hku.hk/chinese/archive/web/2006web/2006/chinese/report/bupa2006/q.pdf
[116] http://www.cpirc.org.cn/rdzt/rd_sars_detail.asp?id=1567
[117] http://news.xinhuanet.com/zhengfu/2001-10/18/content_51471.htm
[118] http://www.china.org.cn/chinese/zhuanti/sljszqh/426675.htm
[119] http://www.cef.org.cn/bjzl/bps/bps_03.htm
[120] http://news.xinhuanet.com/newscenter/2004-04/26/content_1440079.htm
[121] http://www.york.ac.uk/criminaljustice/word/web-intro-to-YIPS.doc

后 记

教育部哲学社会科学研究重大课题攻关项目《中国生活质量评价研究》从2003年10月25日投标答辩到2008年4月19日通过鉴定，历时四年多。课题组全体成员团结一心，通力合作，才完成了课题研究任务。在此，我特别要感谢为课题付出了心血和汗水的同仁，他们是：中国人民大学张雷声教授、暨南大学张蕾博士、上海财经大学吴淑凤老师、武汉科技大学柯燕博士、中南民族大学陈云老师、武汉大学周运清教授和殷燕敏教授。对申请投标本课题给予大力支持的武汉大学法学院秦前红教授、武汉大学经济与管理学院曾国安教授、武汉大学政治与公共管理学院虞崇胜教授等。

本研究是集体劳动的结晶。周长城负责报告的框架设计、理论构思、调查等整体性工作，各部分具体执笔人员如下：

第一编　　暨南大学张蕾、北京邮电大学齐英艳、中南民族大学陈云、武汉科技大学柯燕、武汉大学孟霞

第二编　第六章　暨南大学张蕾、中南民族大学陈云

　　　　　第七章　华东师范大学庞荣、武汉大学韩秀记

　　　　　第八章　武汉大学黄津、武汉大学韩秀记

　　　　　第九章　武汉大学赵艳、武汉大学高瑛

　　　　　第十章　武汉大学赵丽、武汉大学高瑛

　　　　　第十一章　北京大学冯小丽、武汉大学韩秀记

　　　　　第十二章　南京大学王培刚、武汉大学韩秀记

　　　　　第十三章　北京大学刘谦、武汉大学韩秀记

　　　　　第十四章　武汉大学倪娜、武汉大学韩秀记

　　　　　第十五章　武汉大学潘艳艳、武汉大学李成霞

　　　　　第十六章　武汉大学周运清、武汉大学李成霞

第三编　　中南民族大学陈云、武汉大学任娜、暨南大学张蕾、武汉科技大学柯燕、上海财经大学吴淑凤

报告的不足之处，敬请批评指正。

已出版书目

书 名	首席专家
《马克思主义基础理论若干重大问题研究》	陈先达
《网络思想政治教育研究》	张再兴
《高校思想政治理论课程建设研究》	顾海良
《马克思主义文艺理论中国化研究》	朱立元
《弘扬与培育民族精神研究》	杨叔子
《当代科学哲学的发展趋势》	郭贵春
《当代中国人精神生活研究》	童世骏
《面向知识表示与推理的自然语言逻辑》	鞠实儿
《中国大众媒介的传播效果与公信力研究》	喻国明
《楚地出土戰國簡册[十四種]》	陳偉
《中国特大都市圈与世界制造业中心研究》	李廉水
《WTO主要成员贸易政策体系与对策研究》	张汉林
《全球经济调整中的中国经济增长与宏观调控体系研究》	黄 达
《中国产业竞争力研究》	赵彦云
《东北老工业基地资源型城市发展接续产业问题研究》	宋冬林
《中国民营经济制度创新与发展》	李维安
《东北老工业基地改造与振兴研究》	程 伟
《中国加入区域经济一体化研究》	黄卫平
《金融体制改革和货币问题研究》	王广谦
《中国市场经济发展研究》	刘 伟
《我国民法典体系问题研究》	王利明
《中国农村与农民问题前沿研究》	徐 勇
《城市化进程中的重大社会问题及其对策研究》	李 强
《中国公民人文素质研究》	石亚军
《生活质量的指标构建与现状评价》	周长城
《人文社会科学研究成果评价体系研究》	刘大椿
《教育投入、资源配置与人力资本收益》	闵维方
《创新人才与教育创新研究》	林崇德
《中国农村教育发展指标研究》	袁桂林
《高校招生考试制度改革研究》	刘海峰
《基础教育改革与中国教育学理论重建研究》	叶 澜
《处境不利儿童的心理发展现状与教育对策研究》	申继亮
《中国和平发展的国际环境分析》	叶自成
《现代中西高校公共艺术教育比较研究》	曾繁仁

即将出版书目

书　名	首席专家
《中国司法制度基础理论问题研究》	陈光中
《完善社会主义市场经济体制的理论研究》	刘　伟
《和谐社会构建背景下的社会保障制度研究》	邓大松
《社会主义道德体系及运行机制研究》	罗国杰
《中国青少年心理健康素质调查研究》	沈德立
《学无止境——构建学习型社会研究》	顾明远
《产权理论比较与中国产权制度改革》	黄少安
《中国水资源问题研究丛书》	伍新木
《中国法制现代化的理论与实践》	徐显明
《中国和平发展的重大国际法律问题研究》	曾令良
《知识产权制度的变革与发展研究》	吴汉东
《全国建设小康社会进程中的我国就业战略研究》	曾湘泉
《数字传播技术与媒体产业发展研究报告》	黄升民
《非传统安全与新时期中俄关系》	冯绍雷
《中国政治文明与宪政建设》	谢庆奎